宪法学理论研究
与案例分析

主　编　赵春霞　谭瑞和　朱国君

副主编　张晓红　王　晶　刘国利

　　　　郭　蕊　珠勒花

中国水利水电出版社
www.waterpub.com.cn

内 容 提 要

本书将宪法学理论研究与案例分析有机结合,从理论和实践两个方面探讨宪法的基本问题,既有一定的理论深度,又便于读者理解。此外,本书体例新颖,纲目清晰,使人一目了然。全书共分为四篇:第一篇,基本理论;第二篇,权利论;第三篇,制度论;第四篇,权力论。如此结构体例便于读者快速掌握宪法学的基本框架。本书适合于法学研究者研究之用,也可供广大法学爱好者参考。

图书在版编目(CIP)数据

宪法学理论研究与案例分析 / 赵春霞,谭瑞和,朱
国君主编. —— 北京:中国水利水电出版社,2014.12(2022.10重印)
ISBN 978-7-5170-2681-5

Ⅰ. ①宪… Ⅱ. ①赵… ②谭… ③朱… Ⅲ. ①宪法学
一法的理论②宪法学一案例 Ⅳ. ①D911

中国版本图书馆CIP数据核字(2014)第266604号

策划编辑:杨庆川 责任编辑:陈 洁 封面设计:崔 蕾

书 名	宪法学理论研究与案例分析
作 者	主 编 赵春霞 谭瑞和 朱国君
	副主编 张晓红 王 晶 刘国利 郭 蕊 珠勒花
出版发行	中国水利水电出版社
	(北京市海淀区玉渊潭南路1号D座 100038)
	网址:www. waterpub. com. cn
	E-mail:mchannel@263. net(万水)
	sales@ mwr. gov. cn
	电话:(010)68545888(营销中心)、82562819(万水)
经 售	北京科水图书销售有限公司
	电话:(010)63202643、68545874
	全国各地新华书店和相关出版物销售网点
排 版	北京鑫海胜蓝数码科技有限公司
印 刷	三河市人民印务有限公司
规 格	184mm×260mm 16开本 27印张 691千字
版 次	2015年5月第1版 2022年10月第2次印刷
印 数	3001—4001册
定 价	92.00元

前　言

宪法是一个国家的根本大法,是一个国家其他一切法律形式的合法性来源。法律、法规以及各种具有法律效力的规范性文件都必须以宪法为依据,不得违背宪法的原则和宪法的规定。

宪法是合理配置国家权力与保障公民的权利的根本法。换言之,宪法是通过保障、规范和控制国家权力,而达到保障公民权利的根本法。宪法确认了一个国家的国家权力的界限、国家权力之间的分工和其在行使这些国家权力的不同国家机关之间的配置,以及国家权力运行所要达到的目的。因此,宪法构筑了一个国家的国家权力与公民权利界限的总的框架。因此,国家权力的合法性基础只能源于宪法,公民权利的最终保障也只能依赖于宪法。

宪法学是以研究宪法现象以及与宪法现象相关的各种宪法问题作为研究对象的一门独立的法学学科。宪法学的主要研究任务就是要通过对宪法的研究来揭示宪法现象产生、存在、发展和变化的内在规律,从而为宪法实践提供科学的、有效的理论指导。

本书一共分为四篇。第一篇是基本理论,主要包括第一章宪法概述、第二章宪法基本原则、第三章宪法的历史发展和第四章宪法的运行;第二篇是权利论,主要包括第五章公民基本权利的一般原理和第六章我国公民的基本权利和义务;第三篇是制度论,主要包括第七章国家性质、第八章国家形式、第九章选举制度和第十章政党制度;第四篇是权力论,主要包括第十一章中央国家机构、第十二章地方国家机构和第十三章司法机关。

本书在总结近年来我国宪法学理论研究的经验和教训的基础之上,参照了国外宪法学的最新研究成果,对宪法的一系列基本问题和最基本的宪法制度作了全面的分析,具有以下几个特点:

第一,将宪法规范和宪法原理有机结合。本书尽可能地将我国宪法文本中的138条正文及31条修正案的内容融入本书中,这样保证了内容上的完整性。

第二,注重吸收学术界最新的研究成果。近年来,我国宪法学研究欣逢盛世,许多宪法学者发表了大批研究成果,推动了我国宪法学研究的发展,本书在编写过程中,查阅了国内外大量资料,希望能对中国宪法学的发展,作出自己应有的贡献。

第三,注重学术规范和体例的一致性。在基本原理方面对一些问题探讨得比较深入,在具体的制度方面写得意简扼要,微言大义,易于掌握。

全书由赵春霞、谭瑞和、朱国君担任主编,张晓红、王晶、刘国利、郭蕊、珠勒花担任副主编,并由赵春霞、谭瑞和、朱国君负责统稿,具体分工如下:

第三章至第五章:赵春霞(兰州交通大学);

第六章第一节至第二节、第八章、第九章:谭瑞和(西南政法大学);

第二章第四节至第五节、第十一章、第十三章:朱国君(许昌学院);

第一章:张晓红(黄河科技学院);

第六章第三节至第九节:王晶(河南省中共安阳市委党校);

第二章第一节至第二节、第七章:刘国利(内蒙古民族大学);

第十二章：郭蕊（许昌学院）；

第二章第三节、第十章：珠勒花（内蒙古农业大学）。

本书在编写过程中参考了很多专家、学者的理论报告和文献资料，在此，向这些专家和学者表示衷心的感谢；同时，由于时间的限制和编者自身存在的不足，本书难免存在疏漏和缺陷，希望各位读者能够批评指正。

编　者

2014 年 9 月

目　　录

前言 ……………………………………………………………………………………… 1

第一篇　基本理论

第一章　宪法概述 ……………………………………………………………………… 1
第一节　宪法的概念 ……………………………………………………………… 1
第二节　宪法的分类与渊源 ……………………………………………………… 10
第三节　宪法结构与宪法规范 …………………………………………………… 16
第四节　宪法与宪政 ……………………………………………………………… 30

第二章　宪法基本原则 ………………………………………………………………… 37
第一节　宪法基本原则概述 ……………………………………………………… 37
第二节　人民主权原则 …………………………………………………………… 40
第三节　基本人权原则 …………………………………………………………… 41
第四节　权力制约原则 …………………………………………………………… 45
第五节　法治原则 ………………………………………………………………… 48

第三章　宪法的历史发展 ……………………………………………………………… 51
第一节　西方宪法的产生与发展 ………………………………………………… 51
第二节　近代中国宪法的历史发展 ……………………………………………… 65
第三节　新中国宪法的历史发展 ………………………………………………… 71

第四章　宪法的运行 …………………………………………………………………… 80
第一节　宪法制定 ………………………………………………………………… 80
第二节　宪法修改与宪法解释 …………………………………………………… 86
第三节　宪法实施与保障 ………………………………………………………… 101

第二篇　权利论

第五章　公民基本权利的一般原理 …………………………………………………… 123
第一节　公民基本权利的相关概念 ……………………………………………… 123
第二节　公民基本权利的主体和类型划分 ……………………………………… 126
第三节　公民基本权利的保障与限制 …………………………………………… 133

第四节　人权的发展及我国宪法基本权利的变迁…………………………… 142

第六章　我国公民的基本权利和义务………………………………………… 159
第一节　平等权……………………………………………………………… 159
第二节　政治权利…………………………………………………………… 166
第三节　宗教信仰自由……………………………………………………… 173
第四节　人身权利…………………………………………………………… 176
第五节　监督权……………………………………………………………… 182
第六节　社会经济权利……………………………………………………… 183
第七节　文化教育权利……………………………………………………… 190
第八节　特定主体权利的保护……………………………………………… 193
第九节　公民的基本义务…………………………………………………… 196

第三篇　制度论

第七章　国家性质…………………………………………………………… 207
第一节　国家的阶级本质…………………………………………………… 207
第二节　国家政权的经济基础……………………………………………… 213
第三节　国家的精神文明建设……………………………………………… 228
第四节　国家的政治文明建设……………………………………………… 232

第八章　国家形式…………………………………………………………… 238
第一节　政权组织形式……………………………………………………… 238
第二节　国家结构形式……………………………………………………… 250
第三节　国家标志形式……………………………………………………… 262

第九章　选举制度…………………………………………………………… 275
第一节　选举制度概述……………………………………………………… 275
第二节　我国选举制度的基本原则………………………………………… 282
第三节　选举的组织和程序………………………………………………… 287
第四节　改革和完善我国选举制度………………………………………… 292

第十章　政党制度…………………………………………………………… 301
第一节　政党与政党制度概述……………………………………………… 301
第二节　资本主义国家的政党体制………………………………………… 309
第三节　中国共产党领导下的多党合作制度……………………………… 311

第四篇　权力论

第十一章　中央国家机构 …………………………………………………………… 332

第一节　中央国家机构概述 …………………………………………………… 332

第二节　全国人民代表大会 …………………………………………………… 335

第三节　全国人民代表大会常务委员会 ……………………………………… 342

第四节　国家主席 ……………………………………………………………… 354

第五节　国务院 ………………………………………………………………… 356

第六节　中央军事委员会 ……………………………………………………… 364

第十二章　地方国家机构 …………………………………………………………… 368

第一节　地方国家机构概述 …………………………………………………… 368

第二节　地方各级人民代表大会与地方各级人民政府 ……………………… 374

第三节　民族区域自治地方自治机关 ………………………………………… 383

第四节　特别行政区自治机关 ………………………………………………… 390

第十三章　司法机关 ………………………………………………………………… 402

第一节　我国的审判机关 ……………………………………………………… 402

第二节　我国的检察机关 ……………………………………………………… 411

参考文献 …………………………………………………………………………… 423

第一篇　基本理论

第一章　宪法概述

宪法是国家的根本法,在国家的法律体系中,宪法具有最高的法律效力,是制定其他法律、法规的依据,是构成现代法治国家的基石。在阐述宪法的过程中,首先应该对涉及宪法概念、宪法规范、宪政等基本问题有全面的认识和了解。

第一节　宪法的概念

一、宪法的定义

在社会科学研究中,定义的方法是研究的起点。关于宪法的定义,目前国内外宪法学界尚未达成共识。学者们从不同的角度试图给宪法下一个定义。

(一)从宪法规定内容的角度定义宪法

如德国学者格奥尔格·耶林内克认为:宪法是规定最高国家机关及其履行职能的程序,规定最高国家机关的相互关系和职权,以及个人对国家政权的原则地位的各种原则的总和。加拿大学者柯星说:宪法决定和规定最高的国家机关的设立。它规定这些机关与公民之间、国家与个人之间的相互关系。苏联学者法尔别洛夫认为:宪法是规定国家政治形式、国家机关体制、国家机关成立和活动程序以及公民基本权利和义务的根本法。我国台湾学者林纪东说:宪法者,规定国家之基本组织人民之权利义务及基本国策之根本法也。

(二)从宪法表现形式的角度定义宪法

如美国学者施华兹说:宪法是包括治理国家的指导原则的根本法。英国学者肯尼斯·克林顿·惠尔说:宪法是指那些体现在一个文件或在几个密切相关的文件之中的规则的总和,而且,这种规则几乎不可避免地仅仅是一种法律规则的总和。因而在世界上的大多数国家看来,宪法是管理一国政府活动的并且是体现在一个文件中的法律规则的总和。

（三）从宪法的功能和作用的角度定义宪法

如美国学者特里索利尼认为："宪法具有双重功能，即授予权力并限制权力。"布朗戴尔认为：宪法是强调对政府活动进行限制，给予公开以最大限度自由的强制性规范。美国著名资产阶级民主代表人物托马斯·潘恩说：宪法是一样先于政府的东西，而政府只是宪法的产物。一国的宪法不是其政府的决议，而是建立其政府的人民的决议，政府如果没有宪法，就成了一种无权的权力。

（四）从宪法在国家法律体系中的地位定义宪法

如美国学者库力认为：宪法是国家的根本法律，它包括建立政府的原则，规定主权权力的划分，并指定哪一种权力属于哪一种机关及行使的方法。《美国百科全书》的作者认为：宪法是治理国家的根本法和基本原则的总和。美国学者施华兹说：宪法是包括治理国家的指导原则的根本法。我国的学者一般也认为宪法是国家的根本法。

（五）从宪法的阶级性的角度定义宪法

如英国宪法学家认为：宪法的性质依统治者和被统治者的性质而转移。我国宪法学家吴家麟教授认为：宪法是统治阶级意志和利益的集中体现。

以上中外宪法学者从不同的角度给宪法下的不同定义，都具有一定的合理性。但是，单纯从一个角度解释宪法的概念明显不符合社会科学研究的规律。因为对某一事物或某一现象准确的定义要求全面而且要揭示出本质问题。这样，才有利于社会科学研究的发展。

给宪法下一个符合逻辑规则的定义，应该考虑到三个基本的因素，即宪法的基本内容、本质和作用。这样，才能将宪法与其他部门法区别开来。宪法的基本内容包括国家的根本政治制度、社会经济制度、教育科学文化制度、国家机构及其活动的基本原则和公民的基本权利和义务。这样罗列在定义中显得过于冗长，为了简洁起见，我们将其概括为国家的根本制度和公民的基本权利和义务。

在宪法的定义中揭示出其本质特征非常重要，它是我们认识和掌握宪法的前提条件，是马克思主义宪法观的基本要求。宪法的本质应该是指宪法体现哪一个阶级的意志和利益。然而，阶级的意志不可能平均分配在各个部门法中，而且其意志可根据其重要性的程度进行划分。对于宪法而言，宪法应是集中体现掌握政权的阶级或集团的根本意志和利益。

宪法在国家法律体系中的地位和作用是宪法定义中的一个重要因素。它是宪法区别于其他普通法的外部特征。宪法的这一特点具体表现为宪法是国家的根本大法。

综上所述，我们可以将宪法定义为：宪法是规定国家根本制度和公民基本权利与义务、集中体现掌握国家政权的阶级或集团的根本意志和利益的国家根本大法。

二、宪法的特征

（一）宪法是国家的根本法

宪法作为国家的根本大法，其国家根本法地位体现在以下几个方面。

1. 宪法具有最高的法律效力

法律效力是指法律在特定空间和时间内对其管辖对象具有拘束力和强制力。但是,在一国的法律体系中,宪法的法律效力高于一般的法律,具有最高的法律效力。各国宪法几乎都确定自身的最高法律效力。我国现行宪法在序言中明确宣告:"本宪法以法律的形式确认了中国各族人民奋斗的成果,规定了国家的根本制度和根本任务,是国家的根本法,具有最高的法律效力。"《日本宪法》规定:"本宪法为国家的最高法规"。宪法的最高法律效力主要包含以下两个方面的含义:第一,宪法是立法机关制定普通法律的依据,即宪法是所谓的"母法"、"法律的法律"。在我国,普通法律的第一条都有"根据宪法,制定本法"的表述。虽然在制定物权法时,一些民法学者认为:民法是私法,没有必要宣示物权法是根据宪法制定的,且在宪法产生以前,民法就早已有之。这种观点是不符合逻辑的,实际上,基本法都是宪法的具体化,即使基本法没有"依据宪法制定本法"的表述,也不能否认宪法是所有法律制定的依据的事实。第二,其他法律都不得与宪法的规定发生冲突。如果法律法规或其他规范性文件与宪法相冲突,则不发生法律效力。遵循"部分冲突部分无效,全部冲突全部无效"的原则。如我国现行《宪法》第 5 条规定:"一切法律、行政法规和地方性法规都不得同宪法相抵触。"《日本宪法》规定:"与本宪法条款相违反的法律、命令、诏敕及有关国务的行为的全部或者一部分,一律无效。"

2. 宪法的制定和修改与普通法律不同

宪法作为国家的根本法的地位还体现在宪法的制定和修改程序与普通法律不同。在制定程序方面,普通法律的制定一般由常设的议会或者人民代表大会制定,宪法的制定则多成立特定的起草机构。新中国为起草宪法,成立了由毛泽东任主席的宪法起草委员会,起草委员会的名单由毛泽东提出,中央人民政府委员会第二十次会议通过。在制定程序上,除了在宪法起草阶段设立一个特定的起草宪法机构外,宪法草案的批准程序也十分严格。如法国 1946 年宪法和 1958 年宪法则均是经过全民公决后方生效。在宪法的修改程序上,宪法的修改与普通法律也存在区别。首先,宪法修改的提案主体受到严格限制。如我国现行《宪法》第 64 条规定,全国人民代表大会常务委员会或者 1/5 以上的全国人民代表大会代表方有权提议修改宪法。其次,宪法修正案的批准程序较普通法律严格。如《美国宪法》规定只有 3/4 的州立法机关或州制宪会议批准宪法修改的提案,有关修改的内容才会成为宪法的一部分。在我国,宪法修正案经全国人民代表大会全体代表的 2/3 以上通过后修正案发生法律效力,而普通法律只需过半数即可通过。最后,有的国家的宪法对修改作了限制性规定。这些限制通常涉及不得修改的内容、基本原则、特别状态下的宪法修改以及宪法修改的时间。而普通法律则不会有这种特别的规定。如《法国宪法》第 89 条规定宪法的修改不得有损领土的完整,不得修改政府的共和政体。《西班牙宪法》第 169 条规定,在战时、紧急状态、特别状态和戒严状态下不得修改宪法。《希腊宪法》第 110 条第 6 款规定,在上次宪法修改完后未满 5 年不得对宪法进行修改。

3. 宪法规定了一国最根本、最重要的制度

宪法以政治社会中最根本的社会关系"国家和公民的关系"为调整对象,规定的都是重大的、根本的内容。从世界各国立宪实践来看,宪法规定了国体与政体、国家机关的权力与责任、公民的权利与义务、中央与地方的关系等一系列重大问题。显然,与普通法律只规定国家生活和社会生活中某些方面或某一方面的一般性问题相比,宪法规定的内容具有根本性和全局性的特征。

(二)宪法是制约国家权力之法

宪法在授予权力同时,也必须科学地设计出国家权力的运行机制,也就是通过权力的制约机制来最大限度地防止国家机关滥用职权。国家权力本身是中性的,并具有支配性和扩张性。同时,国家机关本身也有自身利益,而通过国家权力来使利益最大化或者获得不当利益是一种极为有效的捷径。因此,科学地设计出国家权力运行机制是实现社会长治久安的必要前提。虽然权力的制约机制增加了权力运行的成本,但与没有权力制约机制对社会和公民所造成的损失相比,便显得微不足道。

世界各国根据本国的历史文化和政治实践,确立符合本国政治与社会发展的国家权力制约机制。如世界上的第一部成文宪法美国1787年宪法内容虽简短,但却全面地规定了国家的立法、行政和司法权力的分立和制衡以及联邦政府和州之间的权力划分。1215年的英国《自由大宪章》之所以在学界被视为宪法,就在于它体现了权力制约的理念,对国王的权力进行了限制,确立了国王和贵族权力范围,形成了权力制约的有效机制。

(三)宪法是人民授予权力之法

人民是国家制定宪法的唯一主体,是国家权力的所有者。人民将国家权力分别授予不同的国家机关,以便于它们对社会进行有效管理,因为人民不可能代替国家机构来管理社会。人类社会的历史表明,一个社会如果没有一个凌驾于社会之上的国家权力,社会秩序将无法得到保障,每个人必将生活在失序和动荡之中,并最终失去权利和自由。人民以宪法的形式向国家机关整体性地或概括性地授予权力,从而使得宪法具有授权总章程的特点,其他法律的授权只能是根据宪法所进行并不得违反宪法的规定和精神。从世界各国宪法的规定来看,对国家机关职权的规定就是人民授权的具体体现。如美国宪法在第一次修改之前总共只有七条,第一至第五条都是关于国家机关职权的规定,第一条是关于国会的权力,第二条是关于总统的权力,第三条是关于法院的权力。我国宪法在第三章专门规定国家机关的权力,分别对全国人民代表大会及其常务委员、国务院、国家主席、中央军事委员会、人民法院和人民检察院、地方国家机关进行授权。从世界各国的宪法文本来看,各国宪法在内容上千差万别,有的没有序言,甚至公民权利的内容在少数国家的宪法中也没有成为独立的部分,但对国家机构的构成,各种国家机关的组织、职权和活动程序不作系统规定的宪法还没有。因此,不系统规定国家权力的法律文件不可能成为宪法。

(四)宪法是保障人权之法

宪法是保障人权的根本大法。1789年的法国《人权与公民权宣言》(以下简称《人权宣言》)第16条明确指出:凡是权利未保障和分权未确立的社会,就没有宪法。列宁也曾指出:"宪法就是一张写着人民权利的纸。"据美国学者路易斯·亨金统计,人权已写入世界上差不多所有160个国家的宪法之中,因此,人权既是宪法的历史逻辑起点,同时也是宪法的终极价值。

1.人权的普遍性与宪法的根本性的统一

人权的普遍性可以从两方面来理解:

一方面,人权主体的普遍性。人权主体的普遍性是指社会的每一个成员都是人权的享有者,无论性别、种族、民族、信仰、教育背景、经济地位等自然和社会属性存在何种差别,都应一视同仁地成为人权主体。因为"承认并肯定一切人权都源于所固有的尊严和价值,人是人权和基本自由的中心主体"。而且,"人权问题第一次不再是简单地限于本地或本国范围的问题,不再简单地强调一个少数人集团或一个人权原则的问题。争取普遍人权的运动强调国际范围的人权。"申言之,人权的普遍性是由于它自身存在着一种应当被普遍尊重和遵行的价值,且这种价值的存在和实现对于任何国家、民族和种族的人是没有区别的。因此,人权的普遍性以道德的预设为前提,正如著名人权学家米尔恩所指出:"是否存在人权,尊重人权是否为最低限度普遍道德标准所要求,这不是个以经验为依据的问题。毋宁说这是一个关于社会生活的含义及这些含义是否包括此种标准的问题。""人权一定要是普遍道德权利。但是存在作为其渊源的某种普遍道德,才可能存在这样的权利。"

另一方面,人权内容的普遍性,即人权所包括的具体内容适合于每一个不同的个人主体。如生存权、平等权、自由权、财产权和安全权等作为基本的人权是人成其为人的基本条件,它无疑是每一个人所需求和渴望获得的权利。虽然,人权的内容随着社会的进步而不断丰富和完善,但是一旦新的人权产生,它必然是现实生活中的个人所应当具有的,也就是说,它本身存在普遍性的特征。

人权的这种普遍性与宪法的根本性具有高度的契合:

首先,人权的普遍性表明它并不是社会生活中的一般问题,而是涉及一系列重大的社会关系的产生和变更,是社会生活中带有根本性的问题,路易斯·亨金曾言:"在美国,个人权利是生活的核心所在,而且从新中国成立以来就是宪法史的主线。在《独立宣言》中,人权思想所提供的政治理论使美国具有了建立独立国家的合理性。"而宪法是国家的根本法,它规定国家生活和社会生活中最根本、最重要的问题,正如斯大林所指出:"宪法并不是法律汇编。宪法是根本法,而且仅仅是根本法。"因此,人权逻辑地成为宪法的中心价值,支撑着整体宪法价值基础。法国人权宣言对人权的宪法价值地位作了极具说服力的诠释:任何政治结合的目的都在于保存人的自然的和不可动摇的权利。这些权利就是自由、财产、安全和反对压迫。美国独立宣言明确宣布:"我们认为这些真理是不言而喻的:人人生而平等,他们都从他们的'造物主'那边被赋予某些不可转让的权力,其中包括生命权、自由权和追求幸福的权利。"

其次,人权的普遍性表明它构成各部门法的重要基础。前已述及,人权具有主体和内容普遍性的特征,而不同的法律是以某一社会关系作为调整对象。显然,人是社会关系的主体,这样,以特定社会关系为调整对象的部门法必然要涉及人权:由于人权的复杂性及其在社会生活中的重要地位,它不仅需要部门法的具体展开和保障,而且也要求各个部门法之间对人权的规定相互统一和协调,不能存在抵触和冲突。因此,人权必然要在作为根本法的宪法之中对各部门法人权的内容作出原则性和概括性的规定,它不仅有利于部门法之间维持和谐和统一,而且也为部门法提供合宪性的标准。所以,人权的普遍性为宪法的根本性构造提供了现实的基础,缺乏人权内容的宪法势必难以起到社会生活的指导和调控作用。

2.人权与宪法的历史性相统一

人权不仅表现为观念,更重要的是人权极富实践性,而人权的实践性为"应然人权"向"法定人权"转化提供了条件。在观念上人权深刻反映了历史上某一特定时期的社会经济关系。欧洲中世纪农奴制封建经济形态和等级政治结构与商品经济的发展产生了不可调和的矛盾,新兴的资产阶级为了自身利益需要而争取政治和经济权利进行不懈抗争。正如恩格斯在揭示人权产生的历史根源时所指出:"社会的经济进步一旦把摆脱封建桎梏和通过消除封建不平等来确立权利平等的要求提上日程,这种要求就必定迅速地扩大其范围……这种要求就很自然地获得了普遍的、超出个别国家范围的性质,而自由和平等也很自然地被宣布为人权。"在实践上,人权同样也是历史地产生。资产阶级要将少数人的特权转换为普遍性的人权,显然需要将其上升为体现国家意志的法律规范,这就需要资产阶级在国家政治生活中的地位由被统治阶级上升为统治阶级,否则他们的意志便无法通过法律的形式体现为国家意志而具有普遍的约束力。人权的这一历史性特征与宪法相连接。"近代意义的宪法是资产阶级革命取得胜利,有了资产阶级民主事实之后的产物,是资产阶级民主事实的法律化。"宪法和人权都是近代政治文明发展的产物,宪法将人权作为核心内容是对社会历史发展客观规律的正确反映,也是其自身合法性渊源。由于人权和宪法的历史统一性,宪法便有了"就是一张写着人民权利的纸"的美誉。宪法史也充分证明了这一点,在英国 17 世纪资产阶级革命时期,于 1679 年通过了《人身保护法》,1688 年"光荣革命"后又通过《权利法案》。1791 年,法国资产阶级革命后将《人权宣言》作为第一部宪法的序言。世界上第一部社会主义宪法——1918 年苏俄宪法,也将《被剥削劳动人民权利宣言》列为第一篇。因此,从某种意义上来讲,人类的制宪史便是人权宣言的发展史,宪法的诞生便宣告着人权时代的到来。从宪法的理念的萌芽,原则和具体规范的确定,再到宪法的变迁,无不浸润了对人权认识的逐步升华。每一个时代对人权新的认识总是会得到宪法的迅速回应,以美国宪法修正案为例,1787 年,美国宪法诞生后,宪法修正案总共有 26 条,其中涉及公民权利的修正案就达 16 条之多。宪法和人权的这种同步发展的特点有力地说明了宪法是人权保障之法。

三、宪法的功能

宪法的产生以阶级斗争为先导,宪法的内容以民主政治为核心。统治者制宪的目的无非是要通过制定一部根本法,确认革命斗争的胜利成果,规定国家的根本制度和根本任务,调节统治者内部的相互关系,使民主政治制度化、法律化,借以巩固政权,发展经济文化,使整个国家沿着宪制的轨道不断前进。据此,当我们研究宪法的基本功能时,就不能不从各个不同的角度加以考察和分析。

(一)确认革命胜利成果,巩固国家政权

这是从政治角度对宪法功能作出的分析,也是宪法所具有的最直接的首要功能。当一个阶级取得革命斗争的胜利,并建立起国家政权时,首先要考虑的便是如何巩固这个新政权。这是任何时代任何阶级统治的普遍规律。当然,巩固政权的具体手段和途径很多,但其中的法律手段却是至关重要的。这里包含着三层意思:

(1)通过立法把革命胜利成果记载下来,借以证明推翻旧政权和建立新政权的合理性,使新政权的存在合法化,从而确认国家权力的归属,树立起统治的权威。

(2)通过立法把社会各阶级在国家中的地位及其相互关系固定下来,借以调整统治者内部的各种矛盾,镇压敌对势力的反抗,从而使政权得以稳固。

(3)通过立法把政权机构的组织体系、性质任务、职责权限、工作制度等规定下来,使政权组

织的活动有法可依,有章可循,从而保证整个国家机器有条不紊地正常运转。

当资产阶级取得反封建革命斗争的胜利并建立起资产阶级的国家政权时,便首创了宪法的先例,用国家根本法的形式确认了资产阶级民主政权的合法存在,并以财产为特征规定了公民的权利和义务,以"三权分立"为基本原则和制度规定了国家机构的设置,保证整个资产阶级都有共同管理国家的权利。当无产阶级取得革命胜利并建立起社会主义的国家政权时,同样也通过制宪确认了人民民主政权的合法存在,并根据具体的国情规定了公民的权利和义务,以民主集中制为基本原则和制度,规定了国家机构的设置,保证全体人民都有共同管理国家的民主权利。我国现行宪法不仅在序言中明文记载了中国共产党领导人民进行新民主主义革命和社会主义建设所取得的伟大成就,而且在条文中确认了国家的社会主义性质和人民在国家中的主人翁地位和权力,以及旨在确保行使这种权力的各项具体制度。这里,宪法的功能和作用便得到了最直接、最充分的体现。

(二)维护经济基础,促进经济发展

这是从上层建筑对经济基础的反作用角度对宪法功能作出的分析。按照马克思主义的观点,一定社会的经济基础是第一位的,而建立在其上的上层建筑是第二位的,即经济基础决定上层建筑。但上层建筑却并不完全处于被动的地位,它要反作用于经济基础。宪法是社会上层建筑的重要组成部分,其性质由自己赖以建立的经济基础所决定。所以通常说,资本主义的经济基础只能产生资本主义宪法;社会主义的经济基础必然产生社会主义宪法。这无疑是正确的。但当我们翻开资本主义国家的宪法,就会发现一个被普遍遵循的原则,即"私有财产神圣不可侵犯",并且还可看到尽管早期的资产阶级宪法中并无有关社会经济制度的成文规定,但近年来也逐步出现了增补国家干预经济的条款;当我们翻开社会主义国家的宪法,又会发现一个被普遍遵循的原则,即"社会主义公共财产神圣不可侵犯",并且在宪法中明文规定了以生产资料的社会主义公有制为基础的社会经济制度和相应的经济方针和政策。那么制宪者为什么要把这些内容载入宪法呢?其目的就是要以国家根本法的形式确认新建立起来的生产资料所有制关系,并通过规定国家的经济方针和政策来促进整个国民经济的发展,以最终实现统治者的经济利益。因此,尽管有些国家的宪法对经济制度的规定显得比较简单,但由于宪法的基本价值取向在于保障民主和人权,一定社会的生产资料所有制关系必在其保护范围之内,所以宪法在维护经济基础、促进经济发展方面的功能非但确实存在,而且对整个国家的繁荣昌盛和人民幸福起着决定性的作用。比如我国现行宪法于1988年、1993年和1999年通过的三次宪法修正案共17条内容中,涉及最多的便是有关经济制度方面的问题。尤其是关于"坚持改革开放"、"国家实行社会主义市场经济"、"加强经济立法,完善宏观调控"、"国家在社会主义初级阶段,坚持公有制为主体、多种所有制经济共同发展的基本经济制度,坚持按劳分配为主体、多种分配方式并存的分配制度"等新规定,无疑将对我国经济的发展起到非常重要的保障和推动作用。

(三)保障与维护公民的基本权利

这是从保障人权的角度对宪法功能作出的分析。前已述及,民主和人权是宪法最基本的价值取向。世界各国的宪法不仅都把保障人权列为主要的内容,而且绝大多数国家的宪法都设置专章规定"公民基本权利和义务"和"国家机构"这两项内容。这就足见保障人权在宪法中的地位和分量。孙中山先生说,宪法者,国家之构成法,亦即人民权利之保障书也。这样来定义宪法,也

不外是从这个意义上说的。我国现行宪法不仅把"公民的基本权利和义务"的内容安排在"国家机构"一章之前,作为宪法的第二章,与第一章"总纲"相衔接,表现了公民的基本权利和义务是同国家制度、社会制度紧密相连的,是"总纲"的延伸和继续;而且在具体内容上以 24 个条文作出详细规定。这既为公民广泛而真实地享有各项权利和自由并履行相应的义务提供了宪法保障,又充分表明了国家与公民之间的相互关系。根据宪法的规定,就公民而言属于基本权利的内容,对于国家来说,则是一种义务,即国家负有保障其实施,并在其受到侵害时给予保护的责任;属于公民基本义务的内容,对国家来说,便是一种权利,即国家有权要求公民承担履行义务的责任。从本质上说,宪法之所以为公民设定义务,其目的还是为了维护宪法秩序,以更好地保障每个公民都能充分享有权利。据此,宪法具有保障并维护公民基本权利的功能是显而易见的。

(四)健全法律制度,推动法制建设

这是从法治的角度对宪法功能作出的分析。宪法是国家的根本法,普通法律的制定必须以宪法为根据,其内容既是宪法确认的原则的延伸和具体化,便不得同宪法相抵触、相违背。宪法作为国家根本法还要求一国之内人人皆守之。据此,可以看出宪法在健全法律制度、推动法制建设方面的功能包含以下几层意思:

(1)宪法为普通法律的制定提供了立法依据和立法原则。

(2)宪法为国家整个法律体系的形成和维护国家法制的统一和尊严奠定了基础。

(3)宪法为促进法律的实施、切实实行法治提供了保障。比如我国现行宪法,不仅在序言中庄严宣告"本宪法……是国家的根本法,具有最高法律效力",要求一切组织和个人"都必须以宪法为根本的活动准则,并且负有维护宪法尊严、保证宪法实施的职责",而且还在"总纲"第 5 条明确规定:"中华人民共和国实行依法治国,建设社会主义法治国家。国家维护社会主义法制的统一和尊严。一切法律、行政法规和地方性法规都不得同宪法相抵触。一切国家机关和武装力量、各政党和各社会团体、各企业事业组织都必须遵守宪法和法律。一切违反宪法和法律的行为,必须予以追究。任何组织或者个人都不得有超越宪法和法律的特权。"这样的规定,对于整个国家的法律制度的完善和法制建设的加强肯定具有"纲举目张"的功能和作用。

(五)确认文化制度,促进精神文明的发展

这是从思想文化的角度对宪法功能作出的分析。任何一个社会,其文明成果总是包括物质和精神两个方面。这是不以人们的主观意志为转移的客观规律。只是统治者通过制宪,在规定国家的根本制度和根本任务时,是否主观意识到这样完整的内容,那就取决于时代、国情、认知等多方面的因素。但事实上,无论是过去还是现在,也无论是外国还是中国,在宪法中都出现过有关教育、科学、文化方面的规定。至于把社会主义精神文明建设作为国家根本任务之一,在宪法中作出明确规定,是由我国 1982 年宪法首创的。在这部宪法中,不仅在序言部分明示了"把我国建设成为富强、民主、文明的社会主义国家"的根本目标和任务,而且在"总纲"部分从第 19 条到第 24 条明文规定了教育、科学、文化和思想道德等旨在加强社会主义精神文明建设方面的具体内容、方法和途径。据此,可以看出这部宪法在促进精神文明发展方面的功能同样是客观存在的。

四、宪法发挥作用的条件

如上所述,宪法的基本功能包含了多方面的内容。但这是从原理上,即从应然的意义上说的,至于一部宪法能否充分发挥其功能,即通过切实实施而起到它应有的作用,却又取决于诸种因素。

(一)宪法自身的内容切合实际

宪法自身的内容切合实际是宪法发挥作用的前提条件。倘若一部宪法的规定与现实的情况相去甚远,当然也就无从谈及其贯彻实施,也起不到应有的作用。我们之所以对清王朝、北洋军阀和蒋介石国民党所搞的宪政、宪法一概斥之为伪宪法,就因在封建地主和官僚买办资产阶级的统治下,根本就不存在民主的现实,他们也并不打算要真正实行民主宪政。这样的宪法即便有时也规定得冠冕堂皇,但就实行民主政治而言,那也只是骗局,而不可能得到实施。另一种情况是在宪法制定的过程中,出于某种因素,条文中的规定超越了现实的客观条件,甚至违背了客观规律,实际上是不可能做到的。这种情况尽管其本意并不是为了欺骗,但实际上也是不可能实施的。因此,当我们制定宪法时,一定要从客观的实际情况出发,实事求是。现实存在的,或者就某项内容而言是宪政制度所必需的,而且经过一定的努力可以做到的,就写进去;暂时做不到的,就暂时不写;对整个国家弊多利少的,尽管看起来很民主,也不写。总之,制定宪法时,既要总结历史的经验,又要考虑现实的情况,还要照顾到将来的发展。对于一部宪法来说,虽然允许其具有一定的纲领性,以规划将来的发展,但总体上更应当体现现实性,以确保其贯彻实施。

(二)普通立法完备

普通立法完备是宪法实施的必要条件,也是发挥宪法实际作用的重要因素。前已述及,宪法是国家的根本法,它所确认的是有关国家制度和社会制度的一些基本原则,即在内容上既不包罗万象,也不具体。这就要通过普通立法来加以具体化,才能使宪法确认的原则得到体现并得到贯彻实施,从而发挥其作用。因此,普通立法越是完备,宪法的实施也就越有保证;反之,如果普通立法并不完备甚至残缺不全,宪法的原则规定也就很难付诸实施。从这个意义上说,宪法的实际作用离不开普通立法,离开了普通立法的宪法只是"空中楼阁"。这同样有赖于加强民主与法制建设,以形成一个具有本国特色的法律体系,真正做到有法可依、有法必依、执法必严、违法必究。

(三)政治稳定、社会安定

政治稳定、社会安定是宪法切实实施并发挥其实际作用的重要因素。政治稳定、社会安定,便为维护整个国家的法律秩序创造了一个良好的法制环境。国家机关严格依法办事,公民都能遵纪守法,宪法的实施便得到了保证。反之,倘若政治动荡,社会混乱,甚至像有些国家那样政局动荡不定,经常发生政变,那么,宪政便也岌岌可危。在我国,1954年制定的新中国第一部宪法,称得上是一部比较好的宪法。在其颁行以后的几年中,确曾起到了巩固国家政权、推动社会主义改造和经济发展、保障人民物质文化生活水平的逐步提高等重要作用。然而,十年"文革"期间,由于动乱的出现,民主被破坏,法制遭践踏,宪法的权威受到严重的挑战,其实施得不到保证,那又何谈其作用的发挥？

（四）经济持续稳定地增长

经济持续稳定地增长是宪法发挥其作用的一个重要因素。国富民强，人民安居乐业，人心思安，人心思定，社会秩序自然良好。举国上下就会珍惜宪法确认的革命胜利成果，就会身体力行地贯彻实施宪法。反之，倘若经济走到了崩溃的边缘，国家衰败，民不聊生，那就很难想象人们还会去关心宪法的实施及其作用。诚然，如上所述，我国1954年宪法是一部比较好的宪法，好就好在这部宪法确认了民主和社会主义原则，既符合当时的现实情况，又极大地推动了社会的进步和经济发展。这样一部宪法当然会因得到广大人民群众的拥戴而付诸实施，从而发挥其正常的功能。但当"十年动乱"使国民经济濒临崩溃的边缘之时，所谓"莺歌燕舞"便失去了起码的物质前提和基础，此时谁还会去关心宪法的实施及其作用呢？而今，通过改革开放、发展经济，国家的经济实力和综合国力明显得到增强，人民的物质文化生活水平普遍提高。尽管在经济体制转轨中还存在这样那样的困难和问题，但就总体而言，社会主义事业欣欣向荣已是一个不争的事实。此种情形无疑为切实贯彻实施宪法，使其进一步发挥应有作用创造了一个极为有利的条件。

（五）人们的法律意识是否普遍得到增强

人们的法律意识普遍得到增强，这是实行法治的重要因素，也是宪法得以实施并发挥作用的思想观念上的因素。"徒法不足以自行"这句常说的话告诉我们，有了法以后必须靠人去执行，才能称得上依法办事和依法治国。"依法治国"，首先应是指依宪法治国。当制定了一部好的宪法，并且形成了一个适合实际情况的法律体系之后，人们的意识观念便是一个决定性的因素。有法不依、执法不严、违法不究等现象的存在尽管有这样那样的缘由，但法律意识淡薄、法制观念不强，肯定是一个主要因素。在我国，江泽民同志之所以在党的十五大报告中提出要"深入开展普法教育，增强全民的法律意识，着重提高领导干部的法制观念和依法办事能力"，就是要我们解决意识观念上的问题，以切实实施"依法治国，建设社会主义法治国家"的治国方略。而要真正解决这个问题，根本的还在于积极推进政治体制改革，努力加强民主法制建设。

综上所述，无论是宪法自身内容的完善，还是政治的稳定、经济的发展、普通立法的完善，以及人们法律意识的增强，都必须以加强民主政治建设，推进经济文化事业的发展作保证。也只有这样，才能使宪法的功能得以发挥，从而对整个国家和社会起到好的实际作用。

第二节　宪法的分类与渊源

一、宪法的分类

根据不同的标准对宪法所进行的分类有很多种，但总的来说，基本上可以归为两大类，即宪法的形式分类和宪法的实质分类。

（一）宪法的形式分类

宪法的形式分类，是从宪法形式上的某些特点出发对宪法进行的分类。主要有以下几种。

1. 成文宪法与不成文宪法

这是按照宪法的外在表现形式，即是否具有统一的法典形式对宪法所进行的分类。成文宪法是指以统一的宪法典的形式表现出来的宪法。不成文宪法是指没有统一的法典形式而由带有宪法性质的各种政治文件、法律文件、宪法惯例和宪法判例组成的宪法。

一般把 1787 年美国宪法看做是世界上的第一部成文宪法。该宪法制定之后，很多国家纷纷仿效，据统计，从 1800 年到 1880 年间，欧洲各国先后制定和修订的宪法，总计不下 300 部。欧洲各国除俄国外，到 1880 年都有了宪法，并且除了英国和匈牙利外，又都是成文宪法。以后又推广到美洲、亚洲，现在世界上绝大部分国家的宪法都是成文宪法。

不成文宪法的典型国家是英国。英国没有专门的统一的宪法典，其宪法由四部分组成：一是具有宪法性质的重要文件，如 1215 年的《自由大宪章》，1259 年的《人民公约》，1628 年的《权利请愿书》等；二是含有宪法内容的国会立法，如 1679 年的《人身保护法》，1689 年的《权利法案》，1701 年的《王位继承法》，1911 年的《国会法》，1918 年的《国民参政法》等；三是长期形成的宪法惯例，如国王不参加内阁会议，由下院多数党领袖主持内阁，组阁政党必须在议会中占多数并集体负责等；四是具有宪法性质的法院判例中所宣誓的宪法原则，如人身自由、言论自由、正当法律程序等。

对成文宪法和不成文宪法进行分类并不是绝对的，并不意味着成文宪法一定没有宪法惯例和宪法判例，也不意味着不成文宪法一定没有书面的文件。把握这种分类主要看宪法的构成以什么为主，如果是以成文的规定为主，并且有统一的宪法典，即使有一些宪法惯例和判例，也被称为成文宪法。例如，美国存在着两党制这样的宪法惯例，司法审查制度这样的司法判例等，但美国仍然被划分为成文宪法国家。如果以习惯和判例为主，并且没有一部统一的法典，即使有一些成文的宪法性文件，也还是被称为不成文宪法。例如，英国有《权利法案》、《王位继承法》等成文的宪法性文件，但这并不影响将其划入不成文宪法的行列。

2. 原始宪法和派生宪法

这是以宪法内容是否具有首创性为标准而进行的分类。原始宪法，又称创制性宪法，是指源于本国政治革命或者宪政运动，在宪法基本内容上具有首创性的宪法。美国宪法、法国宪法即属此类。派生宪法，又称模仿性宪法，是指以国内外已经存在的宪法为范例，吸取适合本国情况的宪法内容而制定，不具有首创性特点的宪法。如"二战"后诞生的社会主义国家多以苏联 1936 年宪法为模仿对象，我国 1908 年的《钦定宪法大纲》以日本明治宪法为蓝本而制定。

3. 刚性宪法和柔性宪法

这是根据宪法的效力和修改程序是否与普通法律相同而对宪法进行的分类。刚性宪法，是指在效力上高于普通法律，宪法修改程序比普通法律严格的宪法。柔性宪法，是指效力与普通法律相同，宪法修改程序也与普通法律相同的宪法。

此种分类方法是英国著名法学家布赖斯（James Bryce）在《历史与法学研究》一书中首先提

出来的。他称英国宪法为柔性宪法,美国宪法为刚性宪法。

大部分成文宪法属于刚性宪法,这主要是指在大部分成文宪法中明确规定宪法的修改必须按照严格程序进行。但是也有例外,有些国家虽然采用成文宪法形式,但是在宪法中并未特别规定宪法修改的程序,被认为和普通法修改程序相同,依照分类标准是柔性宪法,如1848年的意大利宪法就是如此。

不成文宪法属于柔性宪法,英国就是这样的典型。英国宪法中,所有的宪法性文件都是由国会按照普通立法程序制定和修改的,没有比一般法律更为严格的程序要求。至于惯例和判例不可能有特别的修改程序。

刚性宪法和柔性宪法各有优劣:刚性宪法因其修改程序严格,使其具有较强稳定性的优点,但同时也因此导致其不易及时应对发展变化的社会现实,存在缺乏适应性的缺点;柔性宪法则因其制定和修改比较容易,使其面对不断发展变化的社会环境,具有适应性强的优点,但同时也因此使其不具有太强的稳定性。不过,在具体的实践过程中,刚性宪法和柔性宪法为了克服自身的弱点,也在彼此吸收优点,向更为完善的方向发展。柔性宪法国家,如英国,虽然修改宪法性文件的程序与一般法律相同,但英国宪政制度的重大变革通常要经过长期的讨论,在提案以前,要听取选民的意见,各政党协议,有时还要把修宪问题交专家组成的委员会,所以英国修改宪法性文件比修改一般性法律要慎重得多。而刚性宪法的国家,如美国,虽然正式修改宪法非常困难,但由于它们在实践上发展了司法审查制度,通过最高法院的判决不断地丰富、发展宪法的含义,也在一定程度上使宪法能因时因势而变,避免了宪法的僵化和不适应性。

4.思想性宪法和功利主义宪法

这是根据宪法与意识形态的关系来划分的。思想性宪法,又被称为附意识形态宪法,是指明确宣布自己的意识形态的倾向的宪法。功利性宪法,又被称为不附意识形态的宪法,是指仅规定有关社会和政治力量可以进行角逐的范围,并不以任何意识形态为转移的宪法。

5.钦定宪法、协定宪法和民定宪法

这是依据制定宪法的机关和主体为标准对宪法进行的分类。钦定宪法,是指按照君主的意志制定,由君主自上而下地恩赐给臣民的宪法。协定宪法,是指君主或国王与国民或者国民代表机关通过谈判协商而制定的宪法。民定宪法,是指通过人民的代表机关或者按照公民投票方式制定的宪法。

钦定宪法虽然是君主自己制定的,但往往并非出于君主的自愿,而是迫于某种外在的压力制定的。有的钦定宪法也具备宪法的一些基本要素,也对君主特权进行了一定的限制,在形式上也有保护民权的内容;有的钦定宪法则仅取宪法之名,内容上并无近现代意义上宪法的内容。现在钦定宪法已经成为历史的遗迹,当代宪法很少采用钦定形式,大多以民定方式完成。钦定宪法的典型例子是1814年法国宪法,1889年日本的明治宪法,1908年晚清政府颁布的《钦定宪法大纲》等。

协定宪法往往是一种妥协的产物,如1689年英国的《权利法案》,这部法案是1688年"光荣革命"后资产阶级和土地贵族妥协的结果,其中对君主的权力作了诸多限制,但是却依然保留了君主制的形式,因此形成君主立宪的政治体制形式。1809年的瑞典王国宪法、1830年的法国宪法等都属于此种类型。

现代国家制定的宪法大多属于民定宪法,是指由人民参与制定的宪法。民定宪法体现主权在民的理念,宪法制定主体具有普遍的代表性,以保障宪法能够真正实现限制权力滥用、保障人权的目标。我国现行宪法即属此类。

6.规范性宪法、名义性宪法和标语性宪法

这是以宪法对国家权力是否有规范性作用,是否有实际约束作用为标准而进行的分类。规范性宪法,是指宪法对国家权力有规范性作用,能够约束国家权力的运行的宪法。名义宪法,是指由于宪法内容远离本国的实际政治生活,不能发挥规范性作用,对国家权力没有起到约束作用的宪法。标语性宪法,又称字义性或语义学宪法,是指宪法仅仅具有宣传手段的意义,不具有规范国家权力的作用,实际上在宪法内容中体现的是掌握国家权力者的独占利益。

(二)宪法的实质分类

宪法的实质分类,是马克思主义宪法学者所作的一种分类形式,以宪法的经济基础和阶级本质为分类标准。据此标准,宪法被分为资本主义类型的宪法和社会主义类型的宪法。

1.资本主义类型的宪法

资本主义类型的宪法,是指建立在生产资料私人所有制基础之上,体现资产阶级意志,并维护其利益的宪法。马克思主义宪法学者认为,资本主义类型的宪法的实质虽然是保护资产阶级利益的,但是在内容上却往往规定宪法保护全体公民,因此具有一定的隐蔽性。美国、英国、法国、日本等国宪法即属此类。例如,法国宪法第3条规定"国家主权属于人民,人民通过自己的代表和通过公民投票的方法行使国家主权。任何一部分人民或者任何个人都不得擅自行使国家主权";日本宪法序言宣称"主权属于全体国民",等等。

2.社会主义类型的宪法

社会主义类型的宪法,是指建立在生产资料公有制基础之上,体现占社会人口绝大多数的无产阶级和其他人民群众利益,并维护他们根本利益的宪法。1918年7月第一部社会主义宪法诞生,即《俄罗斯社会主义联邦苏维埃共和国宪法》。与资产阶级的宪法不同,社会主义宪法公开表明自己的阶级属性,明确指出,社会主义国家是工人阶级和广大劳动人民当家做主的国家,是绝大多数人对少数人的统治。如《朝鲜民主主义人民共和国宪法》第一章就规定了朝鲜人民民主主义共和国是工人阶级领导的、工农联盟为基础的无产阶级专政的自主的社会主义国家。我国宪法第1条也规定,"我国是工人阶级领导的、以工农联盟为基础的人民民主专政的社会主义国家"。第2条规定,"中华人民共和国的一切权力属于人民"。

二、宪法的渊源

宪法渊源是指宪法基于不同效力来源所形成的外部表现形式,包括成文宪法典、宪法性法律、宪法惯例、宪法判例和宪法解释等;宪法的结构形式包括宪法体系和成文宪法典的结构形式,其中成文宪法典的结构形式具体分为宪法典的形式结构和宪法典的内容结构。

（一）宪法的一般渊源形式

1.成文宪法典及宪法修正案

宪法典是成文宪法的最基本部分，是成文宪法的典型表现形式，是宪法的最主要渊源形式，它由特定制宪机关通过特别程序制定，在国家法律体系中具有最高法律效力。宪法修正案是宪法典的修改与补充条款，附于宪法典之后，与宪法典具有同等的法律效力，也是宪法的主要渊源形式。

2.宪法性法律

宪法性法律是指一国宪法的内容不是统一规定在一个法律文件中，而是规定在多个相互关联的法律文件中，具体可分宪法本体法和宪法关联法。前者是指一国的根本制度由多部单行法律文书表现出来的宪法，由普通立法机关按普通立法程序予以制定，其地位和效力同于普通法律，不成文宪法国家采用这种形式；后者是指由普通立法机关为实施宪法而制定的宪法性法律，具体有组织法、选举法、代表法、代议机关议事规则、立法法、监督法等，其法律效力低于宪法典，但属于宪法范畴，成文宪法的国家通常采用这种方法。我国是采用这一形式的典型国家。

3.宪法惯例

宪法惯例是指在国家政治实践中实行并经国家认可、具有宪法效力的习惯和传统。它一般由代议机关、国家元首、政府首脑或政党领袖等在实际政治生活中开创先例，并为后人所效法而逐渐形成的。如英国关于"内阁首相自行组阁"的宪法惯例，就是1834年由首相罗伯特·庇尔为保持内阁稳定而自行组阁并获当时英王默许而形成的。国王不承担政治责任也是一种英国宪法惯例。宪法惯例大多存在于不成文宪法国家，但也会存在于成文宪法国家。在美国，作为总统咨询机构的内阁，政府各部首长不能列席国会两院会议，只能到国会两院的委员会作证；国会议事公开，允许旁听等。在我国，由中共中央提出宪法修正案，全国人大常委会接受宪法修正案提案并向全国人民代表大会提出，这种宪法修正案提出方式也属于宪法习惯。另外，宪法惯例在经过特定的法律程序可转化为宪法的成文规定。

4.宪法判例

宪法判例是指司法机关在审判实践中对提起诉讼的案件所作的裁决而形成的法律原则或规则并经国家认可、具有宪法效力的司法判例。如美国违宪审查制度的确立就是通过1803年美联邦最高法院关于"马伯里诉麦迪逊案"的判决形成的。宪法判例大多存在于以判例法为主要法律渊源形式的普通法系国家。

5.宪法解释

宪法解释是指由特定机关依照法定程序对宪法条文、规范、原则、结构、功能及其法律关系等所作的分析、说明和补充。宪法解释与被解释的宪法本身具有同等法律效力。宪法解释的形式不一，如1973年的巴基斯坦伊斯兰宪法专设一章《解释》，对宪法条文中名词术语的含义进行解释；也有通过特定的国家机关对宪法中的概念或规则予以解释。

6.权威性宪法著作

权威性宪法著作是宪法渊源的辅助形式,主要实践于普通法系国家。权威性宪法著作构成宪法的渊源在法律效力上具有特殊性。我国著名法理学家沈宗灵认为,权威性著作的约束力与制定法不同,它对法律的发展具有一种说服力。美国著名法哲学家埃德加·博登海默将权威性著作列入非正式法律渊源。他认为:"所谓非正式渊源,我们是指那些具有法律意义的资料和值得考虑的材料,而这些资料和值得考虑的材料尚未在正式法律文件中得到权威性的或至少是明文的阐述与体现。"如美国的《联邦党人文集》就是解释宪法的历史文献,成为美国宪法的渊源形式之一。在英国,在没有宪法性法律明确规定和宪法判例尚未形成时,法官往往引用权威性宪法著作如戴雪(A. V Dicey)的《英宪精义》、詹宁斯(Sir I. Jennings)的《法与宪法》作为司法判决的依据。

7.国际条约和国际习惯

国际条约是指国际法主体之间就权利义务关系所缔结的双边或多边的书面协议。国际条约有双边国际条约和多边国际条约之分。"条约必须遵守"是国际法的一项基本原则。国际习惯是指世界各国在国际交往中形成的具有法律约束力的行为规则。国际习惯一旦为国际社会所接受,就应具有普遍的约束力。国际条约和国际习惯是国际法的主要渊源形式,它们能否成为一国宪法的渊源形式,则取决于一国的参与和认可。如美国1787年联邦宪法第6条规定,合众国已经缔结和即将缔结的一切条约,皆为合众国的最高法律,每个州的法官都应受其约束。又如德国1949年基本法第25条规定,国际公法的一般原则是联邦法律的组成部分,它们的地位高于法律,并直接创制联邦境内居民的权利和义务。但也有少数国家的宪法规定,如果条约与宪法规定相抵触,条约不具有法律效力。如尼加拉瓜1950年宪法第324条规定,协定或条约与宪法抵触或改变其内容者,不具任何效力。国际条约和国际习惯成为国内法和宪法的渊源形式,是当代国家间合作与交往的基础和前提。虽然一些国家在宪法中对国际条约和国际惯例在国内法的地位和作用没有明确规定,但可以通过国内立法的形式予以转化使其在国内具有法律效力。

(二)我国宪法的渊源形式

我国采用成文宪法的形式,因此以宪法典为核心的制定法成为宪法主要渊源。宪法惯例也是宪法渊源形式之一,不过数量极少,在我国宪法渊源形式中所占比例不大。我国不承认判例法,也未实行宪法诉讼制度,因此也不存在作为宪法判例的宪法渊源形式。同时,我国不承认权威性宪法理论著作是宪法的渊源形式,虽然马克思主义的宪法理论和学说作为立宪和行宪的指导思想,但与严格意义上的宪法渊源并不完全一致。我国的宪法渊源形式主要有以下几种。

1.宪法典与宪法修正案

中华人民共和国成立以来,除《中国人民政治协商共同纲领》外,我国共颁布了四部宪法典,现行宪法典是1982年颁布实施的。1954年宪法是我国第一部社会主义宪法典,分别在1975年、1978年和1982年进行了三次全面修改,形成了我国另三部成文宪法典。我国对1978年宪法典在1979年和1980年进行了两次部分修改,对1982年宪法典在1988年、1993年、1999年、2004年进行了四次部分修改,每次修改形成条文数量不一的宪法修正案。宪法典及宪法修正案是我国宪法的最主要渊源形式。《中国人民政治协商会议共同纲领》虽然没有冠以宪法的名称,但它规定了我国的根本制度和基本国策,规定了我国立法和制定政策的基本原则,在新中国成立初期起了临时宪法的作用,因此,它也是我国宪法的渊源形式。

2.宪法性法律

根据我国宪法的规定,全国人大享有国家立法权。全国人大及其常委会制定的涉及国家基本制度、基本任务、公民的基本权利和义务、国家机关的组织与活动的法律属于宪法性法律,包括《全国人民代表大会组织法》、《国务院组织法》、《地方各级人民代表大会和地方各级人民政府组织法》、《人民法院组织法》、《人民检察院组织法》、《全国人民代表大会和地方各级人民代表大会选举法》、《民族区域自治法》、《立法法》、《香港特别行政区基本法》、《澳门特别行政区基本法》、《国旗法》、《国徽法》、《国籍法》、《集会游行示威法》、《归侨侨眷权益保护法》、《未成年人保护法》、《残疾人保护法》、《妇女权益保护法》、《老年人权益保障法》等。

3.宪法惯例

我国宪法惯例是在国家重要领导人、最高国家机关和中共中央的行为中形成的,如关于宪法修正案的提案问题,现行宪法规定由全国人大常委会或1/5以上全国人大代表提出,但实践中一般是由中共中央委员会首先以建议案的形式提出来的,还有如全国人大主席团公布宪法。

4.宪法解释

根据我国现行宪法第67条的规定,解释宪法的权力专属于全国人大常委会。作为宪法渊源的宪法解释的数量同宪法惯例一样也极其有限。1983年第六届全国人大常委会第二次会议通过了《关于国家安全机关行使公安机关的侦查、拘留、预审和执行逮捕的职权的决定》,对现行宪法第37条、第40条关于公安机关职权的内容进行了宪法解释。

5.国际条约

我国宪法对国际条约在国内法的地位和效力问题没有作出明确规定,但我国历来尊重并遵守国际法公认的原则,我国缔结、参与或承认的国际条约,其中涉及国家主权和公民的基本权利和义务的条约是宪法的渊源形式,如《联合国宪章》、《经济、社会、文化权利国际公约》(2001年全国人大常委会批准)、1985年4月19日六届全国人大三次会议批准的《中华人民共和国政府和大不列颠及北爱尔兰联合王国关于香港问题的联合声明》等。

第三节　宪法结构与宪法规范

一、宪法结构

(一)宪法的一般结构

宪法结构是指构筑宪法的各个要素的有机组合和有序排列,是为了对宪法精神、宪法原则及宪法规范进行合理、充分和系统的表述而采用的编排方式。我们可以对宪法结构从不同的角度进行分类,从宪法渊源形式的角度,宪法结构是指宪法体系;从成文宪法典的角度,宪法结构是指一国宪法典各组成部分的外部排列和内部组合,包括形式结构和内容结构两个部分。宪法的形式结构,就是指宪法的不同渊源形式所形成外部排列,具体体现为宪法体系。宪法的内容结构是由宪法概念、宪法规范、宪法原则三个要素通过不同组合方式所形成内部排列。由于宪法结构的分类体系庞大,如果对不成文宪法的形式结构和内容结构进行分析和梳理将涉及较大的篇幅,下面仅从宪法体系、宪法典的形式结构和宪法典的内容结构三个方面进行说明。

1.宪法体系

宪法体系是指将不同宪法渊源形式按照一定的方式进行形式上的排列结构。目前,世界上主要存在成文宪法体系和不成文宪法体系两种宪法体系。成文宪法体系是指一国宪法是以成文宪法典为主体,以宪法惯例、宪法判例、宪法解释等宪法渊源形式为补充而组成的具有不同宪法效力的形式结构体系。不成文宪法体系则是指一国宪法是由一系列宪法性法律、宪法惯例、宪法判例、宪法解释等宪法渊源形式所组成的形式结构体系。据统计,大多数国家的宪法属于成文宪法体系,只有英国等极少数国家的宪法为不成文宪法体系。

2.宪法典的形式结构

宪法典的形式结构是指一国宪法典各个构成要素的外部组合方式,亦可称之为宪法典的体例。所谓宪法典的体例是指将宪法典的全部条文,用相应的编排名称(如篇或编、章、节、条、款、项、目等)划分为层次不同的部分而排列组成的形式结构。世界各国的宪法典并无固定的模式,一般而言,大体有以下三种类型,即一是以篇(编)开首,章、节、条、款、项、目兼具的体例,这由法国于1791年宪法首创,此外还有魏玛宪法、苏联宪法、意大利宪法、印度宪法也属于这种类型;二是以章开首,节、条、款、项、目兼具的体例,目前大多数国家宪法采用此体例;三是以条开首,款、项、目兼具的体例,现在只有美国联邦宪法采用此体例。

3.宪法典的内容结构

宪法典的内容结构是指宪法典的内容根据调整对象的性质和调整方式划分为若干部分而形成有机组合和排列方式。宪法典的内容根据调整对象的性质不同,可划分为国家的根本制度、公民的基本权利和义务、国家机关权限及其活动原则、宪法的创制、实施和保障等。宪法典的内容根据调整对象的方式不同,可以划分为目的性条款、纲领性条款、基本原则条款、规则模式条款、效力条款、修正条款、过渡性条款等。由于世界各国的历史文化传统的差异性,在宪法典编排的体例、格式上并不一致,但宪法典内容结构的要素基本相同。

(二)宪法典的结构

1.宪法典的名称

宪法典的名称是指作为一个法律文件的命名方式,它往往与该国的国名、国体、政体等相联系,是区分于一般普通法律的在名称上的标志。世界上大多数国家的宪法典名称是在其国名之后直接冠之以"宪法"一词,如美国宪法典称之为《美利坚合众国宪法》,法国现行宪法典称之为《法兰西第五共和国宪法》、俄罗斯宪法典为《俄罗斯联邦宪法》、中国现行宪法典名为《中华人民共和国宪法》等,但也有少数国家的宪法名称前,加上一些修饰性词语,如澳大利亚宪法典名为"宪法性法律"、埃及宪法典称之为"永久宪法",德国联邦宪法典没有采用宪法一词来命名,而是使用"基本法"一词。中国立宪史上宪法文件的名称不一,新中国成立前,宪法典的名称主要有"宪法大纲"、"约法"等,如晚清政府推出了《钦定宪法大纲》、《十九信条》、反映孙中山建国思想的《中华民国临时约法》、国民党训政时期的宪法称之为《中华民国训政时期约法》、中国共产党领导的革命根据地颁布了《中华苏维埃宪法大纲》。新中国成立后,自1954年以来,制宪机关颁布一部宪法,进行了三次全面修改,宪法典的名称均使用"宪法"一词。虽然宪法典的名称的不同并没有改变其作为根本法的内容,但不同的宪法名称在一定程度上反映了不同历史时期政治形势和文化背景。

2.宪法典的序言

宪法序言是置于宪法正文之前的一部分独立的叙述性文字。宪法序言的确定并不以是否用"序言"作为这一部分的名称,宪法序言有明示序言和非明示序言之分。明示序言以"序言"为明示标题,如中国、韩国、德国等国宪法序言即采用明示序言。非明示序言是无"序言"的明确标题,但实质上具有序言的功能,如美、日、俄等国宪法序言即是此种类型。据统计,各国宪法存在序言部分的约占95%以上,只有少数国家如朝鲜1972年宪法、伊朗1979年宪法、刚果1969年宪法等没有序言。

(1)宪法序言产生的原因

"宪法序言的产生,是由制宪者的需要和宪法的规范性特点决定的。"从制宪者的需要来看,无论是无产阶级,还是资产阶级,都需要将本阶级获得政权这一具有决定性意义的革命成果用宪法的形式确定下来,以巩固其政权的合法性,同时,还需要宣布建国纲领与建国方案以及适应本阶级利益和意志的民主政治原则;从宪法的规范性特点来看,宪法正文中规范部分难以将制宪的目的、获得革命胜利的阶级的奋斗历史、建国的纲领等纳入其中。这就需要通过序言的形式向国民宣示宪法的神圣与庄严,同时也解决了叙事性与规范性的不协调的问题。

(2)宪法序言的分类

根据宪法序言的繁简程度和表现形式的不同,它可分为四类:

一是目的性序言。显然,这类序言仅陈述制宪的目的,字数不多。如1787年美国联邦宪法的序言属于典型的目的性序言,全文仅52个英文单词,具体为:我们美国人民,为着建立一个更完美的合众国,树立正义,保证国内治安,筹设国防,增进全民福利,并谋吾人及子孙永享自由和幸福起见,特制定美利坚合众国宪法;1949年联邦德国基本法序言也非常简短,主要是陈述了制宪目的。

二是原则性序言。这类序言主要表述宪法的基本原则,字数一般在100字到200字。如法国1958年宪法序言规定:法国人民庄严宣告,他们热爱1789年的《人权宣言》所规定的并由1946年宪法序言所确认和补充的人权和国家主权原则等。又如斯里兰卡1978宪法序言宣布了代议制原则、人民自由平等原则、基本人权原则、司法独立原则等。

三是纲领性序言。这类序言主要是确定国家的发展目标。采用此类宪法序言主要是社会主义国家宪法,如中国、越南、蒙古等国宪法。我国1982年宪法序言在总结历史经验的基础上,提出了四项基本原则,确立了"国家的根本任务是,沿着建设有中国特色社会主义的道路,集中力量进行社会主义现代化建设"。

四是综合性序言。这类序言在世界各国宪法中为数最少,但篇幅最长,最典型的是南斯拉夫联邦共和国 1974 年宪法的序言,字数达 11 000 字,其内容包括基本原则、基本任务、基本政策、国际关系、宪法的最高效力等。

(3)宪法序言的法律效力

关于宪法序言的效力,在学界有三种观点:

第一,无效力说。持这种观点的人认为,宪法序言关于制宪目的、建国纲领等问题的叙述仅仅起宣传解释的作用,没有法律规范的逻辑结构,因而不具有法律效力。

第二,部分效力说。持这种观点的人认为,宪法序言是否具有效力要根据其内容来看,如果具有规范性特征,则有法律效力,如果仅是历史事实的叙述,则不具有法律效力。

第三,整体效力说。持这种观点的人认为,宪法序言整体上具法律效力,序言只是在表现形式上与条文不一样,但宪法是一个整体,是宪法的不可分割的组成部分,且宪法在全国人民代表大会上整体通过的,应具有法律效力,但宪法序言各个部分的法律效力问题要作具体分析。

第四,全部效力说,持这种观点的人认为,宪法不仅在整体上具有法律效力,而且宪法序言的各个部分都具有法律效力。我们认为,不能用一般的法律效力认定方式来解释宪法序言的效力问题,从整体来看,宪法序言作为宪法的一个部分应具有法律效力;从宪法各个部分来看,其法律效力问题需要予以理论上的研究与论证。

(4)宪法序言的功能

宪法序言为宪法的重要组成部分,一般置于开首或目录之后,具有统帅全文、指导全文的重要作用,简单说来,宪法序言的功能主要包括这样几个方面:第一,它是国家的宣言书,宣告该国家民主政治的建立,宣布该国的国体与政体;第二,它是国家的总纲领,明确规定该国在一定时期的根本任务,有利组织与动员全国人民朝着共同的目标前进;第三,它是国家总政策的宣布,便于国际和国内对该国政策的了解。

3. 宪法典的正文

宪法正文的结构一般由总则、分则和附则三部分组成。

(1)宪法正文的总则

关于总则,各国宪法在名称和内容上并不完全一致。在名称上,有的国家为总纲,如中国,有的国家为总则,如瑞士 1874 年宪法,意大利 1947 年宪法和阿尔及利亚 1976 年宪法则采用"基本原则"的名称。也有国家如法国第 1 条至第 4 条应为总则,但并未标明为总则部分。总则一般包括基本原则条款、基本政治制度条款、基本经济制度条款、基本文化制度条款、意识形态条款、国家标识制度条款等。

需要指出的是,宪法总则与宪法序言存在区别:第一,从规范性的角度看,宪法总则主要是规范性条款并以条款的形式设置,而序言的规范性特征不及总则,各个部门由段落组成,没有设置为条款。第二,从功能的区分上,宪法文本中序言与总则同时规定的国家也存在,如中国宪法、瑞士宪法。第三,从排列方式上看,总则是宪法正文的主要内容之一,而序言是独立于正文之外的一部分。

(2)宪法正文的分则

分则是总则的具体化,分则的条文是宪法规范的主要表现形式,是一部宪法的实体内容。从条文的数量看,分则的条文数远远超过总则。从内容上看,分则一般包括公民的基本权利和义务、国家机构的设置、权限和活动原则、宪法的实施与监督以及过渡性条款等内容。

关于分则中的"过渡性条款",无论在历史上还是现行的宪法文本中,存在过渡性条款的宪法,例如瑞士 1874 年宪法、德国 1919 年《魏玛宪法》、联邦德国 1949 年基本法、法国 1958 年宪法、委内瑞拉 1961 年宪法、菲律宾 1973 年宪法、俄罗斯联邦 1991 年宪法。过渡性条款的内容一般包括一国历史遗留问题的处理、某些国家机构的临时性职权、宪法颁布前临时性法律的效力等问题。

(3)宪法正文的附则

宪法附则是指宪法对于特定事项而作出的附加说明。它主要涉及宪法的生效时间、国家机关权力交接时的特别事项以及其他不便在序言和正文中规定的事项。关于附则的名称,各国也并非完全一致,如附则、过渡规定、非常时期规定、最后规定、杂项规定、临时规定、特别规定、补则、终则等。由于宪法在调整社会生活中经常遇到临时性、特定性的事项,有可能造成宪法实施障碍或者国家权力运行失范。如《日本宪法》第 100 条规定:为施行本宪法所必须制定的法律,参议院议员的选举、召集国会的程序以及为施行本宪法所必需的准备程序,得于上项日期之前进行之。附则作为宪法的一部分,其法律效力与宪法正文相同。但在内容的规定上有其自身的特点:一是内容的特定性,即只对特定事项以附则形式加以规定;二是附则的法律效力在时间上通常具有临时性。

(三)我国现行宪法的结构

自 1954 年诞生我国第一部宪法以来,共经历了 1975 年、1978 年、1982 年三次全面修改以及对 1982 年宪法的四次部分修改,从而形成了现行的宪法体系。我国宪法的内容结构和形式结构特点如下。

(1)从宪法体系上看,我国现行宪法体系属成文宪法体系,形成这一体系的宪法渊源形式有宪法典、宪法性法律、宪法惯例、宪法解释及国际条约和国际习惯。其中宪法典规定了我国的根本制度和宪法原则、公民的基本权利与义务,国家机构的组织、权限和活动原则等,是我国宪法体系的核心,具有最高法律效力,其他形式的法律效力低于宪法典。

(2)从宪法典的体例上看,新中国的四部宪法均以"章"开篇,兼有节、条、款。现行宪法全文共 4 章,第一、二、四章未设节,第三章设七节,全文共 138 条,另附 31 条修正案。

(3)从宪法典的格式上看,新中国的四部宪法均有名称、目录、序言、正文,以及制宪机关、制宪时间、公布机关和公布时间等。

(4)从宪法的内容结构上,按照调整对象的性质不同,我国现行宪法的内容包括国家的根本制度和宪法原则、公民的基本权利和义务,国家机关的组织、权限和活动原则等。在内容的排列上,现行宪法改变了前三部宪法"公民的基本权利和义务"与"国家机构"的顺序,将"公民的基本权利和义务"列为第二章,而将"国家机构"列为第三章,从而突出了公民基本权利和义务的重要地位。按照宪法调整对象的方式不同,我国现行宪法典包括史实性条款、纲领性条款、基本原则条款、规则模式条款、宪法效力条款、宪法修改条款等。不过,宪法的效力条款和修改程序条款分别规定在序言和分则中。宪法没有设置附则部分。

二、宪法规范

（一）宪法关系

法律规范是按照统治阶级的意志和要求，调整社会关系、指导人们行为的尺度和准则。由于调整的社会关系不同，调整的方法和方式必然有别，这就形成了不同的法的规范的类别。所以，调整的社会关系的不同是划分法的部门和法律规范种类的标准，而要把握特定的法律规范的特点就必须从考察其所调整的社会关系入手。

宪法调整的社会关系叫宪法关系，与刑法关系、民法关系等普通法关系相比，宪法关系具有两大特点：其一，此类社会关系所涉及的领域非常广泛，几乎包括国家生活和社会生活的各个方面，而且均属于宏观性社会关系；其二，此类社会关系的一方通常总是国家或国家机关。因为宪法是国家的总章程，它担负着按照统治阶级的意志，以国家名义设定国家制度和社会制度，从而形成有利于统治阶级政治统治的社会秩序的职能，因而它对社会关系的规范与调整总是以国家或国家机关的参与为基础，并且实际上也是以国家或国家机关为主导的，这是国家强制力在规范社会关系方面的明显表现，也是宪法关系不同于一般刑法关系和民法关系的特点之一。

宪法所调整的社会关系极其广泛复杂，主要包括以下几类。

1.国家与其他社会政治主体之间的关系

在国家的政治运作中，除国家以外，还存在着多种政治主体，它们都对国家政治生活具有重要影响，也是国家在政治统治中必须平衡好的各方面的政治力量。所谓国家统治，说到底，就是使这些政治主体能够各有其职、各安其位、各守其责、各享其利，达到不危害统治秩序的目的。这些政治主体包括，国内各阶级、各民族、各政党、各团体、各阶层、武装力量和宗教势力等。宪法的任务就在于要以根本法的方式，设定这些政治主体与国家之目的权利义务关系，明确这些政治主体在社会生活和国家生活中的地位和权责界限。

2.国家与社会成员个人之间的关系

社会成员是构成国家统治的基本要素，社会成员的行为是否按照统治阶级的要求和政治需要来调整是统治秩序能否形成的基础，因此，宪法首先要调整的就是国家与社会成员个人之间的关系，通过设定二者相互间的权利和义务构建基本的社会行为规范。在宪法规范中，这一部分主要表现为公民的基本权利和义务规范。

3.国家机关相互之间的关系

国家秩序要建立起来，很大程度上取决于国家机关的有序和有效活动。但是，由于权力行使中种种因素的影响，国家机关之间往往存在纷争与矛盾。那么，宪法作为从总体上构建国家秩序的章程，就必须对这一类关系进行调整，也正因此，国家组织法历来都属于宪法的规范体系。

宪法调整的社会关系是客观存在的，对这些社会关系予以规范和调整是宪法的法定职能。一旦有一定法律事实出现，宪法规范就会开始对相应的此类社会关系进行具体调整的过程。而经过宪法规范调整后所形成的以特定主体的权利义务为内容的法律关系，就是具体的宪法关系。

具体宪法关系的主体包括公民、国家机关、法人、民族、政党和政治组织。宪法关系的客体是对自然资源、社会资源、政治资源和人的行为的支配权和被支配权,以及参与社会活动的权利,具体讲,就是经济权力、政治权力、社会权力和政治社会权利。宪法法律关系的内容,就是按照宪法规定所形成的主体间的具体的法定权利和法定义务。

(二)宪法规范的特点

1.立法的原则性

宪法规范在立法表现中呈现出条文设计的原则性和概括性,这也是宪法规范不同于其他法律规范的特点。宪法规范的这一特点是由宪法规范调整内容的广泛性所决定的。既然宪法是国家的根本法和总章程,要为社会政治调整和国家权力行使提供规范依据,这就决定了宪法规范在内容设计上要囊括国家生活和社会生活的各个方面,任何的立法空白都会使社会活动的总体调整陷于无法可循的境地。而在一部宪法中要包括如此广泛而复杂的调整规则,其规范的设计必然也必须是宏观的和原则的。同时,宪法的根本法和总章程的性质也决定了宪法立法要具有原则性,否则,立法上过于具体庞杂必然导致规范主次不分明和经常性修改。可见宪法规范的原则性和概括性不光是立法形式上的需要,也是保证宪法稳定性和适应性的需要和表现。而如果一部宪法不具有稳定性、适应性和根本性,它就无以保持其应有权威,无以达到综合调整社会运行的目的,这些都需要通过宪法规范立法设计上的原则性来保证。所以,宪法的原则性是宪法的概括性、适应性和相对稳定性的基础和综合体现。

2.内容的政治性

宪法规范内容的政治性,是宪法规范与其他法律规范相比而具有的首要特点。宪法规范内容的政治性是由宪法的性质和职能所决定的。从宪法产生和发展的历史我们可以看出,宪法不是从来就有的,而是人类社会法律制度发展到一定的历史阶段以后,出现了资产阶级民主代议制度,为了确认和保护这一制度才产生的一个新的法律部门。资产阶级制定宪法的目的,就是为了确认和保护资产阶级革命的政治成果和政治权力,就是为了实现按照资产阶级本阶级的意志和愿望改造社会、领导社会从而形成有利于资产阶级政治统治的社会秩序的目的,因此,宪法内容的设计从一开始就是带有强烈的政治性的。同时,从宪法规范的具体内容看,主要是有关国家制度和社会制度的基本原则、规范国家与公民及各种政治力量之间的关系、平衡各种政治利益的规则以及有关政治组织、政治权力行使方面的规则,这与普通法律通常只涉及公民和法人的个人生活或社会生活规则的内容相比,无疑具有综合调整国家生活和社会生活的政治功能,其政治性是显而易见的。最后,宪法规范内容的变化和实现都要受到各种政治力量对比关系的决定性影响,这一点也是宪法规范政治性的鲜明表现。

3.实现的多层次性

这是宪法规范在实现方式上的特点。普通法律规范的实现过程是由国家法定机关依法适用或社会主体自觉依法行为后一次性直接完成,达到具体法律关系产生、变化、消灭的结果和法律秩序的形成,法律规范的职能由此实现。而宪法规范则与此不同,大部分的宪法规范只提供了调整社会关系的宏观性原则。对这些宪法规范来讲,它们的实现不可能是直接地一次性调整具体社会政治事项和形成个人间的权利义务关系而形成宪法秩序。宪法规范的调整和规范职能的实现,要根据实际需要,进行多层次的具体化,包括立法具体化和宪法解释,使其成为一种具有直接的可操作性的行为规范,这样才能通过社会主体的自觉守宪行为和有权机关的违宪审查行为而最终达到。但是,有的宪法规范由于立法形式比较具体,其实现就可能是一次性的或较少具体化层次即可完成,特定的宪法主体和违宪审查机关直接执行这些规范即可形成宪法相关秩序,实现宪法规范的职能。如,宪法立法中有关国家机关具体职权的规定。

4.效力的最高性

宪法规范在效力上的最高性,是由宪法规范的性质和内容所决定的。由于宪法规范的是有关国家生活和社会生活的最根本的规则和问题,是国家的根本法和总章程,因而,它在国家整个法律体系中居于最高的法律地位。为了保证宪法的最高权威性,就必须赋予其最高的法律效力,宪法规范与其他法律规范相比就具有了最高性的特点。宪法规范的最高性有以下几方面的表现:其一,宪法规范是对整个国家生活和社会生活进行组织和调整的最权威的依据,一切社会政治行为都必须以它为最高准绳;其二,宪法规范是对现行法律体系进行组织和审查的最权威标准,它为其他普通立法提供原则,其他普通法律均不得同它相抵触,否则无效;其三,宪法规范是裁定各种政治力量、政治地位、政治利益及各种政治关系、政治行为是否合法有效的唯一尺度,一旦被裁定为违宪,就会归为无效或受到宪法制裁。可见,宪法规范的最高性特点是具有实际内涵和现实表现的。

(三)宪法规范的种类和分类

1.宪法规范的种类

由宪法的性质和立法特征所决定,宪法的规范体系也是一个包容有宏观规则和具体规范各层级的有机联系的整体。按照其表现形式和调控目标,宪法规范有以下几类。

(1)权利义务性规范

这类宪法规范的特点主要表现在四个方面:

第一,针对社会主体或公民个人而设定,一般不属于国家权力行使中的授权与限权范围,但也有例外,如职权就是一种特殊的权利义务规范。这类规范的目的在于保障公民个人生活和社会生活的秩序化民主化进行,保障特定社会主体在社会发展中的应有地位,或保障国家权力的有效行使。

第二,权利规范和义务规范、权利主体和义务主体直接对应存在。

第三,在整个宪法规范的调整层次中,如果说前述确认性规范和限制性规范属于宏观调整,权利义务性规范就属于微观调整。

第四,这类规范主要集中于宪法立法的公民权利和义务部分,其他部分也有一些,如总纲部分和国家机构部分等。

权利义务性规范包括下列几种规范形式:

第一,权利性规范。它主要以赋予特定主体权利为内容。如我国宪法第8条规定:"国有企业在法律规定的范围内有权自主经营。"第35条规定:"中华人民共和国公民有言论、出版、集会、结社、游行、示威的自由。"

第二，义务性规范。这是特定权利规范的对应性存在，以明确主体义务、保证其权利实现为目的。如我国宪法第36条在赋予公民宗教信仰自由权利的同时规定："任何人不得利用宗教进行破坏社会秩序、损害公民身体健康、妨碍国家教育制度的活动。"

第三，权利义务结合性规范，即宪法规范在立法时将权利和义务以结合形式规定。如我国宪法规定："中华人民共和国公民有劳动的权利和义务。"（第42条）"中华人民共和国公民有受教育的权利和义务。"（第46条）

第四，权利义务同一性规范，即此类规范在本质上既是权利又是义务，二者具有内在统一性，在宪法立法中此类规范表现为职责规范。如我国宪法第72条、第73条关于人民代表提案权、质询权的规定，以及第88条关于总理工作职责的规定，都是同时具有权利和义务的内在同一性的。

（2）确认性规范

确认性宪法规范的功能主要在于从宏观上确立原则、制度和权力。确认性规范包括：

第一，宣言性规范。这种规范形式主要用来规定国家性质和宪政原则，具有抽象性、指导性和权威性的特点，通常多见于宪法的序言和总纲部分。如我国现行宪法第2条规定："中华人民共和国一切权力属于人民"；法国宪法第1条规定："法兰西是不可分的、世俗的、民主和社会的共和国"，"共和国的口号是自由、平等、博爱"等。

第二，调整性规范。这种规范形式主要用于规定国家基本政策，具有原则性、规范性和实用性强的特点，通常多见于总纲和对每一类规范的概括性规定。如我国宪法规定："国家维护社会主义法制的统一和尊严。"（第5条）"国有经济即社会主义全民所有制经济，是国民经济中的主导力量。国家保障国有经济的巩固和发展。"（第7条）"中华人民共和国各民族一律平等。"（第4条）"国家推行计划生育，使人口的增长同经济和社会发展计划相适应。"（第25条）等等。

第三，组织性规范。这种规范形式主要用于政权组织和国家机构的组织和活动的内容的规范，特点是具体而规范性强。通常多见于总纲和国家机构部分。如我国宪法规定："中华人民共和国的国家机构实行民主集中制原则。""中央和地方的国家机构职权的划分，遵循在中央的统一领导下，充分发挥地方的主动性、积极性的原则。"（第3条）"全国人民代表大会由省、自治区、直辖市和军队选出的代表组成。各少数民族都应当有适当名额的代表。"（第59条）"国务院实行总理负责制。各部、各委员会实行部长、主任负责制。"（第86条）等等。

第四，授权性规范。这一规范形式主要用于确定特定国家机构的职权范围，保障其在法定范围内行使国家和社会管理权。授权性规范多见于宪法的总纲和国家机构规范部分，其中有关各个国家机关的职权规定均属此类。

第五，保护性规范。这一规范形式主要用于保障各种社会主体的正常活动和各种社会资源的合理利用，以及保障社会秩序。多见于宪法的总纲和宪法序言部分。如我国宪法规定："国家保护城乡集体经济组织的合法的权利和利益，鼓励、指导和帮助集体经济的发展。"（第8条）"国家保障自然资源的合理利用，保护珍贵的动物和植物。"（第9条）"国家鼓励集体经济组织、国家企业事业组织和其他社会力量依照法律规定举办各种教育事业。"（第19条）等等。

（3）程序性规范

宪政运行和权利保障甚至宪法自身的保障都必须依靠严密的程序来维持，程序性规范是宪法的重要组成部分。宪法立法中程序性的规范有两种表现：一种是间接性程序规范，即宪法立法只规定原则性程序或程序指向，具体程序留待普通法律规定。如我国宪法第110条关于省、直辖市人民代表大会及其常委会的制定地方性法规的程序规定就是原则性的；又如宪法第95条规定,"地方各级人大和地方各级人民政府的组织由法律规定"等均属此类,上述两项具体程序均由地方组织法或地方人大关于地方性法规制定程序条例予以规定。另一种是直接性程序规范,即由宪法典或宪法性文件直接规定有关事项的操作程序,比如,我国宪法关于宪法修改程序(第64条)、全国人大任期延长程序(第60条)、全国人大临时会议召集程序(第61条)等的规定,选举法中关于各级人民代表大会的选举与罢免程序的规定,人民代表法中关于人民代表职权行使程序的规定,地方组织法中关于地方人大和政府领导人的产生和监督程序的规定,以及民族区域自治法中有关民族自治机关的组织和活动、民族自治权的行使等程序的规定,都属于这一类。宪法立法中的程序性规范不但不少,而且很多,且很重要,关键要清楚不光是宪法典中的程序条文才是宪法程序性规范,宪法程序性规范还表现在诸多的宪法性法律、宪法性文件和宪法惯例之中。

(4)限制性规范

限制性宪法规范是通过限定特定主体或特定行为来达到规范国家生活和社会生活的目的。按照限制强度的大小次序,限制性宪法规范包括:

第一,禁止性规范,其形式表现通常为"禁止"、"不得"。例如,我国宪法规定:"禁止对任何民族的歧视和压迫,禁止破坏民族团结和制造民族分裂的行为。"(第4条)"国家保护社会主义的公共财产。禁止任何组织或者个人用任何手段侵占或者破坏国家的和集体的财产。"(第12条)"全国人民代表大会常务委员会的组成人员不得担任国家行政机关、审判机关和检察机关的职务。"(第65条)等等。

第二,命令性规范,其形式表现通常为"必须"。如我国宪法规定:"全国人民代表大会任期届满的两个月以前,全国人大常委会必须完成下届全国人大代表的选举。"(第60条)"一切违反宪法和法律的行为,必须予以追究。"(第5条)等。

第三,要求性规范,其形式表现通常为"应当"。如:"人民法院和人民检察院对于不通晓当地通用的语言文字的诉讼参与人,应当为他们翻译。"(第134条)"人民法院、人民检察院和公安机关办理刑事案件,应当分工负责,互相配合,互相制约,以保证准确有效地执行法律。"(第135条)等等。

第四,限定性规范,即是附带特定条件的调整性或授权性规范,其形式表现通常为"除……外都……"或者"但……"。如:"农村和城市郊区的土地,除由法律明文规定属于国家所有的以外,属于集体所有。"(第11条)"全国人民代表大会代表,非经全国人民代表大会会议主席团许可,在全国人民代表大会闭会期间非经全国人民代表大会常务委员会许可,不受逮捕或者刑事审判。"(第74条)"全国人大常委会在全国人民代表大会闭会期间,对全国人民代表大会制定的法律进行部分补充和修改,但是不得同该法律的基本原则相抵触。"(第67条)

2.宪法规范的分类

宪法规范可以依据不同的标准从不同的角度进行分类,这些分类有助于准确把握各类宪法规范的立法形式特点,现将学术界的主要观点简介如下。

(1)从宪法规范作用的时间来看,可分为纲领性规范和现实性规范。凡作用的时间是指向未来的宪法规范称之为纲领性规范,多出现于宪法序言中。凡专门调整现实生活中业已存在的社会关系的宪法规范即是现实性规范。

(2)从表达方式来看,可分为宣告性规范与确认性规范。宣告性规范是以宣告的方式表述一个国家的基本政策或宪法原则,具有高度概括性、鲜明性和严肃性。确认性规范是指对已经存在的事实加以认定、使之法律化的肯定性规范,这类规范量大面广,具体性强。

(3)从宪法规范的功能来划分,可分为调整性规范与保护性规范。调整性规范就是通过直接给予参加者以权利并让他们承担义务的途径来调整社会关系的规则,包括授权性规范、命令性规范和禁止性规范;保护性规范则往往是一些特殊性、专门性的保护规则。

(4)从宪法规范约束力的强弱,可分为提倡性规范、任意性规范和强制性规范。提倡性规范专指那些国家希望公民或其他组织做到或通过教育后做到某些事的规范,约束力较弱;任意性规范指那些适用与否由主体自行选择的规范,在宪法立法中此类规范较多;强制性规范则是指命令性规范,即规定主体必须作出或不得作出一定行为的法律规范。

(5)按照宪法规范的内容,可分为关于国家制度的规范、关于国家形式的规范和关于公民与国家关系的规范。关于国家制度的宪法规范是指宪法中关于国家政治制度、选举制度、立法、司法、行政等制度的规定。关于国家形式的宪法规范则是指宪法中关于政权组织形式、国家结构形式、国家机构的规定。关于公民与国家关系的规范则是指宪法中关于公民基本权利与义务的规定。

(6)按照规范与权利的关系,可分为权利性规范和义务性规范。权利性规范即赋予权力或权利的宪法规范,义务性规范即规定职责、义务、限制的宪法规范。

(7)按照宪法规范的可操作性程度,可分为原则性规范和具体性规范。

(8)按照宪法规范间的关系,可分为主体性规范和附带性规范。

(9)按照宪法规范对宪政实践的作用,可分为实体性规范和程序性规范。

(10)按照宪法规范的表现形式和特点,分为权限规范、创设规范、程序规范、修改规范、人权规范、国家目的规范、宪法要求规范。

(四)宪法规范的逻辑结构

宪法规范的逻辑结构,就是宪法规范作为宪政行为规则必须具有的形式要素。在宪法规范的设计中,形式要素的齐备是保障其实有规范性的前提和基础。

与所有的法律规范一样,完整的宪法规范也是由假定条件、行为模式和法律后果三部分构成的。假定条件,是指宪法规范中规定的适用本规范的条件或情形;行为模式,是指宪法规范中规定的允许、授权、要求、禁止、鼓励的内容,即对假定事项的处理原则;法律后果则是指宪法规范中规定的违反或符合该规范时将要产生的制裁或奖励措施。

宪法规范的逻辑结构并不等于宪法条文的内容结构。宪法规范是宪法条文的内在本质,宪法条文是宪法规范的外在表现。同一宪法规范,其逻辑结构的不同部分可能体现在不同的宪法条文中;而同一宪法条文,也可能体现不同宪法规范逻辑结构的不同部分。因此,宪法规范在逻辑结构上的完整性与宪法条文的包容内涵并不吻合。宪法规范必须在逻辑上由假定条件、行为模式和法律后果三部分构成,否则便不成其为宪法规范,也无以保证其现实的规范性;而每一宪法条文实际上不一定包含其所规定的宪法规范的所有逻辑环节。

宪法规范的逻辑结构在宪法条文上的表现有下列几种情况。

(1)"三要素"完整体现。例如,我国现行宪法第 62 条第 11 款规定:"全国人民代表大会行使下列职权:……(十一)改变或者撤销全国人民代表大会常务委员会不适当的决定。"这一条就体现了一项结构完整的宪法监督规范,其假定条件是"全国人大常委会作出不适当的决定",其行为模式是"全国人大有权改变或者撤销全国人大常委会不适当的决定",其法律后果是"改变或者撤销"。又如,宪法第 60 条关于延长全国人大任期的规定也是一项完整的宪法规范,其中"如果遇到不能进行选举的非常情况"是假定条件,"全国人大常委会可依法推迟选举、延长任期"是行为模式,而全国人大常委会以全体组成人员 2/3 以上的多数延长任期则是法律后果。

(2)"三要素"具备,但其中的假定条件和法律后果隐含于行为模式。如我国宪法第 59 条第 2 款规定"全国人民代表大会代表的选举由全国人民代表大会常务委员会主持",这一规定在形式上似乎只有行为模式部分,但实际上其他两个要素也都隐含其中。其中的假定条件就是"如果进行全国人大代表的选举",法律后果则是"全国人大常委会行使主持权"。

(3)假定条件隐含于行为模式,由宪法条文表现,而法律后果由刑法或其他法律条文表现。如:我国宪法第 10 条第 4 款规定:"任何组织或者个人不得侵占、买卖或者以其他形式非法转让土地",在这一规定中,应该说假定要件隐含于行为模式中,但没有法律后果,即没有如果"侵占、买卖或非法转让土地"如何制裁的规范要素。又如,我国宪法第 12 条第 2 款规定"国家保护社会主义的公共财产。禁止任何组织或者个人用任何手段侵占或者破坏国家的和集体的财产",其中也是缺少"如果侵占、破坏"怎么制裁的规范要素。

(4)没有假定条件和法律后果这两个要素,只有行为模式。这种规范表现形式在宪法条文中是大量存在的,几乎所有带有纲领性、原则性或者没有具体针对行为的政策性的宪法规范都是如此。例如:我国现行宪法第 14 条第 2 款规定,"国家厉行节约,反对浪费。"第 19 条规定:"国家发展社会主义的教育事业,提高全国人民的科学文化水平","国家推广全国通用的普通话"。第 24 条规定:"国家提倡爱祖国、爱人民、爱劳动、爱科学、爱社会主义的公德……"。

从上述关于宪法规范表现形式的分析中我们可以看出,在宪法条文对宪法规范的表现中,规定"行为模式"较多,而规定"法律后果"较少,有时出现三要素的隐含,有时甚至根本没有"法律后果"和"假定条件"要素,这种"行为模式主导性"是宪法规范在形式表现上的典型特征,也是宪法规范与其他法律规范的主要区别之一。之所以如此,是由宪法的法律性质和立法特征所决定。宪法是国家根本法,是国家生活和社会生活的总章程,因而宪法规范必然表现出原则性和广泛性、规范性与纲领性的立法特征。它不涉及具体的人头和事项,很少有直接的处理措施和具体制裁,只是以明确基本制度和基本国策、基本原则为主要立法目标,由此便形成了宪法规范较少表现出"法律后果"而较多突出"行为模式"的特点。

当然,对于宪法规范的"法律后果"要素要有正确理解:

首先,"法律后果"是宪法规范完整逻辑结构的必不可少的一部分,宪法条文在形式上有时没有明确体现出来并不能否定它的存在。因为如果没有"法律后果"要素,便无以标明宪法的规范性,便无以体现国家的最高强制力。实际上,在宪法性立法中,宪法规范的"法律后果"要素以三种状态存在和表现:一是通过宪法条文体现;二是表现于刑法或其他法律之中;三则是包容于宪法的最高强制力和违宪审查权力之中,以此来强制那些原则性、政策性宪法规定体现于普通立法和社会行为而发挥效力。

其次,"法律后果"要素在宪法立法中有多种复杂表现。它可能与"行为模式"存在于同一条文中间,或者隐含其间,也可能存在于不同条文之中;可能与其他要素共同存在于同一宪法典或同一宪法性文件之中,也可能存在于不同的宪法性法律之中,甚至单独存在于非宪法性法律之中。在某种情况下,几种"行为模式"也可能共有一种"法律后果"。同时,同一宪法条文,在不同的宪法规范逻辑结构中也可能有不同的要素认定。如宪法关于"罢免"、"撤销"的规定,对于授权性宪法规范来讲是一种"行为模式",而对于禁止性宪法规范来讲则可能是一种"制裁"而被归于"法律后果"。

再次,对"法律后果"的理解也要合理化,不能将之简单地等同于"制裁"。根据宪政行为和违宪行为的不同,"法律后果"有多种形式和含义,可以是法律制裁,也可以是奖励,还可以是权力确认、权利剥夺或责任归属。即使是"法律制裁",也可能直接或间接地表现为宪政制裁或行政制裁,也可能表现为具体的刑事制裁或民事制裁。因此,对于宪法规范中"法律后果"要素的含义及其条文表现还要具体问题具体分析,切不可形而上学地去理解。

(五)宪法规范的效力

在我国学术界,关于宪法规范的效力一直有两种观点。一种观点认为,宪法规范的效力就是宪法的效力,即具有最高的法律效力,是普通立法的基础,任何普通法律不能与它相抵触,任何人不能有超越它的特权;另一种观点则认为宪法规范具有最高权威性,但无具体惩罚性,它通过其他法律达到制裁目的。两种观点都值得商榷。

第一,宪法规范的效力不能与宪法的效力相等同。宪法的效力是指宪法作为国家根本法对整个国家生活和社会生活进行调整所具有的最高法律效力,它体现为权威的最高性、覆盖面的广泛性和作用的原则性。而宪法规范的效力则是指宪法规范作为一种行为规则所具有的具体约束力,它具有作用范围的特定性和作用方式的具体性,二者不能混为一谈。

第二,不能将宪法规范的效力等同于宪法条文的效力。宪法规范作为完整的规范形式必然包含"法律后果",而法律制裁与惩罚是其中最重要的表现。宪法规范的法律制裁究竟是以宪法条文的方式表现出来还是以普通法律规范的形式表现出来,只是一个立法形式表现的问题,它并不影响宪法规范法律制裁效力即具体惩罚性的客观存在。不能因为宪法条文中没有具体制裁措施,就认为宪法规范没有具体惩罚性。否则,就会导引出宪法规范没有具体强制力的结论。而宪法条文没有表现出具体制裁,并不等于宪法规范就没有具体制裁效力,更不等于宪法规范没有具体的强制效力。

第三,不能将宪法规范效力等同于具体制裁,更不能将"制裁"等同于"惩罚"或普通的刑事、民事制裁。宪法规范的效力有多种表现方式。

宪法规范与其他法律规范一样具有强制性效力,而且是最具权威性的法律强制效力。宪法规范的效力具有以下几方面的独特表现,这也是宪法规范效力不同于普通法律规范效力的特点。

1. 宏观调整效力

宪法规范的宏观调整效力,就是宪法规范所具有的按照民主宪政原则和国家政治统治需要,从大的方面提出原则,理顺和规范各种国家关系和社会关系的实际作用和效果。宪法规范的宏观调整效力是通过宪法立法中一系列"禁止"、"鼓励"、"提倡"、"保护"、"限制"等的条文来确立国家基本政策,通过公民基本权利和义务的规定来确定国家与公民之间的关系,通过各种宏观政策和国家基本制度的规定来明确各种政治力量在国家生活和社会生活中的政治地位及其与国家之间的关系、相互之间的关系,通过对国家机构建设的基本原则的规定来确定国家机关相互之间的地位和关系等,来最终得到充分发挥和表现,从而形成规范国家生活和社会生活的实际效果的。

2. 微观组织效力

宪法规范和微观组织效力就是指宪法规范具体组织、协调、指导国家权力行使过程的实际效果和作用。宪法规范的微观组织效力是通过宪法立法中一系列"授权"、"命令"、"限定"、"职权"、

"职责"、"关系"、"原则"、"程序"等的条文来确定各国家机关组织和活动的规则、程序、职权范围和权力行使方式及限度,从而实际发挥作用的。

3.政治确认和制裁效力

宪法规范的政治确认和制裁效力是指宪法规范所具有的对特定主体和事项赋予或剥夺、确立或撤销其政治地位、政治权力、政治效力、政治关系的实际效果和作用。这是宪法规范与其他法律规范在效力上最典型的不同。宪法规范的政治确认和制裁效力是通过宪法立法中有关政治地位、政治原则、基本制度、公民基本权利和义务以及选举、监督、罢免、弹劾、不信任投票、撤销、宣告无效、剥夺权利和地位等方面的规定实现的。

从上述宪法规范效力的几种形式可以看出,宪法规范的效力从根本性质上讲是一种政治性法律效力,无论是宏观调整、微观组织还是政治确认与制裁,都是一种政治运筹和政治约束,都有政治目的和政治功能包含其中。需要明确的是,在宪法中并不存在非政治的效力。因为即使是表现于其他普通法律之中的,属于宪法规范完整结构范围的惩治性制裁,也不是简单的普通法律制裁或惩罚,而是宪法规范政治制裁效力的延伸和替代性措施,最终是宪法规范政治制裁效力的表现。例如,我国刑法中关于侮辱罪、诽谤罪和诬告陷害罪的规定,如果被视为宪法保护公民人格尊严这一规范的法律后果的话,那它就是宪法第 38 条"禁止用任何方法对公民进行侮辱、诽谤和诬告陷害"这一规范的政治禁止效力的延伸的具体表现。

应该明确的是,宪法规范的效力是具体的,也是直接的,但这种效力的作用方式却有直接作用和间接作用之分。这是由于人们对宪法规范效力层次的要求和理解不同或者相对于不同的作用对象而言所致,如有的宪法规范相对于某一类社会关系的调整来讲,其效力能够直接发挥;但相对于该类社会关系中的具体事项和人头来讲,其调整效力的发挥则需要通过中间层次具体化。正因如此,就使宪法规范效力作用的过程呈现出所谓直接性和间接性来。但不能由此就将宪法规范的效力分为直接性效力和间接性效力,因为效力的作用方式的直接与间接乃是人们主观理解的不同所致,它与效力本身还是不能等同的,应该说,宪法规范对社会和国家生活的调整与规范效力都是直接的。

(六)宪法规范的适用

宪法规范的适用是与宪法规范的强制性和直接的规范性相联系的一个问题,宪法适用既是宪法强制力和规范性的要求和具体表现,同时也是宪法强制力和规范性的实现和保障。如果没有宪法适用,宪法的规范性便无从谈起,甚至宪法的存在价值也有必要从法律的范畴划入道德的领域。在我国宪法学界,关于宪法的适用有两种认识:一种观点认为,宪法不存在适用问题,因为宪法规范具有原则性和概括性特点,没有直接的强制力,虽然有规范性但没有适用性;另一种观点认为宪法有适用性,但由谁适用以及如何适用却无人探讨。

宪法适用,就是国家专门机关依照法定程序将宪法规范实施于国家生活和社会生活,促使守宪主体执行宪法,依宪办事的法律活动。就具体内容来讲,宪法适用包括正常适用和非正常适用两种。宪法的正常适用,是指国家有权机关依照法定程序制定宪法性的法律和有关实施细则,使宪法规范中带有原则性的规则具体化,或为可直接适用的宪法规范提供督促执行的措施,或者对已有宪法规范的含义进行解释说明,以保证宪法规范具体执行的活动。宪法的非正常适用,则是指国家有权机关依照法定程序对违宪行为进行裁决,确定违宪责任和实施宪法制裁的法律活动。

宪法的非正常适用是宪法正常适用的最有效法律保证。

宪法适用不同于宪法执行或宪法遵守。宪法适用是为宪法执行或宪法遵守提供可操作性条件,同时督促宪法执行或宪法遵守,因而带有强制性、主动性和专门性;宪法执行或宪法遵守则是按照宪法规范办事,具有服从性、被动性和广泛性。宪法适用的主体是负有法定职责的国家有权机关,而宪法执行或宪法遵守的主体既包括国家机关,也包括社会团体、政党、各种政治力量、武装力量和公民个人。宪法适用性的目的是使宪法执行或宪法遵守有则可循、有则必循,而宪法执行或宪法遵守则最终使宪法规范得以实现、宪政秩序得以形成。

宪法适用也与普通法律的适用有所不同。普通法律的适用仅是指司法机关依照法定程序运用法律规范审判并制裁违法行为的活动。但宪法规范的适用除违宪审查外,还包括宪法性立法具体化和宪法解释,这也是由宪法规范的原则性特点所决定的宪法规范在适用上的特点。

宪法适用必须要有一定的条件:

1. 要有专门的机关

无论是立法具体化、宪法解释,还是违宪制裁,都必须要有专门的机关专司其职,而且这些专门机关还必须具有行使该项职权的人力、物力和时间条件,以保证宪法适用的有效进行。在外国,宪法适用的机关是议会和特定的违宪审查机关;在我国,按照现行宪法的规定,宪法适用的机关是全国人大和全国人大常委会。

2. 要有严密而合理的法律程序

只有具有严密而合理的法律程序才能保证宪法适用的准确、及时、有效和有秩序,防止其中的随意性和违法行为。一般来讲,宪法适用程序包括普通立法程序、宪法解释程序和违宪审查程序。这些程序的设计及其作用应该是具体、全面、互相协调的,同时也应该是互补的和联动的。

3. 要有公正性

宪法具有公正性,指的是宪法适用本身要严格依照宪法和法律办事,不能受各种与宪法、宪政精神相违背的相关利益群体和相关政治主体的影响和干涉,以保证宪法适用的纯洁和有效。

4. 要有权威性和强制性

宪法要具有权威性和强制性,指的是宪法适用的过程和结果要在全社会具有一体遵行的约束力,否则,宪法适用将会流于形式,宪法秩序更不可能实现。

第四节　宪法与宪政

一、宪政的概念

(一)西方宪政的概念

"宪政"(constitutionalism)一词源自西方,也称"民主宪政"、"立宪政治"、"立宪政体"。从英文词源上看,宪政(constitutionalism)与宪法(constitution or constitutional law)有不解之缘,《布莱克维尔政治学百科全书》即将宪法、宪政作为同一词目诠释而并未将其明确区分。从历史渊源看,亚里士多德在其《政治学》一书中即交替运用宪法、宪政、政体等词语。但是在现代社会,宪法与宪政都是商品经济发展的产物。现代西方学者对宪政有不同的定义,例如卡尔·J.弗里德希认为"宪政是对政府最高权威加以约束的各种规则的发展"。①美国学者斯蒂·M.格里芬认为:"宪政是这样一种思想,正如它希望通过法治来约束个人并向个人授予权利一样,它也希望通过法治来约束政府并向政府授权。"②美国华盛顿大学教授丹·莱夫认为:"宪政意指法律化的政治秩序,即限制和钳制公共权力的公共规则和制度。宪政的出现与约束国家及其官员有关。"③美国学术团体联合会主席凯茨博士认为:宪政是由一组用于制定规则的自足或自觉的规则构成的,即宪法是"法之法";宪政是由意识形态和文化决定的一系列特殊道德观点,如尊重人的尊严,承认人生而平等,自由并享有幸福的权利;任何意义的宪政概念必须考虑到合法性(国家权力、公共政策和法律的合法性)和同意(人民对政府及其行为的承认和赞同)。《简明大不列颠百科全书》认为:宪政就是立宪政体,它包括程序上的稳定性、向选民负责、代议制、分权、公开和揭露、合宪性六个方面的内容。④ 从以上列举可以看出,西方学者对宪政的理解核心思想是通过宪法限制政府权力行使,并从民主与人权保障角度理解宪政。

(二)我国对宪政的认识

我国学者对宪政的认识,主要分为民主宪政认识和价值宪政认识。

1.民主宪政界定

这一界定主要受毛泽东对宪政界定的影响。毛泽东早在1940年发表的《新民主主义宪政》一文中就指出,"宪政是什么呢?就是民主的政治","世界上历来的宪政,不论是英国、法国、美国或者是苏联,都是在革命成功有了民主事实之后,颁布一个根本大法,去承认它,这就是宪法"。著名法学家张友渔认为:"所谓宪政就是拿宪法规定国家体制、政权组织以及政府与人民相互之间权利义务而使政府和人民都在这些规定之下,享有应享有的权利,负担应负担的义务,无论谁都不许违反和超越这些规定而自由行为的这样一种政治形式。"⑤许崇德认为,毛泽东关于宪政的论述"是从实质上去解释宪政的含义的。如果再加上形式要件的话,那么宪政应是实施宪法的民主政治"。⑥ 张庆福认为:"宪政就是民主政治、立宪政治或者宪法政治。它的基本特征就是用宪法这种根本大法的形式把已争取的民主事实确定下来,以便巩固这种民主事实,发展这种民主事实,宪政就是由宪法确认和规范的民主制度及其实施。"⑦

不少人认为,宪政与近现代民主政治紧密相连,以民主政治为前提、基础和内容,宪法是对已取得的民主事实的确认,是民主事实的法律化,民主政治建立后,还需要通过宪法的实施即宪政

① 李龙.宪法基础理论.武汉:武汉大学出版社,1994,第143页
② [美]斯蒂·M.格里芬著;刘慈忠译.美国的宪政:从理论到政治生活.法学译丛,1991(2)
③ 张文显,信春鹰.民主+宪政=理想的政制.比较法研究,1990(1)
④ 简明大不列颠百科全书(第8卷).北京:中国政法大学出版社,1986,第537页
⑤ 张友渔.宪政论丛(上册).北京:群众出版社,1986,第100页
⑥ 许崇德.社会主义宪政的不平凡历程.中国宪法,1994(3)
⑦ 张庆福.宪法学基本理论(上).北京:社会科学文献出版社,1990,第56页

实践对其进行维护、发展和完善。

2.价值宪政界定

国内也有学者是从民主、法治、人权等宪政必备的价值要素的角度来界定宪政。李步云认为：宪政是国家依据一部充分体现现代文明的宪法进行治理，以实现一系列民主原则与制度为内容，以厉行法治为基本保证，以充分实现最广泛的人权为目的的一种政治制度，"宪政离不开民主、法治与人权。它们构成了宪政这一概念的三个基本要素。宪政是建立在法治基础上的以保障人权为主要宗旨的民主政治"。①郭道晖认为："宪政是以实行民主政治和法治原则，以保障人民的权力和公民的权利为目的，创制宪法（立宪）、实施宪法（行宪）和维护宪法（护宪）、发展宪法为前提，以民主政治为核心，以法治为基石，以保障人权为目的的政治形态或政治过程。"②李龙、周叶中认为："宪政是以宪法为前提，以民主政治为核心，以法治为基石，以保障人权为目的的政治形态或政治过程。"③许清认为："宪政是以民主宪法为依据，以法治为手段，以保障人权为目的的民主政治的制度和观念的总和。"④童之伟认为："宪政是以宪法为依据，以保障人民权利为宗旨，以民主、法治为主要内容和运作原则的政治制度。"⑤以上学者对宪政的认识，在民主价值基础上，加上了法治、人权等不同的价值认识，也即宪政的价值不仅仅是民主，还有其他的构成要素。

国内也有学者是从区分宪政理论和民主理论的角度来讨论宪政的。有人指出，必须跳出"宪政就是民主"的思维模式而从宪政的特殊功能来认识它，宪政的主要特征是国家权力受宪法制约，以宪法防止国家权力的任性，即使是民主的权力，也应受到限制。所谓宪政，简言之，就是有限政府，它指向一套确立与维持对政治行为与政治活动的有效控制的技术，旨在保证人的权利与自由。宪政涉及两种关系：其一，政府与公民之间的关系，换一套概念来表达，即权力与自由（权利）的关系；其二，政府各部门之间的关系，或者说政府各不同性质的权力及其运用。前一种关系是一对主要矛盾，后一对矛盾是加强对前种关系的有效控制的手段，两对矛盾的对抗与平衡是宪法的不朽主题。宪政主义意味着在政府与公民的关系中对政府进行法律限制，在被统治者的权利与自由和政府的有效运作间谋求微妙的平衡。宪政在功能上是积极的，但宪政主义却秉持一种消极的政治观。对于一个政府，近代的宪政主义所关注的不是它能做什么，而是它不能做什么。

（三）宪政的内容及本质

综合以上分析，宪政包含两个方面的内容：从内涵上看，它以民主政治、法治、权力制约、人权保障为要素；从外在形式上来看，它是宪法规范在现实社会中得到落实时形成的一种民主政治秩序或状态。因此，宪政是以权力制约和人权保障为核心内容，以法治和民主政治为主导精神的宪法在一国政治和社会实践中落实后所形成的民主政治秩序或状态。

---

① 李步云.宪政与中国.北京：中国民主法治出版社，1993，第2页
② 郭道晖.宪政简论.法学杂志，1993(5)
③ 李龙，周叶中.宪法学基本范畴简论.中国法学，1996(6)
④ 许清.宪法学.北京：中国政法大学出版社，1995，第5页
⑤ 童之伟.限权与宪政.济南：山东人民出版社，2001，第560页

宪政的本质必须是限政。立宪政体应是权力受到限制的政体,一切国家权力都必须根植于宪法当中,必须建立有限政府。建立有限政府是宪政的首要精神,它具体表现为两个宪政原则:一是国家权力是人民通过宪法授予的,不得行使宪法没有授予和禁止行使的权力;二是国家权力不得侵犯宪法所规定的公民权利,而且有义务保障公民权利的实现。近代以来,宪政主义者们坚信,每个人周围有个不受公共权力干预的自治领域,它划定了免于政治权力(政府)干预的属于个人自治的私人事务的范围。在制度结构意义上而言,宪政导致审慎的决策和有活力的政府,造就权力受到限制,且能保护个人自由与权利的政府,立宪政府意味法律至上、权力受到限制(分权、制衡、司法独立、法治)。如果一个国家的政府的一举一动都合乎宪法,但该宪法放任政府的权力,那么,这种政府仍不是宪政。具体而言,限政的方式有两种:一是使一切权力来源于宪法和法律;二是政治权力内部的分权与制衡和权利对权力的制约。

作为政府权力受到控制、公民权利受到保障的一项政治制度,限政当然是必需的,但却非终极目的,归根到底应体现对人的关怀、对人权的保障和尊重。对人权的充分保障体现了宪政的价值追求,宪政应当充分体现对人权的保障,一种没有充分体现对人的关怀的政治制度不应该被称作宪政,否则就没有必要来区分什么宪政与非宪政。某种意义上,宪政主义关注的不应该仅仅是政府不能做什么,还应该关注政府应该做什么,甚至是政府必须做什么。

二、宪政的要素

结合中西方宪政实践,确定宪政要素的核心应该是如何创制一个好的宪法、如何使一个好的宪法得到具体的实施和如何保障在实施中的宪法充分发挥其相应的功能。据此,宪政的要素应当有如下几个。

(一)宪法必须是"良法",具有正当性

首先,宪法的制定主体是正当的,宪法由人民的真正代表所制定,它是人民主权的产物;其次,宪法的制定程序是正当、科学的,宪法是通过一系列符合法治精神的步骤、方式和方法而形成的,在现代社会往往最后还必须由全体公民投票同意;再次,宪法的内容也是正当、科学的,宪法以保障人权和控制权力为基本内容,宪法结构也具有科学性,文字表述准确。缺少正当性的宪法不仅不能实现宪政的目标,相反还会阻碍宪政实践的进行。同时,这种具有正当性的宪法还得有稳定性。

(二)以宪法和法律为最高权威

其实质在于真正确立宪法和法律至高无上的地位,奉行法治。现代的宪政主义是以法治的精神为基础的,因而特别强调宪法和法律的权威性与至上性。从广义上说"法治"意味着法律的统治,但在宪政理论中,法治的含义较为狭窄,它主要是指政府应受法律的统治、遵从法律。它强调国家受宪法和法律的限制,政府权力来源于宪法和法律的授权,依宪法和法律指示的轨道有效地运行,强调任何越出轨道滥用权力的行为都同宪法相抵触,与宪政的价值取向格格不入。

(三)以人权和人的自由为本位

这也是宪政主义最根本的原则,就是以人的权利为出发点和归宿,以人为目的。因此,它是

与任何形式的专制主义、威权主义、法西斯主义格格不入的。它不能容忍以任何形式出现的无视和践踏人权、剥夺人的财产和自由的行为。是否以人权和人的自由为本位，是区分真假宪政的试金石。

（四）以宪法和法制约束权力为重心

宪政主义基于保护人权和人的自由的基本立场，为了防止和制止滥用权力损害权利的现象出现，高度警惕政治权力的动向，尤其是集中掌握政治权力的政府的动向。

（五）以违宪审查为保障

在立宪国家，只有建立适合本国实际的违宪审查机构和违宪审查程序，开展积极的富有成效的护宪工作，才能真正实现宪政，才能确保宪法的最高权威，才能使人权和人的自由得到切实保障。由于它在维护宪法方面所具有的特别重要的功能和地位，因而具有特殊的意义。

三、宪法与宪政的关系

关于宪法与宪政的关系，学界多倾向于两者既具有密切的联系，也存在着重大差别，有学者指出："宪法是宪政的前提，宪政则是宪法的生命。宪法指导宪政实践，宪政实践完善宪法。宪法与宪政的关系是理论与实践的辩证关系。"也就是说，宪法是宪政的基础，而宪政推动宪法的发展。

（一）宪法是宪政的基础

宪政是政治社会的国家权力运行的特定组织形态。自人类步入政治社会之后，政治制度便成为其区别于原始社会的重要特征。宪法作为近代政治文明的产物，反映了人类对权力的本源、权利与权力的关系的科学认识。它首次将国家制度、社会制度、国家机关的组织和权力的运作、公民的基本权利和义务等一系列涉及国家全局性的问题用根本法的形式确定下来，特别是宪法将公民权利与国家权力的关系提高到核心地位的高度，从而使政治秩序化具有科学的制度基础。

纵观奴隶制、封建制社会的法律，各种典章制度卷帙浩繁，涉及刑事、民事、行政、司法等方面，但决不会触及具有近代意义的公民权利与国家权力关系问题，更找不到"主权在民"的片言只字。在这些维护专制政治的法律制度中，充满了体现"君权神授"，皇权至高无上的警示，人权的理念与精神、权力制约的观念与形态是专制性法律所极力排斥的内容。

因此，宪法通过对权利和权力关系在社会政治生活中的重新定位，显示近代宪法产生的正当性。宪法的终极目的不再是为获得政权的统治者披上一件合法的外衣，而是将保障公民权利并有效防止国家权力侵害作为宪法的首要任务。这一点构成了宪法正当性的核心要素，列宁对此有着独到的见解，他说："宪法就是一张写着人民权利的纸。"美国学者迦纳认为，典型的成文宪法包括三组条文，其中第一组就是规定公民的基本权利，并对政府的权力加以某些限制，用以保障公民能安全享受这种权利。

然而，宪法并不仅仅是写上一整套公民的权利和义务，如果是这样的话，它只能算是一份《公民权利与义务宣言》的法律文件。它还必须组织起国家机关系统，以便能够有效地管理社会。因此，将国家权力进行科学而合理的分立，将制定规则，执行规则和监督规则运行的权力分别为三个不同国家机关行使是社会分工在政治领域的创举,它既是政治思想家们从历史经验中的总结,也是对人本身理性思考的结果。宪法赋予"三机关"以立法、行政和司法权,明确界定它们的职权和责任,工作原则以及彼此的相互关系,组织起权责分明、相互制约、运行协调的国家权力运行体系。

宪法通过对公民基本权利确认和保障表明了政治社会对人的本质的认识的嬗变,它为人的全面发展提供了可靠的制度性保障机制,而且,赋予宪法以根本法的地位并具有最高法律效力充分显示公民基本权利的基础性和不可动摇性。同时,宪法对国家权力的制度性安排是对专制政体下权力运行方式的否定和超越,它表明国家权力存在的必然性和合理性,又说明国家权力相对于公民基本权利的依附性和两面性。

宪法作为宪政的制度基础与其作为根本法的最高效力密切相关。与普通法相比,宪法具有严格的制度和修改程序,到了现代,许多国家采用全民公决的方式决定本国宪法的命运,更加夯实了宪法具有至高无上权威的地位,从而使得宪政的基本条件更加稳定和坚固。

(二)宪政推动宪法的发展

宪政是宪法在现实生活中的实践,是一个从纸上的宪法向现实宪法的转化的过程。虽然宪政以宪法为蓝图,但宪政本身也具有推动宪法进一步发展的作用。

在近代,新国家的诞生亦伴随着一个新的政权的出现,制定宪法以组织国家机关以保障公民权利便是政治家们所面临的头等大事。制宪者在起草本国宪法,必须要最大限度地反映本国的历史文化传统,各阶层的现实利益并且适当借鉴国外立宪经验,但是,即使这样,也难免出现宪法脱离现实等诸方面的疏漏。美国宪法的起草人之一麦迪逊呼吁公众理解制宪困难时指出:"当我们从自然界的作为转到人的制度时,前者的一切描述是完全正确的,只是由于观察它们的眼睛有缺陷才会发现相反的情况。在这种观察中,模糊现象既来自用以观察的器官,也来自事物本身,因此我们一定会看出,必须进一步节制我们对人的智慧的力量的期望和信赖。"

从世界各国宪法实践来看,从来不存在一部万世不变的宪法,修改宪法以适应社会发展需要成为宪法现实和实践中的一个重大课题。作为第一个成文宪法国家的美国,1788 年 6 月宪法获得 9 个州批准而生效后的第二年,也就是在 1789 年就提出关于《权利法案》的 10 条修正案,并于1791 年生效。在以后的近 200 年的时间,通过了 16 条修正案。法国在第二次世界大战后制定了第四共和国宪法,确立了以议会为中心的议会内阁制政体,但由于法国国内多党并存,难以形成一个拥有足够多数的政党执掌议会和政府的权力。而联合组阁的政党一旦在议会中政见不合,极易导致内阁倒台。1958 年,法国第五共和国宪法对国家权力分配实行重大调整,基本上贯彻了戴高乐提出的"强化总统权力,限制议会权力"的制宪思想。1946 年 6 月 16 日戴高乐在诺曼底半岛的贝叶发表演说,较系统地阐明了他的制宪思想,他说:"行政权应该由超越各党派的国家元首授予政府。这个国家元首由包括全体议员在内的范围更广的选举团选举,他既是法兰西联邦的总统,又是共和国的总统。国家元首对不受议会约束的人员的任命,应负完全责任,他应当任命各部部长,当然首先是任命应该负责指导政府政策和工作的总理。应由国家元首颁布法律和公布法令。因为对于整个国家来说,法令和法律是约束全体公民的……应由国家元首对偶发事件做出裁决:他或者通过政府会议来正常地行使这种职权,或者在巨大变动时期由全国投票表决他的最高决定。"

法国宪法授予总统的权力涉及立法、行政、司法、军事等重要领域,特别是总统在征询总理和议会两院议长的意见后宣布解散国民议会以及就重大问题和法案直接提交国民表决的权力，超过了总统制国家宪法所赋予总统的权力。从法国历史演变可以看出，第五共和国宪法的诞生是法国宪政实践推动的结果。

宪政推动宪法的发展和完善主要来自于两个方面的力量，一是广大人民对民主政治的诉求；二是具有较高威望并富有感召力的优秀政治家群体代表统治阶级的利益的完善宪法的主张。对于前者，主要是人民的宪法意识的普遍觉醒，并转化为较为强烈的个人权利诉求，在宽容的民主政治环境里，它易形成一股推动宪法重视扩大公民基本权利的要求。在这一方面的典型实证案例是美国权利法案的出台。宪法生效后，在宾夕法尼亚州，5 000农民联合签名请愿，要求州政府拒绝接受宪法。在纽约，数以万计的市民在广场上用焚烧宪法文本的方式表达对缺乏公民基本权利的抗议，因此，如果当时的美国人民缺乏争取权利的斗争精神，权利法案不会在如此短的时间内顺利通过并生效。对于后者，主要是具有远见卓识的政治家基于国家利益的考虑，不能容忍现行宪法在实施中产生的弊端而极力主张修正。如1946年戴高乐虽然不满"四月宪法草案"的指导思想而辞去临时政府首脑职务，但他并未放弃制宪主张，而且是在利用其崇高的威望在全国各地发表演说，呼吁人民支持他们的制宪思想。1958年第五共和国宪法的诞生以及1962年提出将总统由选举团选举改为由全国公民直接选举与戴高乐的坚韧不拔的斗争密切相关。

（三）宪法并不必然引起宪政

宪法的目的在于组织国家政权，保障公民的基本权利，通过实施宪法，使文本的宪法转化为现实的宪法之后，宪政便水到渠成。但是，问题在于宪法颁行后是不是一定会产生宪政？是不是只要制定一部宪法人民就可以坐等宪政的到来？实际上，宪法并不必然导致宪政的产生。据统计，现在全世界颁布宪法的国家有150多个，但实行宪政的国家不到总数的1/5，多数国家处于专制独裁政府的统治之下，也有一部分国家正向宪政迈进。因此，制宪仅仅是实行宪政的第一步。弗瑞德奇指出，"权力限制全部总和构成了特定社团的宪法"，"除非程序限制得以确立并有效运行，真正的立宪政府并不存在"。

考察宪政发展的历史，我们不难发现两种情形：一类是宪法颁行后，国家很快步入宪政轨道，并在宪政实践中不断充实和完善宪法，两者形成良性互动的态势。美国宪法即属此类情形；另一类是虽然制定了宪法，但国家经过几十年甚至上百年仍未真正实现宪政。国家权力的分立与制约，公民的基本权利的保障、选举的真实和有效性等指标与宪政的要求相差甚远。

第二章　宪法基本原则

　　宪法基本原则是指制定和实施宪法的过程中人们必须遵循的具有普遍性和稳定性的基本准则，它集中体现了宪法的基本精神，统率宪法的基本内容，决定和影响宪法的其他原则和全部规定。关于宪法的基本原则的内容，学者们的观点并不完全一致，有的采用"四原则说"，有的主张"六原则说"，甚至有学者认为宪法基本原则只有两个，即人权原则和权力制约原则。我们认为，宪法基本原则包括：人民主权原则、基本人权原则、权力制约原则和法治原则。

第一节　宪法基本原则概述

一、宪法基本原则的定义

　　宪法的要素包括具有宪法属性的概念、宪法规则（规范）和宪法原则。宪法原则是宪法最基本的要素之一，是宪法规范据以存在的指导框架，宪法的基本内容是宪法原则的具体展开。宪法基本原则可以看做是宪法的灵魂和宪法的精神，是制宪者在制定宪法时所依据的基本理论，是规定国家制度和社会制度时所遵循的根本标准。任何一部宪法都是依据一定基本原则而衍生内容的，宪法的制定和发展也需要依据基本原则。

　　宪法原则可以分为基本原则和具体原则。基本原则是针对整部宪法或一个国家的整体宪政制度而言的，某一些基本原则可以在数个国家的宪法中得到体现。甚至某些基本原则可以超越不同社会制度的宪法，只是在表述上略有不同。各国宪法基本原则的差异可以看做是不同国家宪法特殊性的体现，例如，主权在民原则和法治原则是所有国家宪法都存在的基本原则，但在宪法的具体体现和表述上却有不同。而有些基本原则是本国宪法所独有的，例如，1946 年的日本宪法，其宪法的和平主义原则是日本宪法的基本原则，是针对日本战后的特殊情况而制定的，其他国家宪法中没有。此外，宪法的具体原则是具体宪法制度的指导原则，宪法的每一个具体制度本身也有原则。例如，选举制度就有选举的基本原则，如选举权的普遍性原则、无记名投票原则等。而民主集中制原则和责任制原则等是我国国家机构组织与活动的原则。总之，宪法的具体原则只是针对宪法具体制度的，因此不能上升到宪法基本原则的层面。

　　宪法的基本原则不同于宪法的指导思想，宪法的指导思想具有时限性，受宪法的性质与社会类型的决定，不同的宪法在指导思想上可能差别很大，但宪法基本原则一般性、共融性、普适性多一些。宪法指导思想的内容更多体现的是政策性内容，而基本原则是在宪政历史发展过程中长期形成的，具体体现在宪法典之中。宪法指导思想具有明显的意识形态特征。例如，中国宪法的指导思想主要有"四项基本原则"等内容。西方宪法中与宪法基本原则和宪法指导思想相近的是立宪主义，即决定宪法制定和实施的一些主导思想，在西方近代以来所形成的自由主义、个人主义、法律权威的至上性等思想对形成宪法基本原则有着决定性的影响。

基本原则在宪法中体现的形式不同,有的直接表现出来,有的较为抽象,有的列于总纲之中,有的潜于具体内容之中。各国宪法对原则的内容规定是不同的,如上所述,有的宪法明确指出原则,如主权在民原则,各国宪法一般都列于法典前面。有的很含蓄,例如代议制度原则是连接主权、民主与国家机构运行的重要原则,但却是以具体制度表现出来的,并不是在总纲中直接明文体现出来的。

二、宪法基本原则的特征

作为宪法的基本原则,其特征主要表现在以下几方面。

(一)渊源性

宪法基本原则应是各种宪法制度和宪法规范产生的根据,宪法如果缺少基本原则,则具体制度的存在就没有依据,同时一旦确定宪法的基本原则,则应有相对应的内容。宪法基本原则的确定不能脱离宪政的实质和宪法规范本身,宪政的实质是通过对国家权力的合理调控来规范权力的行使,从而达到保障公民基本权利的实现,因此,宪法的主体内容应是由人权与国家机构组成的。宪法规范中的人权内容是依据宪法的基本人权原则确定的。西方国家宪法中的国家机构规定是依据分权制衡原则确定的。

(二)普适性

宪法基本原则可以超越时空限制,甚至某些宪法基本原则可以超越不同社会形态。例如,宪法自近代产生以来,人权原则就被不同时期、不同地域、不同社会制度的宪法所普遍奉行和确认。既然宪法的基本原则是人们立宪、行宪的基本准则,那么任何立宪国家,只要是真正以民主宪政为目的的就必须遵循这些原则。凡在立宪、行宪中不遵循和贯彻这些原则的就是搞假民主、假宪政。宪法基本原则对普通法律和部门法律也适用,具有指导意义,如果普通法律有违反宪法基本原则的,其后果也是无效的。

(三)专属性

宪法基本原则从理论发展源头上是资产阶级在反对封建专制的斗争中逐渐形成的,同政治理论、政治思想具有紧密联系。例如,在洛克的《政府论》和孟德斯鸠的《论法的精神》等著作中体现了分权制衡思想,在卢梭的《社会契约论》一书中体现了主权在民的宪法基本原则,但这些思想如果上升到宪法基本原则的高度,则应具有专属性,即这些原则是宪法自身所特有的原则,而不是其他政治文件、政策或其他法律的基本原则。宪法基本原则的内容多脱胎于古典自然法思想,是同专制、特权相斗争的产物,是政治实践的反映和政治斗争成果的凝结,因此具有政治性和法律性的双重属性,但却不能成为政策和普通法律的基本原则,只能属于宪法这一独特领域。

(四)高度概括性

不能把宪法的某一具体制度误以为是基本原则。宪法基本原则是人们在各种宪法现象、宪法制度和宪政实践基础上归纳、总结出来的,是人们抽象思维的产物。因此,作为宪法基本原则也不能罗列出很多条,而应简明扼要,具有高度概括性,同时能够将宪法的本质和特征以及宪政的精神充分体现出来。

（五）调整范围的广泛性和效力的最高性

宪法基本原则不仅对宪法的调整对象具有指导作用，而且对所有部门法都具有指导作用。宪法基本原则是宪法所调整的社会关系中的最高准则，是宪法价值和宪法权威的最高体现，是评判一切政治行为、决策过程、执法过程和普通法律是否合法的最高标准，因而具有最高性。

三、宪法基本原则的功能

无论是对于宪法的理论研究还是在宪政实践中，对宪法基本原则的重要性认识都不够，根本原因是对于宪法基本原则功能了解的不够透彻。宪法基本原则在是否实行违宪审查的国家其功能发挥有着很大的不同。

宪法基本原则的功能主要表现在以下几个方面。

（一）宪法基本原则是所有宪法规范的本源和基础，是宪法的灵魂和支柱

宪法基本原则是宪法的灵魂和支柱，因此其决定着宪法的基本性质、基本内容和基本价值。在宪法的发展和变迁过程中，对宪法基本原则的完善是最为重要的，对宪法的价值评价也取决于对宪法基本原则的完善程度。例如，我国现行宪法在1999年宪法修改中增加的"实行依法治国，建设社会主义法治国家"，在2004年宪法修改中增加的"国家尊重和保障人权"、"公民的合法的私有财产不受侵犯"等条款对我国宪法基本内容的完善和基本价值的确认具有巨大的意义。1787年美国宪法就是"分权制衡原则"和"代议制度原则"的具体体现，美国宪法在1791年增加的"权利法案"是"基本人权原则"在宪法中的体现。

（二）宪法基本原则对法制现代化和法制改革具有导向作用

例如，宪法所确立的法治原则对我国建设社会主义法律体系和实现法治国家具有纲领性的作用。2004年修宪增加的公民的私有财产不受侵犯对我国物权法的制定与私法体系的完善都具有指导作用。

（三）宪法基本原则是指导宪法解释和实现宪法诉讼的主要理论基础

宪法解释和宪法诉讼是宪法实施过程中最为关键的两个环节，进而是实现宪政国家的根本保证之一。"法律原则是那些由法官作出判决时使用的原则，或者是由发展立法以供法官使用的人们所使用的原则"。在美国，宪法基本原则是联邦最高法院法官进行违宪审查时最重要的法律依据。在英国这样的不成文宪法国家，宪法基本原则在宪法实施中的重要性就更大了。

（四）宪法基本原则能够补充宪法漏洞，弥补宪法内容上的缺陷

任何一部宪法无论立宪思想多么先进，立宪技术多么高超都不能包括所有内容，而具体的一些宪法制度在不同时代其重要性也不同，因此，宪法内容上的缺陷不可避免，宪法基本原则对弥补宪法内容缺陷具有指导作用。

（五）判断公共权力行使、政治行为的合法性和正当性

在现代民主政体之下，对合法性和正当性的诉求，是公民的最大诉求。任何公共权力首先都必须有合理来源，其次，公共权力的行使都必须满足合法和正当的价值需求，而如何来判断合法和合理，最终必须以宪法基本原则为依归。

第二节　人民主权原则

一、人民主权理论的发展

（一）人民主权理论的提出

人民主权亦称主权在民，是指国家权力来源于人民，人民是国家权力的所有者。所谓主权是指一个国家固有的独立地处理国内事务和国际事务而不受他国干预或限制的最高权力。近代意义的主权概念是 16 世纪法国政治法律思想家布丹首创，其主要内容包括以下三个方面：第一，主权具有最高性。主权是一种最高权力，对其国内而言，国家的全体公民都必须服从主权；对外而言，主权对其他国家都是独立的、自由的。第二，主权具有绝对性。主权除了受上帝和自然法的限制外，不受法律限制。第三，主权具有永久性。主权者永久地拥有主权。

一般认为，人民主权理论的首创者为 18 世纪法国著名政治法律思想家卢梭。他认为，国家的权力来自于人民的委托，人民有权撤销委托并有权反抗专制政府。当立法者们图谋夺取和破坏人民的财产或贬低他们的地位使其处于专断权力的奴役状态时，立法者们就使自己与人民处于战争状态，人民因此就无须再予服从。卢梭进一步发展了人民主权学说，他以社会契约论为基础，提出人民订立契约建立国家，并且因此成为国家的主人，而国家为了社会全体成员的利益，必须具备普遍的强制性力量，具有支配社会各成员的绝对权力，这种权力，当受公意指导时便形成主权。

人民主权理论的诞生，不仅是国家学说发展史上的一大飞跃，而且是政治文明发展的根本性标志，具有划时代的革命意义。人民主权说的突出贡献在于：一方面它指出了人民是权力的真正主体，治权受制于主权，从而科学地阐释了权力的本源，为规范政治行为的制度构建创立了理论基础；另一方面，人民主权论为政治主体塑造执政为民的政治信仰和防止政治上的精神贫困而丧失正确的执政方向提出最高的价值准则。当然，作为资产阶级学者提出的人民主权理论存在着一定的历史局限性，即其立论的基础"社会契约论"是典型的唯心史观，因为在人类的历史上根本不存在由"自然状态"向国家转变的过程中人民与国家签订契约的事实。

（二）马克思主义人民主权观

马克思主义的人民主权思想是以辩证唯物主义为立论基础，吸收了历史上关于人民主权学说中的合理内核，并改造为广大人民群众服务的理论武器。马克思在批判黑格尔的君主主权思想时，就曾以人民主权思想反对封建专制主义。马克思深刻指出，人民的主权不是从国王的主权中派生出来的，相反地，国王的主权倒是以人民的主权为基础的。国民议会本身都没有任何权利——人民委托给它的只是维护人民自己的权利。如果它不根据交给它的委托来行动——这一委托就失去效力。到那时,人民就亲自出台,并且根据自己的自主的权利来行动。……当国王实行反革命的时候,人民完全有权利利用革命来回答它。因此,从马克思的论述中,我们不难得出下面的结论:第一,人民是主权的唯一所有者,无论是国王还是国民议会本身都没有任何权利,他们的权利来自于人民的委托。第二,如果受委托人(国民议会),不按照委托人(人民)的意愿行事,人民就有权取消它。第三,如果受委托人违背人民的意志并使用暴力时,人民有权起来革命。

二、人民主权原则在宪法中的体现

无论是资本主义国家的宪法,还是社会主义国家宪法,都确认了人民主权原则。但是,必须指出的是,各国宪法在确认这一原则时所采用的形式并不完全一致,而是有所差异。

人民主权原则最早体现在资本主义国家的宪法中。1789 年法国公布的《人权宣言》规定:"整个主权的本源主要寄托于国民。任何团体、任何个人都不得行使主权所未明白授予的权力。"1787 年美国宪法序言中确认了人民主权原则。1919 年德国魏玛宪法规定:"国权出自人民。"1946 年通过的法国宪法和现行的宪法都规定:"国家主权属于人民。"意大利宪法规定:"意大利民主共和国,其基础为劳动。主权属于人民,由人民在宪法所规定的形式和范围内实现之。"俄罗斯宪法规定:"俄罗斯联邦的多民族人民是俄罗斯联邦主权的拥有者和权力的唯一源泉。"现行的瑞典王国宪法也规定:"瑞典一切政府权力来自人民。"

人民主权原则是社会主义国家宪法的一个基本原则,早在 1936 年,苏联宪法第 3 条就明确规定:"苏联全部权力属于城乡劳动者,由劳动者代表苏维埃行使之。"我国宪法规定:"中华人民共和国的一切权力属于人民。人民行使国家权力的机关是全国人民代表大会和地方各级人民代表大会。"朝鲜民主主义人民共和国宪法规定:"朝鲜民主主义人民共和国的权力属于工人、农民、兵士和劳动知识分子。"古巴共和国宪法规定:"古巴共和国一切权力属于劳动人民,人民通过人民政权代表大会和由其组成的其他国家机关行使权力或者直接行使。"

从上述资本主义国家和社会主义国家的宪法的规定可以看出,资本主义国家的宪法一般都运用"人民主权"的表达方式,而社会主义国家的宪法采用"一切权力属于人民"的表述。实际上,一切权力属于人民就是人民主权。虽然资本主义国家和社会主义国家的宪法都规定人民主权原则,但两者在本质上存在差异。在理论上,资本主义国家宪法所确定的人民主权原则以社会契约论为理论基础,属唯心史观,社会主义国家宪法所确定的人民主权原则以马克思主义国家学说为理论基础,属历史唯物主义。在实践中,资本主义国家宪法所规定的人民主权原则不可能真正实现,即使在资本主义发达国家,享有主权的只是资产阶级,而非全体人民。

第三节 基本人权原则

一、基本人权原则的发展

基本人权原则,亦称人权保障原则、人权原则、尊重人权原则或保障公民权利原则,是指在宪法中确定公民的基本人权,并通过宪法实施使人权得到保障,以实现保障人权的宪政目的。宪法是公民权利的保障书,任何一部宪法只能规定公民基本的人权,但通过权利推定,宪法应对所有人权进行保护,并且是人权救济的最终手段。

在古希腊时期已萌发了权利观念,但尚不是一种政治权利,而是一种道德权利。近代人权思想主要表现为自然权利学说和天赋人权论,它们有着共同的思想基础,即文艺复兴运动中形成的人本主义和思想启蒙时代的古典自然法思想。人本主义即人文主义,是近代以来西方的主流思想,始于中世纪对神权思想进行斗争和反抗专制战斗中。近代人权产生的经济基础是市场经济体制,市场经济塑造了追求平等、自由与个人的独立性,使人对土地、权力的依附关系消失,产生了权利观念和要求。人权产生的社会基础是从国家分离出来的具有自治、自主性质的市民社会。因此,人权内容和人权观念最初成长于市场经济最发达的城市及市场经济较为普及的国家。在这些城市和国家中,形成了抵制国家权力的市民社会的力量,同时市民社会的主体最需要通过宪法来保障自己的权利不受剥夺。

17 世纪荷兰的格老秀斯是较早运用自然法来谈自然权利的,他认为,人的理性而不是神性决定了人趋向和平与过自然的生活,自然法的效力来自于人类的理性而不是任何外在的权威,因此自然权利是正当理性的命令,它根据行为是否和合理的自然相谐和,而区分为道德上的卑鄙行为,或道德上的必要权利。斯宾诺莎论证了人类具有天赋的生存权利,自我保存和谋取生存的活动也是天赋权利。霍布斯虽然为君主制进行辩护,但霍布斯从人性论出发,认为主权国家的人民拥有自由权和财产权等基本权利。洛克的自然权利思想奠定了近代基本权利的基础,可以看做是英国自然权利发展的阶段总结,直接影响了 1689 年英国《权利法案》的制定。卢梭和潘恩提出了具有激进色彩的天赋人权理论。卢梭认为自由、平等的权利是人类首要的不可转让的天赋权利,而潘恩在《人权论》中提出了只有建立在平等人权和自由基础之上的政府才是唯一合法的政府。在为北美人民争取独立和权利平等的理论建构中,杰弗逊提出用宪法争取北美权利的思想,并提出了人民具有追求幸福的天赋人权,直接影响了《独立宣言》的思想和内容。

人权思想既是近代资产阶级民主革命的推动力量和武器,又是民主政治国家的宪法的组成内容。近代自然权利的主体内容仍是以个体为中心的人权,在 20 世纪初又发展为社会权利、集体人权等内容。1948 年联合国通过的《世界人权宣言》,是人权发展史上第一个由世界性国际组织宣布的人权文件,是人权发展的里程碑。人权问题国际化带来了人权的标准与是否具有普遍人权的争论,从而在本质上深化了对人权的认识。

二、基本人权原则在宪法中的体现

有学者指出,一个侵犯人权甚至根本不承认人权的制度便是坏制度。人权目前已写入了世界上差不多所有 160 多个国家的宪法之中。人权问题渗透到国际政治中,而国际人权法案亦成为国际法的一部分。基本权利原则在宪法中的体现主要有以下几种情况。

(一)以政治宣言、宪法性法律或宪法性文件的形式规定人权内容

在英国,1215 年的《自由大宪章》是最早涉及人权的宪法性文件。英国 1628 年的《权利请愿

书》是以法律限制国王的权力,取得了国王对英吉利人民权利的庄严承认。① 1689《权利法案》的通过标志着英国资产阶级革命的完成,规定了向国王请愿的权利,同时规定了"国王不能为非"的内容,以及选举自由权、自卫权、言论自由权等内容,是英国宪法的核心部分,是人类到目前为止仍在实施的最早关于权利内容的宪法性法律。

1776 年美国的《独立宣言》被马克思称为"第一个人权宣言",其明确宣布:"我们认为这些真理是不言而喻的:人人生而平等,他们都从他们的'造物主'那边被赋予了某些不可转让的权利,其中包括生命权、自由权和追求幸福的权利。"《独立宣言》中的人权内容产生于英国的自由主义的宽容传统,但又超越了英国的保守与妥协的传统,是建构一个新政府的革命理论,即一个国家只有不存在任何专制权力的情况下,才能真正实现人权。

1789 年法国的《人权宣言》是震撼世界的法国大革命的宣言书和指导思想,人权立法并非始于《人权宣言》,但《人权宣言》成为后来法国宪法的序言,是第一部在宪法中直接明确规定人权内容的宪法。《人权宣言》开宗明义:考虑到对人权的无知、忘却或者蔑视,是公众不幸和政府腐败的唯一原因,现在决定在一项庄严的宣言中阐明自然的、不可让与的、神圣的人权。全部 17 条内容围绕人权而展开,规定了自由权、财产权、安全和反抗压迫是保存自然的、不可消灭的人权;无罪推定原则;自由交流思想和意见是最珍贵的人权之一;财产权是不可侵犯的、神圣的人权。法国《人权宣言》为当时及以后法国和世界上许多国家制定宪法和人权法案提供了理论依据,甚至成为直接的参照物。② 《人权宣言》成为法国后来历部宪法的重要内容,开创了"希望在宪法前面冠以一项简单扼要的权利宣言,明确宣布那些自然的、不受时效约束的人类权利"。19 世纪以来,欧美各国人权运动的蓬勃发展,以至 20 世纪新兴发展中国家的人权发展和民族独立运动,都深受《人权宣言》的影响。

(二)以宪法规范的形式体现基本权利

美国 1787 年宪法并没有把人权内容写进宪法,1791 年在吸收了杰弗逊等人的建议后,通过了 10 条宪法修正案,其基本内容是人权,故称"权利法案",使美国宪法基本完善,开创了以宪法规范的形式表现基本权利的先例。1791 年添加的《人权法案》,是作为给许多要求将其作为认可宪法的条件的人的允诺而制定的,现已成为美国宪法的核心。基本人权原则在宪法中的具体表现各国采取了不同形式,有的是以原则的形式确认基本人权,同时又具体规定基本权利,如日本宪法在前言中确认了和平之下的生存权利,在国民之权利及义务一章中又列举了多项国民权利,"本宪法对于国民所保障之基本人权,应赋予现在及将来之国民作为不可侵犯之永久权利"。有的国家宪法中不用"人权"这一术语,而是以公民的基本权利表现基本人权,即没有明确宣布人权原则,却在宪法规范中肯定了人权,如美国的"权利法案",埃及、委内瑞拉等国都采用了这种表现形式。更加特殊的,例如 1946 法国宪法,在基本原则上确认人权,却很少规定公民权利的具体内容,这是一种特殊的表现形式。③

---

① [法]基佐著;靳文翰等译.一六四零年英国革命史.北京:商务印书馆,1985,第 48 页
② 陈崇武.法国史论文集.上海:学林出版社,2000,第 51 页
③ 何华辉.比较宪法学.武汉:武汉大学出版社,1988,第 67 页

（三）社会主义国家宪法以公民基本权利替代人权

我国 1982 年宪法是以公民的基本权利和义务的具体内容体现基本人权原则的。我国宪法不仅规定了公民享有广泛的权利和自由，涉及人身权、经济社会保障权、平等权等，而且规定在享有权利的同时，还应履行义务。2004 年我国对现行宪法进行修改时，在第 33 条中增加了"国家尊重和保障人权"，使宪法的基本人权原则在我国宪法中得到了确认。

三、基本人权原则评析

以宪法原则和具体规范表现基本人权已成为各国宪法不可或缺的内容，但各国对哪些人权是基本人权或首要人权存有争议，因此是否具有普遍性的人权？宪法规定的基本人权是何种程度的人权？各国标准不一。基于各国的国情不同，在人权上有争议是难免的。人权既有普遍性又有特殊性，人权要既有共同标准又有各国的特殊情况，米尔恩提出了最低限度标准的人权理论，很有现实意义。在人权多样性的同时，各国宪法所规定的人权首先应是最低限度标准的人权，在人权对话中也应以此标准为基础。因此各国不能把本国因特殊国情而规定的人权作为政治手段强加于人。1948 年的《世界人权宣言》和其后通过的《公民权利和政治权利国际公约》和《经济、社会、文化权利国际公约》已被普遍承认为最基本的人权内容，有的国家甚至把它们纳入了宪法。

（一）人权本身是一个永远开放和发展的权利体系

人权在当代已由近代的个人人权发展为集体人权，已由国内人权发展到国际人权，因此人权的内容即具体人权在不断增多，现代宪法已经将发展了的人权不断融入宪法之中，以期得到保障和真正实现。

（二）宪法最重要的问题是人权的实现

在当代，实现比规定更为重要。从各国人权实现情况来看，人权与该国的政治、经济和文化发展水平是紧密相关的。但是，应该存在人权的共同的、最低的标准和底线。

（三）我国宪法对基本人权原则的体现已具备了现代宪法的特征

近代宪法一般只规定基本人权，而不规定义务，这是不完善的。只享有权利，不尽义务，其实质仍是一种特权。但权利规定尽可详细、固定，而义务的规定只能是最低要求，如果要求过高势必侵犯或妨碍公民权利的实现。权利可以推定，因为任何宪法都不能穷尽权利，但义务不能推定，否则也将侵犯人权。随着我国改革开放的进行和市场经济的发展，国情发生了很大变化，因此很多权利应得到宪法的保障，从 1982 年之后的四次宪法修改来看，基本没有涉及具体人权内容，而主要是对于经济制度内容的修改。例如迁徙自由权、罢工权、知情权等内容都是市场经济体制和中国加入世界贸易组织以后的要求所必需的，因此也是急于在宪法中得到完善的。2004年宪法修改除增加了"国家尊重和保障人权"内容以外，对私有财产保护的规定体现了对财产权的保障。

第四节　权力制约原则

一、权力制约原则的发展

权力制约思想渊源于西方政治思想家。亚里士多德在他的《政治学》一书中就极力推崇混合政体。继亚氏之后，古罗马法律思想家波里比阿认为，斯巴达的混合政体最为优良，因为在这种政体中每一种个别权力都要受到另一种个别权力的制约，而不会受到另一种个别权力的侵犯。其运行机制为公民参政可防止君主专制，君主可以牵制元老院，元老院又为贵族所把持，可以预防公民大会的激进，三机关相互牵制，就使得斯巴达政体达到完满之境地。洛克和孟德斯鸠将权力制衡思想理论化、系统化、三权分立，即立法、行政、司法三机关相互制约理论便应运而生，对资产阶级国家的立法产生了极为深远的影响。

孟德斯鸠曾说：一切有权力的人都容易滥用权力，这是万古不易的一条经验。19 世纪英国自由主义思想家阿克顿勋爵更为深刻地指出，权力有腐败的趋势，绝对的权力绝对地腐败。所谓绝对的权力显然是指不受任何制约的权力。人类政治史已经证明，凡是不受制约的权力，必定会被滥用，进而导致腐败。

要弄清权力导致政治腐败的原因，我们还得从权力本身的特性去探求。首先，权力具有独立性。如果社会缺乏对权力的制约，这种独立性就会逐步脱离其宗旨。因为作为权力的行使者也有自身的利益，失去制约的权力必然会将自身的利益置于社会利益之上，从而给社会带来无穷的灾难。其次，权力具有扩张性。权力是一种支配、控制和管理的力量，当它不受限制地被运用时，往往呈现出无限扩张的异化倾向。最后，权力具有极大的强制性。有时权力的强制性可导致制约的暂时失效，权力使用者采取错误的决策或以权谋私。世界各国对权力的制约机制各有其特色，但基本上可以从静态和动态两个方面来加以概括。

（一）静态方面

从静态方面来看，是国家权力之间的相互制约。孟德斯鸠首创国家权力三分法，即立法、行政和司法。他认为，三权必须分立，相互制约，从而达到彼此平衡，这就是西方社会所推崇的"分权制衡"原则。孟德斯鸠坚定地认为，"有权力的人们使用权力一直到有界限的地方才休止"，因此，"要防止滥用权力，就必须以权力约束权力"。社会主义国家的宪法虽然没有提倡三权分立，实际上，国家的权力也划分为立法、行政和司法，不过三机关的权力运行机制与西方完全不同。

（二）动态方面

从动态方面来看，对权力运行过程予以制约。主要包括以下三个环节。

1.对权力获得的制约

对国家权力的制约，首先集中在对权力主体的制约，而对权力主体的制约，又首先集中在对权力主体的选拔上。掌权的人德才兼备，是防止权力被滥用的一个极为重要的条件。一般来说，对权力获得的制约主要表现为选举制、考试制和限任制。实行选举制，被选人受到选举人的制约,选举人将代表他们利益的人选拔到一定的职位。考试制一般采用笔试和面试两种形式,达不到设定的标准则不能获得权力。限任制是指权力主体在任职时间上受到限制。这三种形式对权力的制约起到了一定的作用。与这三种形式相反的是世袭制、委任制和终身制。这三种形式极易产生权力滥用,从而导致腐败。

2.权力运行中的制约

对权力获得的制约仅仅只是权力制约的起点。因此由被选人转变为权力主体以后,则权力主体便具有较大的独立性。他们仍有可能滥用权力,以权谋私。因此,对权力运行的制约就显得尤为重要。对权力运行中的制约,我们可以从三个方面加以考察。

(1)国家权力机构之间的制约。即国家机构在行使职权中的互相监督与制约。这种制约处于动态,与法律所规定的制约(静态)是有区别的。国家权力机构之间的制约主要是立法、行政和司法机构之间的制约。

(2)非国家权力机构对国家权力机构的制约。主要是政党、民众团体和各种利益集团对国家权力的制约。

(3)社会舆论对国家权力的制约。舆论是一种强大的社会力量。法国大革命时期著名政治活动家罗伯斯比尔说过,出版自由是鞭挞专制主义的最可怕的鞭子。美国独立战争时期著名的政治思想家托马斯·杰斐逊也认为,报纸要对政府提供其他机构无法提供的监督作用。随着电视、广播、报纸、杂志等新闻媒介的不断增多,资本主义各国新闻监督的作用越来越强,以至于不少国家已把新闻机构作为立法、行政、司法以外的第四权力机构。新闻舆论要发挥这种作用,必须有法律的保障,必须制定新闻法、出版法、游行示威法,使社会舆论发挥强有力的制约作用。

3.权力运行后果的制约

我们知道任何权力的运行都会产生一定的后果。恶劣的后果表现权力运行给社会带来负面效应,违背权力授予者的初衷。因此,通过恶劣后果的查处,追究权力主体的责任,是完整的权力制约机制中一个最后的必需的环节。

二、权力制约原则在宪法中的体现

在资本主义国家的宪法里,权力制约原则具体表现为三权分立,即立法权、行政权和司法权由不同部门掌握,以达到相互牵制的目的。考察西方主要资本主义国家的宪法,三权分立原则的运用有三种模式。

(一)美国模式

根据美国宪法,联邦立法权,行政权和司法权分别由国会、总统和联邦法院行使,三方互相制约、彼此牵制,形成权力相互制约保持制衡的权力格局。

1.国会对总统的制约

国会有权批准或否决总统提出的大使、公使、政府官员的任命名单;有权批准或否决总统代表美国签订的对外条约,只有经国会参议院2/3的议员赞同后,总统及政府与外国缔结的条约才能批准生效;国会有权推翻总统对法案的否决。根据《美国宪法》第 1 条第 7 款的规定,如果总统否决了国会通过的法案,而国会两院又各以 2/3 的多数重新通过被总统否决了的议案,则该法案最终生效;对总统及政府官员提出弹劾案。众议院提出对总统及政府官员的弹劾案,由参议院审判;国会有权裁定总统有无履行职权和责任的能力。《美国宪法》第 25 条修正案规定,如果副总统等官员提出,总统已丧失履行其职权和责任的能力,而总统本人又坚持认为自己未丧失该能力时,由国会两院 2/3 的多数裁定;国会有权批准总统提出的副总统人选。

2.国会对法院的制约

根据《美国宪法》第 2 条的规定,总统提出拟任命的最高法院法官人选名单后,要经国会参议院批准后方可正式任命,国会有权否决总统提出的任命名单;国会有权对联邦法院法官进行弹劾。

3.总统对国会的制约

根据《美国宪法》规定,总统有权否决国会通过的议案。

4.总统对法院的制约

这种制约方式是总统通过掌握最高法院法官的提名和任命权来实现的。根据《美国宪法》第 2 条第 2 款之规定,最高法院法官人选产生需获得总统提名,然后经参议院批准再由总统正式任命。

5.法院对国会的制约

法院对国会的制约权主要表现在两个方面:一是通过行使违宪审查权,宣布国会通过的法律违宪;二是在国会参议院组成弹劾法庭对总统进行弹劾审判时,必须由联邦最高法院首席法官任弹劾法庭主席,国会参议院无权独自对总统进行弹劾。

6.法院对总统的制约

此项制约主要是法院通过对宪法的解释,裁定总统和政府的行为违宪,以制约总统权力的行使。

(二)英国模式

根据英国宪法性法律文件的规定,英国的分权原则主要表现在:内阁由下议院多数党的党魁组织;内阁成员对下议院负连带责任,如果下议院对内阁不信任,不是内阁总辞职,就是内阁解散下议院。日本是君主立宪制国家,它在运用分权原则过程中,具有英国式的特点。《日本宪法》规定:国会是唯一立法机关,行政权属于内阁,司法权属于最高法院及下级法院。国会有权提名内阁总理大臣,提请天皇任命,有权通过不信任案迫使内阁总辞职,内阁在国会通过不信任案时,有权在 10 日内提请天皇解散众议院;最高法院有权决定一切法律、命令、规则是否符合宪法等。英国模式的特点议会为重心的责任内阁制的分权模式,立法权在三权中处于优越的地位。

（三）法国模式

法国宪法在运用分权原则兼有美国和英国两种模式的特点,在国家权力体系中,行政权处于优越地位,实行半总统半议会的体制,总统享有广泛的权力,包括有权任命总理并根据总理的建议任免其他政府成员;他有权主持内阁会议,签署内阁会议所决定的法令和命令。宪法还规定,总统在法定期限内得要求议会重新审议其最后通过的法案,议会不得拒绝;总统有权就一切涉及公共权力组织的法律草案提交公民复议;总统有权以命令宣布议会特别会议的召开和闭会。宪法还规定,总理就内阁会议讨论通过的施政纲领或者总政策,得对国民议会提出由政府承担责任的说明;当国民议会通过不信任案或当它不同意政府的施政纲领或总政策说明时,总理必须向共和国总统提出政府辞职,等等。

资本主义国家根据本国的实际情况,采取不同的分权模式,目的在于制约权力为巩固资产阶级民主服务。从资本主义各国的政治实践来看,分权原则在促使国家权力保持平衡。维护政府的稳定方面起了一定的作用。

社会主义国家宪法也实行权力制约原则,但反对三权分立模式,而强调建立国家权力的监督机制。社会主义国家的宪法所运用的监督模式主要体现在两个方面:一方面是人民对由其所产生的代表的监督,如我国《宪法》第71条规定,全国人民代表大会代表受原选举单位的监督,原选举单位有权依照法律规定的程序罢免本单位选出的代表,《朝鲜宪法》第8条规定:各级国家权力机关的议员对选民负责。另一方面是不同国家机关相互之间的监督,如我国《宪法》第3条规定:国家行政机关、审判机关、检察机关都由人民代表大会产生,对它负责,受它监督。苏俄1921年宪法第2条规定:其他一切国家机关受人民代表苏维埃的监督并向人民代表苏维埃报告工作。因此,从社会主义国家宪法所确立的监督原则来看,社会主义国家不主张实行立法权、行政权、司法权相互分立,彼此牵制,而是权力机关处于优越地位,行政机关和司法机关由其产生并受其监督。

第五节　法治原则

一、法治理论的发展

法治理论经历了一个从古典法治理论发展为近代法治理论并最终形成现代法治理论的过程。

古典法治理论的奠基者应首推古希腊著名思想家亚里士多德。亚里士多德在其《政治学》一书中并没有直接给法治下定义,但是他还是对统治的内涵作了权威性的诠释:"法治应包括两重意义:已成立的法律获得普遍的服从,而大家所服从的法律又应该本身是制定得良好的法律"。亚里士多德明确提出法治优于一人之治,并主张对权力进行制约,倡导将议事权、行政权和审判权分配给不同的机关行使,避免权力过分集中所带来的弊端。亚里士多德所创立的古典法治理论具有两个方面的创新,一是强调法律至上,他说,良好的法律得不到遵循,仍然不能实行法治;二是权力制约。这为近代法治理论的产生奠定了坚实的基础。

近代法治理论由17世纪欧洲著名政治思想家杰出代表洛克和孟德斯鸠所创立,当然其他思想家如哈林顿对法治也有过精彩的阐述。洛克在法治理论方面的建树主要表现在两个方面：第一，法治的原则。洛克认为，法治原则主要包括：国家必须以正式的法律来统治。他说：统治者应该以正式公布的和被接受的法律而不是以临时的命令和未定的决议来进行统治。执行已经公布的法律。法律面前人人平等。法治不排斥个别场合执法的灵活性。① 第二，分权理论。洛克认为，要实行法治，就必须实行分权，即国家的立法权、行政权和对外权由不同的部门执掌。他说："如果同一批人同时拥有制定和执行法律的权力，这就会给人们弱点以极大诱惑，使他们动辄要攫取权力，借以使他们免于服从他们所规定的法律，并且在制度和执行法律时，使法律结合于他们自己的私人利益，因而他们就与社会其余成员有不相同的利益，违反了社会和政治的目的。"孟德斯鸠发展了洛克的分权学说，他将国家权力划分为立法权、行政权和司法权三种。司法权作为与立法权和行政权相平行的权力而独立出来，是孟德斯鸠对分权学说的创新。他指出：当立法权和行政权集中在同一个人或同一机关之后，自由便不复存在；因为人们将害怕这个国王或议会制定暴虐的法律，并暴虐地执行这些法律。如果同一个或者是由重要人物、贵族或平民组成的同一机关行使这三种权力，即制定法律权，执行公共决议和裁判和人犯罪或争诉权，则一切都完了。② 在孟德斯鸠看来，三权唯有分立，才能实现法治。

进入 20 世纪以后，现代法治理论又有新的发展。1950 年在印度召开的"国际法学家会议"上通过的《德里宣言》确立法治的三项原则：第一，立法机关的职能在于创设和维护使每个人保持"人类尊严"的各种条件；第二，不仅要为制止行政权的滥用提供法律保障，而且要使政府能有效地维护法律秩序，借以保证人们具有充分的社会和经济生活条件；第三，司法独立和律师自主是实施法治原则必不可少的条件。

美国著名法理学家富勒提出了法治的八项原则：

（1）法律的一般性。富勒认为，人类的行为必须有规则可遵循，法律并不是为特定的人制定的，而是为一般的人提供为规则。

（2）法律的公布。法律制定后必须予以公布，这样人们才了解。

（3）适用于将来的而非溯及既往的法律。

（4）法律的明确性。富勒认为，制定一个模糊不清的法律是危害法治，法律必须使用常识性的判断标准。

（5）避免法律中的矛盾。一种是同一法律中出现矛盾，对于这种情况，一般采用解释的方法，将相互矛盾的条款进行调整。另一方面是不同时期制定的法律发生矛盾，解决的办法是适用后法优于前法。

（6）法律不应要求不可能实现的事情。

（7）法律的稳定性。

（8）官方行动和法律的一致性。

现在，西方一些学者认为宪法和法律不仅要限制国家权力，而且要保障国家权力有效运转，从而使法治理论得到了新的发展。

我国社会主义法治理论是在改革开放以后，经过总结我国社会主义建设成败得失的经验基础上建立起来的。江泽民同志在党的十五大报告中对依法治国即社会主义法治的内涵作了精辟

---

① 　［英］洛克著；瞿菊农，叶启芳译.政府论（下）.北京：商务印书馆，1983，第 86 页
② 　［法］孟德斯鸠著；张雁深译.论法的精神.北京：商务印书馆，1982，第 156 页

的阐述:依法治国,就是广大人民群众在党的领导下,依照宪法和法律规定,通过各种途径和形式管理国家事务,管理经济文化事务,管理社会事务,保证国家各项工作都依法进行,逐步实现社会主义民主的制度化、法律化,使这种制度和法律不因领导人的改变而改变,不因领导人看法和注意力的改变而改变。① 当然,社会主义法治理论还有待于作进一步的深入的研究,有待于进一步的丰富和发展。

二、法治原则在宪法中的体现

资本主义国家宪法对法治原则的体现的形式不一。如《葡萄牙共和国宪法》序言规定:"制定会议庄严宣布:葡萄牙人民决心保卫国家独立,捍卫公民基本权利,确立民主制度的根本原则,确保法治在民主国家中的最高地位。"《土耳其共和国宪法》第2条规定:"土耳其共和国是一个民主的、非宗教的、社会的法治国家。"《摩纳哥公国宪法》第2条宣称:"公国是一个法制国家,尊重自由和基本权利。"1958年《法国宪法》第1条规定:"共和国的口号是'自由、平等、博爱'","共和国的原则是:民有、民治和民享的政府"。

社会主义国家政权的建立,使法治原则在社会主义宪法中得以体现,并且使法治原则真正得以实现。社会主义国家的宪法不仅宣布宪法是国家的根本法,具有最高的法律效力,是一切国家机关和全体公民的最高行为准则,而且还规定了国家的立法权属于最高的人民代表机关。在我国,1999年3月15日通过的宪法修正案,在宪法第5条中增加一款,规定:中华人民共和国实行依法治国,建设社会主义法治国家,从而使社会主义法治原则在宪法中得到更明确的体现。

---

① 孙国华.社会主义法治论.北京:法律出版社,2002,第171页

第三章　宪法的历史发展

宪法作为国家的根本大法,并不是与普通的法律形式在历史上同时产生的,而是资产阶级在反对封建专制统治的过程中,要求限制最高统治者的权力和保障公民权利的产物。日本宪法学者美浓部达吉在 1920 年出版的《宪法学原理》一书中,就已经对宪法的产生作了非常科学的探讨。他在该书中认为,所谓宪法,"与专制政治的国家相对,而承认国民的参政权,国民直接的或由代表机关参与国家的统治,单是这种国家始称为立宪国"。"属于此意义的宪法,至近代始行发达,除英国外,无论何国都不过最近约一百五十年间才发达出来的"。这一观点基本上代表了迄今为止国内外宪法学界关于宪法起源的认识。也就是说,宪法作为一种特殊性质的法律,并不是随着人类社会法律的产生而同时产生的,而是人类社会的法律文明发展到一定阶段的产物,特别是宪法是在反对专制和保障权利的观念下产生的,是近代资产阶级反对封建专制、主张人的权利的政治要求的集中体现。

第一节　西方宪法的产生与发展

一、宪法产生的条件

根据社会发展的基本理论,宪法的产生可以分为两种基本类型:内源发展型和外源发展型。内源发展型宪法是原生态宪法,是指该国家具备了宪法产生的经济、政治、文化和社会等条件,当时机成熟时便产生了宪法,宪法的产生和发展主要是由本民族或国家的内部因素和内部关系决定的,外部关系和外部因素对该宪法的产生发展影响极小。内源发展型宪法也是宪法实施得较好的宪法。外源发展型宪法是由外部因素、外部关系决定以及迫于外部压力而产生的宪法,由于本国并不具备产生宪法的经济、政治、文化和社会等方面的成熟条件,因此外源发展型宪法国家并不一定就是宪政国家,也可能存在有宪法,但宪法根本没有实施的情况。本章所述除非特别所指,都是指内源发展型宪法。近代宪法产生之时,人类社会已由中世纪步入近代,社会发展达到了质变:以市场经济代替自然经济,以人文主义代替神学中心主义,以启蒙和理性代替蒙昧,以科学代替迷信,以民主、人权代替专制与特权,以法治代替人治,总之这是一个社会转型和急剧变化的时代。不同的思想家从不同的角度进行了概括:马克思认为这是一个以物的依赖性为基础的人的独立性时代;康德认为这是一个运用自己的理性由不成熟状态走向成熟的启蒙运动时代;黑格尔认为这是一个自我意识觉醒与走上历史舞台的时代;马克斯·韦伯认为这是一个理性化的时代,借助新教伦理发展起来了资本主义,以法理权威代替一切传统权威的时代。近代资产阶级革命一系列政治实践的最终结果是宪法的产生,宪法的产生表明规范国家权力,保障人权的理想是以根本法的形式存在着的。宪法的产生是一个渐进的过程,是经济、政治、社会与思想文化多种因素发展到成熟阶段的产物,并经过适时的政治革命和变革的推动而产生的。

（一）宪法产生的政治条件

民主政治是宪法产生的政治条件，巩固民主政治的基本制度和基本形式是宪政制度和宪法。没有民主政治，即无真正的宪法实施。

前资本主义国家的政体主要有古代民主共和政体和君主专制政体。古希腊的民主共和政体存在的历史很短，也不是一种真正的民主制度。首先，它的民主政体具有狭隘性，因为妇女、奴隶和非本城邦人无权参加公民大会，行使民主权利。同时雅典公民依据财产的不同被划分为四个等级，只有第一、第二等级的富有者才有资格被选为执政官，第三、第四等级的中产阶层只能被选入五百人会议。其次，古希腊民主政体形式是直接民主制。伯利克里认为："我们的制度之所以被称为民主政治，是因为政权是在全体公民的手中，而不是在少数人手中"①。雅典民主以普遍信奉公民美德的原则为特征，这些都具有浓重的乌托邦色彩。古代直接民主最重要的缺点是缺少严格操作的程序。此外还具有排他性，即以统一性、一致性、参与性和非常严格的公民资格为标志，②这样使民主的范围受到限制，容易导致貌似民主实则专制的情况出现。对这种古典民主模式的批评对西方近代以来政治思想产生了影响，尤其是对直接民主政治危险性的警惕产生了对代议制民主政治的追求。

专制政体是人类政治社会持续时间最长的一种政体，可分为君主专制政体、贵族专制政体以及与教会并存的等级君主制。在西欧中世纪时期所存在的专制政体同中国封建社会时期的专制政体有很大的不同。中国君主专制政体由于没有受到其他势力的抗衡与挑战，尤其是宗教势力，使得专制时期持续较长，且专制程度愈来愈强，涉入的领域越来越多。西欧的君主专制政体由于受到教权的抗衡和制约，使其专制程度有所降低，使得一些民主思想、法律思想和人文主义能够在专制的夹缝中获得生存，形成了等级君主制。法国的三级会议是一种典型的等级君主制，它是由贵族、僧侣和市民三个等级的代表组成的。三级会议对君主权力有一定制约，如未经等级会议同意，国王不得征税等。君主等级会议的目的，是想借等级会议削弱大封建主的权力，达到巩固王权的目的。中世纪的英国也有贵族、骑士、农民的等级制度之分。12—14世纪的英国是典型的等级制社会，所有的人都可以在整个社会的金字塔上找到自己的位置。③ 14世纪英国的庄园农业也不利于形成农业专制社会，因为农村庄园是乡村经济和政治生活的基本单位，具有一定的独立性。13世纪英国城镇自治和行会有利于工商业的发展。教会和12世纪大学的创立使等级制社会的专制有所动摇。总之，西欧的等级政治为后来形成民主政治创造了一些条件。

到了15世纪，在西欧，实现民主政治的条件已经具备：第一，民族国家的形成。14世纪后，民族国家逐渐兴起，作为一个民族共同体的政治组织，即国家成为这个民族共同体的最高权力机关，它要求一切民众对它服从，同时也要求这种权力不受任何外来力量干涉，矛头直指教会。在此后的宗教改革运动中，国家主权学说在理论上和实践上都得到了极大的发展。第二，脱胎于等级专制中的议会制度在17—18世纪重新得到重视，其强烈参与政治的要求和分享政治权力的诉愿直接导致了产生宪法的政治活动。第三，市场经济是民主政治的前提和基础，民主政治是市场经济在上层建筑领域的反映和体现。等级制度、航海和贸易以及自治城市、行会都促使市场经济

---

① ［古希腊］修昔底德著.谢德风译.伯罗奔尼撒战争史（上册）.北京：商务印书馆，1960，第130页

② ［英］赫尔德著；燕继荣等译.民主的模式.北京：中央编译出版社，1998，第28页

③ 阎照祥.英国史.北京：人民出版社，2003，第64页

蓬勃发展,催生了一个更为强烈要求权力与自主的阶级即资产阶级的形成,他们强烈要求建立一个不同于专制政治的新型政治,即民主政治。民主政治是以平等和自由作为价值目标,此外它需要完备的制度形式。民主政治是程序政治,它需要通过斗争得来的政治权利以法律的形式制度化。因此没有民主政治的事实,就没有宪法的基本内容。

(二)宪法产生的经济条件

市场经济的成熟化和普遍化是宪法产生最重要、最具有决定意义的经济条件。近代宪法是市场经济发展到成熟阶段的产物,并且宪政的真正实现只能在市场经济已经成熟和普及的国家。

在古希腊、古罗马时期,就已经有简单的商品经济存在,虽有"古代宪法",并且私法已经初步形成体系,罗马法被恩格斯称赞为"商品生产者社会的第一个世界性法律"[①]。但商品经济没有普遍化,因此最终没有产生真正意义上的宪法。"商品是天生的平等派",商品经济的运行是以平等作为前提条件的。平等的交换需要商品的所有者是自由的,能够自由地表达自己的意志。因此商品经济滋生了独立个人的成长,在参加政治活动和要求行使政治权利时,成长为不同于臣民、自然人的公民。这是古代留下的遗产,在近代随着地中海沿岸商品经济的再次复兴而获得了更加广阔的生长空间。

8世纪到11世纪,西方被封锁着,商品经济活动基本消失,因此也是中央集权专制最为强盛的时期。简单的商品经济最早是在11世纪的意大利北部的城市共和国发展起来的,意大利的重要港口城市充当了这一发达商业的领袖,后来一些内陆城市也加入了这一行列。此后,商品经济开始逐步扩展到大西洋沿岸和欧洲内陆。城市开始了自治运动,民族国家的意识开始觉醒。城市自治运动和商品经济的发展促使了法律的复兴,带动了司法制度和政治制度的变化。16世纪西北欧的低地国家,主要是荷兰,借助于航海,使商品经济更加普及化,对自由、权利、法治的要求更加迫切。随着农村中商品货币关系的发展,农奴制开始逐渐解体,例如在英国,农奴制在14世纪末期已经不存在,16—17世纪是英国从封建制度急剧地向资本主义转变的时期,也是工场手工业大规模发展的时期。工场手工业的发展使英国更多的农民丧失了土地,从而摆脱了对土地的依附,成为自由人。同时兴起了日益强大的新贵族和资产阶级,他们要求摆脱对国王尽更多的封建义务,更好地发展世界市场和自由经济。英国资本主义是在16世纪都铎王朝统治时期发展起来的。当时王权为了国家富强和自己的显赫,保护过工商业,鼓励了资本主义发展。资本主义生产方式的出现促进了经济的巨大增长,英国成为当时世界上最大的工业生产国。地理大发现也是推动英国资本主义发展的一个主要因素。此外,通过圈地运动,英国的封建土地制度被无情的破坏,农民成为自由民,走进城市与工厂或向海外移民,资本主义市场经济体系初步建立。

法国在中世纪时,一直是欧洲最大的封建专制国家之一,封建土地制度是法国封建社会的经济基础。但是城市的资本主义工商业由于得到国家重商主义政策的激励,却迅速发展,在16世纪,法国的工场手工业和对外贸易已达到相当高的水平。从17世纪开始,法国专制王朝为了加强自身的经济实力以便对外扩张,同时为了改善国家的财政状况,大力推行重商主义政策,客观上促进了商品经济的发展。在重商主义政策的支配下,法国专制政府通过殖民侵略、对外扩张来发展对外贸易,开辟国外市场,鼓励本国商品出口。在16—18世纪,法国资本主义经济已经有了一定程度的发展。资产阶级虽然还没有登上政治舞台,但经济实力已相当强大。与此同时根深

---

① 马克思恩格斯全集(第21卷).北京:人民出版社,1965,第346页

蒂固的封建土地制度严重束缚农民,森严的封建等级制度阻碍工商业的进一步发展。在法国,自由经济的发展要求同原有的政治结构发生了矛盾,客观上为改变社会结构奠定了经济基础。

总之,从15、16世纪开始,欧洲比过去繁荣,从地中海沿岸到荷兰,从英国到欧洲内陆,市场经济和资本主义发展都奠定了政治发展的物质基础。当市场经济走向更加开放和自由的空间时,与上层建筑产生了矛盾,一场旨在改变政治结构的革命和制度建设于是不可避免。

北美大陆由于没有封建主义因素,资本主义市场经济是天然长成的。恩格斯曾指出,"资产阶级的长期统治,只有在美国那样一个从来没有过封建制度而且社会一开始就建立在资产阶级基础之上的国家中,才是可能的"[1]。北美大陆的移民主要来自市场经济发育成熟的西欧,是在宗主国丧失土地和资本的破产者和受宗教迫害的清教徒,他们本身就具有自由精神和发展资本主义的进取精神。随着开辟的殖民地逐渐固定,殖民者按照宗主国的利益来发展殖民地经济,使北美的经济成为宗主国经济的附庸。同时殖民地经济按照地域不同而严格分工,随着经济发展和水陆运输改进,殖民地内部经济联系发展起来,形成了共同的经济生活。迫切要求建立统一的市场和开展独立的对外贸易。这样北美殖民地与宗主国英国政府的矛盾加深,客观上要求通过摆脱宗主国的束缚而建立独立自主的市场经济体系。美国宪法学家比尔德用经济史观解释美国宪法,着重于把经济的利益作为政治上和制定法律与宪法的决定力量,"宪法在基本上是一项经济文件,它的基本观念是:基本的私人财产权先于政府而存在,在道德上不受人民多数的干涉。据记载,制宪会议的大部分成员都承认财产权在宪法上应有特殊的巩固的地位"[2]。但是,比尔德的视野还没有扩及宪法的产生与经济的更深层次的关系。

近代宪法作为民主政治法律化的形式,其产生的根本原因在于近代开始形成的市场经济体系。当时以中国为首的大多数东方国家还是自然经济占主导的农业社会时代,当然不可能产生宪法。即使后来有的国家开始立宪,但由于经济形态的落后,也仍然不能有效地实施宪法。市场经济是以个体自由存在为前提的,因此更加突出对个人权利的保障。市场经济运行时要求以法治作为保障,按照既定的规则展开,因此市场经济更依赖于法律的权威。自由、平等、效率是市场经济衍生的价值,这些价值的实现需要超越个人权威的至高公理来保障,只有宪法才具备并能保障以上价值的实现。

(三)宪法产生的社会条件

随着市场经济的普遍化和对生活影响的深入,出现了国家与社会的二元化结构,市民社会的成长与壮大是宪法产生的社会基础,是捍卫宪法的中坚力量。

市场经济的发展与普及,使一个新兴的阶级和社会力量诞生,即资产阶级。马克思指出:"从中世纪的农奴中产生了初期城市的城市市民;从这个市民等级中发展出最初的资产阶级分子"[3]。现代资产阶级本身的成长是一个长期的发展过程,是市场经济发展的产物。脱胎于封建统治下产生的资产阶级形成了足以变革社会的力量,这种力量在各国的情况是不同的,但要求政治权力、发展资本主义经济和开拓世界市场,并把这种愿望以根本大法的形式固定下来则是一致的。

---

① 马克思恩格斯全集(第21卷).北京:人民出版社,1965,第346页

② [美]查尔斯·A.比尔德著;何希齐译.美国宪法的经济观.北京:商务印书馆,2010,第243页

③ [德]马克思、恩格斯.共产党宣言.北京:人民出版社,1997,第28页

英国由于是岛国,航海条件优越,海外扩张、对外贸易和重商主义使英国迅速形成了早期的中产阶级。贵族是英国的特殊阶级,在中世纪,贵族是同神权抗衡的重要力量,从而使英国的自由主义理论萌发较早。恩格斯指出:王权是进步的因素,王权和市民阶级的联盟发端于 10 世纪。[①] 进入 16 世纪,贵族引用新型的资本主义经营方式改造农业,出现了新贵族。新贵族是农村资本主义的代表,也广泛地参与工商业的活动。新贵族和资产阶级有共同的政治追求和共同的利益,他们要求提高政治地位和争得人权的倾向是一致的。1215 年的《自由大宪章》就是贵族同王权、教权抗争的结果,新贵族有比资产阶级同封建制度更深刻的矛盾。所以在近半个世纪的英国资产阶级革命中,其领导权始终是掌握在新贵族手里,整个革命的发展过程是以新贵族的利益为轴心来运转的。新贵族与资产阶级的联合使一个新兴的社会阶层即市民社会产生。他们不断要求参与政治、取得权利,英国是议会政治的发源地,英国是最早产生宪法的国家,都与英国新兴的社会阶层有关系。

法国是欧洲专制势力最为强大的国家,农民在总人口中比重大。法国的重农政策和专制统治使它在 17 世纪以后在经济上始终落后于英国。法国的工业化起步早而步伐缓慢,资产阶级只能利用重商主义来壮大自己。到 1789 年前夕,一个包括银行家、包税人、企业主、商人、知识分子的第三等级已经形成,他们只有一个愿望:要在政治上取得自认为应得的地位。第三等级代表了法国绝大多数民众的利益,而其悲惨处境是由特权等级造成的。西耶斯一语中的,"第三等级是什么? 是一切。迄今为止,第三等级在政治秩序中的地位是什么? 什么也不是。第三等级要求什么? 要求取得某种地位"[②]。1789 年大革命之前,法国已经成长起一个同专制政权相抗衡的阶层,这个阶层对法国经济与社会发展贡献最大,并承担着思想启蒙、发展文化、改造社会的重任,但他们饱受各种税收等经济政策挤压,没有参政议政的权力,个人权利也无从保障,经济社会地位与政治地位严重不对称。他们迫切希望以根本大法的形式,改变并固定体现新兴资产阶级的既得利益。

当欧洲大陆大规模移民北美大陆时,土生土长的印第安人的生产、生活方式基本被摧毁,代替并占主导地位的是资本主义。英王有意识地用颁发特许状在北美移植封建主义,但移民的自由主义倾向、创新意识和资本主义的动力使封建主义在北美没有成长环境。北美土地广阔,移民无偿得到土地,发展自由的小农经济,这就破坏了封建主义的经济基础,因此北美的资本主义是天然长成的,封建主义因素在北美没有生长的土地。因此,恩格斯指出,美国是一个从来没有过封建制度而且社会一开始就建立在资产阶级基础之上的国家。经过一个多世纪的发展,在 18 世纪,一个统一的美利坚民族初步形成,而其构成主体是资产阶级。但他们却受英王的统治,他们与英王是隶属关系,因此具有独立倾向并对英王构成挑战的社会结构在北美已经形成。

综上所述,近代法律的兴起是以罗马法的复兴和注释法学派的出现为标志,罗马法是适应简单商品经济社会发展、结构编排合理、法律技术完善的法律体系。由人治向法治的转变,同近代资本主义的成长是同步的。因此法律形式的发展和法治意识的普及已经使保障人权、规范国家权力的根本大法的制定成为可能。欧洲中世纪有经院法学和世俗法学之分,在阿奎那的法律体系中,自然法和人法都是世俗法,但永恒法和神法可以指导人法等世俗法,因此存在根本法观念,即根本法高于普通法,根本法是普通法的立法基础和思想原则。经院与世俗以及中世纪哲学上

①　马克思恩格斯全集(第 21 卷).北京:人民出版社,1965,第 453 页
②　[法]西耶斯著;冯棠译.论特权·第三等级是什么.北京:商务印书馆,1990,第 19 页

的名实之争,也影响了法律的二重性,即根本法与普通法之分。古典自然法理论弘扬法律至上,使自然法成为普通法或制定法的立法指导思想和原则,当近代神学的权威被理性的权威所代替之时,需要一种法律来弥补中世纪根本法失去的空位,并且能够成为其他法律制定的根据,因此以民主政治实践法律化为内容的根本大法应运而生,即近代宪法的诞生。

(四)宪法产生的思想条件

文艺复兴、宗教改革和启蒙运动后所形成的人文精神、自然法思想和理性文化是宪法产生的思想条件。

宪法的实质在于以个人权利的实现、以制约国家权力的过度行使为宗旨。因此在思想理论和文化基础方面,近代已为宪法的产生准备好了思想条件。欧洲中世纪的意识形态是神学思想占主导地位,其他一切旨在推动社会进步的理论都被视为异端。在由中世纪步入近代的转折时期,在意大利开始了以弘扬人性、重视理性、诉诸人权为主要内容的文艺复兴,在政治理论方面的代表人物主要有但丁、马基雅维利以及法国人博丹等人。文艺复兴的核心是人文主义精神的普及与确认。人文主义是近代以来西方的主流思想,在不同时代又被赋予了不同的内涵。文艺复兴时期的人文主义,意大利是其发源地,其后向西欧各地扩张。人文主义的实质是早期资产阶级在思想文化领域内对封建主义、中世纪神学和专制主义哲学发动的一场思想革命。人文主义反对神权统治一切的观念,宣扬人是万物之基的思想,主张以人权代替神权,以民族国家的成长代替宗教神权国家。揭露教会的腐败,反对禁欲主义,主张世俗生活,还原人的本性,主张人追求幸福生活的合理性。人文主义反对迷信,信仰科学,探索自然,崇尚理性和智慧,认为知识的力量是绝对的,是高于神学的,知识不是来源于上帝,而是来源于经验和理性。此外,人文主义还主张以法治的权威代替神学权威、代替任何个人的权威。

宗教改革是一场神学世俗化的运动。德国人马丁·路德的神学思想明确否认教会拥有司法权,否认教会是指导和管理基督徒生活的权威,谴责教会滥用权力。其主要目的在于政教分离,还政治于世俗社会。法国人博丹的国家主权理论就是宗教改革理论的产物,否定教会干预世俗事务的任何权力,而应由民族国家承担起政治权力。英国政治学家斯金纳认为:在16世纪天主教欧洲所产生的所有具有巨大影响的系统性政治理论著作,基本上都带有宪政主义的特征。[1]人民主权思想、根本法观念在宗教改革时期都得到了强化。宗教改革之后市民社会得到了快速发展,追求幸福的正当性刺激了市场经济的发展。宗教改革之后,新教兴起,新教具有自由精神和平等要求,精神王国和世俗政府的地位发生了变化。宗教改革改变了基督教发展的方向,使人从神的脚下站立起来,实际上是一次意识形态领域的革命,是从中世纪蒙昧时代走向近代理性文明社会的标志。

启蒙运动是18世纪欧洲最具影响力的思想解放运动。康德认为,启蒙运动就是人类脱离自己所加之于自己的不成熟的状态。广义上讲,大卫·休谟、亚当·斯密的苏格兰启蒙运动与后来的德国康德、黑格尔的思辨哲学运动都属于启蒙运动。但最具代表性的、对人类精神史发生巨大影响的、推动社会巨大进步的还是法国启蒙运动。法国启蒙运动时间跨度为1715年路易十四死亡使专制破产到1789年法国大革命之前的历史阶段,其代表性人物主要有伏尔泰、孟德斯鸠、卢梭等人。启蒙运动的代表人物都是致力于改革的人道主义者,主张自由、平等、博爱是天赋人权,

---

① [英]斯金纳著;奚瑞森等译.近代政治思想的基础(下卷).北京:商务印书馆,2002,第161页

自由是一种权利,是公开运用自己理性的自由,反对专制政治。孟德斯鸠认为,独揽权力的专制国家是不可能有效地保障权利的,在权力之间必须形成制衡的分散权力的模式。卢梭的核心思想是人民主权论,主张建立一个人人平等的共和国。18世纪在欧洲兴起的启蒙运动是思想解放的运动、历史进步的运动。运用理性权威,采取批判、否定的态度超越神学与任何个人专制的权威。它的政治宗旨是直接指向专制制度的,是运用理性启蒙的工具试图推翻一切专制统治,保障人权,实行法治,建立一个立宪国家。其中运用的重要理论工具就是古典自然法思想。

自然法思想是支配西方法律发展的主流思想,与西方最古老的哲学运动智者学派几乎同时诞生,斯多葛哲学的强化使自然法思想到罗马时期成为罗马法律的思想基础。中世纪神学一统天下也不曾泯灭自然法思想,阿奎那的法学思想可以被认为是一种神学自然法思想。为了区分于20世纪的自然法复兴运动,近代自然法思想一般被称为古典自然法思想。古典自然法思想的代表人物是英国人洛克和法国人孟德斯鸠。洛克认为:理性是自然法。[①] 孟德斯鸠认为:自然法是先在的,自然法渊源于我们生命的本质。[②]

近代伊始,随着文艺复兴、宗教改革、市场经济的发展,自然法成为反抗专制,建立共和、宪政的政治革命最有力的理论武器。自然法思想是一个派别众多、理论旨趣复杂、涉及众多不同思想的理论体系,格老秀斯、斯宾诺莎、霍布斯、洛克、孟德斯鸠、卢梭、潘恩等人都高举"自然法"和"自然权利"的旗帜,参与资产阶级推翻封建统治的伟大革命。古典自然法思想的主要内容是:高举理性主义的旗帜,弘扬个人主义,因此以自然权利为核心的天赋人权观、呼唤个性解放、独立和自由的个人主义精神具有正当性;在国家的起源问题上,提出社会契约论,认为政府的权力来自于契约和法律,政府守法和权力分立、互相制衡是消除专制的最好途径;自然法思想是价值优于事实的思想,因此平等、正义、自由、人权、民主是考察是否属于自然法理论的尺度;自然法思想认为人的抵抗权是合理的,因此自然法思想多采取激进主义的反抗精神,具有革命性和战斗性。自然法思想本身具有局限性,因为自然法思想在方法论上都假设自然状态或战争状态的先在性,这是不符合社会发展事实的。此外,理性至上性和激进主义对社会的常态发展也可能造成破坏。洛克的理论成为英国"光荣革命"的指导思想,卢梭的思想导致了法国大革命的爆发,潘恩的《常识》开启了美洲的独立进程,都说明了自然法思想是近代宪法产生最直接的思想基础。

二、宪法未来的发展趋势

自近代产生宪法以来,宪法在内容、结构和宪法保障等方面都发生了巨大的变化。具体可以概括为如下几个方面。

(一)在国家权力结构上,行政权出现不断扩张的趋势

自由资本主义时期,管得最少的政府就是最好的政府,行政权在国家权力结构中处于弱势地位。而随着经济的发展与科学技术的不断进步,自由资本主义时期的政府理念已经过时,行政权出现了不断扩张的趋势。在奉行议会主权的国家,议会的主权受到不同程度的挑战,如在英国,议会的专属立法权受到了委托立法挑战;有的国家则改议会内阁制为总统制,如法国。在

---

① [英]洛克著;叶启芳等译.政府论(下篇).北京:商务印书馆,1964,第6页
② [法]孟德斯鸠著;张雁深译.论法的精神(上册).北京:商务印书馆,1959,第4页

实行三权分立的国家,如美国,总统的权力不断扩大,总统经常使用否决权来搁置或否决议会的立法。

(二)宪法发展的国际化趋势日益明显

随着二战以来全球化的迅速发展,特别是全球经济的一体化,宪法发展的国际化趋势越来越明显。具体而言表现在以下几个方面:首先,对国际法的直接接受和承认。各国近代宪法基于国家主权的观念对国际法往往采取较为保留的态度,而现代以来的宪法对国际法的态度有明显的改变,一般采取直接接受的态度。其次,对国家主权进行有条件的限制。随着战后主权观念的变化,基于国际合作的需要,许多发达国家,特别是欧盟国家通过宪法对国家主权做了有条件的限制。再次,公民基本权利领域的国际化趋势明显增强。许多国家加入了国际人权问题的条约,如《公民权利和政治权利国际公约》、《经济、社会和文化权利国际公约》等。

(三)公民权利和自由的范围进一步扩大

宪法以人民主权原则为逻辑起点,宪法的核心内容主要包括两个方面,即控制国家权力和保障公民的权利。控制国家权力是手段,保障公民的权利才是宪法的目的。20世纪以来,特别是第二次世界大战之后,人民的权利呼声越来越高涨,在随后制定的宪法中保护公民权利和自由的条文也不断增加,如1946年《日本宪法》对国民权利义务的规定有31条,较之《明治宪法》的14条增加了一倍以上。战后意大利宪法由原来的9条增加到42条。在公民的权利内容方面,对政治权利的限制则进一步放宽,并且注重公民权利实现的物质保障。

(四)宪法保障制度不断完善

最早的1787年《美国宪法》和1791年《法国宪法》并未对如何保障宪法的实施和发生违宪案件如何处理作出规定。后来随着社会生活的日益复杂化和各国阶级力量对比关系的变化,宪法的保障实施措施也不断加强。美国在1803年通过判例创立了由法院审查违宪案件的司法审查制度。奥地利于1920年最早设立了宪法法院,随后有许多国家进行效仿,目前世界上已经有30多个国家设立了宪法法院。法国则在1946年创立了宪法委员会,1958年进一步完善这一制度。社会主义国家宪法一般规定最高权力机关保障宪法的实施。总之,各国都在一定程度上不断地加强与完善宪法保障制度。

(五)对经济制度的规定逐步增多

最初的资产阶级宪法除了规定私有财产神圣不可侵犯外,很少对经济制度作出规定。19世纪末期,随着自由资本主义向垄断资本主义过渡,经济生活与政治生活的关系越来越密切,宪法对国家重大的经济方针和政策的规定也逐步增多。1919年德国的《魏玛宪法》设立"经济生活"专章,规定经济自由、契约自由、土地制度、继承制度以及劳动保护和保险制度等。1933年《葡萄牙宪法》用4章的篇幅规定了有关经济问题。1967年《巴西宪法》第3部分为"经济制度和社会制度"。1972年《巴拿马宪法》第11篇为"国民经济"。1973年《苏丹永久宪法》第2部分第2章为"经济基本原则"。社会主义宪法更加注重对经济制度的规定,特别是对生产资料公有制的规定,确立了与资本主义社会不同的经济制度。

三、西方典型国家宪法的产生与发展

（一）英国宪法的产生和发展

英国是最早产生宪法文件的国家。1215 年《自由大宪章》规定了王权受到限制,同时规定保护各个阶层和人民的合法权益,对于限制以维护封建王权为特征的封建专制,弘扬以保护权利为重点的法治精神,起到了非常重要的作用。

在《自由大宪章》之后,英国又通过了一些体现近代宪法限制王权、保障公民权利的宪法文件,如 1295 年的《无承诺不课税法》、1628 年的《权利请愿书》、1679 年的《人身保护法》等等。1688 年英国"光荣革命"之后,资产阶级在与封建势力相互妥协的基础上制定的《权利法案》(the Bill of Rights)奠定了英国现代宪法的基础。该法案明确宣布:为确保英国人民传统之权利与自由,由国会两院制定该法。该法案首先要求,凡未经国会同意,以国王权威停止法律或停止法律实施者为越权;向国王请愿是国民的权利,一切对此请愿的判决或控告都是非法的;国会议员的选举是自由的;为伸张正义、洗清冤屈以及加强和维护法律,国会应当经常集会等等。这里实际上已经将世俗社会中的最高权力由国王转移到了民选的国会,奠定了世俗最高权力的民意基础。其后,英国又制定了一系列宪法文件,如 1701 年的《王位继承法》、1911 年的《国会法》、1918 年的《国民参政法》和 1969 年的《人民代表法》。值得注意的是,随着欧洲一体化进程的不断深化,英国的宪法体制也逐渐发生了变化。英国国会开始打破传统宪法体制的束缚,注重与立宪领域的国际化趋势相适应。如 1972 年制定的《欧洲共同体法》、1976 年的《种族关系法》、1983 年的《人民代表法》和 1986 年的《公共秩序法》等等。特别值得一提的是,为了适应人权国际保护的需要,英国议会还在 1998 年通过了实施《欧洲人权公约》的《人权法案》。该法案明确规定,为进一步加强欧洲人权公约保护的权利和自由的效力,使担任一定的司法职务并成为欧洲人权法院法官的人员予以遵守及其他相关目的,制定该人权法案。该法案附件一明确列举了在《欧洲人权公约》中所规定的、为英国所承认并予以遵守的权利和自由,包括生命权、禁止酷刑、禁止奴役和强制劳役、自由和安全权、公平审判权法无规定不为罪、私人和家庭生活受尊重权、思想良心和宗教自由权、言论自由权、集会和结社的自由、婚姻权、禁止歧视和禁止滥用权利等等。这些规定使得英国现代宪法制度的核心内容与国际社会的基本标准保持协调和一致。

（二）美国宪法的产生和发展

美国宪法是美国独立战争胜利的产物。1776 年发表的《独立宣言》宣告了美国的独立,并且在次年(1777 年)通过了规范美国独立初期 13 个州之间邦联关系的《邦联条例》。《邦联条例》是美国历史上最重要的宪法文件,但是,《邦联条例》只规定设立合众国国会,而未建立邦联的行政机关和统一的邦联军队,因此,根据《邦联条例》建立的只是一个比较松散的邦联,并没有组成真正意义上的联邦国家,因此,《邦联条例》也不是现代主权国家意义上的宪法。但是,与《邦联条例》不一样的是,在 1776—1780 年期间,13 个州中有 11 个州制定了本州的宪法,包括新罕布什尔州、南卡罗来纳州、弗吉尼亚州、新泽西州、特拉华州、宾夕法尼亚州、马里兰州、北卡罗来纳州、佐治亚州、纽约州、马萨诸塞州。康涅狄格州和罗德岛州未在独立初期制定州宪法,而是将原来殖民地时期颁发的特许状做了若干修改后继续延用到 19 世纪。

在《独立宣言》发表 7 年之后，随着北美资产阶级的强大和英国殖民统治的衰落，1783 年英国政府不得不承认美国的独立。从 1786 年开始，美国 13 个州开始着手讨论修改《邦联条例》，试图通过修改《邦联条例》来强化中央国家政权的权威和力量。1787 年 5 月，由除罗德岛之外的 12 个州选派的 55 名制宪会议代表汇集费城，经过汉密尔顿、麦迪逊等人的努力，最后开成了一个抛弃《邦联条例》、制定美国宪法的制宪会议。1787 年 9 月 17 日，举行了宪法草案的签字仪式，最后在宪法草案上签字的只有 12 个州的 39 名代表，其中包括了制宪会议的主席乔治·华盛顿、本杰明·富兰克林、亚历山大·汉密尔顿、詹姆斯·麦迪逊等著名资产阶级政治家。

美国 1787 年宪法根据其第 7 条规定，宪法的批准机关是各州议会，只有在 9 个州议会批准后，宪法才能成立，并在批准的州内发生法律效力。因此，该宪法直到 1788 年 6 月 21 日新罕布什尔州批准时才符合宪法生效的条件。直到 1790 年 5 月 29 日，才在最后一个州罗德岛州获得批准。

美国 1787 年宪法现今仍然生效，包括序言和 7 条正文，全文约 7000 字。序言着重宣扬美国制定宪法的目的，在于"建立一个更完美的合众国"，在于"树立正义、保证国内治安、筹设国防、增进全民幸福及谋求我们自己和子孙后代永享自由"。序言之后是 7 条宪法正文。

第 1 条至第 3 条按照三权分立的原则，各自规定了立法权、行政权和司法权；第 4 条按照联邦制的原则，就联邦与州之间、州与州之间的权力关系做了规定；第 5 条规定了宪法的修正程序；第 6 条强调了宪法是最高的法律；第 7 条规定了宪法的批准问题。美国 1787 年宪法是人类历史上第一部成文宪法。在该宪法中，第一次明确以三权分立学说为基础，建立资产阶级性质的共和国。另外，该宪法还突出了宪法的最高法律地位，对确定近代宪法的基本法律特征以及宪法区别于其他形式的法律的基本特点具有非常重要的奠基作用。

1787 年美国宪法通过之后，其后经过了多次修改，200 多年间共产生了 27 条修正案，它们共同构成了美国现行宪法制度的法律基础。在这 27 条修正案中，其中前 10 条修正案是于 1791 年通过的《权利法案》，该法案通过限制国会立法的方式来规定公民依据宪法所享有的自由和权利。最近的第 27 条修正案是于 1992 年通过的，该条修正案是关于众议员津贴的，最初的修正案建议是在 1789 年提出的，中间经过了 203 年才得以通过。

美国宪法在其产生和发展的过程中还有一个最重要的特点，就是在成文宪法之外，还以联邦最高法院的判例为基础形成了一套宪法判例法。该判例法起源于 1803 年的马伯里诉麦迪逊案件。在该案件中，联邦最高法院首创了由法院审查普通法律是否违宪，并且对宪法有权做出解释的先例。200 多年来，尽管美国的 1787 年宪法仍然生效，而且也通过了 27 条修正案，但是大量的关于宪法原则和宪法精神的确认都是包含在联邦最高法院所作出的宪法解释之中。因此，美国宪法的发展历史实际上是成文宪法与判例法并行发展的历史。学习和理解美国宪法，除了应当掌握美国 1787 年宪法及其 27 条修正案之外，还应当研究联邦最高法院在 200 多年间就宪法所作出的各种宪法解释。

（三）法国宪法的产生和发展

法国宪法产生于法国大革命的过程中。1789 年 8 月 26 日通过的《人权与公民权宣言》是法国历史上第一个人权文件，也是法国历史上具有近代宪法意义的第一个宪法文件。《人权与公民权宣言》共 17 条，确立了许多重要的资产阶级人权观。如该宣言第 2 条规定：任何政治结合的目的都在于保存人的自然的和不可动摇的权利，这些权利就是自由、财产、安全和反抗压迫。第 16

条规定:凡权利无保障和分权未确立的社会,就没有宪法。上述规定反映了法国大革命时期以卢梭等人提出的"天赋人权"思想,同时突出了近代宪法产生的历史条件和制度背景。《人权与公民权宣言》的意义非常深远,不仅在 1791 年法国通过的第一部成文宪法中成为该宪法的序言,而且根据法国第五共和国时期宪法委员会的宪法解释,该宣言的主要精神至今仍是解释法国宪法制度的基本原则。

法国在资产阶级大革命之后,由于社会局势急剧变化导致了宪法不断地被修改,迄今为止,法国共有过 15 部宪法,其间连续经历过 3 次君主立宪制、2 次帝制和 5 次共和制。15 部宪法分别是 1791 年宪法、1793 年宪法、1795 年宪法、1799 年宪法、1802 年宪法、1804 年宪法、1814 年宪章、1815 年帝国宪法补充篇、1830 年宪章、1848 年宪法、1852 年宪法、1870 年宪法、1875 年宪法、1946 年宪法、1958 年宪法。

在法国二百多年的制宪史中所产生的 15 部宪法,其性质和内容都有所差异。其中既有像 1814 年宪法这样的由封建君主制定的钦定宪法,也有如 1830 年宪法作为封建君主与资产阶级代表相妥协产生的协定宪法,但是多数宪法属于资产阶级性质的宪法。而且其中大部分宪法产生于资产阶级大革命时期和资产阶级掌握国家政权的初期。最近的宪法是 1958 年法国第五共和国时期的宪法。

在法国宪法产生和发展的历史上,影响较大的宪法有 1791 年宪法、1793 年宪法、1799 年宪法、1875 年宪法、1946 年宪法和 1958 年宪法。

1791 年宪法一般被认为是欧洲大陆第一部成文宪法,该宪法分为两个部分,即序言和正文。序言是《人权与公民权宣言》;正文部分共有 8 篇,包括宪法所保障的基本条款、王国的区划及公民的资格、国家权力、武装力量、赋税、法国与外国的关系、宪法的修改、其他规定等。该宪法确立了三权分立的君主立宪政体,确立了国民议会由一院制构成,确立了一切权力只能来自国民,宣布国王的权力在法律之下等等。这部宪法比较好地体现了孟德斯鸠的"三权分立"学说和"君主立宪"思想,是资产阶级与封建贵族相妥协的产物。

1793 年宪法是资产阶级革命时期雅各宾派制定的共和制宪法。该宪法在保留了《人权与公民权宣言》的基础上,将原来的 17 条增加到 35 条,并且将宪法草案提交全民公决,得到了参加投票的选民的赞同。与 1791 年宪法不同的是,1793 年宪法强调了卢梭的人民主权说,主张"主权属于人民";"它是统一而不可分割的"。在正文部分除了对法国与外国的关系、国家机构做了规定之外,还规定了享受选举权的公民资格等。但是,由于雅各宾派掌握的政权很快被推翻,因此,该宪法并没有得到实施。不过该宪法所体现的人民主权思想在当时的欧洲是非常先进的。

1799 年宪法是在拿破仑执政府成立后由拿破仑授意宪法学家西耶斯主持制定的,又称"拿破仑宪法",该宪法草案于 1799 年 12 月 24 日提交全民公决获得通过。该宪法共 7 章 95 条,名义上规定法国实行共和制,但是宪法却规定国家最高行政权属于排名有先后顺序的三个执政。拿破仑为第一执政,任期 10 年,连选连任。第一执政独揽全部行政权力及法律的创制权和公布权;第二、第三执政仅有咨询权。所以,从该宪法的实质来看,实际上确立的是资产阶级寡头的个人独裁统治。

1875 年宪法是在重新确立共和制的基础上制定的,由《参议院组织法》《政权组织法》和《政权机关相互关系法》3 个宪法性法律文件构成。这也是法国宪法发展历史上唯一没有以一部完整的宪法典出现的宪法。1875 年宪法规定参议院可以审判总统,总统通过内阁行使权力等,进一步限制了总统的权力,巩固了民选议会的权力。

1946 年宪法是二战后法国通过的一部以议会内阁制为基础的宪法。该宪法仍然以《人权与公民权宣言》作为序言,正文部分共 12 篇 106 条。规定法兰西为不可分的、非宗教的、民主的和社会的共和国,并将"自由、平等、博爱"作为共和国的口号,将"民有、民享、民治"作为共和国的原则,还强调法国的国家主权属于全体国民。根据该宪法的规定,法国议会实行两院制;总统由两院选举产生;行政首脑为内阁总理,实行内阁总理负责制;由最高司法会议行使司法权等。此外,该宪法还设立了宪法委员会作为审查违宪法律的机构。

1946 年法国宪法规定实行议会内阁制导致了法国政府的极度不稳定,没有得到绝大多数公民的赞同。因此,1958 年,在戴高乐的主持下,通过了法国第五共和国宪法。该宪法规定法国实行半总统制、半议会制,重新赋予总统以较大的行政权。另外该宪法还保留了 1946 年宪法所规定的宪法委员会作为审查违宪法律的机构。1958 年宪法制定后,迄今为止经过了 10 次修正,包括宪法的结构也作了调整,增加了政府成员的刑事责任、欧洲共同体与欧洲联盟等内容。

总之,总结法国宪法 200 多年的发展历史,由于法国资产阶级大革命后造成的政治局势不稳定,封建势力和资产阶级在不断斗争的过程中不断地做出妥协,因此,宪法也就必须反映这种阶级力量对比关系的变化。法国宪法经常的变动说明宪法在产生和发展过程中,除了应当不断适应客观形势的发展变化之外,也应当保持宪法自身的科学性,保持宪法作为根本大法的相对稳定性。

(四)德国宪法的产生和发展

德国在 1815 年成立德意志联邦后,联邦南部的一些州开始制定本州的宪法,如巴登州在 1818 年、拜伦在 1818 年、威尔田伯尔州在 1819 年、黑森·达姆斯塔特州在 1820 年都相继制定了本州的宪法。这些州的宪法基本上仿效同时期法国制定的宪法。在北部,普鲁士在 1850 年公布了本州的宪法。该宪法共计 119 条,规定在普鲁士实行君主立宪制度,国王是行政首脑,任军队总司令,宪法赋予国王巨大的权力。1850 年的普鲁士宪法以后经过多次修改,直到 1919 年才停止生效。

1848 年德国资产阶级革命后,与德国走向统一的进程相适应,全联邦宪法的制定也相应地分为三个主要发展阶段:第一阶段是 1849 年全德法兰克福制宪会议,草拟和通过了法兰克福宪法,该宪法后来并没有得到实施;第二阶段是在德国北部统一后,于 1867 年制定的北德意志联邦宪法,该宪法为后来的德意志帝国宪法的制定提供了蓝本;第三阶段是在 1871 年德国统一后,于当年通过了德意志帝国宪法。该宪法共 14 章 78 条,规定德意志帝国为联邦国家,并确定联邦立法享有广泛的权力。该宪法还确认德意志帝国皇帝为国家元首,帝国首相是从属于皇帝并对皇帝负责的最高行政官吏。此外,该宪法还确认了普鲁士的军事制度,赋予了普鲁士州在宪法修改上以较大的决定权。该宪法自 1871 年实施之后,沿用到 1919 年魏玛宪法产生为止。

德国在第一次世界大战中战败。1918 年 11 月,德国爆发了资产阶级民主革命,具有资产阶级自由主义色彩的巴登政府曾想保留 1871 年帝国宪法的主要内容,但是,随着 1918 年 11 月 3 日发生的水兵起义,以工人和士兵为革命主力军进行的德国 11 月革命,推翻了巴登政府。1919 年 1 月 19 日,通过选举产生了由社会民主党右翼控制的国民议会。2 月 6 日,国民议会在魏玛开幕。2 月 10 日,国民议会先通过了一项具有临时宪法性质的"十条约法",宣布德国为共和国,史称"魏玛共和国"。魏玛共和国成立后,很快任命了宪法学家胡果·普鲁斯任主席的宪法起草委员会。宪法起草委员会于 1919 年 7 月 31 日将新起草的宪法交由国民议会表决,并获得通过。

8月11日,该宪法正式实施,史称"魏玛宪法"。魏玛宪法在许多方面体现了资产阶级民主的色彩,特别是在宪法中确立了人民主权原则,规定了魏玛共和国在保障公民权利方面的责任,具有一定的历史进步性。魏玛宪法分为两编正文及一个规定过渡问题的结尾,整个宪法共有181条,约1.4万字,是当时世界上最长的一部宪法。其中,第一编为"联邦之组织及职责",主要规定联邦所设立的各个国家机关以及其行使的主要职权,联邦与各州权力的划分等。第二编规定了"德国人民的基本权利与基本义务"。在国家机关职权规定上,该宪法规定法律的讨论和通过权属于联邦国会,法律公布权属于联邦总统。在联邦与各州的权力划分上,规定联邦有立法优先权等。在人民的基本权利规定上,几乎涵盖了当时各种先进的宪法所规定的各项权利,特别是对公民经济权利的规定,开创了宪法所规定的以政府积极主动的保障责任为基础的经济、文化和社会权利等第二代人权的先河,对后来各国宪法的制定与修订产生了非常巨大的影响。另外,该宪法还有一个重要特色就是强调了公民的基本义务,特别是强调了所有权承担义务的宪法原则,比较好地适应了资本主义由自由竞争向垄断阶段过渡的需要。

魏玛宪法在许多领域发展了自近代宪法产生以来所沿袭的宪法传统,具有非常显著的历史进步性。但是,魏玛宪法还规定总统在认为国家受到扰乱或危害时,有权停止宪法关于公民基本权利条款的效力,使统治阶级能随时镇压劳动人民,并为后来在德国建立法西斯专政开辟了道路。随着1933年希特勒法西斯政权的上台,依据该宪法所建立的资产阶级民主制度遭到了践踏,被法西斯政权通过的《消除民族和国家危机法》(1933年3月23日通过)、《联邦参政会废止法》(1934年2月14日通过)、《禁止组织新政党法》(1933年7月14日颁布)、《关于帝国最高领袖的法令》(1934年8月2日颁布)、《保护德意志人民紧急条例》(1933年2月4日颁布)、《保护人民与国家条例》(1933年2月28日颁布)等法西斯法律所取代,魏玛宪法名存实亡。

二战结束后,苏联、美国、英国、法国共同占领了德国,并且联合发表了《关于管制德国的联合声明》。在美英法联合占领的德国西部占区,于1948年9月1日召开制宪会议,并于1949年5月8日通过了《德意志联邦共和国基本法》,于1949年5月24日生效实施。联邦德国也于同年9月20日正式成立。但在1952年之前,该基本法还不是联邦德国的最高法,美英法占领当局制定的《占领法》,具有高于基本法的效力。1952年5月,美英法与联邦德国签署了《关于德意志联邦共和国与三国关系的公约》,宣布废除《占领法》,至此,联邦德国基本法成为最高法律。在苏联占领区,1949年5月30日,由第三次德国人民代表大会通过了《德意志民主共和国宪法》,并于同年10月7日生效,这是民主德国的第一部宪法。1968年3月26日,民主德国人民议院又通过了第二部宪法。1990年10月,根据民主德国议会批准的条约,民主德国整体"加入"联邦德国,实现了被人为分割的东、西两个德国的重新统一。民主德国宪法失效,联邦德国基本法在德国全境生效。在德国统一后,根据统一条约,德国联邦议会两院于1992年1月成立了"联合宪法问题研究委员会",探讨是否应当制定一部正式的德国基本法问题,但是目前仍没有达成一致接受的建议。依据基本法第146条规定,该基本法"在德国人民根据自决所通过的宪法开始生效之日起,失去效力",因此德国的基本法现在仍然处于不断发展的过程中。

1949年的《联邦德国基本法》实施50年来,共进行了近50次修改,修改的方式基本上是用"明确的"专门法律来予以修改和加以补充。但是,到目前为止,基本法的总体结构和基本精神基本上保持了原貌。根据基本法的规定,德国实行联邦制,联邦议会包括联邦议院和联邦参议院两院;联邦行政机关包括联邦政府与联邦行政管理机构,联邦政府是以联邦总理为首的行政内阁,联邦行政管理机构属于政治上中立的联邦文官系统;联邦法院体系包括普通法院、劳工法院、行政法院、社会法院、财政法院以及联邦宪法法院;联邦总统为国家元首,对外代表国家,但是,联邦总统并不具有实权。基本法的一个重要特色就是在第一章规定了"基本权利",并且强调了基本权利的基本内容在任何情况下都不得受侵害,规定基本权利只受法律限制。联邦宪法法院还在多年的宪法审判实践中发展出了一套系统的保障基本权利的宪法判例体系。

德国基本法的发展,相对于英国、美国、法国等资本主义国家的宪法来说,不论是宪法的形式还是宪法的内容,在宪法产生后近二百年的时间内经常发生巨大变化,这主要是与德国在政治上的动荡不定有关。二战结束后,以《联邦德国基本法》为蓝本,德国建立了一套比较稳定的且以宪法法院作为基本法实施保证的宪法制度,对于宪法的文明和进步产生了巨大影响。

(五)日本宪法的产生和发展

在日本,明治维新之前并没有近代意义上的宪法。圣德太子宪法虽然以宪法为名,但其内容是关于政治的道德训诫。"宪"在日语中本意是"法则"的意思,而"宪"与"法"两字合二为一也是一般法律的意思。如德川时代编纂的《宪法部类》、《宪法类集》和明治时代编纂的《宪法类编》、《宪法记录》等,都是把"宪法"一词广泛地应用于一般法规的意义。明治七年太政官等所制定的《议院宪法》,只是规定了地方会议的组织权能,相当于现今的地方议会法令。

日本产生类似欧美的近代意义上的宪法(Constitution),直到明治年间才有与此相对应的名称,但当时的名称用法比较混乱,有的用"政规典则",有的称"建国法",有的称"国宪",有的称"根本律法"等。宪法二字直接指称"Constitution"是明治十五年伊藤博文被差遣去欧洲时,在其指定的调查事项中采用了"宪法"一词,并逐渐被公众所接受,成为"Constitution"的名称。1883年8月,伊藤博文考察欧洲回国,被任命为宫内省大臣,负责起草宪法。1888年4月,新设的枢密院为天皇的最高咨询机构,伊藤博文任枢密院议长,负责审议宪法草案。1889年2月11日,天皇颁布了名为《大日本帝国宪法》的"钦定宪法"。1890年由日本帝国议会正式通过,并决定于同年11月29日开始生效。明治宪法由天皇、臣民权利义务、帝国议会、国务大臣及枢密顾问、司法、会计、补则7章构成,共计76条。这部宪法主要抄袭了普鲁士宪法,首先确认了天皇作为万世一系的总揽统治权的地位;其次,确认了有限的民主主义,如设置民选议会、国务大臣的辅弼制、司法权独立以及臣民的权利和义务等。《大日本帝国宪法》实质上是借用了近代以来欧美宪法的形式,而本质上是以维护天皇至高无上的统治地位为目的的。该宪法一直沿用至第二次世界大战结束。

第二次世界大战之后,日本作为战败国被盟军占领。1945年10月,在盟军最高统帅麦克阿瑟的授意下,日本内阁开始进行宪法修改。但是,日本内阁起草的宪法草案仍然保留了天皇的最高统治权,对日本的民主化要求反映不够。因此,在1946年2月间,由盟军司令部直接为日本政府起草了宪法草案,并提出了宪法修改的三原则:即保留天皇制,但天皇只是日本国的象征、日本国民整体的象征;放弃作为国家主权权利的战争;废除日本的封建制度。该宪法草案又称为"麦克阿瑟草案"。1946年10月7日,经过日本帝国议会众议院和贵族院的长时间讨论,通过了经过修改后的"麦克阿瑟草案",并于1947年5月3日起正式施行。与明治宪法相比较,1946年的《日本宪法》将二元君主立宪制改为议会内阁制,改君主主权为国民主权,改形式上的三权分立为实质上的三权分立,将臣民的权利义务改为国民的权利义务,并且增加了普选原则,使这部宪法成为资产阶级性质的宪法。

1946年的《日本宪法》由序言、天皇、放弃战争、国民的权利与义务、议会、内阁、司法、财政、地方自治、修改、最高法则、补则 11 章构成,共 103 条。该宪法名义上是对明治宪法的修改,实质上是在盟军司令部的主持下制定的一部典型的资产阶级宪法。其中最重要的条文是确立了议会内阁制度,使得天皇成为形式上的国家元首,确立了国民主权的法律地位,规定国家一切权力皆出于国民;在第 9 条中规定永远放弃战争,因此,1946 年宪法又被称为"和平主义宪法"。近年来,由于日本国内右翼势力的抬头,尽管按《日本宪法》第 100 条严格规定的宪法修改程序导致至今未修改一条宪法条文,但是,日本国会的立法以及内阁的行政活动在许多地方已经违背了"和平主义宪法"的宗旨。

二战后,日本的宪法制度不仅以 1946 年《日本宪法》作为基础,而且还根据该宪法第 81 条的规定,建立了类似美国联邦最高法院违宪审查制度的宪法解释制度,形成了比较系统的宪法判例法。这些宪法判例法对于构建战后日本的宪法制度起到了非常重要的作用。

第二节　近代中国宪法的历史发展

中国是一个专制历史特别漫长的国家。几千年来的封建专制统治下,既无民主传统,又无现实的民主政治基础,所以,中国历史上素无产生民主宪法的土壤。虽然在中国的古代典籍中,很早就出现过"宪法"一词,但其基本含义只是指普通律令,与作为根本法的宪法有着严格的区别。这种愚昧落后的政治制度,压制民主文明,践踏人权法治,使中国人民陷入黑暗的深渊,国势衰弱,民不聊生,至 19 世纪 40 年代以后终于沦为半殖民地状态。为了革新中国政治,寻求救国救民的真理,封建知识分子中的有识之士转向西方,学习西方先进的民主思想,并试图移植西方的民主宪政,近代意义上的宪法的概念正是伴随着这一过程传入中国的。在中国,最早使用宪法一词的是 19 世纪 80 年代改良主义思想家郑观应,他在其所著的《盛世危言》一书中提出立宪和实行议会制的主张。随后,1900 年康有为、梁启超实行"戊戌变法",提出"伸民权、争民主、开议院、定宪法"的政治要求,使民主、宪法的观念得以大规模传播。康梁变法虽然失败了,但民主立宪则成为代表人民政治要求的政治口号,成为人民革命追求的目标,中国才有了真正的民主宪政运动。而慑于这种民主宪政运动的压力或者作为这一运动胜利的结果,制宪才成为中国政治生活中的一大内容。

一、近代中国宪政宪法发展过程

(一)清朝末年的立宪活动

清朝末年,君主政治在世界范围内已经开始走向没落。清朝统治者对外丧权辱国、割地赔款,没有丝毫的国际地位和主权完整;对内则实行高压专制,企图延缓其灭亡的时日。但是,人民起义与革命并未给它喘息的时机,先有太平天国运动,继有义和团运动和戊戌变法,最后是国内外联合、由具有民主思想的革命者领导的民主革命,清朝政府可谓穷途末路、四面楚歌。为了欺骗人民、苟延残喘,清朝统治者也作出一副要实行民主宪政的态度。1905 年派出五大臣出洋考察宪政,得出中国立宪要以日本为效仿对象的结论;1908 年颁布《钦定宪法大纲》,宣布实行预备立宪;1911 年 11 月在行将灭亡之际又颁布《重大信条十九条》,这一宪法性文件尚未来得及实施,就被人民革命扫入了历史的垃圾堆。纵观清末的立宪活动,完全是清朝统治者为维护反动专制统治所采取的一种欺骗舆论的手段,毫无积极意义可言。但就中国宪政宪法的历史发展而论,清末立宪又是一个事实上的开端,特别是《钦定宪法大纲》,它是中国历史上第一个宪法性文件。

《钦定宪法大纲》于 1908 年 9 月颁布,当时宣布以 9 年为预备立宪期,9 年以后这一所谓"宪法"才得生效,后来在人民革命斗争的压力下预备立宪期改为 5 年。《钦定宪法大纲》全文共 23 条,分为《君上大权》及《臣民权利义务》两部分。《君上大权》是正文,有 14 条;《臣民权利义务》是附录,只有 9 条,可见这一宪法性文件的重心在于维护专制皇权。《钦定宪法大纲》确立了皇帝的至高无上的地位和权力。它规定,"大清皇帝统治大清帝国万世一系,永永尊戴","君上神圣尊严不可侵犯";皇帝有权颁行法律、发交议案,法律虽经议会通过而未经皇帝批准颁行者不得施行;皇帝有权召集、开闭、停展及解散议院;有权发布命令,在议院闭会期间遇有紧急之事,得发代法律之诏令;皇帝有权设官制禄、黜陟百司;有权统率海陆军、调遣军队、编定军制;有权宣战、媾和、定约、派遣及接受使臣;有权宣告戒严、爵赏恩赦。司法权属于皇帝,审判官由其委任。臣民有"得为文武官吏及议员"之权利,但须"合于法律命令所定资格者";臣民有言论、著作、出版、集会结社等自由,但要"于法律范围内"进行;臣民非按照法律所定,"不加以逮捕、监禁、处罚";"臣民之财产及居住,无故不加侵扰"。臣民有纳税、当兵、守法之义务。从上述规定可以看出,《钦定宪法大纲》是一个具有浓厚封建性质的宪法性文件,虽然设立了议院和审判机关,承认了臣民的一些自由权利,但民主分权与民主权利毫无保障,纯粹是以根本法的形式来确认、巩固专制君主的绝对权力。至于后来的《重大信条十九条》,虽然比《钦定宪法大纲》略为民主,但皇权保障依然为其主体内容,所以,清末的立宪最终未能挽救其覆亡的命运,反倒成为专制历史的一见证。

(二)中华民国的立宪活动

中华民国是一个大的历史概念,其中包括南京临时政府时期、北洋军阀时期和国民党统治时期,时间涵盖从 1912 年中华民国南京临时政府成立至 1949 年中华人民共和国成立以前的整个区间。

南京临时政府从 1912 年 1 月 1 日算起,实际上只存在了大约三个月的时间。孙中山领导的这一革命政府的成立,标志着中华民国的诞生和封建专制王朝的彻底覆亡。但是,由于民族资产阶级的软弱性,革命果实不久便被北洋军阀头子袁世凯篡夺。革命党人为挽救革命政权,保卫革命成果和自身在政权运作中的主导地位,于 1912 年 3 月 11 日由临时大总统孙中山颁布了《中华民国临时约法》。《中华民国临时约法》是中国历史上唯一的一部资产阶级共和国性质的宪法性文件,是辛亥革命胜利成果的总结。

《中华民国临时约法》共 7 章 56 条,在正式宪法未制定以前,具有与宪法同等的法律效力。总纲部分规定了"主权在民"的资产阶级民主共和制度,宣告"中华民国之主权,属于国民全体",并且确认,"中华民国人民一律平等,无种族阶级宗教之区别",从而彻底否定了封建君主专制和等级特权。第二章规定人民的基本权利和义务,以根本法的形式确认了人民的民主权利和自由。它规定,人民享有人身、住宅、财产及营业权;有言论、著作、游行、集会、结社、书信、居住迁徙、信教之自由;有请愿、陈诉、任官考试、选举与被选举之权;同时规定有在为"增进公益,维持治安,或非常紧急必要"时,才能对人民之权利和自由依法限制。第三章至第六章规定中央国家机关的设置,实际上确认的是"三权分立"的政治体制。它规定,参议院是最高立法机关,行使立法、任命、选举、决定之权;总统领导之国务院为行使行政权的最高行政机关,总统之权力要受参议院之限制;法院为行使司法权之司法机关,法官独立审判并终身任职。其基本精神在于扩大议会职权,限制总统权力,以防止造成个人独断专行的局面。当然其最终目的还在于限制袁世凯的专断独裁,维护中华民国之民主国体。但仅凭此一纸约法,并不能束缚袁世凯的手脚,最后还是被袁世凯撕毁了。

从 1912 年 4 月袁世凯掌握了中华民国临时政府执政大权开始,中国历史便进入到北洋军阀统治时期。这一时期历经袁世凯独裁统治、洪宪帝制和军阀割据混战,一直持续至 1927 年 4 月蒋介石国民政府成立,共约 15 年的时间。北洋军阀统治时期是中国近现代史上最黑暗的时期之一,军阀混战连年不断,政府更迭十分频繁,政治腐败,民不聊生,而每一军阀窃取政权以后都大搞立宪骗局。先有袁世凯的"天坛宪草"(1913 年 10 月 31 日)、"袁记约法"(即《中华民国约法》,1914 年 5 月 1 日颁布),再有曹锟的"贿选宪法"(1923 年 10 月),然后是胎死腹中的段祺瑞的《中华民国宪法草案》(1925 年 12 月),但其中最值得一提的是曹锟的"贿选宪法"。

"贿选宪法"又称"猪仔宪法",原名为《中华民国宪法》,它于 1923 年 10 月 10 日曹锟就任大总统的同时颁布,是中国历史上第一部正式颁布的宪法。这部宪法是"天坛宪草"和"袁记约法"的混合物,同时由于它是在"洪宪帝制"、"张勋复辟"迅速垮台以及"贿选丑闻"原形毕露的情况下出笼的,不得不高唱"民主"、"共和"的调子以欺骗群众、平息民愤,故而又加进了一些资产阶级民主宪政的词句和内容。宪法全文共分 13 章 141 条,前三章分别为"国体"、"主权"、"国土",规定"中华民国永远为统一民主国","中华民国主权,属于国民全体"。第四章"国民"规定了人民的基本权利和义务。权利计 15 条,包括平等权、人身权、住宅权、通信秘密权和选择住居及职业、集会结社、言论著作出版、宗教信仰等项自由,以及财产权、诉讼权、请愿与陈诉权、选举与被选举权、从事公职权等等。人民的义务包括纳租税、服兵役和接受初等教育三项。第五章"国权",规定中央与地方的权限划分;第六、七、八、九章分别规定了国会、大总统、国务院和法院,按照三权分立的原则规范了其间的关系,但在三权之间突出了大总统的权力,如规定"中华民国的行政权,由大总统以国务院之赞襄行之","大总统为民国陆海军大元帅,统率陆海军","大总统得停止众议院或参议院之会议"并有权解散众议院,这实际上是以资产阶级民主制作招牌,用根本法的形式确认军阀的专制独裁。第十至十三章分别规定法律、会计、地方制度和宪法之修正解释及其效力。"贿选宪法"颁布后,在全国范围内引起一致反对,1924 年 10 月冯玉祥把曹锟赶下台,这一宪法也就连同其维护的军阀政权一起寿终正寝了。

1927 年 4 月 18 日,蒋介石在南昌重建国民政府,开始了其一党专政和一人独裁的新民国时代,这一时期从 1927 年到 1949 年共 22 年。在整个国民党统治时期,为了掩饰其专制统治,也是不断地制造立宪骗局。

按照孙中山关于中国民主宪政的基本思想,中国的宪政制度与西方国家的宪政制度应有所不同,虽然同本于民主精神和权力分立,但西方为"三权分立",中国则须于立法、行政、司法之外再加考试、监察两权,实行"五权宪法";中国实行宪政的过程也与西方有所差异,须分军政、训政、宪政三步走。军政时期,即以军事手段夺取政权,争取民权,构成实行宪政之政治基础;训政时期,即开启民智,训导国民认识民主,为宪政实行准备社会基础;宪政时期,即是还政于民,实行五权宪政制度。

蒋介石建立国民党政府以后,依据孙中山的行宪思想,当时即认为军政时期已经结束,应该进入训政时期。1928 年,颁布《训政纲领》;1931 年 6 月 1 日,在《训政纲领》基础上正式由国民会议通过了《中华民国训政时期约法》,颁布施行。《中华民国训政时期约法》分为 8 章共 89 条,在形式上抄袭了资产阶级宪法的一些民主词句作为伪装,但实质上具体内容却确认的是国民党一党专政和蒋介石个人独裁的反民主政治制度。首先,约法规定了国民政府对国民党的隶属关系,确认"训政时期由中国国民党全国代表大会代表国民大会行使中央统治权";而在国民党全国代表大会闭幕期间,"以政权付托中央执行委员会执行之";在中央执行委员会内部设有"中央政治会议",作为全国"训政"的最高指导机关;蒋介石则是中央政治会议和国民政府的主席。其次,约法设立了权限巨大的五院制政府,由这一国民政府"总揽中华民国之治权"。再次,约法虽然也规定了人民的政治权利,但同时又规定"选举、罢免、创制、复决四权之行使由国民政府训导之",从而在事实上对这些权利的行使附加了限制。因此,《中华民国训政时期约法》是一部反民主的宪法性文件。这一约法是国民党统治时期的一个重要法律文件,其有效期一直延续至1946年《中华民国宪法》的公布实施。

1931年"九·一八"事变发生,中华民族处于生死存亡的重要关头。全国人民响应中国共产党"停止内战,一致抗日"的号召,展开了声势浩大的抗日民主运动,要求结束国民党的"训政"。1932年12月5日,国民党四届三中全会被迫宣布定于1935年3月召开"国民大会"议决宪法。1933年1月,成立了"宪法起草委员会",6月完成了宪法初稿。1934年10月16日,立法院三读通过了第一次宪法草案,但并未公布。后来又几经修改,制定出新的宪法草案,于1936年5月5日由国民政府公布,通称"五五宪草"。这部宪法草案的主要内容就是设立了一个大权独揽的总统,把国民党一党专政和个人独裁合法化了。即便如此,国民党还是将召开"国民大会"的时间一拖再拖,到1940年干脆宣布"无限延期",继续对人民实行"训政"。

经过八年抗战以后,实行宪政问题仍然是中国政治生活中的核心问题。1946年1月,蒋介石慑于人民要求和平民主的压力,在重庆召开了有中国共产党和民主党派参加的政治协商会议,讨论实行宪政问题,国民党力图维持"五五宪草",而共产党等民主革命力量要求重新起草。1946年6月,国民党发动内战,实行宪政化为泡影。同年11月15日,国民党撕毁政协协议,非法单独召开"制宪国大",12月15日三读通过了所谓《中华民国宪法》,并于1947年元旦公布实施。这是国民党统治时期制定的唯一一部正式宪法,也是其逃离大陆以前策划的最后一起制宪闹剧。

《中华民国宪法》共14章175条,基本上是"五五宪草"的翻版,还掺杂进去曹锟"贿选宪法"的一些条文,基本特点仍与以前的训政约法和"五五宪草"一样,即把一党专政和个人独裁的法西斯政治制度用国家根本法的形式巩固了下来。在政体问题上,这部宪法和"五五宪草"形式上有点不同,采取了责任内阁制的形式,但总统仍握有很大的权力,如统率陆海空军、公布法律、发布命令、任免文武官员,行使宣战及媾和、缔约之权,有发布紧急命令及经济上的紧急处置之权,行政院、司法院和考试院正副院长及各部、会首长都是由总统提名或直接任命,总统不向任何机关负责。在"五五宪草"中国民大会本来已经没有实际权力,这个宪法更加降低了国民大会的地位和作用。关于人民的权利和义务,这个宪法在形式上比"五五宪草"增加了一些词句,如"在法律上一律平等"前加上"无分男女、宗教、种族、阶级、党派",还增加了人民的工作权、生存权应予保障,删去了"非依法律不得限制"的字样等等。"五五宪草"中的重要条文如财产权及权利保障与限制的规定,在宪法中仍予保留。总之,"人民无权,独夫集权"就是这部宪法的精髓和实质。然而历史是无情的,这部宪法公布不到三年时间,随着人民解放战争的胜利和蒋介石逃离大陆,也就被历史所淘汰了。

（三）新民主主义宪政运动和宪法性文件

1919 年"五四"运动的爆发和 1921 年中国共产党的成立,标志着中国由旧民主主义革命转变为新民主主义革命。从此,中国的宪政运动和宪法问题随着中国革命的发展,也进入了一个新的阶段。

什么是新民主主义宪政?毛泽东同志指出,它不是欧美式的、资产阶级专政的所谓民主政治,同时又不是苏联的、无产阶级专政的民主政治,它是"几个革命阶级联合起来对于汉奸反动派的专政"。新民主主义宪政与旧民主主义宪政根本不同,它既不同于孙中山领导的旧民主主义宪政运动,更不同于康有为领导的改良主义的旧宪政运动,它是无产阶级领导的争取人民民主政治的革命群众运动。新民主主义宪政运动是同革命武装斗争和建立人民民主政权分不开的,而民主政权的建立与巩固又是由宪政立法来确认和保障的。所以,新民主主义宪政运动与宪法的根本要求就体现在我党领导的各革命根据地所颁布的许多重要的宪法性文件之中,其中具有代表性的有以下几个。

1.《中华苏维埃共和国宪法大纲》

1931 年 11 月,在江西瑞金召开的第一次全国苏维埃代表大会通过了《中华苏维埃宪法大纲》,1934 年 1 月召开的第二次全国苏维埃代表大会又对其做了补充修改,这是中国历史上由人民政权制定并公布实施的第一个宪法性文件。宪法大纲全文共 17 条,其主要内容,一是规定了革命政权的性质和基本政治制度。它规定中华苏维埃政权是"工农民主专政的政权",宪法的任务即是保证这一政权将来转变为无产阶级专政;红色政权的基本政治制度是民主集中制的工农兵代表苏维埃大会制度;同时还规定了苏维埃政权的各项基本政策,如消灭封建剥削制度,不承认帝国主义在华的政治经济上的一切特权等。二是确认了工农劳动群众的各项基本民主权利,如平等权、选举权与被选举权、言论出版集会结社自由、婚姻自由等,第一次将民主人权实际赋予了受压迫的占全国人口绝大多数的劳苦大众。虽然这一宪法性文件在各方面规定上还很不完善,但其民主性和真实性是以往一切剥削阶级宪政骗局所无法比拟的,对后来革命根据地政权建设提供了重要的历史经验。

2.《陕甘宁边区施政纲领》

《陕甘宁边区施政纲领》是由陕甘宁边区第二届参议会于 1941 年 11 月正式通过的,全文共 21 条,是边区时期重要的宪法性文件之一。它在政权性质上适应抗日民族统一战线的需要,确认和保障的是"三三制"民主政权;在人权保障方面则是保证一切抗日人民(包括地主、资本家、农民、工人等)的人权、政权、财权及各项民主自由权利;并且提出了许多基本的经济、政治政策和民主与法制原则,如:推行消灭文盲的政策和国民教育、"改进司法制度,坚决废止肉刑,重证据不重口供"、严惩公务人员贪污行为、男女平等、一夫一妻制、各民族平等、民族区域实行自治等。施政纲领的颁布,对于巩固和发展革命根据地、团结各阶层人民进行抗日战争起到了积极作用,为其他革命根据地的宪政立法提供了基础和经验。

3.《陕甘宁边区宪法原则》

1946 年 4 月 23 日,陕甘宁边区第三届参议会第一次会议根据抗日战争胜利后革命形势和阶级关系所发生的重大变化,总结几年来边区民主政权建设的经验,制定并正式通过了《陕甘宁边区宪法原则》。全文共分五个部分 24 条。第一部分规定政权组织,确定各级人民代表会议为人民管理政权机关,人民按普遍、直接、平等及无记名投票原则选举各级代表,组成代表会议,各级代表会议选举同级政府,政府向同级代表会议负责,这就将政权建设中的民主集中制原则法制化了。第二部分,规定了人民的基本人权,确认人民享有政治、经济、文化等各项自由权利,确认了民族平等、男女平等和少数民族聚居区的民族自治权。第三部分规定司法制度,宣布各级司法机关独立行使职权,除服从法律外不受任何干涉;禁止司法、公安机关以外的任何机关团体行使逮捕审讯之权,保证人民有控告失职之任何公务人员的权利。第四部分规定边区的经济政策。第五部分规定文化教育政策。《陕甘宁边区宪法原则》既是对以前新民主主义立宪经验的总结,又为解放以后人民民主宪政立法提供了基础和立法经验,所以,无论是对于当时边区的经济政治建设,还是对于新中国成立以后的宪法和政权建设都具有重要的历史影响和重大意义。

二、近代中国宪政运动的历史经验

纵观自近代以来旧中国一百余年的宪政宪法历史,我们可以看出,革命势力同反革命势力的激烈斗争反映在国家制度问题上,就表现为三种不同政治势力所要求的三种不同性质的宪法。

(一)从清朝末年、经北洋军阀、直到国民党统治时期反动政府所制定的伪宪法

从清朝末年、经北洋军阀、直到国民党统治时期反动政府所制定的伪宪法是第一种宪法,它是大地主大资产阶级所要求的。其主要有三个特点。

(1)就这类宪法产生的基础来看,都是与民主制度相脱节的。宪法是民主制度的法律化,是为确认和保障民主政治服务的。失去了民主政治这一基础,真正的宪法就无以产生和存在。旧中国反动政府制定的宪法和宪法性文件,从清末的《钦定宪法大纲》、《重大信条十九条》,北洋军阀的《中华民国约法》、"贿选宪法",直到国民党时期的训政时期约法、"五五宪草"和《中华民国宪法》,均无民主政治作为基础,都是反动统治者基于维持专制独裁需要而搞的宪政闹剧,自然也无任何民主意义和作用可言。

(2)确认的是封建地主和买办资产阶级的政治统治,在政权运行上多突出统治者个人的专制独裁权力,而人民毫无实质性的民主权利。无论是清末的皇帝,还是后来的总统,宪法和宪法性文件都规定了巨大的不受实质限制的政治权力,毫无对权力的民主制约。而对于人民民主权利的规定,要么没有,要么变相限制和取缔,既无法律形式上的切实保障,更无实际生活中的全面兑现,其反动性和虚伪性是显而易见的。

(3)从立法技术上来看,主要是抄袭欧美国家、特别是日本和德国的宪政立法。这一方面源于旧中国反动统治下根本没有现实的民主政治经验可资总结与提炼,另一方面也是反动统治者假托民主词句实行专制独裁的政治需要。

(二)中国民族资产阶级所要求的资产阶级共和国式的宪法

中国民族资产阶级所要求的资产阶级共和国式的宪法是第二种宪法,其唯一的代表即是孙中山临时政府时期所颁布的《中华民国临时约法》。这种宪法,一方面就其性质来讲具有历史的进步性,它否定了封建君主专制而实行民主共和制度,确认了一系列民主与法制原则,如权力分

立、人民主权、法治主义等,规定了人民的广泛政治、经济、文化权利,虽然在现实生活中并未真正实现,但其民主与进步意义是巨大的;另一方面就其前途来讲在中国是行不通的。中国从来就不是一个法治国家,在没有人民政权和军队保障的情况下仅凭一纸宪法来限制独裁、维护人权是民族资产阶级的幼稚想法。只有以革命的方式和军事手段真正使人民当家做主,并根据政治需要和中国国情颁布宪法,才能实现真正的民主宪政。孙中山企图以临时约法限制袁世凯独裁而终被撕毁的历史事实,宣告了资产阶级民主政治制度试验在中国的破产。

(三)广大的无产阶级和劳动人民所要求的人民民主宪法

广大的无产阶级和劳动人民所要求的人民民主宪法是第三种宪法,这种宪法以民主革命时期共产党所领导的各革命根据地制定的宪法性文件为其代表,最后发展为社会主义类型宪法。这种宪法在当时的特点,一是以反帝反封建为主要内容,反映了广大劳动人民的根本政治要求;二是确认的是革命民主政权,尊重和保护劳动者的民主权利;三是带有革命时期的特点,在政治内容上有左的倾向,在规范制定上显得粗糙和不完善。

在这三种不同政治势力所要求的三种宪法中,第一种宪法是欺骗劳动人民的,是与民主背道而驰的,具有反动性和虚伪性,其前途只能是为人民所唾弃、为历史所淘汰;第二种宪法虽有民主意义但却不符合中国特定的国情要求,所以在中国是行不通的;只有第三种宪法才符合中国的基本政治和社会发展需要,能够体现广大无产阶级和劳动人民根本政治利益,也是在中国唯一能够行得通的宪法,其发展的方向即是社会主义宪法。这就是中国近代宪政运动的历史经验。

第三节　新中国宪法的历史发展

新中国宪法的历史发展主要经过了《共同纲领》、1954 年宪法、1975 年宪法、1978 年宪法、1982 年宪法五个发展阶段。

一、《共同纲领》

新中国历史上共有一部临时宪法和四部正式宪法。

1949 年 9 月,中国人民在中国共产党的领导下,即将取得反对帝国主义、封建主义和官僚资本主义的人民革命的决定性胜利。革命胜利后将要建立一个什么样的国家?如何把革命胜利的成果用法律的形式固定下来,并且规定新中国成立后的大政方针作为全国人民共同遵循的准则,以团结全国各族人民把革命和建设事业继续推向前进?这就迫切需要制定一部具有根本法性质的文件。但由于当时解放战争尚在进行,反革命势力还很猖獗,各项社会改革尚未开展,社会秩序还不够安定,遭受长期战争破坏的国民经济尚未恢复,人民群众的组织程度和觉悟程度尚未达到应有的水平,因此,还不能立即召开由普选产生的全国人民代表大会来制定一部正式宪法。在这种情况下,中国共产党邀请各民主党派、人民团体、人民解放军、各地区、各民族以及国外华侨等各方面的代表 635 人,组成了中国人民政治协商会议,在普选的全国人民代表大会召开以前代表全国人民行使全国人民代表大会的职权。1949 年 9 月 29 日,中国人民政治协商会议第一届全体会议通过了《中国人民政治协商会议共同纲领》(简称《共同纲领》)。

《共同纲领》除序言外,分为总纲、政权机关、军事制度、经济政策、文化教育政策和外交政策等共 7 章 60 条。它肯定了中国人民革命的胜利成果,宣告了帝国主义、封建主义、官僚资本主义在中国统治的结束和中华人民共和国的成立;它确认我国为新民主主义即人民民主主义的国家,实行人民民主专政,中国人民民主专政是中国工人阶级、农民阶级、小资产阶级、民族资产阶级及其他爱国民主分子的人民民主统一战线的政权,而以工农联盟为基础,以工人阶级为领导;确认人民代表大会制度为我国的政权组织形式,规定我国的国家政权属于人民,人民行使国家政权的机关为各级人民代表大会和各级人民政府;宣布取消帝国主义在华的一切特权,没收官僚资本,进行土地改革;规定了新中国将要实行的政治、经济、军事、文化教育、民族和外交等各项基本政策;规定了公民享有的各项基本权利和自由。

《共同纲领》在新中国成立之初发挥了临时宪法的作用。其原因在于,一是在无法进行全国范围内选举的情况下,制定《共同纲领》的中国人民政治协商会议是当时中国最具有代表性的会议,也就是最具有广泛民意基础的组织形式;二是《共同纲领》规定了新中国的国家性质、根本制度、基本政治制度、基本经济制度、基本文化制度、基本军事制度,以及国民的基本权利和基本义务,规定了国家机构及其相互关系等作为一个国家施政的基本制度和基本政策。《共同纲领》是新中国成立初期动员人民起来迅速完成民主革命的遗留任务,朝着社会主义方向共同前进的政治基础和战斗纲领,它对于巩固人民民主专政政权,加强民主法制建设,维护公民权利和自由,恢复和发展国民经济有重要的指导意义和保障作用,也为我国正式宪法的制定和实施积累了经验,创造了条件。

二、1954 年宪法

《共同纲领》颁布后的几年内我国的革命和建设事业取得巨大成就:第一,土地改革在全国绝大部分地区已经完成,封建剥削制度已经被基本消灭;第二,抗美援朝运动已经取得了最后胜利,巩固了中华人民共和国的国防;第三,通过镇压反革命和"三反"、"五反"运动,极大地提高了人民群众的觉悟,加强了人民民主专政政权;第四,普选工作已经在全国范围内展开,除个别地区外,各地已普遍召开了普选的地方各级人民代表大会,实现了地方基层政权的民主化;第五,遭受战争破坏的国民经济已经得到恢复,根据过渡时期的总路线,对农业、手工业和资本主义工商业的社会主义改造又取得了很大的成就,全国进入了有计划的经济建设时期。

为了反映新中国成立以来各条战线所取得的巨大成就,反映全国人民建设社会主义的迫切要求,为社会主义建设事业提供指导和保障,制定一部正式宪法已完全必要。1953 年 1 月,中央人民政府委员会第二十二次会议决定成立以毛泽东为首的宪法起草委员会。1954 年 3 月,毛泽东向宪法起草委员会提交了中共中央拟定的宪法草案初稿作为起草宪法的基础。经征求各方面的意见和反复修改,1954 年 9 月由中央人民政府委员会第三十四次会议决定,将宪法起草委员会拟定的宪法草案提交全国人民代表大会进行审议。第一届全国人民代表大会第一次会议于 1954 年 9 月 20 日通过了《中华人民共和国宪法》,这是我国第一部社会主义宪法。

1954 年宪法除序言外,分为总纲,国家机构,公民的基本权利和义务,国旗、国徽、首都,共 4 章 106 条。其主要内容表现在:(1)它确认了新中国的国家制度,规定我国是工人阶级领导的、以工农联盟为基础的人民民主国家,规定我国实行民主集中制的人民代表大会制度,规定在我国实行单一制结构形式下的民族区域自治制度等;(2)它确认了我国社会主义过渡时期的经济制度,规定我国的生产资料所有制包括全民所有制、劳动群众集体所有制、个体劳动者所有制和资本家所有制,规定国营经济在国民经济中占领导地位,国家保证优先发展国营经济;(3)它确认了过渡到社会主义的方法和步骤,规定要依靠国家机关和社会力量,通过社会主义工业化和社会主义改造,逐步消灭剥削制度,建立社会主义社会;(4)它确认了公民在法律上的一律平等,赋予了公民广泛的权利和自由。

1954年宪法具有如下特点:(1)它既确认了社会主义原则和人民民主原则,又从中国的现实出发,在规定实现社会主义制度和人民民主制度的方法和步骤上,不拘泥于某种固定的模式,反映了原则性与灵活性的有机结合;(2)它既以《共同纲领》为基础而产生,记载了我国人民一百多年来英勇奋斗的胜利成果,又总结了新中国成立五年来革命和建设的经验,丰富和发展了《共同纲领》,体现了历史与现实的有机结合;(3)它既确认了生产资料的社会主义公有制和实行社会主义建设与改造的基本路线,保证消灭剥削制度和建立社会主义社会,又规定要依法保护资本家的生产资料所有权和其他资本所有权,反映出社会主义过渡时期的特点。

1954年宪法作为我国第一部社会主义宪法,无论是它的指导思想、基本原则、主要内容还是结构形式,都受到了人们的普遍称赞。其制定和实施对于巩固人民民主专政政权,促进社会主义经济发展,团结全国各族人民进行社会主义革命和建设,都发挥了积极的推动和保障作用,并为我国以后几部宪法的修改确立了基本模式。但由于极"左"思潮和路线的影响,从20世纪50年代末起,这部宪法的实施便遭到了人为的破坏,特别是在"文化大革命"中事实上完全停止了效力。

三、1975 年宪法

自1954年宪法颁布到1956年,我国已基本完成了对农业、手工业和资本主义工商业的社会主义改造,并打下了社会主义工业化的初步基础。我国的最后一个剥削阶级民族资产阶级已经不再存在,原来的地主阶级分子和官僚资产阶级分子的绝大多数也已改造成为自食其力的劳动者。在新的历史条件下,国内的主要矛盾已经发生了变化,国家的工作重点应当由阶级斗争及时地转移到社会主义现代化建设上来。1954年宪法的部分条款已不能反映社会生活发生的变化,需要作出相应的修改。但是从1957年开始,我国社会主义建设中出现了"左"的错误,严重干扰了各方面工作的进行。1954年宪法的修改工作因此未能及时展开,但客观上迫切需要对1954年宪法进行修改。1975年1月17日第四届全国人民代表大会第一次会议对1954年宪法进行了全面修改,通过了1975年宪法。

1975年宪法除序言外,有总纲,国家机构,公民的权利和义务,国旗、国徽、首都,共4章30条。这部宪法继承了1954年宪法有关社会制度和国家制度的基本原则的规定,反映了我国已经进入了社会主义社会这一事实。但是由于它是在"文化大革命"这一特殊的历史条件下修改的,在指导思想上坚持"以阶级斗争为纲",因而存在着许多严重的缺点和错误,这主要表现在:在国家性质方面,强调无产阶级必须在上层建筑领域对资产阶级进行全面专政;在民主权利方面,把"大鸣、大放、大辩论、大字报"确认为人民群众创造的社会主义民主的新形式;在经济制度方面,规定了否定个体经济存在,取消公民对私有财产的继承权等一系列极"左"规定;在国家机构方面,确认"文化大革命"造成的国家机构的混乱状态,如取消了国家主席的建制,把革命委员会确认为地方国家权力机关和行政机关,取消检察机关,而把检察机关的职能并入公安机关,以政社合一的人民公社取代乡、镇作为农村的基层政权组织等,打乱了国家机关之间的合理分工和正常活动;在公民基本权利和义务方面,取消了公民在法律面前一律平等的规定,取消了公民进行科学研究、文艺创作和其他文化活动的自由,取消了对公民实现权利和自由的物质保障等,使公民基本权利和自由的范围大大缩小。另外,由于该宪法仅有 30 条,这就把宪法大量的具体内容变成了空洞的原则和口号,使国家生活和社会生活的许多重大问题无法可依。

可以说,1975 年宪法是一部内容简单、规范疏漏、很不完善并有着许多错误的宪法。

四、1978 年宪法

1976 年 10 月,"四人帮"被粉碎。1977 年 8 月,中国共产党召开了第十一次全国代表大会,宣布"文化大革命"结束,要求动员一切积极因素,团结一切可以团结的力量,为在 20 世纪内把我国建设成为伟大的社会主义强国而奋斗。同时,在一定程度上对"文化大革命"中的一些思潮和做法进行了拨乱反正。为了清除极"左"势力强加进宪法中的极"左"流毒,恢复被破坏的民主法制原则,适应新的历史时期的需要,适时地向全国人民提出建设社会主义现代化强国的任务,就必须对 1975 年宪法进行修改。在这种情况下,第五届全国人民代表大会第一次会议于 1978 年 3 月 5 日对 1975 年宪法进行了全面修改,通过了 1978 年宪法。

1978 年宪法除序言外,分总纲,国家机构,公民的基本权利和义务,国旗、国徽、首都,共 4 章 60 条。它将"全国人民在新的历史时期建设农业、工业、国防和科学技术现代化的伟大的社会主义强国"作为新时期的总任务肯定下来;取消了 1975 年宪法关于"全面专政"的规定;恢复了检察机关的设置和 1954 年宪法中规定的有关国家机关的某些职权;增添了公民的一些基本权利和自由。

1978 年宪法在一定程度上纠正了 1975 年宪法的极"左"倾向。但受当时"两个凡是"的思想限制,1978 年宪法也没有完全摆脱极"左"思想的影响,也还存在着许多问题,如仍然坚持"以阶级斗争为纲"的指导思想,因此该宪法仍然是一部很不完善的宪法。

1978 年底,中国共产党召开了十一届三中全会,确立了实事求是的指导思想,确立了改革开放的指导方针,明确了我国社会的主要矛盾。这样,1978 年宪法已经不适应我国社会发展的现实,需要进行整体修改。在整体修改以前,为了适应社会的发展,该宪法还经历了两次部分修改。

1979 年 7 月 1 日,全国人大通过了《中华人民共和国选举法》、《中华人民共和国全国人民代表大会组织法》、《中华人民共和国地方各级人民代表大会和地方各级人民政府组织法》、《中华人民共和国国务院组织法》、《中华人民共和国人民法院组织法》、《中华人民共和国人民检察院组织法》等重要法律,而这些法律中的一些内容与 1978 年宪法的规定是不一致的,如果不修改 1978 年宪法,将面临违宪的问题,而实际上,1978 年宪法已落后于中国社会的实际。在此背景下,全国人大先修改了宪法,再通过上述重要法律。第五届全国人大第二次会议于 1979 年 7 月通过了《关于修改〈中华人民共和国宪法〉若干规定的决议》,决定在县级以上各级人民代表大会设立常委会,改地方各级革命委员会为各级人民政府,将县级人大代表由间接选举改为直接选举,将上下级检察机关之间的监督关系改为领导关系。

1975 年宪法将"四大自由"规定在总纲之中,作为提倡公民进行的一项自由,而 1978 年宪法将"四大自由"规定在"公民的基本权利和义务"部分。"四大自由"在政治上容易造成混乱,在法律上也难以界定其方式和范围。在发扬社会主义民主、加强建设社会主义法制和改革开放的背景下,无法规范的"四大自由"已经不适应社会实际和社会发展的需要。第五届全国人大第三次会议又于 1980 年 9 月通过了《关于修改〈中华人民共和国宪法〉第四十五条的决议》,对 1978 年宪法进行了第二次修改,取消了宪法关于公民有"大鸣、大放、大辩论、大字报"的自由的规定。

尽管经过了上述两次修改,1978 年宪法从总体上仍不能适应国家生活和社会生活的需要,必须进行全面的修改,所以这次会议还作出了对这部宪法进行全面修改的决定。

五、1982 年宪法

(一)现行宪法的制定背景

现行宪法的制定背景可以通过思想、政治、经济和对外开放四个方面来说明。

1. 思想方面

在思想领域,实事求是的思想路线重新确立,人们的思想逐渐从教条主义和个人崇拜的束缚中解放出来。当时思想解放的号角,是从批判"两个凡是"的思想开始吹响的。"两个凡是"的内容是:"凡是毛主席作出的决策,我们都坚决维护,凡是毛主席的指示,我们都始终不渝地遵循。"在"两个凡是"方针的影响下,"左"的错误路线继续贯彻,拨乱反正的任务难以完成。在这种情形下,邓小平首先站起来旗帜鲜明地反对"两个凡是"的方针,要求恢复实事求是的优良传统。在此影响下,1978 年 5 月 10 日,中央党校的内部刊物《理论动态》发表了《实践是检验真理的唯一标准》一文。1978 年 5 月 11 日,《光明日报》公开发表上述《实践是检验真理的唯一标准》一文,5 月 12 日,《人民日报》、《解放军报》全文转载。由此引发了全国范围的关于真理标准的讨论。1978 年 12 月 13 日,邓小平在中央工作会议上发表了《解放思想,实事求是,团结一致向前看》的讲话,指出:一个党,一个国家,一个民族,如果一切从本本出发,思想僵化,迷信盛行,那它就不能前进,它的生机就停止了,就要亡党亡国。1978 年 12 月 18 日至 22 日召开的十一届三中全会重新确立了解放思想、实事求是的思想路线。这是现行宪法制定的思想背景。

思想领域的改革还表现在精神文明政策的提出与发展。1979 年,叶剑英《在庆祝中华人民共和国成立三十周年大会上的讲话》是党历史上首次使用精神文明的概念。1979 年 12 月 25 日,邓小平在中央工作讲话中对精神文明的内容作了概括。1982 年 9 月,党的十二大报告指出:社会主义精神文明是社会主义的重要特征,是社会主义制度优越性的重要表现。报告还详细阐述了物质文明与精神文明的关系。

2. 政治方面

在政治方面,对阶级状况、民主政治与民主法制的重新认识是现行宪法制定的政治背景。1981 年 6 月 27 日,中共十一届六中全会通过的《关于建国以来党的若干历史问题的决议》中对我国现阶段的阶级状况作出概括。决议指出,在剥削阶级作为阶级消灭以后,阶级斗争已经不是主要矛盾。由于国内的因素和国际的影响,阶级斗争还将在一定范围内长期存在,在某种条件下还有可能激化。既要反对把阶级斗争扩大化的观点,又要反对认为阶级斗争已经熄灭的观点。这是对以阶级斗争为纲的政治路线的基础性否定。

针对当时反党反社会主义的极右思想,1979 年 3 月 30 日,邓小平在理论务虚会上作的《坚持四项基本原则》的讲话中,第一次提出了坚持四项基本原则的问题。

在社会主义民主方面,自十一届三中全会以后,在人民民主专政的两个方面中,我国越来越强调民主这一方面。1980年党的十一届五中全会提出:发扬社会主义民主和健全社会主义法制,保证群众有充分的权利和机会,表达他们对国家大事的意见,对党的领导提出建议和进行批评,是我们党坚定不移的方针。1981年6月,《关于建国以来党的若干历史问题的决议》指出:逐步建设高度民主的社会主义政治制度,是社会主义根本任务之一。1982年9月,党的十二大报告指出:建设高度的社会主义民主,是我们的根本目标和根本任务之一;社会主义民主要扩展到政治生活、经济生活、文化生活和社会生活的各个方面,发展企事业单位的民主管理,发展基层社会生活的群众组织;社会主义民主的建设必须同社会主义法制建设紧密地结合起来,使社会主义民主制度化、法律化。

3.经济方面

在经济方面,我国的经济体制改革是从对传统的僵化的计划经济体制的改革发展而来的。这种改革开始于农村。1978年夏秋之际,安徽省遇到了百年不遇的旱灾。以万里为首的安徽省委作出了"借地种麦"、"借地度荒"的决定,在此基础上,安徽省肥西县山南公社搞起了"包产到户"。同年冬,安徽省凤阳县梨园公社小岗生产队也悄悄地搞起了"包产到户"。1980年5月31日,邓小平在《关于农村政策问题》的讲话中指出,"凤阳花鼓"中唱的那个凤阳县,绝大多数生产队搞了大包干,也是一年翻身,改变面貌。有的同志担心,这样搞会不会对集体经济产生影响。实际上,这种担心是不必要的。我们总的方向是发展集体经济。实行包产到户的地方经济的主体现在也是生产队。这些地方将来会怎样呢?可以肯定,只要生产发展了,农村的社会分工和商品经济发展了,低水平的集体化也会发展到高水平的集体化,集体经济不巩固也会巩固起来。在农村经济体制改革的推动下,我国经济发生了天翻地覆的变化。

在所有制方面,当时的改革主要表现在对个体经济的逐步承认上。我国社会主义改造完成以后,生产资料个体劳动者所有制几乎消失。我国对个体劳动采取积极肯定的态度开始于1980年8月中共中央通过的《进一步做好城镇劳动就业工作》的文件中,首次正式提出个体经济的概念,文件提出"鼓励和扶持个体经济"。1981年6月《关于建国以来党的若干历史问题的决议》进一步指出:国营经济和集体经济是我国基本的经济形式,一定范围的劳动者个体经济是公有制经济的必要补充。必须实行配合于各种经济成分的具体管理制度和分配制度。1981年10月,中共中央、国务院《关于广开门路,搞活经济,解决城镇就业问题的若干决定》中指出,实行多种经济形式和多种经营方式长期并存,是党的一项战略决策,绝不是权宜之计。还强调,个体劳动者是我国社会主义的劳动者。1982年9月1日,党的十二大报告再次对个体经济的地位予以强调:在农村和城市,都要鼓励劳动者个体经济在国家规定的范围内和工商行政管理下适当发展,作为公有制经济的必要的有益的补充。

在分配制度方面,1978年3月28日,邓小平在《坚持按劳分配原则》一文中谈到,我们一定要坚持按劳分配的社会主义原则。按劳分配就是按劳动的数量和质量进行分配。根据这个原则,评定职工工资级别时,主要是看他的劳动好坏、技术高低、贡献大小。处理分配问题如果主要不是看劳动,而是看政治,那就不是按劳分配,而是按政分配了。总之只能是按劳,不能是按政,也不能是按资格。1978年12月13日,邓小平在《解放思想,实事求是,团结一致向前看》一文中讲到,在经济政策上,要允许一部分地区、一部分企业、一部分工人农民,由于辛勤努力成绩大而收入先多一些,生活先好起来。

在计划与市场的关系方面,邓小平早在 1979 年 11 月 26 日的一次讲话中就说到市场经济,他说,说市场经济只存在于资本主义社会,只有资本主义的市场经济,这肯定是不正确的。社会主义为什么不可以搞市场经济,这个不能说是资本主义。我们是计划经济为主,也结合市场经济,但这是社会主义的市场经济。

4.对外开放

1978 年 3 月 18 日,邓小平在全国科学大会的开幕式上的讲话中指出,科学技术是人类共同创造的财富。任何一个民族、一个国家,都要学习别的民族、别的国家的长处,学习人家的先进技术。这对于打破"宁要社会主义的草,不要资本主义的苗"等极"左"观念的束缚起了积极的作用。

1979 年 4 月,在中央工作会议上,在听取了广东省省委主要负责人习仲勋、杨尚昆关于发挥广东优势的意见后,邓小平指出:可以先划出一块地方来,叫做特区。

1979 年 7 月,中共中央、国务院根据邓小平的倡议,决定在深圳、珠海、汕头、厦门市办出口特区。1980 年 3 月,中央正式将"出口特区"命名为"经济特区"。1980 年 8 月,五届全国人大常委会第十五次会议正式批准国务院提出的在深圳市、珠海市、汕头市、厦门市各划出一定范围的区域试办经济特区的建议,并批准《广东省经济特区条例》。

(二)现行宪法的主要特点

现行宪法是在我国发生了天翻地覆的变化的情况下制定的,它把当时理论与实践所取得的成果载入宪法,是我国历史上最好的一部宪法,取得了巨大的成就。这部宪法在起草过程中,吸取了 1954 年宪法的优点,也采用了全民讨论的方式,广泛听取了意见和建议。

1982 年宪法是我国的现行宪法,它由第五届全国人大第五次会议于 1982 年 12 月 4 日通过,由序言及总纲,公民的基本权利和义务,国家机构,国旗、国徽、首都四章组成,共 138 条。

1982 年宪法是以坚持社会主义道路,坚持人民民主专政,坚持中国共产党的领导,坚持马克思列宁主义、毛泽东思想四项基本原则为指导思想而制定的,在突出体现四项基本原则的同时,还体现了以下几个方面的基本精神:(1)集中力量进行社会主义现代化建设。1982 年宪法明确规定,今后国家的根本任务是集中力量进行社会主义现代化建设,逐步实现工业、农业、国防和科学技术的现代化,把我国建设成为高度文明、高度民主的社会主义国家。(2)发展社会主义民主,健全社会主义法制。1982 年宪法在总结正反两方面经验的基础上,确认了国家一切权力属于人民,人民代表大会制度,公民在法律面前一律平等,一切国家机关、政党、社会团体、企业事业组织和公民个人都必须遵守宪法和法律等一系列民主法制原则,并规定了各种制度和措施以保证它们的实现。(3)维护国家统一和民族团结。国家的统一和民族的团结,是我国各族人民的根本利益之所在,也是实现社会主义现代化的根本保证之一。为了实现国家的统一和民族的团结,1982 年宪法进一步完善了民族区域自治制度,并根据"一国两制"的方针规定了特别行政区制度。(4)坚持改革开放,进行经济体制和政治体制改革。1982 年宪法不仅巩固了我国社会主义建设的胜利成果,同时又体现了改革开放的精神,为我国经济体制改革和政治体制改革规定了发展方向、根本任务和基本原则,为改革开放的深入发展提供了法律依据。

1982 年宪法在规范上比前两部宪法也更为完善一些。这部宪法在条文的数量上比前两部宪法有很大的增加,不仅在宪法体系上更为完善,而且在每一项内容上规定得比较完备。

1982 年宪法继承和发展了 1954 年宪法的基本原则,全面总结了我国社会主义革命和建设正反两方面的经验,反映了我国改革开放以来各方面取得的巨大成就,规定了国家的根本任务和发展措施。它的制定和实施,标志着我国社会主义民主和法制建设走上了一个新的台阶,也标志着我国社会主义制度的基础得到了进一步的巩固和完善,是新时期我国社会主义建设事业发展的根本指南和保障。

(三)现行宪法的四次修正

随着我国改革开放的深入和社会主义建设事业的发展,我国的政治、经济、文化等领域也不断发生变化。为了适应这种变化,修宪机关以宪法修正案的方式对 1982 年宪法进行了四次修改,迄今共通过了 31 条宪法修正案。

1.第一次修正

1988 年第七届全国人民代表大会第一次会议对现行宪法进行了第一次修正,通过了两条宪法修正案。该修正案的内容主要有两个方面:一是 1982 年宪法只规定了个体经济的宪法地位,没有规定私营经济的宪法地位,而根据社会的发展需要规定和确认私营经济,因此在第 11 条增加规定:国家允许私营经济在法律规定的范围内存在和发展。私营经济是社会主义公有制经济的补充。国家保护私营经济的合法权利和利益,对私营经济实行引导、监督和管理。二是 1982 年宪法不允许以任何方式转让土地,而在对外开放、吸引外资中,有必要将国有土地作价转让,因此,去掉第 10 条第 4 款中不得出租土地的规定,增加规定:土地的使用权可以依照法律的规定转让。

2.第二次修正

1993 年第八届全国人民代表大会第一次会议对现行宪法进行了第二次修正,通过了 9 条宪法修正案。主要内容包括以下几方面:(1)明确把"我国正处于社会主义初级阶段"、"根据建设有中国特色社会主义社会理论"、"坚持改革开放"写进宪法;(2)增加了"中国共产党领导的多党合作和政治协商制度将长期存在和发展";(3)取消了"农村人民公社",把家庭联产承包责任制作为农村集体经济组织的基本形式确定下来;(4)将社会主义市场经济确定为国家的基本经济体制,并对相关内容作了修改;(5)把县级人民代表大会的任期由 3 年改为 5 年。

3.第三次修正

1999 年第九届全国人民代表大会第二次会议对现行宪法进行了第三次修正,通过了 6 条宪法修正案。主要内容包括:(1)明确把"我国将长期处于社会主义初级阶段"、"沿着建设有中国特色社会主义的道路"、在"邓小平理论指导下"写进宪法;(2)明确规定"中华人民共和国实行依法治国,建设社会主义法治国家";(3)规定"国家在社会主义初级阶段,坚持公有制为主体、多种所有制经济共同发展的基本经济制度,坚持按劳分配为主体、多种分配方式并存的分配制度";(4)规定"农村集体经济组织实行家庭承包经营为基础,统分结合的双层经营体制";(5)将国家对个体经济和私营经济为社会主义公有制经济的补充的基本政策合并修改为"在法律规定范围内的个体经济、私营经济等非公有制经济,是社会主义市场经济的重要组成部分","国家保护个体经济、私营经济的合法的权利和利益,国家对个体经济、私营经济实行引导、监督和管理";(6)将镇压"反革命的活动"修改为镇压"危害国家安全的犯罪活动"。

4.第四次修正

2004年3月14日十届全国人大二次会议通过了第四次宪法修正案,涉及13项内容,共14条宪法修正案,主要内容是:(1)在原有的四项基本原则的基础上,增加了"三个代表"重要思想;(2)在原有的物质文明和精神文明的基础上,增加了政治文明;(3)在原有的构成爱国统一战线的劳动者和爱国者的基础上,增加了"社会主义事业的建设者";(4)在原有的对土地实行征用的基础上,区分为"土地征用"和"土地征收",并增加了在土地征用和土地征收的同时,应当给予"补偿"的规定;(5)将原有的对非公有制经济的"引导、监督和管理",改为"鼓励、支持和引导非公有制经济的发展,并对非公有制经济依法实行监督和管理";(6)将原有的国家保护公民合法的财产的所有权,改为公民合法的私有财产不受侵犯,国家为了公共利益的需要,可以依照法律规定对公民的私有财产实行征收和征用并给予补偿;(7)增加规定"国家建立健全社会保障制度";(8)增加规定"国家尊重和保障人权";(9)在全国人大的组成上增加规定包括特别行政区选出的代表;(10)将原有的"戒严"改为"宣布进入紧急状态";(11)在国家主席的职能方面,增加规定"进行国事活动";(12)将乡级人大的任期由原有的3年改为5年;(13)将作为国家音乐象征的《中华人民共和国国歌》规定在宪法之中。

第四章　宪法的运行

法律是调整与规范人们行为的社会规则。法律制定出来以后，它的生命力就在于得到人们的执行与遵守。宪法是法律的一个重要组成部分，当然也不例外。不过，需要说明的是，"宪法是法"的观念并不是一开始就自然被人们所接受。自近代意义的宪法产生以来，在相当长的一段时间内，宪法都被视为政治宣言和纲领，表达和反映的是人们的政治信念和政治追求，很少有人把宪法作为法律来对待。即使马歇尔首席法官将美国宪法运用于著名的马伯里诉麦迪逊案件之后，在欧洲大陆法系国家，宪法是法的观念和宪法的适用问题也尚未提出。只是在进入 20 世纪以后，美国的司法审查制度在欧洲大陆得到广泛的传播之后，宪法是法、并且是高级法的观念才日益深入人心。

第一节　宪法制定

一、宪法制定的概念

宪法制定，又称宪法创制、制宪或者立宪，是指宪法制定主体依照特定的程序创制成文宪法的活动。对于宪法制定的内涵，需要从以下两方面进行理解。

第一，宪法制定的前提有两种情况，一是君主专制或殖民地国家向宪制国家的转变，二是政权的更迭。

君主专制或殖民地国家向宪制国家转变的过程中出现了宪法制定的现象。这是因为在此时人们关于国家和人民之间的关系的认识发生了翻天覆地的变化，君权神授和主权在君的概念开始被普遍质疑和批判，人民的权力先于国家而存在，国家必须获得人民的赋权才能取得合法行动的自由的观念逐渐地建立起来。这些观念使得君主专制统治和殖民统治再难以寻找到合法的理论基础，也再难以统治下去。新的国家形式开始建构的过程中，宪法制定就成为人民向国家授权的重要方式。

政权的更迭后之所以出现宪法制定的现象，原因在于政权更迭之后新生政权为了获得统治的合法性，往往通过制定新宪法，在宪法中明确规定国家权力的来源，进入近现代社会之后宪法中关于国家权力来源于人民的规定为国家权力的行使提供了合法的基础。同时新生政权亦通过宪法重新确定国家权力的配置，明确国家权力与公民权利之间的关系等。上述问题是一个国家最为核心的问题，对这些问题进行规定不仅有助于国家权力获得社会的认同，而且有助于保障社会顺利平稳运行，因此在政权更迭之后，新生政权的首要任务就是制定宪法。

第二，宪法制定是君主专制或殖民地国家向宪制国家的转变过程中或者新政权建立之后创制第一部宪法的活动。

在这一点上，宪法制定与宪法修改存在着重大差别，宪法制定的实质是在赋予宪制国家或者新政权以合法性,所有的国家权力包括立法权、行政权和司法权都是在制定的宪法中得以创设出来的,因此并非国家立法机关制定宪法,而是宪法创设了国家的立法机关;而宪法修改则完全不同,它是在已经存在各种国家权力机关的基础上对宪法的修改和完善,是国家立法机关的立法行为之一。因此,在已有政权框架内任何宪法的变化,无论是全部变化还是部分变化都属于宪法修改,不再属于宪法制定的范畴。

第三,宪法制定是一种制定成文宪法的活动。

制定宪法所涉及的宪法是指宪法典,因此制定宪法所针对的是制定成文宪法典的国家而言的,并不包括如英国那样的不成文宪法国家。英国虽然有宪法性法律,但是宪法性法律与普通法律只是在内容方面有所不同,在制定权、制定主体以及制定程序方面都没有任何区别,因此用法律制定就可以涵盖之,不属于形成通识的宪法制定的内容。由此看来,只有在成文宪法国家才存在着宪法制定的问题。

二、宪法制定的要素

由于宪法制定出来要获得普遍的认可和服从,同时宪法又是以法的形式确定国家政治生活中的最基本问题,因此制定宪法时往往需要权威性与技术性的结合,需要普遍性和专业性的结合,具体而言,以下内容构成宪法制定的核心要素。

(一)制宪权

制宪权就是指创制宪法的权力,主要解决宪法制定权的正当性问题。谁享有制宪权,这是制定宪法时必须首先回答的问题。制宪权理论首创于 18 世纪的法国政论家西耶斯,他在《论特权·第三等级是什么》一书中把国家权力划分为制宪权和由宪法创立的包括立法、行政、司法在内的权力。在西耶斯看来,制宪权属于国民,他说,"如果我们没有宪法,那就必然制定一部;唯有国民拥有制宪权"[①]。西耶斯的制宪权理论与近代资产阶级的启蒙思想保持了高度的一致性,人民是国家权力的源泉的观念体现为人民享有的制宪权。当代社会绝大部分国家接受人民享有制宪权的理论,由于这种理论强调人民的制宪权源于人民本源性的权力,它并不需要任何制定法的依据,因此在各国的宪法中很少规定宪法的制定权,并且宪法的制定都是在无任何制定法依据的情况下制定的。

制宪权并不是由哪个国家机关享有的,相反国家机关只有通过制宪权的行使才能产生。制宪权的归属主体应为人民,如果制宪权不由人民享有,而由国家权力享有,那么国家权力就具有了针对制宪权的优先性,制宪权也沦落为国家权力的一种而已,这意味着国家具有超越宪法的权力,宪法具有最高法律效力也只能是名义上的。

制宪权是国家权力的前提,这一点必须予以特别强调,只有承认这一点,获得普遍认同的以限制国家权力为目标的宪法才能有实质的意义,在宪法中对国家权力作出一定的安排才具有意义。否则,宪法只能是规定权力在各种国家机关之间进行职能分工的文件,不具有任何约束和限制国家权力的作用。如果是这样的话,宪法的存在就变得毫无意义,因为近现代宪法出现之前,国家权力就已存在了几千年了。宪法的意义并不在于创制国家权力,而在于确立国家权力行使

---

① [法]西耶斯著;冯棠译.论特权·第三等级是什么.北京:商务印书馆,1991,第 56 页

的依据和边界,既然近现代宪法普遍认可人民主权的原则,那么国家权力就必须尊重人民的意志和要求,就不能非法侵犯公民的基本权利。制宪权归属于人民是实现宪法的限权目标的根本保证。

(二)制宪主体与制宪机关

制宪主体与制宪机关是两个有着密切联系,又有一定差别的概念。制宪主体是指享有制宪权的主体,而制宪机关是指行使制宪权的主体。制宪主体是制宪权得以运行的首要因素,在不同的历史阶段曾出现过不同的制宪主体,君主主权时期,君主是唯一的制宪权主体,但随着人民主权理论的普及,人民是制宪主体的观念获得了普遍的认同。人民享有制宪权主要通过批准的程序来实现,很多国家规定宪法的正式生效必须得到全体国民的批准。全体国民意志的表达方式和是否批准的确定标准是多样化的,比如:全民投票后,以三分之二的多数同意才视为批准;全民投票后,以国家的各个组成部分为单位分别计票,以过半数或三分之二等特定的多数的组成部分同意才视为批准;等等。新中国宪法的制定虽然没有采用全民批准的方式,但是采用了全民讨论的方式,对人民的要求也给予了充分的尊重。

但是由于全体国民人数众多,不可能都具体起草宪法,并对宪法的每一个条款进行辩论,故只能对宪法的整体表达意见。这导致宪法制定享有权与行使权的分离,真正参与制定宪法的是制宪机关。制宪机关行使制宪权,需要具备充分的人民代表性和一定的权威性,因此其往往是由公民选出的代表组成的,其唯一的职能就是制定宪法,同时由于制宪机关是创制一国第一部宪法的活动,一旦创制成功,之后任何机关就不再享有创制权,因此制宪机关一般是临时性机关,当宪法制定工作结束后就会立即解散。但也有一些例外,在有的国家临时成立的制定机关后来获得了常设机关的地位,如印度制宪会议根据1947年的独立法,自动获得最高权力机关的地位,并成为常设机关。

(三)宪法制定程序

从各国宪法的制定程序来看,虽然各有差别,但是包含了一些共同的程序,归结起来表现在以下方面。

1.设立制宪机关

由于制宪具有创设各类国家机关的权力,这意味着在制宪时尚无专门的国家机关有资格有权力制定宪法,因此要制宪必须首先成立专门的制宪机关。制宪机关的代表通常具有广泛性,代表各方面的利益。制宪机关的职责主要是起草宪法,由于其普遍的代表性,往往能够获得社会的普遍认同,因此最终颁布的宪法一般都是在制宪机关提出的草案的基础上制定出来的。制宪机关常称为"制宪会议"、"宪法起草委员会"等。如美国、法国、意大利等国在制定宪法时都举行了"制宪会议",我国为了制定宪法则成立了"宪法起草委员会"。

2.提出宪法草案

制宪机关设立起来之后便开始进入到宪法制定的实质性阶段,也就是拟订并提出宪法草案的阶段。起草宪法,不可避免地要对国家的重大问题进行设计,因此往往需要听取各种不同利益群体的不同诉求,对不同的诉求予以整合,对民众的基本需求作出积极的回应。如我国制定

1954 年宪法时,宪法起草委员会拟定出草案后交付全民讨论,并就讨论形成的意见对草案进行了反复修改。

3.通过宪法草案

宪法草案提出后,进入宪法草案的审议通过阶段。审议通过其实就是人民对宪法内容予以认可的程序,人民以何种方式进行认可,在不同的国家有不同的方式,有的国家以全民表决的方式进行,如法国于 1946 年和 1958 年制定的宪法都是通过全民投票通过后才正式通过的;有的国家则以代表机关表决的方式进行,如我国 1954 年宪法就是一届全国人大一次会议正式通过的;有些国家则要求国家的组成部分批准才能通过,如美国,在 1787 年表决宪法时,当时全国只有13 个州,要求必须得到 9 个州的批准才能正式通过。不管各国采用何种方式通过宪法,都有一个共同的特点,即民主性。由具有广泛民意基础的机关或者人民自己来通过宪法,不仅使宪法具有了合法的基础,而且保证了宪法的权威性和稳定性。

4.公布宪法

公布是宪法制定的最后一道程序,宪法一经公布即产生法律上的效力,对所有的人,包括国家本身都产生法律上的约束力。公布是法律对外发生效力的必备程序,对于宪法而言也有同样的要求,各国宪法的制定也普遍遵循这一基本的要求。各国宪法公布主体有所差别,但总的来看一般由国家元首或代表机关公布。

三、我国宪法的制定

1954 年宪法是新中国成立后第一部宪法,也是在中国历史上第一部社会主义类型的人民宪法,与其他国家相比,该部宪法的制定具有自身鲜明的特点,通过了解我国制宪的历史背景和具体实践对于理解我国宪法制定的特点具有重要的意义。

(一)我国宪法制定的实践

1949 年 10 月 1 日中华人民共和国成立后并没有马上制定宪法,而是沿用了 1949 年 9 月 29日中国人民政治协商会议第一届全体会议通过的《中国人民政治协商会议共同纲领》。因此,普遍认为在制定第一部宪法之前,《中国人民政治协商会议共同纲领》起到了临时宪法的作用。到1954 年,中国社会的发展发生了巨大的变化,制定正式宪法的社会需求日益强烈,适应社会发展的需要,1954 年 9 月 20 日,一届全国人大一次会议正式通过了《中华人民共和国宪法》。1954 年宪法的出现有其特定的历史背景,有自身独特的制定过程,我们需要对其有所了解。

1.我国宪法制定的历史背景

(1)军事行动已经结束,进入了和平时期

虽然 1949 年 10 月 1 日中华人民共和国成立了,但是军事行动仍在继续,在共同纲领的第 2条规定,"中华人民共和国中央人民政府必须负责将人民解放战争进行到底,解放中国全部领土,完成统一中国的事业"。1949 年 10 月相继解放广州、新疆,11 月先后解放贵阳、桂林、重庆,12月又解放了南宁、成都;1950 年 2 月,解放昆明,4 月解放海南岛,8 月珠江口外所有岛屿全部解放;1951 年 5 月 23 日,中央人民政府和西藏地方政府达成和平解放西藏的"十七条协议",最终使西藏获得和平解放。至此,大陆上的重大军事行动已经全部结束。

同时,外部军事行动也于 1953 年结束。1950 年朝鲜内战爆发,美国出兵援助南朝鲜,直逼中国东北边界。为了保家卫国,在朝鲜党和政府的请求下,我国开始了抗美援朝战争。中国军队与朝鲜人民并肩作战,最终于 1953 年逼迫美国政府在停战协定上签字。抗美援朝战争的结束为中国迎来了和平的外部环境。自此中国内外部均进入稳定时期,和平的内外部环境使得制定宪法有了可靠的保障。

(2)土地制度改革完成

从 1950 年开始,全国解放区进行了土地制度的改革。1950 年 6 月,中央人民政府委员会第八次会议通过了《中华人民共和国土地改革法》。该法规定:废除地主阶级封建剥削的土地所有制,实行农民的土地所有制,借以解放农村生产力,发展农业生产,为新中国的工业化开辟道路;没收地主的土地、耕畜、农具、多余的粮食及其在农村中多余的土地房屋;对富农,实行包村富农经济的政策;对小土地出租者,提高保留其土地数量的标准。这些政策有利于保护中农,分化地主,减少土地运动的阻力。从 1950 年冬到 1953 年春,除一部分少数民族地区外,占全国人口一大半的新解放区农村完成了土地制度的改革。从此,在中国延续了几千年的封建地主阶级的土地所有制被彻底消灭了。旧剥削制度已经消失,新的人民当家做主的制度的建立就成为迫切的任务,通过宪法将新的制度确立起来自然成为人民的普遍要求。

(3)国民经济得到全面恢复

新中国成立之前,中国的经济发展相当落后,在刚解放的地区,农村凋敝,工业薄弱,市场混乱,人民生活水平很低。当时,我国的现代工业产值在工农业总产值中只占 17%,人均国民收入仅为 27 美元。中华人民共和国成立之后,中央人民政府依照共同纲领的规定,立即开始对长期遭受战争破坏的国民经济进行恢复重建工作,并取得了不凡的成就。到 1954 年,我国现代工业的总产值就相当于 1949 年的 4.2 倍了。农业生产也取得了较大的提升,1954 年粮食产量已相当于 1949 年的 1.5 倍,棉花产量相当于 1949 年的 2.8 倍。国内商业和对外贸易也取得非常大的发展,1953 年的社会商品零售总额和对外贸易都相当于 1950 年的 1.8 倍。总的来看,我国的国民经济已经获得了全面的恢复。这些都为有计划地进行经济建设和逐步向社会主义社会过渡提供了坚实的基础。从 1953 年起,我国开始了经济建设的第一个五年计划,经济建设工作在整个国家生活中已经居于首要地位。

综上,从 1949 年到 1954 年间中国各个方面发生了重大变化:结束了内外军事行动,中国社会有了和平的环境;剥削制度消灭了,中国社会的各种力量的对比关系发生了重大变化;中国经济建设取得了非凡的成就,恢复了国民经济。这些重大变化为制定宪法提供了必要的条件,在此背景下,中华人民共和国第一部宪法诞生了。

2.我国宪法制定的程序

1954 年宪法被公认为新中国的第一部宪法。这部宪法的产生,从提议到最后的出台历经近两年时间,其制定主要经历了以下程序。

(1)中共中央提出制宪建议

1952 年 12 月 24 日,周恩来代表中共中央在政协常委会上,提议由政协全国委员会向中央人民政府建议召开全国人民代表大会,制定宪法。政协全国委员会常务委员会扩大会议经过热烈讨论,一致同意中共中央的提议,并于 1953 年 1 月 13 日向中央人民政府提出关于召开全国人民代表大会,制定宪法的建议。

（2）组成制宪起草委员会

1953 年 1 月 13 日,中央人民政府委员举行第十二次会议,接受政协建议,通过了《关于召开全国人民代表大会及地方各级人民代表大会的决定》。这次会议还决定成立宪法起草委员会,宪法起草委员会的成员共有 33 人,由各党派组成,大的民主党如民革、民盟、民建各 2 人,其余党派及人民团体各 1 人,宪法起草委员会主席是毛泽东。

（3）宪法草案的全民讨论

1954 年 6 月,中央人民政府委员向全民公布《中华人民共和国宪法（草案）》,征求全国人民的意见。全国人民参加讨论的共有 1.5 亿多人。从 6 月 15 日至 9 月 10 日。历时 3 个月的讨论中,全国人民对宪法草案提出大量修改和补充的意见,经整理后共计 118 万多条。宪法起草委员会将这些意见归纳分类,刊印成《全民讨论意见汇编》,共 16 册。

（4）审议并通过宪法

宪法起草委员会针对全民讨论提出的意见,又进行了反复修改,最终于 1954 年 9 月 15 日将草案正式提请全国人大一次会议审议,并由刘少奇作宪法草案报告。9 月 20 日,一届全国人大一次会议正式对宪法草案进行投票表决。据统计,投票数共 1197 张,同意票为 1197 张,根据投票表决结果,执行主席宣布"中华人民共和国宪法已由中华人民共和国第一届全国人民代表大会第一次会议于 1954 年 9 月 20 日通过"。

（5）公布宪法

中华人民共和国宪法由全国人民代表大会通过后的当日,发布《中华人民共和国全国人民代表大会公告》予以公布。

（二）我国宪法制定的特点

我国宪法是特殊历史背景之下的产物,其制定方面的特点主要表现在以下方面。

1. 我国宪法制定对人民性的体现主要是通过间接参与和直接讨论的方式完成的

我国第一部宪法的制定并没有采用直接的全民公决的方式来完成,但是人们还是普遍认为第一部宪法制定充分地反映了人民的要求和利益。这主要是通过人民代表大会的方式以及直接讨论的方式来实现的。由人民选出人民代表来对宪法进行审议,这也是人民当家做主,参与国家管理的重要途径和手段。同时,宪法的制定还采用了全民直接讨论的方式,从 1954 年 6 月 15 日至 9 月 10 日,全国人民对中央人民政府委员会向全民公布的宪法草案开展了广泛的学习、讨论,并提出了大量的反馈意见。各民主党派、各人民团体、全国的劳动模范、战斗英雄、文化教育界人士、各方面专家、宗教界人士、各少数民族以及工人、农民、士兵、妇女等各界的代表人物,都纷纷通过各种传播形式撰写文章、发表演说,对宪法草案发表各种观点。载有宪法草案的报纸不仅一销即完,而且大量增加发行,宪法草案的单行本也大量印制。除了全国许多单位自行大量印制宪法草案单行本外,新华书店在宪法草案公布不到 1 个月的时间,就在全国发行了 1184 万多册,其中包括以蒙古、维吾尔、哈萨克、藏、朝鲜 5 种少数民族文字印行的 17 万册。从这些方面都可以看出宪法全民讨论的广泛性以及全民讨论的热情。由此看来,我国宪法制定虽然未采用全民公决方式,但是制定过程还是充分显示了对人民的尊重,反映了人民对于宪法制定的充分参与性。

1954年宪法被认为是历史上较好的一部宪法,这与全民参与讨论显然有着密切的关联性。

2.制定正式宪法以起着临时宪法作用的《中国人民政治协商会议共同纲领》为依托

如果单独审视我国1954年宪法会感觉许多方面似乎与宪法的基本理论相冲突,尤其是尚无宪法之时,已经有了全国人民大会这一行使宪法表决权的机关,但是从具体的历史背景分析则可以发现我国制定宪法是依托于《中国人民政治协商会议共同纲领》的,与宪法基本理论并不矛盾。首先,《中国人民政治协商会议共同纲领》规定了人民代表大会的合法性。《中国人民政治协商会议共同纲领》之所以有权对此问题进行规定,原因在于它是政治协商会议讨论、通过的结果,并非由某一个国家权力机关制定的,是不同政党、各界人士的代表自愿组成的组织,其可以设置政权,设置各种国家权力机关。其第12条规定,"中华人民共和国的国家政权属于人民。人民行使国家政权的机关为各级人民代表大会和各级人民政府。各级人民代表大会由人民用普选方式产生之。各级人民代表大会选举各级人民政府。各级人民代表大会闭会期间,各级人民政府为行使各级政权的机关"。这解决了人民代表大会合法存在的问题,为宪法制定准备了条件。同时《中国人民政治协商会议共同纲领》还规定了立宪时机,其第14条规定,凡军事行动已经完全结束、土地改革已经彻底实现、各界人民已有充分组织,即应实行普选,召开人民代表大会。到1952年,中国社会发生了巨大变化,中共中央认为,时机已经成熟,应当适时实行全国普选,并在此基础上召开全国人民代表大会,制定宪法。从上述情况来看,《中国人民政治协商会议共同纲领》起到奠基性作用,它为正式宪法的制定作了重要的铺垫和准备。

1954年宪法是在制宪起草委员会拟定的宪法草案基础上审议通过的,制宪起草委员会亦在制定宪法中发挥着极其重要的作用。制宪起草委员会并非由全国人大产生,而是由中央人民政府委员会决定成立的。

同时值得注意的是,全国人民代表大会虽然审议通过了第一部宪法,但是在宪法中并未规定全国人大享有审议通过宪法的权力,全国人大仅仅享有修改宪法的权力,因此全国人大一次会议对宪法的审议和通过并非源于宪法的授权,而是源于《中国人民政治协商会议共同纲领》的确认,从本质上来讲是来自于人民的授权。

第二节 宪法修改与宪法解释

一、宪法修改

(一)宪法修改的概念

一般说来,宪法修改是成文宪法国家宪法修改机关的特定活动。宪法的修改或曰"修宪",是指在宪法实施过程中,由于政治、经济、社会形势发生重大变化或者宪法自身条款的缺陷,出现宪法的内容与社会现实不相适应的情况时,由国家有权机关依照法定程序对宪法的内容和条款作出书面变更、删除、调整、补充并颁布实施的活动。在成文宪法国家,宪法的内容往往规定于一个或者几个宪法文件之中,当宪法文件已经不适应社会实际时,就需要对宪法文件的内容进行调整。而在不成文宪法国家,作为宪法组成部分的制定法即宪法性法律,如果不适应社会实际,那么就会由立法机关根据修改法律的程序进行调整,因而属于修改法律的范畴。

宪法修改与宪法制定不同。制宪权是近现代国家权力的重要组成部分。在国家政权性质没有发生变化的情况下,无论宪法怎样变化(修改、解释、变迁等),都不发生制宪权的变化问题,而只存在修宪权的行使问题。制宪权是一种原生性的权力,它并不依赖于任何其他权力而产生、形成。因此,从实质上说,制宪权来源于不同性质的国家权力某种更迭(如革命、政变等)的事实。而修宪权则是一种派生性的权力,通常由宪法确定其主体、行使的程序。

在各国宪政实践中,如果前一部宪法规定了修改程序,而后一部宪法没有按照这一修改程序进行,有时也被认为是修改宪法,如法国1958年宪法的修改。根据法国1946年《宪法》的规定,宪法修改权属于国民议会和共和国参议院,两院不能以绝大多数通过时应交公民投票复决。但1958年《宪法》没有根据1946年《宪法》规定的修改程序进行,而是直接由公民投票通过。当然,从根本上说,法国1958年《宪法》仍然是对1946年《宪法》的修改,而不能认为是制定:一是1958年《宪法》和1946年《宪法》所规定的国家性质,即资本主义及共和政体没有改变,两者可以说一脉相承;二是1958年宪法草案由共和国总统直接交与公民进行投票,而没有由议会首先进行讨论,是由议会授权共和国总统进行的。

(二)宪法修改的必要性

在能否对宪法进行修改的问题上,宪法学理论上存在着否定说和肯定说。否定说认为,宪法是国家成立的一种契约,而这种契约是人民之间的相互承诺,如果要修改宪法必须取得全体人民的同意;宪法就像对继承者继承遗产的委托一样不能加以变更,否则就是亵渎神圣。18世纪的瑞士大法学家瓦特尔和法国的西哀耶士等人就持这一观点。如西哀耶士提出"制宪力"的主张,认为宪法的制定是经过全民同意的,因而宪法的修改及制定新宪法均需获得全民的同意,因此,既然已经制定了宪法,就不能再予以修改。法国1791年宪法采纳了西哀耶士的观点。而绝大多数学者认为,宪法是可以修改的,随着社会的发展和变化,宪法也要相应的发展和变化。宪政实践也证明,宪法必须随着社会的发展和变化而进行修改,以与社会实际相适应。纵观世界各国,绝大多数国家的宪法都规定了宪法修改的程序,说明制宪者已经意识到宪法修改的必要性。但是,也有少数国家的宪法没有规定宪法修改的程序,或者直接将宪法称之为"永久宪法",如阿拉伯也门共和国于1970年颁布了"永久宪法",苏丹共和国也于1973年颁布了"永久宪法",日本把于1889年制定的《大日本帝国宪法》(《明治宪法》)称之为"不没的大典"。

宪法修改的必要性主要表现在三方面:

(1)为了使宪法的规定适应社会实际的发展和变化。宪法规范只有与社会实际相适应,才能发挥对社会关系的调整作用。由于社会实际总是处于发展变化之中,因此就必然会产生宪法规范如何与社会实际相适应的问题。由于社会实际总是处于变化发展之中,这就决定了宪法规范与社会实际之间的矛盾和冲突是永恒的,而两者之间的相互适应则是暂时的。尽管宪法规范具有适应性特点,能够在较大幅度内适应社会实际的变化和发展,但不能保证既定的宪法规范处于"永久"的不变状态。

(2)为了弥补宪法规范在实施过程中出现的漏洞。用一个词概括来说,就是"拾遗补漏"。因为实际的社会瞬息万变,再高明的立法专家也无法预料十年后或者五十年后的社会究竟是怎样的面貌,人们对宪法的认识是不是发生了改变,社会的各种基本矛盾和冲突又将如何变化。为了适时调整各种社会关系,因而需要通过修改的方式加以补充和完备。如我国1954年《宪法》第

24 条规定："如果遇到不能进行选举的非常情况，全国人民代表大会可以延长任期到下届全国人民代表大会举行第一次会议为止。"这一规定对于由什么机关来决定出现了"非常情况"，以及"非常情况"在消除以后的多长时间内必须进行选举工作都没有作出规定。1966 年 7 月 7 日，第三届全国人大常委会第三十三次会议通过了《关于第三届全国人大第二次会议改期召开的决定》，决定全国人大第二次会议延期召开。这一决定致使全国人大的会议延期至 10 年后的 1975 年召开。1975 年《宪法》和 1978 年《宪法》对这一问题的规定存在着更大的缺漏。现行《宪法》第 60 条第 2 款则做了比较完备的规定："……如果遇到不能进行选举的非常情况，由全国人民代表大会常务委员会以全体组成人员的三分之二以上的多数通过，可以推迟选举，延长本届全国人民代表大会的任期。在非常情况结束后一年内，必须完成下届全国人民代表大会代表的选举。"

（3）宪法实际的规定与这个国家、社会以及人们追求的最高价值目标不完全重合。这里的价值目标包括几个层面，如经济、政治、思想文化及法律方面的目标。当依照现行的宪法所涵盖的指导人们实践的一些规程无法达到这一最高价值目标或者最高价值目标发生了重大变化时，会有两种结果的出现：一种结果是对宪法进行修改，另一种情况是对最高价值目标的修正。举例来说，1954 年我国制定第一部《宪法》以前，《共同纲领》起着临时宪法的作用。而随着形势的发展，国家的根本任务、国家的根本性质、生产资料所有制以及公民的权利和自由方面发生了一系列深刻的变化，而《共同纲领》已不能满足和适应国家对社会进一步向前发展的需要，于是就有了新中国第一部宪法的出笼。而到了 1975 年，"左"的思想肆意横行和泛滥，国家或社会的价值目标发生了根本性的变化，即总的指导思想转变为以"阶级斗争"为重点，因此，1975 年《宪法》可以说是宪法规定与最高价值目标不重合导致修宪的典型产物。

（三）宪法修改的方式

1. 全面修改

宪法的全面修改，又称整体修改，即在不改变国家的宪法精神的前提下，对宪法从头到尾或对大部分内容（包括结构）进行整体修订并重新颁布。

一般而言，各国宪法所规定的宪法修改程序，既包括部分修改，也包括全面修改。对宪法进行全面修改次数最多的国家当数多米尼加共和国，从 1844 年至 1966 年的 120 多年间，共全面修改宪法 31 次，平均每 4 年全面修改一次。我国从 1954 年制定第一部《宪法》以来，共对宪法进行了三次全面修改，即 1975 年《宪法》、1978 年《宪法》及 1982 年《宪法》，都是对前一部宪法进行的整体修改。1975 年《宪法》与 1954 年《宪法》相比较，在宪法的指导思想、宪法规范、基本内容等方面做了修改；1978 年《宪法》与 1975 年《宪法》相比较，在宪法内容上稍微有些变化（主要是国家机构和公民权利方面）；1982 年《宪法》与 1978 年《宪法》相比较，在指导思想、宪法规范、宪法结构、基本内容等方面作了修改，1982 年《宪法》对 1978 年《宪法》的修改幅度最大。1978 年《宪法》只有 60 条，而 1982 年《宪法》则达到 138 条之多。

宪法全面修改的基本原因是原宪法的基本指导思想、基本原则或者绝大部分内容已经不适应社会实际，无法调整社会现实。从各国全面修改宪法的实践看，一般都是在国家出现极为特殊的情况下，或者国家生活（特别是国家的政治生活）发生某些重大变化的情况下，才进行这种活动。从我国对宪法进行的三次全面修改来看，每次都处于社会发展不同阶段的转折时期。

全面修改宪法方式有利有弊：其利在于，当社会实际发生较大变化，宪法规范的绝大部分内容，已经无法适应变化了的社会实际时，及时对宪法进行全面修改，能够促使宪法保持真实性和权威性，否则，宪法规范就可能形同虚设。其弊在于，由于宪法的权威和尊严在一定程度上取决于宪法的稳定，因而如果宪法的修改频率过高，在政治心理上不能起到稳定作用，在法律角度上有朝令夕改之嫌。

2. 部分修改

宪法的部分修改是指宪法修改机关根据宪法修改程序，以决议或者宪法修正案等方式，对宪法中的部分内容进行调整或变动的活动。例如，1980 年 9 月 10 日，我国五届全国人大第三次会议通过了《关于修改〈中华人民共和国宪法〉第四十五条的决议》，决定将 1978 年《宪法》第 45 条中公民"有运用'大鸣、大放、大辩论、大字报'的权利"的规定取消。1982 年《宪法》颁布实施以来，我国对现行《宪法》分别于 1988 年、1993 年、1999 年、2004 年四次运用宪法修正案的方式进行了修改，通过了 31 条修正案，把一系列重大理论观点和重大方针政策写入宪法。如 1993 年《宪法修正案》第 3 条把"社会主义初级阶段"、"建设有中国特色社会主义理论"写入宪法序言第七自然段；第 4 条规定在宪法序言第十自然段末尾增加"中国共产党领导的多党合作和政治协商制度将长期存在"；第 5 条规定将《宪法》第 7 条中的"国营经济"改为"国有经济"；第 6 条规定将《宪法》第 8 条第一款中"农村人民公社、农业生产合作社"改为"农村中的家庭联产承包为主的责任制"；第 7 条规定将《宪法》第 15 条中的"国家在社会主义公有制基础上实行计划经济"改为"国家实行社会主义市场经济"。1999 年《宪法修正案》第 12 条规定在宪法序言第七自然段中写入"邓小平理论"；第 13 条规定《宪法》第 5 条增加一款"中华人民共和国实行依法治国，建设社会主义法治国家"，作为第 1 款，等等。四个修正案及时反映了建设中国特色社会主义实践的成果，丰富了宪法规定的国家制度和根本原则的内涵，实现了宪法的稳定性和权威性的统一，为改革、发展和稳定的大局奠定了根本的法制基础。

宪法的部分修改主要有以下三种具体方式：

(1) 以决议的方式直接在宪法条文中以新内容代替旧内容，修改之后，重新公布宪法。这种修改宪法方式的优点是，修改的内容非常明确，哪些有效，哪些已经无效，一目了然；缺点是因为需要重新公布宪法，增加了宪法修改的频率。我国 1979 年 7 月 1 日，第五届全国人民代表大会第二次会议通过了《关于修正〈中华人民共和国宪法〉若干规定的决议》，对 1978 年《宪法》进行了修改。修改的主要内容是：在县和县以上的地方各级人民代表大会设立常务委员会，将地方各级革命委员会改为地方各级人民政府，将县级人民代表大会代表改由选民直接选举，将上级人民检察院同下级人民检察院的关系由监督改为领导。这次修改以决议的方式，用上述内容代替原来的内容。

(2) 以决议的方式直接废除宪法条文中的某些规定，修改之后，也需要重新公布宪法。这种修改方式的优点和缺点与上一种修改方式相同。我国 1980 年 9 月 10 日，第五届全国人民代表大会第三次会议通过了《关于修改〈中华人民共和国宪法〉第四十五条的决议》，决定将 1978 年《宪法》第 45 条"公民有言论、通信、出版、集会、结社、游行、示威、罢工的自由，有运用'大鸣、大放、大辩论、大字报'的权利"修改为"公民有言论、通信、出版、集会、结社、游行、示威、罢工的自由"。取消了原第 45 条中"有运用'大鸣、大放、大辩论、大字报'的权利"的规定。

(3) 以宪法修正案的方式增删宪法的内容。宪法修正案是指以修改宪法年代的先后重新设立条文,附于宪法典之后,按照"新法优于旧法"或"后法优于前法"的原则,凡与新条文相抵触的旧条文一律无效。宪法修正案是宪法的组成部分之一。宪法修正案方式的优点在于,由于其不需要重新通过宪法或者重新公布宪法,因而能够保持宪法典的稳定性和完整性,进而强化宪法在人们心目中的权威性和尊严;其缺点在于,需要将后面的新条文与前面的旧条文相对照之后,才能确定实际有效的宪法规定,这在法律意识不是很强的国度,或者没有法律意识的公民在确定宪法实际有效的内容时,可能带来一定的困难。这种宪法修改方式起源于美国。我国在认为对宪法进行整体修改和直接在宪法条文中进行增删,有损于宪法的权威和尊严的情况下,分别于1988年、1993年、1999年、2004年四次运用《宪法修正案》的方式修改了现行宪法。

宪法修正案主要有以下三种功能:一是废除宪法原来的条款或者内容。如《美国宪法》第21条修正案规定,废止《宪法》第18条修正案。二是变动宪法中的规定。绝大多数宪法修正案起到这一作用。如我国1993年的《宪法修正案》第7条规定:"宪法第十五条:'国家在社会主义公有制基础上实行计划经济。国家通过经济计划的综合平衡和市场调节的辅助作用,保证国民经济按比例地协调发展。禁止任何组织或者个人扰乱社会经济秩序,破坏国家经济计划。'修改为:'国家实行社会主义市场经济。'"国家加强经济立法,完善宏观调控。"国家依法禁止任何组织或者个人扰乱社会经济秩序。"三是增补宪法的条款或者内容。如《美国宪法》第1条至10条修正案关于公民权利的规定是最为典型的实例。

3. 无形修改

宪法的无形修改即"事实违宪",是指在宪法条文未作变动(包括修改、解释或者由宪法惯例加以补充)的情况下,由于社会的发展、国家权力的运作等,使宪法条文本来的含义发生了变化。宪法的无形修改不是宪法修改机关依据宪法规定的程序而进行的一种有意识的活动,所以不包含在上述宪法修改的含义之中。

关于"事实违宪"的效力,学术界存在两种对立的观点:第一种观点认为,当达到一定的要件(如继续、反复以及国民的同意等)时,违宪的宪法现实就具有法的性质,有改废宪法规范的效力,所谓"良性违宪";第二种观点认为,违宪的宪法现实毕竟是事实,不具有法的性质,所谓"违宪则无效"。我们认为,尽管无形修改是社会现实发展变化的产物,具有其存在基础,但无形修改使原有宪法条文的含义无形中发生了演变,而这种演变表面上仍然是在宪法原有条文的框架之内。因此,从树立宪法的权威和尊严,建设社会主义法治国家的角度来看,宪法的无形修改应予避免。

宪法无形修改最典型的实例是美国总统的选举方式。依照美国宪法的规定,总统的选举方式为间接选举制,即先由选民投票选举总统选举人,再由选举人团投票选举总统和副总统。宪法规定的实际含义是由选举人团选举总统和副总统。但以后的发展却使这种间接选举成为一种形式,实际上演变为直接选举。因为选举人是由政党推举的,按照惯例和党的纪律,在以后选举总统的投票中不能改变以前的表态。选民在选举选举人时,实际上是投票给所属政党的总统候选人,所以选民选举选举人的投票揭晓后,哪个总统候选人当选为总统便成定局。我国现行《宪法》原第15条规定:"国家在社会主义公有制基础上实行计划经济。"而在1984年以后,中共中央和国家提出在社会主义公有制基础上实行有计划的商品经济。"有计划的商品经济"显然是对传统的、宪法本来含义上的"计划经济"的演变和发展,但仍然被认为是在计划经济的框架内,即将"有计划的商品经济"简称为"计划经济"。直到1993年,全国人大才通过《宪法修正案》,将第15条修改为"国家实行社会主义市场经济"。

（四）宪法的修改程序

虽然各国宪法所规定的修改程序不尽一致，但通常包括提案、先决投票、公告、议决、公布五个阶段。

1.提案

从各国宪法规定看，宪法修正案的提议主体有以下三种情况。

（1）代表机关

一些国家规定由代表机关（议会、国会、人民代表大会等）或者国会议员提出修改宪法的议案。如《美国宪法》第5条规定，国会在两院2/3的议员认为必要时，应提出本宪法的修正案，或者根据各州2/3的州议会的请求，召开制宪会议，提出修正案；我国现行《宪法》第64条规定，全国人大常委会或者1/5以上的全国人大代表有权提议修改宪法。在我国修改宪法的实践中，通常由中国共产党中央委员会首先提出修改宪法的建议，然后由全国人大常委会或者1/5以上的全国人大代表接受，再向全国人大提出正式的宪法修改草案。

（2）行政机关

极少数国家的宪法规定行政机关有权提议修改宪法。如法国1958年《宪法》第89条规定，宪法修改的倡议权属于共和国总统和议会议员，总统依据总理的建议行使倡议权；《多哥宪法》第52条规定，本宪法可以根据总统和议会的提议进行修改。

（3）混合主体

混合主体是指有权提出修改宪法议案的主体涉及多种性质的机关或组织。有的国家的宪法规定由议会、修宪大会和一定数量的公民提出，如菲律宾；有的国家规定由联邦议会和一定数量的公民提出，如瑞士；有的国家规定由大公、政府、议会、一定数量的公民和一定数量的行政区提出，如列支敦士登；有的国家规定由政府和议员提出，如泰国、缅甸；有的国家规定由总统和议会提出，在提出时还要列举需要修改的条款及其理由，如叙利亚；有的国家的政党也有提议权，如《多哥宪法》第25条规定，联盟党中央委员会、总统和议会可以提出修正案，修改的建议和草案必须征求联盟党中央委员会的意见。在混合主体中，由立法机关和行政机关共同提出的情形居多。

2.先决投票

一些国家规定，在提议之后、送交议决机关议决之前，要就宪法修正案进行先决投票程序。实行先决投票程序的国家约有30余个，如叙利亚、黎巴嫩、希腊、巴拿马等。这一程序的目的在于使宪法修改的条文和内容明确具体。但是，行使先决投票权的机关在各国并不相同，如瑞士宪法规定，在必要时进行公民先决投票。委内瑞拉宪法规定，部分提案由州议会做先决投票。如《埃及宪法》第165条规定，在任何情况下，议会均应对修改原则予以讨论，并应依议员的多数，发布决定。《希腊宪法》第108条规定，宪法修正案应特别指明拟修改的条文，并规定，有关修改的决定，应经相距至少一个月的两次投票表决通过后，始得正式提交下届议会审议。

在不实行先决投票程序的国家，提议机关在提出修改宪法的动议时，一般同时提出宪法修正案的草案，以使须进行修改的内容明确、具体。

3.公告

一些国家还规定,在提议成立后、议决机关议决前,要将宪法修正案草案予以公告。约有20余个国家的宪法明确规定了公告程序,如比利时、荷兰、卢森堡等。有的是由立法机关进行公告,有的是由行政机关进行公告。

有些国家的宪法虽然没有规定宪法修正案草案的公告程序,但在修宪实践中,通常将草案予以公告,以使社会成员知晓,并有希望社会成员参与讨论的含义。如我国宪法虽然没有规定公告程序,但现行宪法通过以后的历次宪法修改,均公布了宪法修正案草案。

4.议决

从各国宪法规定看,宪法修正案草案的议决机关主要有四种:一是立法机关。约有30余个国家的宪法规定由立法机关议决宪法修正案草案。二是行政机关。极少数国家的宪法规定由行政机关作为宪法修正案草案的议决机关。三是特设机关。少数国家的宪法设立专门的宪法修改机关,以作为宪法修正案草案的议决机关。四是混合机关。约有70余个国家的宪法规定,由若干国家机关共同作为宪法修正案草案的议决机关。混合机关中有立法机关与行政机关作为议决机关,有立法机关与特设机关作为议决机关,有立法机关与选民团体作为议决机关,有立法机关与联邦组成单位(如州、邦议会)作为议决机关,有立法机关与行政机关、选民团体、特设机关、联邦组成单位及其他国家机关共同作为议决机关等各种不同情况。如《瑞士宪法》第121条规定,联邦议会所通过的宪法修正案,应提交人民及各邦复决;智利宪法第108条、第109条规定,国会通过的宪法修正案,总统可以提议变更或者修正,如国会经出席议员的2/3多数票维持原修正案时,总统得于30日内将其与国会的分歧交付全民公决。

宪法修改草案通常要求议决机关以高于通过其他普通议案的出席及同意人数才能予以通过。如《比利时宪法》第131条第5款规定,修改宪法时,如两院任何一院的出席人数未达到全体议员的2/3,不得进行表决,未获得2/3多数赞成票不得通过任何修正案;卢森堡宪法第114条规定,宪法修正案的通过,须议会议员总额3/4出席,2/3以上同意而通过。我国1954年《宪法》第29条规定:"宪法的修改由全国人民代表大会以全体代表的2/3的多数通过"。而1975年《宪法》和1978年《宪法》对宪法修改程序未做规定。现行《宪法》第64条恢复了1954年宪法的规定。

美国是联邦制国家,修改宪法的程序较为特殊一些。根据《美国宪法》第5条的规定,宪法修正案的通过有以下四种程序:(1)宪法修正案须由国会两院各以2/3以上的议员(出席议会的议员总数)通过,并交3/4的州议会批准。《美国宪法》第27条修正案中有26条是按照这一程序通过的。(2)宪法修正案须由国会两院各以2/3的议员(出席议会的议员总数)通过,并交3/4的州制宪会议批准。《美国宪法》第21条修正案是按照这一程序通过的。(3)由2/3的州议会申请提出修正案。国会应即召集修宪大会讨论该修正案,通过后交3/4的州议会批准。(4)由2/3的州议会申请提出修正案,国会应即召集修宪大会讨论该修正案,通过后交3/4的州制宪会议批准。

除上述一般性的规定外,一些国家还做了特殊规定:(1)议会在审议宪法草案时必须两次审核通过,而且两次之间必须间隔一定的时间,如意大利;(2)议会通过宪法草案后,须经国家元首批准才能生效,如约旦、丹麦、冰岛、荷兰等;(3)议会通过宪法草案后,须经全民公决,半数以上具有选举权的选民赞成始得生效,如日本、丹麦、冰岛、意大利等;(4)有的国家宪法全面修改和部分修改的程序不同,修改程序和补充程序不同,前者如西班牙,后者如委内瑞拉。

5.公布

宪法修改草案经有权机关依据法定程序通过以后,还须由法定机关以一定方式予以公布,才能产生相应的法律效力。受各国政治体制、历史传统等因素所决定,宪法修正案的公布机关也不相同,主要有三种情况:

(1)由国家元首公布

绝大多数国家采用这种公布方式,在宪法中并有明确规定。一些国家的宪法虽然没有明确规定由国家元首公布,但在修宪实践中,实际由国家元首行使宪法修正案的公布权。如《爱尔兰宪法》第46条规定,宪法修正案经人民复决赞同后,总统应即签署,并应依照规定的方式公布为法律。

(2)由代表机关公布

少数国家采用这种公布方式,如巴西宪法第217条规定,宪法修正案应由众议院及参议院执行委员会全体委员签署公布。我国宪法没有规定宪法修正案的公布机关,在实践中,一般由全国人大主席团以全国人大公告的方式公布。

(3)由行政机关公布

这种公布方式主要为美国所采用,美国宪法中并未明确规定由哪个机关公布宪法修正案,在实践中,联邦国会通过宪法修正案后交国务卿,再由国务卿转交各州州长,由州长提交州议会,各州将投票结果通知国务卿,由国务卿宣告已经达到3/4州的批准,该宪法修正案即正式成立。

关于宪法修正案生效的时间,各国的规定也极不一致。有的国家规定从公布之日起生效,如也门、阿联酋、约旦等;有的国家规定自通过或者批准之日起生效,如丹麦、阿尔巴尼亚、阿富汗等;有的国家规定自宪法公布之日起6个月后生效,如日本;有的国家规定由议会或总统特别决议,确定宪法修正案的生效时间,如希腊、斯里兰卡等。我国宪法没有规定宪法修正案生效的时间,从实践看,绝大多数情况下自宪法修正案公布之日起生效,有时自宪法修正案公布一段时间后生效,如第五届全国人民代表大会第二次会议《关于修正〈中华人民共和国宪法〉若干规定的决议》于1979年7月1日通过并公布,自1980年1月1日起施行。

(五)宪法修改的限制

1.宪法修改时间的限制

为了保证宪法的稳定性,一些国家的宪法根据具体情况对宪法修改的时间作了限制性规定。主要有两种情况。

(1)积极限制

积极限制,即明确规定宪法应当定期修改。如葡萄牙1919年《宪法》第82条规定,宪法每隔10年修改一次;波兰1921年《宪法》第125条规定,宪法每隔25年至少修改一次。

(2)消极限制

消极限制,即不得修改宪法的时间限制。又分为两种情形:一是规定在宪法颁布实施或者修改以后的若干年内不得修改宪法。如法国1791年《宪法》规定,宪法任何部分于该宪法成立后第一、二届议会的任期内,概不得由议会提议修改;1940年《巴拉圭宪法》第94条规定,本宪法公布后 10 年内不得为全部之修改；希腊 1975 年《宪法》第 110 条第 6 款规定，在上次修改完成后未满 5 年，不得对宪法进行修改。二是在特定时间或者时期内不得修改宪法。如《比利时宪法》第 84 条、《卢森堡宪法》第 115 条以及《日本明治宪法》第 75 条都明确规定，在摄政时期不得修改宪法；法国 1946 年《宪法》第 94 条规定，法国本土领土之全部或一部为外国军队占领时，不得修改宪法；《西班牙宪法》第 169 条规定，在战时或第 116 条规定之某一种状态（紧急状态、特别状态和戒严状态）期间，不得提议修改宪法。

2. 对修改内容的限制

一般来说，以下三方面的内容不得成为宪法修改的对象。

(1)共和政体

《意大利共和国宪法》第 139 条规定："共和政体不得成为宪法修改之对象。"《法国宪法》第 89 条第 5 款也作了类似规定。

(2)国家的领土范围

如法国现行《宪法》第 89 条第 4 款规定："如果有损于领土完整，任何修改程序均不开始或者继续进行。"阿尔巴尼亚宪法也有类似规定。

(3)宪法的根本原则和基本精神

宪法所确立的国家根本制度、基本精神和根本原则不得成为宪法修改的对象。如《挪威宪法》第 112 条规定：宪法"修正案决不能同本宪法所包含的原则相抵触，只能在不改变宪法精神的前提下对某些具体条款进行修改"。其次，宪法的一些基本原则不得成为宪法修改的对象。如《联邦德国基本法》第 79 条第 3 款规定："对本基本法的修正案，不得影响联邦按州划分之原则，各州参与立法的原则或第 1 条和第 20 条规定的基本原则。"四项基本原则是我国的立国之本，宪法虽然没有明确规定不得修改，但很显然，四项基本原则是我国现行《宪法》存在的基础，四项基本原则发生变化，国家的性质也将发生变化，宪法的性质也将同时发生变化，因此，我国《宪法》修改机关在进行宪法修改时，四项基本原则不在宪法修改之列。

有的国家在宪法同一条文中对宪法修改的内容和时间同时作出限制。如《美国宪法》第 5 条规定："在 1808 年以前制定的修正案，不得以任何形式影响本宪法第 1 条第 9 款第 2 项和第 4 项。"1952 年《约旦宪法》第 126 条第 2 款规定："在摄政时期不得通过任何涉及国王及其继承人的权利的宪法修正案"。

二、宪法解释

(一)宪法介绍的概念

作为国家根本法，宪法是一个井然有序的规范体系，但是并非所有事项都巨细无遗的规定在宪法之中，更确切地说，宪法是一种由低密度规范所组成的框架秩序，宪法需要透过解释来确定含义。同时，有宪法不等于有宪政，宪法不仅仅是写在纸上的文字，制定宪法的目的是为了在实际生活中实施宪法、运用宪法，实现宪法规定的基本原则和内容；宪法解释是实施宪法的前提，也是发展宪法的重要方式，更是推动宪政建设的重要途径。所谓宪法解释，是指有权的宪法解释主体按照法定程序和法定方法，对宪法文本和结构所作的具有终局法律效力的理解、说明和分析。

由于宪法文本所具有的抽象性、开放性与广泛性的特点，几乎所有的宪法文本都需要通过宪法解释活动作出客观解释。探求宪法规范内涵的意义在于客观地认识宪法现象，在各种社会问题中寻求宪法价值。在理解宪法解释含义的过程中，我们需要进一步认识以下几个问题。

1. 认真看待宪法：从立法者迈向解释者

基于看待宪法的两种不同心态，存在两种不同类型的看待宪法的人，即"立法者"（legislator）和"阐释者"（interpreter）。所谓"立法者"是指对宪法持一种"变法"心态的解释者，他们对宪法的理解不是来自宪法文本和制宪历史，而是建立在社会理论、道德哲学的基础之上。因此，这种类型的解释者在讨论宪政问题时往往脱离现行宪法文本，而诉诸高于宪法的政治哲学、法律哲学、哲学、历史和社会学等抽象学说来理解宪法。所谓"阐释者"则认为宪法是一种万世法，立宪者不仅仅是为他们的时代而且是为其子孙后代造就一部宪法。因此，解释者应该依照宪法文本及其结构，运用法律解释方法，在宪法内部发展出新的政治秩序和政治权威。

面对宪法，我们是怀着变法的心态来自由地解释，还是运用宪法解释的技艺在宪法文本内部拓展宪法的空间？这是我们在学习宪法解释的时候首先必须面临的选择。我们认为任何一种关于宪法问题的讨论都必须围绕该宪法来展开，应该从"阐释者"的立场而不是"立法者"的立场来解释宪法。

2. 宪法解释的客体：宪法文本与结构

宪法解释的客体就是宪法解释者所要解释的对象，宪法解释的对象是宪法文本及其结构。宪法文本及其结构是宪法含义的承载者，宪法的意义可以通过对宪法文本及其结构的探究而获得。

（1）宪法既是法律文本，也是政治文本

首先，宪法是一种政治文本，即宪法是一种具有政治意蕴的国家根本法，它规定了国家的政治存在形式，是一国人民在创建国家时所作的根本性政治决断，如资本主义国家的自由共和制、社会主义的民主共和制。这就是卡尔·施米特说的"绝对意义的宪法"。其次，宪法也是一种法律文本，我们不仅应该将宪法理解为富有政治意味的抽象政治原则，而且还应当将之理解为公民和政治团体行动的规则。宪法和普通法律是一致的，它们都具有法律约束力。这就是施米特说的"相对意义的宪法"。所以，"宪法"作为"根本法"意味着我们要在作为政治质料之"根本"和作为政治形式之"法"之间建立相互支持的辩证关系。

（2）宪法结构

所谓宪法结构是指作为宪法典基本单元的宪法规范如何进行组合排列，形成具有内在的逻辑关系，对国家的根本问题给予全面规定的统一的书面文件。宪法典的结构包括形式结构和内容结构两个方面。其中形式结构是指宪法典的体例，也就是宪法典所涉内容被划分为多少层次及如何进行组合排列。内容结构是指宪法规范所调整的根本问题的类别及所采取的原则依其性质作出的合乎逻辑或一定原理的排列。根据上述对形式结构和内容结构的理解，宪法一般由以下几部分构成：序言、宪法的正文、宪法的附则。

3. 宪法解释与相关概念辨析

（1）宪法解释与法律解释

基于宪法区别一般法律的特质，宪法解释和普通法律的解释存在根本不同。

首先，与普通法律不同，宪法规范一般并不采用构成要件和法效果相结合的法条形式，而是具有模糊性、原则性和抽象性。因此，同对普通法律的解释相比，宪法文本的开放性赋予了宪法解释者更大的解释空间。从这个意义上看，宪法解释过程中解释者发挥其创造性的空间更大。

其次，与普通法律不同，宪法还是一种政治文本，它同国家政治共同体与社会的基本价值体系息息相关。与解释普通法律不同，宪法解释者不仅要运用法律解释的技艺来获得宪法的意义，而且还要富有卓越的政治智慧，"宪法解释绝不可死守法律解释的阵地，必须意识到自身的最后决定最后要回馈到政治世界，因此宪法解释在做出是非曲直的裁判之余，仍必须意识到宪法解释自身也是在作出一种政治判断或者政治决策"。

再次，与普通法律不同，宪法是位阶最高的法。在解释普通法律的过程中合宪性问题和体系问题是解释者必须要考虑到的。但是，在解释宪法的过程中，由于宪法在国法秩序中的至高性，在它之上不存在垂直规范，在它之旁也不存在平行规范。因此，宪法解释的基准就只能是宪法文本本身，在解释宪法之前，我们必须做如下假定：宪法的表述是经过立法者精心安排，详细推敲、反复讨论的结果，在其中每一个字，每一句话，每一个段落都有其意义。如此一来，宪法解释者必须字斟句酌、谦卑虔诚、小心翼翼地进入宪法文本，在其中探寻宪法的原旨。

(2)宪法解释与违宪审查、宪法适用

违宪审查，是指享有违宪审查权的特定主体根据宪法，依据一定的程序和方式，对立法机关制定的法律、行政机关制定的行政立法的合宪性所进行的审查。通过对各个国家违宪审查制度的考察，违宪审查的过程中，审查主体要结合宪法来判断立法行为和行政行为的合宪性，在此过程中必然要进行宪法解释。但是，违宪审查不是简单解释宪法的法律方法问题，它还涉及国家权力的制约和平衡的宪法学问题。我们只有置身于国家权力结构之中才能理解违宪审查的法理，由此才产生司法审查反民主的"反多数难题"。因此，违宪审查其实是分权制约平衡机制中的一个环节，而宪法解释则是开展违宪审查的具体途径。

所谓宪法适用是指在个案审理中，如果现行法源体系存在宪法漏洞，法官在司法审判中直接援引宪法条款的"司法判断"(judicial judgment)。宪法适用是司法过程中使用的司法技术问题。如果一国在立法上允许直接援引宪法审理个案，那么，在适用宪法的时候，宪法解释作为确定宪法适用大前提——宪法条文——含义的方法，是宪法适用的重要环节。

总之，违宪审查和宪法适用是以宪法解释为前提的，宪法解释是违宪审查和宪法适用的重要环节。

(二)宪法解释的原则、方法与程序

1.宪法解释的原则

为了更好地规范宪法解释，有权解释宪法的机关在解释宪法的时候必须遵循一定的解释原则。

(1)国家主权原则

国家主权就是指国家独立自主地处理自己内外事务的最高权力，它是国家最高权威的体现，它既是一个国内法的概念，也是一个国际法的概念。具体来说，在解释宪法过程中，当宪法争议涉及国家统一、政治秩序时，解释者应当将维护国家主权独立和完整作为解释的首要原则。正是基于这一原则，马歇尔大法官在麦卡洛克诉马里兰州案中，运用政治修辞与法律推理技术把联邦党人的政治主张变成美国宪法原则,以服务于其捍卫联邦主权、扩张联邦权力的政治主张。

"冷战"之后,历史并没有终结,世界政治依然处在多元的政治格局之中,民族国家之间实力的较量是政治国家生存的基本处境。在这种背景下,一国宪法解释机构在解释宪法问题上,应该有足够的政治意识和政治眼光,而不能单单屈从于法律解释的逻辑。2004 年 11 月 21 日,乌克兰总理亚努科维奇以 49.46% 的得票率当选,反对派总统候选人尤先科指责当局舞弊。12 月 1 日,在乌克兰政要以及俄罗斯、波兰、立陶宛、欧盟、欧安组织领导人参加的调解大选危机的第二轮"圆桌会议"上,尤先科和西方要求在两位候选人之间重新投票,亚努科维奇则主张另起炉灶,重新选举。12 月 3 日,亲美派的乌克兰最高法院裁定,11 月 21 日举行的投票结果无效,并确定 12 月 26 日重新进行总统选举第二轮投票,该裁决为终审判决,不得上诉。这场选举从表面上看是宪法争议,但从实质上看是美俄两国在乌克兰的角力,这关系到乌克兰的政治独立和主权完整。在这个时候,从维护国家主权原则出发,最高法院必须要作为政治机构而不是作为司法机构来思考问题。如果从国家主权原则和国家利益来考虑,乌克兰最高法院应当判决选举有效,这样可以维持国家的统一和政治秩序的稳定。如果判决选举结果无效,只能加剧政治分裂,甚至导致国家分裂。

(2)法治原则

在当代中国,1999 年 3 月 15 日第九届全国人大第二次会议通过修改宪法,增订《宪法》第 5 条第 1 款"中华人民共和国实行依法治国,建设社会主义法治国家"。至此,法治已经成为我国的基本治国方略。依法治国首先是依宪治国,在实际政治社会生活中只要能够实现我国《宪法》第 5 条的规定,就必然会达成社会主义法治国家。

具体来说,在解释宪法的过程遵循法治原则主要体现为:第一,严格遵守宪法的规定来行使宪法解释权。在我国宪法规定全国人大常委会是法定的宪法解释主体,全国人大常委会就应当履行宪法解释的职责。不过目前在我国全国人大常委会至今没有针对具体案件,以宪法解释的程序来作出宪法解释。第二,依照法治的形式要件来行使宪法解释权。从形式上看,法治的基本要求是明确性、公开性、普遍性、安定性、一贯性、不溯及既往。因此,宪法解释机关在解释宪法的时候也要符合上述要求:宪法解释应当具有明确性;宪法解释应当对外公布;宪法解释不能破坏法治秩序的安定性;宪法解释不能前后矛盾;等等。第三,根据法制统一原则来行使宪法解释权。法治原则还要求一个国家的法律体系的和谐——法律秩序。法律秩序并不是大量法律规范的简单集合,而是一个有秩序的体系。任何法律规范都不是独立存在的,它都是整个法律秩序中的一个有机组成部分。由于立法者的理性是有限的,因此从来都不存在完美和谐的法律体系,如此一来,构建完美和谐的法律体系是法律解释者的任务。因此,宪法解释主体在解释宪法的时候,应当置身于整个法律秩序来理解宪法的含义。第四,解释宪法还应当遵循一定的法律程序。程序是实现实体权利和公正结果的保障,程序本身也具有独立的价值,因此,正当程序是法治原则的内在要求。一个国家的有权宪法解释主体在行使解释宪法的职权时,也必须遵循法定程序原则。

(3)适应社会发展需要的原则

法律是凝固的智慧,宪法也是如此。在解释宪法的时候,解释者不能将目光局限在宪法条文本身,应当对时代的现实需求保持敏锐的直觉,如占主导地位的道德或政治理论、经济政策、社会治理的目标等,从而赋予宪法以新的生命力。在此,罗斯福新政时期的最高法院可以作为一个反面的例子。在罗斯福新政初期,秉持政府不能干预经济的古典自由主义观念的最高法院,分别在"热油案"和"病鸡案"中以法律并未规定明确授权标准,授权过于宽泛为由,分别判决相应授权无效,最高法院的这种保守态度严重阻挠了罗斯福上台以来为了解决美国 1929 年经济大萧条而推行的"新政"。

在宪法解释过程中对宪法条文决不能单单"机械地解释"和"绝对严格地解释",应该是考虑宪法的基本原理、宪法精神、时代背景和社会需求加以解释,否则无法解决新的社会性问题,无法满足社会对宪法的新的要求,最终将会失去宪法是"最具有生命力的文本"之意义。

(4)尊重和保障人权原则

在主权原则之外,人权原则是现代立宪国家的另一基本宪法原则。所谓人权,就其完整的意义而言,就是人人自由、平等地生存和发展的权利,或者说,就是人人基于生存和发展所必需的自由、平等权利。人权原则作为宪法原则的实质是使基本人权成为宪法的起点和归宿,成为判断宪法是否为"良宪"的重要标准。

在解释宪法的过程必须尊重和保障人权,这具体表现为:解释涉及人权内容的宪法条款的时候,采取宽松解释的态度。这是因为,人权作为一个内涵不断丰富和发展的体系,随着社会发展与进步,人权的内容不断扩展,而宪法文本是僵化的,这就需要解释者在解释人权内容时,必须采取从宽解释,以保护个人权利。例如关于平等权的解释,凡是背离平等保护条款的行为或者法律规范性文件,尽可能向公民个人倾斜,向人权保护倾斜。

2. 宪法解释的方法

如前所述,宪法是法,传统的文义、体系、历史和目的这四大法律解释的方法自然是宪法解释中确定宪法含义的方法;但是,宪法又是不同于普通法律的根本法,宪法解释还有其特有的方法。在下面的讨论中,我们从传统的法律解释方法和宪法解释的专用方法两个方面来介绍宪法解释的方法。

(1)传统的法律解释方法

第一,文义解释法。

所谓文义解释是指,对宪法条文的文字、词组、文法结构以及专门名词所进行的解释。宪法文本是宪法的载体,对宪法条文进行解释是寻求宪法意义的首要方法。进行文义解释的时候需要注意以下几点:第一,通常性。除法律明定术语(用语)外,解释法律应以平易通常的意义为主,因为法律是全社会构成分子所适用,自宜以人民大众所通常认知的意思为解释。第二,关联性。文义解释应当注意法律的全文文义,不能断章取义。第三,时代性。解释法律应适应社会生活的实际状况,而现代社会的生活和一般的知识,常因时代发展有所变迁。故解释法律条文时,应注意社会实际状况。

第二,历史解释法。

历史解释也被称为"沿革解释",乃是着眼于法律之制定及演进的一种释义方法,常见于宪法解释的运用。在宪法解释中,这里的历史是指,"制宪和修宪过程中的一切纪录、文件、如预备资料、草案、立法理由书、立法机关大会及审查委员会纪录。"历史解释是探寻制宪者原意的重要途径。当然,此种"立法原意",不必然宪法制定者在制定之时的立法本意,也不是他的个人本意,而应是代表某一时代社会的法律意识,当法令一经创立即属独立存在,而成为客观的社会规范和价值。

第三,体系解释法。

体系解释是指从宪法条文在宪法典中的位置,即它所在编、章、节、条、项以及该宪法条文与前后条文的关联,以确定它的意义、内容、适用范围的解释方法。当宪法条文出现漏洞或者空白的时候,可以运用该方法进行解释。体系解释的方法主要适用于确定国家机关之间的权力分工,如中央与地方关系,中央与特别行政区关系,行政机关与立法机关、司法机关之间的关系。

第四,目的解释法。

所谓目的解释是指,对宪法上的空白或者漏洞,依照宪法的精神和意图,参照宪法原则、宪法哲学或者就解释所将对社会造成之影响等实际利益,来探求宪法的含义。目的解释假设任何法律都有其立法的主要目的,条文仅仅是获得宪法含义的导向,探求条文背后的立法目的才是解释的源泉。在宪法解释中,目的解释比其他解释方法更少受制于宪法条文的文字本身,具有更大的自由。

(2)宪法解释的专用规则

第一,以宪法解释宪法。

由于宪法是主权的体现,是一国的最高规范,在解释宪法的时候应该以宪法本身的规定来诠释宪法,从而具有较高的说服力。这一方法要求:第一,宪法解释者要考虑宪法作为最高规范并有创建国家的功能;第二,解释宪法不需要借助其他的法律概念,宪法自身成为一个体系;第三,解释某一宪法条文应当避免它与其他宪法条文相冲突,从而维持宪法的整体性。

第二,合宪性解释。

所谓合宪性解释是指,当对一个条文有多种法律解释的结果的时候,选择符合宪法的法律解释。"法律条文经运用不同解释规则加以解释,如果所有的结论都认为与宪法不符,只好宣告其违宪。"合宪性解释其实是运用各种不同的解释规则,从获得的多数结论中,选择一种不违反宪法的结果作为宪法解释结果,在这一过程中,文义解释、目的解释、体系解释等解释方法都有所运用。合宪性解释的基本前提是:法律应当与宪法相符合以及法律体系内部应当和谐一致。

第三,利益衡量。

解释者运用比例原则来鉴别、评估和比较相互冲突的法益,从而确定宪法条款的含义。如言论自由和个人尊严之间,公共安全和个人隐私等宪法价值发生冲突的时候,就需要解释从宪法争议中识别上述利益,并平衡利益冲突。此种解释的方法在适用时候的步骤是:第一,识别宪法争议中的不同利益;第二,运用比例原则进行法益衡量,在衡量的时候需要注意的是,各方利益是有分量的,因此要尊重冲突各方的利益,重要利益优于次要利益,最小侵害原则。

3.宪法解释的程序

宪法解释程序植根于各国的宪法解释体制中,不同宪法体制决定了宪法解释程序的多样性。总体来看,宪法解释程序大致可以分为抽象型的解释程序与案件型的解释程序。

(1)抽象型的解释程序

抽象型宪法解释程序是指,由有权解释宪法的主体根据宪法,应有权主体的提议直接对立法机关的法律进行解释和审查的程序。抽象型宪法解释程序是一种书面程序。宪法解释由解释主体书面进行,在这一过程中没有当事人参与,更没有其他国家司法审查中的言辞辩论。尽管宪法审查过程中,"不排除非正式地口头交换意见的可能性,特别是通过电话方式或通过某些公务员听证的方式。但这些方式都无法形成正式的文件,更不能被作为法定方式而援引适用"。具体来说,抽象型的宪法解释程序大致包括解释的提起程序、受理程序、审议程序、公布和通过程序。

（2）案件型的解释程序

尽管美国和德国的宪法审查制度不同，前者是典型的司法审查，后者是欧陆型的宪法法院制度，但是它们都将宪法解释至于具体宪法争议中，宪法解释既是解决纠纷的手段，也是解释宪法的途径。与具体宪法纠纷相关的司法性是这类宪法解释程序的最明显特点。在案件型的宪法解释中，解释程序类似于司法程序，一些国家的宪法解释程序甚至直接准用普通司法程序。

（三）宪法解释的机关

1. 立法机关解释宪法的体制

立法机关解释宪法的体制，是指由国家的特定立法机关解释宪法的体制。该体制源于不成文宪法传统的英国。英国宪法的重要原则之一，是实行议会主权的原则，即议会享有至高无上的法律地位，法院无权质疑议会制定的法律。比利时、瑞士、泰国、厄瓜多尔等国也采用此制。社会主义国家基本上都采用这一模式。我国宪法解释的主体亦采用这一体制。

从人民主权原则的角度看，人民是国家的主人，人民是宪法的创制者，所以作为人民行使权力的代言人——立法机关——才有权对宪法的含义作出解释。因此，为了捍卫人民意志、意愿和利益，由立法机关行使宪法解释权具有天然的正当性。从这个意义上看，在我国由全国人大常委会行使宪法解释权是人民主权这一基本宪法原则的题中之义。

然而，由立法机关行使解释宪法的权力也存在实践上的难题。宪法解释的最主要目的在于行宪。宪法解释只有和具体个案中的宪法适用结合起来，才能够将宪法中的抽象政治原则和政治宣言转化为可以操作的法律规则，从而使宪法的政治原则深入到复杂现实处境中。众所周知，立法机关是不可能审理宪法案件的，其对宪法的解释往往是一种抽象解释，和个案中的宪法适用无关，这种解释难免会流于空泛。

2. 普通法院解释宪法的体制

普通法院解释宪法的体制，是指由国家设立的管辖普通的民事、行政和刑事案件的法院，承担宪法解释职责的宪法解释体制。在马伯里诉麦迪逊案中，美国确立了由普通法院解释宪法的制度。在美国，联邦最高法院作为普通法院的最终上诉审法院，承担最终的宪法解释的职责，并对其他机构产生拘束力，使得自己成为联邦宪法的最终解释者与保障人。

在这种解释体制中，法院在宪法解释中扮演着宪法有效含义决定者的角色。这种解释体制的优点在于：首先，相对于由其他的机关，法律是一种技艺理性，"解释法律乃是法院的正当与特有的职责"，普通法院具有解释宪法、裁判宪法案件的天然优势。其次，从分权原则的角度来看，由普通法院解释宪法是限制立法机关权力的一种途径，如果司法机关没有拒绝立法的权力，立法和司法合流，违反宪法的立法便畅通无阻，宪法对立法的限制荡然无存。最后，普通法院解释宪法是审慎民主的内在要求，"法官的学识和人格是比人民易被煽动的激情更可靠的维护宪法的力量。这里，人民就好像尤利西斯，明知自己不能抵挡赛壬的歌声，就事先把自己绑在司法机关这根桅杆上"。

但是，在民主政体中由非民选的法院来解释宪法不可避免地会遭遇"反多数的难题"。具体来说，在司法审查制度中，非民选的法官可以违宪为理由否决民选的国会或总统制定的任何法令，由于民选的国会和总统代表人民多数的意志，代表民主，而法官则代表宪法和法律，这就是典型的法治与民主的关系。这种关系从好的方面讲就是体现了审慎的民主,体现了法治和宪政对民主的平衡。从此种角度思考,我们有理由推断,主张审慎的保守派会特别辩护司法审查制度,因为它有助于缓和社会改革过分激进进而维持社会稳定,而主张推进民主的自由派则会比较挑战这个原则,因为法官不是民选的表明这个权力不是人民授予的,即不符合民主的原则,因此其正当性总是存在问题的。

3.特设机关解释宪法的体制

特设机关解释宪法的体制是指,由国家设立的一个独立的宪法法院或者宪法委员会,即不仅与审理普通民事案件和刑事案件的普通法院相独立,而且也与审理行政、劳动或者其他案件的专门法院体系相独立的机构,来负责处理宪法争议,承担宪法解释职责的宪法解释体制。1920年10月,第一部奥地利共和国宪法规定设立宪法法院,负责监督宪法实施,审判违宪案件。目前采用这一解释宪法体制的代表性国家有法国和德国。

由特设机关来解释宪法主要理由在于:宪法是国家的根本大法,解释宪法是国家最重要的权力,因而行使这一权力的机关应该居于普通机关之上,使其以超然地位解决在宪法上所发生的问题,以保障宪法的尊严。

4.我国宪法解释的主体

根据我国1982年宪法第67条第1项规定,全国人大常委会有权解释宪法,监督宪法的实施。根据这一规定,一方面,在我国解释宪法是全国人大常委会的一项基本职权。只有全国人大常委会才能对宪法进行终极性的、权威性的解释权力。另一方面,在我国解释宪法也是全国人大常委会的一项宪法义务,全国人大常委会既不能拒不履行宪法所强加的义务,也不能将宪法赋予的职权转让给其他的国家机构来代替履行。

不过,宪法规定全国人大常委会解释宪法,只意味着它具有对宪法的最终解释权,而不是排他的解释权。在实践中,人民法院、国务院、全国人大常委会法制工作委员会以及其他国家机关在行使职权过程中也不可避免涉及宪法解释。如1988年最高人民法院在天津市塘沽区人民法院的一起工伤损害赔偿案件中,通过司法解释的方式对我国宪法中的劳动权进行了解释;国务院对宪法解释的案例,可以1983年11月19日国务院发布的《关于制止买卖、租赁土地的通知》予以印证。当然,全国人大常委会的最终解释权表现在对最高法院和其他机关适用宪法和解释宪法的最后监督权,如果它们对宪法的解释不合宪法原意,全国人大常委会有权撤销和纠正。

第三节　宪法实施与保障

一、宪法实施

(一)宪法实施的概念与意义

法律是调整与规范人们行为的社会规则。法律制定出来以后,它的生命力就在于得到人们的执行与遵守。宪法是法律的一个重要组成部分,当然也不例外。不过,需要说明的是,"宪法是法"的观念并不是一开始就自然被人们所接受。自近代意义的宪法产生以来,在相当长的一段时间内,宪法都被视为政治宣言和纲领,表达和反映的是人们的政治信念和政治追求,很少有人把宪法作为法律来对待。即使马歇尔首席法官将美国宪法运用于著名的马伯里诉麦迪逊案件之后,在欧洲大陆法系国家,宪法是法的观念和宪法的适用问题也尚未提出。只是在进入 20 世纪以后,美国的司法审查制度在欧洲大陆得到广泛的传播之后,宪法是法、并且是高级法的观念才日益深入人心。

宪法的实施,是指宪法规范在整个国家现实生活中的具体贯彻和落实,即将宪法文字上的抽象的权利义务关系转化为现实生活中明确的、具体的权利义务关系,并进而将宪法规范指导具体社会关系中所有人的行为。国内学者关于宪法的实施问题,还有不同的理解,主要有以下几种观点:比如,有学者称其为宪法适用,认为它是指国家有权机关依照法定的方式和程序,从宪法规范的特点出发使其贯彻落实并发挥作用的专门活动①;有的学者称其为宪法运行,说它是用宪法的规范作为衡量的标准与尺度,去判断某个行为或某种社会关系的是非曲直,给违法者以惩处或者纠正。进一步说,如果宪法发挥了作用,也就是宪法得到了运行(实施),在生活中变成了现实:政府依照宪法而组成,公民权利得到了宪法的保障;还有的学者认为,它是指宪法规范在现实生活中的贯彻、落实。② 我们基本上同意第三种说法,它是把法律实施的内核贯彻到现实生活中去,宪法一经制定颁布以后,它就调整特定的社会关系,并发挥宪法的重要规范作用。一部法律制定颁布后,它的目的主要有两个:

(1)它希望一切国家机关、社会组织和公民个人严格依照法的规定从事各项行为,遵守法律,宪法更不应该也不能例外。宪法的遵守即指一切国家机关、社会组织和公民个人严格依照宪法的规定从事各项行为。宪法遵守是宪法执行的最基本的要求,也是宪法执行最基本的方式,宪法遵守应包含两层含义:一是享有宪法规定的权利,二是履行宪法规定的义务。遵守宪法不能像日常生活中人们所认为的那样只履行义务,其实宪法还规定了公民享有许多权利,享受权利也是遵守宪法的一个重要组成部分。权利和义务是对孪生姊妹,因此讲到遵守宪法应该包含享受权利和履行义务两个方面。

(2)当法律在运行过程中,需要国家机关对法律实现所进行的有目的的干预。宪法也是如此,即宪法的适用。宪法适用通常包括两个方面:一方面是国家立法机关和行政机关对宪法实现的干预。实施宪法,不仅要求这些机关依宪法设立,要求依照程序、职权范围行使其职权,而且更重要的是要求这些机关通过追究宪法责任等途径,确保宪法的禁止性规定和设定的义务能够得到落实;另一方面则指国家司法活动中对宪法运行的干预,虽然目前我国法院一般不直接引用宪法条文作为判决的依据,但理论界一致认为,由于宪法与其他部门法一样具有一般的法律属性,因此宪法也应该有司法适用性。世界上许多国家的宪政实践表明,宪法的司法适用性是现代宪政国家完整司法制度的重要组成部分;宪法适用不仅是实施宪法的重要方面,而且是立宪国家加强宪政建设,树立宪法权威的重要内容。随着我国依法治国的推进,宪法的立法技术的提高与可适用性增强,宪法诉讼也必然走进我们的现实生活,这应该是我国宪政发展的大势所趋。

宪法实施就是宪法在实际生活中适用,真实地发挥作用。如果宪法得不到实施,那么宪法写得再好,也是一纸空文。我们有过这方面的历史教训,当年刘少奇同志身为国家主席,竟不经任

---

① 董和平,韩大元,李树忠.宪法学.北京:法律出版社,2000,第 143 页

② 周叶中.宪法学.北京:北京大学出版社,高等教育出版社,2000,第 349 页

何法律程序受迫害致死。他在被迫害时手里还举着宪法，可是宪法已经没有作用了。所以党的十一届六中全会的决议指出，必须"完善国家的宪法和法律并使之成为任何人都必须严格遵守的不可侵犯的力量"。1999年"依法治国，建设社会主义法治国家"的治国方略被写入宪法修正案。依法治国的根本是依宪治国，依法办事首先应当依宪办事，树立法律的权威首先要树立宪法的权威。道理很简单，因为宪法是根本法，忽视宪法就无疑是丢掉了立国的根本，法律的作用和权威也不可能得到发挥与张扬。

（二）宪法实施的条件

按照哲学上的理解，条件是指制衡事物存在和发展的各种内部和外在因素。而宪法实施的条件是指制衡宪法能否从书面宪法转化为现实宪法的实施过程中的各种内外因素，当一部宪法已经被制定出来以后，制衡的主要是外部的社会因素，同时也离不开宪法的自身条件。

1. 宪法实施的外部条件

外部条件即外部社会环境，宪法实施的外部条件是指宪法实施的外部社会环境。由于宪法实施都是在一定社会范围内进行的，从根本上讲，它要以社会为基础，因而，宪法实施离不开它所赖以存在的社会条件。如果社会现实中不具备宪法实施的条件，那么不仅不可能产生科学的宪法，而且即使因政治需要而制定出一部宪法，也可能只是一种摆设而得不到实施。如果社会现实中具备宪法实施的一定条件，但由于立宪者不能正确地反映和利用这些条件，那么宪法实施的状况也会大打折扣。因此，需要我们从理论上研究宪法实施所应具备的外部条件，并尽可能地去努力创造这些条件。宪法实施条件主要包括政治条件、经济条件和思想意识条件三个方面的内容：

（1）政治条件

政治条件包括政治基础条件，也包括政治形式条件。民主政治是宪法实施的政治基础条件。宪法与政治总是紧密相连的，而民主则是联系宪法与政治的媒介、桥梁，民主政治发展的水平不仅对宪法的制定起着决定性的作用，而且对宪法实施也具有极大的影响。因此，可以说一国政治的民主化程度决定着宪法质量的高低，也决定着宪法实施的程度。加强民主政治建设的过程，也就是贯彻落实宪法的过程。宪法实施还必须有政治形式条件的支撑，只有具备稳定的政治环境，保持稳定的政治局面，才能有效地实施宪法，世界各国宪政实践正反两方面的经验和教训都证明了这一点。

（2）经济条件

经济是上层建筑的基础，宪法实施也属于上层建筑的一部分，故宪法实施得有一定的物质基础。商品经济的普遍发展是宪法产生的根本原因，没有商品经济的普遍发展，也就不存在对最高行为规范的需求，因而也就更谈不上有效地实施宪法。从这层意义来说，商品经济的发展程度，也一定程度地决定着宪法实施的程度。我国经济快速、持续、稳定的发展，为我国宪法的实施从经济方面提供了动力和保障。

（3）思想意识条件

思想是行为的先导。所谓宪法实施的思想意识条件，主要即指人们对宪法的认识状况对宪法实施的制约与影响。具体表现在：首先，制定科学的宪法离不开科学的宪法意识作指导，科学的宪法规范是宪法得以有效实施的前提。其次，任何宪法在颁布以后在实施过程中，社会客观条件和社会关系是随着社会实际生活的变化而发展的。但这些变化只有在人们的意识中得到反映,才能最终落实到具体的宪法规范之中。再者,如前所述,宪法实施通常有两条途径:一是宪法的适用;二是宪法的遵守。由于宪法规范具有纲领性、原则性、概括性,因而在宪法的适用和遵守中,宪法意识的指导作用显得较为突出。

2. 宪法实施的自身条件

宪法实施的外部条件具备以后,只是为宪法的有效实施提供了可能性。按照哲学上的原理,内因是变化的根据,外因是变化的条件。这条原理在宪法实施上也同样适用。一个国家在一定的历史时期能否利用这些条件,将宪法的实施从可能变为现实,关键还在于宪法实施的自身条件。一个国家宪法实施的自身条件主要包括宪法本身是否科学和宪法本身是否规定了完善的实施机制等方面,只有这些宪法实施的自身条件与外部条件同时具备以后,宪法在社会生活中才能得到真正的实施。

(三)宪法实施的主要特点

宪法作为法律的一种,毫无疑问具有普通法律所具有的一些特点。因此,宪法的实施与普通法律的实施也存在许多共同点。然而,宪法毕竟是国家根本法,在一国的法律体系中具有根本的地位和最高法律效力。宪法在内容和规范等方面表现出来的这种特殊性,使得宪法的实施又具有不同于普通法律实施的特点。这种不同特点,概括起来,主要表现在以下几方面。

1. 宪法实施范围与主体的广泛性

宪法是调整国家最基本社会关系的根本大法,与普通法律只调整国家生活中的一个或者几个方面不同,宪法调整的范围涉及国家政治、经济、文化及社会生活的各个方面,即国家与社会生活各个领域的活动都必须遵循宪法的规定,都存在着宪法实施的问题。因此,宪法实施范围的广泛程度是普通法律所不能比拟的,换言之,就是宪法实施的范围具有广泛性。从宪法实施的主体来看,宪法实施囊括所有的社会主体,所有的社会主体的行为涉及宪法的实施,宪法的实施也只有通过所有的社会主体的行为才能实现。因此,宪法实施的主体具有广泛性和多样性。在我国,实施宪法是一切国家机关、社会组织和公民的责任,一切国家机关、社会组织和公民都是宪法实施的主体。我国 1982 年《宪法》在序言中明确规定:"全国各族人民,一切国家机关和武装力量、各政党和各社会团体、各企业事业组织,都必须以宪法为根本的活动准则,并且负有维护宪法尊严、保证宪法实施的职责。"由此可见,我国宪法实施的范围与主体具有广泛性的特征。

2. 宪法实施的多层级性

所谓宪法实施的多层级性,是指宪法在实施过程中往往要经过许多中间环节,逐级落实以达到立宪目的的最终实现。宪法实施的这种层级性是由宪法的原则性和根本性所决定的。宪法作为国家的根本大法,一般只规定国家和社会生活最根本的原则,这种原则性的规定,往往由普通法律加以具体化;而普通法律的规定有时还需要次级的法规、规章再进一步具体化。只有等具有可操作性的规范产生后,宪法的规定才可能变成现实的力量。实际上,宪法实施的这种多层级性,也就是宪法实施的间接性。综观世界各国宪法,我们可以发现,能够直接实施的宪法规范非常少,绝大多数宪法规范都需要通过许多中间环节予以间接的实施。这就是宪法实施的多层级性。

3.宪法实施的原则性

由于宪法调整的社会关系十分广泛,因而在具体内容规定过程中,只能是调整社会关系的一般原则。因此宪法的实施过程,也就表现为宪法规范从宏观上、主体上对所调整的社会关系进行原则性指导的过程。这种原则性指导主要表现在两个方面:一是宪法确定的是社会关系主体行为的基本方向和原则标准,一般不涉及人们行为的具体模式;二是宪法在实施过程中,对人们的行为后果往往只是从总体上作出肯定或者否定的评价,从而为普通法律对人们的行为进行具体评价和追究法律责任提供基础和依据。宪法实施的原则性决定了宪法实施与普通法律实施之间的相互关系:宪法实施是普通法律实施的基础,普通法律实施是宪法实施的具体化。

4.宪法实施的持续性

所谓宪法实施的持续性,是指宪法一经制定颁布,其实施便成为国家政治生活中的日常事项,不可须臾中断。这也是由宪法的性质决定的。宪法作为国家的根本大法,调整着一个国家和社会生活的各个方面,维系着国家和社会正常的基本秩序。因此,宪法的实施关乎国家的存续和社会的安定。宪法的废弃往往是国家和社会发生重大变革的标志。我国 1954 年宪法制定以后很快被废置,从而导致国家政治、经济和文化生活都处于一种混乱的状态,造成此后"文化大革命"那样大的灾难,都是与宪法没有持续实施有很大关系。因此,在国家和社会没有发生变革的情况下,持续地实施宪法与维护正常的宪政秩序,其实质就是保障国家的安定,维护社会的根本制度和基本价值。

5.宪法实施方式的多样性

由宪法实施的原则性和广泛性的特点所决定,宪法实施的方式远比普通法律复杂多样,因此,它的实施方式具有多样性的特点。不同性质和内容的宪法规范,在社会实践中要求人们采取不同的实施方式;而所有宪法规范的实施方式又呈现出多样性的特色。如有的宪法规范可以直接实施,而绝大多数宪法规范却需要进行间接的实施;有的宪法规范要求主体以具体的行为去实施,而有的宪法规范则要求由特定主体以法律等规范性文件去实施;有的宪法规范用单一的方式即可实施,而更多的宪法规范则需要运用多种方式去实施。这些就使得宪法实施的方式表现出多样性的特征。

6.宪法实施的保障性

所谓宪法实施的保障性,是指宪法的实施客观上需要专门的监督制度来保障;离开宪法实施保障制度的有效运作,宪法的实施往往就会成为一句空话。如前所述,宪法实施具有广泛性、原则性、多层级性与持续性等特点,这在客观上导致宪法实施具有离散性缺陷。宪法实施的离散性缺陷如果不能得到有效的克服,则宪法极可能成为一种大而无用的政治宣言或道义准则,而不能在国家与社会生活中切实地发挥其功能。历史经验表明,克服这种宪法实施离散性缺陷的最佳方式,就是建立相应的宪法实施保障制度。宪法实施保障制度的有效运作具有三项基本功能,即实现宪法实施标准的具体化、违宪行为认定的客观化和违宪制裁的法定化。这样一来,宪法的实施才会有制度上的保证。

（四）宪法实施与宪法实现的关系

宪法实现即宪法规范和宪法价值的落实，是指宪法的规范要求转化为宪法主体的行为，从而形成现实宪法关系的状态。宪法实现表现为宪法作用于社会的过程。不同性质的宪法在不同的社会中，其实现过程并不完全相同，所形成的宪法体制也不相同，形成现实宪法关系的状态也不同。总体来说，宪法的实现在不同的社会或国家中，都应当体现两个统一：一是程序上的依法实施与实体内容上的互相统一，程序上的规定是为了实现实体内容，实体内容也只有依赖程序规定才能够得以实现；二是宪法规范的实现与宪法应然精神和价值的实现相统一。宪法规范包含了宪法应然精神和价值，而不仅仅是宪法实然的精神与价值，只有实然与应然都实现了才叫做宪法的实现。由此我们可以明确宪法实现包括三层内涵：第一，宪法规范程序上的实施，包括宪法规范实施的主体、实施行为、实施方式和方法及实施程序；第二，宪法实体内容的实现，主要体现为宪法所规定的权利和义务在通过一定的程序转化为现实，并要求立宪的要求转化为具体的宪法法律关系和宪法秩序；第三，宪法体现的应然精神和价值得到实现。前面两层是宪法的实然，只有实然得到了实现，才有可能使宪法的应然得到实现。如果按照上述三个层次的内涵按以上顺序予以连接，那么宪法实现的完整过程可以分为三个不同的阶段，或者是三个系统，即宪法的规范—宪法的实施系统—宪法实现的结果系统。

综上所述，我们可以看出，宪法实施与宪法实现存在着极为密切的联系，即"宪法规范—宪法实施—宪法实现"，宪法实施实际上是宪法实现的中心和主体部分，同时它们二者之间也存在着明显的区别。具体说来，宪法实施和宪法实现的区别表现为：第一，宪法实现比宪法实施的含义更为广泛。顾名思义，宪法实施是一种实际的活动过程，宪法实现则不仅包括这一过程，而且还包含这一活动所产生的结果。第二，宪法实施主要着重于宪法的执行适用及遵守，而宪法实现则不仅强调宪法的执行、适用及遵守，而且还特别强调宪法的监督和保障。第三，宪法的实施既可能产生正面作用，也可能产生负面作用，而宪法的实现则肯定只能是正面作用，否则不能称之为实现。第四，宪法实施是过程、是手段，宪法实现是目的、是结果。没有宪法的实施就不可能有宪法的实现，宪法实施是宪法实现的前提。同理，没有宪法的实现，宪法的实施则丧失了实际意义，宪法实现是宪法实施的目的所在。[①]

二、宪法保障

宪法保障就是所有能够使宪法实施过程顺利进行、各类主体严守宪法、并使宪法规范落实实现的制度的总称。作为一种理论体系，宪法保障应该包括违宪审查制度、宪法监督制度、宪法诉讼制度和宪法意识。违宪审查制度是国家专门机关就特定法规或行为是否违宪进行裁判并依法进行违宪制裁的专门活动，而宪法监督则是更为广泛的宪法实施和守宪监督。前者的目标是制裁具体违宪立法和行为，后者的目标则是督促形成一个人按照宪法办事的社会氛围，同时，后者还可以为前者发现线索，并形成强有力的法律和道义支持。宪法诉讼制度是宪法实施的司法保障，它既是宪法违宪审查制度的深化和有效化，又是宪法监督的司法救济形式，应该说，是与违宪审查和宪法监督连为一体，共同作用的。宪法意识是宪法实施的思想保障，是宪政运行和宪政实

---

① 周叶中.宪法学.北京：北京大学出版社，高等教育出版社，2004，第 351 页

现的思想和社会基础,为宪法实施和宪法保障的其他形式提供合理性基础和内在动力。四者密切联系,相互作用,优势互补,共同保障宪法的实施。

(一)违宪审查

1.违宪审查的起源

关于违宪审查的起源有多种说法。[①] 有的人认为这种制度根源于自然法学派的观点,17世纪英国王座法庭首席法官科克(Edward Coke)关于普通法和大宪章高于制定法的观点是违宪审查制度的理论来源,而英国枢密院对其殖民地立法的监督制度则是这一制度的先例。还有人认为,1799年法国宪法确定的"护法元老院"拥有撤销违宪的法律和命令的权力,应该是最规范的违宪审查的起源,但由于这一机构无论对本国还是对外国影响都不大,所以常为人们所忽略。现在被中外学术界普遍接受的说法是,近代的违宪审查制度起源于美国。

在美国,违宪审查制度并非由美国宪法明确规定,虽然这一问题曾在立宪时有过激烈争论,但由于制宪会议成员间分歧太大,结果并未在宪法中形成具体规定。美国的违宪审查是以法院拥有的宪法解释权为其理论依据和实践基础的,也是由法院以宪法解释的方式裁判违宪立法而开创先例并形成为具有约束力的宪法惯例。这也正是在美国和其他任何国家,宪法解释权和违宪审查权都由同一个机关行使的渊源所在。

美国的违宪审查制度起源于18世纪后期和19世纪初的法院判例。1780年,美国新泽西州法院在审理"霍姆斯诉沃尔顿"一案中,宣布该案所涉及的1788年通过的一项法律违反了新泽西州宪法,从而开创了州法院审查州立法是否符合州宪法的先例。1803年美国联邦法院对"马伯里诉麦迪逊"一案的审理判决,开创了联邦最高法院审查国会立法是否符合联邦宪法的宪法惯例。1800年是美国的大选之年,结果在任总统联邦党人约翰·亚当斯落选,而民主党候选人托马斯·杰佛逊当选。行将离任的亚当斯为了使以后联邦党人长期控制司法机关,采取紧急措施,在新总统上任前,先是任命他的国务卿约翰·马歇尔为联邦最高法院首席法官,后又提名委任成倍增加联邦法官人数,并授权在哥伦比亚地区任命42名治安法官。这些全属联邦党人的法官人选在1801年3月3日晚经参议院连夜批准后,由亚当斯总统连夜颁发由他签署、国务卿马歇尔盖印的委任状予以任命,由于次日新总统即上任,因而许多委任状还来不及送出就被新国务卿麦迪逊扣发。马伯里就是被任命为治安法官而又未拿到委任状的人当中的一个,为此他状告麦迪逊,要求最高法院依据1789年的《司法条例》的规定,向执行部门发布执行命令,发还委任状。由于这时党派政治力量对比关系已经发生彻底变化,民主党人控制了国会,新总统和国务卿麦迪逊并不承认最高法院有权发布执行命令的权威,遂使最高法院处于两难地位。1803年,最高法院运用违宪审查手段摆脱了困境。首席法官马歇尔在他起草的全体最高法院法官一致同意的判决书中,先是承认马伯里被任命为法官是合法的,是有权得到委任状的,而总统和国务卿不予颁发是没有理由的,马伯里的正当权利由此而遭到侵犯,因而有权得到补偿;但随后又说,最高法院不能颁发这样的执行命令,因为它超出了宪法第3条关于最高法院司法管辖权的规定,据此,宣布1789年《司法条例》是同宪法相违背的;在判决的最后,他就联邦国会立法权的界限、宪法的最高法律地位、法院何以有审查法律的权力等问题做了长篇论证,明确宣称"违宪的法律不是法律"、

"阐明法律的意义是法院的职权"。从此,便确立了最高法院解释宪法、裁决违宪的权力,美国的违宪审查制度由此形成。受美国违宪审查制度的影响,欧美和世界上的其他一些国家群起效仿,违宪审查制度遂得普及。

2. 违宪审查的概念

违宪审查,是指拥有司宪权的国家机关依照法定的程序,审查和裁决一切法律、法规、命令和处分是否符合宪法,并对违宪行为予以制裁的制度。在整个宪法实施保障体系中,违宪审查是最有效最权威的一种保障措施,这不仅是因为违宪审查是一种国家有权机关的行为,更重要的是因为违宪审查机关拥有法定的违宪裁决权和违宪制裁权,这种直接的处分权是宪法监督机关所没有的,这就决定了违宪审查相对于宪法监督的有效性。

违宪审查从其设计本意来讲是针对违宪行为进行的,是防范和制裁违宪行为的。当然,违宪行为既包括宪法实施中的违宪行为,也包括宪法遵守中的违宪行为,只要含有违宪因素而不属于其他法律直接制裁范畴的事项都应属于违宪事件而列入违宪审查的范围。当然,在违宪审查后,有些违宪主体不但要承担违宪责任,还要承担其他类型的法律责任,如刑事责任、民事责任、行政责任等,后者就属于一般的司法问题而不属于司宪问题了。可见,违宪审查包括违宪判定和违宪制裁两个最基本的环节,它以违宪判定为出发点,最终归结为违宪制裁。当然,经过违宪判定后,也有合宪与违宪两种情况,合宪的行为当然不存在违宪制裁问题。

违宪审查与司法审查是有区别的,前者的面较大,后者的范畴较窄。违宪审查可以由不同的机关来进行,实践中包括立法机关审查、普通法院审查和专设的宪法法院或宪法委员会审查。第一种审查是依普通立法程序或议会工作程序进行,后两种通常是通过司法程序来行使违宪审查权的,因而,人们将普通法院和专设司宪机构的违宪审查通称为司法审查制度。不可将二者相等同。

3. 违宪审查的体制

违宪审查体制,就是指违宪审查的权限的归属。世界各国的违宪审查有三种体制。

（1）立法机关审查制

立法机关审查制,就是由国家立法机关或权力机关行使违宪审查权力、保障宪法实施的制度。这种制度的理论基础是"议会至上"和"国家一切权力属于人民"原则。按照这种理论,议会由人民选举代表所组成,代表人民行使国家主权,其中立法权是主权的一个最重要表现。既然立法权属于议会,议会在国家机构体系中居于最高地位,可以制定规范适用于国家生活和社会生活,那么议会即立法机关,就应当有监督和保障宪法实施的权力,违宪审查就必然属于议会的职权范围。实行这种体制的国家主要是社会主义国家,也有一些奉行"议会至上"原则的资本主义国家。从理论上讲,立法机关审查制有利于人民意志的统一贯彻,有利于集思广益保障违宪审查的公正性和准确性,也有利于保障违宪审查的权威性和有效性。在宪政实践中,这种体制有利有弊。其不足主要表现在两个方面:一方面是,立法机关事务繁多,精力有限,不利于违宪审查的专门化进行,导致审查不力或无人过问;另一方面是,立法机关审查的结果常常不具有司法强制力,因而效力有限。

（2）司法机关审查制

司法机关审查制,就是由国家最高法院（有的国家的地方法院也有此权）行使违宪审查权力、保障宪法实施的制度。这种制度导源于美国 1803 年"马伯里诉麦迪逊"一案的判例,其理论基础是"权力分立"原则。按照这种理论,国家权力由立法权、行政权和司法权三部分构成,分别由不同的国家机关来行使,相互制约与平衡。宪法在实施中出现问题,理应属于司法权管辖的范围,因而违宪审查权力应当由国家司法机关来行使。就其实践情况来看,司法机关审查主要是通过审理具体诉讼案件来审查相关法律和行为是否违宪,采用"不告不理原则",最后形成的判例具有普遍约束力。司法机关审查制也是有利有弊。其优点在于避免了前述立法机关审查制的不足,使违宪审查有力有效。其缺点在于:第一,容易形成法官专横;第二,司法机关本来是依照宪法规定而设立,却反过来判定宪法的立法原意也于理不合;第三,司法机关审查在国家宪政总体运行中,似乎缺少应有的政治权威性。目前,实行司法机关审查制的国家除美国外,还有日本、加拿大、澳大利亚等。英国对立法的合宪性采用的是立法机关审查制,但对行为的合宪性采用司法机关审查制,由高等法院(王座法庭)审查行政行为、命令和下级法院的判决是否违宪,不包括议会立法。

(3)专门机构审查制

专门机构审查制,就是由专设的宪法法院或宪法委员会依法行使违宪审查权、保障宪法实施的制度。这种体制的理论基础仍然是"权力分立"原则,认为宪法监督和违宪审查属于司法权的范畴,但同时认为普通的立法机关存在着前述不合理性和缺少权威性之不足,而设立了宪法法院以后,就能够在保留司法机关审查制优点的基础上弥补其缺陷。宪法法院审查制的优点在于:第一,专职性。它是专职的司宪机关,不审理普通的刑民案件,能够保证违宪审查的专职有效。第二,有效性。其判决具有司法效力。第三,审查形式多样性。既可以是抽象性专门审查法规合宪性,也可以是具体性个案审查,还具有弹劾性审查权,也可以受理公民个人的宪法控诉。第四,权威性。宪法法院的法官一般均由高级法官或资深的政府官员、律师、学者担任,任用程序严格,且宪法法院在国家政治生活中地位较普通司法机关要高,因而,宪法法院的违宪审查具有相当权威性。宪法法院审查制的不足之处在于,在一些政治动荡、各派政治力量斗争激烈的国家,宪法法院往往或者为个别党派所利用,或者成为与宪法体制中心不同的另一政治中心,这对政局稳定是一个不利因素。目前世界上实行宪法法院审查制的国家有三十多个,如德国、意大利、奥地利等,法国设立宪法委员会行使违宪审查权。

值得指出的是,上述三种违宪审查体制不是绝对的。正由于如前所述各种违宪审查体制都是有利有弊,因而各国违宪审查实践中以一种体制为主兼采其他体制优点、各种体制相互结合渗透的情况越来越多。比如,瑞士、英国采用立法机关审查制和司法机关审查制相结合的审查方式;而摩洛哥则设立最高法院宪法法庭执行违宪审查职能,似乎体现着司法机关审查制与专门机构审查制的双重优势;在前社会主义国家南斯拉夫、波兰等国则是将宪法法院审查制与立法机关审查制相结合,因为它们的宪法法院隶属于议会,其裁决要交主管议会部门适当处理,不享有制衡和罢免权,坚持民主集中制原则等。这种从本国宪政需要和国情出发形成违宪审查的混合格局应该说是一种普遍存在的现象,尤其以宪法法院审查为主的混合审查更是一种趋势。违宪审查体制作为一种保障宪法实施的形式,是为宪法实施的客观需要服务的,各国完全可以根据需要使各种体制相互结合、渗透和补充。

4.违宪审查的对象

违宪审查的对象是宪政实践中的立法和行为,一般不涉及国家政治、军事、外交等大政方针问题。具体地讲,主要包括两大类。

（1）审查立法的合宪性

宪法实施的最主要的方式就是通过普通立法形成一个法制网络,这一法制网络的构建必须以宪法为立法原则,不得与宪法的规定相抵触,以保证宪法原则和宪法规范的统一贯彻。如果法制网络的立法本身都有违宪曲解的成分,宪法就永远不可能得到有效的准确实施。所以,违宪审查首先要以立法的合宪性作为审查对象。审查立法的合宪性,既包括国家立法机关制定的法律和规范性决定是否合宪,也包括其他经立法机关授权的国家机关制定的保障性或实施性的规范性文件是否合宪。从审查立法合宪性的步骤来看,首先是立法原则审查,以确认其立法原则的设定是否体现宪法要求,是否是宪法规定在本行业本地区实践中的具体化,是否体现了实施宪政和维持宪政秩序的立法目的;其次是法律内容审查,以发现具体法律规范中是否有与其立法原则、立法目的不相符合的情况,是否有直接违背宪法规定和宪法原则要求的情况存在;再次是结合该立法实施的社会反映对其宪政效益进行评估,确定其是否是负效益;最后是综合判定,得出是否违宪的结论。如果是违宪的,则要明确违宪制裁措施和违宪处分。

（2）审查行为的合宪性

这实际上是对守宪过程中各类主体的政治或社会行为进行宪政审查和评价。宪法是国家生活和社会生活的总章程,是民主政治秩序构建的基本框架,无论是宪法立法也好,还是宪法实施,都是为了使大家守宪遵宪,按照宪法的规定和精神办事,最终实现宪政秩序,因此,对于各类主体的行为是否合宪进行审查是违宪审查的又一项基本内容。

行为的合宪性审查有三种:一是国家机关行为的合宪性审查,这是最主要的审查对象。因为国家机关是行使国家权力的职能部门,宪法有关国家权力民主化行使和保障公民民主权利的规定都要通过国家机关及其工作人员的能动活动来最终完成,因而其行为的合宪性要求至关重要,直接关乎宪政秩序的形成和巩固。同时,国家权力本身是具有强制性的,如果运作不当,超出法定界限,违反了宪法民主原则,就有可能给宪政秩序和公民民主权利造成极大的损害,故而一定要将国家机关及其工作人员的行为约束到宪法和法律的范围以内,发现违宪要严厉制裁;二是执政党行为的合宪性审查,这是违宪审查的重点。无论在资本主义国家还是在社会主义国家,执政党都是直接参与国家重大决策并组织决策执行的主要力量,其行为本身是不是合乎宪法规定和要求是决定国家政权合宪性运转的前提。同时,执政党的行为给其他政治力量和公民的行为提供了榜样和表率,如果执政党行为首先违宪便会造成极其恶劣的政治社会影响,宪政的存在就是一句空话。特别是在当今世界各国,关于执政党行为的法律规范极少极少,一般只是靠宪法惯例来大致约束,在有的国家甚至根本没有约束,这是民主宪政过程之大不幸。因而,必须通过违宪审查来对执政党的行为进行合宪性判定,对其违宪行为进行制裁,这在没有执政党专门立法的国家尤为重要;三是其他社会活动的合宪性审查,包括选举诉讼、民族关系、宗教活动等行为是否合宪的审查,以期将所有国家行为和社会行为都纳入宪法规范的约束之内。

至于公民的行为是否属于合宪性审查的范围,这要分析具体情况来确定。笔者认为,从总体上来讲,公民的个人行为不属违宪审查的范畴,仅仅属于一般法律调整的范围。因为公民的个人行为已经被置于各种普通法律构成的秩序网络之中,只要他有违宪的情况发生必然都先已触及了具体的法律,并受到这一特定普通法律规范的制裁,宪法的原则性要求就已经体现其中了;加之公民的个人行为政治性因素较少,政治影响较小,也不足以对整个民主宪政秩序造成危害,因而,公民的个人行为不是违宪审查的对象。但是,如果公民担任国家和社会重要领导职务,其职务行为若对宪政秩序有重大影响,则应该属于违宪审查的对象范围。例如,意大利宪法法院就审理"根据宪法规范对共和国总统和各部部长所提出的控告案件"。

（3）审查裁决国家机关之间的权限纠纷

规范国家机关的职能、职权和相互关系,是宪法的传统立法范围。由于宪法规范的原则性,在具体宪政实践中往往就会发生国家机关之间、中央和地方之间、国家机关与社会团体之间的权限争执或对特定事项的管辖纠纷,这当然属于违宪裁决的范围。因为对这些纠纷的断定和处分,必然包含着对宪法立法原意的解释和对宪法规范的合理推断,包含着对争执双方所持理由的宪法性权威裁定,只能通过违宪审查来解决。至于为什么不将其归于宪法解释的范畴,理由很简单,那就是宪法解释只负责说明宪法含义,而没有裁定具体事项是否合宪并直接处分的职能。

5.违宪审查的方式

违宪审查的方式根据审查对象、审查要求和审查基本体制的不同,有多种表现,也有多种方式互补连用的情况。这里择其要者,予以说明。

（1）事前审查和事后审查

所谓事前审查,又称"预防性审查",是指在法律和规范性文件颁布实施以前,依照法定程序,先由违宪审查机关予以审查,以确认其是否合宪的审查方式。若裁定违宪,则不得颁布实施。其优点在于可以预防不法后果的发生,其缺陷往往在于干扰正常立法和执法工作,在有的情况下还会成为专断独裁的手段。

所谓事后审查,又称"追惩性审查",是指在法律和行为实施以后出现违宪事实,经由法定程序提交违宪审查机关,由它依法裁决是否违宪的审查方式。这种方式避免了事前审查方式之缺陷,其优点也是明显存在的。

在现代世界的违宪审查实践中,绝大部分国家采用事后审查方式。有的国家采用事前审查方式,如法国宪法明确规定,凡组织法或议院内部规章在颁布执行前须提交宪法委员会审查;各项法律颁布前都可以由有权机关或个人提交宪法委员会审查。还有的国家实行事前与事后相结合的审查方式,如我国就是以事后审查为主、兼采事前审查,对一般立法和行为实行事后审查,对民族自治立法实行事前审查。

（2）全面审查和专项审查

全面审查,是指违宪审查机关对受理的违宪立法或行为,不论其争议之点多大,都依法定程序和宪法规定,对该法律和行为进行全面审查的方式。这种方式的好处在于注意到了个别违宪条款与全局可能违宪的联系,有利于违宪审查裁判的公正、深入和准确。专项审查则是违宪审查只就有争议条款或行为进行的审查方式,而不涉及控告主体未提出之内容。

（3）专门审查和附带性审查

专门审查,就是指违宪审查机关受理投诉和要求,直接针对具体立法和行为进行违宪审查,裁决结果直接宣布其合宪与否。附带性审查则是指法院在处理具体案件中,就所涉及立法是否合宪进行说明并据此判决该案件,其判决不是针对该立法的合宪问题直接进行,而是针对该具体案件进行判决,判决的约束力也只是限于本案。在判例法国家,附带性违宪审查所形成的判例具有普遍约束力。如美国联邦最高法院的违宪审查就是典型的附带性审查。一般来讲,立法审查制和宪法法院审查制采用专门审查方式,而司法机关审查制采用附带性审查方式。有的国家的宪法法院也对具体违宪事件进行裁决,其中也包含对涉及立法的附带性审查。

（4）宪法诉讼审查和非诉讼性审查

宪法诉讼审查是指通过司法程序提起专门诉讼,而后由违宪审查机关裁决的方式。这种方式有两种情况,一种是个人宪法诉讼,即违宪立法或违宪行为受害者个人向违宪审查机关提起宪法诉讼,要求处理该具体案件、恢复权利的违宪审查,这种审查当然是美国式附带性审查;另一种则是宪法控诉,即不论是否有违宪危害事实发生,公民直接向违宪审查机关提起宪法诉讼,要求直接对该立法或行为的合宪性进行审查,这是德国宪法法院审查体制的独特方式之一。个人宪法诉讼与宪法控诉的区别在于:

第一,诉讼请求目的不同。前者是要求维护个人受侵害的权利,后者的目的是直接审查有关立法和行为的合宪性,而不一定个人受到违宪后果之危害。

第二,诉讼处理方式不同。前者依据一般诉讼程序处理,对所涉及法律进行附带性审查;后者则按宪法法院审查违宪之独特程序办理,进行专门违宪审查。至于非诉讼式违宪审查方式则是指除前述两种处理方式外的其他所有违宪审查情况,包括立法机关审查和宪法法院或其他专门机构的非诉讼性工作审查。

6.违宪审查的效力

在世界各国,违宪审查的结论一般都具有法律强制性,被宣布为违宪的法律、法规和行政行为将全部或部分地失去法律效力。但在生效的方式和效力的强弱上,各国还是有差别的。就生效方式来讲,绝大多数国家是直接生效,如法国宪法委员会的裁决对一切机关均有强制力,且不得上告,直接发生取消或制裁效力;而美国等附带性违宪审查的国家,其违宪审查结论不是直接对所有机关和个人发生强制性效力,宣布违宪法律失效,而是以判例形式发生普遍约束力,从而使违宪法律因无人援用而自动失效。就违宪审查结论效力的强弱来看,各国也不尽相同。一般来讲,违宪审查机关的裁决无论是以什么方式生效,但均是立即生效的,被宣布为违宪的法律和行为马上或在次日失效。但有的国家还有独特规定,前罗马尼亚宪法与法律委员会的合宪性审查不具有强制性法律效力,只能向最高权力机关提出报告和意见,以供参考;前捷克斯洛伐克宪法性法令规定,被宪法法庭宣布为违宪的法律条款,有关机关必须在六个月内进行修改,否则失效;等等。总之,必须指出,虽然各国对其违宪审查的生效有多种规定方式,但现代各国都越来越重视违宪审查制度的作用,不断强化违宪审查的效力,这是一个历史趋势。

（二）宪法监督

宪法监督,就是由各方面力量所形成的一种督促、监控宪法和法律实施的网络体系。

1.宪法监督的特点

（1）范围广泛。它不是专门机关行使的直接制裁违宪行为的国家权力,也不是针对有争议的宪法实施案件,而是对各种行宪和守宪主体行为的广泛监控和督促,从而形成了一种依照宪法办事的社会氛围。

（2）没有直接的违宪处分权。宪法监督网络对行宪和守宪是督促力量,对违宪是一种监督,但它没有对违宪行为的直接处分、制裁权,它只能通过启动违宪审查机制来达到制裁违宪行为的目的。

2.宪法监督的意义

(1)是违宪审查的基础和实施保障。宪法监督网络对违宪行为处于经常性的监控状态,因而能及时发现违宪线索,启动违宪制裁程序;同时,在违宪裁决发布以后,它也是监督违宪裁决落实实现的最有效力量。

(2)对宪法实施具有宣传、教育、引导、督促的作用。

3.宪法监督的结构

从结构上来讲,宪法监督体系是由内部监督系统和外部监督系统两大部分构成。

(1)内部监督系统

所谓内部监督系统,就是指负有行宪和守宪责任的各国家机关相互之间的执宪和执法监督,以及每一国家机关系统内部上下级之间的监督。这一监督系统在西方国家主要表现为国家机关内部的各种纵横权力制约机制,在我国则表现为人民代表大会对其他国家机关、各国家机关相互之间以及每一国家机关系统内部上级对下级的法定监督网络。

宪法实施的内部监督建设,必须注意三个环节:

第一,强化权力制约。在国家机关内部,对行宪和守宪活动的监督实际上是通过权力运作中的制约机制来体现和完成的。这一方面是因为权力制约本身就是一种权力行使的牵制和监督,它与单纯的权力监督的不同就在于它不但可以监督和发现问题,而且可以依职权强制约束其他权力的违宪运作倾向,故而比之更有效更有力;另一方面也是因为,在国家机关内部,如果所谓宪法监督只有督促而没有落实为对权力行使违宪倾向的制约,或者启动违宪审查程序制裁违宪事实的话,那么,宪法监督只能是一句空话,不可能有真正的威慑力和保障宪法实施的作用。

第二,强化监督程序。国家机关的活动是一种依法有序活动,任何职权的行使都必须依据法定程序进行,宪法实施的内部监督也不例外。有了法定的监督工作程序,不光是使宪法内部监督行为有了法律依据,而且使监督工作有了法定规则,确保其按照有效监督的需要进行,而不致本身违宪违法或无效行为。

第三,强化领导责任。在国家权力行使过程中,领导的职责不仅在于决策,而且在于决策执行的组织和督促。也就是说,国家权力的依宪依法运行,国家机关的行宪、守宪和相互宪法监督,领导都处于至关重要的位置。领导本身的行为不仅是宪法内部监督的对象,而且也是内部监督行为的一部分,因而是内部监督系统能否真正发挥作用、作用力度大小的关键。强化了领导在宪法内部监督中的责任,既能够保障宪法内部监督的有效良性运作,也有助于领导主动廉洁自律、遵宪守宪。

(2)外部监督系统

所谓外部监督系统,则是指对行宪和守宪主体行为的社会力量监督,包括政党监督,舆论监督和公民申诉控告监督等形式。

宪法实施的外部监督建设,则应将重点集中在下述几个方面:

第一,外部监督规范化。外部监督规范化,就是通过立法使外部监督的形式、程序、方法、效力规范化、具体化,使外部监督具有可操作性和效力的法律保障。外部监督既是广泛而有效地制约权力腐败的手段,又是广大社会成员民主参政的基本途径。同时,由于内部监督一般均有法定的机制和程序予以保证,而外部监督既无法定的程序和指标,又往往要受种种因素的干扰而实现维艰,故而外部监督的发达与有效程度没成为一国民主程度的保证和标志,外部监督的规范化亦成为完善执法监督机制的首要目标。如果不通过法律手段建立起一整套有关政党监督、舆论监督和公民申诉控告监督的具体运作机制,外部监督就只能停留于一种随意性较大并易受种种外来因素制约的无力状态,其作用的发挥只能是点缀的和随机的,而不可能有持久的和实质性的效力。

第二,执政党行为规范化。执政党对宪法实施的监督是宪法外部监督的重要组成部分,也是其中最关键的部分。因为执政党直接参与国家宪政决策和宪政实施,拥有重要的政治权力和崇高的政治威望,尤其在社会主义国家,可以说执政党对宪政运作和宪政实施监督具有全局性的影响力,它对行宪守宪的教育作用、引导作用、宣传推动作用和表率作用是无可替代的,因而,执政党行为本身的规范化是其监督作用有效发挥的基本条件。如果执政党自身的活动存在着不遵守宪法和法律的情形,那就不仅仅是自身监督权力难以发挥效力的问题,它可能导致整个国家的宪政失控、宪法虚置和政治信仰危机,前苏联东欧国家在这一方面的宪政历史教训何等深刻,绝不可轻视或忘却。

第三,外部监督要注意与内部监督相结合。如前所述,外部监督有其自身的优势,也有其致命的弱点,这就是没有对不法行为的自主处分和制裁权,导致效力有限。因而,外部监督只有与内部监督密切配合、协同作用,才能有效地起到宪法监督作用,才能够有强制性权威。笔者以为,其中的关键就是要建立外部监督机制与内监督机制的协调联动机制,即保证一旦外部监督进行作用便能及时启动内部监督的制裁阀门联动协作,并使这种内外监督联动机制及其工作程序法定化,这样才能保证外部监督的恒久有效作用。

(3)内外部监督系统的区别

第一,强制性大小有差别。内部监督是国家机关内部存在的、与本职国家权力行使直接联系,并具有一定强制性纪律约束和保障的宪法监督;而外部监督则是国家权力机构以外的各种社会力量进行的宪法监督,它只能靠舆论力量或自身政治影响起到强制作用,局限性很大。

第二,两者的监督对象和范围也不相同。内部监督系统主要针对国家机关的行宪和守宪活动进行,而外部监督系统的监督范围更大,它既可对国家机关进行监督,也可对国家机关以外各种社会活动主体的守宪进行监督,当然也包括外部监督各主体间的相互监督。

第三,内部监督系统虽然没有违宪审查和违宪制裁权,但对违法违纪行为有法定职权范围内的处分制裁权;而外部监督系统则没有任何制裁权力,只有其中的政党或社团对其成员的违纪行为有处分权,所以,外部监督系统最终是通过启动违宪审查机制和内部监督系统来达到处理违宪违法、保障宪法实施的目的的。

宪法监督体系的建设还必须与宪法诉讼制度建设连接起来,这实际上是对宪法监督的一种司法救济。无论是内部监督还是外部监督,其最终保障宪法实施的效力都是有局限性的,这一方面表现在它们没有对违宪事项和行为的直接裁决处分权,另一方面也表现在它们的监督行为自身没有司法保障,往往为打击报复和政治压制所窒息。要使宪法监督保持活力和效力,就要将宪法监督与违宪制裁联系起来,而这个联系的桥梁就是宪法诉讼制度。通过宪法诉讼,既可以使宪法外部监督获得强制性效力和法律保障,也可以使宪法内部监督中的违纪违法处分与违宪制裁有机结合起来,使得违宪行为直接进入违宪审查程序并受到及时制裁,这是对内部监督效力的支持和保证,同时,也可避免国家机关因缺少法定渠道或其他原因而将内部违宪行为以违纪违法

"自行消化"的现象。

（三）宪法诉讼

宪法诉讼，就是公民、政党、社会团体或国家机关依照法定的特殊诉讼程序向违宪审查机关控告违宪侵权，使宪法权利和宪法秩序得以保障的制度。宪法诉讼是宪法实施的司法保障措施。

1. 宪法诉讼的特点

（1）受理宪法控诉的机关不是普通的司法机关，而是法定的违宪审查机关，既可以是立法机关、专门设立的宪法法院或宪法委员会，也可以是拥有违宪审查权的国家司法机关。

（2）提起宪法诉讼的主体的广泛性，主要是公民，也包括国家机关、政党和社会团体。

（3）提起宪法诉讼的理由是法规违宪和行为违宪侵权。法规违宪诉讼的提起不要求有具体的危害结果，只要提起诉讼的主体认为特定的规范性文件违反了宪法规定，可能或已经对宪法秩序构成破坏即可提起宪法诉讼。行为违宪侵权诉讼的提起则是针对国家机关及其工作人员、执政党或社会团体违反宪法规定侵犯了宪法权利或宪法秩序而又无法以其他部门法予以制裁的行为进行的。行为违宪侵权的范围比较广泛，既包括国家机关及其工作人员违宪越权引起的与其他国家机关之间的权限争议，也包括执政党或其他社会团体对国家机关法定职权的侵越导致的权限争议，更多的则是国家机关及其工作人员、执政党和其他社会团体违宪处分对公民宪法权利造成的侵害。

（4）宪法诉讼制裁的对象是实施违宪侵权的国家机关及其工作人员、政党和社会团体，宣告相关违宪法规或行为无效，而不包括公民，这也是宪法诉讼与其他类型诉讼的区别点之一。

（5）宪法诉讼保护的客体是宪法关系，亦即宪法秩序和宪法权利。

宪法诉讼不同于违宪审查。宪法诉讼是违宪审查发生的方式之一，也是以诉讼方式进行的违宪审查过程的司法保障制度。宪法诉讼不能等同于违宪审查，是因为违宪审查的提起和进行还有非诉讼方式，姑且不论有的国家根本没有宪法诉讼制度，即使存在宪法诉讼的国家也有以非诉讼方式提起违宪审查的情况与宪法诉讼并存，比如法定的立法备案审查和违宪审查机关的主动检查和审查，均可启动违宪审查程序。另外，也不能将宪法诉讼等同于违宪审查中的宪法法院和普通法院审查。因为二者虽然同是以司法程序裁决违宪，但宪法诉讼也适用于立法机关审查制，它不以宪法法院审查制和普通法院审查制为必然前提。作为提起违宪审查的一种方式，可以与任何违宪审查体制相衔接，进而配套发挥司法保障作用。

2. 宪法诉讼的作用

（1）为尚未或不能以具体立法具体化之宪法权利提供法律保护，宪法规范一般通过普通立法构建法制网络而得以具体化，这些普通立法为之提供了法律保护措施，使之落实实现。然而，普通立法的完善需要有一个过程，而且宪法权利实践的迅速发展也是客观事实，这就导致许多宪法权利如平等权、批评权、知情权、抵抗权等不可能都以具体法律的形式具体化，从而在公民宪法权利保护方面留下空白，而通过宪法诉讼和违宪制裁就能够有效填补这一空白。

（2）为宪法监督提供司法救济。宪法诉讼一方面强化了宪法监督的强制效力，在宪法监督与违宪制裁之间架起了桥梁，使二者实现了直接联动；另一方面也可为宪法监督的各类主体提供人身等法律保障，使宪法监督有效而顺利地进行。

（3）宪法诉讼是制裁政党和社团违宪的法律手段。政党和社团虽然不直接行使国家权力,但它们在国家权力运行中扮演着重要角色,而国家的社团立法和其他法律均不可能对它们的活动规定具体而严厉的制裁措施,导致宪政实践中政党和社团越权、擅权、专权而侵犯宪法权力和权利的现象时有发生。这种政党社团违宪行为,通过宪法诉讼便可得到有效制裁。

（4）宪法诉讼能够直接对违宪主体实施制裁,这是对违宪审查的深化和保障。非诉讼或违宪审查只能对违宪结果发挥制裁效力,如宣布违宪的法规和行为失去效力,但这对于维持宪政秩序来讲是远远不够的。实践告诉我们,如果不对实施违宪行为者进行严厉制裁,违宪情形就会屡禁不止,宪政秩序永无宁日。而对违宪主体进行法律裁决只有通过宪法诉讼手段才能达到目的,这就保证了违宪制裁的彻底性和有效性。正因为宪法诉讼有上述重要作用,建立和健全宪法诉讼制度已经成为当今世界各国宪法保障的历史性趋势,值得我们学习和借鉴。

（四）宪法意识

宪法意识是指人们关于宪法内容和宪法精神的基本理论和认识,是法律意识的基础和核心。

1.宪法意识的机构体系

从内在结构上讲,宪法意识由宪法基本认识和宪法观念两大块构成。宪法基本认识是人们对宪法规定和相关宪法知识的了解,包括宪法性质、宪法地位、宪法效力、宪法作用、宪法权利、选举、政党、国家宪政体制设置等方面的内容;宪法观念则是人们在宪法基本认识的基础上逐渐形成的对宪法精神和宪政内涵的深刻理解,是相对稳定的理想化概念体系,包括人权观念、民主观念、法治观念和守宪观念。在宪法意识体系中,宪法基本认识是其初级阶段,是通过宪法知识学习、宪法宣传、宪法实践活动得到的对宪法宪政的感性了解和粗浅认识;而宪法观念则是宪法意识的高级阶段,是人们通过对宪法感性知识的消化、提炼而得到的宪法理性认识,它表现为一种稳定的思想形态,是人们对宪法现象进行认识、判断和评价的内心标尺,因而,宪法观念是宪法意识的主体。

2.宪法意识的作用

（1）宪法意识是宪政法制网络构建的思想基础

宪法实施的最重要途径就是通过构建宪政法制网络使宪法规定得以具体化和落实实现。在这一过程中,宪法意识的作用一方面表现为宪法观念为深刻领会和准确把握宪法规定要旨及其宪政精神提供了思想基础,能够保证宪政法制网络的构建与宪法规范保持内在精神的一致,并指导法制网络建设在合宪的前提下充分展现宪政精神,在具体化中有发展、有补充、有可行性;另一方面,宪法意识的作用还表现为宪法基本认识对完善和发展宪政法制网络的作用。社会对宪法的基本认识反映宪政立法和宪政实施的实际状态,从中可以看出宪政立法的不足和漏洞,发现宪法实施中存在的主要问题,把握人们对宪政立法的期望和承受能力,据此能够形成完善现行宪政法制网络的思路和措施,使宪政法制网络的构建更具合理性和科学性,确保宪法规定得以顺利实施。

（2）宪法意识是宪法解释和违宪审查的思想指导

宪法解释是宪法正常实施的重要手段,而违宪审查是出现反常情况时保证宪法实施的法律活动,二者都是宪法实施的关键环节。由于宪法解释和违宪审查中都包含有对宪法规定立法原意和宪政精神的解释,并依此来判定说明具体实践情况,因而,宪法意识无疑能为它们提供理性的和现实的依据,指导它们作出合理科学的解释和裁判。

(3)宪法意识是各类主体自觉守宪的思想条件

人们对宪法规范的自觉遵守必须要有一种心理上的理智认同作为基础才能实现,单纯的惩罚强迫从根本上讲是没有意义的。宪法意识本身就是一种宪政精神和宪法要求的心理表现,其中还包含着守宪观念,因而,它是人们进行宪政活动和相关社会活动的心理尺度和价值评价标准,对人们的行为有重要的指导作用。因而,宪法意识是人们形成对宪法规范理智认同的心理基础,是自觉守宪和宪法实施的思想保障。

【案例分析】

美国的马伯里诉麦迪逊案

美国建国之初形成了以托马斯·杰弗逊(Thomas Jefferson)为首的(民主)共和党和以约翰·亚当斯(John Adams)为首的联邦党,两党矛盾尖锐。1797年亚当斯当选为美国第二任总统。1800年是新的总统选举年,亚当斯为追求连任,任命约翰·马歇尔(John Marshall)出任国务卿,协助他展开与(民主)共和党的候选人杰弗逊的竞争。结果杰弗逊获胜。联邦党人不仅在总统选举中遭受失败,而且失去了国会的控制权,因而联邦党人想方设法地控制司法部门。1801年1月20日,即将下台的亚当斯任命上任不久的国务卿马歇尔出任联邦最高法院首席大法官。

联邦党人不仅希望控制最高法院,还试图控制下级法院。1801年2月13日,国会通过了一个新的《巡回法院法案》(Circuit Court Bill),将联邦巡回法院的数量从3个增加到6个,从而新设了16名巡回法院法官;同时,在首都华盛顿这一对政治可能产生重大影响的特区增加了5个地区法院。1801年2月27日,国会通过了一项《哥伦比亚特区组织法》(the District of Columbia Act),规定总统可以任命特区42名任期5年的治安法官(Justice of Peace)。这一任期将跨越下一届总统选举,新当选的杰弗逊总统除了修改这一项立法外将无法替换已任命的治安法官。以上两个法案对美国当时的法院系统作了重大的调整,亚当斯总统借机任命联邦党人士作为联邦法官,使联邦党人对联邦政治的影响长期化。1801年3月2日,亚当斯总统任命了42名哥伦比亚特区治安法官。他们的任命在3月3日午夜以前经参议院同意,总统亚当斯签署任命状并经国务卿马歇尔盖章后生效,这些人被称为"午夜法官"(Midnight Justice)。但这些任命状只有一部分在3月3日晚上送达,其他人的任命状由于当时的交通条件所限,没有及时发出。

新当选的总统杰弗逊对联邦党人这种不择手段强占政治地盘的做法大为恼火。第二天,即1801年3月4日,杰弗逊上任。当他得知还有17份治安法官的任命状没有送出时,立即指令他的国务卿詹姆斯·麦迪逊(James Madison)拒绝发送这些任命状。与此同时,(民主)共和党人控制的新国会通过新的决议废除了《巡回法院法案》,但没有撤销《哥伦比亚特区组织法》。

由于麦迪逊拒发任命状,那些已得到法官任命却未接到任命状的人无法上任,被任命为华盛顿郡治安法官的威廉·马伯里(William Marbury)便是其中一位。于是,他便以1789年《司法法》(Judiciary Act of 1789)第13条为依据,向联邦最高法院提起诉讼,要求法院发出命令状(writ of mandamus),令新总统杰弗逊以及国务卿麦迪逊交出任命状,从而形成了美国历史上有名的马伯里诉麦迪逊案(Marbury v. Madison)。

【法律问题】

1. 马伯里是否有权利得到他所要求的任命状？法律能否为他提供救济？
2. 美国联邦最高法院是否有权宣布违宪的法律无效？
3. 美国式的司法审查制度作为违宪审查的模式有何优缺点？

【分析】

（一）法院判决

马伯里案对于联邦最高法院来说是一个棘手的案件，但同时也给联邦最高法院树立自己权威提供了一个良好的契机。抓住这一契机的是联邦最高法院首席大法官马歇尔。马歇尔凭借在该案中写下的判决书确立了自己在美国宪政史上不可动摇的地位。

马歇尔的判决书分为三个部分。

1. 法院在本案所要查明的三个问题

马歇尔认为在本案中要查明的问题有三个：第一，申请人是否有权利得到他所要求的任命状？第二，如果他有这个权利并且这一权利受到了侵犯，那么美国的法律能否为他提供法律上的救济？第三，如果法律确实应当为申请人提供救济，那么是否应由法院发出强制执行令？

马歇尔认为，"任命状一经总统签署，任命即为作出，一经国务卿加盖合众国国玺，任命状即为完成。既然马伯里先生的任命状已由总统签署，并且由国务卿加盖了国玺，那么，他就已经被任命了。因为创设该职位的法律赋予该官员任期5年，有不受行政机关干预的权利，所以这项任命是不可撤销的，而且赋予该官员各项法律上的权利应受国家法律的保护；阻碍任命马伯里的行为是没有法律依据的，而且是侵犯法律权利的行为"。

马伯里的权利确实受到侵害，那么法律是否应当为他提供救济？马歇尔认为：美国的政府是法治政府，而非人治政府，如果法律对于侵犯所赋予的法律权利不提供救济，它就不能算是法治政府。所以，马伯里有权得到任命状，拒发任命状侵犯了他的权利，国家的法律为此应对他提供救济。

既然应予救济，是否应当由联邦最高法院向国务卿麦迪逊发出强制执行令？马歇尔认为它取决于马伯里所申请的强制执行令的性质和法院的权力。

马歇尔认为，行政首脑行为的合法性是否可以在法院受到审查，必须以该行为的性质而定。根据宪法，总统被授予某些重要的政治权力，在行使其权力时，他运用其自由裁量权，并且仅仅以其政治品质对他的国家负责以及对他的良心负责。为有助于总统履行这些职责，总统有权任命官员，这些官员根据总统的授权行事，并执行总统的命令。此时，官员们的行为就是总统的行为。由于国务卿的职责是由该法案规定，该官员就是具体执行总统的意志。作为官员，其行政行为从来不能被法院审查。

在马歇尔看来，国务卿麦迪逊的行为应当归结为执行总统指示的行为，这些问题是政治问题，它们与国家有关，由行政首脑负责处理，不能由法院审查。而法院的唯一职责就是裁决个人权利，不应调查行政部门或行政官员是如何运用自由裁量权履行其职责的问题。这种问题在性质上是政治问题，根据宪法和法律应由行政部门处理，不应由法院来审理。

2. 违宪的法律无效

马伯里的法律依据是1789年《司法法》第13条。它规定，联邦最高法院有权针对政府官员下达强制执行令。根据这一规定,联邦最高法院应根据马伯里的请求发布强制令,而这与马歇尔的推论有矛盾之处。马歇尔的解决办法是认定《司法法》的相关规定违反了美国宪法,因为美国宪法第3条规定,在一切有关大使、公使、领事以及州为一方当事人的案件中,最高法院有初审管辖权。在上述所有其他案件中,最高法院有关于法律和事实的上诉管辖权。马歇尔认为,马伯里的请求属于宪法所指的"其他案件",最高法院对此只有上诉管辖权,没有初审管辖权,所以,由法律赋予最高法院向政府官员发出强制执行令的权力没有得到宪法的授权,违反了宪法。

违反宪法的法律还是法律吗?马歇尔认为,立法机关的权力是被限定的和有限制的,并且这些限制不得被误解或忘却……假如这些限制随时有可能被所限制者超越,假如这些限制没有约束所限制的人,假如所禁止的行为和允许的行为同样被遵守,则有限政府和无限权力之间的区别就消失了。要么宪法制约任何与之相抵触的立法机关制定的法律,要么立法机关可以以普通法律改变宪法。宪法要么是优先的至高无上的法律,不得以普通立法改变;要么与普通法律处于同等的地位,像其他法律一样,立法机关可以随意加以修改。所有制定成文宪法的人们都想要制定国家的根本的和最高的法律,因此,一切这种政府的理论必定是:与宪法相抵触的立法机关制定的法律是无效的。

3.阐明法律的意义是司法机关的职责

既然违宪的法律无效,法官就不能适用它。但谁有权认定法律因违宪而无效呢?马歇尔认为:"确定法律是什么是司法机关的权限和职责。那些把规则适用于具体案件的人们,有必要对规则进行阐释和解释。假如两个法律相互冲突,法院必须决定哪一个适用。如果一部法律是违宪的,而该法与宪法都适用于同一案件,那么,法院要么无视宪法,适用该法;要么无视该法,适用宪法。法院必须决定这些相互冲突的规则中哪一个适用于该案,这就是司法职责的本质。假如法院认为应适用宪法,认为宪法高于任何立法机关的普通立法,那么,管辖该案的应是宪法而不是立法机关的普通法案。"

根据以上推论,马歇尔认为,尽管马伯里的权利受到侵害并应得到法律救济,但最高法院对这一属于政治性的问题没有管辖权;马伯里所依据的《司法法》的相关规定是违宪的、无效的,不能适用于本案。据此法院驳回了马伯里的请求。

(二)法理精析

1.马伯里诉麦迪逊案的背景

在马歇尔长达35年的联邦最高法院首席大法官任期内,马伯里诉麦迪逊案是对美国宪政体制影响最大的一个案件。

本案起源于美国建国之初的党派之争。马歇尔面临的是一个进退两难的局面。他如果受理该案并依据1789年的《司法法》的规定发布强制令命令国务卿麦迪逊交出任命状,麦迪逊肯定不会遵从法院的命令,因为当时最高法院的权威很有限,用汉密尔顿的话来说就是"既无钱又无剑",根本无法强迫政府和国会服从法院的判决。如果法院发出了命令状而麦迪逊不服从法院的命令,对于本身并无强制力量的法院来说,将会严重影响其权威。而如果让马伯里撤回这一诉讼,正好让(民主)共和党人达到其目的;况且马伯里之所以向联邦最高法院告状,就是指望联邦党人控制的法院站在他们的立场上,维护自己的权利。所以,不受理案件或受理案件而不确认马伯里的权利受到侵犯将意味着联邦党人在这场政治斗争中不战而败,也表明法院这一政府分支在面临另外两大分支——行政和立法机关的政治压力时的软弱和无能。

马歇尔既要顾及联邦党人的尊严,同时也要维护联邦最高法院的权威,富有政治经验的他采取了一个相当有策略的处理措施,即既要避免与立法机关、行政机关直接交锋,又要实现对立法权和行政权的有效遏制,树立司法的权威。在判决中,他首先肯定了马伯里的权利受到了侵犯并且有权得到法律救济,但他又否定了这一救济应由最高法院提供,其原因在于马伯里所依据的法律是违宪而无效的。不仅如此,马歇尔还以此案为契机,为最高法院争取到了宪法并未明确授权的权力,即审查国会制定的法律是否违宪并宣布违宪法律无效的权力。他巧妙地利用了一个法律技术问题在判决的最后驳回了马伯里的诉讼请求,避免了与行政机关的正面冲突。然而,一旦行政机关接受了这一结果,那就意味着同时也默认了这样一个原则:即联邦最高法院有权解释宪法并判断国会的立法是否违反宪法。这一判决使得最高法院真正获得了对立法机关、行政机关制衡的方法,从而使宪法所遵循的三权分立和制衡的原则真正完整地得以体现,对此后美国宪政体制的定型和巩固具有极为深远的影响。

2.马伯里诉麦迪逊案与司法审查制的确立

美国宪法第6条确认宪法是全国的"最高法律",行政、立法和司法三机关之间具有一种制衡关系,司法机关可以对立法、行政机关进行监督。但宪法本身对司法审查制度却无明文规定。在1787年费城制宪会议期间,对于司法审查曾有过争论。有人坚决反对赋予法院以审查法律的权力。而代表大资产阶级的联邦党人则主张法院应有权审查法律的合宪性。联邦党人的代表人物汉密尔顿认为限制立法机关越权的最好机构就是法院,他认为在立法、行政、司法三大机构中,司法是最弱的一个部门,"司法部门既无军权,又无财权,不能支配社会的力量与财富,不能采取任何主动的行动。故可正确断言:司法部门既无强制,又无意志,而只有判断,而且为实施其判断亦需借助于行政部门的力量"。于是他认为,既然司法部门既无刀枪,又无金钱,对宪法造成损害的可能性最小,由它来监督宪法则最合适。由于制宪代表们的意见分歧,宪法没有对此作出规定。但汉密尔顿的论述为今后美国司法审查制的确立奠定了理论基础。

事实上在1803年以前,各州法院和联邦下级法院基于其普通法传统,已经在实际上行使违宪审查权。据统计,从1787—1803年州法院宣布州立法无效者在20件以上,1790年联邦巡回法院在关于康涅狄格州立法的判决中确立了联邦法院审查州立法是否合宪的先例,在1790—1803年间,联邦巡回法院宣布5项州法令因违反了联邦宪法而无效。州法院和联邦巡回法院这些司法活动为以后美国司法审查制的确立做了实践上的准备。

而真正使司法审查制度确立起来的判例则是1803年的马伯里诉麦迪逊案。它确立了司法审查制度的三个基本内涵:一是宪法是国内的最高法,不仅高于州的立法,也高于联邦国会制定的法律,这不仅是一种理念,而且可以在司法实践中得到实施;第二,确立了司法机关对解释和实施宪法的权威地位,即在涉及宪法的争议活动中法院拥有阐释宪法的权力;第三,法院对宪法的解释对其他机关具有法律上的约束力,其他机关必须遵守联邦最高法院的最高效力的解释。

但是,马歇尔这种为联邦最高法院自我授权的做法在最初受到了很多人的批评,最典型的批评来自于约翰·B.吉布森法官,他是宾夕法尼亚州最高法院的法官。1825年在宾夕法尼亚州最高法院审理埃金诉劳布案时,吉布森法官指出:第一,司法机关的正常的和主要的权力并未扩展到取消立法机关所制定的法令;第二,凡适用于具有平等地位的政府部门之一的东西,也应适用于政府的其他部门,既然司法机关有权解释宪法,立法机关至少有同样的宪法解释权,因为不解释宪法就不能依据宪法的精神制定法律;第三,相互制衡的概念本身并不包含司法否决权的思想。

然而,这些批评却并未能阻碍司法审查制度的建立和完善。经过司法实践,司法审查逐渐成为美国宪法的一个基本原则和制度,并在美国的政治生活中起到举足轻重的影响。许多起初反对马歇尔意见的人,后来也赞同马歇尔的意见。吉布森本人在发表不同意见的25年后,公开表示收回成见,转而支持马歇尔的意见。著名的美国历史学家比尔德认为本案大大地提高了联邦最高法院的权威,从根本上讲是联邦最高法院建立以来的创造性的突破。

当然,作为一种在宪法上没有明确规定而仅由司法机关的判例而确立的司法审查制度,其形成不是偶然的,具有独特的生成环境:"美国当时的社会经济发展要求一个更为强有力的联邦政府和联邦最高法院,司法审查得以真正确立是一种社会的公共选择;英美法形成的遵循先例的司法传统对这一制度的确立意义重大,司法审查又是传统的产物;美国当时各派都具有相当的政治力量以及基于这种力量基础之上才可能出现的妥协,制度的确立是一种政治力量对比的产物;马歇尔此后长达30余年担任的首席大法官以及他对最高法院权威之精心呵护,司法审查又是司法人员稳定和司法经验积累的产物;后代法官对马伯里案发掘并赋予司法审查的意义,司法审查又是后代法官的再创造。"

3.美国司法审查制的作用及影响

约翰·马歇尔1801年接任首席大法官时,联邦最高法院是联邦三个机关中最为弱势的一个部门,其工作乏善可陈,第一任首席大法官约翰·杰伊(John Jay)在1795年任期结束后拒绝再任。在马歇尔就任法官时,为防止马歇尔控制下的联邦最高法院对国会的挑战,新国会还进一步以法令的形式迫使联邦最高法院从1801年12月至1803年2月休庭。但当最高法院重新开庭后,马歇尔即抓住马伯里一案的机会,真正树立了最高法院的权威。

但在马伯里案后,司法审查并没有立即成为美国政治法律中具有重要影响的制度,这从审查案件的数量可以得到证明。从1789年至1860年间,被法院宣布违宪无效的州法律只有60件,而宣布违宪无效的联邦法律只有两件。美国南北内战后,联邦法院开始较多地干预国家和社会事务的管理,宣布法律违宪无效的案件有了一定的增加。19世纪末20世纪初,美国的社会矛盾加剧,社会要求法院积极地干预各种社会问题的处理,联邦法院的司法审查作用有了显著的加强。1890—1937年间,法院宣告各州法律违宪无效的多至4万件,宣告联邦法律违宪的也增至50件。这一时期是司法审查的积极主义阶段,或者称为司法审查的鼎盛时期,司法审查在美国已经成为固定的重要制度。进入20世纪以后,虽然仍然有一些对司法审查制度的质疑声音,但其作为美国宪政制度的重要组成部分的地位已经无可置疑,联邦最高法院对宪法的实施、宪政体制的维护和公民权利的保护起到重要的作用,并且在世界上产生了重要的影响。

首先,联邦最高法院通过其作出的有权威性的宪法解释使美国宪法不断适应时代的需要,从而使宪法得以稳定200多年之久。美国宪法是200多年前制定的,是世界上第一部成文宪法,是"四轮马车时代的产物",而且条文极其简略。但就是这样一部宪法,在今天的信息时代照样能够适用,一个基本的原因就在于联邦最高法院通过司法审查不断适时解释宪法,使宪法条文的含义能顺应时代潮流的变化而变化,从而保证宪法的永久活力。这正如一位西方法学家所言:"美国宪法为解释所发展,为判例所修饰,为政治传统、习惯所扩张。"

其次,司法审查制度确保了联邦和州之间的权力均衡,使联邦制得以稳定发展。司法审查使联邦最高法院成为联邦制的监护人。因为审查州和地方政府的法律已经成为联邦最高法院司法审查最重要的内容。在司法审查历史上,联邦立法有很多被最高法院宣布为违宪,但更多被宣布违宪的法律是州和地方的法律。正如大法官霍姆斯在50年之前所谈到的,"假如我们失去了宣布国会某一法案无效的权力,美国不会因此而完蛋。但是我们确实认为,假如我们对一些州的法律不宣布其无效,联邦就会遭殃"。

第三,司法审查制度使联邦最高法院成为公民权利的最有利的保障者。宪法是为保障人权而设。但仅有宪法是不能保障人权的。宪法保障人权的功能必须通过违宪审查制度才能实现。美国的司法审查制度使法院能够判定那些侵犯公民权利的法律违反宪法并宣布其无效,从而使公民免受来自于公共权力尤其是立法权的侵害,从而保障公民权利的实现。

最后,违宪审查制度不仅对美国宪政制度的完善和发展起到重要作用,而且对世界各国的实施都产生了极大的影响。有人称,美国宪法在域外最有力的影响也是它的司法审查制度。到目前为止,据有关统计资料显示,全世界现有 64 个国家实行美国式的司法审查制度,如加拿大、澳大利亚、挪威、丹麦、瑞典、日本、菲律宾、印度、智利、洪都拉斯、玻利维亚、哥伦比亚等国。

不仅如此,自 20 世纪初,司法审查制度在欧洲大陆法系国家也受到了广泛的关注。在法国,从 1902 年开始,比较立法协会的拉尔诺德会长发起了一场旨在建立美式违宪审查制度的运动。许多政治家都支持他的观点,一些公法方面的著名学者,如泰勒米、狄骥、欧里安、梅斯特等,同意鼓动普通法院的法官敢于宣布违反宪法的法律无效。德国自 1925 年 11 月帝国法院的一个判决开始,普通法院就肩负起了根据魏玛宪法审查法律合宪性的重任。意大利在 20 年代末也曾大规模地讨论由普通法院对立法进行司法审查,并且在战后建立宪法法院之前曾采纳过一段时间的美国司法审查模式。虽然这些国家最终没有采取美国式的司法审查制,但司法审查制度中所蕴含的宪法思想则被它们普遍接受。这些思想包括:宪法是国家的最高法律,它不仅高于地方立法,也高于中央国会的立法;为了保障宪法的最高法地位,必须由某种司法性的机关来审查其他法律是否与宪法相一致,并有权宣布其无效乃至撤销。所以,二战后的欧洲大陆各国虽然没有采取美国式的司法审查制,但建立了宪法法院或宪法委员会等专门机构监督宪法的实施。

第二篇　权利论

第五章　公民基本权利的一般原理

第一节　公民基本权利的相关概念

一、公民的概念

公民是指具有一个国家国籍的人。我国《宪法》第 33 条第 1 款规定："凡具有中华人民共和国国籍的人都是中华人民共和国公民。"

给公民下定义，这仅为我国现行宪法所见。细加研讨，似有以下意思需要阐明。

(1)公民是以自然人为基础的。所谓自然人，是指依自然出生，具有五官百骸、血肉之躯，并区别于其他动物的人。当代法学里，自然人是相对于法人而言的，自然人并非当然的公民，他(她)需要主权国家的法律化以后才能成为特定国家的公民，否则仍是自然人。

(2)公民资格的取得是以有无国籍为依据。具有某国国籍即为该国公民，丧失某国国籍，就不再是该国公民。若有双重或多重国籍，就是两个或多个国家的公民。没有任何国家的国籍，就没有公民资格。

(3)拥有公民资格是享有权利和履行义务的前提条件。属于某国的公民，意味着其享有该国法律所赋予的权利，包括请求国家保护的权利；同时也负有该国法律所规定的义务，包括接受国家管理的义务。不属于某国公民，就不享有和履行该国宪法和法律规定的公民的权利与义务。我国现行宪法，将"外国人的法律地位"从"公民基本权利义务"一章挪至宪法"总纲"一章，就是考虑了这一问题。有人认为，享有和履行我国宪法和法律所规定的权利与义务应成为取得公民资格的条件。我国现行宪法关于公民的定义没有采用这种主张。

(4)公民是个体，属法律关系的主体之一，其法律上的身份昭示着拥有同样身份的人是平等的。在我国，与此相对应的是人民。人民是群体，属于政治范畴。按照马克思主义观点，人民是按阶级划分的，也是为阶级利益服务的。利益的不同甚至冲突，决定了人民地位的不平等。首先是人民和敌人，即统治阶级与被统治阶级的不平等；其次是人民内部，领导阶级、同盟军与被领导阶级的不平等。由此我们说，我国宪法确认的国家性质是"人民民主专政"，就不能说成是"公民民主专政"；"国家的一切权力属于人民"，就不能说成"国家的一切权力属于公民"。

二、公民概念的历史

公民(citizen)一词来源于古希腊城邦国家,本意是市民。在这些城邦国家中,公民代表着政治和经济上的一种特权地位。奴隶、妇女和异邦人不能成为公民。公民享有广泛的权利,如出席民众大会、被选举担任各种公职、向国家领取津贴、参与国家的生产和分配、获得各种荣誉等。当然,也要履行服兵役等义务。

在封建专制时代,君主主宰一切,其他社会成员只能对君主尽义务,不能同君主分享国家权力。反映平等关系的公民概念被反映不平等关系的臣民概念所取代。到封建社会末期,由于商品经济的发展,欧洲的城市居民再度崛起,成为政治生活中贵族和僧侣以外的第三种力量。当时公民概念反映的是市民与取得自治权城市的关系,包含了一定的自由权。

公民这个称谓普遍地适用于社会全体成员,是从资产阶级革命和资产阶级国家建立开始的。资产阶级的思想家为了反对封建专制制度,提出了"自由、平等、博爱"的口号和"主权在民"的原则,主张国家的每一成员都是平等的公民,国家属于公民全体。随着资产阶级革命的胜利,公民这一称谓才为资产阶级国家宪法所确认。

当代世界多数国家都使用公民这个称谓。在日本、瑞士等国由于历史和文化传统的原因而使用国民这一称谓。一般而言,"国民"与"公民"具有相同的含义,但也略有差异,如1940年的《美国国籍法》规定,1935年以前出生的菲律宾人只是对美国负有永久效忠义务的美国国民,而不是美国公民。

在我国,曾经有过国民的提法,与公民的含义相同,如新中国成立初期的《共同纲领》就规定"中华人民共和国国民有保卫祖国、遵守纪律、应征公役兵役"等义务。1953年我国第一部选举法颁布以后,就将国民一词改为公民了。在我国政治法律生活中,除公民以外,还有人民、选民、居民等概念。公民和人民是两个不同的概念,它们的区别是:①属性不同。公民是与外国人(包括无国籍人)相对应的法律概念。人民是与敌人相对应的政治概念。人民在不同历史时期有着不同的内容。在现阶段,人民是指全体社会主义劳动者、社会主义事业的建设者、拥护社会主义的爱国者和拥护祖国统一的爱国者。②范围不同。我国公民的范围要较人民的范围更为广泛一些。公民中除包括人民以外,还包括人民的敌人。公民与选民的概念是有差异的。依据我国选举法,在直接选举中,选民应具备四个条件:①中国某选区公民;②年满18周岁;③未被剥夺政治权利;④精神正常,经选民登记,持有选民证。在我国,居民一般指固定居住在某个地方的公民。现行宪法在基层群众性自治组织的规定中,区分了城市居民和农村居民(村民),它们分别是我国基层群众自治的主体。此外,根据"一国两制"的政策,考虑到我国对香港、澳门恢复行使主权后港、澳的实际情况和历史遗留问题,港、澳基本法使用了"香港特别行政区居民"和"澳门特别行政区居民"的概念。香港和澳门特别行政区居民又分为永久性居民和非永久性居民。港澳特别行政区居民绝大部分是中国公民。

三、国籍的概念和取得方式

国籍是指一个人属于某个国家的一种法律上的身份或资格。它是区别一个人是本国人还是外国人的唯一标准。所以,在实践中一般都把国籍看做是每个人不容剥夺的权利。例如《联合国人权宣言》宣称:"人人有权享有国籍。""任何人之国籍不容无理褫夺。"国籍对于每一个人都是至关重要的,因为只有凭借国籍,个人才能取得国家赋予公民的政治、经济权利和优惠待遇。凭借国籍,个人的权利在国际上才可以获得本国的保护。国籍与公民资格,既有联系,又有区别。就其联系而言,一个人取得国籍,一般具有公民资格,反之亦然。就其区别来说,公民资格的外延比国籍的外延要狭窄一些。公民资格只限于自然人,而国籍还可属于公司、船舶、飞机等。

在现行各国的国籍法中,通常有两种取得国籍的方式:①出生国籍,即因出生而取得国籍;②继有国籍,即因加入而取得国籍。采用出生而取得国籍的国家,其立法原则也不尽一样。有的采用血统主义原则,即确定一个人的国籍以他出生时父母的国籍为准,不问他的出生地为何国;有的采用出生地主义原则,即一个人的国籍是以他的出生地方所属的国家为准,不问他的父母为何国国籍;也有采用血统主义和出生地主义相混合的原则,其中有的是以血统主义为主,出生地主义为辅,有的则是以出生地主义为主,血统主义为辅。现今世界各国大多采用混合主义原则来解决国籍取得的问题。

采用因加入而取得国籍的国家,一般存在两种取得方式:①根据当事人的申请而取得;②不根据当事人的意思表示,而是根据法律规定的一定事实的出现而取得,如由于婚姻、收养、领土转移等而取得新的国籍。

四、我国的国籍制度

1980 年 9 月 10 日第五届全国人民代表大会第三次会议通过的《中华人民共和国国籍法》,是新中国第一部国籍法。它是在总结我国 30 年来处理国籍问题的经验的基础上,参照国际公约和其他一些国家的立法而制定的。

(一)关于取得国籍

我国的《国籍法》就取得国籍问题贯彻了三项原则,即血统主义与出生地主义相结合的原则,不承认双重国籍原则,坚持男女平等和民族平等原则。就取得原始中国国籍问题,我国《国籍法》规定了三种情况:①父母双方或一方为中国公民,本人出生在中国的。②父母双方或一方为中国公民,本人出生在外国,并且没有因出生而具有外国国籍的。③父母无国籍或国籍不明,定居在中国,本人出生在中国的。以上三种情况,只要符合一种,就可以依法取得中国国籍。

就继有国籍而言,在我国,婚姻、收养等事实不能直接产生继有国籍。我国国籍法只就自愿申请加入中国国籍的条件和程序作了规定。但婚姻、收养等事实可以作为申请加入中国国籍的理由。依据《国籍法》,下列外国人或无国籍人有权申请加入中国国籍:中国人的近亲属,包括配偶、父母、子女、同胞兄弟姊妹等;定居在中国的;有其他正当理由的。具备上述条件之一的有权提出入籍申请。若本人未满 18 周岁,可由监护人或其他法定代理人代为办理申请手续。在国内,可以向当地市、县公安局申请;在国外,可以向中国外交代表机关或领事机关申请。申请获得批准,并由公安机关发给证书以后,就取得中国国籍,同时也就丧失了外国国籍。

(二)关于退出国籍

根据我国《国籍法》的规定,具备下列条件者,有权申请退出中国国籍:①外国人的近亲属。包括同外国人结婚、被外国人收养等事实。②定居在外国的人。如果定居在外国,还没有取得外国国籍,需要先退出中国国籍之后才能加入外国国籍的,有权向中国受理国籍申请的机关提出申请。如果已经取得外国国籍,就自动丧失中国国籍,不必办理申请手续。③其他正当理由。在我国,申请退出中国国籍的权利有两个限制性规定:①国家工作人员,包括国家权力机关、行政机关和司法机关以及企业、事业单位从事公务的人员,不得申请退出中国国籍;②现役军人,即参加我国军队的所属部队、正在服现役、具有军籍的人员,无权提出退出中国国籍的申请。

(三)关于恢复国籍

公民有退出国籍的权利,也有恢复国籍的权利。我国国籍法对恢复国籍的条件,只概括地规定为"具有正当理由"。恢复国籍的后果同加入国籍的后果是一样的,即取得中国国籍后丧失外国国籍。

第二节　公民基本权利的主体和类型划分

一、公民基本权利的概念

人权概念所追求的普适性和道义性,颇有一种超越国界的意味。但是,在所有的"人"几乎都是某个国家的公民的时代,人权的保障主要还得依靠"人"所归属的国家。用宪法来保障的人权,有了另一个术语,从而造成了人权一词在各国宪法上不同表达。一般而言,英美宪法倾向于将其称为"人权"(human rights);德国宪法习惯称其为"基本权利"或"基本权";日本宪法将其称为"基本人权";而我国宪法学者则根据现行宪法典的用语,称为"公民的基本权利",或称"宪法权利"。但是,从人权到公民基本权利概念的转换,使这两个词的意义发生了微妙的转变:第一,从起源来看,人权的起源要早于公民基本权利,人权是公民权利产生的源泉,而公民基本权利只是人权之法律权利的一部分。第二,从内容和范围来看,人权比公民基本权利更加广泛,除了宪法权利之外,还包括法律权利、道德权利,除了有国内宪法所规定的权利外,还包括国际公约所规定的权利。而公民基本权利限于宪法所规定的权利。第三,从权利取得和保障来看,公民基本权利的获得以某个国家的公民资格为前提,人权的获得以人的资格为前提;公民基本权利的保障,依赖于国家,特别是国内的司法体系,而人权的实现,还可以超越国界,寻求国际人权机构的保障。

学者们大多通过指出基本权利与一般权利的区别来定义公民基本权利。有的学者认为,基本权利就是宪法所规定的公民在国家和社会生活中所必不可少的和最主要的权利。有学者认为基本权利是公民首要的、根本的、具有决定意义的权利。这两种定义法只是揭示了基本权利与权利的种差,未能揭示其作为"属"的含义。有的学者将两者结合起来,认为公民基本权利就是宪法赋予公民等社会个体的可作为或不作为某种行为,以实现自己的利益、主张的资格和权能。我们认为,公民基本权利就是宪法所规定的公民享有的必不可少的那些权益,是公民实施某一行为的可能性。

二、公民基本权利的特征

从公民基本权利的内涵及基本性质来看,主要具有以下特征。

（一）公民基本权利的根本性与母体性

公民基本权利的根本性在于，它在所有的公民权利中，是最重要、最根本的部分。它表明了公民的宪法地位，对于公民来说是必不可少的。没有基本权利，人就难以成为法律上社会上的人，要保持人的尊严和价值，基本权利是不可或缺的。在现代社会，公民如不享有基本权利，就意味着公民宪法地位的不稳定，不能成为国家的主人。因此，宪法通过确定基本权利，使公民的行为获得合宪性的基础，从而确认了公民有对抗来自公共权力的可能侵犯的手段，以使公共权力不能随意剥夺公民权利。

公民基本权利的根本性，决定了它的母体性。公民基本权利的母体性又可称为"渊源性"，即公民基本权利是一般权利的渊源。正如宪法是母法，普通法是子法一样，作为宪法所规定的基本权利也是普通权利的基础和依据。正是从公民的基本权利中，派生出公民在普通法律上的其他权利，普通法律所规定的公民权利是公民基本权利的具体化，即从母体性权利中派生出来的。因此，公民的基本权利和公民的一般权利的关系，也是一种"母子关系"。

（二）公民基本权利的稳定性与不可转让性

公民基本权利的稳定性在于，它是人类对权利认识的集中体现，它一般不会因国家制度的变化而产生较大的变化，也不会因为宪法或法律的修改而消除。各种各样的诸多权利中能被纳入基本权利体系的那些权利，一般是国家有能力给予保护并保证得以实现的权利，也是民主国家公民所不可少的权利，因而具有稳定性。

公民基本权利的不可转让性在于，它是人的主体意志的体现，是作为公民而立于社会的最起码的资格，因此，基本权利是公民的专有权利。公民无法将其转让给他人。基本权利是没有市场可供出卖的权利，它与公民相随终身，公民无法将其转让出去。

（三）公民基本权利的固有性与法定性

公民基本权利的固有性与法定性，在于它是人所固有的、先于宪法而存在的；但只有经过宪法的确认并加以保障，才能成为现实的权利而得到实现。从表面上看，公民基本权利是由宪法所确认并加以保障的，但这并不意味着基本权利直接渊源于实在的宪法规范本身。尽管在理论上，对于基本人权是否与生俱来的问题有不同看法，但有一点是应当肯定的，那就是人的基本权利是人作为构成社会整体的自律的个人，为确保其自身的生存和发展，维护其作为人的尊严而享有的、并在人类社会历史过程中不断形成和发展的权利；从终极的意义上说，这种权利既不是造物主或君主赋予的，也不是国家或宪法赋予的，而是人本身所固有的，同时又多为宪法所认可和保障，为此其固有性和宪法规定性是相统一的。

（四）公民基本权利的排他性和受制约性

从公民基本权利的固有性与法定性中，可以推导出一个逻辑结论，即基本权利的排他性。因为基本权利既然是人所固有的权利，并且为宪法所确认和保障，那么必然要求排除他人和国家的侵犯。反过来说，宪法之所以以国家根本法的形式对这些权利作出确认，其终极的价值目标就是实现这些权利的不受侵犯。

当然，在肯定公民基本权利的排他性的同时，必须承认基本权利的受制约性。马克思指出：

"自由就是从事一切对别人没有害处的活动的权利。每个人所能进行的对别人没有害处的活动的界限是由法律规定的,正像地界是由界标确定的一样。"这种受制约性主要表现在:人们享有基本权利的程度以及对基本权利保障的具体状态,显然不得不受到一个国家或民族的历史文化、地理环境、社会制度、经济水平以及人权观念等多方面因素的制约;基本权利在其自身的性质上理所当然地存在于基本权利自身之中的界限。作为一种权利,其本身的性质决定了对其行使不能侵犯或损害其他权利或其他权利主体的权利,这就构成了权利的内在制约。例如,一个人对言论自由的行使,不能构成对他人的隐私权、人格尊严等自由权利的侵犯,这是言论自由作为一种权利在性质上理所当然地伴随着的制约。我国现行宪法第 51 条规定:"中华人民共和国公民在行使自由和权利的时候,不得损害国家的、社会的、集体的利益和其他公民的合法的自由和权利。"这是我国公民正确行使权利和自由的一条总的指导原则。为了保证社会上绝大多数人能够正常地、充分地享受宪法规定的权利,禁止极少数人滥用权利,是十分必要的。

我国宪法规定了公民享有广泛的权利和自由,依据我国现行宪法规定,我国公民享有的基本权利和自由可以分为 10 大类:(1)平等权。(2)政治权利的自由。包括选举权和被选举权,言论自由,出版自由,集会、游行、示威自由,结社自由。(3)宗教信仰自由。(4)公民的人身权利。其内容为,公民的人身自由不受侵犯,公民的人格尊严不受侵犯,公民的住宅不受侵犯,公民的通信自由和秘密受法律保护。(5)批评建议权,检举、控告权,申诉权和获得赔偿权。(6)公民的社会经济权利。依据宪法规定,我国公民的社会经济权利主要包括如下几项:劳动的权利和义务、休息权、财产权、退休人员的生活保障权、物质帮助权。(7)公民的文化教育权利。包括公民有受教育的权利和义务,公民有进行科研、文艺创作和其他文化活动的自由。(8)保护妇女的权利和利益。(9)国家保护婚姻、家庭、母亲、儿童和老人。(10)华侨的权利。

三、公民基本权利的主体

(一)自然人

1.公民

我国宪法使用的是"公民的基本权利"这样的表述,表明基本权利的主体首先是公民。我国《宪法》第 33 条第 1 款规定:"凡具有中华人民共和国国籍的人都是中华人民共和国公民。"也就是说,只要具有中国国籍,就是公民,就享有宪法上的基本权利。国籍的取得方式有以下两种。

(1)出生国籍,也就是因出生而取得国籍。出生国籍的取得有两种不同的原则:一为血统主义,也就是以出生时父母的国籍为准;二为出生地主义,也就是以出生地所属的国家为准。按照我国国籍法的规定,我国采取的是血统主义和出生地主义相结合的原则,具体包括以下规定:

①父母双方或一方为中国公民,本人出生在中国,具有中国国籍。

②父母双方或一方为中国公民,本人出生在外国,具有中国国籍;但父母双方或一方为中国公民并定居在外国,本人出生时即具有外国国籍的,不具有中国国籍。

③父母无国籍或国籍不明,定居在中国,本人出生在中国,具有中国国籍。

(2)继有国籍,也就是因为加入而取得国籍。对继有国籍,我国国籍法规定,外国人或无国籍人,愿意遵守中国宪法和法律,并具有下列条件之一的,可以经申请批准加入中国国籍:①中国人的近亲属；②定居在中国的；③有其他正当理由。在经过批准以后，申请人就具有中国国籍，成为中华人民共和国的公民。

2.外国人

在"国家尊重和保障人权"写入宪法后，我国宪法上基本权利的主体就不限于公民，而是具有人格要素的"人"。这意味着，即使并非中华人民共和国的公民，只要生活在中国的范围内，就应该与中国的公民一样享有基本权利，从而，外国人（包括无国籍人）也就能成为基本权利的主体。

对于外国人是否属于基本权利的主体，各国宪法学上曾存在争议。但在当代强调人权保障的背景下，特别是在各个国际人权公约要求普遍保障人权的背景下，外国人应该成为基本权利的主体已经不存在太大的争议。

3.胎儿、胚胎等

胎儿、胚胎等是否能成为基本权利的主体，也是宪法理论与实践中存在争议的问题。显然，许多基本权利是胎儿所无法行使的，如言论自由、宗教信仰自由、劳动权，等等。但是，胎儿却显然享有生命权和身体免受伤害的权利，同时，胎儿也享有平等权。此外，胎儿还享有社会保障的权利，主要表现为国家对怀孕妇女在经济上的资助以及假期等方面的优待。

就胎儿是否能成为基本权利的主体，在"罗伊诉韦德案"中，美国联邦最高法院持否定意见。布莱克门认为，尽管美国联邦宪法并没有关于"人"的解释，但基本权利条款的上下文却清楚地表明，"人"仅指已经出生的人，而不包括胎儿。这一见解遭到了保守派和宗教人士的激烈批评，认为这种观点是对人类生命价值的贬低。而在德国，由于将"人格尊严"作为基本权利的核心价值，故而对生命权利给予了极高程度的保障。在第二次堕胎案的判决中，德国联邦宪法法院认为人类的一般权利也都属于尚未出生的胎儿。

（二）法人

基本权利从其起源来看，是个人的权利，也就是自然人的权利。基本权利的保障最初并不及于法人。但是，在现代的经济、社会生活中，法人已然成为重要的主体，人们的许多目的必须通过组成法人团体才能达成。"人的联合"是社会生活最为基本的现象，是社会结构的基本因素。法人在现代的社会生活中也会享有一些基本权利，例如，出版自由、通信自由、经济自由、财产权，等等。在宪法中明确规定法人是基本权利主体并不常见，典型的如联邦德国基本法第19条第3项规定："基本权利亦适用于国内法人，但以依其性质得适用者为限。"但从法人是自然人的联合这一角度出发，法人应当可以成为基本权利主体。在这一前提下，有以下两个问题需要探讨。

1.何种性质的基本权利可由法人享有

并非所有的基本权利都可以由法人享有，哪些基本权利是法人所能主张的要视权利的性质而定。某些基本权利与自然人的属性有不可分割的联系，这一类的基本权利就非法人所能享有。例如，宗教信仰自由、生命权、健康权、男女平等、家庭与婚姻权利、休息权，等等。而另外一些基本权利可以与自然人分离，这些权利就是法人也可以享有的。例如，出版自由、言论自由、财产权、结社权，等等。

2.何种性质的法人可以享有基本权利

法人可以区分为公法人和私法人。公法人是以实现公共利益为目的的,是依据公法(主要是组织法)设立的,如各级国家机关。公法人行使国家公权力,是公权力的主体,属于基本权利所约束和限制的对象,所以原则上公法人不能成为基本权利的主体,否则会造成公法人在角色上的混同。

能够成为基本权利主体的主要是各种私法人,因为私法人的各种行为和利益是自然人的行为和利益的延伸,相应地,保护自然人的基本权利也就可以适用于私法人。另外,公法人在为私法人行为时,在性质上就不再是公权人主体,从而也有可能主张基本权利。

四、公民基本权利的分类标准

如何对基本权利加以分类是诞生不同的基本权利分类结论的重要原因,而解决如何分类这一问题的关键在于建立了什么样的分类工具,即使采用了什么样的分类依据和标准。所谓基本权利分类的依据是指进行基本权利分类所运用的宏观视野或基本凭据,基本权利分类的标准是指在确立了基本权利分类的依据后决定基本权利具体类别时所使用的准确尺度。我们看到,如果采用的基本权利分类的依据和标准不同,分类的方法就不同,而最终获得分类结果便不同。

(一)依据与国家权力之不同关系:自由权与社会权之分

自由权与社会权的基本权利两分法是传统宪法学、自由资本主义国家和国际人权领域所持有的一种最为基本的分类方法。依据与国家权力之不同关系而形成的不同性质,基本权利被划分为自由权与社会权两大类,前者之实现有赖于消极的国家权力行为,后者则寄希望于积极的国家观念。自由权又被称为"基本自由"或"免于束缚的自由",社会权又被称为"免于匮乏的自由"。

所谓自由权,是指免于国家权力干涉与强制而放任自由意志与行为来实现的基本权利类型。自由权作为西方宪法早期确认和保障的传统性权利有着悠久的历史,其显示了承认保障人或公民之基本自由,进而有争取其他发展权利与机会之可能性的基础性权利价值。自然法学所主张的个人自由占据超乎于国家之上的神圣地位的观点塑造了立宪政体的统治根基,也体现了近代立宪思想的精髓。自由权作为一个学术气息浓厚的权利概念,在宪法文本当中对应着哪些具体的权利形态?学界基本认同公民权利与政治权利的核心就是自由权。

所谓社会权,相对于自由权的基本特征是指依赖于国家权力的积极作为和帮助才能得以实现的基本权利。在自由权已占据了整个基本权利体系垄断地位的20世纪初叶,随着市民社会与政治国家对立的日益尖锐和市场万能神话的破灭,社会公平、社会利益问题显得日益重要,强调国家对于社会秩序与社会发展的义务与责任正合时宜,因此,主张国家保护义务的社会性权利的法律理论与立宪实践应运而生。这深切反映了人们从"起点的公平"到"结果的公平"的关于社会实质正义的更深理解,以及对自由发展基础上更为公平、合理的社会环境的孜孜追求。俄国"十月革命"胜利后,在《被剥削劳动人民权利宣言》和1918年宪法中首次集中规定了劳动权、受教育权等社会性权利。1919年的德国《魏玛宪法》紧随其后,其中亦罗列了一系列的社会性权利,例如:国家应保障婚姻、家庭及母性(第119条);国立学校的免费教育(第145条);国家经济制度应保障每个人皆能获得合乎人类尊严的生活(第151条);国家应保障劳动之权利(第157、159条);国民有获得工作及失业救济之权(第163条)等。《魏玛宪法》中所规定的公民社会权利条款,成为许多西方国家宪法仿效的蓝本,如意大利、日本、墨西哥等。同自由权相对应的社会权的具体权利形态包括狭义的经济、社会、文化权利。

比较自由权与社会权我们发现,二者的首要区别在于与国家权力的不同关系:自由权以免于国家权力干涉为实现条件,社会权则恰好相反,社会权不信任个人权利和个人能力而要求国家权力的积极保护,这样形成了"消极权利"与"积极权利"的对立。其次,自由权与社会权宪法效力的明显差异使得两种权利的宪法实践机会并不平等。事实上,社会权概念自提出之后所招致的批评从未平息过,批评者认为其概念模糊、范围不确定、无法具体化等,其中最为关键的问题莫过于社会权无法具有同自由权一般的宪法效力,即社会权利规范不能够作为保障公民的具有直接效力的规范而为受到侵害的权利提供宪法救济。因此,一些典型的自由国家始终对社会权利持保留态度,而不将其作为宪法权利,不确认国家对这类权利的积极保护。国际社会在对社会权利予以承认的同时也保留了相对谨慎的态度,如《经济、社会和文化权利国际公约》是独立成篇的,以区别于《公民权利和政治权利国际公约》,甚至在前一公约中仅对各缔约国施以定期报告权利实施状况的义务,而后一公约中则建立相对具体的权利控诉和救济申诉制度。即便如此,自由权与社会权效力之间的现实差异也不能说明社会权利实践的远景空间同样狭窄、黯淡。从社会权利作为一个新生事物出现直到今天获得许多国家及国际社会的普遍承认,已经证明了社会权利的发展进步,这一进步不只是表现在思想观念领域,也反映在实际的权利保护中。有学者甚至颇为乐观地认为,"今天,几乎所有的'西方资产阶级'政府都是经济和社会权利的强有力的保护者,在第三世界和苏联集团,经济和社会权利长期以来至少被认为是与公民权利和政治权利相等的"。

(二)以公民与国家之不同地位而引申出不同法律关系为依据:自由权、参政权与受益权之分

德国公法学者艾理耐克在《主观的公权体系》中,根据公民对国家地位的不同法律关系对基本权利进行了三分,即自由权、参政权和受益权。艾理耐克认为,从社会学角度认识国家,国家不过是一个集团的统一体;从法律上加以定位,它不过是一个法人,国家的公权属于组成这个法人的公司,个人对于国家的权力可称为"个人公权",国家对于公民的权利可称为"国家公权"。二者间形成的关系可定位为四种关系:其一是服从关系,在这种关系中,公民处于被动地位,由此公民对于国家只有义务而无权利;其二是对国家权力的排斥或拒绝关系,在这种关系中,公民处于消极地位,但这组关系肯定了公民大量的自由权,当法律上肯定并保护公民某项自由时,公民便有权拒绝并排斥来自国家权力的干预;其三是对国家的请求关系,在这种关系中,公民处于积极地位,国家应公民的请求而进行活动,满足了公民的请求,公民便获得受益权和请求权,从这种法律关系出发,满足公民请求是国家的义务;其四是对国家活动的参与关系,在这种关系中,公民处于主动地位,这种地位表明主权在民,公民在这种关系和地位中获得参政权。艾理耐克的主要观点在于依据公民与国家之间所存在的服从、排斥、请求与参与的四种法律关系而提出公民对国家的基本权利应分为自由权、参政权和受益权(或请求权)。

(三)以人在自然状态和社会状态下的不同属性和价值差异为依据:个人权利、政治权利、社会权利

在自由权与社会权两分法的基础上,以人在自然状态和社会状态下的不同属性和价值差异为依据,自由权又可以进一步分为个人权利与政治权利,这样就形成了个人权利、政治权利与社会权利的三分法。个人权利是指自然状态下人与生俱来的权利,是免于国家权力侵犯和干涉的权利,是自由价值的体现;政治权利是社会政治状态下人参与社会和国家管理的权利,是社会民主价值的体现;社会权利是社会状态下要求政府负有援助和救济以及更多发展和提高之责任的权利,是现代社会平等价值的体现。

采取这一分类标准的有美国学者卡尔·J·弗里德里希,英国学者马歇尔、本迪克斯、透纳、吉登斯等。联合国人权文件实际上也采用了这一分类标准,如国际人权文件之一的《公民权利与政治权利国际公约》。美国学者弗里德里希在其1964年出版的《超验正义——宪政的宗教之维》一书中将这三类权利与对个体的意义连接起来,认为这三类权利对个体而言,分别意味着自我保存或者自我肯定、自我表现和自我发展。英国学者吉登斯在其所著的《民族——国家与暴力》一书中借鉴马歇尔的标准对基本权利也作了三分。其以社会学的分析方法认为,这三类权利对国家的政治、经济起着不同的作用,但马歇尔将社会权利笼统地称为"社会经济权利"或者"经济权利",而不是"社会权利"。

(四)以基本权利的内容为依据进行分类

以基本权利的内容为依据对基本权利进行分类是基本权利分类方法中重要的一支,这种方法较为普遍地运用于许多国家的宪法研究当中。例如,美国普林顿大学教授斯坦利·凯莱(Stanley Kener)按照美国宪法修正案的内容将基本权利分为如下几种:信仰、言论、出版、集会自由;武装保卫自己的权利;人身、财产与住宅不受侵犯;私有权和受法律程序保障权;被告人的权利;不受酷刑及过重罚金权;其他保留的权利和地方自治权。

在我国的宪法学研究中,许多学者青睐于以基本权利的内容为依据进行基本权利的分类,并且被分类的基本权利体系通常特定于我国的宪法文本,因此,以基本权利的内容为依据和标准所进行的基本权利划分带有更多的注释宪法学研究的旨趣。20世纪80年代有学者提出过基本权利的十大分类方法,认为我国公民的基本权利可以被分为10类:平等权;政治权利和自由;宗教信仰自由;人身自由;批评、建议、申诉、控告、检举权和取得赔偿权;社会经济权利;文化教育权利和自由;妇女的权利和自由;有关婚姻、家庭、老人、妇女和儿童的权利;华侨、归侨、侨眷的权利。也有学者认为我国基本权利内容可以被分为5类,即平等权,政治权利,自由、人身自由和信仰自由,社会经济文化权利,特定人的权利。新近亦有学者提出,根据基本权利的内容,中国基本权利的范围包括8类:平等权;政治权利与自由;人身自由;宗教信仰自由;文化教育权利;社会经济权利;监督权与请求权;特定主体的权利。此外,也有学者将我国宪法中规定的基本权利分为平等权,政治权利与自由,人身自由与宗教自由,社会经济与文化教育权利,监督权与请求权,特定主体的权利6类。

(五)以基本权利的历史发展及时代特征为依据进行的分类

围绕基本权利的历史发展以及其在这一进程中所形成的重要时代特征为依据,法国学者卡利尔·瓦萨克提出了三代人权的分类方法,这一分类方法为我们观察基本权利的历史发展及时代特征提供了富有价值的参照。

瓦萨克教授在其20世纪70年代的一篇文章中提出,在世界所经历的三次大的革命过程中诞生了三代人权。第一代人权是指公民权利和政治权利,其权利价值的核心在于"自由",1789

年的法国大革命为这一代权利的问世奠定了基础。第二代人权是指经济、社会和文化权利,这代权利的价值核心在于"平等",俄国十月社会主义革命之后,社会主义理念以及福利国家思想的渲染为这类权利的传播和发展提供了历史契机。20世纪下半叶,随着五六十年代全球性非殖民化进程的展开以及因生产和科学技术的不断发展而导致的资源短缺和环境破坏等全球性问题的出现,诞生了以群体意识和群体关怀为基础的第三代权利,这些权利主要包括了自决权、发展权、和平权、国际和平与安全权、国际人道主义救助权、继承人类共同遗产权和环境权等由世界所共同关注的话题而派生出的诸权利。根据这三代权利的不同特点及价值核心,瓦萨克教授分别将其称为"自由权利"、"平等权利"、"社会连带权利"。

第三节 公民基本权利的保障与限制

一、基本权利的保障

(一)基本权利的保障模式

公民基本权利的保障模式有两种。宪法学界或称之为非限制模式与限制模式,或称之为绝对保障模式与相对保障模式,或称之为保障模式与限制模式,或称之为依据宪法的保障模式与依据法律的保障模式。

1. 非限制模式

非限制模式有如下两个特点。

(1)将公民基本权利写进宪法,禁止一切政府机构改变它们,甚至要阻止多数派支持的政府凭借法律来进行侵犯,不允许其他法对之进行限制或规定例外情形,只有通过宪法修正案才能限制或取消某项公民基本权利,并且,如果这一过程是非常困难或非常正式的,那么,这种限制就会更容易为大众所觉察,意味着该项公民基本权利的存亡将决定于公意。

(2)一般都实行具有实效性的违宪审查制度来保障公民基本权利,通过这种制度,排除其他法规范对公民基本权利所可能加诸的、逾越该公民基本权利内在制约之限度的、并为宪法所不能接受的那些制约;同时,这种制度为公民基本权利提供了一种有实效的权利救济制度——宪法诉愿。宪法所保障的公民个人所享有的权利和自由要具有实质性意义,必须通过具体的实施手段来实现。当然,普通的民事程序或刑事程序可以保护公民基本权利,有的国家,还可以通过特殊的行政法院来保护公民的基本权利和自由。但是,普通司法程序不可能担负起保护所有宪法权利的重任,有时,由普通司法手段处理宪法上的权利甚至可能造成无法挽回的后果。因此,宪法诉愿制度才是最有实效的基本权利救济制度,"宪法法院享有审理公民个人或者公民团体提出的要求保护宪法所规定的权利和自由的宪法诉愿的权力表明宪法保障个人的权利和自由","赋予宪法法院来保护公民个人所享有的宪法权利和自由,一方面可以加强对公民宪法权利和自由的保护,另一方面,也可以将公民个人的宪法权利和自由保护问题上升到宪法问题的高度予以重视"。具有这两个特点的公民基本权利保障模式,我们不妨称之为非限制模式。

2.限制模式

第二种模式可称之为限制模式,即允许其他法规范对宪法所规定的基本权利加以直接有效的限制或客观上存在这种可能性的方式。有些宪法本身就规定或默示对自身所确认的某些权利可以予以限制。如规定某种基本权利"其内容由法律规定"、"在法律的限制之内"或"在法律的范围内"予以保障、"依法享有"、"非依法律不得限制"等等,都表明了这种基本权利可以或可能由法律加以限制。在实践中,这种限制有两种表现形式,一是公民基本权利的具体内容和保障方法均由普通法律加以规定,于是使公民基本权利由宪法权利变为法律权利;二是通过普通法律限制宪法权利的行使。

近代西方宪政的公民基本权利保障,一般选择了非限制模式。

美国的《权利法案》是对公民基本权利保障实行非限制模式的典范。首先,它明确宣布某些公民基本权利不受任何法律的任何限制。美国宪法第一条修正案写道:"国会不得制定有关下列事项的法律:确立国教或禁止信教自由;剥夺言论自由或出版自由;或剥夺人民和平集会和向政府请愿申冤的权利。"该规定体现了对这些权利绝对保障或绝对无限制的观念。其次,它彻底抛弃了公民基本权利是由国家、宪法、法律赋予的观念,将公民基本权利从法律甚至宪法的不合理限制中解放出来,其第 9 条、第 10 条宣告:"本宪法对某些权利的列举,不得被解释为否定或轻视由人们保留的其他权利。""宪法未授予合众国、也未禁止各州行使的权力,由各州各自保留,或由人民保留。"从而在宣告权力受限制的同时,明确了权利自治的原则。最后,在表述时,尽量避免使用"其内容由法律规定"、"在法律的限制之内"或"在法律的范围内"予以保障、"依法享有"、"非依法律不得限制"等等字眼。通观《权利法案》,类似的表述只有一处,即第三条修正案出现了"除依法律规定的方式",联系其仅仅适用于"战时"状态,应该说其非限制倾向是明显的。相反,王希注意到《权利法案》表述的另一个特点:"对权利的列举不是采用肯定语式,而采用否定语式,即不准联邦政府侵犯或剥夺人民这样或那样权利,而不是说人民拥有这样或那样的权利。这种语式上的安排充分表现了 18 世纪末美国人的政府观:政府的权力必须受到限制,而首先要受到限制的是联邦政府的权力。"而在我看来,这种语式上的安排充分表现了 18 世纪末美国人的公民基本权利观:对公民基本权利的侵犯主要来自政府,对政府权力的限制是保障公民基本权利最有力的手段,"人民拥有这样或那样的权利"的表述注重一种公民基本权利宣告,而"不准联邦政府侵犯或剥夺人民这样或那样权利"则以政府责任和义务的方式落脚于公民基本权利保障。

同样,英国宪政对公民基本权利的保障,也采用了非限制模式,甚至在语式和表述上,其宪法性文献与美国的《权利法案》也惊人的相似。我们可以说,《大宪章》对臣民权利和自由的肯定,全部是以国王"不得"这种否定语式表述出来的;《权利请愿书》全部是以陛下"不宜"的方式来肯定保障人民的权利的;而《权利法案》采用了"若国王……皆为非法"这种表达方式,对国王侵犯公民基本权利的行为预备下了以惩罚为内容的判决书。

在近代中国,公民基本权利被当作是对人民的恩赐,公民基本权利的多寡、公民基本权利的内容、公民基本权利行使的时间地点方式与界限均由赐予者,即掌权者说了算。因此,近代中国的宪法性文件,只要具有公民基本权利内容的,无一例外地对公民基本权利保障采取了限制模式。王世杰、钱端升所著之《比较宪法》一书附录,收集了 11 个宪法性文件(缺 1946 年《中华民国宪法》),这是一个很全面的资料,包括:光绪三十四年的《宪法大纲》、宣统三年的《十九信条》、辛亥 10 月公布民国元年 1 月修订的《中华民国临时政府组织大纲》、民国元年的《中华民国临时约法》、民国 3 年的《中华民国约法》、民国 12 年的《中华民国宪法》、民国 14 年的《中华民国政府组织法》、民国 17 年的《中华民国国民政府组织法》、民国 20 年的《中华民国训政时期约法》、民国 20 年的《中华民国国民政府组织法》、民国 25 年的《中华民国宪法草案》。其中，4 个组织法与《十九信条》无公民基本权利条款，其余 6 个有公民基本权利条款的，全都对公民基本权利保障采取了限制模式。

（二）基本权利保障的保障方式

纵观世界各国的宪法和法律，对权利的保障无一例外地采取两种方式：一是对基本权利和自由的宣告，二是为公民基本权利和自由的实现提供条件。从根本上来说，要切实保障公民权利，首先要大力发展社会生产力，把公民基本权利和自由的实现建立在雄厚的物质基础上。同时，要不断增强公民的宪法观念、民主意识和权利意识。从具体方面来说，公民的基本权利和自由是国家对公民作出某种行为的保障，就最直接的意义而言，它首先表现为当人们的权利受到侵犯时，国家有义务制裁侵权行为。因此，公民基本权利和自由的保障，最基本的就是运用法律手段，从法律制度和措施上予以的保障。就我国公民基本权利和自由保障的现实而言，主要表现在以下几个方面。

1. 宪法保障

宪法保障是公民基本权利和自由保障的前提所在。只有以宪法的形式，从宏观上和整体上对国家权力和公民权利的关系进行界定，明确国家权力和公民权利的关系，即国家权力必须以维护公民权利为目的、以促进公民权利的实现为宗旨，才能使公民权利和自由的保障获得合宪性根据。从我国目前的实际情况而言，完善公民基本权利和自由的内容，使公民基本权利和自由的保障更加具体；其次，使宪法关于公民基本权利和自由的规定具有可操作性；再次，强化和完善国家权力的制约，从根本上保障公民权利的行使。

2. 立法保障

在完善宪法对公民基本权利和自由内容的基础上，制定比较具体和完备的部门法，将宪法关于公民基本权利和自由的规定具体化、规范化，使公民基本权利和自由的保障有具体的、可操作的法律依据，是公民基本权利和自由保障的一个重要方面。自现行宪法颁布以来，我国已制定了大量的部门法和大量的地方性法规，为公民基本权利和自由的保障提供了比较明确的法律依据。但也应当看到，由于各方面原因，我国法律对公民基本权利和自由的规范与保障尚未健全，有一些关系到公民基本权利保障的重要法律，如《新闻法》、《出版法》、《结社法》等至今没有立法；一些公民基本权利，如对平等权的具体保障等还处于立法的真空地带；还有一些关于公民基本权利的立法内容过于原则化，缺乏可操作性，这些都在相当程度上影响了对公民基本权利和自由的保障。这些问题是今后在立法中应当首先予以考虑的。

3. 司法保障

司法保障是指司法机关通过司法审判活动，打击和制裁犯罪，解决公民之间纠纷，以保障公民权利的实现。司法保障是公民基本权利和自由保障的终极手段。从世界各国的宪政实践来看，通过司法救济，维护公民权利和自由，是公民基本权利和自由保障的最终途径。当然，由于各国宪政体制的不同,在具体模式上也各不相同。从我国的实践情况而言,通过制度设计,完善公民基本权利和自由的司法保障,是公民基本权利保障的核心内容。

(三)我国现行宪法的公民基本权利保障模式

我国现行宪法基本上没有明文规定对某种基本权利的具体内容和保障方法由普通法律加以规定,也没有明文规定或实际上默示性地规定普通法律可以限制某种基本权利,然在具体的法律制度层面上以及实践中所形成的基本权利的保障方式则倾向于限制模式。

如何保障公民的基本权利? 过去我们主要讲政治保障,靠中国共产党领导人民自觉地遵守宪法和贯彻执行宪法中有关公民基本权利的规定;强调物质上的保障,认为权利离开经济基础便不能自存。公民基本权利的这种外部保障,特别是政治、物质上的保障是十分重要和必要的。但是,仅有外部保障是远远不够的。公民基本权利作为国家的根本法的主体内容,有其自身的宪法保障制度。如果不靠这些制度发挥作用,公民基本权利照样会成为一纸具文。近现代宪法发展的历史经验表明,公民基本权利很大程度上依赖于下面这些宪法制度来保障。

1.立法制度

毫无疑问,公民基本权利的实现往往要凭借具体法律的现实规定,即通过现实的立法,使公民基本权利普通法律化。由此而生的问题是,当立法者基于多方面因素的影响(如由于党派林立而使多数无法形成)而出现立法不作为、未通过具体法律对公民基本权利加以现实化的时候,公民基本权利有没有得以实现的现实基础呢? 诚然,公民自由权利的实现需以立法的不侵犯为其制度性前提,但仅此尚不足行,自由权利的真正实现还需要公民或私人团体对他人的宪法权利予以足够的尊重,在这方面,宪法显然是无能为力的。因为宪法作为一个根本性的法律,并不直接调整个体之间的权利冲突,而是把它归入到普通法律的规范之中。当现实的立法者由于多种因素的影响而无法将公民基本权利付诸普通法规范的时候,权利受到侵害的公民也便丧失了诉之于普通法院的诉因,宪法关于公民自由权利保障的许诺也便随之成为一句空谈。因此,宪法一定要设计出保障公民基本权利普通法律化的制度。我国宪法中,部分公民基本权利已经现实化和普通法律化,如宪法第9条、第10条、第12条、第15条等关于对侵害、破坏公共资源、环境和公共财产的保护性规定,对通信自由保护的规定,对私有财产保护的规定,婚姻家庭保护条款都已经有民法、刑法和其他法律的保护;关于公民的社会经济文化权利条文,如劳动权(第42条)、休息权(第43条)、社会经济保障权(第44条、第45条)、受教育权(第46条)、科学研究和文艺创作的自由(第47条)等条文目前已部分法律化了,但法律化的程度不高,法律保护仍然涵盖不了上述基本权利的内容;对人格尊严权的保护(第38条)还没有专门立法,只能适用民法通则以及最高法院有关名誉权、隐私权的司法解释对公民的这一权利进行保护,由于立法的不完善和司法实践中出现了很多问题,这种保护是不够的。对宗教信仰自由的条款,立法近乎空白。鉴于这种混乱状况,有必要建立使公民基本权利普通法律化的制度。

2.行政权控制制度

毋庸讳言,在我国目前,对公民基本权利实施侵害的,主要的不是私行为,而是公权力行为。诚然,1990年10月1日开始实施的《行政诉讼法》,建立了"民告官"的制度,开启了我国的行政权制约和公民权利保障之门,但是行政权力对公民权利的侵害并没有得到有效的抑制。例如,

《行政诉讼法》将受案范围限于九种具体行政行为，只覆盖了行政行为的一角。特别地，抽象行政行为未纳入诉讼的范围。由于抽象行政行为具有普遍约束力和反复适用性，它对公民基本权利的侵犯，一旦成为现实，便具有极大危害性。

3.司法救济制度

司法权实际上是为公民基本权利的救济提供最有力、最有效和最后的保障渠道。从公民的角度而言，它实际上是获得司法救济的权利。而在我国，公民的司法救济权，常常被不合理地限制甚至剥夺。如纳税人与税务机关发生争议时，必须先缴税款，然后才能申请复议，然后提起诉讼。这就是说，当纳税一方确实无力缴纳时，则丧失申请复议和提起诉讼的权利；再如刑事立案侦查，公安、检察机关具有是否立案的决定权，不立案的决定一经作出，受害人便只能服从。其实，从受害人角度而言，请求立案侦查目的在于保护自身合法权益，公安、检察机关不立案，不但实际上侵犯了法院对案件的实体审查权，而且侵犯了受害人请求程序救济的基本权利。特别遗憾的是，在我国宪法还不能作为法院判案的直接依据，从而使公民的基本权利不能得到司法救济。我们从公民基本权利的法律性出发，有理由要求宪法"亲政"；从公民基本权利的实体内容出发有理由强调宪法的"可诉性"；从立法存在的空白和缺漏出发，有理由冀望宪法"法网恢恢，疏而不漏"的大能。

4.其他公权力的制约制度

在国家权力体系中，还有一些机构，部分地承担了人民授予国家机关的传统权力，如政党主导了选举中大量而关键的工作；利益集团对立法权起着极大的影响；新闻媒体一方面获取了对其他公权力的部分监督权，一方面又可主导人们的知情权和选择权，在西方被誉为立法、行政、司法之外的第四种权力。这些机构的权力均可能侵犯公民的基本权利：政党的政策，特别是执政党的政策，具有准法律效力，但它极可能是以削减、侵害公民权利的方式，为个人和自己的组织谋取更大的利益；利益集团必然具有自私性、狭隘性，"不管他们占全部公民的多数或少数，而他们的利益是损害公民的权利或社会的永久和总的利益的"。新闻媒体的选择具有主观性，它不仅可能漠视公民的知情权，甚至可能为侵犯公民的名誉权、隐私权的行为提供阵地。因此，宪法应该设计一套控制其他公权力侵犯公民基本权利的制度。

二、基本权利的限制

任何的权利都是有界限的。任何一项权利的行使，都有可能与他人的权利发生冲突，也有可能与社会的共同利益发生冲突。为了避免各权利主体在行使权利上相互妨碍，为了保证公共利益的相互和谐，宪法必然要求对各种权利和利益进行调和、界定，这在一定范围内就表现为基本权利的限制。

（一）基本权利限制的理论和法律基础

公民宪法上的基本权利是可以限制的。作为最高法的宪法规定了公民的基本权利，它们是政治社会中个人所应享有的，也是国家必须给予保障的个人基本权利。但是，这些权利并不是绝对的、排他的，也即并非不可以限制。虽然在理念上，这些权利是最高的，是天赋的，是受宪法保障的,但在实证的意义上,各国宪法基本权利均采取相对保障主义,而非绝对保障主义,即基本权利可以依法限制。限制基本权利的理论基础是个人权利与其他法益冲突的客观存在。人不是孤立的存在,社会共同体中的个人有相互依从性,个人在行使权利的同时,有可能侵害他人的权利或者社会利益,须在不同权利之间进行适度平衡,这就是限制宪法基本权利及基本权利相对保障主义的理论基础。以言论自由、出版自由、宗教信仰自由和结社自由、通讯与住宅不受侵犯这些传统的基本权利来看,其中没有一项是可以不受一般性的法律规则限制的绝对权利。言论自由不意味着可以自由地造谣、诽谤、欺诈、教唆犯罪或以报警来制造混乱。人身自由也如此,当人身自由与紧急状态之下的国家安全、公共卫生与社会秩序相抵牾之时,人身自由可以在法律规定的前提下受到一定程度的限制。限制基本权利的法律根据最早则可以追溯到1789年的法国的《人权宣言》。《人权宣言》第4条规定:"自由包括从事一切不损害他人的行为的权力。因此,行使各人的自然权利只有以保证社会的其他成员享有同样的权利为其界限。这些界限只能够由法律确定。"这一规定既是法治原则的具体体现,也包含了基本权利可以受限制,并且只能由法律加以限制的内涵。因此,从理论与法律两方面来看,宪法基本权利都是可以限制的。

(二)基本权利限制的形式

1.基本权利的本质限制

基本权利的本质限制也称为基本权利的内在限制。每一项基本权利都有其一定的构成要件,通过这些构成要件,可以对某种行为是否属于该项基本权利的行使作出判断。也就是说,基本权利的构成要件本身就是对基本权利的范围的框定,从这种意义上来讲,基本权利的构成本身就是基本权利的限制。由于是从界定基本权利的内涵角度去界定基本权利的限制,所以这种限制是基本权利的自我限制,体现了基本权利在本质上的有限性。有一种观点认为,所有的基本权利的限制都不过是基本权利的本质限制,是基本权利的内在限制。以公共利益限制基本权利,不过是基本权利的整体对个别的基本权利的限制。所以,只要界定清楚了各项基本权利的构成要件,该项基本权利的限制也就被确定了。

2.基本权利的法律限制

宪法基本权利由谁来限制?宪法基本权利可以受到限制,这已确凿无疑,问题是由谁来限制?现代政府构造主要由三个部门即立法、行政与司法机关组成,是否这些机构都可以限制基本权利?答案则是否定的。在民主法治及基本权利的发展进程中,各国无一例外地明确了一点,这就是只有"法律"才可以限制基本权利,前述法国《人权宣言》第4条"这些界限只能够由法律确定"已清晰无误地表明了这一点。因为公民基本权利都以明确的方式或者明文规定的方式受到了宪法保护,"除非依照法律",否则不得对上述权利做任何限制。"依照法律"即意味着只有法律才可以限制,其后,该理论发展为法律保留原则。值得注意的是,在权力分立或者分工的政府机构中,"法律"并非指一般法理学教科书在阐述法律渊源之时所指的不同位阶的包括宪法、法律、行政法规、地方性法规在内的所有规范性文件,而是仅指立法机关按照立法程序通过并颁布的法律。因此,此处所指的法律,必须具足法的形式理性与实质理性,否则便不可以称之为法律。

（三）限制基本权利的原则

1.限制的必要性

从词源学意义上来看，"必要"应有以下三层意义：首先，有必要采取的措施从事物的本质方面来看必不可少；其次，采取措施的主体的认可；最后，措施的实施在确保事物发展的过程中必然会发生。根据以上三个要件，我们基本上可以从理论上推导出对公民基本权利进行限制的前提条件，即：第一，对公民的基本权利进行限制，必须要经过国家有权机关的认可。如果国家有权机关认为限制没有必要，事实上对公民的基本权利进行限制并不能付诸实践。第二，对公民的基本权利设置界限必须要符合当时、当地的社会经济发展水平、政治现实以及文化发展水平。如果超越了这个水平，则不符合"必要"性标准。第三，对公民的基本权利进行限制，其目的并不是要从本质上限制公民的基本权利，而是立足于维持一个现实的、良好的社会秩序前提下最大限度地保障公民的基本权利。因此，从维护秩序的角度上来分析，亦应有必要对公民的基本权利进行限制。

缘于对公民基本权利进行限制必须满足"必要性"，因此除了各国宪法以外，诸多重要国际公约也对公民基本权利设立限制的前提条件进行了严格的规定。例如，《公民权利和政治权利国际公约》第19条第3款规定："本条第二款所规定的权利的行使带有特殊的义务和责任，因此得受某些限制，但是，这些限制必须是由法律所规定的并且为下列所需：（1）尊重他人的权利或名誉；（2）保障国家的安全或者是公共秩序，或者是公共健康或道德。"《欧洲人权公约》在第15条第1款规定："战时或者遇有威胁国家生存的公共紧急时刻，任何缔约国均有权在紧急情况所严格要求的范围内采取有悖于其根据本公约应当履行的义务的措施。"《美洲人权公约》第13条第2款也规定，在以下情况下，人权应当受到限制：（1）尊重他人的权利或名誉；（2）保护国家安全、公共秩序、公共卫生或者道德。

综上所述，大概有如下两种情况，对公民的基本权利进行限制属于"必要"。

第一，为了更高层次的价值的实现，就有必要对居于价值低位的权利进行限制。在不同的社会，或者在同一社会的不同时期均会存在不同的法律的价值体系。例如，在奴隶社会和封建社会，统治者为了维护其少数人对大多数人进行统治的不公平状态，"安全"是其制定法律所应考虑的首选。因此，其他的所谓的"自由"、"平等"的法律价值无疑应在"安全"面前俯首称臣。霍布斯认为，保护生命、财产和契约的安全，构成了法律有序化的最重要的任务；自由和平等则应当服从这一崇高的政治目标。而在自由资本主义时代，增进自由、平等成为政府政策的首要目标。垄断资本主义时代，秩序又成为时代所呼唤的对象，此时自由、平等又受到了维持社会秩序的限制。现代社会，政府对自由的调控仍然是维护秩序的不二选择。我国宪法在第51条规定，中华人民共和国的公民在行使自由和权利的时候，不得损害国家的、社会的、集体的利益和其他公民的合法的自由和权利。这种限制，实质就是一种价值选择的结果。有鉴于此，各国宪法均规定了保护秩序而对自由进行限制的条款。如1977年苏联宪法第65条规定："苏联公民必须尊重他人的权利和合法利益，对反社会行为毫不妥协，全力协助维护社会秩序。"意大利宪法第21条规定："违反善良风俗之出版物、曲艺演出和各种游行运动，均予以禁止。法律在防止和消除破坏性方面，可规定适当的预防措施。"保加利亚宪法第9条第2款规定："任何自由和权利的行使不得用于危害公共利益。"不只是各国的宪法规定应为了秩序而对自由以及其他权利进行限制，而且一系列国际公约也有类似的规定。如《世界人权宣言》第28条规定："人人均有资格获得一种社会的和国际的秩序,在这种秩序中,本宣言所规定的权利和自由能够获得充分的发展。"

第二,出现社会紧急情况时,可以违反上述价值层次的限定,对公民的基本权利进行限制。在一般情况下,为了保持一个稳定、可预测的社会秩序,必须严格遵循以上价值层次前提来对公民的基本权利进行限制,但是在出现某些危及国家安危、民族或人类的生死存亡的紧急状况时,可以越过社会正常秩序的束缚而对公民的基本权利作出限制。《公民权利和政治权利国际公约》的第4条规定,即便在国家出现紧急情况时,有某些特定的人权也不得克减:生命权、不受酷刑权、不得为奴或被奴役权、不得因履行合同而产生的债务而被判处监禁的权利、无罪推定、独立的法律主体地位、思想自由、良心以及宗教自由权等。但是,很多国家对该条都提出了保留,如英国。因此,从另一个角度上看,世界上大多国家均持有在紧急状态下可以对公民基本权利设立限制的立场。《欧洲人权公约》第10条就规定,只要存在"紧迫的社会需要",政府就可以对人权进行合法限制。

2.限制的适度性

英国牛津大学的社会和政治学教授伯林指出:虽然应对自由加以限制,但是这种限制不能无边无际,应该给个人保留一定的绝对不可受到侵犯的自由领域。如果过分侵犯自由的范围,个人会感到他的生活范围太小,而不利于发展他自己的自然能力,而这种能力是他追求理想目标的必需条件。自由是这样,公民的其他基本权利也是如此,如果公民的基本权利受到了不合理的限制,社会就失去了其生存与发展的最根本因素。因此,如何给公民的基本权利划定合理范围,以使不同公民基本权利之间以及公民的私权利与国家的公权力之间能和谐共处,是我们在此应该解决的问题。

瑞士日内瓦大学法学院著名教授马林维尼在他的一篇名为《瑞士的法治与人权》的文章中写道:"瑞士宪法对于基本自由的限制几乎没有,但是根据法理,对于基本自由的限制必须符合以下三个条件:(1)这种限制必须符合成文法;(2)对于基本自由的限制,必须符合诸如维护公共秩序、健康和社会道德等合法目的;(3)对基本自由的限制必须符合比例原则。"在此与本问题有关的是第三点,即必须符合比例原则。在实践中,遵循比例原则经常要求在私人利益以及公共利益之间达到平衡:一方面,国家为了维持社会稳定秩序而实现了公共利益;而另一方面,私人在尊重公共利益的前提下最大限度地享有个人利益。这两个方面应当保持平衡,如果公共利益过分挤占了私人利益,那么社会将失去向前发展的活力;但是一旦个人利益凌驾于公共利益之上,会造成社会不公,弱者的利益容易被边际化,即所谓市场失灵。虽然对于怎样具体为公民的基本权利设立界限才能达到以上效果应具体问题具体分析,但是有一个原则却值得我们在此进行确认,即对公民的基本权利的限制不能超过维护社会秩序或紧急情况下国家安全、国民健康的必要程度。

3.限制的平等性

对公民的基本权利设立限制时,还必须满足平等性的要求,对处于相同情况之下的主体的同样一种基本权利均进行限制,而不能形成事实上的特权阶层。这是因为,首先,对公民的基本权利进行限制是一个立法过程,对于法律来说追求普遍、平等的适用,是其实现价值的必然追求。事实上真正作为制度的"法律",从来都是强调一般性,而较少考虑特殊性。其次,平等反映了市场经济的本质要求。市场经济中的主体之间的关系是平等的自由竞争关系,市场经济相对于自然经济的先进性也正在于此。因此,市场经济要求法律承认并确保这种平等的竞争秩序。而如果法律在限制公民基本权利的时候,厚此薄彼,那么势必赋予社会中部分群体以制度优势,他们从而可以借此减少基本权利被限制所带来的制度成本,这样一来就会破坏市场经济所赖以生存、发展的基础。再次,平等反映了民主的价值要求。民主即国家的每一个公民均有参政议政的权利,均有获得同等对待的权利。因此,在对公民基本权利进行限制时,对某些人实行豁免政策,实质上就是对民主制度的践踏,最终使国家退化至专制状态。最后,在进行权利限制时考虑平等性,更符合制度方式的权利配置要求。制度,讲求将规则平等地适用于处于秩序中的每一个主体,不能只许州官放火,而不许百姓点灯。当然,我们在此讲求平等性并不是要完全否认对弱者的同情考虑,而是从注重建立一个稳定的、可预测的社会秩序着眼,只能以"平等"作为分配权利义务的基本原则,以弱者的特权为辅助原则,并以对业已建立的良好社会秩序没有根本冲击为前提条件。

4.限制的合法性

如果说必要性、适度性、平等性是对限制公民基本权利的一种内在要求的话,那么对限制公民基本权利的合法性要求,可视为是一种外在要求。历史上也曾经出现过,我们有过不通过法律而仅凭领导人意志或国家政策对公民基本权利进行限制的历史,这当然不是对公民的基本权利进行限制的合法方式。洛克指出:"无论国家采取何种形式,统治者应该以正式公布的和被接受的法律,而不是以临时的命令和未定的决议来进行统治。"因此,在正常情况下,各国均应使用法律来对公民的基本权利进行限制。具体来讲,宪法只是对公民的基本权利进行原则性限制,而把具体限制公民基本权利的任务交给了其他法律,如民法、刑法、行政法等法律。因此,我们在这里谈法律对公民基本权利设立限制的合法性,主要指的是其他法律对公民基本权利设立限制的合宪法性。这种合法性主要指:第一,主体的合法性。要对公民的基本权利设立限制,只能经由人民选举产生的、能代表人民意志的最高代议机关来进行,其他任何国家机构均无权对公民的基本权利设立限制。在西方国家这种权力应由议会享有,而在我国则只能由全国人民代表大会以及常务委员会来履行此类立法职能。我国《立法法》第8条规定,有关对公民的政治权利的剥夺、限制人身自由的强制措施和处罚,只应由法律来规定。我们认为,这一条所规范的范围过于狭窄,并不足以用来维护对公民基本权利设立限制主体上的合法性。首先,既然宪法统一规定了公民除具有政治权利、人身自由权利以外,还有其他的自由以及一系列社会经济、文化权利。从立法层次上来说,它们居于同一档次,既然规定对政治权利以及人身权利的限制应该由法律来决定,那么,对其他公民基本权利的限制也应由法律来决定。其次,《立法法》第9条规定,通过授权立法的方式,即全国人民代表大会可以将某些事项的立法权授予国务院。这样一来有一个弊端,即人民的普遍意志会面临扭曲的危险。国务院毕竟不是代议机关,因此其未必能准确传承人民的普遍意志。这无疑削弱了公民基本权利的至高无上的宪法意义。第二,程序的合法性。美国宪法第5修正案规定:"除非依据大陪审团的报告或起诉书,任何人不得受到重罪或其他剥夺公民权利的罪行的审判……任何人不得因为同一犯罪在生命和身体上受到两次伤害;任何人不得被迫在刑事案件中自证其罪;非经正当法律程序,不得被剥夺生命、自由、财产;非经公平补偿,私有财产不得充当公用。"第14条修正案也规定,非经正当法律程序,任何州不得剥夺任何人的生命、自由或财产。这两个条款在美国历史上被称为"正当程序条款",其共同维护了程序正义。它所传达的信息是:没有经过法律规定的正当程序,任何人的公民基本权利不得被剥夺,换一句话说,就是法律为剥夺公民基本权利所规定的程序必须是正当的。我国有重实体、轻程序的传统,这种传统体现于宪法领域就是:在对公民的基本权利进行限制的时候,宪法仅规定国家、社会、集体利益以及其他公民合法权利的限制,而并没有规定正当程序条款。这样一来,给人一种印象:只要限制公民的基本权利的措施符合国家利益、集体利益、社会利益以及保护其他人的合法利益的前提条件,无论采取何种程序,均为正当。因此,我们应该严肃对待对公民基本权利设立限制时的正当程序要求,至少应该在宪法中规定一个概括性的条款,以在中国正式确立"正当法律程序"的宪法精神。

宪法对公民基本权利的限制从根本上并不是为了限制"权利",而是在现实的基础上,为了使公民能更好地行使基本权利而创设的一种制度安排。协调权利与权利以及权利与权力之间的关系,确保权利实现结果的最大化是法律的使命。自由是通过限制而实现的,"个体的自由是文明的恩赐,在文明产生以前,自由的程度最大,尽管那时自由并没有多大的意义,因为个体几乎不能保护他的自由。文明的发展限制了自由,公正地要求每个人均受到限制"。

第四节　人权的发展及我国宪法基本权利的变迁

一、人权的发展

(一)人权的历史发展

人权就是一个人仅仅作为"人"所应当具有的权利。人权是欧洲中世纪以后产生的概念,在此之前将人权表达为"自然权利"。

这就是说,作为一个正常健全的人,他应当有生命,即生命权;他应当是自由的而不是关在笼子里,即有自由权;他应当像人那样过体面的生活,这就需要财产权、教育权、工作权等。人权是每个人作为正常健全的人都应当具有的权利,因此人权才被称为"自然权利"(natural right)。

每个人都应拥有人权,但人权的实现却受到各种阻碍,这些阻碍来自自然和社会(国家)两个方面。

为了实现人权,人们首先要征服和利用自然以取得满足人权需要的基本物质条件。自然界既是人们实现人权的条件也常常构成人们实现人权的阻碍。面对浩瀚的自然,人总是渺小的,个人的力量是微不足道的,因此人必须组织起来才能更好地征服和利用自然。人类组织的一个最高形态就是国家,国家的产生也使整个社会能够形成统一秩序,从而避免人与人之间可能因利益冲突而损害他们的人权。

人不得不组成国家,然而人们组成了国家以后却使人权的实现面临一个新的困境,这就是国家常常阻碍人们实现人权,甚至成为残害人权的最可怕的敌人。

原因何在呢?这是因为,任何组织、任何国家都只能是少数人居于管理者的地位,多数人要从事生产和其他活动。这是社会分工的必然结果。一个国家要有效地组织起来,就要给管理者以相应的权力,这个权力主要是政治权力,其本质是分配那些由经济活动生产出来的利益。管理国家的政府是由人组成的,这些人当然有其自身的利益要求。很自然地,如果没有任何限制,这些人首先要利用其权力满足自己的利益需要。统治者的利益要求有可能同被统治者的利益相一致,但我们从历史事实中看到更多的是他们之间的利益冲突。在统治者权力高度专制的情况下,其对利益要求的满足可能达到高度的畸形状态。很明显,在这种情况下,统治者的利益满足是以牺牲被统治者的人权为代价的。

在传统社会中比较普遍的政治体制是专制体制。为了维护专制统治,统治者建立了庞大严密的专制理论和宗教理论。这些理论在相当长的时间里一直统治着人民。人民的人权观念,尤其对国家,具体说是统治者利用国家权力残害人权的认识也就长时间处于蒙昧状态。

人权口号最早是在14世纪文艺复兴时期的人文主义基础上形成和发展起来的。在反对封建专制主义的斗争中,资产阶级作为一种新的生产力的代表,提出"公民权"和"人权"口号,其目标在于摧毁封建专制和宗教特权。17世纪到18世纪,杰出的资产阶级启蒙思想家洛克、卢梭等人系统地、明确地提出了"天赋人权"的口号,认为人权是超越宪法、在国家产生之前就存在的自然权利。卢梭指出:每个人都生而平等、自由,放弃自己的自由就是放弃了做人的资格。他们认为,自由、平等、财产、生命、健康等权利是每个人生来具有的,如果统治者侵犯了人民的这些权利,人民就有权推翻现存的统治,以维护自身的"天赋人权"。

1775年,爆发了北美殖民地争取独立的战争。这是美国历史上"一次伟大的、真正解放的、真正革命的战争"。1776年7月4日,由13个殖民地代表组成的大陆会议通过了一个《独立宣言》,宣布北美13个殖民地脱离英国,成立美利坚合众国。宣言宣布:"一切人生而平等,上帝赋予他们某些不可割让的权利,其中包括生存、自由和追求幸福的权利。"宣言指出,为了保障上述那些权利,人们才建立了政府;任何政府一旦损害这些权利,人们就有权改换它或废除它,建立新政府。这个宣言第一次以政治纲领的形式确立了人权原则,在当时欧洲大陆还是封建专制制度的条件下,具有重大的进步意义。马克思称它为"第一个人权宣言"。

1789年,法国爆发了大革命。当年8月,在革命中成立的制宪会议通过了《人权和公民权利宣言》(简称《人权宣言》)。《人权宣言》第一次明确提出"人权"的口号,它宣布:"人人生而自由,权利平等。""任何政治联盟的目的,都是保护人的不可剥夺的自然权利。这些权利是:自由、财产、安全和对压迫的抵抗。"这个宣言成了1791年宪法的序言。《人权宣言》第一次把资产阶级启蒙思想家提出的自由、平等的人权原则,用法律的形式确定下来,对于鼓舞人们的斗志,推进资产阶级革命,起了重大作用。

马克思主义者充分肯定人权理论的进步意义,同时指出了资产阶级提出的人权具有其历史局限性。马克思主义认为,资产阶级的人权虽然在形式上是普遍的,包括了一切人,但在实质上,它只能是资产阶级的权利。在资本主义社会,资产阶级占有生产资料,他们就有权剥削和奴役无产阶级,而无产阶级却一无所有,他们最基本的权利实际上只有一项,就是可以"自由"地、"平等"地出卖自己的劳动力。恩格斯指出:"被宣布为最主要的人权之一的是资产阶级的所有权。""平等地剥削劳动力,是资本家的首要的人权。"尽管资产阶级把人权的内容作为公民权,堂而皇之地写在宪法上,而在资本主义社会的现实生活中,充分享有人权的只是资产阶级。马克思和恩格斯说,"人权本身就是特权",资产阶级不过是用金钱的特权取代了封建的等级特权和世袭特权而已。马克思主义认为,无产阶级只有推翻资产阶级的统治,废除私有制,才能首先实现自己的阶级人权,再进一步实现共产主义,从而最终实现整个人类的普遍人权。在这一理论指导下,1917年俄国十月革命胜利。1918年1月,在列宁的领导下,全俄工兵苏维埃第三次代表大会通过了《被剥削劳动人民权利宣言》。列宁去世以后,斯大林掌握了苏联的领导权。斯大林推行的极权统治和肃反扩大化不仅屠杀了大多数列宁时期党和国家的领导人,更有数以千百万计的党员、干部和普通群众惨遭清洗、迫害。但由于苏联在抗击法西斯的第二次世界大战中取得胜利,斯大林体制残害人权的情况不但没有被揭露和批判,反而得到了更大规模的推广,整个世界的人权面临严峻的考验。随着冷战和军备竞赛的展开,人类甚至陷入了全面毁灭的极度危险的境地。

第二次世界大战以后,鉴于纳粹德国实行极权统治(totalitarianism)不仅给本国带来人权灾难,更使整个世界陷入惨不堪言的战祸之中。人们认识到,人权不仅仅是一个国家的内部事务,而且是关系世界和平,乃至整个人类命运的大事。第二次世界大战以后,人权已经成为一条重要的国际法准则。

《联合国宪章》宣布:"决心要保全后世以免再遭我们这一代人两度身历的惨不堪言的战祸,重申对于基本人权、人格尊严和价值及男女平等权利和大小各国平等权利的信念。"促进人权是联合国的宗旨之一。1948年12月10日,联合国大会通过了《世界人权宣言》。这个宣言规定了个人自由的具体内容和个人的政治权利,以及社会、经济、文化等权利。1966年,联合国大会通过《公民权利和政治权利国际公约》、《经济、社会、文化权利国际公约》,并在联合国建立了"人权委员会"具体负责监督各缔约国的人权状况。

人权与公民权是紧密联系的。宪法和法律规定一国公民所享有的权利和应当承担的义务。这些权利构成某个国家公民的"公民权"。人表现为某一国家的公民,人权实际表现为公民权。但人权并不等于公民权。从人权观念的发展过程我们知道,封建专制国家阻碍人权,甚至残害人权,才使人们提出人权口号。强调人权保护的目的主要是针对、防范国家权力成为专制权力进而残害人权,因此公民权并不能作为实现人权的唯一途径。回顾人权发展的历史,纳粹正是通过国家的法律系统地残害人权。因此,有必要对人权进行更具体的梳理:我们可以将人权区分为应然的人权;法律上规定的人权,即公民权;以及现实真正实现了的人权。

我国对于人权的认识经历了相当曲折的过程。新中国成立以后,由于笼统地将"人权"概念视为西方资产阶级所独有,而无产阶级已取得政权的社会主义国家就不再存在人权问题。所以我国学术界很长一段时间避讳使用"人权"一词。1949年以后我国的宪法和法律上一般也不使用"人权"的概念,而以"公民权利"的字眼来表述。但20世纪80年代末,为了适应我国与西方人权斗争的需要,我国政府及学者认识到应当更主动地运用人权概念和理论。1991年11月1日,国务院新闻办公室发表了《中国的人权状况》白皮书,首次以政府文件的形式正面肯定了人权在中国的地位。

我国还先后于1997年10月和1998年签署了联合国《公民权利和政治权利公约》和《经济、社会、文化权利国际公约》,这就表明我国与世界其他各国已经拥有了共同的人权标准。

2004年3月14日,我国对1982年宪法进行了第四次修改,修改后的宪法第33条明确规定:"国家尊重和保障人权。"这是我国1949年以后第一次直接将"人权"写入宪法,与此前三次宪法修改相比是一个重大的进步。这次修改宪法还加强了对公民财产权的保护,修改后的宪法第13条明确规定,"公民的合法的私有财产不受侵犯。"这些规定表明我国宪法对人权的保护跨入了一个新的历史阶段。

(二)人权的概念和演变

宪法最终极的关怀是人权,无论是分权、制衡,还是限定国家权力的活动空间,其主要目的在于保障人的基本权利免遭国家权力的侵害。K.罗文斯坦通过对世界各国宪政的比较研究,得出的结论是:对基本权利和自由的确认和保障,乃是宪政的本质核心;为此,必须对权力加以合理的制约,而最有效的制约之一,无非就是承认个人拥有一定的自治领域,这一领域属于"私的领域",国家权力无权不当地介入,因此可谓之为一种"不可侵犯的核心"。国际宪法学界这种关于宪政目的的主流观点,亦逐渐成为我国宪法学界的共识。李龙教授认为"权利制约权力"构成"宪法的核心","无论是宪法的产生、宪法的内容、还是宪法实践都始终贯穿着权利制约权力这一基本红线"。周叶中教授直言:"宪法就是一张写着人民权利的纸,立宪的目的就是为了保障人权","基本人权是终极目的,权力制约是基本手段"。

然而,对于什么是人权,学术界众说纷纭,很难找到一个让所有人都能接受的答案。一般认为,人权是指人因其为人而应享有的权利,是每个人都应该受到合乎人权的对待。人权具有以下基本含义:第一,人权是一种反抗权利,是人们反抗宗教桎梏、专制独裁、阶级特权、人身压迫和剥削而不断攻城略地的权利,是一种反抗权或对抗权。第二,人权是一种道德权利,是对人的本性和理性的认同,在这一意义上,人权甚至可以离开法律的支持而存在。第三,人权是一种习惯权利,是人们在长期的社会生活过程中就具有的,或是从先前的社会承转下来的,或是由人们约定俗成的、存在于人们的意识和社会惯常中,并表现为群体性、重复性自由行为的一种权利。第四,人权是一种普遍权利,人权是所有属于人这一类生物的权利,无论何地何人都享有作为人而享有的一些基本权利,人权价值、人权标准普遍适用于地球的每个角落。第五,人权是一种法律权利,人们将长期以来累积的各种权利变成法律加以表达,于是人们的这些权利主张从道德、习惯等领域转变为法律上的要求,成为人的一种法律权利。

在当今的国际社会,维护和保障人权是一项基本道义原则,是否合乎保障人权的要求已成为评判一个政权是否良善的重要标准。但是,在具体实践的层面上,人权问题存在着相当大的争议,甚至引发了很严重的冲突,这在中西方人权观念的冲撞中得到了比较突出的体现。

西方的人权观念,生长于固有的文化土壤之中,西方宪政中的人权保障,也只是西方源远流长的尊重人权、强调人权的传统在近现代的表现。古代到中世纪的西方人权思想,已包含超验权威观、平等人格观和本性自由观三个方面,近代的自然权利说,正是采取传统的权利概念作为表现形式,将三者有机结合起来,并加以继承和发扬的。

古希腊斯多噶学派在强调人与人的平等的同时,大体把握了人权的精髓,罗素认为:"像十六、十七、十八世纪所出现的那种天赋人权的学说也是斯多噶学说的复活,尽管有许多重要的修正。"而在古罗马,人权以私人权利的观念表现出来,恩格斯发现"罗马人也完全是根据私人权利的准则来看待君主权利的,换句话说,他们把私人权利看成是国家权利的最高准则"。进入中世纪以后,宗教的"神性"窒息了"人性"、"神权"压抑着"人权",然而,这只是问题的一个方面。另一方面,基督教使"上帝面前人人平等"成为西方民众的普遍信念,为后来人权观念的普及奠定了基础。13—16世纪的人文主义不仅是一场向神权的持久挑战,而且,这种"以个人主义为核心,以自由、平等为基点的人道主义,以唯心史观为基础的抽象的人性论",是"天赋人权"理论的直接思想渊源。到欧美资产阶级革命的前夜,一大批思想家——其代表人物主要有荷兰的格劳秀斯、斯宾诺莎,英国的霍布斯、洛克,法国的伏尔泰、卢梭——用不同的语言,毅然地把他们所认定的人之作为人都拥有的平等、自利、自主、自尊、自卫之类的本性宣布为权利,因为他们强调这种权利出自"本性"、出自"自然",是与生俱来的、不可剥夺的和人所共有的,因此这种权利被称为自然权利。这种权利观,认为人权具有下列属性。

第一,固有性。这种权利观认为,人权是人之作为人所具有的、与生俱来的权利。在自然权利论者的眼中,人是自然的一部分,因此打上了深刻的自然烙印,权利正是自然在人的身上烙刻而成的,因此而成为人的本性。简单地说,人权不是指人享有的权利,而是指人作为与自然相类之物享有的权利,有了自然,有了人,也就有了人权,因此人权是固有的,如同身体、生命与生俱来。这种对人权固有性的强调,使权利摆脱了神学的桎梏,从此,人们可以用人权固有性为武器,反对"人权是上帝或某种造物主所赐予的"观点,将形形色色的教会、主义、神的代言人对人权的侵犯和剥夺宣布为非法;人们亦可以用人权固有性为武器,反对"人权是君主恩赐于臣民或国家赋予公民的"观点,将政府通过法律的或非法律的手段剥夺、限制基本人权的行为诉诸道德的审判台。自然权利说对人权固有性的强调,也宣布了下述命题的狂妄和虚假:基本人权渊源于宪法,没有宪法的规定,就没有公民的基本权利。

第二,不可侵犯性。这是从人权固有性推导出的一个必然结论:侵犯人权,正如侵犯人的身体、生命一样。因此,人权的不可侵犯性,必然要求国家保障人权,对此,卢梭有很精辟的阐述:"当正直的人对一切人都遵守正义的法则,却没有人对他遵守时,正义的法则就只不过造成了坏人的幸福和正直人的不幸罢了。因此,就需要有约定和法律来把权利与义务结合在一起,并使正义能符合于它的目的。"人权的不可侵犯性,必然意味着它不可被国家剥夺:"既是人都不能完全放弃他自卫的能力以自毁,而人民由于默认或公约,保留几许权利,此诸权利若被剥夺,必大有害于国家。"人权的不可侵犯性,表明人权又是一种自卫和反抗权利。洛克认为,"谁使人流血的,人亦必使他流血",主张谁的自然权利遭到侵犯,谁就有自卫、报复、惩罚、反抗的权利:"人人基于他所享有的保障一般人类的权利,就有权制止或在必要时毁灭所有对他们有害的东西,就可以给予触犯自然法的人以那种能促使其悔改的不幸遭遇,从而使他并通过他的榜样使其他人不敢再犯同样的毛病。在这种情况下并在这个根据上,人人都享有惩罚罪犯和充当自然法的执行人的权利。"这种对权利不可侵犯性的强调,将对人权的保障当作是政府的一种责任和义务,将对人权的剥夺和侵犯宣布为犯罪,并为人们报复、反抗剥夺和侵犯人权的行为提供了正义性论证。

第三,普遍性。马克思曾说,"人是类存在物",人具有"类本质",人具有"类意识"。所谓人是类存在物,是指人是以类的方式或类似的方式而存在,人的这种存在方式尽管不能要求所有的人以完全相同的方式而存在,但绝不能以差别甚大的方式或完全不同的方式而存在,实质上是说所有人都以合乎人的本性的方式而存在;所谓类本质,是指一切人,作为人来说,都有共同点,这些共同点决定了人具有共同的本质,并制约着人在量方面的差别,即人的差别只能在人具有的共同本质所要求的范围内存在,这种差别只能是人与人之间的差别,而不能是人与非人之间的差别;所谓类意识,是指人对同类具有某些共同的意识,如同情、兼爱、忍让、协作、互助等倾向。自然权利说将人权看作是人之作为人的权利,看作是人的本性,实质上是赋予了人权"类"的属性。因为人权的这种"类"属性,人权在应然形态上是不分种族、肤色、民族、年龄、身份、职业、性别、信仰、阶级、教育状况、财产状况、国籍等,由一切人无差别无限制地享有的。这种对人权普遍性的强调,为反对特权,反对以肤色、信仰、阶级等为由实行人权歧视、人权压迫的种种行为,提供了武器。

第四,个人性。自然权利说是基于这样一种思辨:人和一切有生命的物种都有它不可分割的最小单位,生命既不能再分割,也不能以任何数量任何形式聚合成一个整体存在。从生到死,人注定是以单个生命体的形式生活、思维和感受;人类只是一个抽象的概念,所有具体有关人的事情最后都要落实到个人身上,人类平等、自由、权利等概念也都必须落实到个人身上。人是目的,不是手段,个人也一样。个人是人类一切活动的具体载体,一切的权力、利益、财富、尊严、享受、压迫、苦难最终都落实到个人。所以,自然权利所说的人权都是以个人为主体,落实到个人身上,被表述为自由、自利、自主、自尊、自卫之类个人性。人权的这种个人性,是近代启蒙运动高扬个人主义旗帜的必然结论。斯宾诺莎、洛克、卢梭、伏尔泰等高扬个人、强调个人中心、赞扬追逐个人利益,他们声称个人是他自己绝对的统治者,他的理性就是他的法律、他的真理、他的正义,强加给他任何一种不是出自他自己的思想和意志的责任,都会被他认为是对其最神圣权利的侵犯。《简明不列颠百科全书》个人主义条目对个人主义的内涵进行了概述,该条目写道:个人主义是"高度重视个人自由、广泛强调自我支配、自我控制、不受外来约束的个人或自我"的一类学说。强调自然权利的个人性,就是将人权主要当作一种个人权利,从而有助于防止人权主体的泛化,特别是有助于防止借口保护国家、民族、集体的"人权",而忽视、牺牲、践踏个人权利的现象出现。在自然权利的个人性评判之下,抽象地肯定人类权利却具体否定个人权利,颇有架空人权的意味:"如是这些概念(人类平等、自由、权利等概念)只是对人类作为整体而言,那么自由就只能是指人类在天地宇宙间的自由,平等就只能指人与其他物种的平等,权利就该是针对神权的人权,或者是人改造自然的权利了。"

人权的概念来自西方,到中国后,首先被称为"民权"。在西方,"民权"一开始就是与国家、政府相分立甚至相对立的东西,它的主人——民——在市镇中成长,是衣冠楚楚、知书达理、富有教养的阶级,它既不是国王陛下的恩赐,也不是城市贵族的宽宏大量,而是其主人凭借自身力量争来的。而在中国,"民"的主要成分还是那些面朝黄土背朝天、整天为温饱而忙忙碌碌的农民。中国近代的思想家对西方的民权了解得愈透彻,对在中国兴民权就变得愈悲观。

自诩为"在中国首倡言公理,首倡民权"的康有为,其关于民权来源的典型表述是"以庶政与国民共之",这个"以"字,容易让人联想"把"、"给"、"赐"等同义词,容易使人将民权看作是君主的施舍。康有为对自然权利和自由的拒绝,在1900年梁启超致乃师的信中得到了证明,在信中,梁力劝康有为承认中国的国民性需要卢梭。然而,"当梁对西方思想的认识随着与西方著作接触的增多而不断深化的时候,他对群体凝聚力和国家统一的关注不久便导致他感觉到自然权利学说的危险"。1901年,梁启超提醒道:自然权利思想的存在,助长了无政府主义,破坏秩序和稳定。1902年,通过《罗兰夫人传》,梁启超伤感于罗兰夫人为自然权利献祭的那缕芳魂,清楚地表明他不再迷恋于卢梭自由和自然权利的思想。1903年以后,梁启超向卢梭宣战,对社会契约论和自然权利说进行了全方位的批判。卢梭认为,根据社会契约论,一个人可以自由加入或离开他的国家,梁则以为,一个人可以自由组成一个公司,但决不能成立一个国家;卢梭认为,根据契约论,加入国家的每一个成员都是平等的,否则便违反社会契约,而梁看来,国家的建立全赖于领导集团及其权威,"平等"之说是荒谬的;卢梭认为,国家根据每个人的赞同而成立,梁氏反驳道:这种"赞同"理论是虚假的,因为任何法律都不可能征得每一个人的赞同。在挖空了人民权利的墙基之后,梁启超的宪政体系中,国家的形象已至高无上,而政府也取得了与人民平起平坐的地位:"天下未有无人民而称之为国家者,亦未有无政府而可称之为国家者,政府与人民,皆构造国家之要具也。故谓政府为人民所有也不可;谓人民为政府所有也尤不可,盖政府、人民之见,别有所谓人格之国家者,以团之统之。国家握独一最高之主权,而政府、人民皆生息于其下者也。"于是,对国家、群体的关注,使梁启超走上了与其师相同的道路,只不过由于君主被推翻而转换了赐予民权的主语:国家。由于政府并不为人民所有,以人民权利限制政府权力"也不可",理论上政府与人民的平起平坐,在实践中必然使弱势的人权变成强权的奴仆和乞丐。辛亥革命前,孙中山为首的革命党人曾与康、梁等立宪党人就民权、民智问题展开过激烈的论辩,当时他们很有些赶英超美的热情。然而，革命了几次以后，孙中山似乎也回到了立宪党人的立场："开民智"。开民智的背后隐藏着一种这样的思维："民"是愚钝的，与"权"并不般配，要去愚求智，首先要由先知先觉者或由政府来使民开窍，对他们进行教诲。这种思维使"开民智"者——先知先觉者和政府——觉得自己具有了救世主般的自豪和权威，人民能否行使权利、能够行使哪些权利，全都决定于他们的裁判。对此，孙中山曾举例进行过阐述："美国林肯放奴，这是何等一件好事！论理，这奴隶要怎样的感谢林肯。他不但不感谢，反把林肯做了他们的仇敌，以为把他们现在的生活弄掉了，甚至把林肯刺杀了。这不是习惯难改吗？还有那些坐牢的人，坐了十年之后，他就把牢狱当成正常的生活；一旦放他出来，他很不愿，因为要他去自寻生活，他就没有办法。所以国家并要替他们设个收养所，去教训他。这不是很奇怪吗？中国奴隶已经行了数千年之久，所以民国虽然有了九年，一般人民还不晓得站那主人的地位。我们现在没有别法，只好用些强迫的手段，迫着他来做主人，叫他练习练习。这就是我用'训政'的意见。"奴隶和犯人的比喻，也许贴切地表述了大部分"救世主们"潜意识或下意识中对"民"的看法：他们本来没有或不配享有权利或自由，给他们权利和自由，正如给奴隶以解放、给犯人以自由，"论理"他们该要"怎样的感谢"才是。

这种人权观，明显地与西方近代的自然权力观保持着距离，如果所主导西方宪法的是"天赋人权"，那么在中国，恩赐的人权观主导立宪，使整个近代中国宪法中的人权保障呈现出如下特点。

第一，如果权利是由国家授予的，对权利的规定是纲领性的也就合情合理。因此宪法没必要列举对国家权力的预先限制，相反，可宣布国家在适当的时候希望提供些什么权利而不会因尚未创立权利而陷于尴尬境地。

第二，国家给予那些热爱国家、忠实于国家或是国家"成员"的人以人权，剥夺那些敌视政府的人享有人权的资格，也就名正言顺。

第三，既然国家可授予权利，国家也就拥有充分的权力来限制权利；只要限制和授予权利一样，是通过立法来实施的。

第四，国家通过法律合法限制人权，那么，便没有任何法律仅仅由于其限制人权而被视为无效，只要有关的法律是通过适当程序制定的法律，同时，也就无须任何程序来决定是否特定的法律侵犯了人权。

1949年以后，在人权问题上，中国长期将人权话题视为禁区，甚至将人权一词封冻。改革开放以后，虽然已经承认人权必须得到保障，但是，依然与西方的人权理论保持着较大的距离，对人权的普遍性、个人性、固有性、不可侵犯性等属性或不予承认，或有所保留。如将人权的普遍性中的"人"仅仅理解为"人民"，从理论上剥夺了一部分人的做人资格；如过分强调集体人权，实质上导致对个人权利的忽视；如强调人权的法定性，怀疑人权的固有性，不但导致了宪法基本人权保障中的限制模式，而且将所有这些权利看作是由国家和党所给予的，权利的有无、多寡、种类等皆取决于此。在这种人权观念的指导下，公民基本权利在宪法中的价值和地位就必须做低调处理。1975年和1978年宪法关于"公民基本权利和义务"的规定，已被公认为世界宪政史上失败的范例，教训是深刻的。

目前，中国已加入了17个国际人权公约，1997年和1998年又分别签署了《经济、社会及文化权利国际公约》与《公民权利和政治权利国际公约》。1998年12月，江泽民在致《世界人权公约》发表50周年的贺词中，重申中国政府对国际人权公约的尊重，并宣布："进一步推进我国人权事业，充分保障人民依法享受人权和民主自由权利。"表明了将人权保障作为政府根本目标的理念。2004年的宪法修正案,写入了"国家尊重和保障人权"的条款,意味着我国宪法的人权制度设计将走向一种新的保障模式:在继续强调生存权、发展权的同时,承认个人基本权利的固有性、普遍性和不可侵犯性;承认政府有义务通过国内立法、司法手段和接受国际社会的合作与帮助切实有效地保障人权。但是,人权是与公民生活息息相关的一种权利,如何在立法、行政、司法程序中贯彻人权保障原则,宪法还有诸多方面需要努力。

(三)人权的基本形态和分类

1.人权的基本形态

人权的存在形式包括应有人权、法定人权和实有人权三种基本形态。应有人权是人权的最基本形态,人权首先是基于某种道德观念或价值观念,特别是基于人的独立性、自主性和尊严而形成的应然权利体系,即认为凡是人都应当享有的权利。它们是法定人权和实有人权的基础,宪法的人权保障的依据和渊源就是这种应有人权。这些应有人权一旦上升为国家意志或一定范围和程度的国际社会共同意志,便首先体现到各国宪法以及国际人权公约中去,即以法定的形式对人权予以规定和确认,这些法定人权大量的或基本的存在形式便是被各国宪法所规定和确认的公民基本权利;它们还要经由各部门法使基本权利具体化并赋之以可操作性。最后通过一系列复杂多样的执法及守法主体的行为而得以贯彻实施,即达到了实有人权的享有和实现。由此便完成了应有人权—法定人权—实有人权的转换演进过程。在这个过程中,宪法都起着关键性的作用:由应有人权进展到法定人权就是宪法对应有人权的整合和选取,即对人权进行规范化、制度化、法律化的处理,其中的主要工作就是使应有人权转换和上升到公民基本权利的地位,并以此启动各部门法对公民权利以及其他人权的规定;最后,通过以宪法为基础和根本依据的执法及守法活动和过程而加以实现。所以宪法是推动和实现应有人权—法定人权—实有人权的转换和演进的关键性环节和部位。

2.人权的分类

(1)个人人权和集体人权

根据权利主体的不同首先将享有人权的主体分为个人人权和集体人权。

个人人权就是指所有的自然人所应当享有的权利,包括人身人格权、政治权利和社会经济权等。

一般论述人权通常指的就是个人权利。其中人身人格权包括与人身相联系的生命权、健康权、人身自由权;与人的品格和精神相联系的姓名权、肖像权、名誉权,以及为了保障人身权所必然有的人的安全权,即不受非法侵害的权利、通信自由权、私生活权、住宅免受侵害权等。政治权包括个人参与政治生活的基本人权,包括参政权、选举权和被选举权、言论自由、出版自由、集会自由、结社自由、游行示威的自由、宗教信仰自由、对公共事务和国家事务的了解权、男女平等权以及广义的在法律面前人人平等的权利等。社会经济权包括个人在社会生活方面应享有的人权,包括个人财产权、劳动权、休息权、同工同酬的权利、受教育的权利、从事科学文化活动的自由、物质帮助权、取得赔偿权、最低生活保障权等。

关于集体人权比较公认的观点认为,集体人权主要指国家和民族在国际社会中所应享有的各种权利。

这些权利包括:①国家主权,指一国所固有的处理其国内事务和参与国际事务而不受他国干预或限制的最高权力。从主权引申而来的国家基本权利有独立权、管辖权、平等权和自卫权。此外,国家还有下列两项基本权利:第一,平等地参与制定国际法的权利;第二,对本国自然资源拥有充分和永久主权的权利。②民族自决权,即根据民族自决原则,所有的民族都有自己决定自己命运的权利,而不受任何外来的干涉。③民族生存权,即禁止奴隶制及类似习俗,禁止灭绝种族的罪行。④民族平等权,即民族和种族不受歧视,一律平等的权利。⑤民族发展权,即所有的民族都有自由发展本民族经济、社会和文化的权利。

(2)积极人权和消极人权

这是英国政治学家格林所作的区分,主要区分点在于个人在行使权利的时候是否需要国家和政府的介入。

消极人权是指个人在行使权利的时候不需要国家或政府进行干预。宪法规定消极人权的目的是为了排除政府的不当干预。消极人权可以表达为"免于……的自由",最典型的消极权利是言论自由、出版自由和游行示威的自由。宪法中规定消极权利的作用是对国家权力的限制,尤其在美国等一些国家,在宪法中规定消极权利主要是排除议会对这些权利的剥夺。例如,美国宪法第1条修正案规定:"国会不得制定关于下列事项的法律:确立宗教或禁止信仰自由;剥夺人民言论或出版的自由;剥夺人民和平集会及向政府请愿的权利。"

与消极人权相反,积极人权需要国家和政府的努力帮助才能实现,最典型的积极人权就是最低生活保障权和教育权等社会经济权。

人权最早是由消极人权开始发展的,但以自由为特征的消极人权的发展使得社会的弱者权利得不到应有的保障。比如残疾人、失业者,他们连吃穿等基本的生活条件尚不能具备,更没有机会接受必要的教育,又怎么能享有政治自由和政治权利。在这种情况下,特别需要国家给予帮助才能使他们获得相应的人权。在宪法发展史上,一般认为1919年德国魏玛宪法最早规定了社会经济权等积极人权。之后,世界各国宪法对社会经济权都普遍作出了规定。1966年联合国制定了《经济、社会、文化权利国际公约》,从而使积极人权纳入了国际保护的视野。但也有些国家、学者反对将积极人权提升为基本人权,他们认为基本人权就是言论自由等传统的消极人权。有的学者认为积极人权中的许多权利,如婚姻权、就业权等不具有可诉性,规定在宪法中仅仅具有标语的作用,这样反而削弱了宪法权利的实际作用。

(3)第一代人权、第二代人权和第三代人权

根据权利的内容,瓦萨克教授提出了三代人权的理论。他认为,第一代人权相当于人权公约中的公民和政治权利,形成于美、法两国革命时期,其目的在于保护公民自由免遭国家专横行为侵害。

第二代人权属于人权公约中所称的经济、社会和文化权利。第二代人权是随着工人运动和社会主义运动的发展而产生出来的,要求国家积极采取行动对社会弱者进行帮助,以便他们能够享受到基本的生存和教育等权利,因而被称为积极权利。

第三代人权形成于20世纪50—60年代殖民地和被压迫人民的解放运动,涉及人类生存条件面临的各种重大问题,如维护和平、保护环境和促进发展等,都需要通过国际合作来加以解决,因而可称为"社会连带权利"。

（四）人权宪法保障的意义及应注意的问题

1.人权保障立宪的意义

人权保障立宪是使人权规范化、制度化、法律化的首要的和关键性的步骤和环节，赋予了人权以根本法的保证，并为各部门法及其执法和守法活动和过程提供了实行人权保障的宪法基础和根本依据。人权保障立宪有着十分重要的政治意义和法律意义。它赋予和增强宪法的民主性、人民性内涵及国家政权的合法性基础，使宪法朝着民主、人道、理性的方向发展，成为民主政治的维护者和守护神。

2004 年 3 月 14 日，十届全国人大二次会议对我国现行宪法进行的第四次修改，明确规定了"国家尊重和保障人权"，即在宪法第二章"公民的基本权利和义务"第 33 条增加一款，作为第 3 款："国家尊重和保障人权。"这在中国人权史上具有重大的现实意义和深远的历史意义。

人权原则是宪法的基本原则，它要求将人权作为宪法的重要内容，并规定保障人权的各项措施，以此作为国家活动的重要出发点。所以，宪法就是人权的宣言书和保障书。从宪法起源时起，人权法便是宪法固有的一个组成部分，1789 年 8 月法国《人权宣言》第 16 条把权利有无保障列为衡量一个社会有无宪法的标准之一。宪法是推动和实现应有人权—法定人权—实有人权的转换和演进的关键性部位，是使应有人权上升到法定人权的第一个环节，并以此启动各部门法对公民权利以及其他人权的规定；然后才能通过以宪法为基础和根本依据的执法及守法活动和过程使公民权利以及其他人权得以实现。宪政就是保障人民权利的政体，宪政制度的宗旨和归宿就是保障和实现人权，使人们尽可能享受幸福的人生。宪政以人权为出发点和归结点，人权以宪政为保障手段。而宪法的人权保障的实际意义就是要更广泛、更深入、更切实地保障公民权利和人民利益。

所以，宪法在人权保障中有着特别重要的作用和意义。人权的宪法保障有以下重要意义。

其一，宪法作为根本大法，规定人权并将人权规定为公民的基本权利，就赋予了人权以最高的法律意义，并以此构成了各具体部门法对人权和公民权利的规定和保护的基础和依据。这就使宪法对人权的保障具有母体性、基础性等特点。

其二，宪法对人权的重要法律形式——公民基本权利的规定，是从一个特别重要的角度即乃是规定那些具有首要意义的、基本的公民权利，它们对于每个公民都至关重要，也就是规定和赋予公民之为公民的政治人格和社会人格，赋予公民在国家中的政治和法律地位——也即作为国家和社会主人翁地位。

其三，宪法所规定的人权和公民基本权利，具有普遍性、系统性、纲领性，是对人权和公民权利的集中和概括；而不是仅从特定方面和对特定领域的人权和公民权利的反映（这是具体部门法的任务）。倘若这种集中和概括能做到科学，就可能较全面地反映一定社会历史条件下和特定国家界域内人权和公民权利的总体。

其四，由于宪法的特定功能是规范国家权力以确保公民权利，是人民"对政府加以控制的法律"。而权利最容易受到权力的侵害，公民权利遭受无节制的政府权力的侵害又最难以预防和抵挡，因此宪法就寄寓着人民对自身权利的维护和保障的最高期待。所以说"宪法是唯一能把人的价值给予全面肯定的法，也是专门明确国家权力和界限从而能够有效地防止权力越界而对权力予以确保的法"。

其五,宪法特别是宪政对人权和公民权利的保障,必然要落实到一系列严密的制度设置,诸如违宪审查、宪法诉讼等。宪法救济制度和机制的基本价值功能在于有效地保障人权和公民权利免遭国家权力的侵害,如果遭到侵害也能通过正式的渠道获得救济。所以,"宪政制度主义不在于它不存在违宪侵权的事实,而在于它能对之纠偏,实现救济的机制"。

2.人权宪法保障应注意的若干问题

我们肯定人权保障立宪具有极其重大的意义,但也应该注意以下问题才可以真正实现人权宪法保障的宗旨和目的。

第一,正因为宪法关于人权和公民权利的规定具有普遍性、概括性,因而仅有(或仅停留于)宪法的原则性规定就当然不够;还必须进一步通过各部门法的规定才能使宪法所规定的人权和公民基本权利具体化并赋之以可操作性,从而通过其适用和遵守使之得以真正实现。否则,宪法所规定的人权和公民权利就只能是抽象、空洞的摆设,就不可能落到实处。

第二,人权的宪法保障应特别关注那些最需要得到保障,其人权也最容易受到侵犯的对象和领域。如少数民族、妇女儿童、青少年和老年人、残疾人以及下岗职工等弱势群体的人权保障问题应受到特别重视;农村和边远地区,尤其是那些贫穷落后的地区和角落的人权保障问题还没有引起应有的注意,其侵犯人权的严重违宪和违法行为得不到及时有力的查处。为此,宪法的人权保障就需十分注意把视角移向弱势群体及人权保障薄弱的社区和地区。

第三,人权的宪法保障还应把注意点放在那些人权和公民权利的法律保障最为薄弱和最容易受到干扰的环节和问题上。例如,在加强对公民的政治权利、人身权利保障的同时,就应采取及时有力的措施落实和加强对公民的经济、社会、文化权利(诸如财产权特别是私有财产权、劳动权、获得物质帮助权、受教育权以及公民进行科学研究、文艺创作和其他文化活动的自由及其相应的知识产权)的保障,努力建立和健全社会保障体系,并注意加强对容易被人们忽视的环境权、信息权、知情权、隐私权等的保障。

第四,强化权利救济,充分发挥抵抗权与监督权的作用,并实行权利推定。"没有救济就没有权利。"设置各种权利救济手段,不仅是给受损害的权利以补偿,而且是对权力的一种抑制和监督,有利于防止权力的滥用,抵制权力对权利的侵害。救济权本身也是一种抵抗权、监督权,它在权利结构体系中起着安全通道和反馈调节的作用。如行政救济(请愿、行政复议、行政赔偿),司法救济(公民的控诉权、辩护权、上诉权、申诉权,这些既是救济权,又是监督和抵抗司法权的误用或滥用的手段,而行政诉讼更是直接对行政权进行监督),直至宪法救济(宪法诉讼,公民或社会组织向国家权力机关控告,引起对法律、法规、规章的审查,这也可说是公民权利对立法权的制约;在外国还有公民的立法创制权和复决权,作为立法救济手段以抵抗立法的专横);等等。在公民权利的领域,应坚持"法不禁止皆自由"的原则,以便于实行权利推定。

(五)中国人权保障的成就、问题和改善

中国人权保障的改善,是中国国内社会各界的共同愿望,也是国际社会关注的焦点。然而,如何评价中国的人权保障状态,评价的具体标准和态度,以及推进中国人权保障事业进步的思路,国际国内学术界和政治界则存在着多种不同的观点,争议很大。正确评价中国的人权保障状况,必须深入到中国人的现实生存状态之中,将人权问题与中国现阶段经济发展水平及其现实需要联系起来,与保持中国政局和社会稳定联系起来,客观公正地提出在中国现阶段能够产生改善

人权实效的具有可行性的方案和建议。

1. 中国人权保障的现状

中国改革开放三十多年来,特别是近年来,人权保障的进步是有目共睹的,不承认这一基本事实,得出的结论就会有失偏颇。具体地讲,中国人权保障的进步主要表现在:第一,中国经济持续高速发展,解决了13亿人民的温饱问题,人民的生存权得到保障,发展权的实现也有了基础。第二,中国的人权立法逐年增加。2004年3月,中国修改宪法,保障人权被列为宪法基本原则。据统计,中国现行的法律法规中,有关政治自由保障的49部,司法执法中人权保障的220部,经济社会文化权利保障的213部,妇女儿童老人和残疾人权益保障的49部,少数民族和归侨侨眷权益保障的10部。随着人权保障原则入宪,中国目前正在酝酿一系列法律修改和司法改革,诸如刑事、民事、行政三大诉讼法的修改,死刑复核程序的变化,私有财产权的司法保护,以及人性化司法的具体举措,等等。未来几年里,全国人大常委会还将专门就社会救济、劳动合同、农民权益保护、行政收费、违法行为矫治等进行立法,修订妇女权益保障法、未成年人保护法、义务教育法等法律,2010年最终形成中国的人权保障法律体系。这说明,中国人权保障的法律体系正在逐步形成,人权保障的司法理念也在悄然贯彻。第三,中国政府和社会逐渐重视人权保障问题。自1991年11月以来,中国政府每年发布《中国人权状况白皮书》,向国际和国内社会提供中国人权方面的资料和信息。2004年9月,中国政府又首次发布《中国的社会保障状况与政策的白皮书》,介绍中国社会保障的现状和改进措施。中国政府正在努力树立自己重视人权保障和"人性化"施政的形象。中国社会民众的人权保障意识明显增强,新闻舆论监督的力度加大,全国已经出现多宗用于个人权利得不到保护而向最高国家权力机关提出要求启动违宪审查程序的个案,也有专家建议在大学中普遍开设人权课程以培植人权意识。第四,中国在人权保障方面与国际社会的合作不断广泛和深入。迄今为止,中国已经签署了23项国际人权公约,与相关国家签署了15项双边人权声明,内容涉及公民政治权利,经济文化社会权利,儿童妇女权益的保护以及禁止酷刑、人道司法等方面。

当然,中国人权保障的实际状况也不容乐观,一些与原来政治体制中的不民主环节相伴生的老的人权问题还没有解决,伴随经济社会改革的推进又有很多新的人权问题不断出现,这表现在:一是公民政治权利的实现效果还不明显;二是公权力滥用而导致的人权侵害没有得到有效抑制,在有些行业和领域还很突出;三是人权保障立法还存在空白,有待健全和体系化;四是经济人权的保障问题越来越凸显,诸如弱势群体的权益保障、失业保障,非国有企业工人的权益保障,城乡人口的差别待遇问题,进城农民工的权益保护,以及农村由于社会保障薄弱而引发的权利不能实现的问题,等等,已经成为人权问题的高发领域,中国政府也已经意识到了这些问题的严重性,正在努力解决;五是人权的司法救济还有很多障碍,包括政治和个人干预司法,新闻影响司法裁判,司法人员素质不高,执法和司法中"人治"因素的普遍存在,司法判决执行困难,等等。这些情况表明,中国的人权保障仍然需要持久不断的制度改良和现实推进,这将是一个漫长而艰难的过程。

2. 评价中国人权保障状况应注意的几个问题

对于中国的人权保障状况,每个人都可以有自己的评价和观点。关注的角度不同,政治态度不同,甚至个人学识和经历不一样,都会有不同的结论。但笔者认为,在评价中国的人权问题时,必须与中国的现实国情相结合,进行客观的、积极的说明与评断,才能有助于推动中国国内人权保障自主发展的过程。

首先,人权保障状况评价必须与中国经济发展的状况和实际需要结合起来。中国是世界上人口最多的发展中国家,现阶段中国最首要的任务是发展经济,以满足国内人民的基本生存需要,保证社会的发展与进步。从根本上讲,经济发展与人权保障的作用方向应该是一致的,因为经济发展既是实现物质层面人权需要的基本手段,也是实现更高层面精神人权需要的基础。但在现实生活中,经济发展与人权保障的矛盾是普遍存在的。经济发展在一定阶段和特定情况下必然带来的环境污染,科技进步导致的就业率下降,劳动条件的不完善,男女在个别层面和行业存在的不平等,劳动力过剩带来的对农民工的权益保障不够充分,以及社会保障配套措施不够完善,等等,这又是一系列新的人权问题。这些问题从一定意义上讲是经济发展的必然附带产品,也只能通过进一步发展经济才能最终获得解决,不能由此否定中国人权保障不断改善的基本事实和整体评价。

我们还应该注意到经济发展不足给中国人权状况改善带来的负面影响。很多人权问题的存在,比如,人权保障的意识不强,许多人权保障的措施和制度还不健全,与西方国家相比还有很大差距,等等,这既有政治因素和人权保障力度不够的原因,也与中国经济发展相对落后有直接关系。笔者认为,随着中国经济的逐步发达,整个社会的民主、人权和法治意识必然会同步提高,社会的民主化进程会相应加快,许多人权问题会逐渐获得解决。

当然,这并不是说经济发展和人权保障的联系是绝对的,或者说经济发展是决定人权保障程度的唯一因素,而只是强调我们评价中国人权问题时必须注意到经济发展这个重要因素的作用。

其次,人权状况改善的思考必须与中国的政局稳定和社会稳定联系起来,这是中国人权保障持续发展进步的基础。诚然,中国的人权问题,有很多是与中国政治体制设计和运行中的某些不合理因素直接关联的,比如,权力的高度集中和缺少科学的制约机制,权力行使过程中“人治”色彩浓厚,权力的滥用和腐败得不到应有惩治,已有的立法不能有效实施,人权的司法救济不能完全落实,等等。所以,从一定意义上来讲,中国的人权保障不是一个简单的法律范围内的问题,而是一个政治问题和社会问题。中国人权保障的进步,有赖于政治体制的民主化改革。

当然,我们还应该认识到,中国的政治体制改革必须循序渐进,在保证政局稳定和社会稳定的前提下进行。中国是一个人口众多,各地区政治经济发展不平衡,民族宗教关系复杂的国家,同时也是一个资源相对贫乏,经济发展落后,专制历史漫长的国家。中国政治发展的历史表明,在这样一个国家保持政治稳定和社会稳定是相对困难的,而这又是社会经济发展和民主进步的基础。中国改革开放的三十多年,是中国历史上最繁荣稳定,人民生活水平提高最快的时期,也是人权保障持续进步幅度最大的时期。所以,今天中国的政治体制改革一定要立足现状,顺应国情,循序渐进,寻找出一种各方政治力量都能够接受的,在中国现阶段能产生民主实效的民主政治模式,积极推动中国向民主化的方向发展,谋求人权问题能够相应逐渐解决。过激的政治改革,不但不能解决今天中国的发展和人权问题,而且会引发社会不稳定,导致中国人权事业和社会发展的倒退。

据此,笔者认为,评价中国的人权状况,推进中国人权保障的进步,一定要深入到中国人的实际生存状态之中,要客观公允,看到中国政治进步和人权保障发展的积极一面,鼓励、支持和帮助其民主化进程。如果简单地从评价者个人的生存状态和政治态度出发,切断特定人权问题与整体中国社会发展和生存状态的联系,得出的结论就会失去客观性,提出的解决方案也不会具有可行性,所主张的"理想化"的人权也可能是中国人现阶段需要并不迫切或不可能实现的。对于现存的人权问题,最好的态度是拿出在中国现阶段有现实操作性的办法,即使是再小的改善也是一种进步。

3.健全和有效实施违宪审查制度是中国人权保障的关键

推进中国人权保障的现实措施还是要加强制度建设。虽然人权状况的根本改善在某些权利的实现方面有赖于政治体制改革的进步,但大规模的具体制度的建立和优化仍然是中国现阶段人权保障取得实际效果的最艰巨的任务。笔者认为,制度完善的关键,是建立和健全并充分尊重和实施违宪审查制度。

首先,公权力滥用是中国现阶段人权问题的主要根源,违宪审查是限制和规范公权力的最有效手段。相对于个人权利而言,公权力不但包括国家权力,还应该包括社会组织管理公共事务的权力。在以往的研究中,人们将社会组织管理公共事务的权力划归"社会自治"的范畴,被认为是社会权利或"私权"的一部分,而与"公权"即国家权力相对立。但笔者认为,如果相对于个人的权利而言,社会组织管理公共事务的权力由于带有公共管理和资源分配的性质,也具有公权力的意义,也可能由于行使不当而对个人权利构成侵犯。正是在这个意义上,我们可以把它归于广义的公权力的范畴。中国社会现实生活中形成公权力滥用的原因是多方面的,既有公权力设计中分配不科学合理和没有相应制约的问题,也有公权力行使过程中由于职权不明或交叉,或立法空白,或执法人员越权违法操作的问题。就前者而言,有些属于政治体制改革的范围,有些则属于具体执法或管理机制完善的问题。我们这里所说的公权力滥用,主要是指具体机制不完善,具体规则存在问题,或者在现有机制和规则下,执法人员或管理人员对公权力的行使不当及违法操作的情况,这是现阶段中国社会中对人权侵犯的主要来源。对于这一方面公权力滥用的抑制,专门的违宪审查就能通过对现有立法和公共管理行为是否合乎宪法进行裁决,从而发挥保障公民基本人权的作用。

其次,违宪审查是公民寻求人权司法救济的最后手段。对于公民的人权保障而言,司法救济最主要的方式应该是普通法院的诉讼过程及其最终裁决。但是,如果普通法院在审理案件时依据的法律存在违宪或者与上位法不一致的情况,或者出现法律冲突和立法空白的时候,违宪审查就成为当事人保障个人人权的最后手段。尤其是在现阶段中国司法实践中司法腐败还一定程度地存在的情况下,由此造成的误判错判如果在司法权范围内无法纠正时,当事人依据现行中国违宪审查体制要求对司法行为是否合宪进行审查监督,也是一种维护人权的有效途径。

再次,违宪审查可以弥补制度设计缺失和现有立法空白,更全面地保障人权。在社会生活快速发展的今天,制度设计瑕疵和立法空白的不断被发现并对其予以修复弥补,是一种正常现象。一些在社会发展中新出现的人权类别,应该得到尊重和司法保护,这是社会进步的表现。然而,谁来判定这些新权利种类的合法性?如何判定?依据何在?这就显现出违宪审查的重要地位和作用了。通过违宪审查,专门机关依据宪法原则和精神裁决新的权利种类是否合宪,由此形成的结论和解释可以成为新权利司法保护的法律依据。在中国现阶段,人权保障的立法体系还不完备,司法过程中不法因素干扰还比较严重,违宪审查从这个角度对人权的保障作用尤显重要。

最后,违宪审查有助于增强全社会的人权保障和民主法治观念。中国社会发展到今天还依然是政治社会而不是法治社会,政治权力决定一切,法律的权威和规范性还没有真正树立起来,违宪审查的实际运作就是树立宪法权威,增强保障人权观念的有效途径。如果有了违宪审查的现实,有了通过违宪审查使个人权利得以维护的例证,人们就会认识到宪法和法律的重要性,自然就有了法治和民主意识,中国距离法治和人权的时代也就不远了。

二、我国宪法基本权利的变迁

(一)旧中国公民基本权利立法概况

中国关于公民基本权利的立法始于清末立宪。最早规定公民基本权利的宪法性文件是1908年的《钦定宪法大纲》,囿于当时封建国体的限制而被称作"臣民权利义务"。在《钦定宪法大纲》中,关于臣民的权利共列有6条,包括当选议员的权利,言论、著作、出版及集会结社的自由,人身保障权,诉讼权,法定审判权和财产住宅不受侵犯权;关于臣民的义务共有3条立法,包括纳税、当兵和遵守国家法律。这些基本权利立法虽然简单,但却是中国历史上之首创,并带有当时封建末期宪政移植初期的政治和立法印记,应该说具有重要的民主宪政意义。

及至进入民国时代,公民基本权利逐渐成为立宪的主要内容,并将权利主体的称谓改为"人民"或"国民",而且立法的条目也逐渐增多。1912年中华民国宣告成立后,最先进行的立宪便是同年3月颁布的《中华民国临时约法》,这是中国历史上唯一的一部具有资产阶级民主共和国性质的宪法性文件,它较为完整地移植了西方资产阶级宪政民主制度,规定了11条有关人民基本权利义务的条款,与《钦定宪法大纲》相比,增加了营业自由、书信秘密自由、迁徙自由、信教自由、请愿权、陈诉权、考试权、选举与被选举权,基本权利的范围大为扩大。1923年10月颁布的《中华民国宪法》(即"贿选宪法"),是中国历史上第一部正式颁布的宪法,其中关于人民基本权利的立法又有进步,条款增至18条,权利部分增添了"人民"的概念、平等权、职业自由、信仰自由、从事公职权等,在义务部分首次规定了"中华民国人民有受初等教育之义务"。1931年6月国民党政府颁布的《中华民国训政时期约法》,人民基本权利条款达22条,增加了罢免权、创制权、复决权、继承权和服从公务行为的义务。1947年的《中华民国宪法》在基本权利立法方面虽然条目有所减少,只有18条,但内容上首次明确规定了受教育权和请求国家赔偿权。可见,在整个中华民国时代,人们关于基本权利的认识也是逐渐深化的,基本权利立法日趋现代化。

与国民党统治时期并存的中国共产党领导的革命根据地,在人民基本权利立法方面独具特点。

早在1922年7月,在中国共产党第二次全国代表大会宣言中就明确提出,男女工人有无限制的选举权,有言论、出版、集会、结社、罢工的自由。同年8月,中国劳动组合书记部发布了《关于开展劳动立法运动的通知》,并拟定了《劳动立法原则》和《劳动法案大纲》,要求政府承认工人的集会结社权、同盟罢工权、结缔团体契约权,要求实行八小时工作制、保护女工童工、劳动保险,让工人参加企业管理,给予工人国际联合权、休息权及受教育的机会,等等。《劳动法案大纲》成为党领导工人群众争取政治自由和民主权利的斗争纲领。1925年5月1日,第二次全国劳动大会也明确提出了以争取集会、结社、言论、出版、罢工自由和参加普选等作为政治斗争的重要目标。会后,党领导工人群众进行了"五卅"运动、省港大罢工和上海工人三次武装起义,沉重地打击了帝国主义和国内反动势力。通过斗争,工人群众在政治上取得了一些自由权利,生活上有了一定的改善,阶级力量也得到了发展壮大。

1931年11月,第一次全国苏维埃代表大会通过了《中华苏维埃共和国宪法大纲》(以下简称

《宪法大纲》），到了1934年1月第二次全国苏维埃代表大会时，又略加修改并通过，这是我国历史上由人民代表机关通过并实施的第一部宪法性文件。这部《宪法大纲》规定，工农劳动群众享有各项民主权利。在政治上，"所有工人、农民、红色战士及一切劳苦民众都有权选派代表掌握政权的管理"，"凡上届苏维埃公民，在16岁以上者皆有苏维埃选举权和被选举权"，"选举人无论何时皆有撤回被选举人及重新选举代表的权利"。在经济上，"没收一切地主阶级的土地，分配给雇农、贫农、中农"，对工人实行"八小时工作制，规定最低限度的工资标准，创立社会保险制度与国家的失业津贴，并宣布工人有监督生产之权"。在文化教育上，"工农劳苦民众有受教育的权利"。此外，《宪法大纲》还规定了男女平等和民族平等的原则，保证工农劳苦民众言论、出版、集会、结社和信教的自由。

在抗日民主根据地，1941年11月陕甘宁边区第二届参议会通过的《陕甘宁边区施政纲领》明确规定："保证一切抗日人民的人权、政权、财权及言论、出版、集会、结社、信仰、居住、迁徙的自由权。"1946年4月第三届边区参议会通过的《陕甘宁边区宪法原则》中规定：人民按普遍、直接、平等、无记名的原则选举各级代表；人民享有政治、经济、文化各项自由权利；边区人民不分民族，一律平等；妇女除享有男女平等权利外，还应照顾妇女之特殊利益。此外，《陕甘宁边区宪法原则》还规定了实现这些权利的物质保障。

（二）新中国公民基本权利立法的历史沿革

中华人民共和国的成立，是中国民主宪政历史的转折，我国的公民基本权利立法也进入了一个新的历史阶段。纵观新中国第一部临时宪法（即《中国人民政治协商会议共同纲领》）、四部正式宪法中有关基本权利立法的内容，虽然历经曲折，却呈现出不断进步和成熟的特点和趋势。

1949年9月，中国人民政治协商会议第一届全体会议一致通过了《中国人民政治协商会议共同纲领》（以下简称《共同纲领》）。《共同纲领》规定：人民，指工人阶级、农民阶级、小资产阶级、民族资产阶级以及从反动阶级中觉悟过来的某些爱国民主分子。他们享有选举权和被选举权，有思想、言论、出版、集会、结社、通讯、人身、居住、迁徙及示威游行的自由；妇女享有与男子在政治、经济、文化教育和社会生活等方面的平等权利，实行男女婚姻自由，注意保护母亲、婴儿和儿童的健康；各民族一律平等，他们都有发展其语言文字、保持或改革其风俗习惯及宗教信仰的自由；国家有计划、有步骤地实行普及教育，保证报道真实新闻的自由；人民享有对国家机关和任何公务人员的违法失职行为的控告权；优待军属、适当安置残废和退伍军人；尽力保护华侨的正当权益，等等。《共同纲领》是一部宪法性文件，它总结了中国人民民主革命的经验，确认了我国人民长期进行民主宪政斗争的胜利成果，为后来制定中华人民共和国宪法奠定了基础。

1954年宪法在《共同纲领》规定的公民基本权利和义务的基础上，又以专章规定了公民的基本权利和义务，对公民行使权利也规定了必要的和逐步扩大的物质保障。1954年宪法除了肯定《共同纲领》的有关规定外，还增加了公民享有劳动权、劳动者的休息权和物质帮助权以及受教育权和国家保护母亲、儿童的利益，关怀青年的体力、智力的发展的规定。它还规定，对于公民的权利和自由的行使，国家提供必要的物质保证。对于任何违法失职的国家工作人员，宪法规定公民有申诉权和控告权。对于公民的基本义务，宪法增加了公民遵守公共秩序、尊重社会公德的规定。

1954年宪法关于公民的基本权利和义务的规定，标志着我国社会主义民主走上了不断完善和发展的道路。但是，这些规定在实施过程中，却经历了曲折的道路。特别是在十年"文化大革命"期间,公民的基本权利和自由被践踏和剥夺,在动乱中制定的 1975 年宪法正是那个时期国家生活不正常的反映。1975 年宪法中的基本权利立法,大大缩减了公民的基本权利和自由,把 1954 年宪法规定的公民的权利和自由从 14 条减为 2 条,删除了许多重要的权利内容。它取消了公民在法律上一律平等的原则;取消了公民有进行科学研究、文学艺术创作和其他文化活动的自由;取消了由于国家机关工作人员侵犯公民权利而受到损失的公民有取得赔偿的权利;取消了公民各项权利和自由的物质保障。它还将 1954 年宪法规定的遵守劳动纪律、遵守公共秩序、尊重社会公德、爱护和保护公共财产、依法纳税等义务取消了。1975 年宪法关于公民的基本权利和义务的规定,从一个侧面反映了我国社会主义民主的倒退和破坏。

1978 年宪法在公民的基本权利和义务的规定上,恢复了 1954 年宪法的一些内容,但是由于历史条件的限制,还存在着权利和自由不广泛、"左"倾思想的影响比较严重、形式不完备等缺点,因而不能适应发展社会主义民主的要求。

1982 年宪法关于公民的基本权利和义务,是以 1954 年宪法为基础,并且又结合我国新中国成立以来正反两方面的经验教训和当前的实际情况加以规定的。因此,它既是对前几部宪法相关立法的总结、继承,又是它们的进一步发展。

1982 年宪法规定公民的基本权利和自由,同前三部宪法的有关规定相比较,有以下的发展变化:

第一,结构顺序变化。前三部宪法,历来都把"公民的基本权利和义务"一章作为第三章,放在"国家机构"后面。1982 年宪法则把它改为第二章,和"总纲"关于国家制度、社会制度的规定紧密连接,表明它是"总纲"的延伸和继续,同时也反映出我们国家对保障公民基本权利的重视。

第二,条款数量增加。1954 年宪法关于公民基本权利的规定为 14 条,1975 年宪法只有 2 条,1978 年宪法为 12 条,而 1982 年宪法则为 18 条,同时在一些具体条文中还增加了新的条款。如第 33 条公民在法律面前一律平等,比 1954 年宪法规定增加了两款;第 36 条宗教信仰自由增加了三款;第 37 条人身自由不受侵犯,增加了一款;第 41 条批评建议权和申诉、控告、检举权,不但比以前新增加了批评建议权并恢复了取得赔偿权,而且还增加了两款;第 42 条劳动权,比以前增加了三款;第 45 条物质保障权也比原来增加了两款,等等。

第三,内容更加充实。现行宪法规定的公民权利自由比前几部宪法更加充实且规范化。如 1975 年宪法规定某些公民权利只有几个字,显得内容贫乏。1982 年宪法在原则规定的基础上充实了具体内容。为了保证公民权利的实现,宪法还规定了国家相应的基本政策和根本措施。

第四,更加强调权利和义务的一致性。现行宪法明确规定:"任何公民享有宪法和法律规定的权利,同时必须履行宪法和法律规定的义务。"在宪法第 51 条,还要求公民在行使权利和自由的时候,不得损害国家的、社会的、集体的利益和其他公民的合法的权利和自由。

第六章　我国公民的基本权利和义务

第一节　平等权

一、平等权的发展

法律面前的平等问题是一个历史的概念。从法的词源看"法"字,"法"字有公平裁判、平等适用的含义,这就是法的本意。封建社会存在着公开的等级特权,但仍有一些思想家提出了适用法律的平等思想,如"刑无等级,法不可阿贵","刑过不避大臣,赏善不遗匹夫","王子犯法与庶民同罪"等。从西方看,公元前5世纪政治家伯里克利斯发表了一个著名的政治演说:"我们的制度之所以被称为民主政治,因为政权在全体公民手中,而不是在少数人手中。解决私人争执的时候,每个人在法律上都是平等的。"这个演说及其所提出的公民在法律面前平等的问题,在世界历史和世界法律思想史上都是很著名的。17、18世纪,资产阶级思想家洛克、卢梭等人提出了"法律面前人人平等"的口号,声称人生来就是自由、平等的,每个人的权利都是相同的、无差别的,这种自由平等的思想对于反对封建的特权、专制制度起了重大的作用,成为资产阶级革命胜利后制定法律的理论基础。1789年法国《人权宣言》首先以法律的形式肯定了公民权利平等要求的原则。宣布"自由、平等"不受分割是天赋的、神圣不可剥夺的权利,规定"法律是公共意志的表现,全体公民都有权亲自或经由其代表去参与法律的制定。法律对于所有的人无论是实施保护还是处罚都是一样的。在法律面前,所有的公民都是平等的,故他们都能平等地按其能力担任一切官职、公共职位和职务,除德行和才能上的差别外不得有其他差别"。据此规定,平等有三方面的内容:①公民在立法上的平等,即所有公民都平等地享有直接或间接参与立法活动的权利;②所有公民在适用法律上的平等;③公民平等地参与执法。由此可见,资产阶级赋予了法律平等问题以崭新的含义,它第一次将平等与公民、公民的权利联系在一起,使平等成为一个普遍的概念,普及于一切公民和一切人,而且普及于立法、执法和适用法律的全部范围。

第二次世界大战以来,平等权利法案、平等的原则被越来越多的国家所接受。平等从原则的、抽象的规定具体变为实际的平等权利,平等的范围也在不断扩大。早期资产阶级的宪法或宪法性文件,如人权宣言、独立宣言等,都只是抽象地提出了人生而平等的原则。20世纪以来的宪法则就平等权的内容给以详细的列举。如西德基本法规定男女有平等之权,任何人不得因性别、门第、种族、语言、籍贯、血统、宗教或政治意见之不同而受歧视或享有特权。此外,1948年国际人权宣言对人类平等权的问题也有许多条款作了详细规定。

在我国,新中国成立之初起临时宪法作用的共同纲领曾规定有民族平等和男女平等。1954年我国第一部宪法中明确规定:"公民在法律上一律平等。"后来由于"左"的影响,法律平等权利被视为资产阶级的原则,认为其抹杀了法的阶级性,从而受到批判,成为法学界的又一禁区。因此,1975年及1978年的宪法取消了这一规定。1982年宪法恢复了这一正确原则,公民的平等权重新成了公民应有的宪法权利。

二、平等权与宪法

平等观念与法是同时产生的，平等是法的基本属性，同时也是法追求与维护的目标。人类社会的发展是不断地发现平等价值，不断地扩大平等范围的过程。平等从思想到原则，从理论到法，从一般的法律权利到宪法权利的过程，反映了人类治理国家经验的不断成熟。平等观念在近代国家具有两个方面的内容：①参政平等的要求，即公民平等地参与国家机关的组成与统治过程；②法适用平等的要求，即国家机关平等地保护公民，不得差别对待。1789 年的法国《人权宣言》最早以法的形式确定了平等权，规定："法律对于所有的人，无论是施行或处罚是一样的，在法律面前，所有公民都是平等的，除德行和才能上的差别外，不得有其他差别。"由于受历史条件的限制，18、19 世纪的平等观主要是一种形式平等，注重机会的平等和出发的平等，还没有体现实质的平等与结果的平等。1919 年《魏玛宪法》规定财产权的受制约性，劳动权、生存权等社会基本权的目的是克服形式意义上的平等，以实现实质意义的平等。之后，平等权作为一项基本权利规定在宪法上成为宪法权利的重要组成部分。现代各国宪法普遍规定"法律面前人人平等"原则，确认平等权之基本权利的性质。

在我国，1954 年宪法就确立了平等原则，并确认为公民的基本权利。《宪法》明确规定："中华人民共和国公民在法律上一律平等。"但是，1975 年宪法和 1978 年宪法因受当时历史条件限制，取消了平等权的规定。1982 年宪法在总结历史经验的基础上，重新确定了平等原则，规定"中华人民共和国公民在法律面前一律平等"，为公民享有平等权提供了宪法基础。除了该条的规定之外，现行宪法还有其他一些相关的具体规定，主要有：①第 33 条第 3 款规定："任何公民享有宪法和法律规定的权利，同时必须履行宪法和法律规定的义务。"②第 5 条第 4 款规定："任何组织或者个人都不得有超越宪法和法律的特权。"③第 4 条第 1 款规定："中华人民共和国各民族一律平等。""禁止对任何民族的歧视和压迫。"④第 48 条第 1 款规定："中华人民共和国妇女在政治的、经济的、文化的、社会的和家庭的生活等各方面享有同男子平等的权利。"其第 2 款进一步规定："国家保护妇女的权利和利益，实行男女同工同酬，培养和选拔妇女干部。"⑤第 34 条规定："中华人民共和国年满 18 周岁的公民，不分民族、种族、性别、职业、家庭出身、宗教信仰、教育程度、财产状况、居住期限，都有选举权和被选举权，但是依照法律被剥夺政治权利的人除外。"⑥第 36 条第 2 款规定："不得歧视信仰宗教的公民和不信仰宗教的公民。"

三、平等权的内涵

（一）平等权的概念

关于平等权的概念。我国学术界有着大体一致的看法，但也存在一些差异。徐显明教授认为："公民的平等权是指所有公民根据法律规定，享有同等权利和承担同等的义务。"刘茂林教授认为："平等权是指公民在政治、经济和社会一切领域依法享有同其他公民同等的权利，不因任何外在差别而予以区别对待的一种权利。"李树忠博士在其博士学位论文《平等权保护论》中认为："平等权首先是指公民不论其民族、种族、性别、职业、宗教信仰、教育程度、财产状况、居住年限等有何差别。也不论其出身、政治历史、社会地位、政治地位有何不同,都平等地享受宪法和法律赋予的权利。其次是指国家及其政府对公民的各项权利的行使都应实施同等的对待和保障。再次是指公民平等地享有权利,同时也应包括平等地履行义务。"

应该说,上述定义都指出了平等权的实质,但也存在着一些不完善的地方。首先,平等权具有依附性。平等权同公民的其他基本权利不一样,具有特殊性,其自身没有具体内容,需要通过其他权利的内容来体现,如"就业平等"、"受教育平等"等。因此,平等权是一种关于"权利的权利"。其次,平等权的内容不仅包括"享有权利的平等",而且还包括"承担义务的平等"。因而,平等权是一种"享有平等权利和履行平等义务"的权利。综上所述,本文认为,平等权是指公民在政治、经济和社会等领域依法享有在同等条件下同其他公民享有同等权利和履行同等义务的权利。一般认为,平等权的要义包括:(1)所有公民平等地享有宪法和法律规定的权利;(2)所有公民平等地履行宪法和法律规定的义务;(3)国家机关在适用上一律平等,对于所有公民都给予平等的保护和惩罚;(4)任何组织和个人都不得有超越宪法和法律的特权;(5)对弱者给予特别的法律保护。

(二)平等权的性质

平等权的法学性质是一个复杂而且颇有争议的问题。我国宪法学界一直存在关于此问题的三种不同观点:平等权是宪法所保障的公民一项具体的基本权利;平等权是一个抽象的原则或原则性的权利;平等权既是一项具体的基本权利又是一个抽象的宪法原则。

第一种观点认为平等权是公民的一项基本权利,是人类不可缺少的、与生命权和自由权等基本权利具有同等价值的权利,具有权利性。这种观点认为,平等权是宪法和法律赋予公民的一项实体性权利,和其他人权一样,具有独自的权利本质。如果认为平等权只是一个抽象的宪法原则,则无法主张实体的权利保障,会削弱平等权保障的效果。如有学者认为:平等权是我国宪法规定的基本权利体系的重要组成部分,是权利主体参与社会生活的前提与条件。

第二种观点认为平等权是一个抽象的宪法原则或原则性权利。这种观点认为,如果平等权只是一种权利,则会被局限于法律、政治、性别等条文明示的范围,只能要求这些相关事项的平等权利,反而削弱平等在人权保障体系中的重要效果。如有学者认为,平等权是一种所有公民拥有平等地获取和享受权利的资格,不是一种具有具体内容的权利,而是一种实现权利的原则。台湾有学者则更直白地表示,平等权应该表述为"平等原则"更为合理。其主要理由为:第一,平等由其历史演变过程观之,虽然曾经与自由相提并论,被认为是人权发展史上最初被主张的权利。但是当时成为平等权,只是人权相关理论的发展尚未成熟的情况下所产生的一种误用或误解。事实上当时的平等,被认为只是反射各种权利的效果,实际上不能与一般的自由权利相提并论。第二,各国宪法有关平等的条文,一般都是以"法律面前人人平等"、"平等保障国民的各种权利"、"国家的立法、行政、司法作用不得有差别"等方式表示,并无"保障平等权"的用法。如美国的"平等保护原则",日本用"平等原则"。第三,平等有其他权利所没有的"比较性"特质,此一特殊本质唯有使用"平等原则"才能正确地显示出来。与自由不同,自由一般被称呼为"权利",只要国家权力客观地违法侵害,或受到其他社会力侵害,就等于是对个人权利的侵害。但对平等的保障,性质上却完全不同。国家若制定不平等的法律,只是违反平等"原则",却不一定侵犯个人的平等"权"。第四,探讨人权体系或人权的分类时,平等一向被认为是属于总则性人权,是与人格尊严、幸福追求同样适用于人权各范畴的一般性原则。

第三种观点认为平等权既是一项抽象的宪法原则,又是公民所享有的一项具体的基本权利。目前,这种观点在我国处于通说的地位。这种观点认为,如果把平等权只理解为一项宪法原则,则会忽视平等权作为权利的性质。而只强调其权利性质,忽视其原则性也是不妥当的,只有平等权而无平等保护原则,平等权就可能是不平等的。因而,"法律面前的平等"具有双重的性质,它既是一项宪法的一般原则,同时又是人们所享有的一种基本权利。我国有学者更是对平等权作为宪法原则和基本权利两者之间的关系作出了分析,认为所谓"法律面前的平等"或"法律上的平等"这一类的宪法规范,对于国家一方而言,即可被表述为"平等原则",而对于个人一方而言,则可表述为"平等权"。实际上,这种观点也取得了法律实证上的支持。目前,世界上越来越多的国家宪法中既有平等原则的规定,又有具体平等权的规定。

(三)平等权的一般性规定

1.平等权的效力范围

法的效力范围指法律规范的约束力所及的范围,一般包括空间效力范围、时间效力范围和对象效力范围三方面。平等权的效力范围当然也包括这三方面,由于其空间效力范围和时间效力范围与其他法律规范的效力范围不具有特殊性,就不再赘述,本部分主要就平等权的对象效力范围进行论述。

关于平等权对象效力范围的争论为:立法者是否应当受到平等原则的约束,即是否不能制定违反平等原则的法律? 直言之,平等权仅仅意味着公民在遵守法律和适用法律上一律平等,即"法律适用平等说",还是公民不仅在遵守法律和适用法律上是平等的,立法上对公民也必须平等对待呢? 即平等权不仅包括适用法律上平等还包括立法上平等。对于这一问题台湾学者陈新民认为,平等权的保障依其拘束对象之不同,可分成"法律适用"的平等与"法律制定"的平等。后者指"要求立法者亦必须遵守平等权,而且在违反平等权时,法律会因违宪而无效"。国外学者也持大体相同的看法,如有学者认为,平等权可概括为在法律适用和创制中的平等、在创制法律中平等要求的结构、相似的和不同的待遇、平等的原则和评估、作为主观性权利的平等权的结构。

法律适用平等说曾经为我国大多数学者所认同,认为平等权仅指法律适用上的平等,具体包含三方面含义:第一,公民不分民族、种族、性别、职业、家庭出身、宗教信仰、教育程度、社会地位、政治历史、财产状况、居住期限等,一律平等地享有宪法和法律规定的权利,同时履行宪法和法律规定的义务;第二,国家机关在适用法律时,对任何人的保护或者惩罚,都是平等的,不应因人而异,应一视同仁;第三,国家不允许任何组织和个人有超越宪法和法律的特权。该学说根源于马克思关于法的阶级本质的原理,认为我国法律只反映工人阶级和广大人民的意志和利益,因而"人民"和"敌人"在立法上是不可能平等的。所以,平等权仅指法律适用上的平等,而不包括立法上的平等。随着社会的发展和法学理论的进步,这种观点受到了广泛的批评和质疑。立法平等是法律适用平等的基础,没有立法上的平等,法律适用的平等没有任何意义。目前,平等权不仅指法律适用上的平等,还包括立法的平等已成为我国法学界的共识。

2."平等保护"与"差别对待"

平等权的核心内容是平等,就是宪法和法律要给予每个公民平等的保护。然而,平等的概念本身又是很难界定的。西方最有影响哲学家罗尔斯的两个正义原则指出:正义的第一原则是平等的自由原则,该原则要求每个人都有平等的权利。享有与他人相同的最广泛的基本自由;正义的第二原则是机会平等原则和差别的结合,该原则要求社会、经济的不平等只有在地位和官职对所有人开放并且这种不平等对所有人都有利特别是对在社会中处于最不利地位的人有利的情况才符合正义。罗尔斯的第二正义原则实际上指出了平等自身所包含的一种矛盾,一方面是形式上的平等,人人生而平等,人们在法律上享有相同的权利,形式上的平等也就是一种机会上的平等。另一方面是结果的平等,即无论公民在社会生活和社会活动中的表现如何,彼此获得的结果都一样。然而,在人类社会,即使人人具有机会的平等,但是由于个体在生理机能、智力能力和社会经验等方面的千差万别,人类在结果的获得上还是不平等的。因此,为了协调好形式上的平等和结果的不平等两者之间的矛盾,实现法律的平等保护,我们必须采取一种合理的差别对待,依据各个人的不同属性分别采取不同的方式,对作为个人的人格发展所必需的前提条件进行实质意义上的平等保障。

要实现实质意义上的法律平等保护,就必须允许一种合理的差别对待。这样,法律平等保护的关键问题就是如何界定合理的差别对待,即针对不同的人应该给予什么样的不同对待才是合理的呢? 虽然从理论上讲,通过合理的差别对待标准来界定法律是否给予了平等保护是成立的。但是,在宪政实践过程中,如何界定合理的差别对待却又是一个宪政难题。有学者认为,"平等原则之合理差别,即立法者遵循平等原则,依立法事项实质上之差异,就相同或相似者,应为相同或相似之处理;其为不同者,则应为不同之处理"。问题是,如何来区分"相同或相似"的分类呢? 有学者进而指出,"区分必须是理性的、非任意的,即法律的区别对待应当有充足的理由,为了社会公益,而不是主观的、或为了个人或集团的私利"。其实,这样的界定标准仍然只是德国宪法学家所指责的"空洞的公式"。鉴于此,日本宪法学家指出,可以通过一些具体的类型来界定合理的差别对待中"合理"的范畴。我国学者通过从各国宪法实践中归纳总结,认为合理的差别对待有以下几种具体类型:(1)由于年龄上的差异所采取的责任、权利等方面上的合理差别;(2)依据人的生理差异所采取的合理差别;(3)依据经济上的能力以及所得的差异所采取的纳税负担上轻重的合理差别;(4)依据民族的差异所采取的合理差别;(5)对从事特定职业的权利主体的特殊义务的加重和特定权利的限制。应该说,具体的类型化在宪政实践中具有很好的操作性,但是,由于社会情况的复杂多样性,具体类型化是不能穷尽所有的社会分类,具有一定的局限性。因而,前面所指责的空洞的界定标准虽然正确,但并不是完全没有意义,在宪政实践过程中仍有一定的指导意义。

3.歧视与反向歧视

从某种意义上说,平等与歧视是一组反义词。法律的平等保护一般以合理的差别对待为界定标准,如果差别对待是不合理的,实际上就构成了通常所说的歧视。所谓歧视,是指针对特定群体或个人而实施的任何区别、排斥、限制,其目的或效果在于取消或损害其平等权之确认、享有或行使,造成不合理的差别对待的行为或制度安排。因而,歧视与否总是和平等结合在一起。

为保障公民的平等权利,实现实质上的法律平等保护,我们需要采取一定程度的合理的差别对待措施,其中包括对社会弱势群体给予特定的保护。这种特定的保护方式起源于1961年美国肯尼迪总统的10925号行政命令,它要求承包商"采取肯定性行动以保证招收工人或在工人就业期间的待遇不因种族、信仰、肤色及出生地受到影响"。肯定性行动的目的在于帮助在美国历史上长期受到歧视的社会弱势群体,主要是少数民族和妇女,通过给予其特定的优惠措施,使之尽快改变其在政治、经济教育等方面的劣势,达到实质意义上的平等。然而,20世纪70年代,人们开始对"肯定性行动"进行反思,特别是受到了许多来自美国白人社会的批评,认为它矫枉过正,形成了对白人社会成员的"反向歧视"。所谓反向歧视,是指为追求实质平等,对特定群体或个人给予的特定保护超过必要的限度而形成的对一般群体或个人的不合理差别对待或制度安排。

歧视是一种不平等对待的行为,其同义词是不平等,对立面是平等,因而对歧视的理解关键在于对"平等"范畴的理解。歧视其核心内容是不平等对待,其包括两方面:对特定群体或个人的不平等对待和对一般群体或个人的不平等对待。只是由于在通常意义上,歧视往往特指对特定群体或个人的不平等对待,对一般群体或个人的不平等对待则构成反向歧视。因而,反向歧视其实质也是一种歧视。为追求人类平等,我们需要反对歧视,加强对社会特定群体或个人的保护,同时,我们也有必要防止其保护超过必要限度而形成对一般群体或个人的不合理差别对待而构成反向歧视。

四、我国现行宪法关于平等权的规定

有关我国平等权的规定,主要是体现在我国现行宪法第5条和第33条。学术界对平等权的理解也主要体现在对宪法第33条的解释。我国现行宪法第5条第5款规定:"任何组织或者个人都不得有超越宪法和法律的特权。"第33条第2款规定:"中华人民共和国公民在法律面前一律平等。"第33条第3款规定:"任何公民享有宪法和法律规定的权利,同时必须履行宪法和法律规定的义务。"从我国宪法规定的内容来看,平等权主要包含以下内容。

(一)公民在法律面前一律平等

在我国,"法律面前人人平等"主要包括以下三个方面的内容:

第一,任何人的主体人格平等,即每个人都应享有同样的人格尊严,法律应当平等地关怀、尊重和保护每个人的人格尊严。也就是说,宪法和法律规定公民应当享有的权利,所有公民都平等地享有。这种绝对的平等贯穿于我们整个法律调整过程中。

第二,任何人的权利和义务的内容平等,即公民在享有法律权利和履行法律义务时具有平等性,尤其是指公民的基本权利和义务均应以法律上的权利义务为准绳,任何人或团体不得被强制设置法律之外的义务,除非是自主自愿地为自己设定更多的义务或接受他人的设定请求。

第三,任何组织或者个人都不得享有超越宪法和法律的特权。法律对任何人都一视同仁,强调同等情况同等对待,不得因人而异。因此,国家机关在适用和执行法律时,对于所有的公民都应该一律平等地保护和惩罚,不得因人而异或者选择性执法。

(二)民族平等

民族平等是指无论任何民族在政治、经济、文化、语言和社会各方面都享有平等权利。我国是一个由56个民族组成的统一的多民族国家。各民族一律平等是我国公民权利和义务平等性的一个鲜明特点。

现行宪法第4条第1款规定:"中华人民共和国各民族一律平等。国家保障各少数民族的合法的权利和利益,维护和发展各民族的平等、团结、互助关系。禁止对任何民族的歧视和压迫。禁止破坏民族团结和制造民族分裂的行为。"这意味着,在我国,少数民族人民同汉族人民一样,平等地享有宪法和法律规定的全部公民权利，同时还可以依据法律，享有少数民族特有的权利。

（三）男女平等

男女平等是平等权的重要内容之一，是指公民在行使权利和承担义务时一律平等，不受到性别的影响。

现行宪法第 48 条第 1 款规定："中华人民共和国妇女在政治的、经济的、文化的、社会的和家庭的生活等各方面享有同男子平等的权利。"第 48 条第 2 款规定："国家保护妇女的权利和利益，实行男女同工同酬，培养和选拔妇女干部。"这意味着，男女公民在政治权利方面的平等，婚姻家庭关系中的平等，劳动分配关系中的男女同工同酬以及男女社会地位、经济文化生活和其他社会生活各方面都一律平等。

（四）承认合理的差别

平等权意味着对于公民法律上的权利义务应给予平等的确认、分配和保护，平等的情况平等对待，这是一种绝对的社会地位和法律地位的平等，是一种形式上和机会上的平等。它意味着独立、自由、抽象的人在其人格的形成起点和人格尊严上都应受到同样的对待。比如行政机关通过公开考试、考核录用公务员，应当统一考试并且以考试、考核的成绩决定对考生的录用，不应当因考生的民族、性别、出身、信仰而规定不同的录取分数线，甚至限制女性或者少数民族考生参加考试。结果虽然只能是成绩优异的考生被录取为公务员，但每个考生在参加考试的资格上是绝对平等的。

但是，现实中的、具体的人不可避免地存在着性别、天资、能力、种族等方面的先天差异，如果一味单纯地追求形式上的平等，反而会出现现实上的不平等的状况。因此，平等并非意味着无差别，主张平等也不是追求平均主义。实质上的平等权则是在一定程度和某些方面承认现实中客观存在的合理差别，相同情况同样对待，不同情况差别对待。

合理的差别指的是实质上的平等，是指法律上的权利义务按照人的具体情况具体分配，即权利义务的差别分配，侧重于不同等的情况应该得到法律的不同等对待。它意味着根据个人的不同属性，人们应该得到与自己的优点、贡献、需要、身份等相称的待遇。例如，按劳分配制度就是一种按比例的平等。按劳分配是指每个人的收入因各自劳动量的多少不同而有所差别，多劳多得，少劳少得，不劳不得。虽然从表面上看上去每个人获得的收入彼此不同，但是收入和劳动量的比例对每个人来说是完全平等的。

平等原则是优先于合理差别的第一原则，合理差别是平等原则的深化和补充，两者的辩证统一实现了真正意义上的平等。

在立法实践中，承认合理的差别，保障每个人都能按照自身的不同属性，享有相对等的权利，获得相称的待遇，就要保障社会中某些少数人或者某些弱势群体的权利。我国宪法对于特定人权利的规定主要有以下几个方面。

（1）承认年龄上的差异所决定的责任、权利等方面上的差别，特别保护青少年和儿童的权利。现行宪法第 46 条第 2 款规定："国家培养青年、少年、儿童在品德、智力、体质等方面全面发展。"

（2）承认人的生理和身体差异所决定的差别，特别保护离退休人员、军烈属和残疾人、妇女和老年人的权利。现行宪法第 44 条规定："国家依照法律规定实行企业事业组织的职工和国家机关工作人员的退休制度。退休人员的生活受到国家和社会的保障。"现行宪法第 45 条规定："中华人民共和国公民在年老、疾病或者丧失劳动能力的情况下，有从国家和社会获得物质帮助的权利。国家发展为公民享受这些权利所需要的社会保险、社会救济和医疗卫生事业。国家和社会保障残废军人的生活，抚恤烈士家属，优待军人家属。国家和社会帮助安排盲、聋、哑和其他有残疾的公民的劳动、生活和教育。"现行宪法第 49 条规定："婚姻、家庭、母亲和儿童受国家的保护。夫妻双方有实行计划生育的义务，父母有抚养教育未成年子女的义务，成年子女有赡养扶助父母的义务。禁止破坏婚姻自由，禁止虐待老人、妇女和儿童。"

（3）承认民族的差异所决定的差别，保护少数民族人民的权利。现行宪法第 4 条规定："中华人民共和国各民族一律平等。国家保障各少数民族的合法的权利和利益，维护和发展各民族的平等、团结、互助关系。禁止对任何民族的歧视和压迫，禁止破坏民族团结和制造民族分裂的行为。""各民族都有使用和发展自己的语言文字的自由，都有保持或者改革自己的风俗习惯的自由。"

（4）保护华侨和外国人的正当权利。现行宪法第 32 条规定："中华人民共和国保护在中国境内的外国人的合法权利和利益，在中国境内的外国人必须遵守中华人民共和国的法律。中华人民共和国对于因为政治原因要求避难的外国人，可以给予受庇护的权利。"现行宪法第 50 条规定："中华人民共和国保护华侨的正当的权利和利益，保护归侨和侨眷的合法的权利和利益。"

以上这些条款分散于宪法规范体系的各个部分，共同构成了我国宪法有关平等权规定的一个完整的系统，具备了相对详尽和完备的内容。

第二节　政治权利

一、政治权利的概念与范围

所谓政治权利是指公民依据宪法和法律的规定，参与国家政治生活的行为可能性。它表现为两种形式：①公民参与国家、社会组织与管理的活动，以选举权与被选举权的行使为基础；②公民在国家政治生活中自由地发表意见，表达意愿的自由。通常表现为言论、出版、集会、结社、游行、示威自由，简称为政治自由。政治权利概念可分为广义与狭义概念。狭义的政治权利仅指选举权与被选举权。广义的政治权利包括参与组织管理的权利与表达意见的自由。政治权利与政治自由的侧重点与运行方式有所不同，政治权利侧重于公民具体参与国家权力分配与组织活动，而政治自由则侧重于公民参与政治生活与表达意见的自由。但从公民与国家的相互关系看，参与政治生活与表达意见的自由是内在的统一体，是一种交叉型的权利形式。这里采取广义政治权利的概念。

就广义而言，政治权利的范围包括选举权与被选举权，言论、出版、集会、结社、游行、示威自由。有的论著把批评、建议、申诉、控告、检举、取得国家赔偿权也划入公民的政治权利，是没有理论根据的。我国《刑法》第 54 条规定的剥夺政治权利范围，除广义的宪法规定的政治权利外，还包括担任国家机关领导职务的权利，担任国有公司、企业、事业单位和人民团体领导职务的权利。宪法是确定政治权利范围的最高依据，其他法律必须以宪法的规定为基础，不得任意扩大。

二、政治权利的特征

（一）政治权利在本质上的民主性

政治权利是关于公民参与国家政治生活方面的权利,是人民当家做主和公民参与国家管理的宪法依据。宪法对公民政治权利规定的范围、行使的程序及其保障全面反映了一个国家民主政治发展水平,体现了人民主权实现的真实性与实现的程度。宪法是近代社会民主政治的产物,如果没有政治权利的内容,那么宪法就失去了作为根本法的良法品质,因此,在一定的意义上,宪法是公民政治权利的根本法。

（二）政治权利在权利体系中的基础性

公民的基本权利是一个相互关联的权利体系,它是人的全面发展的法律保障。政治权利在公民基本权利体系中居于基础地位,是公民享有人身自由、经济权利和文化权利的前提条件。从权利和权力的关系的角度来看,公民政治权利是实现人民主权的基本途径,如果没有政治权利,就根本不能体现人民当家做主的社会现实。就人身自由而言,由于公民行使选举权和被选举权,通过他们选出的代表进入国家机关将其利益和诉求以法律的形式确定下来,防止公权机关恣意妄为,肆意侵犯公民的人身自由。从经济权利来看,公民政治权利必然反映一定的经济利益,公民通过政治权利向国家机关表达社会财富分配的基本方式的意志,建立公平合理的社会财富分配制度,防止国家借助权力调动社会财富满足社会中少数人的利益需要。如果没有政治权利作为基础,公民在社会中将被动地接受社会财富的分配。公民就会失去应享有的经济利益。

（三）政治权利在主体上的特定性

在一个国家管辖的范围内,并不是所有的自然人都能享有政治权利,除了被剥夺政治权利的自然人外,外国人也不具有选举权与被选举权的主体资格,而其他权利如生命权、人身权等权利,外国人同样享有。

三、选举权与被选举权

选举权是指选民依法选举代议机关代表和特定国家公职人员的权利。被选举权是指选民依法被选举为代议机关代表和特定国家公职人员的权利。选举权与被选举权的特征如下。

（1）享有选举权与被选举权必须具备法定资格,即国家宪法和法律赋予公民选举权和被选举权。

（2）选举权与被选举权行使对象包括两方面:①选举或被选举为代议机关代表;②选举或被选举为特定国家机关公职人员,即法律规定的由选举产生的公职人员,包括立法机关、司法机关及其特定范围内的行政机关工作人员。

（3）选举权与被选举权的行使方式是法定的,通常采取投票或表决。具体行使方式由选举法规定。

我国《宪法》第 34 条规定："中华人民共和国年满 18 周岁的公民，不分民族、种族、性别、职业、家庭出身、宗教信仰、教育程度、财产状况、居住期限，都有选举权和被选举权。但是依照法律被剥夺政治权利的人除外。"另外，公民享有选举代表和其他公职人员的权利，并对其可以实行监督，对不称职者有权予以罢免。我国《宪法》第 77 条规定："全国人民代表大会代表受原选举单位的监督。原选举单位有权依照法律规定的程序罢免本单位选出的代表。"第 102 条规定："地方各级人民代表大会代表的选举单位和选民有权依照法律规定的程序罢免由他们选出的代表。"从法律上保障了我国公民罢免权的实现。

对享有选举权与被选举权的保障，首先，意味着选民有权按照其意愿独立投票选举被选举人，即不受国家的非法干预和影响，也不受其他可能对选民投票选举施加任何影响的不正当行为的支配。其次，选举权表明选民有权利自己参与竞选并获得被选举的资格，国家应对此予以保障，选民有权按照其意志自由的投票而不受推荐的候选人的限制。最后，选举权要求国家依法保障公民按照其意愿投票，并对任何在选举中可能影响到选民投票的行为予以制止。

"从历史的角度来看，国家对选举权规定限制条件的理由是这样一种信念，即一个享受民主参与权利的人必须与国家有着某种关系（公民资格），并且必须具有最低限度的个人成熟性以能够为国家承担责任。"选举权是公民参与和管理社会公共事务的权利，对其进行限制即选民不因其户籍等原因而在选举中被国家区别对待，只要是未被剥夺政治权利的公民，都应当在其经常居住地行使该权利。从我国的立法和实践来看，在选举实际工作中还缺乏具体的应对措施，这与我国改革开放以来的人口流动实际情况不相符合，也极不便于户籍不在其工作地和居住地的公民行使选举权和被选举权。这需要法律上进一步完善相关的制度与程序。

四、言论自由

（一）言论自由的重要性

言论自由的重要性在很多人的眼中几乎是不证自明的，在所有的自由当中，言论自由最为重要。言论自由对于公民个体的重要性至少反映在三个方面：第一，言论自由的价值首先满足人的自然性生理需求。人的本性是一种语言动物，他需要通过语言、文字、声音等各种语言方式同他人进行交流。在人的日常行为之中，言论是最常见、最便利、成本最小、传播最快的人类交流方式，所以从这一角度看来，禁锢言论无异于戕灭人性，我们难以想象一个没有言论交流的沉默的世界该是如何的乏味、孤独和可怕。第二，在民主政治成为社会主流意识的今天，言论自由是每个国家公民实现其公民权的重要方式和手段。通过自由地发表言论，公民可以对政府及其官员的行为进行批评和建议，可以获得更多公正、客观的社会信息，这些信息既可能与个人利益息息相关，也可能成为公民判断政府行为的依据和基础，因此公共信息的交流和传播使得一个理性、民主的政府建立成为可能。第三，言论自由还维系着一个社会的道德基础。自由的言论可以使人们养成讲真话、讲实话的品格和习惯，社会因此而可能具备来自于每个人的诚实和自由言论的开明和务实的特点。因此，无论从"言论自由"自身的价值还是其进入宪法作为一项基本自由而发挥的实际功能来看，言论自由对人类社会的生存和发展具有极其重要的意义和价值，甚至有学者将其称为"第一权利"、"人类最重要的、潜力巨大的、活动的资源"。

（二）言论自由的概念、性质与内涵

言论自由的概念定位与"言论"的内涵是什么这样的一个问题紧密相连。这个问题看起来简单，却有着非常重要的实际意义，它决定着我们实践中可以保护的"言论"范畴有多大。对"言论范畴"的认识也比较清晰地折射出"言论自由"宪法保护的历史变迁。在狭义的概念定义中，言论是指口头意见的表达，而此种口头意见表达的自由便是言论自由。狭义的言论自由概念反映出早期言论自由保护的主要内容。随着社会的发展，越来越多的新的社会生活方式给了人类更多的言论表达的机会和平台，"言论"已经从一个相对狭小的空间拓展开来而成为更为广阔的表现领域。诸如利用书写、出版、广播媒体、网络形式甚至艺术与科学、研究与教学等过程中表现的言论，亦被认定为可以给予自由保护的"言论"，同时有学者认为"集会、结社、游行、示威的自由"其实质也是表达的自由，因而也可以被纳入广义的"言论"范畴。对上述所有形式的言论自由的保障构成了广义的"言论自由"，现代宪法实践中作为通识为我们所使用的正是后者这样一个广泛的言论自由概念。

言论自由作为一项基本权利的发展不仅表现在"言论保护"范畴的发展，也表现在支持言论自由。言论自由"入宪"的价值已经由排除国家权力干扰和妨害而实现个人言论之自由，发展为言论自由是为获取更多信息的自由以及公民因此而承担的社会责任。哲学基础的变化促成了言论自由权利的属性的变化，即由一项主张自由的消极权利发展为要求国家积极作为而保障公民获取更多信息的积极权利。相应地，今天的言论自由的内涵更为深邃和广泛，包含了三个方面：第一，持有思想和观点的自由；第二，以各种方式传递各种信息、思想、观点和主张的自由；第三，寻求和接受信息的自由。因此，现代宪法中言论自由的内涵已不仅仅限于公民个体自身对言论的持有和表达权，也包含了公民个体主动获取外来信息的权利，以及公民之间相互交流信息和交换言论的权利。这一内涵充分考察和适应了现代社会信息传达的特点，构建了一个言论自由保障的复合结构。德国《基本法》有关"言论自由"的规定比较完整地反映了上述内涵。

鉴于言论自由的内容、价值与功能是多方面的，如何来定位言论自由的权利性质的问题也引发不少争议。有学者认为言论自由的核心价值在于政治性言论的表达，在于对民主政体自由评论和发表意见与建议的自由，因此言论自由首先属于一项政治性权利。但也有学者认为将言论自由限定为政治性自由是远远不够的，从"人之为人"的自然个体需求而言，言论自由作为一种最为重要的自我表现手段，是思想发展、精神开发和自我肯定不可缺少的部分，言论自由"使表意人享受到作为一个独立自主的自由人自由表达的满足，而能有某种程度的自我成就之感"。应该说，"言论自由"首先是一项基于个人人格便可以自然享有的自由权利，其内核是"个人精神的自由表达"，在这一前提下强调尤其容易被侵犯和限制的"政治言论"自由是并不矛盾的；其次，从宪法权利的地位而言，作为一项以自然人身份而享有的个人性基本权利，在法理的地位上优于政治权利。

（三）言论自由的宪法保护

言论自由在国际公约以及各国宪法当中有着非常广泛的规定。《公民权利和政治权利国际公约》第19条规定，"人人有自由发表意见的权利；此项权利包括寻求、接受和传递各种消息和思想的自由，而不论国界，也不论口头的、书写的、印刷的、采取艺术形式的，或通过他选择的任何其他媒介。"美国联邦宪法第1条修正案规定，国会不准制定限制言论自由或出版自由的法律。德

国《基本法》第五章规定,每个人都有权在言论、文字和图像中自由表达和传播其见解,并从通常可获得的来源中获取信息;通过广播和摄像的出版自由与报道自由必须受到保障,并禁止审查。尽管言论自由的宪法规定并不是那么复杂,但各国尤其以美国为代表的西方发达国家在有关这一自由保护的宪法实践中植入了许多丰富的内容,积累了大量的经验。

1.政府对事先限制原则的重大举证责任

所谓事先审查指的是,任何言论、报纸和书籍等未经政府事先批准和核发证照不得发表和出版发行,政府有时也可对报纸的出版发行申请置之不理,以达到事先审查的目的。事先审查原则是对言论自由实现的巨大挑战,因为政府往往可以通过审查的借口而对公民的言论自由进行肆意的封杀和侵犯,这为政府滥用权力提供了机会。所以美国宪法第 1 条修正案中所提出的言论自由主张这一自由应免遭事先限制。但在实践中,我们又不得不承认,政府为处理一些例外事件而采取事先审查的原则具有一定的合理性,如在公共场所发表演说、散发传单甚至游行、示威等活动,须经政府事先批准,以避免干扰公共场所的日常活动。如何来认定政府事先审查的合理性和合法性的原则与界限是一个极为现实的理论和实践问题。在美国 20 世纪 30 年代与 70 年代分别发生的尼亚(Near)诉明尼苏达州案与《纽约时报》诉合众国案中,确立了对言论禁止事先审查的基本原则:任何对言论和出版物事先限制的政府行为都受到严格的司法审查,同时政府以维护国家安全为由申请事先限制的司法禁令时,政府必须举证证明当事人的行为已经对国家造成了直接、立即和不可弥补的损害。

2.对公共官员及公共个人诽谤及侵犯隐私的实际恶意原则

为保障公民个人以及媒体对公共事务进行表达的充分自由,美国宪法实践当中通过《纽约时报》诉沙利文案,确立了对公共事务及公共个人诽谤及侵犯隐私的实际恶意原则:除非能够充分证明造成言论失实并产生不良结果的言论发表者具有明知失实而故意言之的"实际恶意",否则,对关涉公共官员以及公共个人的公共事务的言论具有免受诽谤与隐私追讨和赔偿的免责权。这使得公民所享有的针对公共事务的言论自由与针对一般个人的言论自由区别开来,而享有更多的对公共事务加以评判和讨论的自由。在《纽约时报》诉沙利文案的判决中,布伦南法官写道,政府官员必须证明被告的陈述带有"实际恶意",即被告明知陈述是错误的,或者轻率地忽视言论中的事实是错误的,否则,政府官员不得因对自己的诽谤错误而获得赔偿;公民对"公共问题的讨论应当是不受约束的、生动活泼的和完全公开的,而且可以对政府和公职官员进行猛烈的、尖刻的和令人不快的尖锐批评",因为"我们宪政体制的基本原则,乃是保护自由政治讨论的机会,使得政府响应人民的愿望,并通过合法手段得到改革;这种机会对共和国的安全是必不可少的"。

3.政治性言论与商业性言论的区别保护

在言论自由保护的实践中,人们发现言论的不同性质使得对言论的保障应该采取不同的保护原则和方式,才能体现言论自由保护的实质。如前所述,为保护公民自由参与政治讨论的机会以及维护自由宪政的政治体制,美国宪法实践中对公民所享有的政治言论进行了严格的保障。除此之外,社会生活中还有大量的商业言论以及非言论性表达,这些言论的价值与意义并不同于政治言论。例如,商业言论是以促进商品销售和商业服务为目的的信息和言论,主要包括商品和商业服务的广告,这些言论的发表将会对商业消费者的权利和利益产生影响甚至重大影响,因此，商业言论的实质更接近于经济行为，它的最终目的在于博取利润，而非交流思想。商业言论构成了市场经济社会条件下的重要生活内容。在美国的宪法实践中，商业言论的保护限定在真实、非误导、非欺骗的言论之内，对于符合上述特征的言论可以给予较为充分的保障。

五、出版自由

出版自由是指公民可以通过公开发行的出版物，包括报纸、期刊、图书、音像制品、电子出版物等，自由地表达自己对国家事务、经济和文化事业、社会事务的见解和看法。出版自由一般包括两个方面：①著作自由，即公民有权自由地在出版物上发表作品；②出版单位，即报社、期刊社、图书出版社、音像出版社和电子出版社的设立与管理应遵循国家宪法和法律的规定。

为了发展和繁荣有中国特色的社会主义出版事业，保障公民依法行使出版自由的权利，促进精神文明建设，国务院于 2001 年 12 月颁布了《出版管理条例》，其中第 5 条规定："公民依法行使出版自由的权利，各级人民政府应当予以保障。"第 24 条规定："公民可以依照本条例规定，在出版物上自由表达自己对国家事务、经济和文化事业、社会事务的见解和意愿，自由发表自己从事科学研究、文学艺术创作和其他文化活动的成果。"

当然，与其他自由一样，出版自由也并不是绝对的，它必须遵循一定的界限。一般而言，国家对出版的管理包括两个方面：①国家对出版业，包括出版物的出版、印刷或复制、发行进行统一管理；②国家对出版物，包括报纸、期刊、图书、音像制品、电子出版物的管理。随着民主与宪政建设的发展，出版管理逐步从行政管理转向法制化的管理，从事前检查制向事后追惩制发展。

我国《出版管理条例》第 26 条规定，任何出版物不得含有下列内容：①反对宪法确立的基本原则；②危害国家统一、主权和领土完整；③泄漏国家秘密、危害国家的安全、损害国家荣誉和利益；④煽动民族仇恨、民族歧视，侵害民族风俗习惯，破坏民族团结；⑤宣扬邪教、迷信；⑥扰乱社会秩序、破坏社会稳定；⑦宣传淫秽、赌博、暴力或教唆犯罪；⑧侮辱或者诽谤他人，侵害他人合法权益；⑨危害社会公德和民族优秀文化传统；⑩法律、行政法规和国家规定禁止的其他内容。

六、结社自由

结社自由指公民为达到某一共同目的，依照法定程序结成某种社会团体的自由。因目的不同，公民的结社自由可分为两种：①以盈利为目的结社，如成立有限责任公司、股份有限公司等，此类结社通常由民法和商法来调整；②不以盈利为目的结社，包括政治结社和非政治结社等。政治结社包括组织政党和政治团体等。非政治结社，包括组织宗教、学术、文化艺术、慈善等团体。各国的政治结社，往往受到法律的严格限制。在我国，1989 年 10 月，国务院通过了《社会团体登记管理条例》，在充分保护公民享有结社自由的同时，又规定公民结社时，应向有关政府机关登记，将所成立社团的名称、目的、地址、章程、活动范围、负责人履历、组织情况以及社团成员人数、附属机构等情况，如实登记备案，以取得国家的保护。

在我国，目前拥有全国性社团 1800 多个，地方性社团 20 多万个。全国性社团中，学术性社团 688 个，行业性社团 416 个，专业性社团 525 个，群众性社团 181 个。在全国性社团中，使用行政编制或事业编制，需要国家财政拨款的约 200 多个，其中由中央机构编制管理部门直接确定其主要工作任务、机构编制和领导职数的有 19 个，如中华全国总工会、中国共产主义青年团、中华全国妇女联合会、中华科学技术协会、中国作家协会、中国法学会、中华全国新闻工作者协会、中国人民外交协会等。这些社会团体尽管具有非政府性的组织性质，但在国家政治生活中发挥着重要的作用。

七、集会、游行、示威自由

在我国，集会是指聚集于露天公共场所，发表意见、表达意愿的活动。游行是指在公共道路、露天公共场所列队进行，表达共同愿望的活动。示威是指在露天公共场所或者公共道路上以集会、游行、静坐等方式，表达要求、抗议或支持、声援等共同意愿的活动。综观这三种自由，我们能看到以下特点：

（1）集会、游行、示威是由公民所举行的活动。国家或者根据国家决定举行的庆祝、纪念等活动，以及国家机关、政党、社会团体、企业事业组织依照法律、章程举行的集会，不属于集会、游行、示威法调整的范围。

（2）集会、游行、示威自由是公民表达意愿、实现自我价值的主观性权利，通过公民的群体活动而得到实现。

（3）集会、游行、示威自由作为公民表达意愿与思想的形式，实际反映了言论自由的价值与要求，是言论自由的具体化。一般性的文娱、体育活动、正常的宗教活动等不属于集会、游行、示威自由的范畴。

（4）集会、游行、示威自由在行使过程中，公民利用公共场所、公共道路、公共设施等，实际上表现了公民对公物的利用权。

1989年10月，我国制定了《集会游行示威法》，具体规定了对集会、游行、示威的保障与限制措施，明确了合法与非法的界限。

（1）关于集会、游行、示威的申请与许可制度。根据法律，集会、游行、示威的主管机关是集会、游行、示威地的市、县公安局，游行、示威路线经过两个以上区县的，主管机关为所经过区、县的公安机关的共同上级公安机关。在申请书上，应写明以下内容：集会、游行、示威的目的、方式、标语、口号、人数、车辆数、使用音响设备的种类数量、起止时间、地址、路线和负责人的姓名、职业、住址。主管机关接到申请书后，应当在举行日期的2日前，将许可或者不许可的决定书面通知其负责人，不许可的，应当说明理由。逾期不通知的，视为许可。值得注意的是，对公民中的一些特定主体，我国集会、游行、示威法作了限制规定：国家机关工作人员不得组织或者参加违背有关法律、法规规定的国家机关工作人员职责、义务的集会、游行、示威；以国家机关、社会团体、企事业组织名义组织或者参加集会、游行、示威必须经过本单位负责人批准。

（2）集会、游行、示威的管理制度。经主管机关许可后，公民可以集会、游行、示威，但须遵守有关制度。主要包括：①集会、游行、示威应当和平进行，不得携带武器、管制刀具和爆炸物，不得使用武力或者煽动使用武力。②集会、游行、示威在国家机关，军事机关，广播电台，电视台，外国驻华使、领馆等单位所在地举行或者经过的，主管机关为了维持秩序，可以在附近设置临时警戒线，未经人民警察许可，不得逾越。一些重要的国家机关，如全国人大常委会、国务院、中央军事委员会、最高人民法院、最高人民检察院、国宾下榻处、重要军事设施、航空港等周边距离10米至300米内，不得举行集会、游行、示威。③集会、游行、示威应按照许可证的目的、方式、标语、口号、起止时间、地点、路线及其他事项进行，不得违反治安管理法规、不得进行犯罪活动或者煽动犯罪。

第三节　宗教信仰自由

一、宗教信仰自由的概念

宗教信仰自由是指公民有信仰或者不信仰宗教的自由,有信仰这一教派或者那一教派的自由,有改变宗教信仰的自由,有参加或者不参加宗教活动的自由。

虽然宗教具有漫长的历史,但是宗教信仰自由却是近代的产物。它源于15、16世纪的宗教改革运动,是反对宗教压迫斗争的胜利成果,在争取各项自由权的斗争中占据先驱和中枢的地位。由于宗教信仰自由的本质在于反对人性压迫,追求思想自由,因此宗教信仰自由不仅是各宗教教徒追求的目标,还成为资产阶级反对封建专制制度的有力思想武器。直到资产阶级在取得革命胜利,确立政权之后,保护宗教信仰自由的法律才得以产生,比如英国制定了《容忍法案》,美国弗吉尼亚州颁布了《弗吉尼亚宗教信仰自由法案》。此后,美国不仅在宪法修正案第1条规定了政教分离的原则和宗教信仰自由的原则,还通过法院审理涉及宗教事务的案件来维护公民的宗教信仰自由权利。如今,越来越多的国家在本国宪法中规定宗教信仰自由是一项重要的公民权利。在142个国家的宪法中,有61部宪法涉及宗教信仰自由,有64部宪法涉及宗教信仰自由和信仰自由。

第二次世界大战后,世界各国在这个问题上达成了共识,普遍把这一自由写入国际人权文件和本国宪法中,自此宗教信仰自由成为国际人权公约和各国宪法普遍规定的基本人权。《世界人权宣言》第18条规定:"人人有思想、良心和宗教自由的权利:此项权利包括改变他的宗教或信仰的自由,以及单独或集体、公开或秘密地以教义、实践、礼拜和戒律表示他的宗教或信仰自由。"《公民权利和政治权利国际公约》第18条也规定:"1.人人享受思想、良心和宗教自由。此项权利包括维持或改变他的宗教或信仰的自由,以及单独或集体、公开或秘密地以教义、礼拜、戒律、实践来表明他的宗教或信仰的自由。2.任何人不得遭受足以损害他维持或改变他的宗教或信仰自由的强迫。3.表示自己的宗教或信仰自由仅只受法律所规定的以及保护公共安全、秩序、卫生或道德或他人的基本权利和自由所必需的限制。4.本公约缔约各国承担,尊重父母和(如适用时)法定监护人保证他们的孩子能按照他们自己的信仰接受宗教和道德教育的自由。"

人权两公约不仅规定了宗教信仰自由的一般原则,而且还规定了宗教信仰自由的行使方式和基本要求。这也就是说,保障公民按自己的个人意愿选择宗教信仰,保障公民通过正常的宗教活动(包括礼拜、戒律等)来表明和实现自己的宗教信仰,又规定了宗教信仰自由是相对的,宗教信仰自由必须"受法律所规定的以及保护公共安全、秩序、卫生或道德或他人的基本权利和自由所必需的限制。"

与国际人权公约的规定一致,各国在确认宗教信仰自由的同时,也规定了对宗教活动的限制。各国宪法中的宗教信仰自由的具体内容一般包括:(1)宗教与国家分离,不规定国教制;(2)宗教与政治法律分离,即公民不应因信仰不同而影响其在政治上、法律上的地位,公民不分宗教而一律平等;(3)宗教与教育分离,即在公立学校中不应设立宗教课程,不强迫学生作宗教礼拜;(4)国家对任何宗教结社(教会、教派、宗派、教团、修道会、司教区等)的宗教团体一视同仁,禁止赋予某宗教团体以特权。信仰宗教不能违背国家的法律,国外在宪法的司法实践中对这一原则是普遍肯定的,如美国最高法院就判定以宗教理由实施多配偶行为是违反宪法的;以宗教信仰为由拒绝服兵役也是违宪的。

二、宗教信仰自由的保障

宗教信仰自由作为公民的一项基本权利,受宪法和法律的保障。在我国,宗教信仰自由的保障具体表现如下。

(一)法律保障

我国宪法和法律对公民宗教信仰自由的保障作了原则规定。宪法第36条规定:中华人民共和国公民有宗教信仰自由。任何国家机关、社会团体和个人不得强制公民信仰宗教或者不信仰宗教,不得歧视信仰宗教的公民和不信仰宗教的公民。国家保护正常的宗教活动。宪法的规定实际上确定了宗教信仰自由在基本权利体系中的地位,为宗教信仰自由的实现提供了宪法依据。除宪法的总体规定外,我国刑法、民法、选举法、义务教育法等部门法律中具体规定了宗教信仰自由的保障。如《刑法》第251条规定:国家机关工作人员非法剥夺公民的宗教信仰自由和侵犯少数民族风俗习惯,情节严重的,处二年以下有期徒刑或者拘役。

(二)物质保障

宗教信仰自由受物质保障。在保障宗教信仰自由过程中,国家积极创造物质方面的条件,提供良好的环境。根据法律和政府的有关规定,各宗教团体的房屋财产的产权,归宗教团体所有,在房屋财产方面宗教团体处于法人的地位。

(三)组织保障

在我国,宗教设有自己的全国性和地方性的组织结构。目前我国有中国佛教协会、中国道教协会、中国伊斯兰教协会、中国天主教爱国会、中国天主教教务委员会、中国天主教主教团、中国基督教"三自"爱国委员会和中国基督教协会8个全国性宗教团体。为了有计划地培养和教育年轻一代的爱国宗教职业人员,国家设立了宗教院校,培养新的宗教职业人员。

(四)宗教活动场所的保障

宗教活动场所是指开展宗教活动的寺院、宫观、清真寺、教堂及其他固定处所。为了保障宗教活动场所的合法权益,国务院制定了《宗教活动场所管理条例》。对宗教活动场所的保障措施包括:(1)宗教活动场所由该场所的管理组织自主管理,其合法权益和该场所内正常的宗教活动受法律保护,任何组织和个人不得侵犯和干预;(2)宗教活动场所的财产和收入由该场所的管理组织管理和使用,其他任何单位和个人不得占有或者无偿调用;(3)宗教活动场所管理、使用的土地、山林、房屋等,由该场所的管理组织或者其所属的宗教团体按照国家有关规定领取证书;(4)国家征用宗教活动场所管理、使用的土地、山林、房屋等,按照土地管理法和国家其他有关规定办理;(5)侵犯宗教活动场所合法权益的,由县级以上人民政府宗教事务管理部门提请同级人民政府责令停止侵权活动,造成经济损失的,应当依法赔偿损失等。

三、我国宪法对宗教信仰自由的规定

(一)我国宪法规定宗教信仰自由的原因

宗教是一种社会意识形态,就其本质来说是与马克思主义的世界观相对立的。但我国是一个多种宗教并存的国家,基督教、伊斯兰教、天主教、佛教和道教构成我国的五大宗教。截至20世纪末,全国信仰宗教的公民超过1亿人口,有3000多个宗教组织和30万宗教教职人员。对待客观存在的宗教现象,唯一正确的态度是承认现实,尊重规律;唯一正确的政策是尊重和保护宗教信仰自由。这是尊重和保护人权的重要体现。

我国宪法规定宗教信仰自由是基于以下三方面的原因。

(1)宗教是一种历史产物,存在于一定历史阶段,有助于塑造良好的人类精神生活。宗教人类生活在由物质世界和精神世界组成的社会生活中。以宗教自由为主要内容的人类精神活动能够有助于弥补人类认识的阶段性、过程性和局限性,解决许多科学方法无法解释的问题,化解科学一元化的困境,依托哲理塑造一种伟大的人文传统和人格尊严。

(2)宗教信仰属于思想范畴,是一项不能进行任何强制和制止的权利。对待公民的思想认识问题,只能采取民主的方法、说服教育的方法,因为思想是天赋的,法律不能涉足个人的内心意识和思想,只有当内心的信仰通过口头或者书面的方式表达出来的时候,政府才能干预。历史证明,任何企图用改变公民的宗教信仰,或者用强制手段解决宗教信仰的手段,都是对人权的严重践踏。

(3)宗教的存在具有长期性、国际性、民族性和群众性的特点。国际上各主要宗教都有一两千年的历史。我国有10多个少数民族几乎都是全民族信教,全国信仰宗教的公民超过1亿人口。全世界约有30亿人信仰宗教,占世界总人口的60%到70%。这些宗教的长期存在,促使人类形成趋同的信仰和价值观,并且反过来影响其他成员行为,起到价值和行为整合的作用,有利于维护社会秩序。

(二)我国宗教信仰自由的内容

我国现行《宪法》第36条规定:"中华人民共和国公民有宗教信仰自由。任何国家机关、社会团体和个人不得强制公民信仰宗教或者不信仰宗教,不得歧视信仰宗教的公民和不信仰宗教的公民。国家保护正常的宗教活动。任何人不得利用宗教进行破坏社会秩序、损害公民身体健康、妨碍国家教育制度的活动。宗教团体和宗教事务不受外国势力的支配。"这一规定,不仅阐明了宗教信仰自由的原则,也规定了宗教信仰自由的具体要求和实现方式。

具体来说,我国宗教信仰自由的内容包括如下。

(1)每个公民都有按照自己的意愿信仰宗教的自由,也有不信仰宗教的自由;有信仰这种宗教的自由,也有信仰那种宗教的自由;在同一宗教里,有信仰这个教派的自由,也有信仰那个教派的自由;有过去不信教而现在信教的自由,也有过去信教而现在不信的自由;有按宗教信仰参加宗教仪式的自由,也有不参加宗教仪式的自由。

(2)任何国家机关、社会团体和个人不得强制公民信仰宗教或者不信仰宗教,不得歧视信仰宗教的公民和不信仰宗教的公民。

（3）宗教团体和宗教事务不受外国势力支配。除道教外，我国的佛教、伊斯兰教、基督教、天主教在历史上均由外国传入，与境外宗教有着天然的联系。新中国成立前，这些宗教多为外国势力控制和利用，成为帝国主义在华的侵略工具，特别是天主教和基督教受到外国势力的极大影响。中华人民共和国成立后，国家主权的确立和 20 世纪 50 年代我国天主教、基督教开展的反帝爱国运动，彻底清除了教会中的外国势力，割断了同外国教会的政治、经济联系，摆脱了外国宗教势力的控制，从此我国天主教和基督教走上了独立自主自办教会和"三自"（自治、自养、自传）的道路。20 世纪 80 年代，针对某些国外、境外敌对势力利用宗教对我国进行渗透，企图重新控制我国宗教界，插手干预我国宗教事务和内政的情况，我国制定了坚持独立自主、自办教会的宗教方针。对外交往中，既要积极开展友好交往，又要注意警惕境外敌对势力利用宗教进行渗透。

（4）宗教信仰是政府绝对不能剥夺的权利，但是宗教行为应当受到必要的限制。宗教行为包括宗教仪式自由、传教自由、宗教结社自由、宗教出版自由、宗教集会自由、宗教捐赠自由和接受宗教自主自由、宗教营销自由等。任何人不能为了内在的宗教情感和信仰，而违背社会规范和法律规定进行相关宗教活动。也就是说，宗教信仰是绝对的自由，而宗教活动则是相对的自由。比如在我国，任何人不得利用宗教进行破坏社会秩序、损害公民身体健康、妨碍国家教育制度的活动。我国宪法只保护正常的宗教活动，禁止宗教势力干涉国家事务；禁止宗教势力制造各种纠纷，破坏社会稳定；禁止宗教活动中的摊派勒索行为；宗教活动不得损害公民身体健康。国家严厉打击那些在宗教活动中以宗教信仰自由为名义，进行骗取财务、非法剥夺公民人身自由、损害公民身体健康和生命安全的活动。我国实行宗教与教育分离的教育制度。

第四节　人身权利

一、人身自由

（一）"人身自由"与"人身自由不受侵犯"的价值与内涵

所谓人身自由，又称身体自由，是指公民的人身不受非法侵犯和非法拘束的自由。人身自由表达了个人的独立和自由行动的基本价值，每个人应掌有对其人身的自主权，其行动举止的自由依其意志自由支配，这是每个人不可或缺的基本自由。人身自由是人们一切行动和生活的前提条件，作为一项基本权利，人身自由构成了个人自由权的核心内容之一。人身自由的重要性在现代宪法文明的熏陶下，我们几至认为是不证自明。但在奴隶社会、封建社会甚至早期的资本主义社会的相当长的发展时间内充斥着对人身的奴役、买卖和驱使，而对人身自由价值的现代性认识也是人类在经历了漫长的奴役史后所获得的深刻教训。

广义的人身自由包括人身自由不受侵犯、住宅不受侵犯、迁徙自由等基本权利，这些权利共同表达了个人行动自由的宪法价值。狭义的人身自由范畴就是指"人身自由不受侵犯"，这也是人身自由宪法保护的核心内容。所谓人身自由不受侵犯，是指个人享有不受非法搜查、拘禁、逮捕或奴役等限制或剥夺其人身自由的权利。作为一项基本权利，"人身自由的不受侵犯"主要针对的是来自国家权力机关或某些公共机关的非法侵犯，同时在规范的延伸意义上也内在地蕴含了排除其他组织或个人对个人人身自由的侵犯行为，而后者正是刑法中对各种非法侵犯人身自由行为进行定罪量刑的规范基础。

(二)人身自由的宪法地位

在专制主义统治的时代,由于非法的逮捕、监禁、拷问以及恣意性的刑罚权的行使,人身自由受到了肆意践踏。由于无人身自由,自由权就不可能存在,所以近代宪法鉴于过去的苦难历史,普遍规定了人身自由的保障。最早有关人身自由的宪法性规定是 1215 年的《英国大宪章》第 39 条规定:"凡自由民除经其贵族依法判决或遵照内国法律之规定外,不得加以扣留、监禁、没收其财产、剥夺其法律保护权、或加以放逐、伤害、搜索或逮捕。"到了 1676 年,英国又通过了专门保护人身自由的专门法案,即著名的《人身保护法》。该法案规定了不准非法拘捕以及将合法拘捕的人及时提交法庭审判的人身保护规则,这是世界上第一个对人身自由进行专门保护的宪法性文件。

1787 年美国联邦宪法虽然一共只有七条,但在其第 1 条第 9 款第 2 项明确规定:"不得中止人身保护之特权,除非发生内乱或外患时公共安全要求中止这项特权",可见其对人身自由权之重视。之后,美国联邦宪法修正案第 4 条规定:"人民的身体、住宅、文件和财产不受无理搜查和扣押的权利不得侵犯。除依照合理根据,以宣誓或代誓宣言保证,并具体说明搜查地点和扣押的人或物,不得发出搜查和扣押状。"修正案第 5 条又规定:"非经大陪审团提出报告或起诉,任何人不受死罪和其他重罪的惩罚,惟在战时或国家危急时期发生在陆、海军中或正在服役的民兵中的案件不在此限。任何人不得因同一犯罪行为而两次遭受声明或身体的危害;不得在任何刑事案件中被迫自证其罪;不经正当法律程序,不得被剥夺生命、自由或财产。"修正案第 14 条又强调了州政府应遵守正当程序原则对第 5 条加以补充:"……任何一州……不经正当法律程序,不得剥夺任何人的生命、自由或财产。"美国宪法尽管篇幅短小,但对于人身自由的保护却可谓详尽具体。

法国 1789 年的《人权与公民权利宣言》第 7 条规定:"除非在法律所规定的情况下并按照法律所指示的手续,不得控告、逮捕或拘留任何人。凡动议、发布、执行或令人执行专断命令者应受处罚;但根据法律而被传唤或被扣押的公民应当立即服从;抗拒则构成犯罪。"

之后各国宪法大都规定了相似的内容。例如,德国基本法第 2 条规定:"人人有生存权和肉体完整权。人身自由不容侵犯,这些权利只能根据法律才能进行干预。"日本现行宪法则从第 31 条开始,更是在各国宪法中罕见地详细规定了人身自由。其中,日本宪法第 31 条规定人身自由的法定程序保障:"任何人,除非依照法律规定的程序,不得剥夺其生命和自由,亦不得科以其他的刑罚。"第 33 条规定了逮捕的必备条件:"除作为现行犯逮捕者外,如无主管的司法机关签发并明确指出犯罪理由的拘捕证,对任何人均不得加以逮捕。"第 34 条规定了拘留、拘禁的必备条件,第 37 条规定了被告人享有接受法院公正迅速公开审判的权利,第 38 条对于非法证据排除以及自供的证据力度的规定与人身自由保障的关系也十分密切。

人身自由同样也为各大国际公约所明确规定。典型者如 1948 年《世界人权宣言》第 3 条规定:"人人有权享有生命、自由和人身安全。"第 9 条规定:"任何人不得加以任意逮捕、拘禁或放逐。"第 13 条第 1 款规定:"人人在各国境内有权自由迁徙和居住。"随后,1966 年的《公民权利和政治权利公约》第 9 条也作了相应的规定。

对于人身自由,我国现行宪法第 37 条进行了集中的规定:"中华人民共和国公民的人身自由不受侵犯。任何公民,非经人民检察机关批准或者决定或者人民法院决定,并由公安机关执行,不受逮捕。禁止非法拘禁和以其他方法非法剥夺或者限制公民的人身自由,禁止非法搜查公民的身体。"

(三)人身自由的保障与限制

1.人身自由的保障

对于人身自由的侵害来自两方面:私人行为的侵害和国家公权力的侵害。对于前者,国家有义务通过立法予以遏止和控制犯罪,以防止其侵害。我国现行刑法对侵犯公民人身自由的犯罪和刑罚作出明确规定。我国刑法第 245 条规定:"非法搜查他人的身体、住宅,或者非法侵入他人住宅的,处三年以下有期徒刑或者拘役。司法工作人员滥用职权,犯前款罪的,从重处罚。"刑法第四章"侵犯公民人身权利、民主权利"中的第 232 条到第 248 条规定了侵犯公民人身权利的犯罪行为所应承担的刑事责任。

对于国家权力的侵害,则要依赖于宪法监督机制来控制国家权力的滥用,保障人身自由。如果国家不能遏止针对公民的违法犯罪,那么人身自由和安全就没有保障;但是如果强大的国家权力被滥用,人身自由面临的威胁就更大,公民权利将更无法得到保障。所以,通过宪法防范来自于公权力的侵害成为人身自由保障最重要的课题。

2.人身自由的限制

人身自由是作为宪法基本权利而存在的,因而对公民人身自由的限制应当符合公民基本人权限制的一般原理。但同时,对人身自由的限制又至少必须符合如下几个方面的要求。

(1)正当目的。也即,只有当出于维护公共利益所必须时,才能通过法律对人身的自由设定限制。

(2)法律保留。人身自由属于法律保留的事项,也即,必须由正式的立法机关通过法律才能设定限制人身自由强制措施和处罚。我国,《立法法》第 8 条也明确规定,限制人身自由的强制措施和处罚,只能由全国人民代表大会或其常委会制定的法律予以规定;而且基于人身自由特殊性,这种保留是一种绝对保留,即立法机关不得将此项权力转授给其他机关。

(3)正当程序。基于正当程序的基本原则以及人身自由的重要性,各国宪法和国际人权条约一般都要求对人身自由的任何限制措施,都必须由中立的法官作出决定,例如,拘捕必须由法官签发的逮捕令状,这即所谓的法官保留。

鉴于拘留是限制人身自由的强制措施中最为典型和严厉的一种,我国现行宪法对逮捕作出了专门规定,即"任何公民非经人民检察院的批准、决定或者人民法院的决定并由公安机关执行不受逮捕"。须经人民检察院批准的是公安机关侦查的案件,须经人民检察院、人民法院决定的是检察院自侦案件以及某些自诉案件。除此之外,我国宪法对于人身自由的程序并无其他的专门规定,而是完全委诸下位立法来具体规定。

例如,我国刑事诉讼法明确规定了对犯罪嫌疑人实施逮捕、刑事拘留、拘传、监视居住和取保候审五种强制措施适用的条件和程序。同时,对司法机关搜查公民住宅应遵循的条件和程序也做了明确规定。其中如规定:公安机关拘留人的时候,必须出示拘留证;拘留后,除有碍侦查或者无法通知的情形以外,应当把拘留的原因和羁押的处所,在 24 小时以内,通知被拘留人的家属或者他的所在单位。为了收集犯罪证据、查获犯罪人,侦查人员可以对犯罪嫌疑人以及可能隐藏罪犯或者犯罪证据的人的身体、物品、住处和其他有关的地方进行搜查。进行搜查，必须向被搜查人出示搜查证。在执行逮捕、拘留的时候，遇有紧急情况，不另用搜查证也可以进行搜查。而且，在搜查的时候，应当有被搜查人或者他的家属、邻居或者其他见证人在场。

不过，在立法实践中，无论是搜查、刑事拘留、逮捕等强制措施，还是行政拘留、劳动教养等行政处罚，其程序与法官保留的要求还存在差距。

二、人格尊严的保护

(一)人格尊严的价值与内涵

人格尊严是以人身为载体的，但具有区别于身体感官的特定内涵和独立价值。对人格尊严的重视与严格保障首推德国，这与德国人对第二次世界大战期间所铸成的那段不堪回首的人类悲剧的反思密切相关。回顾历史，德国人深刻地意识到每个人保有其自由的意志和独立的人格不受国家意志的摧残是一件何其重要的事情，所以，德国《基本法》开篇即写道，"人的尊严不可侵犯。一切国家权力具有责任，去尊敬与保护之"。在德国，"人格尊严"即被描述为"人的尊严"，对"人的尊严的保护和尊敬"构成了德国宪法的核心，体现了德国宪法对个人权利和社会责任的融合与统一。除此之外，《俄罗斯联邦宪法》第21条也规定了，"人的尊严受国家保护。任何东西均不得成为诋毁人格的理由。任何人不应遭受刑讯、暴行、其他残酷的或有损人格的对待或处罚。任何人未经自愿同意不得经受医学、科学或其他实验"。

宪法学中的所谓"人格尊严"中的"人格"并非指日常生活中形容某人的"人格高尚"或"人格低下"的"人格"，而是作为人的"身份"，或作为"人的资格"。这一资格是个人作为法律主体得到承认的前提。如果没有这一权利，那么个人就会被降格为仅仅是一个法律客体，由此他也就不再是一个法律意义上的人。对法律人格的承认是所有其他个人权利的必要，是不可克减的个人权利，它表明每个个人都是人并且被赋予了在法律面前被承认为一个人的能力。"人格尊严不受侵犯"的宪法规范意味着，只要是人，不论其处于何种环境和何种境遇，即具有作为人的尊严和资格，国家权力不能非法侵犯之。

(二)人格尊严的宪法保护与限制

从宪法规范的角度来考察，人格尊严保护的具体内容包括：任何人不受奴役和非法的强迫劳动；任何人不得被施以酷刑或者施以残忍的、不人道的或侮辱性的待遇或刑罚；任何人未经其自愿同意不得被施以医药或科学实验等。同时有学者认为，诸如隐私权、名誉权、肖像权等属于传统人格权范畴的权利也是"人格尊严"的内在体现。另外，鉴于"人格尊严"所具有的较为抽象的权利内涵，如何来认定"人格尊严"的成立并对其加以保护在一些国家当中也往往留待具体案件。

鉴于人格尊严的保护所保障的是每个人作为人的尊严和资格，权利的主体包括不特定的一切人，诸如《世界人权宣言》、《公民权利和政治权利国际公约》、《美洲人权公约》等国际法律文件中，使用了"人人、每个人、每一个人"来作为这一权利主体的表述，并非仅以公民身份为限。考虑实际的社会生活中特殊环境或特殊情境下人的人格尊严的保障更为迫切，其人格尊严受到侵犯的情况堪为忧虑，所以在人格尊严保障的宪法规定与实践中，对特殊群体之人格尊严的保障给予了更为细致、具体的关照。例如《公民权利和政治权利国际公约》第10条规定了对被剥夺自由人的人格尊严和人道主义待遇,该条规定:应给予所有被剥夺自由人以尊重及固有人格尊严的待遇;应给予少年罪犯与成年人罪犯的分别关押待遇;应给予所有罪犯以争取改造和社会复原希望的尊重。

(三)我国宪法关于"人格尊严不受侵犯"的规定

我国现行《宪法》第38条对人格尊严不受侵犯加以了规定,具体内容是:中华人民共和国公民的人格尊严不受侵犯。禁止用任何方法对公民进行侮辱、诽谤和诬告陷害。现行宪法关于"人格尊严的保护"包含了一般性规定与禁止性条款两个方面,基本满足了基本权利规范的内容构成层次。但我国现行的宪法规范还存在着两个问题:第一,如上所述,"人格尊严"保护的主体应不限于我国公民,而是任何人;第二,从禁止性条款所禁止的"侮辱、诽谤、诬告陷害"的内容来看,我国宪法关于"人格尊严"保护的实质是传统的人格权范畴,未曾到达人格尊严保护的更高的法哲学高度,其在基本权利体系当中的地位并不是核心性的。因此,笔者主张提升我国宪法人格尊严保护的宪法价值,并通过拓展"人格尊严不受侵犯"这一一般性规定的内涵,而使该宪法规范能够适用于这一权利可以被界说出来的一切具体内容之中。

三、住宅不受侵犯的自由

住宅不受侵犯的自由是指任何机关或个人,非经法律许可,不得随意强行进入、搜查或者查封公民的住宅。有的学者称之为"住宅安全权",也有的学者称之为"居住自由"。人身不可侵犯的自由之延伸就是公民每个人的住宅及个人所有物品的不可侵犯,因此必须受到法律保障。

住宅不受侵犯是最早为英国普通法院所承认的一项原则,即所谓的"住宅为个人的城堡"(One's house is his own castle),不容非法侵犯。美国宪法第一修正案、法国1799年宪法等均对此作出了具体、详细的规定。此后世界各国宪法几乎都把这一权利作为基本权利加以规定和保障,从世界各国宪法和宪政实践来看,对居住自由所作的保护性规定内容有二:一是禁止私自侵入公民住宅。未经宅主同意,私自进入他人住宅的行为,是违法行为;二是禁止非法搜查公民的住宅,任何个人或组织均不准对公民住宅进行非法搜查,即便司法机关在对可能隐藏罪犯或犯罪证据的住宅进行搜查时,也须严格依有关法律和法定程序进行。

自新中国成立后,我国所有四部宪法均规定了中国公民的住宅不受侵犯的居住自由权,对公民住宅不受侵犯之自由我国现行《宪法》和法律有一系列保障措施。

(1)现行《宪法》第39条规定,公民的住宅不受侵犯。禁止非法搜查或者非法侵入公民的住宅。这一规定为公民住宅不受侵犯权的保障提供了宪法依据。这里所指的住宅,不单是指一般意义上公共拥有所有权的房屋、庭院及附属设施,也包括以其他合法方式租赁、借住等取得的住宅或居住场所,如国家或集体提供的公房、暂时租住的宿舍、旅馆等。《宪法》中有这样的说明:"本条所说的侵犯公民住宅并不限于列举的两种行为。对此条的理解应掌握:第一,公民的住宅不受侵犯,包括不受各种方式的侵犯;第二,宪法明文规定禁止非法搜查和闯入公民住宅,是因为这两种情况在实际中比较突出,而不能把这看成是对侵犯公民住宅的各种具体行为所作的穷尽式列举;第三,禁止性规定在规定禁止某种行为时,往往是规定该类行为中危害最轻的一种行为,而其他行为由于危害程度较之更为严重,当然也在禁止之列。在需要时对宪法条文作扩充性解释。"

（2）我国《刑法》为了保障公民住宅不受侵犯，规定了非法搜查罪、非法侵入他人住宅罪。非法搜查指无权搜查的人擅自非法对他人的身体或住宅进行搜查，或者有权搜查的人，不经批准擅自对他人的人身或住宅进行搜查。所谓非法侵入他人住宅指非法强行闯入他人住宅，或经要求其退出仍拒绝退出，影响他人正常生活和居住安全的行为。《刑法》第 245 条规定："非法搜查他人身体、住宅，或非法侵入他人住宅的，处 3 年以下有期徒刑或者拘役。"

（3）对于住宅不受侵犯之自由，在特殊情况下（如法定机关为刑事侦查的需要、在紧急状态下等）为了公共利益，必要时可以对其进行限制。法律对公民住宅自由限制的情形主要有：第一，在犯罪嫌疑人被监视居住期间，不得离开指定的居所。《刑事诉讼法》第 57 条规定，被监视居住的犯罪嫌疑人、被告人未经执行机关批准不得离开住处，无固定住处的，未经批准不得离开指定居所。第二，公安机关依法律规定的条件与程序进行搜查。如我国《刑事诉讼法》第 111 条规定，除在执行逮捕、拘留的时候遇有紧急情况之外，司法人员对公民住宅进行搜查，必须向被搜查人出示搜查证。第 112 条规定："在搜查的时候，应当有被搜查人或者他的家属、邻居或者其他见证人在场。搜查妇女的身体，应当由女工作人员进行。"第 113 条规定："搜查情况应当写成笔录，由侦查人员和被搜查人员或者他的家属、邻居或者其他见证人签名或者盖章。如果被搜查人或者他的家属在逃或者拒绝、盖章，应当在笔录上注明。"

四、通信自由

《宪法》第 40 条规定：公民的通信自由和通信秘密受法律的保护。除因国家安全或者追查刑事犯罪的需要，由公安机关或者检察机关依照法律规定的程序对通信进行检查外，任何组织或者个人不得以任何理由侵犯公民的通信自由和通信秘密。现行宪法把公民通信自由从 20 世纪 70 年代两部宪法上的政治权利中分离出来，使其成为人身权利的组成部分，并予以单列条款规定。通信是公民参与社会生活、进行社会交流的必要的手段，是公民不可缺少的基本自由。由于通信自由依赖通信秘密而存在，通信秘密是通信自由的物质基础，因而宪法第 40 条将公民的通信自由与通信秘密并列规定，二者相辅相成，缺一不可。

通信自由是指公民通过信件、电报、电话、传真等手段，根据自己的意愿自由进行通信，他人不得非法扣押、隐匿、私自拆阅或者窃听的自由。通信自由的基本特征是：（1）通信自由所保护的利益是私生活秘密与表现行为的自由。通信自由与私生活秘密的保护存在一定的交叉，但保护两者自由的侧重点与角度不同。（2）通信自由是表现自由的基础。公民通过行使通信自由，可以自由地进行社会交往，是思想交流的重要手段。（3）通信自由的主体是自然人和法人，外国人在一定条件下也可以成为通信自由的主体。

作为通信自由主要内容的通信秘密，即通信秘密受法律保护，公民的通信包括书信、电话、电报等各种通信手段。通信秘密具体包括：公民的通信不得扣押、隐匿、毁弃；公民通信、通话的内容他人不得私阅或者窃听。除因国家安全或者追查刑事犯罪的需要，由公安机关或者检察机关依照法律规定的程序对通信进行检查外，任何组织或者个人不得以任何理由侵犯公民的通信自由和通信秘密。《中华人民共和国邮政法实施细则》中规定，任何单位或者个人不得利用邮政业务进行法律、法规和政策所禁止的活动。人民法院、检察机关依法没收国内邮件、汇款、储蓄存款时，必须出具法律文书，向相关县或者县级以上邮政企业、邮电管理局办理手续；没收进出口国际邮递物品应当由海关作出决定,并办理手续。为了保障公民的通信自由,《刑法》第 252 条规定:隐匿、毁弃或者非法开拆他人信件,侵犯公民通信自由权利,情节严重的,处一年以下有期徒刑或者拘役。《刑法》第 253 条规定:邮政工作人员私自开拆或者隐匿、毁弃邮件、电报的,处二年以下有期徒刑或者拘役。依《治安管理处罚法》规定,对侵犯公民通信自由权尚不构成犯罪的,给予行政处罚。

公安机关、安全机关或者检察机关依法对特定公民的通信进行检查,是为维护国家的安全和人民的利益。因此,不能视为侵犯公民的通信自由与通信秘密,但必须符合下列情况。

(1)依照《刑事诉讼法》第 116 条规定,侦查人员认为需要扣押犯罪嫌疑人的邮件、电报的时候,经公安机关或者人民检察院批准,即可通知邮电部门将有关的邮件、电报检交扣押。不需要继续扣押的时候,应立即通知邮电机关。(2)依照《中华人民共和国监狱法》第 47 条规定,罪犯在服刑期间可以与他人通信,但是来往信件应当经过监狱检查。监狱发现有碍罪犯改造内容的信件,可以扣留。

第五节　监督权

一、监督权的价值与内涵

对国家权力进行监督是公民参与国家管理、表达政见的一种重要方式,因此,公民享有对国家各权力机关及其工作人员的监督权构成了公民政治权利的一部分。许多国家的宪法中所规定的保障公民对国家权力进行监督的最主要的权利形态是请愿权。请愿权的主体为国家公民,请愿权行使的对象为各级主要的权力机关,请愿可以基于自身利益或公共利益,请愿的方式包括请求、申诉、和平请愿、呼吁等。因此,所谓请愿权,是指公民基于自身利益或公共利益等,对权力机关通过请求、申诉、请愿、呼吁等方式表达政见、进行监督的权利。公民享有请愿权及其他方式的监督国家的权利是公民参与国家管理与决策、形成国家意志和国家行动的不可或缺的方式,是维护现代宪法及现代国家奠基的人民主权原则的基础条件,因此,这一权利的宪法价值是基础性的、本源性的。

许多国家的宪法中对该项权利加以了确认,实践证明,请愿权对于一国的宪政建设及政治生活均具有极为重要的意义:第一,传递民意、吸纳民智,增进公共决策的理性化程度;第二,通过直接沟通与对话,缩短公共权力与民意的距离,防止权力的专横与腐败;第三,培养公民的公共意识、参与意识、民主习惯和民主技能,为实现宪政奠定坚实的基础;第四,及时宣泄民众的不满,避免社会矛盾的激化,进而维护社会的稳定。例如《土耳其共和国宪法》第 74 条规定,"公民有以书面形式向主管当局和土耳其大国民议会提出同自身或公众有关的请求和申诉的权利";《日本宪法》第 16 条规定,"任何人对于损害的救济,公务员的罢免,法律、命令以及规章的制定、修改或废除,都有和平请愿的权利,任何人不因进行此种请愿而受到不同待遇";《俄罗斯联邦宪法》第 33 条规定,"俄罗斯联邦公民有亲自诉诸国家机关和地方自治机关,以及向这些机关发出个人的和集体的呼吁的权利";《葡萄牙宪法》第 52 条规定,"所有公民都有为维护自身权利、宪法、法律和公众利益,单独或集体的向主权机关或任何当局请愿、委托要求或申诉的权利。在法律规定的场合与条件下,民众行动的权利予以承认"。

二、我国宪法关于"监督权"的规定

如前所述,在许多国家的基本权利体系之中,对国家权力进行监督的权利比较明确地体现为"请愿权"。在我国,与"请愿权"相对应的权利内容体现于宪法第41条,但第41条的内容组成较为复杂,可以归纳出其中包含了批评权、建议权、申诉权、控告权、检举权以及国家赔偿请求权这6项具体权利,我国宪法学界从这些权利设置的目的考察,将其概括为"监督权"这样一个统一的权利概念。

现行宪法第41条规定:中华人民共和国公民对于任何国家机关和国家工作人员,有提出批评和建议的权利;对于任何国家机关和国家工作人员的违法失职行为,有向有关国家机关提出申诉、控告或者检举的权利,但是不得捏造或者歪曲事实进行诬告陷害。对于公民的申诉、控告或者检举,有关国家机关必须查清事实,负责处理。任何人不得压制和打击报复。由于国家机关和国家工作人员侵犯公民权利而受到损失的人,有依照法律规定取得赔偿的权利。

分析第41条的文本可看出:第一,该条文列举了6项权利,即批评权、建议权、申诉权、控告权、检举权以及取得赔偿请求权,从这些权利设置的目的考察,我们宪法学上通常将这些权利概括为"监督权"。第二,该条文大致反映了三个规范层次:首先,公民有权对国家机关及其工作人员进行批评、建议、申诉、控告、检举。其次,国家机关应对公民的上述监督行为作出回复。最后,权利受到侵犯的公民有取得赔偿的权利。

应该说,从比较宪法的角度来看,第41条所列举的6项权利基本上属于或相当于"请愿权"的权利范畴,即人们对国家或其他公共机关就一定事项提出希望、不满与要求的一种权利,但其规范的内容及结构安排形式又表明第41条所规定的6项具体权利的性质与成分相当复杂,同单纯的"请愿权"又存在区别:第一,如批评权、建议权和检举权属于政治性的权利,而控告权既可以有政治权的性质又可具备非政治权的属性,而取得赔偿的权利则属于非政治性的权利;第二,批评、建议和检举权具有实体性权利的特征,取得赔偿的权利主要属于为实体性权利所派生出来的权利,而申诉权和控告权兼有实体性权利与程序性权利的双重特征。正是如此繁复的权利设置、规范内容及规范结构导致了学理上对第41条属性的理解与归纳历来聚讼纷纭。我们可以考虑合理保留该条款中的政治权利内容,将其最终改进、完善为请愿权。

第六节 社会经济权利

社会经济权利是指公民依照宪法规定享有的经济物质利益的权利,是公民实现其他权利的物质上的保障。依据我国宪法和法律的有关规定,公民的社会经济权利包括:财产权、劳动权、休息权、退休人员的生活保障和社会保障权、物质帮助权等。把财产权列入社会经济权利范围,有助于从国家履行义务角度合理地确定其在权利体系中的地位,满足公民实现经济利益的要求。

一、财产权

从民法上说,公民的财产权是指具有物质内容或者直接体现经济利益的权利,主要包括财产所有权以及与财产所有权有关的权利,如经营权、承包权、相邻权、债权、抵押权、留置权、继承权等。从宪法上说,公民的财产权是指公民个人对通过劳动或其他合法方式取得的财产,享有占有、使用、收益、处分的权利。对此,我国 1954 年宪法第 11 条就作了明确规定:"国家保护公民的合法收入、储蓄、房屋和各种生活资料的所有权。"同时,1954 年宪法第 12 条又规定:"国家依照法律保护公民私有财产的继承权。"我国现行宪法对公民财产权的规定比 1954 年宪法有了重大发展,主要是将公民"各种生活资料的所有权"改成"其他合法财产的所有权",从而扩大了公民财产权的保护范围。

(一)财产权的范围

根据宪法和有关法律的规定,我国公民财产权的范围包括以下几方面。

1.合法收入

合法收入主要是指公民在法律允许的范围内,用自己的劳动或其他方法所取得的货币或实物收入。主要包括:工资、实物、奖金、稿酬、退休金等;劳动保险、家庭副业;公民自有的林木、果树、文物、图书资料;城乡集体劳动者个人用于生产的生产资料;个体劳动者所使用的生产工具和其他生产资料;公民合法取得的其他收入,如出租房屋的合法租金、银行储蓄存款的利息、赠与、继承的遗产等。

2.储蓄

储蓄主要是指公民存入银行或信用社的货币。国家鼓励公民将暂时不用的货币存入银行、信用社。银行、信用社对公民的储蓄,实行存款自愿、取款自由、存款有息和为储户保密的原则。非经司法机关批准,任何个人、单位不得查询、冻结或者提取公民个人的存款。

3.房屋

凡属公民个人所有的房屋,任何单位或个人都不得非法侵占、查封、破坏。如因国家建设需要,必须占用或拆除公民的房屋时,应按照有关规定,对房屋所有人给予妥善安排和合理补偿。

4.其他生活资料

凡依法不禁止的公民个人所有的有关衣、住、行、用的生活用品,都可以作为公民个人财产权的客体,受国家法律保护。随着经济的发展,公民法人财产权的范围日益扩大,出现新的权利类型,如投资权利等。

对我国宪法确认的公民的财产权,国家要制定具体的法律和法规,建立以宪法为核心的财产权保护制度,使公民的财产权落到实处。目前,在法律实践中,对国家财产、集体财产和公民财产的平等保护问题,显得尤为重要。当我们坚守社会主义公共财产神圣不可侵犯原则的时候,也应该认同私有财产是神圣不可侵犯的;当宪法明确规定保护公民合法财产权的时候,对国家财产的保护也应该以合法为限;当国家许可外国的个人与中国的企业和组织创办合资、合作企业的时候,也应该承认中国公民享有同样的权利,因为这一切都源于市场经济所要求的主体地位的平等性。片面地强调某一个主体的优越性,又缺乏正当与合理的理由,必然会妨碍公平竞争,影响市场的发育,最终动摇公民财产权的根基。

（二）特点

我国 2004 年 3 月 14 日通过的《宪法修正案》第 22 条规定："公民的合法的私有财产不受侵犯。""国家依照法律规定保护公民的私有财产权和继承权。""国家为了公共利益的需要,可以依照法律规定对公民的私有财产实行征收或者征用并给予补偿。"修正后的宪法对公民财产权的保护相对于以前的宪法规定显得更为合理和完善,其特点主要表现如下。

1. 扩大了公民财产权的保护范围

如前所述,修改前的宪法仅保护公民的收入、储蓄、房屋等财产的所有权和对财产的继承权。而修改后的宪法没有使用"所有权"一词,而使用了"财产权"一词。从法学理论角度而言,"财产权"的外延比"所有权"的外延更为宽广,它不仅包括所有权,还包括诸如股权、债权、知识产权等财产权的具体形式。这些在所有权以外的其他财产权形式是在市场经济条件下出现的新型的财产权。所以这样的规定更有利于保护公民的财产权。另一方面,修正前的宪法采取一种列举式的表述方式,其着眼点还是与当时的所有制形式相对应,主要是为了保护公民的生活资料。修正后的宪法采用一种概括式的表述方式,直接使用"财产权"一词,表明只要是经济学意义上的"财产"均在受保护的范围之列,不论其是生活资料还是生产资料,也不论其是有形的财产还是无形的财产,抑或是将来在经济活动中出现的新型的财产。当然,无论是修改后的宪法,还是具体实现宪法这一规定的普通法律,所保护的都是公民的"合法的"财产,诸如通过贪污、受贿等不合法的方式所取得的财产当然不在受保护的范围之列。

2. 加强了对公民财产权保护力度

原先宪法规定的是"国家保护……所有权"、"国家……保护……继承权",其立法意图是要求国家采取主动的措施保护公民的财产所有权和继承权,但并不包含防止国家侵害公民所有权和继承权之意。而在实践中,在现代国家里,强大的国家权力相对于个人而言总是处于优势的地位,对公民财产权最大的侵害不是来自于普通的公民个人或组织,而是来自于国家。面对国家有时是以"法律"的名义侵犯自己的财产权利,公民个人所能采取的对抗手段极其有限。所以,要保护公民的财产权首先要建立的是防止国家对公民财产权侵害的制度。这也符合宪法的本质,因为宪法作为一个独立的法律部门,其调整的社会关系就是有关国家与公民之间的关系,而其基本功能就是防止国家对公民权利的侵犯。所以,本次宪法修正时,在规定"国家依照法律规定保护公民的私有财产权和继承权"之前,规定"公民的合法的私有财产不受侵犯",这就为防止国家权力对公民财产权的侵害提供了宪法依据,相对于以前的简单的要求国家保护公民的所有权和继承权,这样的规定会对公民的财产保护更为有效。

3. 建立了对私有财产征收和征用的补偿制度

公民的财产权与其他权利一样,不是绝对的。世界各国宪法在明确规定保护公民私有财产权的同时,又对财产权作了合理的限制。这种限制主要通过两种方式进行,①规定财产权的行使负有义务。如《德国基本法》规定:"财产应负义务。财产的使用也应为社会福利服务。"《日本宪法》规定:"财产权的内容,应符合公共福利,以法律规定之。"②规定为了公共利益的需要,可以对财产实行征收或征用。

所以,现代各国宪法均规定为了公共利益,可以对私有财产实行征收或征用,但是,必须依法对财产权受损害的公民给予补偿。有些国家的宪法明确规定了这一制度。如《德国基本法》第14条规定:财产"只有为社会福利才能允许征用。只能依法实行征用,法律应规定赔偿的性质和程度。这种赔偿取决于建立公共利益和有关人的利益之间的公正平衡。在对于赔偿发生争执的情况下,可向普通法院提出诉讼"。《韩国宪法》第23条规定:"为了公共的需要,可依照法律规定对财产权实行征用、使用、限制及补偿。必须支付正当补偿。"《美国宪法》没有明确规定征收或征用公民财产权及其补偿制度,但第5条和第14条修正案都规定,任何人未经正当法律程序,不得被剥夺生命、自由和财产。

(三)宪法修正案的有关规定

我国现行宪法制定时,没有规定公民财产的征收、征用及补偿制度。但在实践中,大量存在对公民的财产实行征收或征用的情形。如2003年"非典"爆发期间,行政机关对宾馆的征用等。相关法律对此问题也有所规定。但是,由于缺乏宪法的依据,普通法律对征收或征用公民私有财产的补偿制度并没有有效地建立起来,以至于在实践中征收或征用公民私有财产时,是否补偿、按何种标准进行补偿都存在随意性,这极不利于对公民财产权的保障。修正后的宪法第13条第3款规定:"国家为了公共利益的需要,可以依照法律规定对公民的私有财产实行征收或者征用并给予补偿。"宪法修正案的这一规定包括以下几层含义。

(1)对公民私有财产的征收或征用必须是为了"公共利益的需要"。公共利益一般是指全体社会成员的利益、幸福与福利。我国宪法的社会主义性质决定了国家利益、社会利益、集体利益和个人利益的根本一致性,在必要时维护公共利益是个人利益得以实现的前提。所以,在必要时为维护公共利益而对公民私有财产的征收或征用从根本上而言也是维护公民的私有财产权。但是,在对公民私有财产实行征收或征用时,其所维护的必须是一种"公共利益",而不是某部门或某机关的一己私利,甚至是某种商业利益。所以,要防止国家机关为了谋取部门、单位或小集体的利益或是为与其关系密切的商业机构谋取商业利益而以维护"公共利益"的名义对公民的私有财产进行征收或征用。

(2)对公民私有财产的征收或征用必须按法律规定进行。国家机关,尤其是行政机关对公民私有财产的征收需要有法律依据。规范对公民私有财产征收或征用的法律应包括的内容有:主体的明确性,即哪些具体的国家机关有权征收或征用;条件的明确性,即国家机关在出现哪些具体法定情形时可以对公民的私有财产实行征收或征用;范围的明确性,即国家机关为了维护公共利益的需要,可以对哪些公民的私有财产实行征收或征用;程序的明确性,即应履行对公民的告知义务,如果是征用,还应向公民开具收据。相对而言,由于征收关涉公民私有财产所有权的转移,其程序应严格一些;而征用一般都是在紧急状态下所采取的措施,而且公民私有财产所有权并没有发生转移,所以其程序并不要求十分严格。

(3)在征收或征用公民私有财产时,应对公民进行补偿。补偿是对公民因财产的征收或征用受到损失而给予的弥补,它不同于赔偿。赔偿是国家对因国家机关或国家机关工作人员违法行为而受到损失的公民所给予的赔付。而征收和征用是按法律规定的条件和程序进行的,其行为本身是合法的,所以国家对因征收或征用而遭受损失的公民进行的弥补为"补偿",而非"赔偿"。在补偿方式上,因征收或征用而有所不同。征收因是所有权的转移,所以一般会以金钱的方式进行补偿。而被征用的财产所有权仍属于公民,在使用结束后,原物存在的,应返还原物,对于原物价值减少的部分要进行补偿。

总之,2004 年的宪法修正案完善了我国公民权利的体系,完善了国家对非公有制经济的政策,对公民其他自由和权利的实现将产生重大影响。

二、劳动权

劳动权是指具有劳动能力的公民,有权要求国家和社会提供参加劳动的机会,并切实保证公民具有按照劳动的质量、数量取得报酬的权利。因而,劳动权既是公民赖以生存的权利,也是享有其他民主权利的物质基础。现行宪法第 42 条规定:中华人民共和国公民有劳动的权利和义务。

劳动权的基本特征是:(1)劳动权的平等性。凡是具有劳动能力的公民,都有权平等地参加社会劳动,享有平等的就业机会。(2)参加社会劳动的公民有权根据所提供的劳动的数量和质量获得相应的报酬。劳动权的行使与报酬是相适应的。(3)劳动权具有双重性。劳动权既是权利,又是义务。宪法规定,劳动是一切有劳动能力的公民的光荣职责。公民有权根据自己的能力参加社会劳动,取得相应的报酬,同时也有义务参加社会劳动。这种权利与义务的一致性反映了我国社会主义条件下劳动的性质。

1995 年 1 月 1 日起施行的《中华人民共和国劳动法》(简称《劳动法》)具体规定了劳动权的基本内容:(1)劳动者享有平等就业和选择职业的权利;(2)取得劳动报酬的权利;(3)休息、休假的权利;(4)获得劳动安全卫生保护的权利;(5)接受职业技能培训的权利;(6)享受社会保险和福利的权利;(7)提请劳动争议处理的权利;(8)法律规定的其他劳动权利。根据我国宪法和劳动法的规定,劳动权主要包括劳动就业权和取得报酬权。

劳动就业权是劳动权的核心内容,是公民行使劳动权的前提。《劳动法》第 12 条规定:劳动者就业,不因民族、种族、性别、宗教信仰不同而受歧视。为保障公民劳动权利与义务的实现,《宪法》第 42 条规定:国家通过各种途径,创造劳动就业条件,加强劳动保护,改善劳动条件,并在发展生产的基础上,提供劳动报酬和福利待遇。为帮助公民就业,宪法还规定:国家对就业前的公民进行必要的劳动就业训练。以使公民掌握一定的知识和技术,为其就业创造必要的条件。国家实行广开就业的门路,扩大就业渠道,实行劳动人事部门介绍就业、自己组织起来就业和自谋职业相互结合的方针,并采取措施改善劳动者在生产过程中的物质条件,加强各种劳动保险与安全措施,逐步提供劳动者的劳动报酬。

劳动报酬是公民付出一定劳动后所获得的物质补偿。《劳动法》第 46 条规定:工资分配应当遵循按劳分配原则,实行同工同酬。工资水平在经济发展的基础上逐步提高,国家对工资总量实行宏观调控。为了保障劳动者取得报酬权,我国实行最低工资保障制度。根据《劳动法》的规定,最低工资的具体标准由省、自治区、直辖市人民政府规定,用人单位支付劳动者的工资不得低于当地最低工资标准。《劳动法》同时规定,工资应当以货币形式按月支付劳动者本人,不得克扣或者无故拖欠劳动者的工资。

三、休息权

(一)休息权的概念

休息权是与劳动权相对应,附属于劳动权的一项权利,是指劳动者所享有的进行休息、休养的权利。

我国宪法第 43 条第 1 款规定:"中华人民共和国劳动者有休息的权利。"宪法赋予劳动者这一基本权利,是为了保障劳动者的精力、体力及时得到恢复,以便不断地提高其劳动积极性和创新精神。

休息权与劳动权紧密相连,形成完整的统一体。一方面,劳动权是休息权的前提,没有劳动权,则谈不上休息权;另一方面,休息权能得以实现,可进一步激发劳动者的积极性,不断地提高劳动效率。

一般而言,休息权的主要特征有:第一,休息权与劳动权密切相关,附属于劳动权,是劳动权的必要补充;第二,休息权是在劳动过程中享有的权利,以享有劳动权为依归,没有劳动权就不能享受休息权,有劳动权就必有休息权;第三,休息权是劳动者的权利,其他非劳动者当然也需要休息,但这不属于宪法权利,国家无需对这种休息作出宪法保障,所以,宪法明确规定休息权是劳动者的权利;第四,休息权的目的在于保护劳动者的身体健康,提高劳动效率,也使劳动者有闲暇参加各种社会活动,发展、提高自我和养育子女。

(二)休息权的内容

为保障劳动者休息权的实现,我国现行宪法第 43 条第 2 款规定:"国家发展劳动者休息和休养的设施,规定职工的工作时间和休假制度。"根据我国《劳动法》及《国务院关于职工工作时间的规定》等,休息权的保障措施主要如下。

(1)实行劳动者每日工作时间不超过 8 小时、平均每周工作时间不超过 40 小时的工时制度。

(2)用人单位应当保证劳动者每周至少休息 1 天。

(3)用人单位由于生产经营需要,经与工会和劳动者协商后,可以延长工作时间,一般每日不得超过 1 小时;因特殊原因需要延长工作时间的,在保障劳动者身体健康的条件下延长工作时间每日不得超过 3 小时,但是每月不得超过 36 小时。

(4)用人单位在节日期间应当依法安排劳动者休假,即元旦、春节、国际劳动节、国庆节及法律、法规规定的其他休假节日。

(5)劳动者连续工作 1 年以上的,享受带薪年休假等。

(三)休息权的保障与制约

1. 休息权的保障

休息权的保障包括两个方面具体的内容:第一,国家或公共权力不能通过立法或行政行为侵犯该权利。这是休息权作为一种权利所具有的消极的侧面所决定的。第二,作为一种社会权利,休息权更主要偏向于表现为一种积极的权利,为此要求国家或公共权力必须通过立法或行政措施,确立并实施劳动者的工作时间制和休假制度,同时保证为劳动者提供休息和休假所必需的设施。

2.休息权的制约

作为一项社会经济权利,休息权的保障形态和实现程度当然也受到一定的社会经济条件的制约。否则,如果不顾社会经济发展水平而不切合实际保障休息权,那么既会导致休息权的规定无法得到落实,又有损法律的权威性。

四、社会保障权

公民的社会保障权是指公民享有社会给予保障的权利,具体是指公民在年老、疾病、伤残、失业、生育、死亡、生活困难、遭遇自然灾害或者是其他社会危险时,有从国家和社会获得生活保障或享受其他福利待遇的权利,其核心是物质帮助权,即获得必要的物质生活资料。社会保障权是保障全体公民都能过上有尊严的生活的一项最有效手段,其本质就是国家和社会负有积极的义务来促进公民社会生活的平衡和稳定,并进而实现社会的正义和公平。

在各种宪法学教科书里,大都以"获得物质帮助的权利"或"物质帮助权"指称宪法第45条以及第42条、第49条所确认的权利。但严格说来,"物质帮助权"概念是不严谨的。首先,因为物质帮助是从物质上加以支持的意思,并不能全面地概括宪法有关条款所规定的权利内容,仅仅反映出该权利的部分内容。其次,"帮助"一词还隐含了"非义务"的概念成分,非不可推卸之"责任"的意思,无法表达该权利对国家与社会的"法律约束"这一层含义。考虑到1948年《世界人权宣言》第22条"每个人,作为社会的一员,都有权享受社会保障"的规定,以及我国2004年宪法修正案增加"国家建立健全同经济发展水平相适应的社会保障制度"的宪法规范,采用"社会保障权"的术语是比较合适的。

经过多年的探索和实践,以社会保险、社会救济、社会福利、优抚安置和社会互助为主要内容,多渠道筹集保障资金、管理服务逐步社会化的社会保障体系已初步建立起来。作为宪法权利的社会保障权的基本内容主要有以下两方面。

(一)公民获得物质帮助权

物质帮助权是公民因失去劳动能力或者暂时失去劳动能力而不能获得必要的物质生活资料时,有从国家和社会获得生活保障,享有集体福利的一种权利。我国宪法第45条又具体规定:"中华人民共和国公民在年老、疾病或者丧失劳动能力的情况下,有从国家和社会获得物质帮助的权利。"有以下具体表现。

(1)老年人的物质帮助权。一般地讲,城市公民可享受退休金等社会保障;农村的孤寡老人可获得"五保"帮助。近年来,少数富裕农村的老人,也开始享受养老金待遇。

(2)患疾病公民的物质帮助权。我国公民在患病期间有从国家或社会获得医疗帮助和物质帮助的权利。

(3)丧失劳动能力的公民的物质帮助权。主要指残疾人的物质帮助权。对有一定劳动能力的盲、聋、哑和其他残疾人,国家和社会应在生活保障方面承担义务和责任。如国家和社会兴办专门学校,组织残疾人进行必要的文化科学知识学习,按照残疾人不同的生理情况,创造特别的劳动条件,使他们能够从事力所能及的劳动。对根本不能从事任何劳动和无固定社会依靠的残疾人,国家或社会则应采取措施,或给以固定生活救济,或指定法定监护人,或由民政部门照顾。

(二)社会保险权

社会保险权,又称为劳动保险权或社会福利保险权,是指劳动者由于年老、疾病、失业、伤残、生育等社会风险而暂时或永久失去劳动能力或劳动机会因而没有正常的劳动收入来源时,从国家或社会强制建立的社会保险基金获取津贴以维持基本生活水平的权利。社会保险权也是一组权利,包括工伤保险权、疾病保险权、医疗保险权、失业保险权、养老保险权、生育保险权、家庭补贴权、遗属津贴权等。

1984 年,我国各地进行养老保险制度改革。1997 年,国务院制定了《关于建立统一的企业职工基本养老保险制度的决定》,开始在全国建立统一的城镇企业职工基本养老保险制度。基本养老保险制度实行社会统筹与个人账户相结合的模式。基本养老保险覆盖城镇各类企业的职工;城镇所有企业及其职工必须履行缴纳基本养老保险费的义务。

1988 年,我国政府开始对机关事业单位的公费医疗制度和国有企业的劳保医疗制度进行改革。1998 年,国务院颁布了《关于建立城镇职工基本医疗保险制度的决定》,开始在全国建立城镇职工基本医疗保险制度。中国的基本医疗保险制度实行社会统筹与个人账户相结合的模式。基本医疗保险基金原则上实行地市级统筹。基本医疗保险覆盖城镇所有用人单位及其职工;所有企业、国家行政机关、事业单位和其他单位及其职工必须履行缴纳基本医疗保险费的义务。

在中华人民共和国成立初期,曾实行过短暂的失业救济制度。此后,在计划经济体制下,由于实行统包统配的就业制度,失业救济制度逐步被取消。实行改革开放政策后,为适应国有企业经营机制的转换和劳动制度的重大改革,自 1986 年开始,中国政府逐步建立起失业保险制度,为职工失业后的基本生活提供保障。1999 年,国务院颁布《失业保险条例》,把失业保险制度建设推进到一个新的发展阶段。失业保险覆盖城镇所有企业、事业单位及其职工;所有企业、事业单位及其职工必须缴纳失业保险费。

20 世纪 80 年代末,中国政府开始对工伤保险进行改革。1996 年,劳动部出台了《企业职工工伤保险试行办法》,开始在部分地区建立工伤保险制度。同年,劳动部还制定了《职工工伤和职业病致残程度鉴定标准》,为鉴定工伤和职业病致残程度提供了依据。

1988 年以来,我国部分地区开始进行企业生育保险制度的改革。1994 年,在总结各地经验的基础上,劳动部制定了《企业职工生育保险试行办法》,其中规定,生育保险费由企业缴纳,职工个人不缴费。生育保险支付待遇主要包括:因生育发生的医疗费用和产假期间按月发放的生育津贴等。

第七节　文化教育权利

一、受教育权

(一)受教育权的概念与基本特征

一般而言,受教育权是指公民按照其能力平等地接受文化、科学等方面的教育训练的权利。

作为一项基本权利,受教育权首先意味着国家负有保障的义务。对国家而言,其绝对义务是要为公民接受义务教育提供必要的设施、师资和拨款等条件;其相对义务是在公民在符合或达到国家规定的特定条件时接受公民入学。一些负有教育职责的学校和私人亦与国家一样。

受教育权具有以下特征:

第一,受教育权是自由权与社会权的统一,其中,社会权反映了受教育权的实质内容。受教育权的自由权性质要求有能力的公民均等地享有教育权,而受教育权的社会权性质则要求国家为那些有能力、但因经济等问题不能享有教育权的公民提供一种条件与环境。

第二,受教育权是通过公民的能力开发,建设文化国家的重要手段。

第三,受教育权具有双重性,即受教育权既是公民的一项权利,同时也是公民的一项义务。国家一方面为公民享有受教育权提供各种机会,另一方面有权要求公民履行受教育方面应尽的义务。我国宪法把受教育规定为公民的义务。这项义务对公民个人而言,其绝对义务是必须接受义务教育;其相对义务是,如欲进入某一岗位或申请某一职位,就要按任职要求接受相应的教育。

(二)受教育权的基本内容

1. 按照能力接受教育的权利

公民有权利按照自己所具有的能力,接受相应的教育。一般而言应包括幼儿教育、初等教育和初级中等教育、普通高等教育、成人教育等。其中,初等教育和初级中等教育属于义务教育,国家必须为公民接受义务教育提供必要的设施、师资和拨款等条件。国家可以采取必要的考试制度(如我国当前的高考制度),使有一定能力的公民享受到与其能力相适应的教育。

2. 平等地享受教育机会

每个公民在宪法和法律所规定的范围内,享有平等的受教育权,不因除能力之外的性别、户籍、宗教、种族等原因而受到不平等的对待。

公民受教育机会的平等首先要反对的是各种有形的歧视和区别对待。例如,我国当前城市与农村在教育设施、条件方面还存在着巨大的差异;另外,在不同地区间,高考录取分数线和招生人数也差别较大。这些严格来讲,与受教育机会平等的要求并不一致,还有待改进。

而且,受教育机会平等还禁止各种隐性的歧视或差别对待。例如,在美国著名的布朗诉托皮卡教育委员会案中,联邦最高法院最后的裁决认为:虽然案件所涉及的黑人学校和白人学校在有形条件方面一直是平等的,但是仅仅根据种族的原因把儿童隔离开,这会剥夺少数族裔儿童法律平等保护的权利。因为把白人儿童同有色人种儿童隔离开来,会让儿童产生地位低下的感觉,进而妨碍其学习的积极性。因此,得到法律允许的种族隔离必然要阻碍黑人儿童的教育发展和智力发展,并剥夺了他们在取消种族隔离的学校制度中应享受的某些利益。联邦最高法院最后明确宣布自 1889 年"普莱西案"所确立的"隔离但平等"原则违宪无效。

当然,受教育机会平等也允许基于合理的理由而实施区别对待,如在美国,鉴于有色人种文化水平长期较为滞后,为了确保教育的实质平等,法律规定有色人种学生可以在大学招录中获得一定的优惠。与之类似,在我国的高考招录政策中,对于特定的少数民族考生也设有加分等优惠规定。

（三）受教育权的保障

作为一项积极权利，受教育权的保障主要体现在政府对该项权利主动采取相立的保障措施。就我国目前而言，这首先表现为立法方面，除宪法对受教育权作出原则性规定外，我国先后颁布了《义务教育法》、《教育法》、《职业教育法》等一系列法律法规，进一步完善了教育立法。另外，根据我国政府发布的人权文件，我国已建立了较完善的公民受教育权保障体系，在实践中已取得了良好的社会效果。例如，基本实现了基本普及九年义务教育和基本扫除青壮年文盲。在高等教育阶段，采取奖学金、贷学金、勤工助学基金、困难补助和学杂费减免等措施。又如，政府相继设立老、少、边、穷地区普及义务教育、职业教育、师范教育、民族教育等政府教育补助专款，用于扶持贫困地区教育事业的发展。

尤其值得一提的是，从 2006 年开始，全部免除西部地区农村义务教育阶段学生学杂费，2007年扩大到中部和东部地区；对贫困家庭学生免费提供教科书并补助寄宿生生活费；2008 年国家又免除城市义务教育阶段学生学杂费。至此，全国城乡中小学生全面实现了免费义务教育。当然，应当指出的是，尽管我国教育投入不断加大，进步可观，但总体而言，我国的教育经费与国际一般水平相比，仍嫌不足，并已在一定程度上影响到我国教育事业的正常发展。

二、文化权

教育与文化均涉及人类精神活动及其产物，不但对于个人尊严及人格自由发展有极为重要意义，同时对于全体人类而言，保障教育文化人权也是确保人类共同资产的最重要途径。世界人权宣言第 22 条确认："人既为社会之一员，自有权享受社会保障，并有权享受个人尊严及人格自由发展所必需之经济、社会及文化各种权利之实现……"众多国际人权文件都规定了教育与文化权利。

文化权利的内涵难以界定，大致有如下的理解：(1)文化权作为人性尊严之基础，如《比利时宪法》第 23 条规定："人人有权享有符合人性尊严之生活，基于此法律应保障经济、社会及文化权利，并决定行使这些权利之条件，而诸经济、社会及文化权利中包括享有文化及社会满足权。"(2)文化平等原则。南非宪法第 31 条规定："属于某一文化社群之人不应被拒绝与其社群成员共同享有其文化或组织文化团体之权利。"(3)参加文化生活权利，包括文化生活的创造权，自由探讨科学问题、自由进行文化创作并自由发表自己的研究成果的权利，参与分享文化生活的权利。一些曾经发生过严重侵犯学术自由的国家将学术自由作为一项宪法规则。例如，《日本宪法》第 23 条特别规定："学问自由应予以保障"，《德国基本法》第 5 条、《意大利宪法》第 35 条也都规定了学术或研究的自由。《葡萄牙宪法》第 73 条规定"任何人对教育及文化均有权利"。《亚美尼亚宪法》第 36 条规定："人人有权参与社会之文化生活。"《阿塞拜疆宪法》第 40 条规定："人人有权参与社会之文化生活，并利用文化机制及文化资源。人人均应尊重及保护历史、文化及精神价值，并保护文化古迹。"《南非宪法》第 30 条规定："人人有权参与其所选择之文化生活。"(4)文化成果受保护权，即公民科学研究、文艺创作的成果所产生的精神的和物质的利益享受保护的权利。(5)弱势主体文化权的保障，包括妇女、儿童、老人、少数民族的文化权保障。

我国宪法第 47 条规定："中华人民共和国公民有进行科学研究、文学艺术创作和其他文化活动的自由。国家对于从事教育、科学、技术、文学、艺术和其他文化事业的公民的有益于人民的创造性工作,给以鼓励和帮助。"而且,第 20 条还规定:"国家发展自然科学和社会科学事业,普及科学和技术知识,奖励科学研究成果和技术发明创造。"第 22 条规定:"国家发展为人民服务、为社会主义服务的文学艺术事业、新闻广播电视事业、出版发行事业、图书馆博物馆文化馆和其他文化事业,开展群众性的文化活动。国家保护名胜古迹、珍贵文物和其他重要历史文化遗产。"第 23 条规定:"国家培养为社会主义服务的各种专业人才,扩大知识分子的队伍,创造条件,充分发挥他们在社会主义现代化建设中的作用。"我国宪法第 14 条第 3 款规定:"国家合理安排积累和消费,兼顾国家、集体和个人的利益,在发展生产的基础上,逐步改善人民的物质生活和文化生活。"

第八节　特定主体权利的保护

特定主体权利是指处于特定法律地位的公民或者特殊情况的公民的权利。有的是因历史等原因,需要给予特殊照顾和保护的公民,如妇女;有的是因自身处于弱者地位,需要社会给予特殊照顾和保护的公民,如儿童、老人、残疾人;有的是因生活在国外或者曾经生活在国外以及他们的家属,需要社会给予一定的帮助;有的是因被作为犯罪嫌疑人而受到起诉或者因触犯法律而被限制人身自由,需要给予特殊的诉讼权利或者明确在特殊法律关系中的法律地位,如被告人、罪犯等。

一、妇女权益受保护

《宪法》第 48 条规定:中华人民共和国妇女在政治的、经济的、文化的、社会的和家庭的生活等各方面享有同男子平等的权利。宪法规定的基本出发点,是为了实现男女平等原则。受封建思想意识的影响,在一定数量的公民中,仍残存着男尊女卑、男女不平等、大男子主义的思想、意识、作风,仍有歧视和虐待妇女的现象,甚至拐卖、迫害妇女的犯罪问题也时有所闻。男女平等是宪法关于"公民在法律面前一律平等"原则的具体内容之一。

保障妇女的合法权益,实现男女平等的具体内容是:(1)在政治方面,妇女享有与男子平等的政治权利,妇女有权通过各种途径和形式,管理国家事务,管理经济和文化事业,管理社会事务,国家要培养和选拔妇女干部。(2)在劳动就业方面,一是妇女享有同男子平等的就业权利,各单位在录用职工时,除不适合妇女的工种或者岗位外,不得以性别为由拒绝录用妇女或者提高对妇女的录用标准;二是对女职工实行特殊劳动保护;三是实行男女同工同酬。(3)在文化教育方面,妇女享有与男子平等的受教育权,从事科学研究和其他文化活动。(4)在社会生活方面,妇女与男子一样参与社会生活,即参与社会活动和对社会事务的管理。(5)在婚姻家庭方面,夫妻双方地位平等,对家庭事务和家庭财产有同等的管理权、支配权。此外,在人身权利、财产权益等方面,妇女均享有同男子平等的权利。

为"保障妇女的合法权益,促进男女平等,充分发挥妇女的作用",全国人大常委会于 1992 年制定了《中华人民共和国妇女权益保障法》,对妇女在政治、经济、文化、社会和家庭生活方面与男子的平等权、平等地位,以及对妇女特殊权益的保护等作出了具体规定,是维护妇女权益的基本法。此外,国家在各项单行法律中,依据宪法和妇女权益保障法的规定,对维护妇女在特定领域的合法权益,也作出了规定。

二、未成年人权益受保护

为了保护未成年人的身心健康,保障其合法权益,促进其在德、智、体等方面全面发展,把他们培养成为有理想、有道德、有文化、有纪律的社会主义事业接班人,全国人大常委会于1991年9月制定了《未成年人保护法》,该法从家庭、学校、社会、司法四个方面,对未成年人权益的保护作出了规定,具有重要的现实意义。

未成年人权益受国家保护的主要内容是:(1)在受教育权方面,一方面国家有义务提供相应的条件,使未成年人在学校受到良好的正规的义务教育,在品德、智力、体质等方面全面发展;另一方面,家长或者监护人有义务让未成年人接受义务教育,否则国家应当追究家长或者监护人的法律责任。(2)在家庭生活方面,严格禁止虐待未成年人,父母有抚养教育未成年子女的义务,保障未成年人的继承权。(3)禁止使用童工。童工是指未满16周岁的未成年人,未成年工是指年满16周岁未满18周岁的劳动者。因此,我国最低就业年龄为16周岁。法律禁止招用童工。文艺、体育和特种工艺单位招用未满16周岁的未成年人,必须依照国家有关规定,履行申报审批制度,并保障其接受义务教育的权利。对违反法律规定,擅自使用童工的单位和个人,将予以处罚:依照现行法规,每招用一名童工,罚款3000～5000元;对情节严重、屡教不改者,责令停业整顿,直至吊销营业执照。

三、老年人权益受保护

老年人是指60周岁以上的公民。老年人作为中华人民共和国公民,享有宪法和法律规定的公民的各种权利和自由。同时,作为老年人又具有不同于其他公民群体的需要国家和社会照顾的权益。国家和社会应当采取措施,健全对老年人的社会保障制度,逐步改善保障老年人生活、健康以及参与社会发展的条件,实现老有所养、老有所医、老有所为、老有所学、老有所乐。

老年人需要国家和社会照顾的权益主要有:(1)赡养人应当履行对老年人经济上的供养、生活上照顾和精神上慰藉的义务,照顾老年人的特殊需要;(2)赡养人对患病的老年人应当提供医疗费用和护理;(3)老年人的婚姻自由受法律保护,子女或者其他亲属不得干涉老年人离婚、再婚及婚后的生活;(4)老年人有权依法处理个人的财产,子女或者其他亲属不得干涉,不得强行索取老年人的财物;(5)老年人有依法继承父母、配偶、子女或者其他亲属遗产的权利,有接受赠与的权利;(6)国家建立养老保险制度,保障老年人的基本生活;(7)老年人有从国家和社会获得物质帮助的权利,有享受社会发展成果的权利;(8)老年人有继续受教育的权利;(9)医疗机构应当为老年人就医提供方便,对70岁以上的老年人就医,予以优先;(10)农村老年人不承担义务工和劳动积累工;(11)老年人参加劳动的合法收入受法律保护等。

四、残疾人权益受保护

《宪法》第45条第3款规定:国家和社会帮助安排盲、聋、哑和其他有残疾的公民的劳动、生活和教育。残疾人是指在心理、生理、人体结构上,某种组织、功能丧失或者不正常,全部或者部分丧失以正常方式从事某种活动能力的人。残疾人包括视力残疾、听力残疾、言语残疾、肢体残疾、智力残疾、精神残疾、多重残疾和有其他残疾的人。残疾人作为公民,在政治、经济、文化、社会和家庭生活等方面,享有同其他公民平等的权利。残疾人权益既包括残疾人作为公民的合法权益,也包括其因残疾而需要国家和社会给予关心和照顾的权益。为了维护残疾人的合法权益,发展残疾人事业,保障残疾人平等地充分参与社会生活,共享社会物质文化成果,全国人大常委会于1990年制定了《中华人民共和国残疾人保障法》。

残疾人享有的应予照顾的权益包括:(1)国家和社会对伤残军人、因公致残人员以及其他维护国家和人民利益致残的人员实行特别保障,给予优待和抚恤。(2)残疾人的法定扶养人必须对残疾人履行扶养义务,残疾人的亲属、监护人必须履行监护职责,维护被监护人的合法权益。(3)国家保障残疾人受教育的权利。国家对接受义务教育的残疾学生免收学费,并根据实际情况减免杂费;普通小学、初级中等学校,必须招收能适应学习生活的残疾儿童、少年入学;普通高级中等学校、中等专业学校、技工学校和高等院校,必须招收符合国家规定的录取标准的残疾考生入学,不得因其残疾而拒绝招收。(4)国家保障残疾人劳动的权利。在职工的招用、聘用转正、晋级、职称评定、劳动报酬、生活福利、劳动保险等方面,不得歧视残疾人;对于分配的高等学校、中等专业学校、技工学校的残疾毕业生,有关单位不得因其残疾而拒绝接收。(5)国家和社会对无劳动能力、无法定扶养人、无生活来源的残疾人,按照规定予以供养、救济等。

五、华侨、归侨、侨眷的正当和合法权利受保护

宪法第50条规定,国家保护华侨的正当的权利和利益,保护归侨和侨眷的合法的权利和利益。华侨是指定居在国外的中华人民共和国公民,是我国公民的组成部分。华夏祖先自秦汉以来即开始到国外谋生,被侨居国称为"唐人"、"闽粤人",直到19世纪末,才普遍使用"华侨"一词。归侨是指回国定居的华侨。侨眷是指华侨、归侨在国内的眷属,包括华侨、归侨的配偶、父母、子女及其配偶、兄弟姐妹、祖父母、外祖父母、孙子女、外孙子女,以及同华侨、侨眷有长期抚养关系的其他亲属。

据不完全统计,分布在世界各地的华侨约2200万人;国内有归侨、侨眷2000余万人。华侨与归侨、侨眷不仅有血缘关系,也有通信、探亲访友和经济上的联系。这些均是正常的社会关系,如同国内其他公民之间的社会关系一样,应当受到尊重和保护。

华侨因其居住在他国,与居住在国内的公民的宪法地位有所不同。华侨居住在他国,应当遵守居住国的宪法和法律,根据居住国的宪法和法律享有权利,并履行相应的义务。如果华侨短时间内居住在国内,则享有我国宪法和法律规定的公民的权利,并履行相应的义务。如选举法规定,旅居国外的中华人民共和国公民在县级以下人民代表大会代表选举期间在国内的,可以参加原籍地或者出国前居住地的选举。宪法关于"保护华侨的正当权利和利益"的规定,其基本精神是指我国中央人民政府根据世界公认的国际法准则,保护我国海外侨民符合有关国际法规定的权利和利益。国家对华侨的保护适用国内法保护和外交保护两种方式,但以外交保护为主。

归侨和侨眷是中华人民共和国公民,并生活在国内,他们享有宪法和法律规定的公民的权利,并履行宪法和法律规定的公民的义务,任何组织或者个人不得歧视。但同时,国家应当根据实际情况和归侨、侨眷的特点,给予适当的照顾:(1)对回国定居的华侨给予安置;(2)全国人大和归侨人数较多地区的地方人大应有适当名额的归侨代表;(3)归侨、侨眷有权依法组织社会团体,

维护归侨、侨眷的合法权益,进行适合归侨、侨眷需要的合法的社会活动;(4)国家对安置归侨的农场、林场等企业给予扶持;(5)国家依法保护归侨、侨眷在国内私有房屋的私有权;(6)归侨学生、归侨子女和华侨在国内的子女升学、就业,按照国家有关规定给予照顾;(7)国家保护归侨、侨眷的侨汇收入;(8)归侨、侨眷与境外亲友的往来和通信受法律保护;(9)归侨、侨眷有出境探亲、定居的权利;(10)归侨、侨眷申请自费出国学习,按照国家有关规定给予照顾;(11)国家对归侨、侨眷在境外的正当权益,根据中华人民共和国缔结或者参加的国际条约或者国际惯例,给予保护等。

六、被告人有获得辩护的权利

被告人是指被指控实施了犯罪行为并正式被检察机关或者自诉人向人民法院提出控诉,要求追究刑事责任的人。公民被指控实施了犯罪行为,作为被告人接受人民法院的审理,其已经处于不利地位,合法权益可能受到损害。为了维护被告人正当合法的权益,以及正确及时地查明案件的事实,宪法第125条规定:被告人有权获得辩护。从宪法的基本精神出发,有权获得辩护的主体,除被告人外,还应包括犯罪嫌疑人。

被告人有权获得辩护是指被告人在刑事诉讼中,有权获得辩护,人民法院有义务保证被告人获得辩护。包括两个方面:(1)被告人在刑事诉讼中享有辩护权。辩护权是指被告人针对控告进行申辩,通过提出相应的事实和证明材料等手段,说明自己无罪、罪轻或者有应当减轻、免除等处罚的情节,以维护自己合法权益的权利。(2)司法机关有义务保证被告人获得辩护。犯罪嫌疑人在被侦查机关第一次讯问后或者采取强制措施后,可以聘请律师为其提供法律帮助;自案件侦查终结审查起诉之日起,律师可以作为辩护人参加诉讼。公诉案件犯罪嫌疑人在移送审查起诉时,可以委托律师及其他辩护人辩护,律师及其他辩护人开始了解案情,收集与本案有关的材料,履行辩护职责。辩护律师在审查起诉阶段,可以查阅、摘抄、复制本案的诉讼文书、技术性鉴定材料;辩护人在审查起诉阶段、审判阶段可以同在押的犯罪嫌疑人会见和通信;辩护律师收集与本案有关的材料,要经证人或者其他有关单位和个人同意,经被害人或者其近亲属提供的证人同意,并经人民检察院、人民法院许可,也可以向被害人或者其近亲属、被害人提供的证人收集与本案有关的材料。在审判阶段,被告人没有委托辩护人的,人民法院依法可以或者应当指定承担法律援助义务的律师为其提供辩护。

被告人行使辩护权的方式包括被告人自行辩护、被告人委托辩护及人民法院指定辩护。

第九节　公民的基本义务

一、公民基本义务的分类

依据《宪法》规定,我国公民的基本义务有五项,按条款顺序分列如下:(1)维护国家统一和全国各民族团结的义务;(2)必须遵守宪法和法律,保守国家秘密,爱护公共财产,遵守劳动纪律,遵守公共秩序,尊重社会公德的义务;(3)维护祖国的安全、荣誉和利益的义务;(4)保卫祖国、抵抗侵略的职责和依法服兵役、参加民兵组织的义务;(5)依法纳税的义务。

此外,公民有劳动的义务;受教育的义务;夫妻双方有实行计划生育的义务;父母有抚养教育未成年子女的义务,成年子女有赡养扶助父母的义务。

二、维护国家统一和民族团结的义务

《宪法》第52条规定:中华人民共和国公民有维护国家统一和全国各民族团结的义务。毛泽东曾指出,国家的统一,人民的团结,国内各民族的团结,这是我们的事业必定要胜利的基本保证。宪法规定包括以下两项基本义务。

(一)维护国家统一的义务

《宪法》序言规定:中华人民共和国是全国各族人民共同缔造的统一的多民族国家。国家统一是公民享有基本权利的重要条件。任何公民都负有自觉地维护国家统一的神圣义务。维护国家统一的意义在于:首先,民主的宪政体制是以国家的统一为基础的,制宪与修宪权是国家统一的重要标志。其次,国家统一是公民实现基本权利和自由的前提,没有国家统一,任何权利和自由的实现都是没有基础的。再次,国家统一是我国社会主义法制统一性的客观要求。只有在统一的国家状态中,才能建立法制的统一性,建设成熟的法治国家。

维护国家统一义务的基本内容是:(1)我国是统一的单一制国家,具有单一制国家的基本特征;整个国家是一个统一不可分割的整体;一般地方行政区域、民族自治地方、特别行政区都是整个国家的重要组成部分,其设立及所享有的权力均来源于中央的授予,都没有脱离中央而独立的权力。(2)任何公民都负有维护国家统一的义务,不得从事分裂国家的活动。我国刑法对从事不同分裂国家统一的行为分别规定了背叛国家罪、分裂国家罪、煽动分裂国家罪、资助危害国家安全犯罪活动罪等,并对这些犯罪行为的定罪量刑作了具体的规定。

(二)维护民族团结的义务

我国是一个多民族国家,维护国家统一的重要内容和标志是维护民族团结。我国是统一的多民族国家,能否正确处理民族关系对于国家的统一和稳定产生重要影响。《宪法》第4条规定:中华人民共和国各民族一律平等。维护和发展各民族的平等、团结、互助关系。维护民族团结义务的基本内容是:(1)各少数民族聚居的地方实行区域自治,设立自治机关,行使自治权。各民族自治地方都是中华人民共和国不可分割的部分。(2)保障各少数民族的合法的权利和利益。(3)禁止对任何民族的歧视和压迫,禁止破坏民族团结和制造民族分裂的行为。在维护民族团结的斗争中,要反对大民族主义,主要是大汉族主义,也要反对地方民族主义。(4)各民族都有使用和发展自己的语言文字的自由,都有保持或者改革自己的风俗习惯的自由,每个公民都应当予以尊重。根据宪法和民族区域自治法的规定,一切破坏民族团结、制造民族分裂的行为都将受到法律的追究。

三、遵守宪法和法律,保守国家秘密,爱护公共财产,遵守劳动纪律,遵守公共秩序,尊重社会公德的义务

《宪法》第53条规定:中华人民共和国公民必须遵守宪法和法律,保守国家秘密,爱护公共财

产,遵守劳动纪律,遵守公共秩序,尊重社会公德。具体包括以下几个方面。

(一)遵守宪法和法律的义务

宪法规定了国家的根本制度和根本任务,是国家的根本法,具有最高的法律效力。法律是作为我国最高国家权力机关的全国人大和全国人大常委会制定的,其在我国法律体系中,居于宪法之下而高于其他法律文件。"依法治国"主要是依宪法和法律治国。遵守宪法和法律义务的基本内容是:(1)全国各族人民、一切国家机关和武装力量、各政党和各社会团体、各企业事业组织,都必须遵守宪法和法律;(2)都必须以宪法和法律为根本的或者基本的活动准则;(3)任何组织或者个人都不得有超越宪法和法律的特权;(4)一切违反宪法和法律的行为,必须予以追究;(5)全国人民都负有维护宪法和法律尊严、保证宪法和法律实施的职责。

(二)保守国家秘密的义务

国家秘密是指关系国家安全和利益,依照法定程序确定,在一定时间内只限一定范围的人员知悉的事项。国家秘密包括以下事项:(1)国家事务的重大决策中的秘密事项;(2)国防建设和武装力量活动中的秘密事项;(3)外交和外事活动中的秘密事项以及对外承担保密义务的事项;(4)国民经济和社会发展中的秘密事项;(5)科学技术中的秘密事项;(6)维护国家安全活动和追查刑事犯罪中的秘密事项;(7)其他经国家保密工作部门确定应当保守的国家秘密事项。此外,政党的秘密事项中符合国家秘密概念的,也属于国家秘密。国家秘密关系着国家与民族的利益、政权的巩固和人民的安全。为此,国家规定了严格的保密制度,并于1988年制定了《中华人民共和国保守国家秘密法》,规定一切组织和公民均有保守国家秘密的义务,并明确规定了国家秘密的范围和密级、保密制度及法律责任等。刑法相应地规定了违反保守国家秘密法,泄露国家秘密所要追究的刑事责任。

(三)爱护公共财产的义务

公共财产包括国有财产与集体财产,是建设社会主义物质文明和精神文明的物质基础。宪法第12条规定:社会主义的公共财产神圣不可侵犯。禁止任何组织或者个人用任何手段侵占或者破坏国家的集体的财产。

(四)遵守劳动纪律的义务

劳动纪律是劳动者进行社会生产必须遵守的各项生产劳动规章制度的总称。劳动纪律是保证生产和工作正常进行不可缺少的重要手段。对于经常不遵守劳动纪律的劳动者,应给予必要的批评,乃至经济上、行政上的制裁;对于因破坏劳动纪律而给国家造成财产严重损失或者伤亡事故的人,还要追究其法律责任。

(五)遵守公共秩序的义务

公共秩序是为了有效地进行生产、工作、学习和有秩序地生活而建立起来的行为规则。它包括社会秩序、工作秩序、生产秩序、教学秩序和生活秩序。维护正常的公共秩序人人有责,也是实现社会主义现代化的重要条件。

（六）尊重社会公德的义务

社会公德是指在社会公共生活中应当遵循的基本道德。在我国，宪法第 24 条所规定的"爱祖国、爱人民、爱劳动、爱科学、爱社会主义"，构成了社会主义公德的主要内容。

四、维护祖国的安全、荣誉和利益

《宪法》第 54 条规定：中华人民共和国公民有维护祖国的安全、荣誉和利益的义务，不得有危害祖国的安全、荣誉和利益的行为。这是现行宪法在总结历史经验的基础上，根据我国实行对外开放政策的新情况，新增加的一项公民基本义务。具体包括以下几方面。

（一）维护祖国安全的义务

祖国安全指国家的领土完整和主权不受干扰，国家政权不受威胁。祖国安全是国家政权确定和公民依法行使权利和自由的根本保障。只有在祖国安全得到保障的前提下，公民才有可能实现权利和自由，国家才能维护其政权的稳定。每一个公民必须要树立祖国安全高于一切的观念，同一切损害祖国尊严，危害祖国安全的行为进行斗争。根据《中华人民共和国国家安全法》第 4 条的规定，任何组织和个人进行危害中华人民共和国国家安全的行为都必须受到法律追究。危害国家安全的行为，是指境外机构、组织、个人实施或者指使、资助他人实施的，或者境内组织、个人与境外机构、组织、个人相勾结实施的下列危害国家安全的行为：阴谋颠覆政府，分裂国家，推翻社会主义制度的；参加间谍组织或者接受间谍组织及其代理人的任务的；窃取、刺探、收买、非法提供国家秘密的；煽动、勾引、收买国家工作人员叛变的；进行危害国家安全的其他破坏活动的。维护祖国安全的义务包括：（1）任何公民不得进行上述行为，否则，将追究相应的法律责任；（2）公民发现危害国家安全的行为，应当直接或者通过所在组织及时向国家安全机关或者公安机关报告。

（二）维护祖国荣誉的义务

祖国荣誉是指国家的声誉和荣誉不受损害，对有辱祖国荣誉，损害祖国利益的行为给予法律制裁。公民对祖国应当有自己的自尊心和自豪感，要把维护祖国荣誉作为自己的神圣的职责，同一切出卖祖国利益，损害祖国尊严的行为进行斗争。维护祖国荣誉，有必要提倡有助于培养对国歌、国旗、国徽崇敬感的礼仪，增强人们的爱国主义情感。

（三）维护祖国利益的义务

祖国利益是国家共同利益的集中体现，是相对于集体利益和个人利益而言的。祖国利益分为对内和对外两个方面，对外主要是民族的政治、经济、文化等方面的权利和利益，对内主要是国家利益，是公民利益的最高体现。

五、保卫祖国和依法服兵役的义务

《宪法》第 55 条规定：保卫祖国、抵抗侵略是中华人民共和国每一个公民的神圣职责，依照法律服兵役和参加民兵组织是中华人民共和国公民的光荣义务。

国家的安全，直接关系着我们能否胜利进行社会主义现代化建设，关系着我们中华民族的存亡。保卫祖国、抵抗侵略是每一个公民义不容辞的职责。保卫祖国、抵抗侵略的职责要求是：现役军人要不断提高自己的政治觉悟和军事技能，积极完成领导交给的任务；未服役的公民，要努力生产、工作，为四化建设、为保卫祖国作出自己的贡献；每个公民要时刻提高革命警惕性，向一切破坏活动和其他危害祖国建设和安全的行为作斗争；要搞好拥军优属活动，自觉地帮助烈、军属解决生产、生活上的各种问题，发扬军民一致的优良传统。

参加中国人民解放军、中国人民武装警察部队和民兵组织，直接担负保卫祖国、保卫现代化建设的伟大使命，是一项光荣而艰巨的任务。根据 1984 年《中华人民共和国兵役法》的规定，我国实行以义务兵役制为主体的义务兵与志愿兵相结合，民兵与预备役相结合的兵役制度。凡年满 18 周岁的我国公民，不分民族、种族、职业、家庭出身、宗教信仰和受教育程度，都有义务服兵役。对有严重生理缺陷的或者严重残疾不适合服兵役的人，免服兵役。而依照法律被剥夺政治权利的人，不得服兵役。依法服兵役的义务作为公民的基本义务，具有法律性质，即不履行服兵役义务的公民要承担法律责任。兵役法第 61 条规定，按照本法规定，有服兵役义务的公民拒绝、逃避兵役登记的，应征公民拒绝、逃避征集的，预备役人员拒绝、逃避军事训练的，经教育不改，基层人民政府应当强制其履行兵役义务。

六、依法纳税的义务

《宪法》第 56 条规定：中华人民共和国公民有依照法律纳税的义务。1954 年宪法曾经规定了公民的纳税义务。税收是国家为实现其职能的需要，依照法律规定向公民个人、法人或者其他组织等征收的货币和实物，凭借政治权力，参与国民收入分配和再分配的一种方式。税收是组织国家财政收入的主要手段，对任何国家而言，都是不可缺少的财政来源。在我国，税收是进行社会主义建设的工具，国家可以利用税收作为积累和分配的重要手段，保证国家收入，提供社会主义建设事业所必需的资金，税收也是国家干预经济、调节生产的重要杠杆，可以用它为发展社会主义经济服务。纳税义务是指纳税义务人依法向税收部门按一定比例缴纳税款的义务。纳税的基本特征是无偿性、固定性、强制性、平衡性。纳税义务的主体除公民外，法人、其他组织及外国人都有义务按照国家的法律规定纳税。

纳税义务的主要内容是：(1)贯彻租税平等和公平原则。即个人所得税以个人所得为征税对象，国家在确定公民纳税义务时，要保证税制的科学合理和税收负担的公平，既要保证国家财政需要，又要使纳税人有承受能力。(2)体现税收法定原则。即纳税涉及公民个人财产权的保护问题，因此要依法治税，保证税制的统一性和税法的严肃性，用税收基本法律规范严格地约束征纳双方。

纳税义务的履行实际上给纳税人带来了相应的权利，从某种意义上说，纳税义务的履行是纳税人享受权利的基础和条件。纳税人首先有权利享受政府用税收提供的服务和公共设施，如医疗、教育、社会安全、法律保障、交通等，并有权利要求政府积极改善这些条件并提供优质服务。另外，纳税人有权了解、监督税款的使用情况，进而监督政府的工作。从政府角度讲，应通过各种途径公开国家税款的使用情况，为纳税人了解政府使用税款的情况提供各种条件。

七、其他义务

宪法在规定公民基本权利的同时,相应的条文还规定了公民的某些基本义务。如公民有受教育的义务、公民有劳动的义务、夫妻双方有实行计划生育的义务、父母有抚养教育未成年子女的义务及成年子女有扶助赡养父母的义务。夫妻双方有实行计划生育的义务、父母有抚养教育未成年子女的义务及成年子女有扶助赡养父母的义务,在国家有关的法律、法规中已作了比较具体的规定,此处不作细述。

(一)受教育义务

受教育义务是指适龄的未成年人必须接受学校教育的义务。受教育义务的基本内容是:父母或者其他监护人必须使适龄的子女或者被监护人按时入学,接受规定年限的义务教育;禁止任何组织或者个人招收应该接受义务教育的适龄儿童、少年就业。适龄儿童、少年因疾病或者特殊情况,需要延缓入学或者免予入学的,由儿童、少年的父母或者其他监护人提出申请,经当地人民政府批准。

受教育义务的保障措施是:(1)国家实行义务教育,以使公民履行受教育义务。在我国,义务教育分为初等教育和初级中等教育两个阶段。(2)国家对接受义务教育的学生免收学费。(3)国家采取措施加强和发展师范教育,加速培养、培训师资,有计划地实现小学教师具有中等师范学校毕业以上水平、初级中等学校的教师具有高等师范专科学校毕业以上水平。(4)除因疾病或者特殊情况,经当地人民政府批准的以外,适龄儿童、少年不入学接受义务教育的,由当地人民政府对他的父母或者其他监护人批评教育,并采取有效措施责令其送子女或者被监护人入学。

(二)劳动义务

劳动义务是指一切有劳动能力的公民必须参加社会劳动。在法律上,劳动义务是相对于社会保障而言的。公民有劳动的权利,但当国家不能为公民提供劳动就业的机会和途径时,国家就应当为公民提供社会保障,满足公民基本生活的需求。在国家为公民提供了劳动就业的机会和途径以后,有劳动能力的公民却拒绝参加劳动,国家有权不予提供社会保障。宪法第42条规定:劳动是一切有劳动能力的公民的光荣职责。宪法上所规定的公民劳动义务主要是就法律上的职责而言的。

从政治上说,我国是社会主义国家,人民群众是国家的主人翁,参加劳动,建设国家,是每一个公民应尽的职责。宪法第42条还规定:国有企业和城乡集体经济组织的劳动者都应当以国家主人翁的态度对待自己的劳动。

劳动义务不同于义务劳动。宪法第42条规定,国家提倡公民从事义务劳动。义务劳动是公民自觉进行的不计报酬的劳动。它是公民社会主义道德和共产主义道德的体现,不是宪法所规定和要求的所有公民都要履行的"劳动义务"。

劳动义务也不同于强制劳动。《中华人民共和国监狱法》第69条规定:有劳动能力的罪犯,必须参加劳动。目的在于,使其矫正恶习,养成劳动习惯,学会生产技能,并为释放后就业创造条件。因此,对罪犯的强制劳动是对其教育改造的重要组成部分。

【案例分析】

辽宁省限制"非典"疫情多发区来沈人员的人身自由案

2003 年上半年北京等地爆发了传染性极强的"非典"（非典型性肺炎）疫情。为防止疫情传播,我国一些地方采取各种措施限制疫情多发区人员进入当地。2003 年 4 月 28 日,辽宁省人民政府发布《关于进一步加强非典防治工作的通告》,规定凡来自"非典"疫情多发区的各类人员,必须立即自觉向住地居民委员会、村民委员会或住地所属单位报告,在住地相对封闭接受医学观察10 天,期间不得随意外出。沈阳市进一步规定,这些人员将被隔离到政府指定的 9 家宾馆,并且住宿、餐饮费需自理。

【法律问题】

如何认识非典型性肺炎防治期间公民人身自由的保障?

【分析】

自 2003 年非典型性肺炎在全国范围内爆发以后,中央政府和地方各级政府采取了许多措施对抗疫情。这些措施中的留验观察、隔离治疗等防止非典型性肺炎措施涉及人身自由。人身自由属于公民的基本权利,受到我国宪法的保护。在非典型性肺炎这样的突发传染病爆发时,如何合理界定国家防治"非典"的权力与公民人身自由的关系,实质是考验我国《宪法》的权威性和公民权利在国家权力面前真实的生存能力。

（一）人身自由的宪法保障及其限制

人身自由是人的所有权利中最为基本的一项权利,构成公民自由权的核心。我国《宪法》第37 条第 1 款、第 2 款规定:"中华人民共和国公民的人身自由不受侵犯。任何公民,非经人民检察院批准或者决定或者人民法院决定,并由公安机关执行,不受逮捕。"人身自由的宪法意义在于:第一,人身自由是体现公民宪法地位的重要标志。人身自由是公民作为人而表现的基本价值要求,是人的不可剥夺的权利。人身自由制度的完善是社会文明与进步的结果,反映了人类自我完善的过程。第二,人身自由是人类生存所必需的权利。享有精神自由和经济的前提是人身的独立与自由,即首先在人身上成为自由的人,其人身自由受宪法和法律的保障,客观上存在有效的人身自由保障制度。第三,人身自由的保障直接关系到社会的稳定与发展。人身自由体现了人的价值,构成公民与国家之间保持协调的要素,是维护社会稳定的基础。

人身自由是作为宪法基本权利而存在的,因而对公民人身自由的限制符合公民基本权利限制的一般宪法原理。主要包括:第一,必须由立法机关以法律的形式限制,即人身自由应成为立法的"法律保留"事项。我国《立法法》第 8 条规定,限制人身自由的强制措施和处罚只能由全国人民代表大会或全国人民代表大会常务委员会立法规定。根据《立法法》第 9 条的规定,全国人民代表大会及其全国人民代表大会常务委员会对此事项的立法权不可授权给国务院行使。根据《立法法》第 64 条的规定,全国人民代表大会及其常务委员会对此事项的专属立法权也不可由地方人民代表大会及其常务委员会以制定地方性法规的方式行使。第二,限制公民的人身自由必须基于正当的目的。只有在为维护某种公共利益显为必要时,才可由法律规定对公民人身自由进行限制。从一般意义上讲,只有在行为人因自己主观过错而损害社会公共利益时才可限制其人身自由,处以行政拘留、司法拘留、刑事拘留、有期徒刑、无期徒刑等强制措施。如果非基于公民个人的过错而限制公民的人身自由,则必须基于维护重大公共利益,且限制公民人身自由对实现这一目标显为必要。如对传染性爆发疫区的公民人身自由的限制。第三,限制公民人身自由必须基于正当法律程序。这些法律程序包括:必须由有权机关决定;告知公民相应的权利;司法机关应对限制公民人身自由有最终决定权等。

(二)抗击非典型性肺炎时的限制公民人身自由措施的合法性

如前所述,无论是基于公民个人的过错还是为了维护重大公共利益而限制公民的人身自由,都必须基于法律的规定。就抗击非典型性肺炎而言,行政机关最应该,同时也是最可以直接适用的是 1989 年 2 月 21 日第七届全国人民代表大会常务委员会第六次会议通过的《中华人民共和国传染病防治法》(以下简称《传染病防治法》)。因此,基于法律保留规则,检测抗击非典型性肺炎措施中有关涉及人身自由限制部分的合法性,首先应该考察这些措施与《传染病防治法》之间的关系究竟如何,并以此法作为判断这些措施合法性的基本依据。

《传染病防治法》中规定的各项防治传染病措施中涉及对人身自由限制的是第 24 条和第 26 条。第 24 条规定了隔离治疗、强制隔离治疗、医学观察等控制措施(以下简称"第 24 条措施");第 26 条规定了对人员、物资和交通工具实施卫生检疫和疫区封锁等措施(以下简称"第 26 条措施")。自 2003 年 4 月中央和地方各级政府采取各种措施抗击非典型性肺炎后,所采取的限制人身自由方面的措施主要是《传染病防治法》第 24 条、第 26 条所规定的各种控制措施。

但根据《传染病防治法》规定,采取这些措施对人身自由进行限制时,必须以确认某种事实的存在为前提:实施"第 24 条措施"的前提是相应的传染病必须属于法定传染病(事实要件);实施"第 26 条措施"的前提是针对已经被宣布为疫区的地区(地域要件)。

1."第 24 条措施"的法定前提要件是法定部门对法定传染病的宣布

根据《传染病防治法》第 24 条第(1)项和第(3)项的规定,可以实施隔离治疗或者强制隔离治疗措施的对象是"甲类传染病病人和病原携带者,乙类传染病中的艾滋病病人、炭疽病中的肺炭疽病人";可采取医学观察的对象是"疑似甲类传染病病人"。归纳而言,实施这些限制人身自由措施的前提要件是存在甲类或特定的乙类传染病。而判断某种疾病是否属于甲类传染病或特定乙类传染病有两种方法:一是考察该种疾病是否涵盖在《传染病防治法》第 3 条第 2 款和第 3 款所规定的甲类和特定乙类传染病的范围之内;二是根据《传染病防治法》第 3 条第 5 款规定,由国务院宣布该种疾病属于甲类传染病。非典型性肺炎并不包括在《传染病防治法》明示的甲类或特定乙类传染病范围之内。所以,只有当国务院根据该法第 3 条第 5 款的规定,增加非典型性肺炎为甲类传染病并且予以公布之后,"第 24 条措施"才能够成为合法的抗击非典型性肺炎的措施。然而事实上,考察抗击非典型性肺炎的过程,在各地普遍实施的这些措施并不具备这项法定的前提要件。2003 年 4 月 8 日,国家卫生部发布《卫生部关于将传染性非典型肺炎(严重呼吸道综合征)列入法定管理传染病的通知》宣布将非典型性肺炎列入《传染病防治法》法定传染病范围进行管理,并规定对诊断病例和疑似病人等可以采取诸如隔离治疗等强制措施。该通知指出,根据国务院会议精神,为加强传染性非典型肺炎(严重急性呼吸道综合征)防治工作,经研究,决定将其列入《中华人民共和国传染病防治法》法定传染病进行管理。由此可知,"研究、决定"的主体是卫生部,是卫生部决定将非典型性肺炎纳入法定传染病的。但根据《传染病防治法》第 3 条第 5 款所设定的权限,卫生部只能增加乙类或丙类传染病。质言之,卫生部宣布增加的法定传染病不能构成适用"第 24 条措施"的前提要件。

2003 年 4 月 12 日,卫生部、财政部、交通部、民航总局联合发布《关于严格预防通过交通工具传播传染性非典型肺炎的通知》,宣布设置病人留验站,对病人或疑似病人实施留验观察和隔离治疗等措施。该通知指出国务院决定,将传染性非典型肺炎列为传染病,按照《传染病防治法》的有关规定管理。由此可知:在 4 月 8 日卫生部发布通知之后,国务院已经作出了将非典型性肺炎列入传染病行列,但并未明确宣布其为甲类传染病,而且国务院也没有以自己的名义明确对外公布这项决定。根据《传染病防治法》第 3 条第 5 款的规定,这项决定只有经公布程序才能对社会发生效力。但是,在国务院至今已公布的各项文件中未见这项决定。

所以,考察整个抗击非典型性肺炎的全过程会发现,非典型性肺炎一直都没有被国务院宣布为甲类传染病。而且根据《传染病防治法》的规定,非典型性肺炎显然不属于艾滋病或肺炭疽病这两种可对相关人员采取限制人身自由措施的乙类传染病。

综上所述,根据《传染病防治法》的规定,在抗击非典型性肺炎的过程中,各级行政机关所采取的对公民人身自由的限制并无法定的依据。

2.“第 26 条措施”的法定前提要件是法定部门对疫区的宣布

自非典型性肺炎疫情发生之后,各级地方政府实施了一系列的卫生检疫措施,“严防死守”抗击非典型性肺炎。例如,中共北京市委、北京市人民政府作出了《关于加强北京防治非典型肺炎工作的决定》。该决定的第四部分规定:对通过民航、铁路、公路进出北京的乘客实行防疫检查。根据这一规定,由北京市交通局、北京市卫生局、北京市公安局、民航华北管理局、北京铁路分局组织,在北京行政区域内的机场、火车站、省际长途汽车站和公路检查站设立联合检查组,实行防疫检查;所有进出北京的乘客要按规定填写《健康登记卡》,并接受体温测量;发现有发热症状的乘客,要送留验站;对疑似病人由卫生部门及时送定点医院;对与疑似病人同舱或同一车厢的乘客由流行病学调查队进行造访和医学观察。对拒不接受体温测量或留验诊断经劝阻无效者,由公安机关采取必要措施予以制止。全市各宾馆、饭店、旅馆、招待所要严格执行入住旅客填写《健康登记卡》制度,并对住店客人每天测量体温,发现问题,及时向所在地卫生防疫部门报告。

上海市人民政府也采取了类似的措施。自 4 月中旬开始,上海在所有关口实行双向防堵,改变了前期仅对入沪旅客检查的做法,其目的是既控制“非典”的流入,也防止流出。所有空港、水上航运码头、陆路道口和铁路列车等对到沪和离沪的旅客统一实行测量体温、填报健康申报表制度。自 4 月 29 日起,民航部门对所有从上海出港、离境的旅客进行体温测量,异常者必须出具有关医疗证明,方可办理登机手续。在公路方面,自 4 月 26 日起,在 32 个道口由医务人员对旅客进行检查,发现有高烧等症状的进出人员就地进行复查,如果仍然不能排除高烧症状,一般应在15 分钟内送到区县中心医院观察。

上述这些地区所采取的各种强制性的检查措施,只有在以《传染病防治法》第 26 条为依据时才具备合法性。但是,实施“第 26 条措施”的一项前提要件是被宣布为“疫区”的地域要件。该条规定:甲类、乙类传染病暴发、流行时,县级以上地方政府报上一级地方政府决定,可以宣布为疫区,在疫区内采取本法第 25 条规定的紧急措施,并可以对出入疫区的人员、物资和交通工具实施卫生检疫。

但遗憾的是,在整个抗击非典型性肺炎的过程中,中国政府的有权机关没有宣布中国的某个地区为疫区,而只是称某些地区为“疫情多发区”。世界卫生组织(WHO)曾分别于 2003 年 3 月16 日和 4 月 12 日将北京列入非典型性肺炎的疫区,但世界卫生组织的行为显然不能成为国内行政机关采取相关措施的法律依据。在国内,尽管许多地区的政府事实上实施着“第 26 条措施",但在缺乏宣布"疫区"这项前提要件之下实施的第26条的防疫检查等措施,其合法性显而易见是受质疑的。

(三)合法性与正当性的冲突:抗击非典型性肺炎措施的困境

如上所述,为抗击非典型性肺炎而采取的各项涉及人身自由的措施存在合法性瑕疵。但是,上述对抗击非典型性肺炎措施合法性的分析是以实定法为根据进行的。而非典型性肺炎疫情中的很多情况显然并非是可从既存的实定法中寻找到有效的对应措施。在相当大程度上,既存的实定法并不是能够全然预测到各种未来可能发生的事情,这正是实定法的局限性。非典型性肺炎突如其来的发生,寻找其病原体的艰难过程以及至今尚未研究和生产出能有效治疗的药物等事实说明非典型性肺炎本身与《传染病防治法》第3条所列举的35种法定传染病不同,传染病防治的法律体系并未预设其发生之后可采取的有效措施。分析和评论抗击非典型性肺炎措施与人身自由之间的关系,就不能仅仅以既存的实定法为唯一依据,而必须寻求"必要性"理论的支撑。

"必要性"是应解决非常状态下问题之需要而产生的。当"必要性"并不是构成某项措施形式方面的合法性要件时,其直接反映出的是社会对法律、对公共权力的实质要求。在非典型性肺炎爆发时期,人们期待的是各级政府能够实质性地解决由非典型性肺炎造成的公共健康和安全方面的危机,真正承担公共卫生职责。因此"必要性"支撑的正当性也只有在这类非常状态之下,即当实定法无法或者难以提供有效的法律资源以实质性地满足社会需要时才具有真正的法律意义。观察目前使抗击非典型性肺炎措施发生效力的各种因素,可以看到,人们对"必要性"的认识起着决定性的作用,即如果不采取现行的抗击非典型性肺炎的措施,则难以预防或遏制非典型性肺炎疫情的发展。处于非常状态的事实,使人们对采取抗击非典型性肺炎措施的"必要性"有了一定的认识,这为这些措施提供了正当性基础,使其有效的作用得以维持。以下两个方面可以说明抗击非典型性肺炎措施具有正当性:其一是各级政府和绝大部分社会公众对实施抗击非典型性肺炎措施"必要性"的共识。由于人们对非典型性肺炎在知识方面缺乏充分的认识,对非典型性肺炎流行方式感到束手无策和恐惧,为了尽最大可能避免非典型性肺炎的威胁,人们需要政府的公共权力积极介入以弥补社会和个人力量的软弱。事实上也只有政府独有的公共权力介入之后才能够取得有效扼制其传播的效果。其二是多数被限制人身自由的公民所表示的自愿同意和接受。这种同意和接受当然也是建立在对上述必要性的认识基础之上的。他们大多认为自愿接受对自己人身自由的限制是对家庭和社会负责的表现。

(四)紧急状态制度:正当性的法律归宿

从以上分析可知,在非典型性肺炎爆发期,以具有限制人身自由内容的《传染病防治法》"第24条措施"和"第26条措施"的形式表现出来的抗击非典型性肺炎措施在合法性方面均存在相当的瑕疵,事实上维系这些措施有效运作的则是基于"必要性"产生的正当性。但是,这种建立在"必要性"基础上的正当性是非常脆弱的。随着人类对非典型性肺炎暂时恐慌的心态逐渐平和,转而以冷静和科学的态度去关注"非典"之时,人们对自己宪法权利的关注将得到提升。此时,政府行为的合法性将会受到不仅是来自于理论界和学术界的质疑,而可能来自于司法实践的质疑。同时,非典型性肺炎的爆发并不是人类可能面临的唯一未知的危机,其他传染性疾病、自然灾害、战争、社会动乱等都有可能给社会带来法律所确定的在常态下公民权利保护和国家权力运作之间的合理关系所无法解决的困境。可见,建立在"必要性"基础上的正当性是脆弱的,解决问题的根本在于建立紧急状态制度,以紧急状态的理论作为构建这些措施的正当性基础。

紧急状态制度是世界各国普遍建立的一种制度,是指为了应付某种特别的、迫在眉睫的危机或危险局势,由有权机关确认或宣布危机或危险局势的存在,并采取某种超越于宪法和法律之上的行动的制度。国家在紧急状态之中行使的是紧急权,它包括两种情形:一是宪法紧急命令、戒严等事先可以预见的非常状态下的权力;二是宪法上完全无法预见的紧急权,即采取宪法和法律上没有确认的权力。紧急权构成对公民权利的合理限制。在紧急状态下,公共权力的任务主要是控制和消除紧急状态,以恢复正常的社会和法律秩序,维护公共利益。而要重点保护公共利益,就必须赋予政府以行政紧急权力,这些权力一方面相对于立法机关、司法机关的权力具有更大的权威性和优先性;另一方面相对于宪法和法律规定的公民权利而言,其具有更多的权威。

但紧急权的行使是有条件的:第一,紧急状态的宣布和紧急权的行使必须以恢复国家秩序和宪法秩序为目的,而不可以抗击非常状态为名,行限制公民权利之实。第二,紧急状态的宣布遵循法定程序。各国一般由立法机关或国家元首宣布紧急状态,并根据宪法和法律的授权,由行政机关行使紧急权力。第三,紧急状态下的公民权利限制应是合理的,即为恢复国家秩序和宪法秩序所必要。而且维护人类生存的最基本的权利,诸如生命权、宗教信仰自由等也不得被剥夺或限制,亦即紧急状态下对公民权利的限制也应是有底线的。

总之,在法律制度中有效地处理"必要性",通过紧急状态制度的建构将建立在"必要性"基础上的正当性转化为合法性基础上的正当性,使合法性中蕴含正当性是今后法律制度建设的应有走向。如何平衡"必要性"手段与法治国家对人权的保障要求之间的紧张关系,寻找出两者之间的平衡点是法律制度建设的关键所在。正如德国宪法法院的首席法官 Ernst Benda 所指出的,在这两者的紧张关系中,一方面,如要最大限度地实现对人权的保障,则当发生紧急状态事件时,能实际有效处理事态的规定会丧失功能;反之,如制作紧急体制以完全满足现实的要求,则会使法治国家和民主的保障陷入绝境。因此,为了建立有效且无害的制度,使上述极端对立的两条道路之间不形成冲突,就需要将实际有效性和防治滥用权力这两种价值置于同样的地位加以考虑。

第三篇　制度论

第七章　国家性质

国家的性质是宪法所规范的各项国家制度中的重要内容。国家的性质不仅体现社会各阶级在国家政治、经济、社会生活中的不同地位,还体现社会制度的根本属性,国际性质从根本上决定着国家形式和其他制度。

第一节　国家的阶级本质

一、国家性质概述

(一)国家性质的含义

国家的阶级本质即国家性质,反映社会各阶级在国家中所处的地位。由于国家是阶级矛盾不可调和的产物,因此,国家的实质必然表现为一个阶级对另一个阶级的专政。国家的这一本质表现在两个方面,即一方面在统治阶级内部及其同盟者内部实行民主;另一方面对被统治阶级实行专政。任何国家都是一定的民主与专政的统一,只是国家的阶级性质不同,实行民主与专政的对象有所不同。人类阶级社会的发展史表明,社会各阶级在国家生活中总是处于不同地位。一般地说,在经济上居于支配地位的阶级总是处于统治者或领导者阶级的地位,掌握着国家的权力,由此构成了一定阶级性质的专政。与此同时,社会中的其他阶级则处于被统治或被领导的地位,这就充分体现出一个国家的阶级性质。

(二)体现国家阶级本质的三个因素

我们认为,国家政权的阶级属性、国家的经济制度和社会的精神文明是体现国家性质的三个因素。

1.国家政权的阶级属性

国家政权的阶级属性即社会各阶级在国家中的地位是决定国家性质的主要方面。在国家中居于统治地位的阶级对居于被统治地位的阶级所进行的统治直接体现了国家性质。

2.经济制度

任何一个国家的政权都是建立在一定的经济基础之上的,并由其所赖以建立的经济基础的性质所决定,为该经济基础服务。经济基础发生变化,国家性质也必然发生变化。经济制度是经济基础的外在表现形式。所以经济制度的性质决定了国家性质。

3.社会的精神文明

精神文明是人类精神世界的创造和发展,是在物质文明的积累过程中同时产生出来的精神成果。精神文明中的道德、文化,思想意识等对于国家活动的方向和国家政策的制定起着重要的作用。统治阶级在政治、经济上占了统治地位,也必然在思想上居于统治地位,否则难以保证政权的稳固性。因此,社会的精神文明同国家性质紧密地联系在一起,不同性质的国家就有不同性质的精神文明。

(三)国家性质与宪法的关系

宪法是国家根本法,宪法与国家具有十分密切的关系,也被称之为国家法。国家性质是国家的根本属性,宪法同样与国家性质有着十分密切的关系。国家性质与宪法的关系主要表现在以下两方面。

1.宪法产生是近现代国家维护阶级统治的需要

我们知道作为国家根本法的宪法,是近代才有的一种法的形式,它首先是资产阶级革命的产物。资产阶级在取得反对封建主阶级的革命胜利后,为了维护革命成果,巩固本阶级的政权,将在革命中提出的主权在民,法律面前人人平等等革命口号作为宪法原则在宪法中进行了确认,并赋予其最高法律效力。资产阶级需要通过法律使其政权合法化,而宪法则是资产阶级国家政权合法化的最好形式。无产阶级在取得了反对资产阶级革命的胜利后,也继承了宪法这一近代人类文明成果,制定了自己国家的宪法,一方面通过宪法使无产阶级国家政权合法化;另一方面利用宪法来反对资产阶级的颠覆破坏,巩固新生的政权。宪法作为近现代国家维护阶级统治需要的产物,其性质和内容取决于近现代国家的性质,即有什么性质的近现代国家就有与之相适应的不同性质和内容的近现代国家宪法。

2.规定国家性质是近现代宪法的重要内容

由于宪法是作为适应近现代国家维护阶级统治需要而产生的,因此近现代世界各国宪法都把国家性质作为宪法的重要内容之一进行了直接或间接的规定。例如,1982 年葡萄牙共和国宪法规定:"葡萄牙是独立自主的共和国,以人民尊严和人民意志为基础,并致力于向无产阶级社会的转变。"1978 年也门民主人民共和国宪法规定:"也门民主人民共和国是享有主权的人民共和国,是一个代表工人、农民、知识分子、小资产阶级和所有劳动者利益的国家。"由于各国奉行的国家理论和具体国情不同,近现代宪法对国家性质的规定的方式不尽相同,综观各国宪法的规定,大致可分为两种情形。

第一种是真实明确地规定国家的阶级性质。例如,1918 年 7 月 10 日由第五次全俄苏维埃代表大会会议通过的《俄罗斯社会主义联邦苏维埃共和国宪法》明确规定,俄国为工兵农代表苏维埃共和国,中央和地方全部政权均归苏维埃掌握。事实证明,当时的苏维埃俄国的阶级状况确实如此。我国历部宪法对我国国家性质的规定也是真实明确地反映了我国当时存在的阶级关系状况。社会主义类型国家的宪法,在马克思主义国家学说的指导下,大都能真实地在宪法中明确规定国家的阶级性质。

第二种是掩饰或不真实地规定国家的阶级性质。宪法掩饰国家的阶级性质,是指宪法没有直接明确规定国家的阶级性质,而是以一般抽象的词句来表示国家的性质。例如法国 1787 年的《人和公民的权利宣言》规定了人民主权原则,并宣称法律是人民公意的体现,整个主权原本寄托于国民。1919 年《德国魏玛宪法》规定:"主权出自人民。"近代资产阶级国家宪法都是以这种方式来掩饰国家阶级性质的。宪法不真实地规定国家阶级性质是指在宪法中虽然明确规定了国家的阶级性质,但却不是对国家阶级性质和实际客观存在的阶级关系状况的真实反映。上面列举的葡萄牙共和国宪法、也门民主人民共和国宪法属于这种情形,另外还有许多第三世界国家的宪法也属于这一类。

二、我国的阶级本质是人民民主专政

新宪法序言明确规定:"工人阶级领导的、以工农联盟为基础的人民民主专政,实质上即无产阶级专政。"这就是我们国家的阶级本质。

(一)人民民主专政是无产阶级专政的一种形式

我国人民民主专政的思想是中国共产党在新民主主义革命和社会主义革命过程中逐步形成并发展起来的。党在领导中国革命的过程中,坚持将马克思主义的无产阶级专政理论的基本原理同中国革命的具体实践相结合,创造性地提出了人民民主专政的理论,这一理论的基本内容完全符合中国革命发展的历史特点和中国的阶级状况。宪法在序言中明确指出:"工人阶级领导的,以工农联盟为基础的人民民主专政,实质上即无产阶级专政。"这说明人民民主专政是无产阶级专政在我国的具体表现形式。之所以说人民民主专政实质上即无产阶级专政,是因为:

第一,从两者的领导权来看,无产阶级专政将工人阶级领导作为根本标志,要求工人阶级必须掌握国家领导权。而人民民主专政正是如此。工人阶级通过其政党——中国共产党来实现其对国家的领导权。

第二,从两者的阶级基础来看,无产阶级专政的"最高原则"是工人与农民组成阶级联盟,这是保障无产阶级政权性质的必要条件。人民民主专政政权同样也是以工农联盟为基础。

第三,从两者的职能来看,无产阶级专政对内担负着组织发展国家经济、文化建设事业,镇压一切剥削阶级和敌对分子的破坏与反抗;对外承担着防御侵略和颠覆,保护国家统一和安全的职责。人民民主专政正是通过对人民的民主和对反抗者的专政手段,不断地巩固和发展社会主义制度,建设和发展社会主义的物质文明和精神文明,它与无产阶级专政的国家职能相一致。

第四,从两者的历史使命来看,无产阶级专政是要消灭私有制,消灭剥削和压迫,实现社会主义,最终走向共产主义。人民民主专政在其建立初期,就通过对国家的政治改革和经济改革,逐步消灭了我国的剥削阶级及剥削制度,建立了社会主义。在社会主义初级阶段,其工作中心又转向社会主义经济建设,大力发展生产力,为社会主义不断发展并最终实现共产主义,从物质和精神两个方面做准备。

上述几方面表明,人民民主专政从本质上和无产阶级专政是一致的。人民民主专政是无产阶级专政的另一种模式,它是中国人民在长期革命斗争中政权建设的经验总结,也是我国阶级状况和我国政权广泛基础与民主性质的最真实的反映。

既然人民民主专政与无产阶级专政的实质是一样的,那么现行宪法用人民民主专政代替无产阶级专政的意义又何在呢?我们认为其意义主要表现在以下几个方面:

第一,人民民主专政是马克思主义国家理论同中国社会实际相结合的产物,它比无产阶级专政的提法更符合我国革命和政权建设的历史和现实状况。中国的革命和政权建设经过了新民主主义和社会主义两个时期,从革命时期的红色政权建设到毛泽东发表《论人民民主专政》,从《共同纲领》规定中华人民共和国是人民民主专政的统一战线国家,到现行宪法重新确立人民民主专政的概念,经过了半个多世纪的摸索和总结。毛泽东在《新民主主义论》中写道,"现在所要建立的中华民主共和国,只能是在无产阶级领导下的一切反帝反封建的人们联合专政的民主共和国,这就是新民主主义的共和国。"可见,人民民主专政的提法深刻地反映了中国革命和政权建设正反两方面的经验和教训,比无产阶级专政这个"舶来品"更有历史感和现实感。正因为如此,在1982年制定现行宪法之前,我国的有些立法,如1979年制定的《刑法》《刑事诉讼法》已经重新使用了人民民主专政的提法。

第二,人民民主专政发展了马克思列宁主义关于无产阶级专政的理论,因此,无产阶级专政的概念不能准确恰当地涵盖人民民主专政对无产阶级专政发展的一些新内涵。例如,人民民主专政无论是表现为新民主主义共和国,还是社会主义共和国,都包含几个阶级联合专政的含义,在政治上表现为以统一战线形式存在的广泛的政治基础。关于这一点,无论是马克思和恩格斯创立的无产阶级专政理论,还是列宁发展了的无产阶级专政理论以及苏维埃俄国的政权,都不曾有这种内涵和因素。因此,人民民主专政比无产阶级专政的提法更具中国特色,人民民主专政是建设有中国特色社会主义的重要方面。

第三,同无产阶级专政的提法相比,人民民主专政比较直观地反映了我国政权对人民民主、对敌人专政的两方面内容。虽然无产阶级专政原本也包含了民主和专政两方面的内容,但在符号的形式层面上只有专政,没有提及民主,因而没有直接将民主和专政两层含义都表达出来。特别是在"文革"期间,受"左"的思想的干扰,人们对政权、专政等概念存有一些歪曲和片面的理解,很容易导致对无产阶级专政产生误解。因此用人民民主专政的提法能比较好地、不易产生歧义地反映我国政权的性质和职能。

(二)人民民主专政的内容

1. 人民民主专政的阶级构成

在我国现阶段,人民民主专政的国家政权包含独特的阶级构成。工人阶级、农民阶级和作为工人阶级一部分的知识分子以及随着社会发展不断出现的新的社会主义事业的建设者构成了"人民"的主体。他们虽然社会分工不同,但都是社会物质财富和精神财富的创造者,都是我国国家权力的行使主体。少数敌对势力和敌对分子则是人民专政的对象。

首先,工人阶级是国家的领导阶级。马克思主义早已揭示出,人类社会必然要从阶级社会走向没有阶级、没有剥削和压迫的社会。能够领导这种社会变革的力量,只有工人阶级。工人阶级是先进生产力的代表,既具有革命远见和彻底的革命精神,又具有严密的组织性和纪律性。工人阶级能够以解放全人类为己任,他们的历史地位和作用,是任何别的阶级所无法取代的。另外,他们同农民有着天然的联系,便于结成工农联盟。随着社会主义建设事业的发展,工人阶级队伍进一步壮大,文化水平普遍提高,新一代工人大批成长起来,他们内部的构成和劳动方式等都有了很大的变化,而且作为工人阶级一部分的知识分子的人数显著增加。

改革开放以来,我国还出现了农民工这一特殊群体。随着农村劳动力大规模流入城市,国家关于农民转移就业的政策也在进行着一系列积极的变化和调整,对农民工在城市就业的各种不合理限制逐步被取消和改变。从外在的表现形式来看,农民工阶层已初步具备了工人阶级的基本特征,但在内在的本质属性上与先进的工人阶级之间还存在着一定的距离,呈现出阶级属性的二重性。因此,在当代中国,农民向工人阶级的转化经历着农民工这种特殊的过渡形式。促进农民工阶层向工人阶级的转化,整合工人阶级,是政府和社会各界应着重考虑的一个重大现实问题。

其次,工农联盟是人民民主专政的基础。农民问题始终是我国革命、建设、改革的根本问题。农民阶级和工人阶级在根本利益上的一致性决定了建立工农联盟的必要性和可能性。从历史上看,工农联盟对于建立新中国、实现社会主义改造、巩固人民民主专政、发展社会主义经济、维护国家统一和社会稳定等,发挥了巨大作用。中国革命是在农民占人口大多数的半殖民地半封建的旧中国发生的,正是由于工人阶级和农民阶级结成了牢不可破的联盟,我国新民主主义革命和社会主义革命才取得胜利。工农联盟的存在和发展对于顺利实现对农业、手工业和资本主义工商业的社会主义改造,将农民引向集体化从而摆脱贫困落后的境地同样发挥了十分重要的作用。推翻帝国主义和反动阶级,建立新中国,主要依靠的是这两个阶级的力量;进行社会主义革命和建设,也主要依靠的是这两个阶级的联盟。可以说,工农联盟人民民主专政的阶级基础,是巩固和发展爱国统一战线的基础,是维护祖国统一和民族团结的可靠保证,是党和国家制定政策与法律的主要依据,是进行社会主义现代化建设的基本力量。当前,在社会主义现代化建设过程中,进一步巩固和加强工农联盟有着更为重要的现实意义。"三农"(农业、农村、农民)问题业已成为我国社会主义现代化建设过程中的根本问题;农村富余劳动力城市就业的政策和农村城镇化的发展方向则使得我国农民阶级与工人阶级的联合有了更为坚实的基础。巩固和发展新型工农联盟的关键在于搞好"三农"工作,即振兴农村经济、稳定农业生产和提高农民收入。农业是国民经济的基础,农村稳定是整个社会稳定的基础,农业作为工业发展的基础在适当时期需要得到工业的反哺,农村的发展也需要城市工业的带动。同时,要进一步加强农村民主政治建设,保障农民的民主权利,支持农民当家做主,在政治上保障农民合法权益不受侵犯。农村基层民主的实践也在为我国人民民主专政政权提供着制度支持和实践模式。

最后,知识分子已经成为工人阶级的一部分。毛泽东在新民主主义革命时期说过:"没有知识分子的参加,革命的胜利是不可能的。"我国宪法在序言中指出,社会主义的建设事业必须依靠工人、农民和知识分子,团结一切可以团结的力量。宪法第23条还规定,国家培养为社会主义服务的各种专业人才,扩大知识分子的队伍,创造条件,充分发挥他们在社会主义现代化建设中的作用。这表明我国的知识分子作为一个重要阶层,已经确立了自身在社会主义现代化建设中的地位,他们是工人阶级的重要组成部分,是社会主义建设事业的重要依靠力量。知识分子作为一个阶层,他们与工人、农民的区别在于劳动分工的不同。随着工人和农民知识水平的不断提高,知识分子与工人、农民的融合程度在逐渐加深。最后,新社会阶层已经随着市场经济和非公有制经济的发展而在不断涌现。改革开放前,我国社会的基本结构就是两个阶级(工人阶级、农民阶级)、一个阶层(知识分子阶层)。伴随着改革开放的发展,新社会阶层从无到有,崭露头角,我国的社会结构发生了悄无声息的变化。这种变化实际上源于中国经济体制和产业结构的变化,是我国基本经济制度变化在政治、阶层划分上的反映。我国要防止用阶层划分代替阶级划分,又要把这两种划分联系起来,从而在不同层次和不同维度上把握社会成员的结构状况,准确识别个人或集团的阶级或阶层归属。新社会阶层主要是指改革开放以来在新经济组织、新社会组织里的就职人员,大部分由非公有制经济人士和自由择业知识分子组成。新社会阶层人士在力求经济上有所作为的同时,对政治参与也表现出了一定的主动性,需要国家客观地看待他们的地位,关心他们的诉求,引导他们进行有序的政治参与。

2. 人民民主专政是民主与专政的辩证统一

人民民主专政包括对人民民主和对敌人专政两个方面的内容。任何一个国家政权,都包含对统治阶级内部实行民主和对敌对阶级实行专政两个方面的内容。对统治阶级内部的民主是实现对敌对阶级专政的前提和基础,而对敌对阶级的专政则是对统治阶级内部实行民主的保障。所不同的是,人民民主专政是对大多数人的民主和对少数人的专政。对人民实行民主就是要使人民成为国家的统治阶级,由人民按照有利于实现管理国家权力的原则组织国家政权组织,并依法享有广泛的民主权利和各种公民权利。目前,我国人民,是指社会主义的工人、农民、知识分子、一切拥护社会主义的爱国者和拥护祖国统一的爱国者。对敌人实行专政就是对作为人民对立面的那些敌视和破坏我国社会主义制度和人民民主专政国家政权的敌对势力和敌对分子,一方面依法限制他们的权利;另一方面对他们违法犯罪行为依法予以打击和制裁。民主和专政相辅相成,不可偏废,是对立统一的两个方面。

3. 统一战线是人民民主专政的重要特色

人民民主专政不同于无产阶级专政的重要特点在于人民民主专政有一个广泛的统一战线作为它的政治基础。中国革命和建设的特点决定了中国的工人阶级必须在不同的革命和建设时期根据革命和建设任务同其他阶级、阶层结成广泛的统一战线,才能赢得革命的胜利和建设的成功。在新民主主义革命时期,统一战线是无产阶级同农民阶级、城市小资产阶级、民族资产阶级以及反动阶级中可以合作的阶层的特殊形式的阶级联盟,它的任务是推翻帝国主义、封建主义和官僚资本主义在中国的统治,建立新中国。历史证明,没有统一战线这个革命"法宝",就不可能胜利完成新民主主义革命任务。在社会主义革命时期,统一战线是工人阶级领导的,以工农联盟为基础的劳动人民同可以合作的非劳动人民之间的联盟。它包括两个联盟:一是工人阶级同劳动人民的联盟,即工农联盟;二是工人阶级同非劳动人民的联盟,主要是同民族资产阶级的联盟。正是依靠这样一个统一战线,我国顺利地完成了生产资料所有制的社会主义改造,实现了由新民主主义社会向社会主义社会的过渡。生产资料所有制的社会主义改造完成后,我国进入了大规模的社会主义建设时期,我国的统一战线也发展到了一个新的阶段。这个时期的统一战线,正如现行宪法在序言中指出的那样,是一个爱国者的统一战线。新时期爱国统一战线是由中国共产党领导的,有各民主党派和各人民团体参加,包括全体社会主义劳动者、拥护社会主义的爱国者和拥护祖国统一的爱国者组成的政治联盟。爱国统一战线也包括两个联盟:一是社会主义劳动者的联盟,它由工人阶级、农民阶级和广大知识分子组成;二是以爱国主义为政治基础的广泛的联盟,包括拥护社会主义的爱国者和拥护祖国统一的爱国者。新时期的爱国统一战线在国家政治生活、社会生活和对外友好活动中,为社会主义现代化建设、维护国家统一和团结发挥着重要作用。

第二节　国家政权的经济基础

一、经济制度概述

(一)经济制度的含义与特征

经济制度也称经济基础或经济结构,是指人类社会一定历史发展阶段上占统治地位的生产关系的总和。生产资料所有制形式是生产关系的核心,它决定着生产关系的其他方面,是经济制度的基础。我国目前处于社会主义初级阶段,这一阶段的基本经济制度就是以生产资料公有制为主体,多种所有制经济共同发展,体现劳动者在生产过程中的主人翁地位和他们之间的平等、互相协作关系,并且按照劳动的数量和质量分配社会产品的各项制度的总和。这一制度的确立,是由社会主义的性质和初级阶段国情所决定的。

经济制度的特征有以下几个方面。

(1)从形式上看,经济制度是由国家制定和认可的宪法、法律、政策等构成的具有内在联系的制度体系。就其性质而言,它同宪法、法律、政策一样,属于上层建筑的范畴。

(2)经济制度是调整经济关系的制度,它必须与一定的经济关系相适应,并以其为基础和出发点。因此,经济制度虽是国家制定和认可的,但也不是纯粹主观的东西,它必须以一定社会发展阶段的生产关系为客观依据,因为生产关系是一定社会最基本的经济关系。从这种意义上讲,经济制度是主观和客观的统一。

(3)从内容上看,就对国家管理经济的权力而言,经济制度主要包括两个方面的制度:一是确认生产关系的制度,如生产资料所有制、分配制度等;二是以此为基础建立起的经济管理体制,如计划经济体制或市场经济体制,以及与该经济管理体制有内在的联系的基本经济政策。此外,有关保护公民和其他经济主体经济权利的规定也是国家经济制度的重要内容。

(二)经济制度与宪法的关系

根据上述对经济制度的认识,我们认为,经济制度与宪法的关系不能被简单地视为经济基础和上层建筑的关系,而应该作更深入的分析。

1.宪法是经济制度发展到一定阶段的产物

每一种社会形态,都有与该社会形态的经济基础相联系的经济制度。国家产生后,经济制度主要表现为有一定联系的法律、政策。经济制度的发展应与生产关系的发展相适应,资本主义生产关系的建立对经济制度提出了新的要求。资本主义生产关系是建立在发达生产力基础上的,因而先前建立在小生产基础上的生产关系制度化的形式已经不能满足它的要求了。资本主义生产关系需要有更权威、更有效、更能反映其本质并促进其发展的制度化形式。作为资产阶级革命的产物,宪法是经济制度发展到需要用根本法予以制度化时产生的。

2.宪法是经济制度化的基本形式

经济制度是国家确认为调整经济关系的制度,它由宪法、法律、政策等构成。宪法是国家根本法,是国家制定一切法律、法规和政策的依据。在确认经济关系的诸法律、法规和政策中,宪法是最重要的形式。宪法对经济关系,特别是对生产关系的确认与调整构成一个国家的基本经济制度。

3.经济制度是宪法的重要内容

既然近代宪法是经济制度发展到一定阶段的产物,宪法是经济制度化的基本形式,因此,确认和调整一定的经济关系就是宪法不可缺乏的一个重要内容。从宪法发展史来看,无论是近代宪法,还是现代宪法和当代宪法,无论是资本主义的宪法,还是社会主义的宪法,尽管规定的内容和侧重点不一样,但它们都毫不例外地涉及生产关系方面的内容。第一次世界大战以后,特别是社会主义国家建立后,宪法规定的内容越来越多,越来越系统,规定经济制度已成为宪法不可缺少的重要内容。如果说《人权宣言》所昭示的"凡权利无保障和分权未确立的社会,就没有宪法"是衡量有无近代宪法的标志的话,那么,宪法中是否有较为完备的经济制度,则是衡量一个国家有无现代宪法的标准之一。

综上所述,从社会形态的角度考察,经济制度与宪法的关系是社会上层建筑构成要素间的关系,而不是经济基础与上层建筑的关系。尽管这样,正如理解上层建筑各要素之间的关系一样,理解经济制度与宪法的关系也必须从它们赖以建立的经济基础出发。

(三)现阶段我国经济制度的特点

经济制度的特点根源于其赖以建立的经济基础,不同类型国家的经济制度有本质的区别。即使是同一类型的国家或者同一国家,由于在不同的时期所实行的经济体制和基本经济政策不同,其经济制度也呈现出不同的特点而具有鲜明的时代特色。我国是社会主义国家,历部宪法都比较系统地规定了经济制度。1954年宪法对国家在过渡时期总任务的规定以及对四种所有制及其地位的确认,使其具有过渡时期的特点。1982年宪法是在我国社会主义初级阶段的历史条件下制定的。它在总结我国社会主义经济制度建立发展过程中正反两方面的经验与教训的基础上,确立了一整套基本适应我国生产力发展水平和生产关系状况的基本经济制度。特别是在邓小平同志建设有中国特色社会主义理论的指导下,经过1988年4月、1993年3月、1999年3月和2004年3月的四次修正后,现行宪法对经济制度的规定更加符合我国社会主义初级阶段的生产关系的实际情况,具有浓厚的社会主义初级阶段的中国特色,具体表现在以下几个方面:

(1)宪法通过规定国家的根本任务,确立了我国社会主义初级阶段经济制度的目的。《宪法修正案》第12条指出:"我国将长期处于社会主义初级阶段。国家的根本任务是,沿着建设有中国特色社会主义的道路,集中力量进行社会主义现代化建设。"经济建设是我国社会主义现代化建设的重要组成部分,在整个社会主义现代化建设中起着关键的作用。经济建设又是通过经济制度的调整和经济体制的运作得以开展和实现的。因此可以说,保证社会主义经济建设的顺利进行,促进经济的有序发展,是我国现阶段经济制度的主要目的。

(2)从生产资料的所有制看,现行宪法确立了以社会主义公有制为主体的多种所有制并存的所有制结构。我国是社会主义国家,社会主义制度是我国的根本制度。《宪法》第6条明确规定生产资料的社会主义公有制,包括全民所有制和劳动群众集体所有制,是我国社会主义经济制度的基础,从而确立了生产资料的社会主义公有制在经济制度的所有制结构中的主体地位。此外,宪法还通过规定国有经济和集体经济在国民经济中的地位,进一步强调了公有制的主体地位。由于我国还处于社会主义初级阶段,生产力发展水平还比较低,非社会主义的生产关系在一定范围和程度仍有存在的合理性和必要性。为此,1999年《宪法修正案》第14条、第16条规定:"国家在社会主义初级阶段,坚持公有制为主体、多种所有制经济共同发展的基本经济制度";"在法律规定范围内的个体经济、私营经济等非公有制经济,是社会主义市场经济的重要组成部分。"这些经济形式从所有制上看是私有制或公私混合所有制。宪法允许它们在一定范围内存在和发展,实际上是确认了私有制和公私混合所有制在我国经济制度的所有制结构中的应有地位,从而构成了具有中国特色的以公有制为主体的、多种所有制并存的所有制结构。

(3)从分配制度上看,现阶段我国实行以按劳分配为主体的多种分配方式和分配政策并存的分配制度。分配制度是经济制度的重要组成部分。我国宪法明确规定:"社会主义公有制消灭人剥削人的制度,实行各尽所能、按劳分配的原则。"1999年《宪法修正案》第14条也明确规定,国家在社会主义初级阶段,"坚持按劳分配为主体、多种分配方式并存的分配制度"。实行按劳分配是公有制经济的特征之一。公有制经济在国家经济中的地位决定了按劳分配在我国分配制度中的主体地位。由于我国现阶段还存在非公有制的经济形式,还有非公有制经济与公有制经济的经济交往,因而不可避免地存在与这些经济形式和经济交往相联系的一些非按劳分配的分配方式。这些分配方式主要有各种风险收入、机会收入、利息收入和股份收入等。它们是我国分配制度的重要组成部分,是对按劳分配为主体的社会主义分配制度的必要补充。这种以按劳分配为主体的多种分配方式和分配政策并存的分配制度,是在共同富裕的基础上,兼顾效率与公平、鼓励一部分人先富起来的适合现阶段生产关系状况的有中国特色的社会主义分配制度。

(4)建立和完善社会主义市场经济体制是现阶段我国经济制度的重要任务。现行宪法在制定时,已经注意到了市场因素在社会主义经济建设中的作用。随着生产力的发展和经济体制改革的不断深入,市场因素的作用日益突出和明晰,终于使人们突破了把计划经济当作社会主义制度的基本特征的传统观念,认识到了市场经济本身并不存在姓"资"姓"社"的问题。社会主义公有制并不排斥市场经济,而是兼容的。根据党的十四大建立社会主义市场经济体制的精神,《宪法修正案》第7条规定"国家实行社会主义市场经济"。因此可以说,社会主义市场经济体制是我国经济制度的重要内容,摆脱计划经济的观念和体制束缚,建立和完善社会主义市场经济体制是现阶段我国经济制度建设的重要任务,它关系到社会主义现代化建设的成败。

二、社会主义公有制经济

社会主义公有制,又称"社会主义所有制",是指生产资料属于全体人民或劳动者集体所有,并实现按劳分配的经济形式。包括国有经济和集体所有制经济,以及混合所有制中的国有成分和集体成分。我国宪法第6条规定:"中华人民共和国的社会主义经济制度的基础是生产资料的社会主义公有制,即全民所有制和劳动群众集体所有制。"

（一）全民所有制经济

1. 国有经济即全民所有制经济

全民所有制经济是由社会主义国家代表全体人民占有生产资料的一种所有制形式，现阶段也就是国家所有制。这种所有制内部消灭了人剥削人的现象，生产资料掌握在全体人民手中，人与人之间的关系是平等的、相互合作，人们共同占有、使用和支配生产资料，在消费品的分配上实行按劳分配的原则。

新中国成立初期，我国政府主要是通过取消帝国主义的在华特权、没收官僚资本建立起社会主义性质的全民所有制经济，同时对民族资本主义经济采取"利用、限制、改造"的方针，并通过和平"赎买"将它们逐步改造成为社会主义的全民所有制经济。通过上述各种措施最终使国家掌握了经济命脉，也从此建立起了社会主义性质的国有经济的基础。按照我国现行《宪法》的规定，属于全民所有制经济的范围主要包括：

第一，矿藏、水流、森林、山岭、草原、荒地、滩涂等自然资源，但是法律规定为集体所有的森林、山岭、草原、荒地、滩涂除外。

第二，城市的土地、农村和城市郊区根据法律规定属于国家所有的土地。

第三，银行、邮电、铁路、公路、航空、海运、国有工厂、国有农场、国有商业等国有企业及其设施。

从以上的范围可以看出，国有经济占据了能对国民经济产生重大影响的基础产业，在国民经济的整体比重中占有支配地位，它决定着我国国民经济的性质和发展水平，掌握着国家的经济命脉，影响并制约着其他经济形式的发展。基于国有经济在整个国民经济中的重要作用，宪法修正案第5条作了相应规定："国有经济，即社会主义全民所有制经济，是国民经济中的主导力量。国家保障国有经济的巩固和发展。"

国有经济的主导作用具体表现为：

（1）国有经济必须掌握国家的经济命脉。从国有经济的范围看，国家拥有在国民经济中占重要地位的资源和产业，如金融、交通、邮电、电力、银行和其他基础性原材料等，这是国有经济控制国民经济命脉的物质基础。国有经济有助于国家通过其强大的经济实力，来实现对国民经济的宏观调控。

（2）国有经济是实现社会主义现代化的重要物质力量。这是因为：①国有经济的性质决定了我国现代化建设的社会主义性质和方向；②国有经济强大的经济实力和生产的高度社会化，不仅能保证国民经济根据全社会的利益进行有效运行，而且还能为社会创造大量的物质财富；③国有经济在国民总收入中占有重要地位。

（3）国有经济的发展对其他经济产生重要影响作用。经济体制改革的不断深化，使我国已逐步建立起社会主义市场经济体制。在市场经济体制下，作为国民经济支柱的国有经济的发展方向，对其他非国有经济的发展起着直接的引导作用。因此，代表着社会主义性质的我国国有企业，在保障其他非国有经济为社会主义服务方面，发挥着巨大的作用。

2. 政企分开与国家职能的转变

（1）建立现代企业制度，实行政企分开。公有制的实现形式必须多样化，一切反映社会化大生产规律、符合生产力发展要求的经营方式和组织形式,都可以大胆采用。应当建立现代企业制度,采用市场经济条件下行之有效的公司制度,包括股份制制度。股份制是现代企业的一种资本组织形式,有利于实现所有权与经营权的分离,提高企业和资本运营效率。不能笼统地把股份制说成是公有制或者私有制,关键要看控股权的归属。凡是国家和集体控股的,就是公有制经济。因此,实行股份制不仅不会削弱公有制经济,相反还有利于扩大公有资本的支配范围,巩固公有制经济的主体地位。

(2)加强国家宏观调控。国家在履行社会公共职能的同时,还要对宏观经济进行必要的调控。对国有大中型企业实行规范的公司制改造,使其成为适应市场的法人实体和竞争主体,必须从政企分开入手,从宪法和法律上明确国家和企业双方各自的权利、义务与责任。政府作为执行社会公共职能的机构,不能直接干预微观经济,不得对企业发号施令,必须尊重企业作为经济实体和法律关系主体的权利。在这方面,无论对国有企业还是其他经济形式的企业都是一样的。另一方面,现代市场经济离不开国家的积极干预与协调,在宏观经济领域,国家为了保持经济高速增长、优化产业结构、实现社会公平,依法享有干预、调控宏观经济的权力。在我国,无论国有企业还是非国有企业,都必须服从国家的宏观调控。

(3)理顺国家与企业的关系。按照"产权清晰、权责明确、政企分开、管理科学"的要求,进行公司制改造,理顺国家与国有大中型企业的关系。国家代表全体人民,对全民所有的财产行使所有权,对国有企业或国家参股、控股的企业享有出资人的权利,并在出资范围内对企业债务承担有限责任。国有企业必须尊重国家的所有权,不得损害所有者的利益。同时,国家财产所有权是一种自物权,国有企业经营权属于他物权,自物权受他物权的制约,国家作为财产所有者的代表,应当尊重企业独立的经营权,不得直接插手干预企业的生产、经营活动。

(二)集体经济

1.集体经济的概念

集体经济即社会主义劳动群众集体所有制经济。它指的是部分劳动群众共同占有生产资料,劳动者与生产资料在该集体范围内结合,并实行按劳分配的一种经济形式。劳动群众集体经济是社会主义公有制经济,它与社会主义全民所有制经济的不同之处主要在于,其生产资料分别属于各个不同集体单位的劳动者,生产资料与劳动者的结合局限于该集体单位内部。作为一种重要的公有制经济形式,集体经济的特点具体表现在以下几个方面:

(1)集体经济的生产资料属于该集体的劳动者共同所有,劳动者既是生产资料的集体所有者,又是参加集体劳动的一员。

(2)集体经济实行独立核算,自负盈亏,其效益取决于自身经营管理的好坏。

(3)集体经济的全部收入除了以利税形式上缴国家和用以扩大再生产外,大部分作为个人消费品在集体经济组织内部实行按劳分配。

从我国社会主义公有制经济建立、发展和现实状况看,集体经济主要为农村集体经济组织和城镇集体经济组织两类。

2.农村集体经济

(1)农村集体经济的形式。农村集体经济是通过合作化道路对个体农户的社会主义改造而建立起来的。在 20 世纪 50 年代中期,农村集体经济有层次不同的农业生产合作社、农村供销合作社和农村信用合作社三种形式。1958 年公社化后,政社合一的人民公社是农村集体经济组织的唯一形式。1982 年制定的现行宪法根据农村生产力发展水平和农村生产关系的实际状况,在总结农村经济体制改革的基础上实行政社分开,建立了农村基层政权。根据现行《宪法》第 8 条原规定,农村集体经济的形式主要有:人民公社、农业生产合作社和其他生产、供销、消费等各种形式的合作经济。

随着农村生产力和生产关系的进一步发展,根据建立社会主义市场经济体制的需要,1993 年通过的宪法修正案,对《宪法》第 8 条的规定作了修改,规定"农村中的家庭联产承包为主的责任制和生产、供销、信用、消费等各种形式的合作经济,是社会主义劳动群众集体所有制经济"。这一修正从集体经济形式来看有两个方面的变化:①人民公社不再作为法定的农村集体经济的形式。这是因为"政社分开"后,人民公社虽然在法律上成了单纯的经济组织,但由于人民公社本身所固有的缺陷,其作为农村集体经济组织已名存实亡。②实行家庭联产承包为主的责任制的家庭经济是农村集体经济分散经营的一种形式,是农村集体经济的重要组成部分。应该注意的是,家庭经济在农村具有双重性:作为承包户,它是集体经济组织的一种形式;作为对自留地、自留山、家庭副业的经营者和自留畜的饲养者,它又具有劳动者个体经济的性质,是对农村集体经济的补充。

(2)家庭联产承包责任制。经济领域的责任制是经济组织内部明确经济组织和生产、经营者个人在生产经营过程中的责任和权利的一种经济管理制度。经济体制改革使各种不同的责任制得到了提倡和推广,对我国国民经济的发展起到了巨大的作用,因此宪法明确规定要"实行各种形式的社会主义责任制"。在农村,家庭联产承包责任制是农村集体经济实行的主要责任制。所谓家庭联产承包责任制,是指以承包为纽带,以家庭为基础,实行统分经营相结合,联系产量计酬的经营管理制度。家庭联产承包责任制的主要特点是:①把家庭经营引进了农村集体经济,使生产资料(如土地)公有制和家庭经营相结合,即统一经营和分散经营相结合。②实行联产计酬,即把劳动报酬与最终产品相结合,体现了按劳分配、多劳多得的原则。

家庭联产承包责任制是在农村经济体制改革中出现的社会主义责任制,是对 20 世纪 50 年代合作化时期"三包一奖"等农业生产责任制的继承和发展。它经过了兴起、阻滞、全面发展等几个阶段后,到 1982 年转入了总结、完善、稳定的新阶段。由于这个阶段尚未完成,所以在 1982 年宪法中只是一般性地规定了要实行社会主义责任制,并未对农村集体经济的责任制作进一步的明确规定。经过 10 年的发展,家庭联产承包责任制在制度上不断完善,并经受了生产实践的检验。因此,家庭联产承包责任制作为一种稳定成熟的农村集体经济的经营管理制度,被 1993 年《宪法修正案》第 6 条载入宪法,从而成为宪法规定的农村集体经济责任制的主要形式。此外,在农村还有一些其他的责任形式,如小段包工、专业承包等,它们同家庭联产承包一起构成了农村集体经济的责任体制。

党的十五大强调,要长期稳定家庭联产承包为主的责任制,完善统分结合的双层经营体制。党的十五届三中全会也强调土地承包期再延长 30 年不变,并提出要通过立法,赋予农民长期而有保障的土地使用权。1999 年的修宪,就是将实践已经证明是正确的党中央的政策通过国家权力机关形成法律,形成全国人民的共同意志。

3.城镇集体经济

《宪法》第 8 条第 2 款规定:"城镇中的手工业、工业、建筑业、运输业、商业、服务业等行业的各种形式的合作经济,都是社会主义劳动群众集体所有制经济。"这是我国宪法第一次明确规定城镇集体经济。城镇集体经济在我国公有制经济中占有重要地位,是对国有经济的必要补充。这主要表现在:(1)到目前为止,城镇集体经济工业产值在全部工业总产值中的比重为 27%;(2)城镇集体经济为国有大中型企业从事辅助性生产和加工;(3)城镇集体经济中的传统手工业具有很强的创汇能力;(4)城镇集体经济在扩大劳动就业方面也起着重要作用。

三、非公有制经济

我国的社会主义还处于初级阶段,就生产力发展水平来说,还远远落后于发达国家。我们要努力摆脱不发达状态,基本实现现代化,由农业人口占很大比重、主要依靠手工劳动的农业国,转化为非农业人口占多数、包括现代农业和现代服务业的工业化国家,由自然经济、半自然经济占很大比重,逐步转变为经济市场化程度较高的国家,就要从现阶段社会生产力实际水平出发,完善所有制结构,在公有制为主体的前提下,建立多种所有制经济共同发展的结构。只有这样,才有利于社会生产力的发展,有利于增强国家的综合国力,有利于提高人民的生活水平。

(一)现阶段生产资料非公有制的形式

1.劳动者个体经济

它是指城乡劳动者个人或家庭占有一定的生产资料,并以个人和家庭成员为主的共同劳动为基础,独立从事生产经营活动的一种经济形式,主要指分散在城乡的个体手工业者和小商、小贩所经营的小型手工业、零售商业、饮食业、服务业、修理业和运输业等行业。这些经济形式往往是其他经济形式所不能取代的,他们具有小型、分散、灵活、多样、适应性强等优点,它们的存在有利于群众生活,有利于安置劳动力、广开就业门路,也有利于活跃市场。

2.私营经济

它是指私人占有生产资料,使用雇佣劳动,自负盈亏的一种经济形式。我国的私营经济是在个体工商业发展基础上形成的,其中大多数是由经营规模较大、投资雇工较多的"个体大户"衍化而成的。私营企业是私营经济的表现形式,它是指企业的资产属于私人所有、雇工 8 人以上的营利性的经济组织。它可以是独资企业、合伙组织或有限责任公司,这种经济形式从其企业内部资本剥削雇佣劳动的关系来看,属于资本主义性质。但在社会主义条件下,它必然同占优势的公有制经济相联系,并受公有制经济的巨大影响。私营经济主要分布在工业、交通运输业、建筑业、商业等领域,它在活跃市场、促进生产、为社会提供产品、满足人们需要方面作出了贡献,也为国家提供财政收入作出了贡献,而这些财政收入是属于全民所有的。

3.三资企业

它指中外合资企业、中外合作企业和外商独资企业。中外合资企业是指由一个或几个中国的公司、企业或经济组织和一个或几个国外的公司、企业或个人,依照我国合资法的规定组成共同投资、共同经营、共负盈亏的企业。中外合作企业是指依照中外各方共同签订的合作经营合同所规定的合作条件和收益分配办法而成立的一种经济合作组织。外商独资企业是指由外国及港澳台公民或组织在国内成立的企业,全部资金由外商承担,是完全的私有经济。合资企业、中外合作企业,就其形式来说,是非公有制经济。其中的中国投资者有的是国有企业,有的是集体企业,也有的是非公有制企业。在这些合资合作企业中,国有企业投资、集体企业投资部分属于公有制经济。

4.混合经济形式

除三资企业是混合经济外,在改革开放中形成的股份制、公司制企业,投资的大部分是私有的,也属于非公有制经济。

(二)我国宪法对非公有制经济的保护

我国《宪法》第 18 条规定:"中国境内的外国企业和其他外国经济组织以及中外合资经营的企业,都必须遵守中华人民共和国的法律。它们的合法权利和利益受中华人民共和国法律的保护。"我国《宪法》第 17 条规定:"在法律规定范围内的个体经济、私营经济等非公有制经济,是社会主义市场经济的重要组成部分。""国家保护个体经济、私营经济的合法的权利和权益;""国家鼓励、支持和引导非公有制经济的发展,并对非公有制经济依法实行监督和管理。"这是宪法对个体经济和私营经济等非公有制经济的确认和保护,也是对个体经济和私营经济法律地位的明确规定,表明个体经济和私营经济在社会主义市场经济中享有同公有制经济平等的法律地位。

四、我国社会主义的分配制度

(一)以按劳分配为主体

我国《宪法》第 6 条规定:"社会主义公有制消灭了人剥削人的制度,实行各尽所能、按劳分配的原则。"这表明社会主义分配制度的基础是按劳分配。它是指劳动者在向社会提供一定数量的劳动,社会对其生产的社会产品作出必要的扣除之后,劳动者再从社会领取与自己提供的劳动数量与质量相适合的消费品的分配。它是对以私有制为基础的"按资分配"的彻底否定,把国家、集体和个人三方的利益正确地结合起来,在制度层面上杜绝了搞平均主义和"吃大锅饭"的弊端。

(二)多种分配方式并存

我国《宪法》第 14 条修正案规定:"国家在社会主义初级阶段,坚持公有制为主体、多种所有制经济共同发展的基本经济制度;坚持按劳分配为主体、多种分配方式并存的分配制度。"我国实行按劳分配为主体、多种分配方式并存的分配制度适应生产资料公有制和多种经济成分并存的社会主义初级阶段所有制结构。所谓多种分配方式并存,是把按劳分配和按生产要素分配相结合。目前,我国与按劳分配并存的分配方式主要有:个体劳动收入、资本收入、经营风险收入、劳动价值收入、资金收入等。调动人们积极性的方式,也是对资金投入的合理回报。它有利于坚持效率优先、兼顾公平,有利于优化资源配置,促进经济发展,保持社会稳定,依法保护合法收入,允许和鼓励一部分人通过诚实劳动和合法经营先富起来,允许和鼓励资本、技术等生产要素参加收益。

(三)税收对分配的调节

我国税收体系中的个人收入调节税实行超额累进制。这种累进制,个人收入越多交税越多。另外,还有企业所得税等。税收对分配的调节作用,一方面表现在对按劳分配的调节,因为个人的能力不同,机会不同,收入也不同,税收起到了部分调整分配、维系社会公平的作用;另一方面,表现在对按资分配的调节,对高收入和利润的收入进行调节,起到调整贫富的作用,使收入差距趋向合理,抑制社会两极分化。税收作为国家收入即全民所有,反过来用于全民。税收对分配起到调节作用。

(四)社会保障制度

我国《宪法》规定的分配原则,还应当包括社会保障的内容。社会保障既包括对下岗职工的生活保障,也包括对患病职工的医疗保障和对离退休职工的养老保障。在社会主义市场经济体制下,这种分配原则所结合的公有制,其实现形式是按劳分配。特别是对国有经济来说,由于生产资料归全民所有,所有的增值财产都应属于全民所有,这部分收入,再加上税收,则由国家用来实行第二次分配,实现社会公平。这个公平中当然包括社会保障这一部分。除国家所提供的社会保障、国有经济中的社会保障之外,各种不同经济成分也都根据情况建立自己层次的社会保障,提供给城乡居民。我国《宪法》第 23 条修正案规定:"国家建立健全同经济发展水平相适应的社会保障制度。"可见,适合于社会主义本质特征的分配制度,在推动和保证社会主义市场经济的运行中将会发挥其巨大的优势。

五、我国的经济体制——社会主义市场经济

党的十四大确定我国经济体制改革的目标是建立社会主义市场经济体制,党的十六大提出建成完善的社会主义市场经济体制。为此,党的第十六届三次会议通过了《中共中央关于完善社会主义市场经济体制若干问题的决定》。1993 年 3 月召开的八届全国人大一次会议通过的宪法修正案第 7 条规定,"国家实行社会主义市场经济";"国家加强经济立法,完善宏观调控";"国家依法禁止任何组织或者个人扰乱社会经济秩序"。这一切都表明,我国的经济体制将全面走向市场经济。相对于前几部宪法关于国家经济制度的有关规定,修正案是一种历史性突破。为了建立社会主义市场经济体制,应该认真抓好几个相互联系的主要环节。这些主要环节包括:转换国有企业特别是大中型企业的经营机制,把企业推向市场,增强它们的活力,提高他们的素质;加快培育市场体系;深化分配制度和社会保障制度的改革;加快政府职能的转变,根本途径是政企分开。此外,为促进经济体制的改革,必须按照民主化和法制化紧密结合的要求,积极推进政治体制改革。

(一)社会主义市场经济的特征

市场经济作为经济运行形式和资源配置的手段,本身不具有独立的社会形式。市场经济可以存在于不同的社会制度中,有其一般性和特殊性。就一般性而言,社会主义市场经济和资本主

义市场经济没有根本区别,具有许多共同点:

第一,市场关系的平等性。市场经济是一种平等经济,这种平等性首先表现在参与市场活动的主体在市场上的地位是平等的。市场经济不承认市场主体社会地位的差别,不承认任何超越市场的经济和政治特权,市场主体间都以商品所有者的身份平等对待。其次,市场关系的平等性表现在市场交换行为是平等的。市场交换行为遵循市场经济的基本规律——价格规律所要求的等价交换原则,不承认生产商品的个别劳动耗费,不允许不等价占有,更不允许以非经济方法和手段占有,要求由市场平等地实现商品价值和获得生产要素。此外,市场关系的平等性还表现在市场主体的活动有平等的宏观经济环境,它们享有平等的发展机会。

第二,市场主体的自主性。作为市场主体的商品生产和经营者,是能够实行自主经营、自负盈亏的独立的经济实体。市场经济与行政命令、人身强制等关系是不相容的,它要求参加市场经济活动的企业与个人具有生产经营活动的自主性,能够从自身的生产水平和技术条件出发,根据市场情况,自主地选择自己的生产经营项目和方向,在市场中实现商品的价值,从市场上得到生产要素,拥有作为商品生产者和经营者所应有的一切权力,有效地开展生产经营活动。

第三,市场活动的竞争性。生产商品的个别劳动时间和社会必要劳动时间的矛盾以及商品的价值和价格的矛盾,使市场经济活动主体之间的竞争成为必然。市场经济是一种竞争经济。在市场活动中,竞争表现为多种形式,体现在多个方面。竞争对市场主体既是压力,又是动力。竞争所固有的优胜劣汰迫使商品生产者、经营者根据市场供求关系的变化作出生产经营决策,调整生产经营方向,不断改进生产技术,改善经营管理,努力提高产品质量,降低产品成本,提高经济效益。

第四,市场运行的有序性。有序性是市场经济运行的内在要求。市场运行的有序性,就是使市场有一个正常运行的秩序。它的核心是保证公平交易,为商品生产者和经营者创造公平竞争的秩序,保证合法经营者应有的权益,保证消费者应有的权益,制止市场中一切不法的经济行为。这种有序性不是靠行政命令和长官意志达到的,而是通过法律形式来规范的,把市场运行秩序建立在法制的基础上。

第五,市场运行的开放性。市场经济的开放性来自其作为自主经济、利益经济的强大内驱力,是市场经济的内在属性。从经济意义上讲,开放经济带来的无限扩张能力,使地区的、行业的、民族的界限消除了,经济的国界消失了。它要求向不同的对象开放,向不同的地区(包括国外)开放,使国内市场与国际市场相对接,充分利用国内资源和国际资源,实现资源配置。

社会主义市场经济是同社会主义基本制度紧密结合在一起的。社会主义市场经济除了具有上述市场经济的一般特征外,还具有特殊性:

第一,在所有制结构上,以公有制经济为主体,多种经济成分并存,长期共同发展,不同经济成分还可以自愿实行多种形式的联合经营。国有企业、集体企业和其他企业都进入市场,适应市场机制的调节,通过市场平等竞争发挥国有企业的主导作用,使市场经济最终体现社会主义经济利益,通过发展生产力反映社会主义生产目的的要求。

第二,在分配制度上,以按劳分配为主体,多种分配方式并存,把按劳分配和按生产要素分配结合起来,坚持效率优先、兼顾公平的原则,运用包括市场在内的各种经济调节手段,既鼓励先进,促进效率提高,合理拉开收入差距,又调节社会收入分配不公,防止两极分化,逐步实现共同富裕。

第三,在宏观调控上,无论是社会主义国家还是资本主义国家,都需要对社会经济的发展进行宏观调控。但由于社会主义市场经济和资本主义市场经济赖以建立的所有制基础不同,因而在宏观调控的力度和质量上有很大的差别。在社会主义市场经济条件下,由于公有制经济占主体地位,国家对市场的宏观调控有较雄厚的物质基础、牢固的政治基础和广泛的群众基础,有可能把人民的当前利益与长远利益、局部利益与整体利益结合起来,更好地发挥计划和市场两种调节手段的长处,实现经济总量平衡和结构优化,搞好生态平衡和环境保护,集中必要的财力物力进行重点建设,以及有效地调节收入分配等等。

总之,社会主义市场经济作为市场经济的特定形式,一方面,具有市场经济内在的一般的共同属性;另一方面,又具有与社会主义基本制度相结合而形成的特征。从这个意义上说,社会主义市场经济就是具有社会主义基本制度特征的市场经济。我国社会主义市场经济制度,既可以发挥市场经济的优势,又可以发挥社会主义制度的优越性。

(二)国家宏观调控的法制化

1.现代市场经济需要适度的政府干预

20世纪以来,人们已经充分认识到,市场机制不是完美无缺的,市场失灵普遍存在,政府干预和调节在一定程度上可以纠正市场缺陷。

(1)市场经济是以经济主体的自身利益为激励机制的,虽然在市场机制的作用下,经济主体自身利益的实现通常也导致整个国民经济的增长,但情况并不总是如此,经济主体的自身利益经常与社会整体利益处于矛盾冲突之中。当出现对整个社会有利而经济主体无利可图的情况时,市场机制就会失灵。这些经济主体无利可图而对社会整体有利的事业,需要政府出面调整。

(2)市场竞争需要政府调节。自由竞争导致优胜劣汰,优胜者的实力进一步发展壮大,失败者被淘汰。竞争在对经济主体实行优胜劣汰的同时,促进整个国民经济增长,有利于社会整体利益的实现。这是正当竞争的经济激励功能的表现。但是,通过竞争形成的资本积累和资源集中,使竞争的优胜者具有了强大的经济实力,优胜者可能利用自己的优势垄断市场,通过抑制自由竞争来实现自身利益,使市场机制失去应有的经济激励功能。在出现市场垄断的情况下,就需要政府出面消除垄断,恢复正当竞争。

(3)宏观经济目标的实现要求政府干预。在微观经济领域,市场的自发协调机制可以刺激经济活力。但到了宏观领域,这种自发机制就显现出盲目发展的倾向,不能实现宏观经济的总体平衡。要实现结构合理、总体均衡、不断增长的宏观经济目标,就需要政府对经济、社会发展予以必要的规划、引导和调节。

2.宏观调控必须受到法律约束

政府与市场一样也不是万能的,政府干预也会出现失败。英国历史学家阿克顿勋爵说,权力导致腐败,绝对权力导致绝对腐败。法国思想家孟德斯鸠也认为:“一切有权力的人都容易滥用权力,这是万古不易的一条经验。有权力的人们使用权力一直到遇有界限的地方才休止。”当政治权力介入市场经济关系时,权钱交易的腐败现象就容易发生。这是政府干预失败的主要原因。在我国,由于长期实行权力高度集中、政府包揽社会经济生活的计划体制,政企尚未完全分开,政府权力没有真正从微观经济领域退却出来,就更容易造成干预失误。因此,必须运用宪法和法律划定政府干预经济的范围,明确政府与市场的界限。这不仅是继续保持经济高速增长的内在需要,也是根治腐败的客观要求。

3.政府宏观调控方式的法治化

人们通常认为,市场缺陷的存在,就需要政府予以调节和干预;因为政府与市场一样也是有缺陷的,所以应当把政府与市场结合起来。所以,当代市场经济已经不再是纯粹的自由市场经济,而是市场机制与政府干预在不同程度上、以不同方式结合起来的混合市场经济。但是,把有缺陷的市场机制和有缺陷的政府调控结合起来,也不一定能保证实现优势互补而不会形成缺陷叠加,更何况把二者结合起来的每种方式本身不可能是天衣无缝的,还会出现这样那样的问题。我们所能有的最好的经济体制似乎就是在不完善的市场和不完善的政府以及二者之间不尽完善的组合间的选择。①

(三)建立健全社会主义市场经济体制

社会主义市场经济体制是同社会主义基本制度结合在一起的。建立社会主义市场经济体制,就是要使市场在国家宏观调控下对资源配置起基础性作用。为实现这个目标,必须坚持以公有制为主体、多种经济成分共同发展的方针,进一步转换国有企业经营机制,建立适应市场经济要求,产权清晰、权责明确、政企分开、管理科学的现代企业制度;建立全国统一开放的市场体系,实现城乡市场紧密结合,国内市场与国际市场相互衔接,促进资源的优化配置;转变政府管理经济的职能,建立以间接手段为主的完善的宏观调控体系,保证国民经济的健康运行;建立以按劳分配为主体,效率优先、兼顾公平的收入分配制度,鼓励一部分地区一部分人先富起来,走共同富裕的道路;建立多层次的社会保障制度,为城乡居民提供同我国国情相适应的社会保障,促进经济发展和社会稳定。这些主要环节是相互联系和相互制约的有机整体,构成社会主义市场经济体制的基本框架。必须围绕这些主要环节,建立相应的法律体系,采取切实措施,积极而有步骤地全面推进改革,促进社会生产力的发展。主要内容如下:

(1)建立产权清晰、权责明确、政企分开、管理科学的现代企业制度。建立现代企业制度,是发展社会化大生产和市场经济的必然要求,是我国国有企业改革的方向。其基本特征,一是产权关系明晰,企业中的国有资产所有权属于国家,企业拥有包括国家在内的出资者投资形成的全部法人财产权,成为享有民事权利、承担民事责任的法人实体。二是企业以其全部法人财产,依法自主经营,自负盈亏,照章纳税,对出资者承担资产保值增值的责任。三是出资者按投入企业的资本额享有所有者的权益,即资产受益、重大决策和选择管理者等权利。企业破产时,出资者只以投入企业的资本额对企业债务负有限责任。四是企业按照市场需求组织生产经营,以提高劳动生产率和经济效益为目的,政府不直接干预企业的生产经营活动。企业在市场竞争中优胜劣汰,长期亏损、资不抵债的应依法破产。五是建立科学的企业领导体制和组织管理制度,调节所有者、经营者和职工之间的关系,形成激励和约束相结合的经营机制。

按照现代企业制度的要求,现有全国性行业总公司要逐步改组为控股公司。发展一批以公有制为主体,以产权连接为主要纽带的跨地区、跨行业的大型企业集团,发挥其在促进结构调整,提高规模效益,加快新技术、新产品开发,增强国际竞争能力等方面的重要作用。一般小型国有企业,有的可以实行承包经营、租赁经营,有的可以改组为股份合作制,也可以出售给集体或个

---

① 俞子清.宪法学.北京:中国政法大学出版社,2010,第 175—176 页

人。出售企业和股权的收入,由国家转投于急需发展的产业。改革和完善企业领导体制和组织管理制度。坚持和完善厂长(经理)负责制,保证厂长(经理)依法行使职权。加强企业中的国有资产管理。对国有资产实行国家统一所有、政府分级监管、企业自主经营的体制。按照政府的社会经济管理职能和国有资产所有者职能分开的原则,积极探索国有资产管理和经营的合理形式和途径。

(2)建立全国统一开放的市场体系。发挥市场机制在资源配置中的基础性作用,必须培育和发展市场体系。要着重发展生产要素市场,规范市场行为,打破地区、部门的分割和封锁,反对不正当竞争,创造平等竞争的环境,形成统一、开放、竞争、有序的大市场。培育市场体系的重点是,发展金融市场、劳动力市场、房地产市场、技术市场和信息市场等。

推进价格改革,建立主要由市场形成价格的机制。深化价格改革的主要任务是:在保持价格总水平相对稳定的前提下,放开竞争性商品和服务的价格,调顺少数由政府定价的商品和服务的价格;尽快取消生产资料价格双轨制;加速生产要素价格市场化进程;建立和完善少数关系国计民生的重要商品的储备制度,平抑市场价格。改革现有商品流通体系,进一步发展商品市场。国有流通企业要转换经营机制,积极参与市场竞争,提高经济效益,并在完善和发展批发市场中发挥主导作用。根据商品流通的需要,构造大中小相结合、各种经济形式和经营方式并存、功能完备的商品市场网络,推动流通现代化。

(3)建立健全宏观经济调控体系。社会主义市场经济必须有健全的宏观调控体系。宏观调控的主要任务是:保持经济总量的基本平衡,促进经济结构的优化,引导国民经济持续、快速、健康发展,推动社会全面进步。宏观调控主要采取经济办法,近期要在财税、金融、投资和计划体制的改革方面迈出重大步伐,建立计划、金融、财政之间相互配合和制约的机制,加强对经济运行的综合协调。计划提出国民经济和社会发展的目标、任务,以及需要配套实施的经济政策;中央银行以稳定币值为首要目标,调节货币供应总量,并保持国际收支平衡;财政运用预算和税收手段,着重调节经济结构和社会分配。运用货币政策与财政政策,调节社会总需求与总供给的基本平衡,并与产业政策相配合,促进国民经济和社会的协调发展。

政府管理经济的职能,主要是制订和执行宏观调控政策,搞好基础设施建设,创造良好的经济发展环境。同时,要培育市场体系、监督市场运行和维护平等竞争,调节社会分配和组织社会保障,控制人口增长,保护自然资源和生态环境,管理国有资产和监督国有资产经营,实现国家的经济和社会发展目标。政府运用经济手段、法律手段和必要的行政手段管理国民经济,不直接干预企业的生产经营活动。要按照政企分开,精简、统一、效能的原则,继续并尽早完成政府机构改革。政府经济管理部门要转变职能,专业经济部门要逐步减少,综合经济部门要做好综合协调工作,同时加强政府的社会管理职能,保证国民经济正常运行和良好的社会秩序。还要合理划分中央与地方经济管理权限,发挥中央和地方两个积极性。

(4)建立合理的收入分配制度。个人收入分配要坚持以按劳分配为主体、多种分配方式并存的制度,体现效率优先、兼顾公平的原则。劳动者的个人劳动报酬要引入竞争机制,打破平均主义,实行多劳多得,合理拉开差距。坚持鼓励一部分地区一部分人通过诚实劳动和合法经营先富起来的政策,提倡先富带动和帮助后富,逐步实现共同富裕。

国家依法保护法人和居民的一切合法收入和财产,鼓励城乡居民储蓄和投资,允许属于个人的资本等生产要素参与收益分配。建立适应企业、事业单位和行政机关各自特点的工资制度与正常的工资增长机制。国有企业在职工工资总额增长率低于企业经济效益增长率,职工平均工资增长率低于本企业劳动生产率增长的前提下,根据劳动就业供求变化和国家有关政策规定,自主决定工资水平和内部分配方式。行政机关实行国家公务员制度,公务员的工资由国家根据经济发展状况并参照企业平均工资水平确定和调整,形成正常的晋级和工资增长机制。事业单位实行不同的工资制度和分配方式,有条件的可以实行企业工资制度。国家制订最低工资标准,各类企事业单位必须严格执行。积极推进个人收入的货币化和规范化。

(5)建立多层次的社会保障体系。社会保障体系是市场经济的重要支柱,是一项带有根本性的制度建设。它对于深化企业和事业单位改革,保持社会稳定,顺利建立社会主义市场经济体制具有重大意义。社会保障体系包括社会保险、社会救济、社会福利、优抚安置和社会互助、个人储蓄积累保障。

(6)加强市场经济法律制度建设。社会主义市场经济体制的建立和完善,必须有完备的法制来规范和保障。要高度重视法制建设,做到改革开放与法制建设的统一,学会运用法律手段管理经济。坚持社会主义法制的统一,改革决策要与立法决策紧密结合,立法要体现改革精神,用法律引导、推进和保障改革顺利进行。要搞好立法规划,抓紧制订关于规范市场主体、维护市场秩序、加强宏观调控、完善社会保障、促进对外开放等方面的法律。要适时修改和废止与建立社会主义市场经济体制不相适应的法律和法规。加强党对立法工作领导,完善立法体制,改进立法程序,加快立法步伐,为社会主义市场经济提供法律规范。加强和改善司法、行政执法和执法监督,维护社会稳定,保障经济发展和公民的合法权益。加强廉政建设、反对腐败是建立社会主义市场经济体制的必要条件和重要保证,也是关系改革事业成败、关系党和国家命运的大事,必须切实抓紧抓好。

六、我国的基本经济政策

(一)国家的基本经济政策

1.经济政策的含义

政策即政治策略的简称,是指一定的政治实体为实现某种目标所采取的政治方针、策略和措施。经济政策是国家、政党或其他政治实体协调经济关系,促进经济发展的一系列指导方针、策略和措施。

2.国家基本经济政策与非基本经济政策的关系

国家基本经济政策是指一国经济制度的重要组成部分,是最重要、最基本、能够长期保持稳定性和连续性的经济政策。基本经济政策与非基本经济政策的主要区别就在于前者具有连续性和稳定性,后者具有高度的灵活性。宪法的经济制度是基本经济政策的法律化和制度化,它所体现的是基本经济政策,而非基本经济政策既不可能也不应规定在宪法条文中,而必须留给执政党和政府决定。用宪法把非基本经济政策凝固化,就会削弱党和政府调控经济的能力,阻碍生产力的发展。

3.党的基本经济政策与国家基本经济政策的关系

我国是社会主义国家,中国共产党是执政党,国家的一切工作必须坚持党的领导,经济工作同样要坚持党的领导,党领导经济工作的重要方式就是通过制定和执行一定的经济政策,以引导、促进经济发展。党的基本经济政策不仅应当获得国家政策的表现形式,还需要通过宪法和法律将其制度化和法律化。

(二)国家基本经济政策的内容

我国宪法确定的国家基本经济政策主要包括以下几个方面。

1.制定基本经济政策的指导思想

《宪法修正案》第3条确认了建设有中国特色社会主义的理论和中国共产党的基本路线为宪法的指导思想。这既是制定宪法、修改宪法和实施宪法的指导思想,同时也是制定和执行国家基本经济政策的指导思想。彭真在1982年《关于中华人民共和国宪法修改草案的报告》中说:当时"宪法修改的总的指导思想是四项基本原则。"经过十多年的改革和发展,宪法的总的指导思想也获得了新的发展。1993年中共中央在《关于修改宪法部分内容的建议的说明》中指出:"这次修改宪法是以党的十四大精神为指导,突出了建设有中国特色社会主义的理论和党的基本路线。"因此,我国宪法的指导思想应当是邓小平理论和党的基本路线。在社会主义现代化建设、特别是经济建设过程中,必须按照邓小平理论,坚持改革开放,不断完善社会主义的各项制度,发展社会主义民主,健全社会主义法制,这是我们解释宪法、实施宪法并不断完善宪法的指导思想。

2.社会主义经济建设的目的

《宪法》第14条规定:"国家合理安排积累和消费,兼顾国家、集体和个人利益,在发展生产的基础上,逐步改善人民的物质生活和文化生活。"任何社会生产都是目的与手段的统一,没有明确的生产目的,经济发展就失去了动力。社会主义经济建设的目的就是逐步提高广大人民的物质文化生活水平,这是由我国社会主义经济的性质决定的。随着物质生产的发展和社会财富的增加,必须不断改善人民群众的物质和文化生活条件。不能片面强调发展生产和扩大积累,必须注重满足人民的生活需要,否则就会挫伤群众进行经济建设的积极性,使生产的发展受到影响。由于生产力不够发达,社会财富积累不充分,人民物质文化生活水平的提高需要一个逐步实现的过程。提高人民生活水平的目的只有通过发展生产、繁荣经济的手段才能实现。我国是一个人口众多、资源有限、资金积累不充分的发展中国家,不能超越生产力发展和财富增长的实际,提出过高的消费要求。否则就会破坏经济发展的基础,最终损害广大人民的长远利益和根本利益。同时,在协调生产的目的与手段,积累与消费,国家、集体与个人利益的关系时,既要充分发挥市场机制的作用,也要保持国家必要的调节和干预。

3.公有制企业的民主管理

国有企业、集体企业实行民主管理,是由生产资料的社会主义公有制决定的。在公有制企业,劳动者是生产资料的主人,因而也是企业的主人。管理国家事务、经济和文化事业、管理社会事务,是劳动者民主权利的重要组成部分。

《宪法》第16条规定了国有企业民主管理体制:"国有企业依照法律规定,通过职工代表大会和其他形式,实行民主管理。"职工代表大会是国有企业实行民主管理的基本形式,是职工行使民主权利,参与企业重大决策,监督企业领导,维护自身合法权益的机构。《宪法修正案》第9条规定："集体经济组织实行民主管理,依照法律规定选举和罢免管理人员,决定经营管理的重大问题。"与国有企业相比,集体经济成分比较复杂,产权归属、组织形式和经营方式也多种多样,因而宪法只规定了集体经济组织民主管理的原则要求,没有规定民主管理的统一模式,从而为它们根据各自的具体情况自主安排留下了余地。

第三节　国家的精神文明建设

一、精神文明的概念

摩尔根曾在他的《古代社会》中把人类社会的发展划分为蒙昧时代、野蛮时代和文明时代三个时期。文明是相对蒙昧、野蛮而言的社会发展较高的状态。马克思认为文明是反映整个社会生活和社会面貌变化的,是社会进步的标志。从文明的内容来看,它包括物质文明和精神文明两方面。社会物质生产的进步和物质生活的改善所取得的成果即为物质文明;精神文明是指人类在改造客观世界的同时,对自己的主观世界进行改造而取得的精神生活和精神产品的成果。可以看出,精神文明是人类精神生活的进步状态。

精神文明主要包括以下两个方面的内容:一是实体部分,主要指教育、科学、体育卫生、文学艺术等各项文化事业的发展和人们知识水平的提高,它既是物质文明发展的重要条件,也是提高人们的思想观念和道德水平的重要条件。二是观念部分,主要是指人类思想、政治观念和道德水平的提高与进步。前者表现的是人类的智能状况,后者则是人类对社会认识、理念等状况。作为社会文明的两个组成部分,精神文明和物质文明具有十分密切的关系:物质文明是精神文明的基础,为精神文明提供物质条件和实践经验;精神文明则为物质文明提供精神动力和智力支持。两者既有联系,又有区别;既互为条件,又相互影响和促进。要坚持物质文明和精神文明两手抓,两手都要硬的方针。只有两头齐抓、抓好,我国社会主义初级阶段才能逐步发展到高级阶段。

二、宪法和精神文明的关系

法律是人类文明的产物,也是人类文明的重要标志。在现代社会,法治是制度文明的核心;因此,宪法与精神文明的关系,实际上就是制度文明与精神文明的关系,它主要体现在以下几个方面:

(1)宪法是精神文明发展到一定阶段的产物。尤其是近代以来,人类文明的演进与宪法的发展几乎是同步的。人类文明创造了宪法,宪法也反映了文明。近代宪法的产生是以商品经济的发展为经济条件,以民主政治的建立为政治条件,以罗马法的复兴、宗教改革和启蒙运动为思想平台,宪法是历史发展到一定阶段的产物。

(2)宪法为精神文明提供制度保障。公民的思想觉悟、文化知识水平和道德水准的提高,需要法律制度的支持和规范,尤其是作为众法"母法"的宪法制度的支持和规范。在市场经济条件下的道德建设,不能依靠脱离实际的空洞说教,必须将社会上得到普遍社会主体认同的生活和道德准则予以规范化和制度化,使之成为各个部门法立法时和实际执行时的基本准则和精神,使之成为人民日常生活时的基本行为规范,用以指导人们的日常生活和司法实践。文化发展需要法制的保障,如果没有法制的保障,文化很难得到稳定的发展,社会发展所需要的精神支撑很难得到发展和完善,精神产品生产者的合法权益就容易受到侵犯。

（3）宪法反映精神文明的状况。一定形态的物质文明和制度文明都需要并创造着与之相适应的精神文明,认为只有社会主义才有精神文明,而资本主义没有精神文明是与实际情况不相符合的。每一个社会都有与之相适应的精神文明。但社会主义的精神文明与资本主义的精神文明有着本质的区别,我国宪法体现的是社会主义的精神文明。在体现方式上也有着重大区别,西方各资本主义国家中的宪法通常并不使用“精神文明”这一概念,对于精神文明建设也缺乏完整全面的规定。

三、建设精神文明的内容

它包括教育科学文化建设和思想道德建设两个方面的内容。这两者是相互依存、紧密相连的。我国宪法对这两方面的建设分别作了规定。

(一)教育科学文化建设

教育科学文化建设是精神文明建设的一个重要方面,发展教育和科学,是提高人民的知识水平、增强国民素质、建设物质文明的重要条件,也是提高人民群众思想觉悟和道德水平的基础。我国要实现工业、农业、国防和科学技术的现代化,建设成为富强、民主、文明的国家,必须要以教育科学文化建设作为基础。在世界经济出现一体化的时代,在科学技术迅猛发展和综合国力激烈竞争的时代,在以知识经济为特征的时代,中国要在世界民族之林站稳脚跟,必须依靠教育科学文化的高度发展,以缩小与发达国家的差距。国家实行依法治国方略,建设社会主义法治国家,没有教育科学文化的发展,广大公民难以提高法律意识,人民群众也难以正确行使管理国家事务、经济和文化事务的各项权利。

我国《宪法》第19条、第20条、第21条、第22条、第23条对发展教育科学文化作出了规定。

1.发展社会主义教育事业

教育是强国之本。建设和发展社会主义市场经济,实现社会主义现代化,提高全民族的素质,都必须以教育为基础。发展教育事业已经成为我国的一项基本国策。目前,要做的是按照我国宪法和教育法的规定,举办各种学校,普及初等义务教育,发展中等教育、职业教育、高等教育和学前教育。此外,国家发展各种教育设施,扫除文盲,对工人、农民、国家工作人员和其他劳动者进行政治、文化、科学技术和专业等方面的教育。国家还鼓励自学成才,鼓励集体经济组织、国家企业事业组织和其他社会力量依照法律规定兴办各种教育事业,以提高全民族的科学文化水平。这些规定是我国实施科教兴国战略的最高法律依据和保障。科学技术是第一生产力,只有重视教育,才会有科学技术,也才会有社会经济的充分发展。

2.发展科学事业

我国《宪法》第20条规定:“国家发展自然科学和社会科学事业,普及科学和技术知识,奖励科学研究成果和技术发明创造。”科学技术是第一生产力,科学技术现代化是社会主义现代化的关键。发展社会主义科学,关系到我国社会主义现代化建设事业的成功与否.关系到全国各族人民物质文化生活水平的提高。在世界科学技术突飞猛进发展的今天,我国科技创新体制的建设也取得了新的进展,关键性技术的攻关研究取得了一批新的成果,多项国家重大科学工程开始建设实施,基础研究得到了加强。我们要继续加大力度,加快国家创新体系建设,解决科技与经济相脱节的问题,促进科技成果的转化和推广。我们要推动企业成为技术进步的主体,提高企业的技术开发和创新能力,以市场为导向,促进多种形式的产学研相结合。我们要抓紧制定和实施适应新形势的产业技术政策,进一步重视和加强基础研究。

3. 发展医疗卫生体育事业

我国《宪法》第 21 条规定:"国家发展医疗卫生事业,发展现代医药和我国传统医药,鼓励和支持农村集体经济组织、国家企业事业组织和街道组织举办各种医疗卫生设施,开展群众性的卫生活动,保护人民健康。国家发展体育事业,开展群众性的体育活动,增强人民体质。"卫生事业和体育事业的发展水平,是一个国家和社会文明进步程度的表现。发展卫生、体育事业,对提高人民的健康水平,使劳动者在学习、工作、劳动和社会活动中发挥聪明才智,对加速我国社会主义现代化建设事业有着极其重要的意义,也是民族得以繁衍发展的重要保证。

4. 发展文学艺术和其他文化事业

我国《宪法》第 22 条规定:"国家发展为人民服务、为社会主义服务的文学艺术事业、新闻广播电视事业、出版发行事业、图书馆博物馆文化馆和其他文化事业,开展群众性的文化活动。国家保护名胜古迹、珍贵文物和其他重要文化遗产。"社会主义文学艺术和其他文化事业,是提供社会主义精神食粮的重要部门。社会主义文学艺术和其他文化事业,是社会主义精神文明建设的重要内容。它有利于提高中华民族的科学文化素质和思想道德素质,促进国家的繁荣。

(二)思想道德建设

我国《宪法》第 24 条规定,"国家通过普及理想教育、道德教育、文化教育、纪律和法制教育,通过在城乡不同范围的群众中制定和执行各种守则、公约,加强社会主义精神文明建设。国家提倡爱祖国、爱人民、爱劳动、爱科学、爱社会主义的公德,在人民中进行爱国主义、集体主义、国际主义和共产主义的教育,进行辩证唯物主义和历史唯物主义的教育,反对资本主义的、封建主义的和其他的腐朽思想。"宪法的这条规定对社会主义精神文明建设中的思想道德教育提出了十分具体明确的要求。

1. 普及理想教育

我国《宪法》序言规定:"中国各族人民将继续在中国共产党的领导下,在马克思列宁主义、毛泽东思想、邓小平理论和'三个代表'重要思想指引下,坚持人民民主专政,坚持社会主义道路,坚持改革开放,不断完善社会主义的各项制度,发展社会主义市场经济,发展社会主义民主,健全社会主义法制,自力更生,艰苦奋斗,逐步实现工业、农业、国防和科学技术的现代化,推动物质文明、政治文明和精神文明协调发展,把我国建设成为富强、民主、文明的社会主义国家。"我国宪法表达了我国各族人民的共同理想,即实现四个现代化,建设富强、民主、文明的社会主义国家。党的十五大政治报告在世纪之交的回顾和展望中指出,21 世纪,我们的目标是,第一个十年实现国民生产总值比 2000 年翻一番,使人民的小康生活更加宽裕,形成比较完善的社会主义市场经济体制,再经过十年的努力,到建党一百年时,使国民经济更加发展,各项制度更加完善;到 21 世纪中叶新中国成立一百年时,基本实现现代化,建成富强、民主、文明的社会主义国家。十六大提出了建设小康社会的具体目标。这是把理想目标化,使理想教育更加具体、实在。

2.普及道德教育

普及道德教育就是以共产主义道德为指导,同我国现在所处的社会主义初级阶段的实际情况相适应,以我国宪法规定的爱祖国、爱人民、爱劳动、爱科学、爱社会主义为基本内容进行教育,教育公民关心国家利益和集体利益,把国家利益、集体利益和个人利益结合起来。在社会主义市场经济中,做到诚实守信。在社会生活中和人民内部的相互关系上,做到互相友爱和互相帮助,建立和发展平等、团结、友爱、互助的社会主义新型关系。在加强职业道德教育上,教育党和国家的干部,做人民的公仆,坚持廉洁奉公,忠于职守;对工人进行遵纪守法、热爱本职工作、钻研业务技术,讲贡献、做主人翁的教育;对各行各业的职工进行各种有关职业道德教育;对全体公民进行遵守社会公德的教育。

3.大力开展爱国主义教育

爱国主义教育是国家对全体公民进行思想政治教育的重要内容。要让全体公民了解祖国的过去、现在和未来。要求公民为国家的繁荣昌盛、祖国的统一大业而努力奋斗。爱国主义教育是维护和发展全国人民的大团结和各民族的大团结、振兴中华民族的重要思想保证。

4.反对各种腐朽的思想

社会主义思想道德建设必然要批判地继承人类历史上一切优良的道德传统,并要同各种腐朽思想道德作斗争。由于半殖民地、半封建的社会历史条件,我国现阶段在社会关系中还存在着损人利己、损公肥私、金钱至上、以权谋私、崇洋媚外等错误思想,存在着宗法观念、特权思想以及专制作风,拉帮结派、男尊女卑的封建遗毒和其他腐朽思想。从社会生活各方面克服这些腐朽思想的影响,是依法治国、建设社会主义法治国家的重要内容。因此,我国宪法规定"反对资本主义的、封建主义的和其他的腐朽思想"。

5.进行共产主义教育、辩证唯物主义和历史唯物主义教育

我国宪法规定在人民中进行国际主义教育、共产主义教育,进行辩证唯物主义和历史唯物主义的教育,就是要在人民中进行马克思主义世界观和方法论的教育。马克思主义是无产阶级的思想武器,但并不是说无产阶级能自然而然地掌握马克思主义,革命的理论需要向群众进行灌输,才能为群众掌握。宪法规定在人民中进行国际主义教育、共产主义教育、辩证唯物主义和历史唯物主义教育,是从我国的社会主义性质出发,更是从无产阶级的共产主义理想出发,从人民的长远根本利益出发。特别是向青少年和广大干部进行国际主义、共产主义、辩证唯物主义和历史唯物主义教育,把他们培养成为新一代的社会主义事业的可靠接班人,这是事关国家性质的大事。同时,进行国际主义、共产主义、辩证唯物主义和历史唯物主义教育,本身就是社会主义精神文明建设的重要内容,是社会主义精神文明建设的指导思想,保证社会主义精神文明建设沿着马克思主义正确的方向发展。

　　为了顺利完成新时期的历史任务,党和国家要求广大干部革命化、年轻化、知识化、专业化、要求越来越多的公民成为有理想、有道德、有文化、守纪律的公民。这是把思想觉悟和文化科学知识统一起来的要求,也是要把文化建设和思想建设二者结合起来的要求。

　　党和国家采取"三个文明"建设协调发展战略方针,使物质文明建设、政治文明建设和精神文明建设相辅相成,相互促进。

第四节　国家的政治文明建设

一、政治文明的内涵和特征

　　政治文明是指人们改造社会所获得的政治成果的总和,是人们在一定社会形态中关于民主、自由、平等以及人的解放的实现程度的体现,是社会文明的组成部分,在很大程度上反映了一个社会、国家的文明水平。

　　广义上说,精神文明本身包涵了政治文明,而政治文明则蕴涵着民主、法治和人权等多种含义。2004年,十届全国人大二次会议通过的宪法修正案明确把"推动政治文明、政治文明和精神文明协调发展"写进了宪法,这表明我们党和国家对政治文明的认识及重视程度已达到前所未有的高度。这一目标的提出不仅有利于提高并巩固宪政制度的地位,也将极大促进中国的宪政建设。

　　就政治文明的特征上看,主要体现在以下几方面:

　　(1)政治文明的实质是制度化的政治。由于政治行为都反映着不同的利益,为了使这些代表不同利益的人达成普遍认同的决定,只有使纷争的各方遵循共同的规范才有可能。宪法对权力的制约和监督的规定,是实现社会长治久安的保证机制。在一个实施宪法的国家里,社会相对稳定就是因为宪法规定的权力制约和监督机制发挥着保证作用。这种机制是政治文明的历史经验总结。我国宪法规定的权力制约和监督机制,包括人大与政府、法院、检察院等国家机构职责之间的制约和监督,也包括公民和社会对国家机构的制约和监督。因此,政治文明的首要含义是政治的制度化,或者说,政治文明就是规范化的政治。

　　(2)文明的政治体现着伦理的价值。政治文明表现为一种政治活动的有序化。政治秩序,特别是现代法治社会的政治秩序不是"自为"的秩序,而是人为的秩序,人的活动在其中起着非常重要的作用。我国的政治文明建设是一个通过建构政治规范从而规范政治秩序的过程。因此,仅仅有政治规范还不够,因为规范可能出于部分人之手,规定规范的人就可能利用创制规范的权力而垄断政治权力,使规范本身带有不平等性。这就对政治规范本身提出了伦理要求。政治规范的合伦理性要求政治主体的大众化,使所有居民都具有平等的政治人格和政治参与权。因此,将居民划分为不同等级的做法与政治文明的要求背道而驰。西方现代国家早期以财产和性别为标准对穷人和女性的政治歧视都是前车之鉴。美国和南非一度以肤色为标准对黑人的歧视也是政治文明史上的污点。政治人格的平等是对人的尊严的尊重,是政治结合的最高价值,也是人类社会结合的最高价值,且已作为国际人权法的《公民权利政治权利国际公约》第23条所明文规定。在政治人格平等的基础上,政治规范应当对基本人权予以关怀。

　　(3)文明的政治是在程序保障下的政治。人们在作出政治决定的过程中,怎样才是合乎正义的,并没有一个确定的标准。但如果决定是在预先规定的程序下进行的,则这个决定就是可接受的决定。政治文明的可见的标准就是一套政治程序,以预先规定的程序来对抗恣意的政治就成为政治文明区别于政治野蛮的可见的标准。

二、宪法与政治文明

(一)宪法是政治文明的表现形式

政治文明的规范性、伦理性和程序性要求的形式表现均为宪法规范。正是宪法规范使政治主体的行为具有可预见性,使政治决定过程成为文明的过程。因此,政治文明的实质就是法治政治,用法律规范政治主体的政治行为,使政治行为规范化。从这个意义上来讲,政治文明就是法治政治,就是政治的法治化。政治文明与法治的联系主要表现为政治文明对宪法的依赖关系,宪法是政治文明表现形式。宪法规定的在人民代表大会统一领导下的各部门具体分工,对可能的政治权力的滥用进行监督,以保证政治行为的规范化和文明化。

(二)宪法是政治文明的基础,是法治的政治基础

宪政建设的目标是宪政秩序,可以说,宪政秩序就是以法律调控为主要方式,通过法律权威来实现公共权力的规范化,从而形成社会生活和政治生活的有序化。民主政治(宪政)的内在逻辑要求法治。民主政治的基本原理是一切权力属于人民。宪政体制意味着在政治权力的持有与政治权力的行使之间存在着某种程度的分离。这种分离可能引起政治失控,政治权力在运行中发生异变,权力的行使利于权力所有者。为了防止政治权力的失控和异化,作为根本大法的宪法必须宣布人民主权和公民权利的内容,规定国家机关的组成部分、职权、范围和行使职权的程序,同时建立有效监督体系和制约机制。在制宪后,还需制定出行政法、各类程序法、国家赔偿法等制约国家权力和保障公民权利的法律,以有效保障人民当家做主。同时,民主政治是权利决定权力、权利制约权力的政治。民主政治把国家权力分解为公民的基本权利,赋予参政的资格和机会,把政治变成绝大多数人的事务,国家权力是在公民参与和制约下依法运行和操作的。因此,要想实现政治文明,必须以宪法的制定和实施为基础,离开宪法谈政治文明,是不现实的。

(三)政治文明将促进宪法进一步文明化

政治行为进一步向文明的方向发展,首先要完善宪法,以使宪法规范在政治行为过程中得到真正的落实。因此,政治行为的文明化将对我国宪法的内容和宪法的实施产生重要影响。树立宪法的最高权威,弘扬宪法精神,是建设社会主义政治文明的必然要求,也是建设社会主义政治文明取得成果的反映。

法治社会要树立法律的权威,更要树立宪法的最高权威。如果法律不遵循宪法的原则和精神,那么再多的法律也难以发展民主政治,建设政治文明。政治文明的提出将使我国的宪法在立宪、宪法内容和宪法实施三个方面进一步向有利于政治行为文明的方向发展,从而使宪法进一步文明化。

三、建设政治文明的内容

(一)树立正确的国家权力观念

国家权力是政治文明的核心范畴。关于国家权力观念要解决的问题是:第一,关于国家权力的来源问题。现代民主理论认为,人民是国家的权源,即国家权力来自人民的授权,属于人民,而不是来自上天的授权而仅属于君王个人。此即人民主权理论。它科学地说明了权力的合法来源,使得权力成为大家所共同享有的资源,而不是被少数人所掌控。第二,权力本身有一定的界限,其运作要实现法治化,使权力成为理性的权力。把权力的运作予以规范,使其在一定的范围内存在并发挥作用,这是现代国家的共同选择。第三,权力的转移应以和平与规范的方式进行。权力的转移问题一直是困扰人类的一个重大难题,权力转移的过程往往是蕴涵着巨大危险和需要付出惨痛的代价的过程。只有建立合理的国家机关和国家机关领导人的任期制度和完善的选举制度,才能使权力的转移以和平和规范的方式进行。

(二)将坚持中国共产党的领导、人民当家做主与依法治国有机统一起来

坚持中国共产党的领导、人民当家做主和依法治国的统一性,是我国社会主义民主政治建设最根本的特征。中国共产党的领导是人民当家做主和依法治国的根本保证。社会主义政治文明建设和民主进程的推进,都必须坚持中国共产党的领导。人民当家做主是社会主义民主政治的本质要求。政治文明的核心内容就是民主与法制建设,公民享有政治权利的广度和深度是政治文明的最集中表现。建设社会主义政治文明,要始终把人民当家做主作为出发点和落脚点,人民当家做主,才能充分调动广大群众参与社会主义建设的积极性、主动性和创造性,为推进物质文明、精神文明建设提供政治动力和政治保障。依法治国是党领导人民治理国家的基本方略。依法治国,首先,要依宪治国,树立宪法的最高权威;其次,要坚持法律面前人人平等,任何组织和个人都不得有超越于宪法和法律之上的特权。

(三)加强制度建设和制度创新

这是推进政治文明建设的根本之道。其内容包括:坚持和完善人民代表大会制度、共产党领导的多党合作与政治协商制度、民族区域自治制度;强化依法行政,实现行政管理的规范化、制度化、法制化;通过制度的完善和创新,保证人民充分行使民主选举、决策、管理和监督的权利;完善权力制约机制、监督机制和党内民主制度建设等。在制度创新方面,围绕发展社会主义民主政治、建设社会主义政治文明的目标,要坚持和完善社会主义民主政治,建设社会主义法制建设,改革和改善党的领导方式和执政方式,改革和完善决策机制,深化行政管理体制改革,推进司法体制改革,深化干部人事制度改革,加强对权力的制约和监督,维护社会稳定。

四、建设社会主义政治文明应遵循的原则

社会主义政治文明的本质属性是人民当家做主,人民是建设社会主义政治文明的主体。国家一切权力来源于人民,属于人民。人民在党的领导下建立了社会主义国家,选出自己的代表组

建政权机关。通过制定宪法和法律使人民意志通过法定程序体现为国家意志,并得到国家和法律的保障。在此基础上,人民通过参与国家管理和政治生活,推动民主化进程,创造社会主义政治文明,并要求进一步发展社会主义政治文明。因此,人民的意志和利益成为建设社会主义政治文明的根本驱动力。但应该强调的是,在充分肯定人民群众在社会主义政治文明建设中的重要作用的同时,还必须明确进行社会主义政治文明建设所应遵循的原则。只有这样才能保证社会主义政治文明建设的正确方向,发挥其本身所固有的积极效能。

(一)政治文明、物质文明和精神文明建设相协调原则

全面建设小康社会,需要三个文明建设的协调发展。民主建设是一个过程,它的发展程度又同一定的经济文化状况相关联。物质文明建设是政治文明和精神文明建设的前提和必要的物质基础。精神文明建设为物质文明、政治文明建设提供精神动力和智力支持,而政治文明建设则为物质文明和精神文明建设提供政治方向和制度保障。三个文明互为条件,互相协调,互相促进。

(二)符合现阶段政治、经济和文化发展需要原则

建设社会主义政治文明,不能照搬资本主义国家的政治文明和政治制度的模式。西方国家的政治文明是资本主义性质的政治文明。它是在不同于中国国情和基本政治制度的背景下,经过长期演变逐渐形成的符合资本主义政治制度和经济文化环境的特定要求的一种政治成果。而我国的社会主义政治文明建设不是重新选择社会制度,也不是脱离国情和历史重新进行制度设计和安排。而是在现行的政治、经济和文化背景下对社会主义政治制度的一种自我完善和发展。

(三)坚持社会主义四项基本原则进行政治文明建设原则

四项基本原则就是我们建设和发展的政治方向、政治保障,因此我们说它是立国之本。如果动摇了四项基本原则,或者四项基本原则坚持得不好,那就会在政治方向、政治保障上出问题,我们的现代化事业就不能成功。由此可见,发展社会主义民主政治,建设社会主义政治文明,必须在坚持四项基本原则的前提下进行。尤其要坚持中国共产党的领导。只有在中国共产党领导下进行社会主义政治文明建设,才能实现社会主义民主政治,才能通过制度建设和法制建设实现民主的制度化、规范化和程序化,以此保障人民群众享有充分的民主权利。因此,四项基本原则是政治建设、经济建设最重要的政治保障。而政治文明建设作为小康社会和社会主义现代化建设的重要内容,只有将四项基本原则作为政治保障和必须遵守的政治方向,才能坚持人民民主专政,完善人民代表大会制度和共产党领导的多党合作、政治协商及民族区域自治制度,改善党的领导方式,完善权力的运行机制,扩大和实现人民民主权利,真正实现高度文明、高度发达的社会主义民主政治。

【案例分析】

A市B区教育委员会强制接管民办学校案

1992年,贾某向A市B区教育委员会提出申请,要求创办私立学校。其请求很快得到了批准。后贾某出资6万元,租借了校舍,从社会聘请了一批优秀的教师,创办了一所私立D中学。在贾某的主持下,D中学发展顺利。到1998年年底,D中学拥有了自己的计算机房、语音室、汽车和印刷设备等,学校的资产从最初的二十多万元发展到三百多万元。

1997 年 7 月 1 日,国务院发布了《社会力量办学条例》;随后,A 市教育委员会下达了《贯彻〈社会力量办学条例〉的实施细则》制定了"私立学校应建立董事会"等一系列规定。1998 年,A 市 B 区教育委员会下达文件,表示根据以上规定,私立学校的校长不得超过 70 岁,贾某因年龄已达 80 岁,超过上限,不得再担任校长,学校董事会应聘请一名符合校长任职条件的人担任校长。作为学校的董事长和在任的校长,贾某推荐了一名教师接替他的校长职务。但 B 区教育委员会认为贾某推荐的人选没有经过校董事会的批准,不予接受。贾某却认为,学校是自己的,自己有权决定由谁担任校长,由此,双方关系闹僵。1998 年,B 区教育委员会下发文件《关于临时接管私立正则学校的决定》,指出:B 区教育委员会"连续三次下发通知,责成校董事会聘任一名符合校长任职条件的同志担任校长,而贾某同志对教委的决定至今没有执行"。文件接着指出学校存在的问题:"学校财务管理混乱;存在严重违规违纪行为;校董事会内部纠纷严重;校内外人民来信反应强烈。于是,B 区教育委员会检查小组对 D 中学提出整改意见,要求限期整改。而贾某采取消极态度,检查的财务账本至今不取,致使整改无从谈起。鉴于 D 中学对主要问题整改无效,经 A 市教育委员会同意,B 区教育委员会决定对 D 中学进行临时接管。"文件下发后,在没有给贾某申辩机会的情况下,B 区教育委员会工作组接管了学校的全部工作。半年以后,工作组撤出,B 区教育委员会派人接任校长。这样,贾某对自己一手创办的学校失去了管理权。

【法律问题】

宪法是如何规定私有财产制度的?公共权力机关是否有权接管民办学校?

【分析】

我国现行《宪法》第 11 条规定:"在法律规定范围内的个体经济、私营经济等非公有制经济,是社会主义市场经济的重要组成部分。""国家保护个体经济、私营经济等非公有制经济的合法的权利和利益。国家鼓励、支持和引导非公有制经济的发展,并对非公有制经济依法实行监督和管理。"由此可见,我国的非公有制经济,是社会主义市场经济的重要组成部分,国家对其的政策是鼓励、支持和引导,并依法进行监督和管理。

对私有财产的保护。现行《宪法》第 13 条规定:"公民的合法的私有财产不受侵犯。……国家依照法律规定保护公民的私有财产权和继承权。""国家为了公共利益的需要,可以依照法律规定对公民的私有财产实行征收或者征用并给予补偿。"这一规定首先体现了宪法加大了对私有财产的保护力度,它认同了宪法上的权利对于国家有防御性的权利理念,即要求国家首先不得侵犯公民的财产权,其次才要求其予以保护。它拓宽了公民财产权的保护范围,不限于财产所有权,还包括其他形式的财产权。最后,它补充了对公民财产权的征收补偿条款。

改革开放以后,我国允许私人投资办学。据统计,到 2000 年年底,我国民办教育机构有 6 万所,在校生有一千多万人,由此,这些民办教育机构也积累了巨大的资产。由于这些资产是由私人投资并发展起来的,其所有权应属私人投资者。但是法律对于私人投资者的财产所有权的保障一直缺位,尤其是出资人能否因自己的出资行为而取得合理回报一直是一个备受争议的问题。国务院制定的行政法规《社会力量办学条例》第 6 条曾明确规定:"社会力量举办教育机构,不得以营利为目的。"第 37 条规定,教育机构的积累,只能用于增加教育投入和改善办学条件,不得用于校外投资。这样的规定难以调动社会资金向教育投放的积极性,也不利于对私人投资者的利益保护。2002年12月28日,九届全国人大常委会通过了《中华人民共和国民办教育促进法》,规定:"民办学校在扣除办学成本、预留发展基金以及按照国家有关规定提取其他的必需的费用后,出资人可以从办学结余中取得合理回报。取得合理回报的具体办法由国务院制定。"民办学校学生享有与公办学校学生同等的社会权利。

　　由于民办教育仍属教育范畴,其接受国家教育主管部门的监督是完全必要的,但在实践中出现了大量的国家机关利用监管职权侵犯私人投资者利益的现象,且由于法律的缺位,这些侵权现象不能得到及时的纠正。所以,在民办教育投资者的利益保障方面,一系列相关制度需要科学设计,而前提是必须在宪法上科学界定私人财产权的定位。

第八章　国家形式

国家权力归谁所有固然重要,国家权力由谁行使、行使者是如何组织分配和行使国家权力、如何处理国家权力行使者与国家权力的所有者的关系等问题也不容忽略。国家作为统治阶级专政的工具,必须通过一定的形式表现出来。国家形式包括政权组织形式和国家机构形式,前者指从横向上而且主要在中央国家机构层面构建国家政权机关、配置相应国家权力并由此形成的特定的政治体制,后者指从纵向上构建中央与地方国家政权机关、划分相应国家权力并由此而形成的国家整体与组成部分、中央与地方的特定的政治关系和政治体制。

第一节　政权组织形式

政权组织形式是指特定国家中执掌国家权力的社会政治集团为实现国家任务,解决由谁行使国家权力及如何行使国家权力,采取某种原则和方式而组织的政权机关体系。没有适当的政权机关体系,国家权力就没有施展和运行的平台,国家的对内对外职能就无法实现,国家性质也就无以表现。所以,毛泽东曾指出:"没有适当形式的政权机关,就不能代表国家。"

一、政权组织形式概述

(一)政权组织形式的概念

在我国宪法学中,政权组织形式是一个存在分歧的概念。对于政权组织形式,学术界主要有以下观点:第一种观点认为,政权组织形式即政体(或政体即国家政权组织形式),指的是在一个国家,统治阶级采取何种形式去组织反对敌人保护自己的政权机关。其特点是将政权组织形式与政体两个概念相等同。第二种观点认为,政权组织形式和政体是两个既有区别又有联系的概念。政体是实现国家权力的一种形式,它是表现国家意志的特殊方式,或是表现国家权力的政治体制。政权组织形式也是一种实现国家权力的形式,但它指的是一个国家实现国家权力的机关组织。二者的主要区别在于政体着重于体制,政权组织形式着重于机关。政体粗略地说明国家权力的组织过程和基本形态,政权组织形式则着重说明国家权力的机关以及各种机关之间的相互关系。其特点是以国家权力为依托,极有意义地辨析了两者的区别和联系。

政体是一个古老的政治学术语。古希腊的许多思想家几乎都有关于政体的论述,其中亚里士多德的政体理论至今仍然影响着人们对政体的认识。亚里士多德最早对政体进行了定义和界定,他认为:(1)政体是城邦一切政治组织,尤其是决定政治的"最高治权"的组织的依据,城邦的最高治权寄托于一定的"公民团体",并由此决定城邦的政体。例如,平民政体的治权寄托于平民,寡头政体的治权寄托于少数贵族。(2)政体是一个城邦的职能组织,以确定最高统治机构和政权的安排,因此,政体是城邦公职的分配制度,是城邦的最高治权的归属,是政权及其机关如何分配职位和设置的制度。(3)各种政体之所以不同,是由于城邦是由若干不同部分组成的,以及这些组成部分之间有不同的配合方式。(4)在此基础上,城邦政体被分为君主政体、贵族政体、共和政体、僭主政体、寡头政体、平民政体。前三种政体被称为正宗政体,后三种政体被称为变态政体。以亚里士多德的政体理论为基础,许多政治学家都对政体问题进行了讨论,形成了丰富的政体理论资源,也产生了各种错综复杂的观点。我们认为,政体是关于国家权力的归属,以及基于国家权力运用的需要而设置的相应国家机关,并在这些国家机关间进行权力配置的国家政治制度(政治形式)。国家权力的归属,特别是主权的归属问题是政体的核心。从政体的历史发展和现实的存在形式看,正是国家权力尤其是主权的归属,决定了政体的不同。例如,共和政体意味着国家权力和主权属于人民;君主政体则意味着国家权力和主权为君主一个人私有;立宪君主政体则表明国家权力和主权在形式上为君主所有,实际上为人民所有。设置相应的国家机关,并在这些国家机关间进行科学合理的权力配置,也是政体范畴内的内容,它由国家权力或主权归属决定。

政权组织形式是有关国家权力在归属已定的情况下,在不同国家机关之间进行权力配置以保证国家权力有效运用的政治制度。从整体上看,它主要包括:(1)根据权力运用和实现的需要,依据一定标准对国家权力进行划分;(2)设置相应的国家机关,并配置有关国家权力,从而形成相应的国家机关的职权;(3)依据行使权力的性质,确定各种国家机关之间处理相互关系的基本原则。从国家权力划分来看,它包括两个方面的内容:一是从横向划分国家权力,并在同一级国家机关之间进行权力配置,例如,在中央国家机关之间进行权力配置,形成中央国家机关之间的相互关系;二是从纵向划分国家权力,并在上下级国家机关之间进行权力配置,形成中央与地方、地方与地方之间国家机关的相互关系,例如,在中央和地方国家机关间进行权力配置。因此,国家权力在不同国家机关间的配置和分配,以及各种享有运用国家权力的国家机关之间关系问题是政权组织形式所要解决的问题。从现有的国家结构形式这一概念的使用情况来看,它主要指的是有关国家的中央与地方,整体与部分的相互关系的制度,实质上是一种纵向的国家权力配置关系。因此,从国家权力的配置以及由此而形成的国家机关间的关系来看,国家结构形式应属于国家政权组织形式的一个方面,是国家政权组织形式的组成部分。

综上所述,可以认为,政体概念有广义和狭义两种含义。狭义的政体,是指国家权力,尤其是有关国家主权归属的制度。广义的政体除含有狭义政体概念的内涵外,还包含国家权力在国家机关之间的配置及在此基础上形成的国家机关之间的相互关系之内涵。因此,广义的政体的概念是一个包括政权组织形式、国家结构形式等内涵在内的概念,从整体上指称国家有关上述内容的政治制度。政权组织形式是政体的下位概念,基于这种观点,如果没有特别说明,我们一般在狭义上使用政体、政权组织形式和国家结构形式等概念。

(二)政权组织形式与国家性质的关系

根据马克思主义的国家观,政权组织形式与国家性质存在着密不可分的内在联系,具体表现在以下两个方面。

1. 国家的阶级本质决定政权组织形式

(1)有什么样的国家性质的国家,就要建立与之相适应的政权组织形式。统治阶级总是采取最适合的政权组织形式建立政权，以便有效地组织本阶级的力量，协调内部矛盾，对敌对阶级实行专政。如奴隶制和封建制国家，采用的典型政体形式是君主专制政体，君主一人独揽国家大权，君主的意志就是国家的法律。

（2）国家性质的变化，会引起政权组织形式的变化。如当封建制国家发展到资本主义国家时，其君主专制政体的政权组织形式就因不能适应资产阶级民主的需要而被共和制政体所取代。

（3）同一类型、性质相同的国家，也会有不同的政权组织形式，这是一种特例。如奴隶制条件下的雅典民主共和制、资产阶级国家的君主立宪制等。之所以有这些"例外"的政体形式，是因为除了国体决定政体这一主要因素外，还由于各国阶级力量对比关系和民族关系、社会历史条件（文化传统、地理环境、风俗习惯等）的不同，它们也是影响国家政体形式的重要因素。

2. 政权组织形式对国家性质的反作用

如果没有适当的政权组织形式，统治阶级就无法达到其统治目的。一方面，当政权组织形式适合于国家性质时，它就能够更有效地组织并团结本阶级成员的力量，统一本阶级意志，为维护和保障本阶级的政治和经济利益发挥积极的作用。另一方面，当政体不适合于国家性质时，它会阻碍、破坏社会经济的发展，甚至危及统治阶级的统治地位。此时，必须对政体形式进行改革和完善。各国统治阶级都非常重视政权组织形式的建设，就是因为这是各国政治和经济管理的有效手段。

（三）政权组织形式的种类

政权组织形式因国家的阶级状况、历史传统和政体等的不同而存在着差别。根据不同的标准可以对政权组织形式进行不同分类。例如，按国家性质，可将政权组织形式分为剥削阶级国家的政权组织形式和无产阶级国家的政权组织形式；以历史发展为标准，可将政权组织形式分为古代国家的政权组织形式和近现代国家的政权组织形式；以政体的不同为标准，可将政权组织形式分为共和制政体的政权组织形式和君主制政体的政权组织形式，以及立宪君主制的政权组织形式。近现代立宪国家所采用的政体主要是共和制和立宪君主制，这里仅就这两种政体下的政权组织形式进行介绍。

1. 共和制政体的政权组织形式

共和制是近现代立宪国家普遍采用的主要政体之一。共和制是指国家权力，尤其是主权属于人民，作为国家代表的国家元首由选举产生并有一定任期的一种政体。由于国家权力在中央国家机关之间的配置不同，以及建立在此基础上的国家机关相互关系不一样，共和政体下的政权组织形式可分为以下几种：

（1）总统制。在世界范围内，总统制有两种形式：一是以美国为代表的比较典型的总统制；二是以法国为代表的较为特殊的总统制，通常称为半总统制。总统制的特点是总统既是国家元首，又是政府首脑，国家权力依一定原则在总统（政府）、议会和司法机关间进行配置；三者具有较强的独立性，总统和议会均由选民选举产生，总统不对议会负责。总统（政府）行使行政权，议会行使立法权，司法机关行使审判权。半总统制的特点是总统作为国家元首拥有实权，由议会中的多数党组阁，成立政府，对议会负责，议会可以倒阁的一种具有议会制特色的总统制。

（2）议会内阁制。在议会内阁制国家，国家元首为虚权元首，仅在形式上代表国家。议会由选举产生的议员组成,政府由议会中的多数党或政党联盟组成。政府(内阁)对议会负责,议会可以通过不信任案倒阁,政府也可依宪法程序解散议会,重新组织大选。同总统制一样,议会内阁制也是比较普遍被采用的一种政权组织形式。

(3)委员会制。委员会制是以瑞士的联邦行政委员会制为代表的一种政权组织形式。在瑞士,国家权力被分为立法权,行政权和司法权三种,立法权由国民院和联邦院组成的联邦议会行使。联邦行政委员会由议会选举7人组成,分别执掌行政委员会所属7个部。行政委员会是一个合议制机构,每周开一次会,法定开会人数为4人,委员会就有关问题平等地进行讨论,以出席会议的委员过半数票通过决定。

(4)人民代表会议制。这是社会主义国家采取的一种政权组织形式(中国为"人民代表大会",越南、老挝为"国会",朝鲜为"人民会议",古巴为"人民政权代表大会")。这种制度以工人阶级、农民阶级和其他社会主义建设力量作为阶级基础和群众基础。这些国家的宪法规定全国人民代表会议是最高国家权力机关,行使国家立法权。国家机构实行民主集中制原则,保证人民权力的完整和统一。

2.立宪君主政体的政权组织形式

立宪君主政体是一种国家权力在形式上或在一定程度上属于君主个人所有,君主作为国家元首代表国家,实际上不享有或享有有限的国家权力的一种政体。一般是在资产阶级革命不彻底的政治条件下采用的。由于君主所拥有的权力不同,君主在国家机关权力配置及相互关系中的地位不一样,立宪君主政体下的政权组织形式又可分为两种:

(1)二元君主制。二元君主制度是君主作为国家元首,尚拥有相当国家权力,君主作为国家机关在整个国家机关权力配置和国家机关相互关系中占有重要地位,议会权力较小,政府对君主负责的一种政权组织形式。现代国家中,只有约旦、沙特阿拉伯等少数国家仍保持这种政权组织形式。

在二元君主立宪制下,存在君主和议会两个权力中心,君主的权力虽然受到宪法的限制,但权力仍然很大。议会只是作为君主的咨询、协商机构而起作用。其特征是:①君主掌握着国家的主要权力;②内阁首相由君主直接任命,内阁的组成不是取决于议会中政党所占的议席,内阁不对议会负责,而是对君主负责;③君主的权力不受议会约束,君主还有权解散议会,否决议会决议,不经议会而颁布非常命令。

(2)议会君主制。议会君主制是指君主作为国家元首,仅在形式上代表国家,在国家机关的权力配置中不享有实质意义上的国家权力。国家权力主要在议会以及由议会产生的政府和司法机关间进行配置,议会和政府(内阁)关系处于整个国家机关关系的轴心。

议会君主立宪制的典型国家是英国。英国这种政治制度是1688年"光荣革命"后创立的。此外,日本、荷兰等国也采用这种政权组织形式。其特征是:①议会掌握国家立法权,政府是由议会中占多数席位的政党或政党联盟所组成的;②议会是国家最高权力机构,政府对议会负责;③君主是国家的元首或象征,其权力受到宪法和议会的限制和约束,君主一般是"临朝而不理政"或"统而不治"。

(四)政权组织形式与宪法的关系

政权组织形式与宪法的关系,主要表现为两个方面。

1.政权组织形式是宪法的基本内容

综观世界各国宪法的有关规定,可以发现,宪法中涉及政权组织形式的内容主要有:(1)在规定国家政体的基础上,明确规定在国家机关间进行权力配置的基本原则,宪法要么确立三权分立原则,要么规定民主集中制原则或议行合一原则;(2)设立相应的国家机关并赋予其职权;(3)规定各种国家机关在运用国家权力(职权)过程中的关系,具体表现为国家机关的组织活动原则、程序等。

2.政权组织形式对于宪法具有重要意义

撇开根本法的形式特征,从内容上看,近现代宪法有两个方面的内容,一是保障公民权利;一是建构政治社会。从某种意义上看,宪法的首要任务是建构政治社会,组织规范公共权力较之对公民权利的保障更为重要。保障公民权是以国家这个政治社会(公共权力)已存在为前提条件的。在现代社会,政权组织形式正是宪法建构政治社会(国家)的方式,因此可以说,没有政权组织形式规定的宪法,不能称之为宪法。

二、我国的政权组织形式是人民代表大会制

(一)人民代表大会制是我国的根本政治制度

人民代表大会制度是我国人民民主专政的政权组织形式,它是指由人民选举代表组成各级人民代表大会,并以人民代表大会为基础,按照民主集中制的原则,建立全部国家机构,统一领导和管理国家事务,保证一切权力属于人民的根本政治制度。

《宪法》第二条规定:"中华人民共和国的一切权力属于人民。人民行使国家权力的机关是全国人民代表大会和地方各级人民代表大会。"这一规定充分表明了人民代表大会制度的全部含义,即在我国,国家的一切权力属于人民,人民通过直接或间接选举的方式产生人民代表,组成各级人民代表大会,代表人民统一行使国家权力;国家的行政机关、审判机关、检察机关等均由本级人大产生,受本级人大监督,并对它负责;人民代表大会向人民负责,接受人民的监督,人民有权罢免不称职的代表。

1.人民代表大会制直接体现了我国人民民主专政的国家性质

我国是工人阶级领导的,以工农联盟为基础的,团结一切爱国者的人民民主专政国家。人民是国家的主人,有当家做主的权力。但是由全体人民直接行使国家权力是不可能,也是不现实的,必须通过一定的机构来实现。而全国人民代表大会和地方各级人民代表大会就是人民行使当家做主行使权力最适宜的机关。因为人民代表大会制表现了各阶级在国家生活中的地位,保障了全国人民内部各阶层、各民族、各地方、各政党都有自己的代表参加国家政权的管理,能真正代表广大人民的利益,能真正反映和有效地集中广大人民的意志。但是要真正落实一切权力属于人民,我们还必须努力建设社会主义民主,使人民代表大会制度的每一个具体环节都能充分地体现权力属于人民的原则,使每一个人民代表,每一个政府工作人员都能真正地代表人民,为人民服务,使每一项决策都能体现人民的意志,代表人民的最高利益。只有这样才能真正实现宪法

规定的中华人民共和国的一切权力属于人民。

2.人民代表大会制是其他制度赖以建立的基础

人民代表大会制度是人民革命斗争直接创制出来的,不是依靠从前任何法律规定而产生的。从它产生的那一天起,人民代表大会制度就成为人民行使权力的机关,人民赋予它以立法权、组织国家机关、对国家重大问题作出决定的权力。它直接创立和制定国家的各种制度和法律,而其他国家机关制定的法规和条例必须经人民代表大会批准或认可。或者它所授权的机关批准才能生效,它拥有对其他国家机关的组织领导与监督权,凭借这一项权力,它可以组建其他国家机关,并把它们置于自己领导和监督下,责令它们向自己负责并报告工作,并有权撤销这些机关领导人的职务。所以任何其他国家机关的权力,既不能与它平行,更不能凌驾于它之上。

3.人民代表大会制度反映了我国政治生活的全貌

按照宪法规定,我国的政治制度可以分为权力机关制度、国家元首制度、行政管理制度、军事制度、审判制度、检察制度。在这些制度中权力机关制度占据主导地位,起着支配作用,其他制度只能反映我国政治生活的一个侧面,只有人民代表大会制度才能够通过它的组织与活动全面地反映我国社会各阶级在国家中的地位,体现工人阶级对国家的领导;也只有人民代表大会制度才能够根据国内外的阶级力量对比关系和人民群众的实际需要决定国家的历史任务和大政方针。因此,人民代表大会制度在我国各种制度中不仅居于首要地位,而且为制定各个方面的制度奠定了法律基础。

总之人民代表大会制度直接反映了我国的阶级本质,它体现了我国政治生活的全貌,是国家的其他制度赖以建立的基础,是人民实现管理国家权力的组织形式,它是我国的根本政治制度。

(二)人民代表大会制的产生和发展

我国人民代表大会制度是中国人民在长期革命中创造和发展起来的。它经历了民主主义革命阶段和社会主义革命阶段,虽然两个阶段的人民民主政权组织形式有所不同,但都是民主集中制原则的具体运用,都是在中国共产党领导下,团结广大人民群众实现新民主主义革命和建设社会主义的有力工具。它经过由小到大,由弱到强,由局部地区的建立到全国范围内的建立的历史过程,有着悠久的革命传统。

第一次国内革命战争时期,在中国共产党领导下,就有了革命政权组织形式的萌芽。当时工人运动中出现的省港"罢工工人代表大会""罢工委员会",上海工人起义占领上海后召开的"上海市民大会"和由它选举的"上海市民政府"以及在农民运动中组织起来的"农民协会",这些都是人民民主政权的雏形。它们虽因第一次国内革命战争的失败而没有得到发展,但对以后人民民主政权的建立和发展,留下了不可磨灭的影响。

第二次国内革命战争时期,在中国共产党领导下的革命根据地都建立了苏维埃政权,它是以工人、农民为主体,并吸收一部分其他小资产阶级的工农民主专政的政权。这是我国劳动人民建立的人民政权。1931年,在江西瑞金召开了我国历史上第一次全国工农兵代表大会。大会宣布成立了中华苏维埃共和国,通过了中华苏维埃共和国宪法大纲。中华苏维埃全国代表大会是中华苏维埃共和国的最高权力机关,在大会期间,全国苏维埃中央执行委员会为最高权力机关,中央执行委员会组织人民委员会(即中央人民政府),人民委员会组成人员由中央执行委员会选出,处理日常政务,发布一切法令和决议案。全国工农兵代表大会由各省工农兵代表大会,中央直属市、直属县工农兵代表大会以及红军所选出的代表组成,它是苏维埃政权的组织形式。地方各级工农兵代表大会是地方政权组织形式,它由地方人民以直接或间接的方式选举产生,地方各级工农兵代表大会组织各地方人民委员会,它负责管理本地区的事务。这为革命政权的建设和人民代表大会制度的发展积累了宝贵的经验。

抗日战争时期,民族矛盾上升为主要矛盾,国内的阶级关系发生了新的变化。中国共产党为了团结一切抗日的人民,提出了建立广泛的抗日民族统一战线的号召,把工农民主政权改为抗日民主政权,把工农共和国的口号改为人民共和国口号,建立了以工农兵为主体、联合一切抗日人员的人民民主政权,以适应抗日战争新形势的要求。这时的政权虽然有其他阶级分子参加,但它仍是在工人阶级领导下,几个革命阶级联合专政的民主政权。在抗日民主政权组成上实行共产党(代表工人阶级和农民)、非党的左派进步分子(代表小资产阶级),中间分子和其他分子(代表中等资产阶级和开明人士)各占三分之一的"三三制"。同抗日民主政权相适应的政权组织形式是各级参议会和各级人民政府。当时分为边区、县、乡三级,参议会由人民采取普遍、平等、直接、秘密的方式选举产生。各级参议会组织政府作为闭会期间的政权机关,领导政务。

第三次国内革命战争时期,蒋介石发动了反共反人民的内战。为了适应当时斗争形势的需要,中国共产党提出了联合工农兵学商各被压迫阶级、阶层、各人民团体,各民主党派、各少数民族、各地华侨和其他爱国分子,组成民族统一战线的政权。随着革命战争和土地改革运动的发展,在贫农团和农会的基础上建立起了区、乡两级人民代表会议作为人民政权组织形式。正如毛泽东同志所指出的,在各级人民代表会议中,必须使一切民主阶层,包括工人、农民、独立劳动者、自由职业者、知识分子、民族工商业者以及开明绅士,尽可能地都有他们的代表参加进去。在这个时期采用的人民代表会议制度,在组织和动员人民群众支援解放战争,摧毁国民党反动政权方面发挥了巨大作用,并且为全国胜利后从人民代表会议过渡到人民代表大会,提供了宝贵的经验。

以上这些政权组织形式,虽然由于各个革命时期的形势和任务不同,建立程序与参加的阶级、阶层都有差别,但是,它们对促进人民革命的胜利起了重要作用,为建立人民代表大会制积累了丰富的经验,奠定了良好的基础。

中华人民共和国成立前夕,我们党倡导召开了中国人民政治协商会议。会议上通过了《中国人民政治协商会议共同纲领》。起临时宪法作用的《共同纲领》明确规定:"人民行使国家政权的机关为各级人民代表大会和各级人民政府,各级人民代表大会用普选方法产生之。"但鉴于当时条件还不够成熟,采取了一种过渡的措施,即在中央,由中国人民政治协商会议的全体会议执行全国人民代表大会的职权;在地方,普遍召开各级各界人民代表会议,并由地方各级各界人民代表会议逐步代行地方各级人民代表大会的职权。这种过渡形式为在我国正式实现普选的人民代表大会制度奠定了组织基础。

到1953年,在全国范围内基本完成了土地改革,肃清了残余土匪,同时还基本完成了工商业的民主改革,进行了抗美援朝运动,恢复与发展了工农业生产。这些革命和建设的成就不仅极大地激发了全国各族人民的政治热情,而且大大提高了人民的思想觉悟,从而在思想上、组织上为实行普选、召开人民代表大会创造了条件。1954年全国实行普选,并在召开地方各级人民代表大会的基础上,召开了第一届全国人民代表大会第一次会议,审议通过了我国第一部宪法。这部宪法总结了革命根据地建设的经验,特别是新中国成立以来政权建设的经验,以根本大法的形式确定了人民代表大会制是我国的国家政权组织形式,是我国的根本政治制度。

(三)人民代表大会制度的组织原则

《宪法》第三条规定:"中华人民共和国的国家机构实行民主集中制的原则。"这一规定表明民主集中制既是我国人民代表大会制度的基本的组织与活动原则,也是一切国家机关都必须遵循的原则。所谓民主集中制是指在充分发扬民主的基础上,集中多数人的正确意见而作出决定的一种决策方式。它既表明了由多数人决定问题的民主过程,也包含了集中多数人意见的集中过程,是民主与集中的辩证统一。我国人民代表大会制的民主集中制原则主要表现在以下几个方面:

第一,在人民代表大会制与人民群众的关系方面,全国与地方各级人民代表大会都由人民通过直接或者间接选举的方式产生,对人民负责,受人民监督,选民或者原选举单位有权罢免不称职的代表。在我国,人民是国家的主人,人民代表是人民派往权力机关的使者,是人民的公仆。人民代表的职责是反映人民群众的意见和要求,代表人民制定法律并模范地遵守宪法和法律,通过参加各种人民代表大会的活动,实现人民当家做主的权力。

第二,人民代表大会作为国家权力机关,在与其他国家机关的关系方面,同样体现了民主集中制原则。我国的权力机关有权决定一切国家重大事务,组织并产生其他国家机关。其他国家机关对权力机关作出的决议或制定的法律必须贯彻执行,对权力机关负责,受权力机关监督并报告工作。在这一问题上,我国与西方国家的"三权分立与制衡"原则不同。"三权分立与制衡"作为资产阶级国家的组织与活动原则,过多地强调民主与制衡。在国家权力划分中,强调"均衡",没有真正体现出作为民意代表机关应有的权威和全权地位。社会主义的民主集中制原则,是在充分民主的基础上集中了绝大多数人的意见,表现了真正的民意,因而也避免了"三权分立"所具有的各权力中心之间互相拆台、效率不高等弊病。

第三,在中央与地方之间的关系上,中央和地方的职权划分,遵循充分发挥地方的积极性、主动性,同时服从中央的统一领导的原则。人民代表大会制中这种民主与集中的相辅相成关系已成为我国权力机关的一大特点。

(四)人民代表大会制度的优越性

(1)人民代表大会制度是在我国长期革命斗争中由人民创立的,适合中国的国情。人民代表大会制度是中国共产党在长期革命和建设中,把马克思主义的学说同中国的革命实践相结合,经过不断的探索和实践创立的最适合我国的政权组织形式。在中国近代史的各个阶段,各种社会势力围绕中国建立怎样的政治制度,曾提出各种主张,进行过各种尝试。但历史雄辩地证明,无论是君主立宪制、还是资产阶级民主共和国,在中国都行不通。我国的人民代表大会制的发展经历了 20 世纪 20 年代的萌芽形态,30 年代的苏维埃制度,40 年代的参议会制度以及后来的人民代表大会制。历史和现实的经验表明,只有人民代表大会制度才适合中国的国情,具有强大的生命力。人民代表大会制度是历史的选择,人民的愿望。

(2)人民代表大会制度最便于人民管理国家,行使当家做主权力。我国是工人阶级领导的,以工农联盟为基础的人民民主专政国家,工人、农民、知识分子是社会主义建设事业必须依靠的三大基本的社会力量。同时我国存在着广泛的爱国主义统一战线,并且我国又是一个多民族的国家,而人民代表大会制度正是这样一种适宜的政权组织形式,它足以体现各阶级、各阶层和各民族在国家生活中的地位,便于实现最广泛的民主,吸收广大人民群众参加国家管理和社会主义建设事业,充分发挥最大多数人的智慧和创造力。

第一,从各届全国人民代表大会和地方各级人民代表大会的代表构成来看,工人、农民、知识分子代表的总数大体占代表总额的半数或接近半数,体现了工人、农民、知识分子是我国社会主义建设的主力军;其他社会各阶层的代表、民主党派和无党派爱国人士的代表、少数民族代表,华侨代表等占适当名额,这充分说明了人民代表大会制的群众基础是极其广泛的。可见吸收了各阶级、阶层和社会各方面的代表人物的人民代表大会,能够真正有效地集中全国人民的意志,行使管理国家的权力。

第二,我国的选举制度能方便人民管理国家。代表要向选民或选举单位负责,选民或选举单位,有权依照法律规定的程序罢免自己所选的代表,各级人民代表大会,有权罢免它所选出的国家机关工作人员。罢免权,使代表必须服从选民或选举单位的意志,国家机关工作人员必须服从选举他们的人民代表大会的意志,这样人民通过选举代议机关管理国家,广大人民群众的利益最终能够得到体现和保障。

第三,国家的一切法律、党的政策都应该表达广大人民的意志。要保持党与人民的沟通,法律和政策的人民性,只有通过人民代表大会制度来实现。国家大事及地方重大问题都要在人民代表会议上讨论,广泛听取并吸收有益的意见,然后经过特定的程序,形成为法律而付诸实施。国家机关服从法律,也就是服从人民的意志,可见,人民通过人民代表大会制度能够充分行使当家做主,管理国家事务的权力。

(3)人民代表大会制度实行民主集中制,既能保证中央的统一领导,又便于充分发挥地方的主动性和积极性。我国的一切权力属于人民,由人民代表大会行使国家权力意味着人民意志的统一,也意味着各民族的团结。在人民代表大会制度下,我国虽然存在着立法、行政、审判、检察等不同性质的国家机关,但我们的根本原则是民主集中制,表现在:人大代表由人民选举产生,受人民委托和监督,代表人民意志,在人大会议上,进行充分的民主讨论,决定国家大事,采取少数服从多数的原则制定法律、作出决议。人民代表大会是国家权力机关,而其他国家机关则处于从属地位。各国家机关在民主集中制下,实行下级服从上级的原则,既要求上级加强统一集中领导,不允许下级对上级闹独立性,反对一切可能出现的极端民主化倾向;又要求上级国家机关坚持人民当家做主的原则,接受人民群众的监督,接受下级机关的监督,反对一切可能出现的上级独断专行的错误倾向。另外,我国国家机关是一个统一的整体,这个统一的整体,是依靠它自身组成的各个部分的协调活动来实现其管理国家事务这种职能的,在国家事务中,属全国性的、需要在全国范围内统一决定的重大问题,都由中央决定,以利于集中和统一领导;凡属地方性问题,应由地方处理,以利于发挥地方的积极性,因地制宜和因时制宜处理各种问题。这样既能保证中央的统一领导,又能发挥地方的主动性和积极性,真正地实现了在民主基础上的集中和在集中指导下的民主。我们的人民代表大会制度是民主的,又是集中的,这个制度既能表现广泛的民主,使各级人民代表大会真正代表人民,支持和监督它所选出的政府,从而使政府根植于民主的基础之上,同时按照宪法和法律行使职权,领导和管理国家行政事务,执行本级人民代表大会的决议,并保障人民的一切权利得以实现。

(4)人民代表大会制度有利于促进社会主义现代化建设事业,保证社会主义经济的发展。我国社会主义现代化建设是我国人民的宏伟事业,它还需要全国人民同心同德,全力以赴才能顺利进行、胜利地完成。由于人民代表大会制度实行"议行合一"制度,人民代表是不脱离自己的工作或生产单位,从群众中来,又回到群众中去,能够宣传教育人民群众,鼓舞人民群众的政治热情和劳动积极性,从而带领人民群众共同努力为社会主义现代化建设贡献一切力量;能够组织和动员人民群众进行充分讨论,集思广益,帮助各级政府制定正确的建设规划,避免或减少决策中的失误;能够在人民内部进行自我教育,妥善处理和化解人民内部矛盾,防止人民内部矛盾的激化,同时制止和制裁敌对分子的各种侵蚀和破坏活动,对敌对分子实行有效的专政。并且,各级人民政府是人民代表大会的执行机关,直接担负着社会主义建设事业的管理工作,政府工作的好坏,决定着建设事业的成败。由于人民政府必须接受本级人民代表大会的监督,有了这种监督,就可以避免行政管理工作偏离社会主义的轨道;有了这种监督,就可以减少行政机关和国家工作人员的官僚主义,避免人民群众的创造精神遭受压抑与窒息。人民代表大会制度就是这样能够调动一切积极因素,同心同德,为实现社会主义现代化建设而奋斗的基本政治制度。

三、坚持和完善人民代表大会制度

人民代表大会制度是我国的政权组织形式和根本政治制度,集中体现了我国政治制度的中国特色。我国实行的人民民主专政的国体和人民代表大会制度的政体是人民奋斗的成果和历史的选择,坚持和完善这个根本政治制度,对于坚持党的领导和社会主义制度,实现人民民主具有决定意义。

(一)坚持人民代表大会制度

坚持人民代表大会制度的关键在于坚持什么和怎样坚持的问题。我们认为坚持人民代表大会制度就是要坚持和维护人民代表大会制度所固有的最本质的东西,在坚持中完善和发展人民代表大会制度。比较人大制度与西方国家的代议制度,我们认为坚持人民代表大会制度主要坚持以下几个方面的内容。

1.坚持中国共产党的领导

坚持党对人大制度的领导是我国人大制度建立、发展的需要。人民代表大会制度是中国共产党领导中国人民在革命斗争中逐渐摸索和建立起来的符合我国特色的根本政治制度,没有中国共产党的领导,就不会有人民代表大会制度。人民代表大会制度的发展也表明,没有中国共产党,人民代表大会制度也不可能健康地发展到现在。坚持党对国家的领导是我国宪法确立的基本原则,党对国家的领导首先应是对人民代表大会制度的领导,并且主要通过对人大制度的领导来实现对国家的领导的。党的领导和活动贯穿于人民代表大会制度所建构的人民同国家关系以及国家权力在国家机关之间进行配置的各个环节的始终,没有党的领导和党对人大制度的参与,人大制度将不能运作。因此,坚持党对人大制度的领导,是人大体制正常运转的需要。坚持党对人大制度的领导,就是要坚持党对人大制度的政治、思想和组织领导,即:(1)制定路线、方针、政策,指明每一个时期的奋斗目标,确定与之相适应的工作任务和完成任务的步骤、措施与工作方法,为人大立法和国家机关的活动指明方向;(2)推荐人大代表和国家机关的干部,从组织上保证党的路线、方针、政策的贯彻执行;(3)宣传党的路线、方针、政策,向人大代表和国家机关工作人员以及广大群众进行细致的思想工作,使之理解党的路线、方针、政策的精神实质,自觉地以实际行动贯彻执行。党对国家的领导的上述三个方面,以路线、方针、政策为主导,其他两个方面都围绕着路线、方针、政策而展开,并服务于路线、方针、政策。

2.坚持民主集中制和议行合一的组织原则

民主集中制原则是我国宪法规定的国家机关组织活动原则,反映了在人民代表大会制度下人民与国家、国家机关间的(包括同一级国家机关间和上下级国家机关间)关系,反映了各种国家机关行使职权的组织原则。议行合一原则是与三权分立相对而言的一个国家权力配置原则,侧重于调整同一级国家机关间的关系,我国人民代表大会与同一级其他国家机关间的关系,体现了议行合一的原则。民主集中制原则和议行合一原则是人大制度区别其他代议制度的重要方面,坚持人民代表大会制度必须坚持民主集中制原则和议行合一原则。

3.坚持一院制的组织形式

在人民代表大会制度下代表机关采取一院制的组织形式,国家权力统一由人民代表大会行使。人民代表大会制度采取一院制的。组织形式,是我国的民族关系状况、政权建设的历史和中国共产党对人大制度的领导等因素决定的。实行一院制的组织形式,对于精简国家机构,提高管理效率也具有重要意义。坚持人民代表大会制度必须坚持一院制的组织形式。

(二)完善人民代表大会制度

人民代表大会制度建立和发展的历史表明,我国的人大制度是在不断完善的过程中逐步发展起来的,我国的人民代表大会制度的发展大致经历了三个时期,即:(1)人大制度的确立及逐步发展时期(1954年9月到1966年5月);(2)遭受挫折和破坏的时期(1966年5月到1976年10月);(3)逐步恢复和发展的时期(十一届三中全会后,到党的十五大召开)。在逐步恢复和发展的这个时期,我国的人民代表大会制度除了恢复1954年宪法及有关法律的规定外,还通过宪法的修改以及组织法和选举法的完善,在以下几个方面发展和完善了人大制度:(1)在县、乡两级实行人大代表的直接选举;(2)县级以上地方人大设立常务委员会;(3)扩大了全国人大常委会的职权;(4)省级人大及其常委会有权制定地方性法规;(5)加强了各级人大的组织。随着几次对宪法的修正和1997年党的十五大的召开,我国进入了社会主义市场经济和民主政治建设的新时期。在社会主义市场经济条件下,着眼于社会主义民主政治建设和法制建设的需要和促进市场经济的发展,必须进一步完善人民代表大会制度。

1.进一步完善人民代表大会制度的宪政体制

宪政体制是近现代民主政治的组织载体及运作机制的统一体。一般而言,广义的宪政体制应包括两种机制和调整两种关系:(1)调整人民同国家的关系,其所奉行的是主权在民原则;(2)调整国家机关间的相互关系,包括同级国家机关的相互关系和上下级国家机关间的关系,尤以中央国家机关间的相互关系和中央与地方的关系最为典型。就前者而言,宪政体制所奉行的是民主集中制原则或三权分立原则;就后者而言,则有单一制原则和联邦制原则之分。狭义的宪政体制仅指同一级国家机关(尤其指中央国家机关)间的关系及其调整。在人民代表大会制度的宪政体制下,同一级国家机关间关系的调整,遵循的是民主集中制原则和议行合一原则,它们行之有效地克服了三权分立原则的许多弊端,确保了代表机关的权力机关性质和在同一级国家机关中的主导地位,较好体现了主权在民的原则。但无须讳言,民主集中制原则特别是议行合一原则侧重于调整和规范权力机关与同级其他国家机关间的关系,而对同级其他国家机关特别是行政机关与审判机关、行政机关与检察机关间的相互关系,没有有效的调整和规范机制。我国宪法虽有行政权与审判权、审判权与检察权的划分,但我国行政机关与审判机关、行政机关与检察机关的关系只能从它们的性质上去把握,在宪政体制上则是不明确的,可操作性不强。《宪法》虽然也有"人民法院、人民检察院和公安机关办理刑事案件,应当分工负责,互相配合,互相制约"的规定,但公安机关作为政府的一个职能部门,其同审判机关、检察机关的关系并不能全面、普遍地反映行政机关(政府)同审判机关、检察机关的关系,并且这里的"分工负责,互相配合,互相制约"的规定仅仅适用于办理刑事案件,不能对行政机关、审判机关、检察机关间的关系进行具有普遍意义的一般调整。虽然行政诉讼制度有助于弥补我国宪政体制的这一不足,但由于我国行政诉讼制度本身所具有的局限性,由行政诉讼体现的审判机关对行政机关的司法监督原则只能在很有限的程度上弥补我国宪政体制的不完善之处。因此,在市场经济条件下,完善人民代表大会制度必须健全宪政体制。我们认为较为可行的措施有:(1)赋予人民法院在审理行政诉讼案件时对所适用、参照的行政法规、部门规章、地方行政规章的合宪性、合法性进行审查的职权,凡审判机关认为违反宪法和法律的,应以司法建议的形式上报同级人民代表大会及其常委会并由该权力机关依法予以撤销或上报,逐级上报到有权予以撤销的人民代表大会及其常委会依法予以撤销。(2)赋予人民检察院对同级政府及其部门的行政立法进行监督的职权。检察机关是国家专门的法律监督机关,除了现有的几项监督职能外,还应有对政府的行政立法的合法性进行监督的职能。检察机关对同级政府及其职能部门的行政立法进行监督,即检察机关可依法对同级政府及其职能部门的行政立法进行合法性审查,凡认为是与法律不符合的,检察机关应要求政府及其部门自行撤销或建议同级人大或其常委会予以撤销。(3)建立行政诉讼的公诉制度,由检察机关对同级政府及其职能部门的行政违法行为向同级人民法院提起公诉。从我国行政诉讼建立以来的审判实践来看,由于行政管理相对人的顾虑,大量的行政纠纷并没有进入行政诉讼程序,致使行政机关及其活动没有受到应有的司法监督。在不告不理原则下,建立在行政诉讼基础上的司法监督,是一种较为消极的司法监督。建立行政诉讼的公诉制度,有助于行政诉讼发挥更主动积极的司法监督作用。另外,建立行政诉讼的公诉制度,还有助于在行政执法领域维护国家法制的统一性。地方各级人民政府及其职能部门具有地方性,从一定意义上讲它们是地方利益的代表,因而在行政执法领域内不可避免地有地方保护的倾向。而过分地主张地方利益的不健康的地方保护倾向,是妨碍法制统一性的根源,也是阻碍统一市场形成、妨害市场机制发挥作用的祸根。检察机关作为国家法律监督机关从一定意义上讲具有超然于地方利益的性质和地位,因此建立行政诉讼的公诉制度可以起到维护国家法制统一的作用。

应该指出的是,完善人民代表大会制度的宪政体制的上述措施的关键在于改善和加强审判机关和检察机关在宪政体制中的地位,以保证其在人大制度的宪政体制下的司法独立地位。

2.进一步理顺党政关系,改善党对人大制度的领导

在坚持党的领导下进一步理顺党政关系,改善党对人大制度的领导,是在新的历史条件下完善我国人大制度的重要方面。理顺党政关系:首先是要明确区分党的职能和国家职能界限,杜绝以党代政、党政不分的现象。政党包括执政党本身不是政权,党同国家机关的性质不同、职能不同,组织形式和工作方式也不相同。党的决策不能代替人大的决策,党的路线方针政策不能代替国家宪法和法律。其次是党必须在宪法和法律的范围内活动,按照宪法和法律的规定进行执政,开展政治活动,尊重人大的决定和决议。我国宪法规定,一切国家机关和武装力量,各政党和各社会团体、各企业事业组织，以及每一个公民都必须遵守宪法和法律。中共党章也规定，党必须在宪法和法律范围内活动。再次，党必须接受宪法和法律监督。党必须遵守宪法和法律，在宪法和法律规定的范围内活动，就必然意味着党必须接受宪法和法律监督。这样党和国家的关系就是一种宪法和法律关系，一方面，党依照宪法和法律的规定领导国家，进行执政；另一方面，党要按照宪法和法律开展活动。这样，既有助于理顺党政关系，也有助于推进我国的民主政治建设和法制建设。

3.进一步加强人大的自身建设

加强人大自身建设，从某种意义上讲就是进一步完善有关人民代表大会的各项制度，使各级人民代表大会真正成为具有高度权威的国家权力机关。进一步加强人大自身建设，主要应采取下列措施：(1)要提高人大代表和各级人大常委会委员的素质。人大代表和人大常委会委员应该具备的素质包括良好的政治素质、道德素质、文化素质、身体素质以及由这些因素所综合体现的参政议政能力。提高代表和委员的素质，要求在选举中按照国家权力机关的性质选配人大代表和常委会组成人员，选出各方面素质较好、具有一定的社会活动能力和参政议政能力的公民当代表和人大常委会委员。要通过优化代表的知识结构和年龄结构以及定期组织新当选的人大代表和委员，学习有关人民代表大会制度的知识和各种政治法律知识，交流代表和委员活动经验，提高代表素质。(2)要进一步健全各级人大的组织机构。健全人大组织机构：一是要根据需要建立健全各级人大的专门委员会，包括增设必要的新的专门委员会，如全国人大应增设宪法及法律监督委员会；制定和完善各专门委员会的工作制度，在专门委员会中充实有关方面的专家等内容；二是要加强县级以上地方各级人大常委会办事机构的建设，设立必要的工作机构和研究机构，配备必要的工作人员。(3)要切实行使宪法和有关法律赋予人大的各项职权，加强对"一府两院"的监督。宪法和有关法律赋予了各级人大及其常委会广泛的职权，在人大制度的实践中有些职权的行使往往流于形式。为此，人大如何切实行使有关职权，特别是监督权，是人大制度建设中必须正视的问题。我们认为，各级人大切实行使职权，加强对"一府两院"的监督，一方面要提高对人大及其职权的认识；另一方面要建立健全人大行使职权特别是监督权的各项制度，加强有关方面的法制建设，保证人大在行使职权时有具体的规则和程序可以遵循。(4)要进一步完善人大的各种工作制度，如人大及其常委会会议的议事制度，各级人大常委会办事机构的工作制度。

第二节　国家结构形式

一、国家结构形式的概念和分类

(一)国家结构形式的概念

国家结构形式是指国家的整体和部分之间、中央和地方之间权力关系的一种形式。国家结构形式也是国家形式的重要组成部分，是统治阶级便于对国家进行统治和管理，行使自主权的一种表现。国家结构形式由该国宪法加以规定。

国家结构形式不是一个孤立的社会现象，而是随国家的产生和发展而变化。同时，一个国家采取何种国家结构形式不是随心所欲的,而是受地域、民族、地理、政治、经济、宗教、文化等因素的影响和制约。因此,考察国家结构,离不开对这些因素的认识。例如,就地域而言,如果地域辽阔、各地自然条件差异较大,则不便采取集中统一的管理,而采取联邦制的较多,如俄罗斯、美国、加拿大、印度、澳大利亚、巴西等联邦国家,都是幅员广阔的国家。同样,在一些面积较小的国家,采取单一制国家结构形式的居多,如亚洲的日本、朝鲜、菲律宾、阿富汗、老挝、尼泊尔,欧洲的英国、荷兰、比利时等国。全世界除了20多个国家实行联邦制以外,其余国家都实行单一制,这些国家的地域因素相对较小。当然,地域并不是决定国家结构形式的唯一因素,其他地域较小的国家如瑞士、奥地利等国也实行联邦制。

(二)国家结构形式的分类

近代资本主义国家最早创建了比较完备的国家结构形式——单一制和复合制。单一制国家是指由各个不享有独立主权的一般行政区域单位组成的统一主权国家;复合制国家是指由两个以上国家组成的国家联盟。按照复合制国家联合的密切程度,又分为联邦制和邦联制。联邦制是指由两个以上共和国或邦、州等联合组成的统一国家;邦联制则是指两个以上的独立国家为了某种特定目的而结成的国家联合。

1. 单一制与联邦制的比较

(1)单一制国家与联邦制国家的组成原则不同。单一制国家是由全国各个地方行政区域组成,联邦制国家则由各个联邦成员国组成。单一制国家下的各地方行政区域是国家根据统治需要而进行划分的结果,即国家主权先于各个行政区划存在;联邦制国家下的各个成员单位则是先于联邦国家存在,即联邦国家由两个或两个以上成员单位组成一个新国家。因而在单一制国家,全国只有一个立法机关和一个中央政府,各行政区域的地方政府均受中央政府的统一领导。中央和地方职权的划分,遵循在中央统一领导下,充分发挥地方的积极性和主动性原则。在联邦制国家,除设有联邦立法机关和联邦中央政府之外,各组成单位还设有自己的立法机关和中央政府,全国形成了联邦政府和地方政府两级同时并存的状况,联邦政府和地方政府都有一定的权力和职能,联邦政府和地方政府在立法、行政、税收等方面,均无从属关系,彼此独立,各自直接负责。

(2)单一制和联邦制国家各组成单位,其享有的权力和所处的地位不同。单一制国家是作为国际法主体而出现,各地方行政区域从来就不是一个政治实体,不具有任何主权特征。各地方政府依存于中央政府,没有脱离中央而独立的权力。联邦制国家在对外关系上虽也是国际法主体,但其组成单位的权力也非常大。在联邦成立之前,各联邦成员国都是单独的享有主权的政治实体;在加入联邦后,它们虽不再像过去那样享有完全独立的主权,但其一定的主权仍受联邦法律的保护,这些权利一般都以联邦宪法规定之。例如:各联邦成员单位有权制定和修改本成员国的宪法,规定其内部制度而无须联邦政府批准;联邦国家的成员单位在加入联邦之前享有的地域范围,在加入联邦后,未经其同意不得任意改动;联邦成员单位享有自己的国籍和加入或退出联邦的权利。由此可以看出,单一制下的各地方单位与联邦制下的各组成单位,由于其国际法地位不同,各自享有的权利大小也不同。单一制国家中,整体与部分之间的关系就是中央与地方的关系,地方权力很有限。而联邦制国家中的各成员单位权力相对较大,不但保留有自愿加入或退出联邦的权力,甚至还享有一定范围内的外交权。

(3)单一制和联邦制国家其权力来源不同。单一制国家中,由于各地方单位是经中央政府人为划分的,因而各单位不享有任何主权。各地方政府的权力只能来自于中央的授权。而联邦制国家中,由于各成员单位在加入联邦前是具有独立主权的政治实体,他们在加入联邦国家时,把各自原有的一部分权力交与联邦政府,同时又保留了一部分权力以管理其内部事务。这种权力的让渡在各个联邦制国家有所不同。对于各成员单位让与联邦的权力和自己保留下来的权力,都会在联邦宪法中明确规定。所以联邦制国家权力是源于各成员单位的让与,而各成员单位自己保留的权力或联邦宪法上未列举的权力叫做"剩余权力"。可见,从单一制和联邦制国家的权力来源看,单一制国家组成单位的权力是由中央授权并由国家以法律直接确认,不存在"剩余权力"问题,而联邦国家的权力是各成员单位让与的。此外,在联邦国家,一般都是以联邦宪法采取列举的方式来确定中央和成员单位两级政府各自的权力。这种列举也有不同的形式。有的是将中央政府的权力列举之后,把其余的权力留给各成员单位,如瑞士、美国、澳大利亚等;有的是将地方政府的权力列举之后,把剩余的权力交给中央,如加拿大等;还有的是将中央和地方两级政府的权力都在宪法上予以列举,如印度等。

2.联邦与邦联的比较

邦联也是国家结构形式的一种,但与联邦相比而言,它是一种松散的国家联合体,它与联邦有着较大的区别。

(1)邦联没有一个设在各组成单位之上的中央政府。虽然邦联也组织了中央机构,但该机构只是邦联的成员国首脑会议组织,它没有权力决定其成员国的内部事务。联邦则不同,它是由各成员单位联合而成,并共同组织了一个中央政府置于各成员单位之上,中央政府有权统治其成员单位。

(2)邦联的各成员单位都是具有国际法地位的独立国家,各成员单位的关系属于国际关系,各国的盟约也属于国际条约。因此,邦联中央机构的决议,虽能约束其成员国,但对其成员国内部的事务却无权直接涉及和管辖,只有通过各成员国政府以国家的名义作出决议,才能对本国的内部事务产生效力。联邦国家因其是由各成员单位组合起来的具有国家独立主权的完整国家,各成员单位都是联邦国家的一部分,它们之间的关系属于联邦宪法所确认的国家内部的关系,因而联邦不但可以支配各成员单位,而且也直接统治所有成员单位的人民。

邦联的出现主要是在17世纪到19世纪初资产阶级革命时期。如1778年到1789年北美13个州初独立时组成的邦联;1815年到1848年的瑞士同盟;1820年到1866年的德意志同盟等。当代国家现已很少采用这种国家结构形式。1982年在非洲曾成立了塞内冈比亚邦联。1958年成立至今的欧洲经济共同体也被视为邦联形式。前苏联在1991年解体后,也曾由俄罗斯等11个已主权独立的国家召开首脑会议,发表宣言成立所谓的"独立国家联合体",这种"独联体"即是一种邦联形式。

二、我国采取单一制的国家结构形式

(一)我国采取单一制国家结构形式的必要性

我国《宪法》在序言中指出:"中华人民共和国是全国各族人民共同缔造的统一的多民族国家。"《宪法》总纲又规定:"各少数民族聚居的地方实行区域自治,设立自治机关,行使自治权。各民族自治地方都是中华人民共和国不可分离的部分。"宪法规定表明,我国是多民族的国家,又是统一的国家,我国采取的是单一制的国家结构形式。中国的各民族历史状况和民族关系,决定了在我国才能采取也不可能采取联邦制,只有单一制的国家结构形式,才最适合中国国情最能反映出我国人民民主专政的阶级本质。

(1)建立单一制国家结构形式是我国历史发展的必然趋势,是全国各族人民长期奋斗的结果。中国是世界上具有悠久历史和灿烂文化的伟大国家,国内各民族人民共同创造了中华民族的文明历史。自秦汉以来,在国家结构问题上,我们一直是实行中央集权制的统一国家。在两千多年的封建历史长河中,虽然经历过一次次的政权更迭,也不乏民族间的矛盾和斗争,但高度的中央集权体制却是这一历史中的显著特征,国家的统一和民族间的合作始终成为主流。历史充分证明,我国自古以来就是一个统一的中央集权国家,各民族人民在长期的经济文化交往中,在共同的劳动、生活和斗争中,早已结成了不可分割的整体。历史上我国从未出现过复合制,既没有经历过欧洲中世纪的封建割据、小国林立的局面,也没有美国那种由邦联转化到联邦的历史过程。这一历史条件为我国后来建立单一制国家提供了可能性和必要性。而近代中国的百年历史中,各族人民为争取民族解放、国家独立和民族自由所进行的顽强不息的斗争,为我国建立一个统一的、各民族平等的、主权独立的国家提供了重要条件。建立单一制结构的国家,既是全国各族人民的共同心愿,也是中国人民反对内外敌人共同奋斗的必然结果。

(2)建立单一制国家结构形式,有利于我国各民族团结和各民族的共同繁荣发展。我国有56个民族,民族成分、民族人口比例及民族分布状况,决定了我国必须采取单一制。从民族人口数量来看,全国人口 12 亿多,其中汉族人口约占总人口数的 91.96％,其余 55 个少数民族人口约占总人口数的 8.04％。在各少数民族中,人口超过 1000 万的只有壮族,人口在 1000 万以下、100 万以上的有 17 个民族,另有 15 个民族的人口在 10 万以上、100 万以下,其余各民族人口大致在 1 万以上 10 万以下,甚至有的民族仅有千人左右。各民族人口如此悬殊的比例表明,我国虽然是多民族国家,但不可能建立以各民族为主体的民族国家。同时,我国民族分布情况也具有自己的特点,它不是整齐划一、界线分明的布局,而是呈现出"大杂居,小聚居"的交错杂居状态。各民族之间"你中有我,我中有你",不仅汉族与各少数民族存在相互杂居的情况,各少数民族间也同样交叉居住,并且一个民族往往有许多个聚居区。如回族、满族就分布在全国的几个地区,形成了一个个民族聚居的地方。目前,除西藏自治区外,我国的其他民族自治区没有一个是由单一的民族组成。如新疆维吾尔自治区,除维吾尔族外,还有其他十几个少数民族居住。我国少数民族这种"大杂居、小聚居"的分布特点,是各民族在长期的交往中互相影响、互相融合、彼此团结的结果。正是这一具体情况,要想在我国建立一个由单一民族组成的民族共和国是不可能的。只有建立单一制下的民族区域自治制度来解决我国的民族问题,才是实现各民族平等、团结和共同繁荣的最符合实际的国家结构形式。

(3)建立单一制国家结构形式,有利于社会主义建设共同目标的早日实现。要建设具有中国特色的社会主义现代化,就必须一切从国情出发。我国现实的一个重要特点是:地大物博,自然资源丰富,但人口和资源的分布极不平衡,各地区经济文化的发展极不平衡。一方面,各少数民族人口虽少,但其分布和居住的地区却占全国总面积的 60％,这些地区的地下资源非常丰富,却由于该地区生产水平低,技术落后,经济发展缓慢;另一方面,我国汉族人口众多,但居住面积小,生产和技术水平较高,经济比较发达,且由于开发较早,对自然资源利用时间长、数量大,因此,相对边疆少数民族居住区而言资源短缺。这种人口分布、资源分布和社会经济发展不平衡的状况,在改革开放后更为明显。在这种条件下,只有建立统一的单一制国家,才能在社会主义现代化建设中扬长避短，发挥各自优势，充分利用我国现有的科学技术、资金和资源，积极调动各类专门人才，各地区互相支援，共同完成现代化建设的目标，使各民族尽快实现事实上的平等。

（4）建立单一制国家结构形式，有利于巩固和加强国防建设。自从1840年鸦片战争起，我国便从完全的封建社会沦为半封建半殖民地社会，从此各帝国主义总是企图瓜分中国。可以说中国的近代史就是一部各民族人民共同抵御外来侵略的斗争史。无论是新中国成立之前还是之后，我国都曾发生过各帝国主义在边疆少数民族地区挑拨离间，煽动民族情绪，制造民族分裂，破坏中国统一的事件。我国的南部、西南部、北部和西北部地区大都居住着少数民族，为了维护国家的统一和安全，巩固和加强国防建设，必须采取单一制国家结构形式，以便更好地团结全国各族人民，增强国防力量，有效地抵御外来侵略者和各种分裂行径，保障社会主义建设事业的顺利进行。

（二）我国单一制国家结构形式的特点

各个国家究竟采取什么样的国家结构形式，取决于本国的国情和当时的具体历史。我国采取单一制的国家结构形式是符合中国国情和人民愿望的。与其他国家的单一制国家结构相比，我国采取的单一制国家结构形式有自己鲜明的特色，主要表现为：

（1）现行宪法规定了处理中央与地方关系的具体原则。我国《宪法》第三条规定："中华人民共和国的国家机构实行民主集中制的原则"，"中央和地方的国家机构职权的划分，遵循在中央的统一领导下，充分发挥地方的主动性、积极性的原则"。这就明确了在处理中央与地方关系时，首先必须维护中央的统一权威，这是单一制所要求的。其次，要充分注意发挥地方的积极性、主动性、创造性，给地方以应有的自主权。

根据上述原则，在行政区域设置方面，在中央政府之下，中国设立省、直辖市、自治区三种大的地方行政区。地方政府既受地方同级国家权力机关的领导，又受中央政府的直接领导。这是具有中国特色的社会主义单一制。

（2）在单一制的国家结构形式下，可以包容民族自治地方，解决民族问题。根据宪法规定，全国除了设立省、直辖市外，还设立与省、直辖市同级的民族自治区。民族区域自治是指在保证国家统一的前提下，在少数民族聚居的地区建立民族自治地方，设立自治机关，行使自治权。这使得实行区域自治的少数民族人民可以自主地管理本民族内部地方性事务。实践证明，民族区域自治制度是解决我国民族问题的基本政策。此制度是我国长期坚持的一项重要政策，也是解决我国民族问题恰当的政治途径和形式。它有利于发挥各民族人民的积极性，实现各民族的共同繁荣，完成社会主义现代化建设的任务，有利于确保祖国统一、民族团结和民族平等，也有利于巩固和发展各族人民的革命成果，保障四个现代化建设，达到各民族共同繁荣的目的。民族自治区除了享有省级地方政府的权利外，还享有一系列特殊的权利。

（3）在单一制国家结构形式下，可以包容若干特别行政区。1982年宪法在"一国两制"方针的指导下，规定了特别行政区制度。设立特别行政区是中国共产党考虑了我国部分区域的特定历史和现实情况作出的。这是针对我国尚未完成的统一祖国大业，为和平解决台湾、香港、澳门问题所采取的特别措施。我国在维护国家的主权、统一和领土完整的原则方面，是坚定不移的。同时，在具体政策、措施方面，我们又有很大的灵活性，充分照顾到台湾、澳门、香港的历史和现实情况以及各方面人士的意愿。这些地方在实现和平统一后，享有高度的自治权，包括原有的社会、经济制度和生活方式不变等。这是我国国家结构方面的另外一个重要发展，进一步充实了中国单一制的内容,使中国的单一制更加丰富、包容性更强,改变了过去我们对单一制的片面理解。单一制并不是全国只能有一套清一色的地方制度,只能有一种地方政府,单一制可以有十分丰富的内涵,可以包容许多种地方制度。它们与中央的关系都不相同,而且可以十分不同。但是它们都是中国单一制国家结构下的最高一级地方行政区域。这是史无前例的创举,其意义是深远的。它有利于国家统一,有利于保持特别行政区的繁荣和稳定,符合全国各族人民的共同愿望和根本利益,也有利于世界和平。它为世界上一些尚未统一的国家树立了光辉典范,同时也给无产阶级用和平方式解决政权问题开创了先例,从而丰富和发展了马列主义的理论宝库。这可以说是具有中国特色的单一制国家结构形式。

(4)在单一制国家结构形式下,可以包容若干经济特区,以适应经济发展的需要。经济特区是在特定的区域范围内在对外经济方面实行特殊政策和灵活管理办法的地区,享有较大的经济活动的自主权。它有利于吸收、利用外资,引进先进技术,发展对外贸易,加快经济发展。

总之,我国的单一制的国家结构形式,并不是简单的中央集权的僵化模式,而是一种高度灵活的结构形式,它的包容性很大,包容了若干的民族自治地方和特别行政区,这些地方享有的权利都来自中央的授权,它们都隶属于中央人民政府,是中华人民共和国统一的不可分割的一部分。

三、中国的行政区划

任何一个国家都是在一定面积的领土范围内对一定数量的居民行使国家权力。为了使国家权力能够有效地实施到国家所涉及的所有地区和居民,统治者总是把国家划分为若干层次和类型的行政区域,并分别在这些行政区域内设置相应的国家机构和工作人员,依法行使职权,国家结构便由此生成。因此,行政区划是国家结构形式的一项重要内容,是国家结构形式在地理上的空间投影。一个国家只有进行了合理的领土划分,才能实施有效的管理,实现国家的目的。

(一)行政区划的基本含义及特征

行政区划是一个国家按一定的原则和程序将其领土分成若干不同层次的区域,以便设置相应的地方国家机关分层管理,实现国家职能的法律制度。这一制度具有以下特点:

(1)行政区划的确定具有鲜明的阶级性。行政区划是根据统治阶级意志决定的。一个国家的行政区域如何划分,取决于这个国家的本质。社会主义国家的行政区划,其目的在于为人民的根本利益服务。总之,行政区划是统治阶级行使国家权力的需要和结果。

(2)行政区划是一个历史范畴。行政区划并不是人类社会一开始就有的,它是随着国家的产生而产生的。马克思主义认为,国家和旧的民族组织不同的地方,第一点就是它按地域来划分它的居民。可见,按地域划分行政区域而不依民族划分部落,这是国家区别于民族组织的一个基本特点。国家消亡之后,行政区划就失去了如今的政治法律性质,行政区域也将为经济、文化生活的区域所代替。

(3)行政区划受社会条件和自然条件的制约。行政区划具有鲜明的阶级属性,但并不是统治阶级随心所欲的,而是统治阶级从有利于实现自己的利益出发,充分考虑本国、本地区的实际情况划分的。划分行政区域一般要考虑这个国家和地区的政治、经济、文化以及民族、宗教、历史、地理等各方面的发展情况。

（4）行政区划具有层次性。一个国家的领土和人口并不是杂乱无章地划分成若干部分,也不是均等地划分出同样大小的行政区域,而是根据条件和实际需要来划分若干层次的行政区域,并相应地确立各个行政区域的行政等级,从而形成一国行政区域的结构体系。

（5）行政区划具有承载功能。行政区域是各级国家机构的载体,划定一级行政区划就依法设置相应的国家机构。因此,行政区划的范围大小和层次多少决定了各级国家机构的管理幅度和管理层次。行政区划与国家机构有着密切关系。行政区域也是该地区居民及其流动人口活动的载体,他们在该行政区域范围内依法从事经济、政治、文化、社会等方面的活动,受到当地政府保护,同时也要履行一定的义务。

（二）行政区划与国家结构形式的关系

国家结构形式是一国的统治阶级根据本国的历史、地理、政治、经济、文化、民族、宗教等情况,经过各种政治力量之间的相互斗争和相互妥协,最终以宪法的形式赋予某种国家结构形式的合法地位。行政区划则是统治阶级为了加强国家政权建设,促进社会经济发展,巩固民族团结,将一定的国家结构形式在一国所辖的地域内进一步确认和具体化,并以制度的形式加以体现和保障。

国家结构形式与行政区划存在着非常密切的联系。国家结构形式对行政区划而言,具有前提性和基础性,并由一国宪法加以确认。行政区划是国家结构形式的具体表现形式,反映不同国家结构形式的特色。通常情况下,国家结构形式在很大程度上决定着一国的行政区划。行政区划一般是随着国家结构形式的产生和发展而产生和发展的,有什么样的国家结构形式,就会形成与之相适应的行政区划。而行政区划则是国家结构形式的直接表现形式,反映着不同国家结构形式的特点;国家结构形式对于行政区划的类型安排、行政区划层级设置有着十分重要的制约和影响作用,国家结构形式上的差异成为各国行政区划多样性的重要因素。

行政区划虽然与国家结构形式关系紧密,但两者是有区别的:（1）国家结构形式是国家管理形式之一,而行政区划是一个国家的领土结构而不是国家的管理形式;（2）国家结构形式主要解决中央与地方的权限问题,而行政区划是把国家领土划分成若干区域,依法实行地方的行政管理权;（3）国家结构形式一旦被统治阶级确认,就具有相对稳定性,而行政区划则是根据统治阶级利益的需要,适应政治、经济、文化的发展,时有增减。

（三）我国行政区划的历史沿革

我国是世界文明古国之一,早在公元前两千多年就有了行政区域划分的萌芽。秦朝统一中国后,建立了我国历史上第一个中央集权制的国家,建立郡县两级地方政权,随着历代王朝的更换,行政区划体制历经变更,大体情况是:汉朝恢复封国制,设置州、郡（国）、县三级地方政权。魏、晋、南北朝基本沿袭汉旧制。隋朝为郡（州）、县二级制。唐朝为道、州、县三级。到宋朝改为路、州（府、军、监）、县三级。元朝则为省、路、府、州、县五级,创建了省一级行政区域。明朝为省、府、县三级。清朝为省、道、府（州）、县四级。民国时期先后废除了道、府（州）,改为省、县两级。

1949年中华人民共和国成立以来,我国对行政区划进行了大幅度的改革和调整。

（1）新中国成立初期。为了在中央统一领导下,因地制宜地领导各地方政府的工作,先后设立了东北、华北、西北、华东、中南、西南6大行政区,并设大区人民政府或军政委员会。当时,大区是我国的地方最高一级行政区划,其下辖省、市和行署区等。在此期间,还将国民党统治时的

35 个省和一个地方,改建为 39 个省级行政单位,即 28 个省、8 个行署区、1 个自治区、1 个地方和 1 个地区。

(2)1953 年起各大区人民政府或军政委员会一律改为行政委员会,作为中央政府的派出机关,领导和监督地方政府的工作。1954 年 6 月,撤销了大区建制,由中央直接领导省和直辖市。到 1956 年,我国的省级行政建制为 27 个省(自治区)和 3 个直辖市。

(3)1957 年至 1970 年。在这一时期,我国新成立了 3 个自治区,即 1958 年 3 月 5 日成立的广西壮族自治区;1958 年 10 月 25 日成立的宁夏回族自治区;1965 年 9 月 9 日成立的西藏自治区。在此期间,我国曾将内蒙古自治区东部的 3 个盟、西部的 3 个旗,分别划归辽宁、吉林、黑龙江、甘肃、宁夏 5 省区。但到了 1969 年 7 月,又重新恢复了内蒙古自治区的原行政区划建制。

(4)1976 年至今。我国的行政区划逐步走向科学化、规范化的轨道。共建立省级行政单位 34 个(23 个省、5 个自治区、4 个直辖市、2 个特别行政区)。在地方,推行地市合并、市管县制,取得了很大成绩。

(四)我国行政区划的现状与特点

目前,根据我国《宪法》第 30 条的规定,我国的行政区划为:(1)全国分为省、自治区、直辖市;(2)省、自治区分为自治州、县、自治县、市;(3)县、自治县分为乡、民族乡、镇;(4)直辖市和较大的市分为区、县;(5)自治州分为县、自治县、市。

《宪法》第 31 条还规定:国家在必要时得设立特别行政区,在特别行政区内实行的制度按照具体情况由全国人民代表大会以法律规定。

总之,我国现行宪法规定的行政区划基本上是三级制,即省(自治区、直辖市),县(自治县、县级市),乡(民族乡、镇)。有的省、自治区下设自治州、市,州、市下属的自治县、县或区又设乡、民族乡、镇的,属于四级制。

我国现行行政区划具有如下特点:

第一,三种类别的行政区域建制并存。根据我国宪法的规定,我国现行行政区划可以分为以下三类:(1)一般行政区域单位:省、直辖市、县、市、市辖区、乡、民族乡、镇。(2)民族自治地区:自治区、自治州、自治县。(3)特别行政区。

第二,多级建制并存。我国现行宪法规定的行政区划基本上是"三级制",即省(自治区、直辖市),县(自治县、县级市),乡(民族乡、镇)。有的省、自治区下设自治州、市,而州、市下属的自治县、县或区又设乡、民族乡、镇的,属于"四级制"。但有的直辖市的市区是两级建制。

第三,省、县、乡是地方各级行政区的基准级,是起算各级行政区层级地位的标准。省级行政区内省的建制最多,其他的自治区、直辖市行政地位与省的地位相当。直辖市通常称中央直辖市,这并不意味着除直辖市外的省、自治区不是中央直辖的。这里"市"的前边附加"直辖"的用意在于便于与设区的市的人城市行政地位相区别而已。所以,直辖市在领导方法上、隶属关系上、行政地位上和省、自治区一样都是直接受中央统一领导的地方最高一级行政区划的组成部分。同样的道理,县、乡两级行政区亦是起算这两级行政区层级的基准。

第四,我国内地各级行政区实行社会主义制度,而在特别行政区内实行资本主义制度并且 50 年不变。我国特别行政区是实行"一国两制"的行政区域,是中央人民政府对香港和澳门恢复行使主权的行政区域。

第五,我国内地行政区划保持着"四实三虚"的格局。在宪法学中,"实"表示经人民代表大会选举产生的一级政权机关及其行使国家权力的行政区域,而"虚"则是表示经人民代表大会选举产生的一级人民政府经上级人民政府批准在其行政区内设立的派出机关以及该派出机关在其指导和检查下级政府工作时涉及的部分行政区域。

四、我国的特别行政区制度

(一)特别行政区的概念

我国宪法第 31 条规定:"国家在必要时得设立特别行政区。在特别行政区内实行的制度按照具体情况由全国人民代表大会以法律规定。"特别行政区,是指在我国行政区域内,根据我国宪法和法律的规定,专门设立的具有特殊的法律地位,实行特别的政治经济制度的行政区域。特别行政区的设置,这是针对我国尚未完成统一祖国大业,为和平解决台湾、香港、澳门问题所采取的特别措施。我国在维护国家的统一和领土完整的原则方面,是坚定不移的。同时在具体政策、措施方面,我们又有很大的灵活性,充分照顾到台湾、香港、澳门地方的历史和现实情况以及各方面人士的意愿。这些地方在实现和平统一后,享有高度的自治权,包括原有的社会政治、经济制度和生活方式不变等。

设立特别行政区具有重大意义。从政治上看,有利于和平解决台湾问题,完成祖国统一大业;从经济上看,既有利于内地从资本主义社会引进资金、技术、人才和管理经验,又有利于特别行政区的繁荣,使我国社会主义现代化建设从对外开放、对内搞活中收到巨大的效益。祖国的统一、繁荣和富强,又将在国际上产生深远的影响。我国设立特别行政区,实行"一国两制",对有类似因素的民族和国家,提供了和平共处,解决历史遗留问题的新经验、新模式,具有国际性的示范意义。

(二)设立特别行政区的指导方针

设立特别行政区是我国为了收回香港、澳门和台湾,实现祖国统一,结合现实国情而采取的一项基本的政治制度,是我们党和国家"一国两制"伟大构想的实现。

"一国"是指国家结构,中国是统一的单一制国家,中华人民共和国是中国主权的唯一主体;"两制"是指在中华人民共和国领域内大陆实行社会主义制度,香港、澳门、台湾实行资本主义制度。香港、澳门和台湾自古以来就是中国领土,香港和澳门只在近代才被英国和葡萄牙占领,成为它们的殖民地。尽快结束分裂状态,实现祖国统一,是包括港、澳、台在内的全体中国人的共同愿望。在"一国两制"构想的指导下,1984 年 12 月,中英两国政府通过谈判签署了关于香港问题的联合声明,后来中葡两国政府也签订了关于澳门问题的联合声明。1997 年 7 月 1 日和 1999 年 12 月 20 日,我国如期实现了香港和澳门的回归,恢复了对香港和澳门行使主权,建立了香港特别行政区和澳门特别行政区,圆满地解决了这两个历史遗留下来的问题。我国中央政府多次发表声明,愿意和台湾当局就祖国统一问题进行和谈和磋商,愿意以"一国两制"的方针实现台湾的尽快回归。

(三)特别行政区的法律制度

特别行政区的法律制度自成体系,既有社会主义性质的特别行政区基本法,还保留大部分原有的法律体系以及新的立法。

1. 特别行政区基本法

基本法是根据我国宪法,由全国人民代表大会制定的一部基本法律,它反映了包括香港同胞和澳门同胞在内的全国人民的意志和利益,体现了国家的方针政策,是社会主义性质的法律。基本法既是中华人民共和国社会主义法律体系的组成部分,同时又是特别行政区法律体系的组成部分。一方面,在我国社会主义法律体系中,其地位仅低于宪法而高于其他规范性法律文件。另一方面,在特别行政区法律体系中,基本法又处于最高的法律地位。例如,《香港基本法》第11条规定:"根据《中华人民共和国宪法》第31条,香港特别行政区的制度和政策,包括社会、经济制度,有关保障居民的基本权利和自由的制度,行政管理、立法和司法方面的制度,以及有关政策,均以本法的规定为依据。""香港特别行政区立法机关制定的任何法律,均不得同本法相抵触。"

2. 予以保留的原有法律

《香港基本法》第8条规定:"香港原有法律,即普通法、衡平法、条例、附属立法和习惯法,除同本法相抵触或经香港特别行政区的立法机关作出修改者外,予以保留。"澳门基本法也作了类似规定。原有法律予以保留是必须具备一定条件的,即不与基本法相抵触,或者未经特别行政区的立法机关作出修改。总的来说,凡属于殖民统治性质或者带有殖民主义色彩、有损我国主权的法律,都应废止或者修改。基本法对如何处理与其相抵触的原有法律有明文规定。如《香港基本法》第160条规定:"香港特别行政区成立时,香港原有法律除由全国人民代表大会常务委员会宣布为同本法抵触者外,采用为香港特别行政区法律,如以后发现有的法律与本法抵触,可依照本法规定的程序修改或停止生效。""在香港原有法律下有效的文件、证件、契约和权利义务,在不抵触本法的前提下继续有效,受香港特别行政区的承认和保护。"

3. 特别行政区立法机关制定的法律

特别行政区享有立法权,除有关国防、外交和其他按照基本法的有关规定不属于特别行政区自治范围的法律之外,立法会可以制定任何它有权制定的法律,包括民法、刑法、诉讼法、商法等法律。只要特别行政区立法机关制定的法律符合基本法中关于中央管理的事务和中央与特别行政区关系的条款,符合法定程序,就可以在特别行政区生效适用。否则,全国人民代表大会常务委员会在征询特别行政区基本法委员会意见后,可将有关法律发回。

4. 适用于特别行政区的全国性法律

全国性法律是全国人民代表大会及其常务委员会制定的法律。由于实行"一国两制",特别行政区将保持其原有的法律制度,全国性法律一般不在特别行政区实施。但是,特别行政区作为中华人民共和国不可分离的一部分,有些体现国家主权和统一的全国性法律又有必要在那里实施。因而,在特别行政区实施的全国性法律,也是特别行政区的法律渊源之一。实际上,在特别行政区实施的全国性法律是很少量的,即使是有关国防、外交的法律,也不是都适用于特别行政区,如兵役法等就不适用于特别行政区。

为了既保障部分全国性法律在特别行政区的适用,又防止中央对特别行政区立法权的不适当干预而影响其高度自治,基本法对全国性法律的适用作了明确而严谨的规定:(1)将在特别行政区实施的全国性法律开列于基本法的附件三中,并规定除此之外的全国性法律不在特别行政区实施;(2)将在特别行政区实施的全国性法律仅限于有关国防、外交和其他按照基本法规定不属于特别行政区自治范围的法律;(3)考虑到今后情况可能发生变化,规定全国人民代表大会常务委员会可对列于基本法附件三的法律作出增减,但应事先征询其所属的基本法委员会和特别行政区政府的意见;(4)全国性法律在特别行政区的实施,可以有两个办法,一是由特别行政区将法律在当地公布实施;二是通过特别行政区自己的立法来实施。基本法还规定,全国人民代表大会常务委员会决定宣布战争状态,或因特别行政区内发生特别行政区政府不能控制的、危及国家统一或安全的动乱而决定特别行政区进入紧急状态,中央人民政府可发布命令将有关全国性法律在特别行政区实施。也就是说,遇到发生基本法所指的紧急情况时,中央人民政府可以直接发布命令将有关全国性法律在特别行政区实施。

5.适用于特别行政区的国际条约

大致可分为两类:一类是特别行政成立前就已在香港或者澳门适用而在特别行政区成立后经转换仍在香港或者澳门适用的国际条约;另一类是特别行政区成立后才开始在香港或者澳门适用的国际条约。

五、我国的民族区域自治制度

(一)民族区域自治制度的含义

民族区域自治制度是指在中华人民共和国内,在国家的统一领导下,以少数民族聚居区为基础,建立相应的自治地方,设立自治机关,行使自治权,使实行区域自治民族的人民自主地管理本民族内部事务的制度。其含义包括三个方面:

第一,在前提上,实行民族区域自治的前提是一国,各民族自治地方必须服从中央统一领导。这是在我国单一制下解决民族问题的基本方式。我国宪法第四条规定:"各民族自治地方都是中华人民共和国不可分离的部分。"民族区域自治是我国单一制国家结构形式下的一种自治形式,以接受国家的统一领导、坚持国家统一和领土完整为前提。实行区域自治的自治机关,其自治权来自国家,要在接受国家统一领导的前提下依照宪法、民族区域自治法以及其他法律的规定,行使自治权。因此,民族自治地方不同于联邦制国家中的成员邦或州。

第二,在方式上,民族区域自治以少数民族聚居区为基础,是民族自治与区域自治的结合。我国的民族区域自治既不是脱离地域的抽象的"民族文化自治",也不是单纯的"地方自治",而是二者的有机结合。其中,民族因素是考虑各项自治权的一个最基本因素,如自治机关人员的组成、使用的语言等方面,都突出体现了这一点。

第三,在目的上,实行民族区域自治,使得少数民族能真正当家做主、能自主管理本民族、本地方事务。民族自治机关依法行使自治权是民族区域自治制度的标志,离开了自治权,则自治机关与一般地方国家机关没有任何区别。正因为少数民族聚居区在经济、政治、文化等各方面与汉族地区相比,存在着一定的特殊性以及各种客观差距,所以国家才对它实行不同于一般地区的制度,赋予它比一般地方国家机关更多的权限,以保障少数民族地区与国家其他地区的共同发展。因此,民族自治权是民族区域自治制度的核心。

我国是一个多民族的社会主义国家。新中国建立以来,我们把马列主义的民族理论与中国民族问题的实际相结合,坚持实行民族区域自治制度,制定实施了一整套民族政策,走出了一条具有中国特色的解决民族问题的道路。《宪法》第三十条规定:"自治区、自治州、自治县都是民族自治地方。"目前,我国共建有自治区 5 个,自治州 30 个,自治县(旗)120 多个。此外,还建立了不属于一级自治地方的 1300 多个民族乡。我国民族自治地方建立的方式有多种:有的是以一个少数民族聚居区为主建立的自治地方,如新疆维吾尔自治区、西藏自治区等;有的是多个少数民族聚居区联合建立的自治地方,如广西龙胜各族自治县等;有的少数民族建立多个自治地方,如宁夏回族自治区、河北省大厂回族自治县等。到目前为止,在全国 55 个少数民族中,有 44 个民族建立了自治地方。实行自治的少数民族人口占少数民族人口总数的 75%,民族自治地方行政区域的面积占全国总面积的 64%。

(二)民族区域自治制度的优越性

长期的实践证明,民族区域自治制度是适合我国国情的、能正确解决我国民族问题的政治制度。它既有利于保障各少数民族人民当家做主的权利,又有利于维护祖国各族人民之间的团结,有利于促进我国社会主义现代化建设。其优越性有如下表现:

第一,民族区域自治制度体现了人民民主专政制度和民族平等原则、国家整体利益和各民族具体利益的高度结合,有利于国家的统一领导。我国是单一制国家,各民族自治地方都是中华人民共和国不可分割的组成部分,其所实行的基本政治经济制度与一般行政区域是一致的。民族自治地方的自治机关具有双重性,既是实现人民民主专政的工具,也是自治地方少数民族行使自治权的机关。即自治机关一方面代表了国家的整体利益;另一方面又代表少数民族的具体利益,是国家整体利益和少数民族具体利益的高度结合。这样,自治地方和自治机关的设置,保证了各少数民族平等地管理国家和本民族内部事务,既有利于各少数民族人民自治权利的行使,又有利于国家集中统一领导,保证党和国家法律、政策的贯彻执行,实现各民族的共同利益。

第二,民族区域自治制度保证了少数民族能够充分享有自治权,使所有聚居或散居的少数民族都能够切实、普遍地行使自治权。我国的少数民族成分虽然较多,但人口却相对较少。而且由于历史原因,各民族的政治、经济、文化等发展状况各有特点。如果实行联邦制形式,就会由于人口过少和影响太小而使绝大多数少数民族不能成为联邦构成单位,不能真正行使其自治权。而少数民族不能成为联邦构成单位,不能真正行使其自治权。而在民族区域自治制度下,民族自治地方有大有小,可以充分照顾到各少数民族的实际情况,采取适合各民族特点的办法,保证各自治地方少数民族能够充分行使自治权。

第三,实行民族区域自治,有利于促进我国经济、文化、社会的全面发展,有利于促进各民族的共同繁荣。法律赋予民族自治地方以较大的民族自治权,使得各自治机关能根据本地区的特点因地制宜地采取灵活的地方政策和措施以加快民族地区的发展。相比之下,汉族拥有较发达的科技和文化,而少数民族地区拥有较发达的物质资源,在经济、文化的发展上他们之间能够进行优势互补。另外,国家也加大对少数民族地区的扶持力度,大量培养少数民族的各级干部、各种专业人才和技术工人,根据国民经济和社会发展计划,努力帮助民族自治地方加速经济和文化的发展。

第四,民族区域自治制度有利于民族团结和各民族之间的相互合作。我国实行民族区域自治,国家不仅通过宪法和法律赋予少数民族更多的自治权利,而且采取了各种措施帮助少数民族来实现他们的自治权利。这就确保了少数民族人民当家做主的地位,消除了历史上反动统治阶级造成的民族之间的仇视、隔阂、歧视和不信任的恶劣影响,正确处理了汉族与少数民族之间以及少数民族相互之间的关系。同时,各民族自治地方,虽是以少数民族聚居区为基础设立的,但在每一个自治地方,民族成分并非单一,除了实行区域自治的少数民族以外,还有其他非自治的少数民族,更有大量的汉族。这种自然居住状况和民族成分构成,有利于各民族的团结和互相合作。

(三)民族自治地方的建立和类型

在少数民族聚居区,根据当地民族关系、经济发展等条件,参酌历史情况,可以建立以一个或几个少数民族聚居区为基础的自治地方。

在一个民族自治地方的其他少数民族聚居的地方,可以建立相应的自治地方或者民族乡。民族自治地方依据本地方的实际情况可以包括一部分汉族或者其他民族的居民区和城镇。根据宪法和法律规定,民族自治地方的建立、区域界线的划分、名称的组成,以及区域界线的变更等问题,上级国家机关应会同有关地方国家机关、民族自治地方的自治机关和有关民族代表充分协商拟定,并须履行法定的报批手续。具体来说,自治区的建置由全国人民代表大会批准,自治州、自治县的建置由国务院批准,自治地方区域界线划分由国务院审批。依照民族区域自治法的规定,民族自治地方的区域界线一经确定,不得轻易变动;需要变动的时候,由上级国家有关部门和民族自治地方的自治机关充分协商拟定,报国务院批准。民族自治地方的名称,除特殊情况外,按照地方名称、民族名称、行政地位的顺序组成。

从已建立的民族自治地方的民族成分看,我国民族自治地方的民族构成具有多样性和灵活性的特点,可分为三种类型:第一种类型,以一个少数民族聚居区为基础建立的自治地方。这种类型的特点是实行区域自治的少数民族只有一个。如西藏自治区、吉林延边朝鲜族自治州、内蒙古鄂伦春自治旗。第二种类型,以一个人口较多的少数民族聚居区为基础,同时又包括一个或几个人口较少的其他少数民族聚居区所建立的自治地方。这类自治地方的特点是,在所辖区域内,还建立若干个其他少数民族的自治地方。如新疆维吾尔自治区,其境内又建立了博尔塔拉蒙古族自治州、伊犁哈萨克自治州等5个自治州及6个自治县。第三种类型,以两个或两个以上少数民族聚居区为基础联合建立的自治地方。这类自治地方的特点是,由几个聚居的少数民族联合建立自治地方,联合的自治民族的人口比例占自治地方人口总数的60%左右。如湖南湘西土家族苗族自治州,河北围场满族蒙古族自治县,贵州威宁彝族回族苗族自治县等。

第三节　国家标志形式

一、国家标志形式概述

标志形式,亦称国家标志或国家象征,是指由国旗、国徽、国歌的图案和声乐所代表的国家的主权和尊严,一般在宪法和特定的法律中进行规定。在我国很多宪法学著作和教材中,关于国家标志形式,有的不写,这是不应该的。因为,国家标志形式既是国家形式的重要组成部分,又是在我国宪法文本中作为专章进行规定的,是我国宪法结构中不可或缺的部分。从目前已经有的宪法学著作来看,有的标题是"国旗、国徽、国歌和首都",有的标题是"国家象征",有的标题是"国家标志"。我们从世界上一些国家宪法的内容来看,用国家标志的较多,例如,古巴 1976 年宪法第 2 条规定:"百余年来鼓舞古巴人进行争取独立、人民的权利和社会进步的国家标志是:独星旗;巴雅摩歌;描绘有皇家棕榈树的国徽"。没有宪法用"国家象征"这一术语的。从法律的严肃性和规范角度来看,用国家标志更好一些。一国首都,严格来讲不是国家标志,但是首都作为一个国家的政治、文化中心,有的还是经济、交通中心,地位特殊,在国际社会中经常被认为是该国的缩影,因此,很多国家宪法中规定了首都,广义而言,也可看做是国家标志形式之一,并且很多国家宪法中都规定了首都。

国家标志形式的价值和功能主要有:第一,在国际社会中表明国家的独立、主权和尊严。无论是在国际会议中,还是在国家领导人互访中,甚至是在国际体育赛事中,升国旗、奏国歌和悬挂国徽,都是表现和代表国家的行为。第二,表明国家的统一和团结。独立后的国家首要任务是制定宪法,在宪法中规定国家标志形式,来表明国家已经处于统一状态。尤其是要在宪法中明确规定国旗和首都。第三,表明国家政治统治合法性的实现。在新诞生的国家,制定和更换国家标志表明新政权已经建立起来,是国家新纪元的开端。第四,国家标志形式是凝结、教育和培养民族、公民对国家情感的最重要的力量。热爱自己的国家和民族的公民,每当在国旗升起和国歌唱响的时刻,都会有自豪感、归属感和荣耀感,身处国外的华人还有家园感。

近代宪法,尤其是 20 世纪之前产生的宪法,基本上不在宪法中规定国家标志,例如 1787 年美国宪法就没有规定。进入 20 世纪,不但社会主义类型的宪法进行了规定,例如,1918 年俄罗斯社会主义联邦苏维埃共和国宪法第十七章,专章进行了规定;1976 年古巴宪法第 2 条、第 3 条进行了规定;1974 年缅甸联邦社会主义共和国宪法第十四章进行了规定;1992 年越南社会主义共和国宪法第十一章的规定。很多资本主义类型的宪法也进行了规定,例如,1919 年德国魏玛宪法第 3 条规定:"联邦旗色为黑红金三色,商旗为黑白红三色,其上内角镶国旗";1947 年意大利共和国宪法第 12 条规定了国旗;1982 年葡萄牙共和国宪法第 11 条规定:"国旗是 1910 年 10 月 5 日革命创立的共和国所采用的旗帜。国歌是《葡萄牙人》"。国家标志形式在宪法中所处的结构、位置也是多样的,有的地位很高,在总纲中或靠前的位置中进行规定。1978 年西班牙宪法第 4 条规定了国旗和国徽,第 5 条规定了首都;1973 年阿拉伯叙利亚宪法第 5 条规定:大马士革是国家首都;第 6 条规定:国旗、国徽和国歌是阿拉伯国家联盟的国旗、国徽和国歌。1947 年意大利宪法在基本原则,相当于我国宪法总纲中的第 12 条规定了国旗。1976 年古巴宪法第 2 条规定了国家标志,第 3 条规定了古巴共和国的首都是哈瓦那市。有的在宪法最后部分规定,一般是作为专章,我国宪法就是这样规定的。1974 年缅甸宪法在第十四章进行了国旗、国徽、国歌和首都的规定。越南 1992 年宪法在第十一章规定了 5 条关于国家标志的内容。在宪法文本中间进行规定的很少见,主要有 1949 年德意志联邦共和国基本法,在第二章第 22 条规定了国旗。1993 年俄罗斯宪法第三章第 70 条规定:"俄罗斯联邦国旗、国徽和国歌,对它们的说明和正式使用的程序由联邦宪法性法律规定。莫斯科币是俄罗斯联邦的首都。首都的地位由联邦法律规定。"

除了国旗、国徽和国歌是传统意义上的国家标志的主要内容,首都因其重要性也在宪法中进行规定。此外,很多国家宪法把纪年(国历)、国籍、国庆日、领土构成、国家通用语言(国语)、国名等当做国家标志对待,在宪法中予以规定,有的国家在宪法中还规定了商旗和军旗。伊朗伊斯兰共和国 1979 年宪法第二章的标题是"国语、国历、国旗",其中第 15 条规定:伊朗人民通用国语是波斯语;第 17 条规定:国历是从先知穆罕默德迁徙算起的,阴历和阳历都合法,国家行政部门采用其阳历。星期五是每周的休息日。1993 年俄罗斯宪法第 1 条就规定了国名,即"国名俄罗斯联邦和俄罗斯意义相同"。有的国家还有所谓的"国花""国树"等,这才是真正的国家象征,综观世界各国宪法,把国花和国树作为国家标志的宪法规定很少。据统计,世界上有半数以上的国家的宪法规定了国家标志。其中以国旗和首都最多,其次为国歌和国徽,其他规定并不常见。

二、国旗

国旗是象征一个主权国家的旗帜。它通过一定的式样、色彩和图案反映一个国家的政治特色和历史文化传统。作为国家标志的国旗,源于欧洲十字军东征时所用的军旗。迄今为止,全世界 170 多个独立国家,都有自己的国旗。为了得到国际社会的承认和使用,并区别于国际、国内用于其他目的的旗帜,各国往往以宪法或其他法律规定国旗的名称、色彩、图案、式样以及使用办法。根据有关统计,有关于国旗规定的宪法占 57%,没有关于国旗规定的宪法占 43%。

《宪法》规定:"中华人民共和国国旗是五星红旗。"《中华人民共和国国旗法》(以下简称《国旗法》)规定:"中华人民共和国国旗是中华人民共和国的象征和标志。"五星红旗作为我国的象征和标志,不仅在形式上有别于其他国家的国旗,而且具有深刻的政治内涵。

五颗五角星及其相互关系,象征中国共产党领导下的革命人民大团结和人民对党的衷心拥护和无比爱戴。五星红旗是通过表现国家的阶级性质,来体现国旗政治内涵的,它反映我国政权性质有不同于苏联等其他社会主义国家的特殊内容。苏联国旗所体现的政治内容是工农联盟,我国国旗所体现的是比工农联盟更为广泛的统一战线,这是由我国革命的性质和社会阶级结构决定的。五星红旗上的大五角星代表中国共产党,四个小五角星代表中华人民共和国成立时我国人民所包括的四个阶级,即工人阶级、农民阶级、城市小资产阶级和民族资产阶级。四颗小五角星呈椭圆状围绕在大五角星右侧,各有一个角尖正对着大星的中心,这表示万众一心向党,紧密团结在党周围。大五角星的一个角尖正向上方,象征党的领导坚定有力,稳如泰山。黄色代表温暖,黄色五角星既表达了优美、温和、珍贵的美感,又与红色旗面相映衬,象征在人民共和国里,人民内部的团结贵如金子,而且黄色还给人一种友好的、温暖的感觉。

随着我国政治经济的发展,我国的阶级关系发生了变化,作为剥削阶级,城市小资产阶级和民族资产阶级不存在了,他们已经变成了自食其力的劳动者。虽然人民内部的结构和成员有所变化,但我国人民民主专政的性质没有变,五颗五角星及其相互关系所表达的中国共产党领导下的人民大团结和人民对党的衷心拥护的政治内涵没有变。正如毛泽东同志当时所说:这个图案表现我们革命人民大团结,现在要大团结,将来也要大团结。

《国旗法》第 5 条规定,下列场所或者机构所在地应当每日升挂国旗:(1)北京天安门广场、新华门;(2)全国人民代表大会常务委员会、国务院、中央军事委员会、最高人民法院、最高人民检察院、中国人民政治协商会议全国委员会;(3)外交部;(4)出境入境的机场、港口、火车站和其他边境口岸,边防海防哨所。

《国旗法》还规定,国务院各部门、地方各级人民代表大会常务委员会、人民政府、人民法院、人民检察院、中国人民政治协商会议地方各级委员会.应当在工作日升挂国旗。全日制学校,除寒假、暑假和星期日外,应当每日升挂国旗。除此之外,在国庆节、国际劳动节、元旦和春节,各级国家机关和各人民团体应当升挂国旗;企业事业组织,村民委员会、居民委员会,城镇居民院(楼)

以及广场、公园等公共活动场所，有条件的可以升挂国旗。不以春节为传统节日的少数民族地区，春节是否升挂国旗，由民族自治地方的自治机关规定。举行重大庆祝、纪念活动，大型文化、体育活动，大型展览会，可以升挂国旗。

升挂国旗，应当将国旗置于显著的位置。列队举持国旗和其他旗帜行进时，国旗应当在其他旗帜之前。国旗与其他旗帜同时升挂时，应当将国旗置于中心、较高或者突出的位置。在外事活动中同时升挂两个以上国家的国旗时，应当按照外交部的规定或者国际惯例升挂。在直立的旗杆上升降国旗，应当徐徐升降。升起时，必须将国旗升至杆顶；降下时，不得使国旗落地。

下半旗是当今世界通行的一种致哀方式，是一种国家行为。下半旗一般用于某些重要人士逝世或发生重大不幸事件、严重自然灾害，以此表达全国人民的哀思和悼念。下半旗时，应当先将国旗升至杆顶，然后降至旗顶与杆顶之间距离为旗杆全长的 1/3 处；降下时，应当先将国旗升至杆顶，然后再降下。《国旗法》第 14 条规定了下半旗仪式的适用范围和有权决定下半旗的机构。

《国旗法》规定："不得升挂破损、污损、褪色或者不合规格的国旗。""国旗及其图案不得用作商标和广告，不得用于私人丧事活动。"根据《中华人民共和国刑法》第 299 条的规定，在公众场合故意以焚烧、毁损、涂划、玷污、践踏等方式侮辱国旗的，处 3 年以下有期徒刑、拘役、管制或者剥夺政治权利。

三、国徽

中华人民共和国国徽中间是五星照耀下的天安门，周围是谷穗和齿轮。国徽图案是由中国人民政治协商会议第一届全国委员会第二次会议提出，经 1950 年 6 月 28 日中央人民政府委员会第八次会议通过，由毛泽东主席正式公布。全国人大于 1991 年制定了《中华人民共和国国徽法》。中华人民共和国国徽是中华人民共和国的象征和标志；一切组织和公民都应当尊重和爱护国徽。

国徽图案中齿轮和麦稻穗象征工人阶级领导下的工农联盟；天安门表示中国人民自"五四"运动以来进行新民主主义革命斗争的胜利，同时又标志人民民主专政的中华人民共和国的诞生，形象地体现了我国各族人民的革命传统和民族精神。五星是用来代表中国共产党领导下的中国人民的大团结。

根据国徽法的规定，下列国家机关可以悬挂国徽：全国人大常委会、国务院、外交部及其直属机关；中国人民政治协商会议全国委员会；省、自治区、直辖市、自治州、市、县（自治县）的人大常委会，县级以上的地方各级人民政府；驻外使馆及领事馆。国徽应悬挂在机关大门上方正中处，如悬挂在礼堂，应悬挂在主席台上方正中处。此外，国家颁发的有关荣誉的文书证件，在主席台上方正中处。此外，国家颁发的有关荣誉的文书证件，如奖状、勋章和奖章证书等；外交文书，如国书、条约和全权证书等；外交部所发的各种护照的封面和其他需要有国家标志的物品上，都应加印或者雕刻国徽。中华人民共和国主席、国务院总理和外交部长，驻外使馆的首长，以职位名义对外所用的信封、信笺、请柬等上面，也加印国徽。

国徽及其图案不得用于商标、广告、日常生活的陈设布置、私人庆吊活动及国务院办公厅规定不得使用国徽及其图案的其他场合。在公众场合故意以焚烧、毁损、涂划、玷污、践踏等方式侮辱中华人民共和国国徽的，依法追究刑事责任；情节较轻的，参照治安管理条例的处罚规定，由公安机关处以 15 日以下拘留。

四、国歌

国歌是代表国家的歌曲。在举行隆重集会、庆典和国际交往中的仪式等场合,通常都要演奏或者演唱国歌。世界各国一般都有国歌,因历史传统、民族特点等因素的影响,各国国歌的内容也有所不同。其中有赞美本国光荣历史的,有歌颂锦绣山河的,有抒发爱国思想的,有阐明国家政治方向和奋斗目标的,有反映一个国家历史传统、地理环境、民族性格、风俗习惯和宗教信念的,有反映本国革命斗争和重大政治事件的,有欢庆自由、独立、取得革命胜利的,也有歌颂宪法、歌颂国旗国徽的,有歌颂其民族英雄的,也有歌颂和祝福国家元首的等等。

中华人民共和国国歌是《义勇军进行曲》,它由聂耳作曲,田汉作词。歌词是"起来,不愿做奴隶的人们!把我们的血肉筑成我们新的长城!中华民族到了最危险的时候,每个人被迫着发出最后的吼声。起来!起来!起来!我们万众一心,冒着敌人的炮火前进!前进!前进!进!"1935 年在中华民族面临民族危亡的关头,为了鼓舞中国人民反抗侵略的爱国精神,唤起人民把民主革命进行到底,聂耳和田汉联合创作了《义勇军进行曲》。《义勇军进行曲》诞生以来,一直被称为中华民族解放的号角,在人民中广为流传,对激励我国人民的爱国主义精神起了巨大的作用。

1949 年 9 月 27 日中国人民政治协商会议第一届全体会议决定在国歌未正式制定前,以《义勇军进行曲》为国歌。1978 年 3 月 5 日第五届全国人大第一次会议通过了关于中华人民共和国国歌的决议,采用《义勇军进行曲》原曲,取消原来的歌词,另由集体填写新词。1982 年 12 月 4 日第五届全国人大第五次会议通过决议,撤销该届全国人大一次会议通过的关于国歌的决议,按照原曲原词正式恢复《义勇军进行曲》为中华人民共和国国歌。2004 年 3 月 14 日,第十届全国人民代表大会第二次会议通过的宪法修正案第 31 条规定:"中华人民共和国国歌是《义勇军进行曲》。"把《义勇军进行曲》作为国歌,是为了使中国人民居安思危,继续发扬革命传统和爱国主义精神。

五、首都

首都亦称为国都、首府,是一个国家法定的中央国家机关所在地,通常也是一个国家的政治、文化和经济中心,首都也是各国大使馆或公使馆以及国际组织在该国的驻在地。

《宪法》规定:"中华人民共和国的首都是北京。"北京作为我国的首都是由 1949 年 9 月 27 日中国人民政治协商会议第一届全体会议作出的决议决定的,以后制定的历部宪法都有明文规定。

北京地理位置和自然条件优越。西部、北部和东北三面环山,东南面通向平原,东距渤海 150 公里。北京是重要的交通枢纽,扼中原与东北、西北交通之要冲。北京是历史文化名城,具有光辉灿烂的历史。北京是一座有着三千年历史的文化名城。它有雄伟的古宫殿、秀丽的皇家园林和无数的珍贵文物。此外,北京还具有光荣的革命传统。中国近代史上的一系列重大历史事件都发生在这里。它是"维新变法"的发源地,是"五四"运动的策源地,全民的抗日战争在这里打响第一枪,新中国在这里宣告成立。

新中国成立后,北京作为共和国的首都进入了新的发展时期,成为我国的政治经济文化中心,是新中国的缩影和象征,在国际社会具有崇高的地位。

【案例分析】

香港无证儿童案

1997 年 7 月 1 日,香港回归祖国。《香港特别行政区基本法》在香港正式实施。根据该法第 24 条之规定,香港永久性居民中的中国公民在内地所生的子女具有香港永久性居民的身份,在香港享有永久性居留权。据统计,这批人士共约 160 万人。由于香港面积仅 1 000 平方公里,而人口却多达 600 多万,是世界上人口密度最大的地区之一。如果允许这一批人同时进入香港,香港的教育、住房、社会福利和生活资源将承担极大的压力,甚至可能会导致香港社会陷入混乱。基于此,香港政府和中央政府曾达成协议,即对这批人进入香港居留实行许可证制度,每天最多允许 150 人进入香港。1997 年 7 月 9 日,香港特别行政区临时立法会制定了《1997 年入境(修订)(第 3 号)条例》。该条例只承认香港永久性居民中的中国公民在内地的婚生子女构成香港永久性居民,并具体规定了这批人进入香港居住的法律程序:首先向中国内地公安部门提出申请,审核确认身份后,领取由特别行政区区政府颁发的居留权证明书;其次,凭此证明书领取由内地公安部门签发的前往香港的通行证(亦称单程证,以区别于往返的双程证),该证的发放数量每天最多为 150 个,实行排队轮候制,按登记顺序发放。该条例还规定申请必须在香港以外进行,香港入境事务处不受理申请。另外,该条例还规定对其生效前 8 日内偷渡来香港的人有"溯及力",即这些人应被作为偷渡者遣返回去,只有其取得居留权证明书和单程证后,始能来港。

在香港回归前夕,由于社会上流传香港回归后将实行严格的内地人士到港居留的管制制度,再加上没有耐心等待,有些家长让自己的子女采取偷渡的方式来港。特别行政区政府成立后,对偷渡来港的无证儿童进行拘捕,并欲将其遣返回内地。无证儿童的父母纷纷向法院诉讼中,原告方的律师声称:第一,根据中英联合声明和香港特别行政区基本法的规定,该批儿童自特别行政区成立后应自动拥有自由出入境的权利,特别行政区政府利用条例,要求来港者必须先向内地特别行政区公示基本法及特别行政区仍沿用的普通法精神;第二,政府入境条例要求申请人必须向内地有关部门申请单程证,违背了特别行政区实行高度自治的精神;第三,条例有关溯及力的规定既不合理,也不合法;第四,条例只允许婚生子女享有居留权是对非婚生子女的歧视。而反观内地法律,并不区分婚生子女与非婚生子女,两者享有同等的权利。针对原告律师的主张,政府律师抗辩说,第一,特别行政区政府制定条例,实行居留权证明书制度,并没有违反《香港特别行政区基本法》,相反是协助《香港特别行政区基本法》第 24 条规定的港人在内地所生子女享有居港权的人来港。如果有关人士拥有居港权,便须通过一种合理的程序去确认这种身份。《香港特别行政区基本法》第 24 条并未规定任何有关人士可不经任何程序任意进出本港,在未确认其身份前,先将其进行遣返并无不当;第二,要申请居留权,自然得在来港前申请,若坚持自己已来港便要在香港申请,不但违反程序,而且对那些仍在内地轮候的人士不公。更为重要的是,根据内地《出入境条例》,这些未经内地有关部门批准出境的人士,不论其是否拥有居港权,均已触犯内地法律,应负刑事责任;第三,所谓港人在内地所生子女应自然取得香港居留权,属于《香港特别行政区基本法》第 24 条管辖范围,不受香港特别行政区基本法第 24 条,即"中国内地其他地区的人进入香港特别行政区须办理批准手续"的管辖,就立法程序看,香港特别行政区基本法第 24 条和第 24 条同源自中英联合声明附件一第 14 款,所以是互有关联的。香港特别行政区基本法将

第 22 条置于"中央和特别行政区的关系"一章,正是中央政府对来港定居的内地人的规定;而将第 24 条置于"居民的权利和义务"一章中,是对永久性居民的界定。所以由内地公安部门发放单程证,并未侵犯香港的高度自治权;第四,诚如内地基本法专家许崇德教授所言,《香港特别行政区基本法》第 22 条已订明了行使居留权的限制,入境条例只是落实该条的限制而已,所以否认条例溯及力的论点不能成立。

香港高等法院经审理后,作出裁决如下:第一,虽然《香港特别行政区基本法》第 24 条明确了哪类人享有居留权,但并未提及如何确定和核实这些人的身份以及他们如何行使这类权利,这是《香港特别行政区基本法》特别保留空间,允许特别行政区政府进行立法。

《香港特别行政区基本法》作为特别行政区的基本大法,不可能规定得非常详细,具有原则性、指导性、简洁性和包容性。第二,特别行区政府的入境条例设立居留权申请书制度,不仅没有违反《香港特别行政区基本法》,而且是维护香港特别行政区基本法的有关规定,使《香港特别行政区基本法》得到合情合理的落实。那种所谓声称根据《香港特别行政区基本法》第 24 条享有居留权便可不循合法程序偷渡来港的观点,其要害恰恰在于没有任何合法途径证明有关偷渡来港者的确有资格享有香港特别行政区基本法第 24 条赋予的权利。若按这种观点行事,任何人都可声称自己拥有居留权而偷渡来港,这将架空《香港特别行政区基本法》的原则性规定,损害《香港特别行政区基本法》的权威,并极大地破坏和冲击特别行政区的法治和安定。第三,《香港特别行政区基本法》第 22 条适用于根据第 24 条拥有居港权的内地人士。第 22 条表明在制定香港特别行政区基本法时,已考虑到包括港人在内地所生子女到香港来定居,在人数方面香港所能承担的程度。因此,配额制是符合《香港特别行政区基本法》的。为落实《香港特别行政区基本法》第 22 条,政府的入境条例也是有溯及力的。第四,港人在内地的非婚生子女与婚生子女享有同等的权利,也应遵循与婚生子女来港一样的程序。

面对高等法院的判决,原告方和被告方均表示不满,向香港终审法院上诉,从而形成轰动一时的"香港无证儿童案"。香港特别行政区终审法院于 1999 年 1 月 29 日作出了终审判决,其要点是:第一,香港永久性居民在中国内地所生子女,无论婚生的还是非婚生的,都有权在香港居住;第二,只要有了特别行政区政府的居港权证,不必得到内地政府的批准就可以在香港居住,已经来港的儿童,即使未经内地政府批准,也不能遣返;第三,香港终审法院享有宪法性管辖权。如果全国人民代表大会及其常务委员会的立法与《香港特别行政区基本法》相抵触,香港法院有权审查并宣布全国人民代表大会及其常务委员会的立法行为无效。作为此案的余波,针对香港终审法院的判决,由于担心由此引起的移民潮破坏香港的安定和社会秩序,香港特别行政区行政长官董建华于 1999 年 5 月建议国务院提请全国人民代表大会常务委员会解释《香港特别行政区基本法》。全国人民代表大会常务委员会于 1999 年 6 月 24 日对《香港特别行政区基本法》进行了解释。

这就是对《香港特别行政区基本法》的完整适用以及中央与香港特别行政区关系产生重要影响的"香港无证儿童案"的基本情况。

【法律问题】

香港特别行政区法院是否可以对全国人民代表大会和全国人民代表大会常务委员会的立法进行审查并宣布其无效?《香港特别行政区基本法》的解释机制如何?香港特别行政区政府在败诉后采用建议的方式,寻求国务院提案解释《香港特别行政区基本法》的部分条款,而在事实上终止了终审法院判决的判例法效力,这是否妨碍了香港的司法独立?

【分析】

在本案的判决中,香港特别行政区终审法院认为:"包括全国人大和全国人大常委会在内的国家权力机构所作的决定与行为,香港特区法院都可以检视其是否符合基本法。"此所谓"宪法性管辖权"或"违宪审查权"。这一表述在内地引起了轩然大波。当时正在珠海参加澳门特别行政区筹备委员会政务、法律小组会议的内地宪法学专家肖蔚云、邵天任、吴建番和许崇德四位教授认为,香港特别行政区法院的这一表态违反了基本法的规定,是对全国人民代表大会及其常务委员会地位,对"一国两制"的严重挑战。那么,香港特别行政区法院到底有无权力审查全国人民代表大会和全国人民代表大会常务委员会的立法行为呢?

我们先看何谓香港特别行政区法院的"违宪审查权"。香港学者陈弘毅认为,香港特别行政区法院的违宪审查权是指"特区法院就特区立法机关的立法的审查权,如裁定特区立法是否因与《基本法》相抵触而无效"。所以,这里的违宪审查与一般意义上的含义并不完全等同,亦即此"宪"是指香港特别行政区基本法,而非我国的宪法。

香港在回归以前属英国管制,在法律理念和法律制度上都深受其影响。

在普通法理念里,司法审查或者说违宪审查(都是指法院对立法机关的立法行为进行合宪性审查)是其传统。在英国资产阶级革命以前,著名的法学家科克就曾说过:当议会的法律违背普遍正义和理性的时候,普通法将高于议会法案,法院可判这样的法律归于无效。而在美国,司法审查也通过1803年的马伯里诉麦迪逊案确立起来的。但在英国,司法审查的传统并没有延续下来,原因在于通过资产阶级革命,形成了议会至上的宪政体制,再加上其不成文宪法的制度,任何由英王会同议会制定的法律,法院必须忠实执行而不能质疑其合宪性(实际上也无法质疑)。1990年制定的《香港特别行政区基本法》保留了香港特别行政区法院原有的审判权和管辖权,也保留了香港的普通法,又赋予香港特别行政区法院对《香港特别行政区基本法》的解释权(虽然这种解释权是有限的),并规定特别行政区立法机关制定的任何法律都不得同基本法相抵触。据此,有学者认为,香港回归后特别行政区法院应享有违宪审查权。而香港回归以前法院是否有违宪审查权又成为很多学者论述香港回归后特别行政区法院是否有违宪审查权的一个重要依据。

香港回归以前,英国专门为香港这块殖民地制定了《英王制诰》和《王室训令》,作为在香港实施的宪法性法律。香港特别行政区法院在1991年以前并没有审查香港立法机关的法律是否与这两个宪法性文件相抵触而无效的权力。但有学者主张,实践中没有相关的案例,并不表示法院在法理上没有违宪审查权。所以,不能据此认为香港回归后法院也不应有违宪审查权。况且,在1991年后,香港立法局制定了《香港人权条例》,香港法院可以根据该条例审查香港立法机关的立法,如发现其有侵犯人权的情形可宣布其无效。根据该条例,形成了一系列的判例。但有学者指出,由于中国政府在香港回归前已指出,《香港人权条例》因抵触香港特别行政区基本法而在香港回归后不予保留,所以由此产生的判例亦应不予保留。

香港回归以前法院是否有违宪审查权事实上并不重要。因为这个问题本身就是一个见仁见智的问题。由于适用标准的不同,学者们的结论也就出现了分歧。所以,它虽然是一个事实判断问题,但无法追寻一个单一的结论。不论香港在英国管制时代其法院是否有违宪审查权,普通法传统要求法院必须对法律进行解释并在相互冲突的法律规范体系中决定具体的适用规则。香港特别行政区基本法明确了在香港保留普通法,这就给香港特别行政区法院违宪审查权提供了足够的法理依据。至于有学者所主张的基本法已为香港特别行政区立法机关制定的法律是否可能抵触基本法设置了三个保障或者说审查机制，因而无须保证法院的违宪审查权的论点是没有说服力的。美国总统可以对国会制定的法律行使否决权，国会自己也可以自行修改自己制定的法律，但美国法院照样确立了司法审查权。所以，这里问题的实质并不是香港特别行政区法院是否有必要行使这一权力，而是它是法院在司法过程中无法回避的一项司法活动。

但是，肯定特别行政区法院享有违宪审查权并不等于承认其可以对全国人民代表大会和全国人民代表大会常务委员会的立法行为进行审查以决定其是否符合基本法。在中国学者以往的论述中，并没有明确区分这两种违宪审查权.即对香港立法会制定的法律进行审查和对全国人民代表大会和全国人民代表大会常务委员会的立法行为进行审查。在中国的宪政体制下，人民代表大会作为国家的最高权力机关，人民代表大会常务委员会作为人民代表大会的常设机关，其地位是不容挑战的。如果允许特别行政区法院对其决定提出挑战，则将从根本上违背我国目前的宪政体制。所以，香港特别行政区法院可以审查香港立法机关制定的法律是否符合基本法，而不可审查全国人民代表大会及其常务委员会的立法是否与基本法相符。另外一种观点是，由于基本法明确了基本法是特别行政区最高法，这一规定对全国人民代表大会及其常务委员会亦有效力。所以特别行政区法院应有权对全国人民代表大会或全国人民代表大会常务委员会低于基本法效力的法律或决定进行审查。这种观点是没有说服力的。基本法虽然规定，香港特别行政区实行的制度和政策以基本法的规定为依据，但不能由此得出全国人民代表大会或全国人民代表大会常务委员会其他有关香港特别行政区立法的效力比基本法为低的结论。

根据《香港特别行政区基本法》第158条的规定，基本法的解释机制包括以下内容：(1)基本法的解释权属于全国人民代表大会常务委员会；(2)全国人民代表大会常务委员会授权香港特别行政区法院在审理案件时对本法关于特别行政区自治范围内的条款自行解释；(3)香港特别行政区法院在审理案件时对该法的其他条款也可解释，但如需要对该法关于中央人民政府管理的事务或中央和香港特别行政区关系的条款进行解释，而该条款的解释又影响到案件的判决，在对案件作出不可上诉的判决前，应由香港特别行政区终审法院提请全国人民代表大会常务委员会对有关条款作出解释。如全国人民代表大会常务委员会作出解释，香港特别行政区法院在引用该条款时，应以其为准。但此前作出的判决不受影响。(4)全国人民代表大会常务委员会在对基本法进行解释前，应征询其所属的基本法委员会的意见。

可以看出，香港特别行政区基本法对该法的解释作了不同寻常的规定，将基本法的解释权作为一种独立的权力，在特别行政区法院和中央立法机关之间进行分配。

全国人民代表大会常务委员会对基本法的解释权来源于宪法。《宪法》第67条规定，全国人民代表大会常务委员会解释法律，香港特别行政区基本法由全国人民代表大会制定，其解释权当然属于全国人民代表大会常务委员会。全国人民代表大会常务委员会的权力来源于全国人民代表大会的授权。全国人民代表大会是国家的最高权力机关，是人民主权的最高代表者，所以全国人民代表大会常务委员会对基本法的解释权是固有的，在全国人民代表大会认可的情况下是最高的。另一方面，《香港特别行政区基本法》是一部全国性的法律，不仅在香港实施，也在全国范围内实施。为了保证《香港特别行政区基本法》在全国范围内得到统一的、正确的理解与实施，由全国人民代表大会常务委员会行使解释权，也是完全必要的。

香港法院对《香港特别行政区基本法》的解释来源于中央的授权。在中国的法律理念里，法律的解释是作为一种独立的权力而存在的，它有别于法律适用，可以与法院的审判权分离。作为审判机关的中国法院,除最高人民法院外,其他法院没有法律解释权。就是最高人民法院,其法律解释权也是来源于全国人民代表大会常务委员会的授权,并作为一种独立的权力而存在,具体行使时并不结合其在审的具体个案进行。在制度上,宪法和法律的解释权授予全国人民代表大会常务委员会,《立法法》具体规定了全国人民代表大会常务委员会对法律解释的情形。1981年《全国人大常委会关于加强法律解释工作的决议》进一步将法律解释权进行了具体划分,分别授予全国人民代表大会常务委员会、最高人民法院、最高人民检察院和国务院以不同的法律解释权。所以,在中国内地,地方法院和专门法院都是没有法律解释权的。但香港在回归以前属英国管制,所适用的法律制度属英美法系,遵循普通法传统,立法机关的责任是制定法律,而无解释法律的权力。法律解释一直是法院传统的权力,并且这种解释并不能当作一种独立的权力来行使,它必须结合所审理的具体个案进行。《香港特别行政区基本法》规定,香港回归后,原有的法律制度和法律传统基本保持不变。基本法在正式生效后必然为香港法院所适用,所以无法剥夺香港法院对基本法的解释权。基于这种认识,基本法授予香港法院在一定情况下可以解释基本法。另一方面,授予香港法院解释香港特别行政区基本法也是现实的考虑。基本法在香港实施,各级法院都必须根据香港特别行政区基本法审理案件,如果在其中遇有基本法含义不明的情形都需要由全国人民代表大会常务委员会解释,全国人民代表大会常务委员会既会不堪重负,也有违特别行政区高度自治的精神。

所以,《香港特别行政区基本法》对该法解释权的分配是"一国两制"精神的体现,适当地考虑了内地与香港两地法律解释的传统,力求在两种冲突的法律制度间寻求恰当的契合点。但是,从本案来看,这种制度安排并非完美无缺。从本案所引发的争议来看,以下问题是以后在实施基本法时必须考虑的。

第一,《香港特别行政区基本法》第158条规定,香港法院在一定情况下不可以自行解释香港特别行政区基本法,而要通过终审法院提请全国人民代表大会常务委员会进行解释。或是基于普通法根深蒂固的自行解释法律的信念,或是基于其他目的,香港法院在出现香港特别行政区基本法规定的须提请全国人民代表大会常务委员会解释法律的情形时不予提请而是自行解释,正如本案中的那样,又该如何?由于香港特别行政区法院享有终审权以及法院的既判力,这一问题显得尤为不容小视。

第二,如果在一个案件里,香港法院认为没有出现基本法所规定的不可自行解释基本法而必须提请全国人民代表大会常务委员会解释的情形,而中央认为已出现,这样的争议如何解决?这一问题实际又包括两种具体情况。第一种是《香港特别行政区基本法》第158条所指"自治范围内的条款"和"关于中央人民政府管理的事务或中央和特别行政区关系的条款"具体为何?有人认为,香港特别行政区基本法第二章"中央和特别行政区关系"所含之条款即是属于全国人民代表大会常务委员会解释范围,其他均属于自治范围内条款。这种说法既无法律根据,也不符合实际情况。如在"总纲"一章中有关国旗和国徽的规定显然不是特别行政区自治范围内的事项。另外,《香港特别行政区基本法》其他章节中亦有一些类似规定。但问题是,到底哪些属于特别行政区自治范围的条款,哪些又是中央政府管理的事项或是中央和特别行政区关系的事项?这个问题不明确,可能会在以后的司法实践中引发新的争议。第二种情况是特别行政区法院在审理案件时认为只需要适用自治范围内的条款就足够了,而有关中央管理事项条款或中央和特别行政区关系条款在该案中并不适用,但中央认为后者要在该案中予以适用,从而引发解释权的争议,这一问题如何处理?在本案中,实际上就已经出现了这种情况。特别行政区终审法院认为居港权问题完全是特别行政区自治范围内的事项,其所适用的是《香港特别行政区基本法》第24条,并未涉及第22条,所以没有必要提请全国人民代表大会常务委员会解释基本法。也就是在判案的根据上,中央和香港特别行政区法院出现分歧而引发解释权的争议,这种情况如何处理?香港特别行政区终审法院在本案中认为其有权"自行分辨何者为特区自治范围内之事务并作出决定"。对于这种认识,中央能否赞同?

第三,法律规定,全国人民代表大会常务委员会对基本法的解释无溯及力。这种规定是符合法治原则的,但实施起来会产生一定的问题。基本法只规定,在出现应由全国人民代表大会常务委员会解释基本法的情形时,应由终审法院提请全国人民代表大会常务委员会予以解释,但并未规定在全国人民代表大会常务委员会未作出解释前案件的审理应如何处理。如果全国人民代表大会常务委员会的解释正在进行中,而香港法院已经按自己对基本法的理解对案件作出了判决,则基本法的规定岂不落空?如果有人不带善意地反复利用基本法的不溯及既往条款,不断地作出有违基本法、有损中央权威和香港特别行政区法制传统的判决又该如何?

上述这些问题有些可以依靠完善基本法来解决;而更重要的是要在中央和香港特别行政区的法院系统之间建立彼此信任和善意的解决问题的机制。双方都须认识到,两种法律体制的冲突以至达到协调会有一个长期的过程,其间还须经历阵痛期。就中央而言,应冷静对待香港特别行政区法院的判决,固然不能排除香港有人希望利用司法审查权形成对内地的制约,但也不能由此产生对香港司法权的不信任乃至猜忌,更不应认为对香港的终审权应当采取措施予以收回以防其对"一国"的损害。就香港而言,应对中央实行"两制"方针和尊重其司法独立有充分的信任,但同时亦应充分理解内地的政治体制及全国人民代表大会常务委员会对基本法解释权的固有性,而不可非善意地利用司法裁决的终局性形成对中央权威的挑衅。

面对香港终审法院的判决可能引起的大规模的移民潮以及由此给香港社会带来的沉重负担,香港行政长官只能寻求其他的解决渠道。1999年5月20日,行政长官董建华向国务院提交《关于提请中央人民政府协助解决实施〈中华人民共和国香港特别行政区基本法〉有关条款所遇问题的报告》,建议国务院向全国人民代表大会常务委员会提交议案,要求全国人民代表大会常务委员会对基本法的相关条款作出解释。全国人民代表大会常务委员会于6月26日根据《香港特别行政区基本法》第158条的规定行使了属于自己的解释权,对《香港特别行政区基本法》第22条第4款和第24条第2款第(3)项作出了解释。在解释中,全国人民代表大会常务委员会明确肯定《香港特别行政区基本法》第22条所指内地人士到香港定居的人数应由中央政府征求香港特别行政区意见后确定的规定适用于第24条所指香港永久性居民在内地所生子女。这一解释自1999年7月1日生效,但对既定判决无溯及力。

值得注意的是,行政长官建议国务院提请全国人大常委会对基本法进行解释在《香港特别行政区基本法》上并无明确的法律依据。行政长官在向国务院提交的报告里引用的根据是《香港特别行政区基本法》的第43条和第48条。

有人认为,行政长官并无要求解释基本法的权力,该行为对香港独立的司法体制构成了障碍。但内地和香港的学者多数认为行政长官的行为符合《香港特别行政区基本法》的规定。有学者认为,根据基本法的规定,行政长官对中央人民政府负责,并负责执行基本法。所以,该行为可被视为行政长官就《香港特别行政区基本法》的实施情况向中央政府汇报工作。并且,由于行政长官的报告仅是"建议"全国人民代表大会常务委员会解释《香港特别行政区基本法》,是否向全国人民代表大会常务委员会提交议案决定权在国务院,而香港终审法院亦表示接受该解释。问题是,行政长官的这一行为能否构成一个先例? 即在香港法院出现应提请全国人民代表大会常务委员会解释《香港特别行政区基本法》的情形但终审法院并不提请时,行政长官即根据《香港特别行政区基本法》的第43条和第48条建议国务院要求全国人民代表大会常务委员会予以解释?

行政长官根据《香港特别行政区基本法》第43条和第48条的规定向国务院提交报告。而这两条的含义并不明确,行政长官显然是充分利用了条款可能的含义。香港社会之所以普遍对行政长官的行为予以赞同,最主要的原因在于它使香港免受大规模移民潮的冲击,而这对每一个香港人都利益攸关。设若行政长官的行为并不关涉香港的重大社会利益,同样的行为能否得到如此高的可接受度是值得怀疑的,而香港法院对此持何态度亦是不可预料的。所以,从维护香港的高度自治及法治而言,笔者认为,行政长官的这一行为不能当然地成为一个先例。只有是为了维护香港社会重大利益和香港法院的在审案件所涉《香港特别行政区基本法》条文明显属于全国人民代表大会保留的解释范围时,行政长官方可循此为之。

【案例分析】

河南省洛阳市中级人民法院法官宣布地方性法规无效案

2003年1月25日,河南省洛阳市中级人民法院开庭审理了伊川县种子公司委托汝阳县种子公司代为繁殖"农大108"玉米杂交种子的纠纷,此案的审判长为30岁的女法官李慧娟。在案件事实认定上双方没有分歧,而在赔偿问题上,根据《河南省农作物种子管理条例》第36条的规定,"种子的收购和销售必须严格执行省内统一价格,不得随意提价"。而根据《中华人民共和国种子法》的立法精神,种子价格应由市场决定。法规之间的冲突使依两者的赔偿相差了几十万元。

此案经过洛阳市人大等有关单位的协调,法院根据上位法作出了判决。然而,判决书中的一段话却引出了大问题:"《种子法》实施后,玉米种子的价格已由市场调节,《河南省农作物种子管理条例》作为法律位阶较低的地方性法规,其与《种子法》相冲突的条文(原文如此)自然无效……"

此案的判决书在当地人大和法院系统引起了很大的反响。为此,河南省高级人民法院在关于此事的通报中指出,人民法院依法行使审判权,无权对人大及其常委会通过的地方性法规的效力进行评判。在河南省人大和河南省高级人民法院的直接要求下,洛阳市中级人民法院拟定撤销李慧娟审判长职务,并免去其助理审判员职务的处理决定。

【法律问题】

李慧娟法官是否有权宣布《河南省农作物种子管理条例》无效?

【分析】

李慧娟法官在判决书中宣告,省人大常委会制定的条例因与国家制定的法律相冲突而自然无效。因为中国实行的是民主集中制的人民代表大会制,在宪法上实际实行的是人大至上,行政和司法机关对它负责,受它监督。立法、行政、司法机关各有分工,但没有制衡。人大制定法律,同时解释法律和监督其他机关执行法律。法院没有权力审查人大的立法是否具有合宪性和合法性。

根据《宪法》和《立法法》等相关法律规定，在我国，法官在办案时发现地方性法规或行政法规与国家法律相冲突时，应中止案件审理，报告所在法院，由所在法院报告最高人民法院，由最高人民法院根据《立法法》向全国人大常委会提出审查要求，再由全国人大常委会进行审查和作出决定（或由全国人大法律委员会和有关专门委员会审查，向法规制定机关提出审查意见，法规制定机关据此对相应法规进行修改），最后，法院根据全国人大常委会的决定或经法规制定机关作出修改后的法规，恢复对案件的审理和作出判决。

联系到本案，基层人民法院和中、高级人民法院仅有权选择适用相应规范，而不能由它们直接和最终确认法规、规章违法或宣布无效。本案件引发之问题实际上远不是谁对谁错的争论，而是一系列的深层次上的关于制度合理性问题的思考。

第九章　选举制度

选举制度是国家制度的重要组成部分,是民主政治的标志,也是公民参与政治生活的基本形式。选举活动是国家的一项重要政治活动,反映了人民主权在国家政治生活中的实践,是构筑国家权力结构体系的基本环节。

第一节　选举制度概述

一、选举制度的概念及意义

选举制度是一国统治阶级用法律规定的关于选举代议机关代表和国家公职人员的各项制度的总称,是统治阶级挑选本阶级代表人物和优秀人物进入国家机关实现国家权力的重要手段和步骤。

选举的方式古已有之,早在原始社会,民族的首领即由选举产生并且可以撤换。在古希腊、罗马奴隶制社会和中世纪的封建社会中,也曾实行过选举,如古罗马的执政官即由元老院通过选举产生。在中国古代,亦有选举一词,但"选"是指铨选职官,"举"则指推荐选用,即"选官""举士"。因此,这里的选举与近代以来的选举在性质、范围、作用诸方面有着不同的意义。

近代意义的选举,作为国家的一种基本政治制度,构成民主政治的有机组成部分。它产生于资产阶级民主革命时期的英、法、美等国,是资产阶级反对封建君主专制、封建世袭制度的结果。作为近现代民主制度的重要组成部分,选举制度既是资产阶级学者提出天赋人权学说、人民主权学说在资产阶级政治实践中的产物,也是资产阶级反对封建等级的结果。与原始社会、奴隶社会和封建社会的选举活动相比,近代选举制度有三个特点:一是被选举者往往是代议机关的代表或议员;二是形式上采用普选制;三是有一套比较完整的法律规范作指导。而且在政治实践中,虽然不同阶级本质的选举制度在对象、目的等方面存在根本区别,但其作用在形式上仍有类似之处。选举制度存在的意义主要如下:

(1)选举制度为选民选出自己信赖的代表组成国家机构,实现国家权力的转移提供了制度保障。因此,选举制度是近现代市民社会与政治国家相联系的基本途径。如前所述,近现代民主制国家最根本的原则即人民主权,也就是说国家的一切权力属于人民。但即使在最直接的民主制度中,也不可能使所有的人都直接成为统治者。因此,国家权力的行使者只能是少数人。这样也就导致国家权力的所有者与行使者相互分离,并形成少数领导者和绝大多数被领导者的相互矛盾。选举制度则是解决这种相互分离和相互矛盾状况的根本途径。既然代表或议员由公民根据自己的意愿选举产生,国家机关及其工作人员的职权由选民通过选举这一权力委托方式获取,那么权力的行使者虽然获得了合法地位,但他仅仅只是权力所有者实现权力的中介、桥梁。因此,虽然权力行使者有一定的相对独立性,但这种和平的权力委托或者说权力转移,并不能改变权力所有者的地位,相反在其他有关制度的配合下,还能使权力所有者的意愿得以贯彻。

(2)选举制度为选民监督权力行使者,并在一定条件下更换权力行使者提供了重要途径。广大选民与国家权力行使者的这种委托关系,决定了权力行使者必须向广大选民负责。尽管政治实践中有集体责任和个人责任之分,但其基本原则是共通的,即选民将根据权力行使者的具体表现,对其是否符合自己的意愿进行评判,并对其违反选民意愿的行为追究责任。如果选民撤回对权力行使者的"委托",那么权力行使者的存在、延续以及权力行使也就失去了合法依据。在这种情况下,选民即可通过民主程序重新选举产生新的符合自己意愿的权力行使者。这就要求权力行使者必须坚持为选民服务,时刻牢记对选民负责的思想。

(3)选举制度是促进民意的形成、表达,并使选民民主意识得以提高的重要手段。国家的统治、社会的管理都必须以"民意"为依归。选举就是形成表达民意的理想方式。选举不仅仅只是单纯地对候选人进行简单的挑选,实际上这种选择一方面表达了选民对权力行使者必须具备的基本条件的要求;另一方面则表达了国家和社会管理应该贯彻何种政策的基本意见。而且选举过程中不同意见的交流、妥协,还会形成人们都能接受的意见。因此,选举制度在形成、表达民意中具有非常重要的作用。同时,选民通过参与选举活动,还可增强民主意识。虽然选民在多大程度上重视并参与选举受历史传统、民族习惯、宗教信仰、文化程度等许多因素的影响,但选举本身同样是一项非常重要的因素。选民通过参与选举,不仅会对自己的地位和作用产生明确的认识,而且还能增强其分析和判断政治现象、政治问题的能力,从而积极地参政、议政。

(4)选举制度还是缓和社会矛盾、解除社会危机、维持社会安定的重要措施。经济萧条、通货膨胀、政局不稳、派别利益冲突激烈等社会矛盾和社会危机是影响国家统治秩序和社会安定的重要因素。虽然解决矛盾或危机的方法很多,但在民主政治制度中,选举则是最根本的民主途径。通过选举,不仅可以使选民与选民、选民和代表更为紧密地联系在一起,而且还可以集思广益,对各种政策选择方案进行论证,从而为各种社会问题寻找合理的而且为人们所接受的解决方法。

二、选举制度的体制

(一)地域代表制与职业代表制

地域代表制是指按选民的居住地区划分选区或者以区、县、乡等行政区域为选举单位选举代表或议员的制度。地域代表制通常有两种方式,即单数选区制和复数选区制,前者是指一个选区只产生 1 名议员或代表,如英国下议院的选举;后者是指一个选区产生 2 名以上的议员或代表,如意大利众议院的选举。采用单数选区制还是复数选区制与一个国家的政党制度和选举文化传统存在密切的关系。

职业代表制,是指根据选举人的职业分为若干职业团体,每一职业团体产生一定数量的选举代表或议员的制度。19 世纪的工团主义派和英国的基尔特社会主义派是主张实行职业代表制的典型代表,他们认为这有助于立法机关的立法反映不同职业人的意志,同时使立法机关汇集社会各方面的专业人才,有利于提高立法的科学水平。也有学者持不同观点认为由于职业代表制代表各种利益不同的职业集团,因而容易引起立法机关内部的剧烈冲突,另外,选择职业代表难度很大,职业团体众多,会员人数各不相同,其选出的代表很难与团体的重要性及选民成比例等。

根据我国宪法和选举法的规定,我国选举制度主要实行地域代表制,同时也采用职业代表制,如各级人大中的军人代表团。在我国香港,立法会的议员选举与功能界别相联系,具有职业代表制的特征。

（二）多数代表制与比例代表制

多数代表制又称为多数选举制,是指在选举中选区内得票最多的候选人当选的制度。多数代表制在理论上源于多数决原理,即一个团体在决定事项应尊重多数人的意愿。多数代表制又分为以下三种:(1)绝对多数代表制,即候选人所获得的票数,须有投票总数的1/2以上才能当选;(2)相对多数代表制,即以候选人得票相对多数者当选,而不要求获得过半数选票;(3)法定得票代表制,即以候选人必须获得一定票数以上为前提,再由其中的相对多数者,依次取得当选人资格。英国、美国、加拿大等国家选举众议院议员,采用相对多数代表制,我国采用的是绝对多数代表制。

比例代表制是指参加选举的各个政党按照本党所得选票占总选票数的比例获得不同数量席位的当选制度。比例代表制的优势在于立法机关中小党能获得一定数量的席位,反映小党的政治观点,能照顾到小党的利益,增强立法机关的协商性和妥协性,从而使立法尽可能地反映不同社会阶层的意志和利益,因此采用比例代表制的往往是实行多党制的国家。荷兰、奥地利、卢森堡、巴西等国家采用比例代表制。

三、选举制度的发展

（一）西方国家选举制度的历史发展

英国是最早实现资本主义制度的国家,但其选举制度的演变却最为缓慢,是最晚实现普选权的国家之一。近代选举制度发源于英国,在英国,选举主要是指对英国下议院议员的选举,上议院议员并非由选举产生。1688年"光荣革命"确立了资本主义在英国的统治地位,但是当时的选举制度与"革命"前相比几乎没有变化。1823年英国通过第一个选举改革法案,调整选区划分,减少"衰败选区"的议席,把这些议席转让给新兴的工业城市;降低选民享有选举权的财产限额,可是对于无产者和妇女来说,仍然毫无意义。正是在这种背景下,无产阶级发动了以争取普选权为目标的"宪章运动"。1867年选举改革法对农村选民的财产资格又有所放宽。1872年废除公开选举,改行秘密投票。1883年公布取缔选举舞弊法,限制选举费用,惩罚选举舞弊。1884年统一城乡选民资格标准。所有这些改革并未触动复杂的投票程序和不合理的选举方式,劳动人民仍然难以分享选举权。1918年又通过人民代表选举法,进一步降低财产限额,改原居住期1年为6个月;首次有条件地给予妇女选举权。1928年的选举权法,除了规定男女平等地享有选举权外,再次降低了居住期限、教育程度、财产数量等附加条件和选举费用。1948年的人民代表选举法废除复数投票制和等级投票制,实行一人一票、一票一价的平等原则。1969年英国对人民代表选举法进行了修改,将选举年龄从以前的21岁降低到18岁。至此,英国公民才在法律上获得了平等的和普遍的选举权。

在美国,1787年宪法规定了国会参众两院议员和联邦总统的选举,但未规定选举资格,它将制定选举法的权力留交各州,各州大多仅给予有产的白人男性以选举权。1828年,24个州中的一半实行所谓"白种成年男子普选权"。1870年的宪法第15条修正案要求"对于国民的投票权,不得因肤色,或由于某种原因以前曾为奴隶而拒绝或剥夺之"。1920 年美国妇女才因宪法第 19 条修正案的通过取得选举权。1971 年生效的第 26 条修正案,将选民最低年龄统一为 18 周岁。1979 年生效的第 27 条修正案,才确认不能因性别而拒绝或剥夺公民的权利。至此,美国算是在法律上普及了选举权。

法国的资产阶级革命最彻底,也是最早实行普选权的国家。然而就是在法国,普选权的确立也不是一帆风顺的。1789 年法国大革命后制定的第一部宪法规定,只有"积极公民"才有选举权。1791 年宪法还规定,不符合"积极公民"资格的"消极公民"则无选举权。在当时法国 2500 万居民中只有 430 万人享有"积极公民"的资格。1793 年雅各宾派专政,取消了"能动公民"的规定,凡居住期在六个月以上,年满 21 岁的男子享有普选权,但仍然剥夺了妇女和奴仆的选举权。1794 年普选制遭废除。1814 年波旁王朝复辟,选举权进一步缩小,规定男子三十岁以上,每年交纳直接税才有选举权。当时法国三千多万人口中,享有选举权的只有 8 万人,享有被选举权者只有一万五千人。1848 年革命后法国资产阶级被迫实行普遍、直接、秘密的选举制度,但只限于年满 21 岁的男子。1875 年宪法规定参议员由总统指定,众议员间接选举产生,妇女、军人和未满 21 岁者依旧不能享有选举权。直到 1944 年才废除性别歧视,将选举权普及到 21 岁以上的成年男女。1974 年修改选举法,将选民的年龄限制降到 18 岁。至此法律上的普选权才最终确立。

西方国家选举制度发展表现出以下几个特点。

(1)选举限制的逐步取消。西方选举制度产生于资产阶级革命时期,但在其产生之后的很长一段时间,并不是具有普遍性和平等性的选举,相反,选举权的行使受到了很多方面的限制。早期西方国家的选举多受到财产资格的限制。如英国资产阶级革命胜利后,根据 1688 年的"权利法案",国会议员可以"自由选举",但 1711 年,议会则规定,郡议员必须是每年土地收入在 600 英镑以上,市镇议员每年不动产收入要有 300 英镑以上。在法国,资产阶级大革命后,根据纳税状况,公民被分为"积极公民"和"消极公民",只有积极公民才可以参加选举。而美国直到 1962 年宪法第 21 条修正案才取消了公民投票权以交人头税和其他税为前提的限制。以财产为限制的理论认为,只有承担纳税义务的人,才有权利管理国家。因为国家的运转要靠公民的纳税来支撑,不尽纳税义务的人同尽纳税义务的人一样享有管理国家的权利,是把赚钱人的钱拿去让不赚钱的人花,显失公平。但这种理论是将选举作为专给纳税人的一种酬答,有违选举之本意。另有理论认为,财产限制于有产阶级是因为有产阶级对于社会秩序更有爱心,因为有产阶级享有财产。但即使有产者更爱护社会秩序,也只是爱护对其有利之社会秩序,所以由其专享选举权也有违选举之基础理论。另有理论认为,拥有财产者,能够受较高的教育,受教育高其管理国家的能力则更高,但批评者认为,较高的教育和较强的能力之间并无必然联系,况且当今社会大部分国家已普及了义务教育,而其他教育也已在逐步扩大。所以该种理由不能成立。第二次世界大战结束后,对公民行使选举权的财产限制已被多数国家取消。

早期西方国家选举权的行使还受到性别的限制,女性在相当长的时间内并不能与男子享有平等的选举权。20 世纪以来,西方才渐次实现了男女在法律上的平等选举权利。其中,英国为 1918 年,美国为 1920 年,德国为 1919 年。

对种族的限制,使西方国家的选举在很长一段时间内,并不具有普遍性和平等性,如美国黑人长期没有选举权,而加拿大印第安人的选举权则长期受到限制。第二次世界大战以来,这种限制也已从法律上被废除。

第二次世界大战以来,现代西方各国不仅在法律上废除了基于财产、性别和种族等因素对选举权的限制。而且一些国家还通过法律给予女性或少数民族或种族以特别保障,予以特别的照顾,以促进平等选举的真正实现。

（2）选举制度的规范化。西方各国选举制度在选区的划分、选举的程序、投票的方式等方面都进行了不断的改革。如19世纪中叶,澳大利亚首先实现了由政府统一制定选票,集中投票地点,统一投票时间,实行单记名投票,以确保选民自由表达意志,此后各西方国家纷纷推广这种"澳大利亚投票法",逐步实现了秘密投票的规范化。

（3）科学技术推进了西方国家选举制度的发展水平。以计算机为例,20世纪70年代随着知识经济的发展,计算机被广泛运用于选举过程,其结果不仅改变了选票的格式,而且也改变了投票的方式,大大提高了选举过程的效率。20世纪90年代兴起的国际互联网更是使现代西方国家选举制度产生了革命性变化。互联网为候选人提供了直接与选民进行对话的新方式,它实际上不受时空限制,同时推进着间接选举制向直接选举制的发展。而选民利用计算机、互联网等先进设备,无须出门就可表达对候选人的意见,使了解、挑选候选人变得相当便捷。从西方国家现代科学技术对选举过程产生的影响中人们开始认识到,现代科学技术的发展,正在改变选举的形式和方式,使选举制度更加直接和民主。

（二）我国选举制度的产生和发展

我国选举制度的产生与发展是伴随着无产阶级夺取政权,巩固政权的斗争而产生和发展的,大致可分为中华人民共和国成立前、成立后两个时期。

1. 中华人民共和国成立前的选举制度

第二次国内革命战争时期,革命根据地的红色政权实行了代表大会制度。为了保障各级工农兵苏维埃代表大会代表的选举,当时的苏维埃共和国先后颁布了《中华苏维埃共和国选举细则》、《中华苏维埃共和国选举委员会工作细则》、《苏维埃暂行选举法》、《中华苏维埃宪法大纲》等文件,建立了革命根据地的选举制度,其主要内容是:（1）年满16周岁的男女劳动者均有选举权和被选举权;（2）凡剥削者和国民党的军、警、宪、特及反动的宗教职业者,以及他们的家属均无选举权;（3）直接选举和间接选举同时并用,乡一级采用直接选举,区以上苏维埃由下一级苏维埃代表大会和红军代表组成;（4）一律采用举手表决的方式;（5）有选民10人以上同意,可罢免代表的代表资格,或由原选举单位的代表大会开除;（6）工农、城乡代表的比例为1：4,代表的成分中工人必须占到20%～30%等。第二次国内革命战争时期的民主选举,对于巩固苏维埃政权和取得革命战争的胜利,都起了很大的作用。

抗日战争时期,民族矛盾上升为主要矛盾,建立了抗日统一战线的政权,实行代表会议制。这一时期选举制度的主要内容有:（1）实行普遍选举,凡年满18周岁的抗日人员,不分阶级和社会地位,只要拥护抗日民主政权的人都有选举权和被选举权;（2）实行平等选举,除给少数民族以优待条件外,各阶级、各阶层均按居民人口比例选举参议会代表,取消了工人和红军的优越的选举权;（3）除游击区、沦陷区实行间接选举外,乡、区、县、边区一律实行直接选举;（4）实行无记名投票制。抗日战争时期,解放区实行的普遍、平等、直接、无记名投票的选举制度,极大地加强了党、人民政权和广大人民群众的联系,进一步扩大了我党的抗日民族统一战线,克服了国民党的封锁、进攻和日本扫荡所造成的空前严重的困难,使各抗日根据地的人民革命力量迅猛发展起来,为夺取抗日战争的胜利奠定了政治基础。

解放战争时期,国民党发动了全面内战,阶级斗争的形势和任务以及阶级关系都发生了很大的变化,选举制度也随之变化。这时,一切反对国民党反动统治、拥护土地革命、反对官僚买办资产阶级的人都有选举权。一切帝国主义走狗、封建地主阶级和官僚资产阶级以及国民党反动派都没有选举权和被选举权。政权的组织形式从参议会发展为各界人民代表会议,由地区推选的代表、各民主党派推选的代表、少数民族团体推选的代表、解放军推选的代表和特邀代表组成。代表通过直接选举和间接选举产生,也有的用推选与聘请方式产生。

总之,新中国成立前解放区和根据地的选举制度,在建立、巩固和发展人民民主政权,发展生产,支援人民武装斗争,保障人民行使当家做主权力,提高人民的组织程度和民主程度等方面发挥了重要的作用,为新中国成立后社会主义选举制度的建立和发展提供了丰富的经验。

2.新中国成立后的选举制度

中华人民共和国成立之初,解放战争还没有完全结束,各项基本的社会改革还没有在全国范围内进行,人民群众还没有充分组织起来,没有可能立即召开由普选产生的各级人民代表大会。因此,从1949年到1952年,中央到地方各级政权组织采取逐步过渡的方法,由中国人民政治协商会议代行全国人民代表大会的职权,由地方各界人民代表会议代行地方各级人民代表大会的职权。为了适应这时的实际情况,采取了多种方式组织选举,规定反对帝国主义、封建主义和官僚资本主义,拥护《中国人民政治协商会议共同纲领》,年满18周岁的公民(除精神病患者和被剥夺政治权利的人外)均可当选为代表。地方各界人民代表会议的代表采取直接选举、间接选举、推选和特别邀请的方式产生。最初,人民军事管制委员会和人民政府通过特别邀请,由各民主党派、各人民团体自行推选产生代表。在有组织的人民群众的数量增加以后,逐渐增加选举产生的代表。这时期的选举方法,体现了民主协商的精神,具有过渡性。

到1952年底,全国军事行动基本结束,土地改革已基本完成,各界人民已经组织起来,遭到战争破坏的经济已经恢复。为了巩固人民民主专政,完备人民民主专政的国家制度,中央人民政府委员会决定于1953年召开由人民普选产生的地方各级人民代表大会,并在此基础上召开全国人民代表大会。同时成立了以毛泽东同志为主席的宪法起草委员会和以周恩来同志为主席的选举法起草委员会。

1953年3月,《中华人民共和国全国人民代表大会和地方各级人民代表大会选举法》公布实施。这是新中国第一部选举法。1954年9月第一届全国人民代表大会第一次会议通过了《中华人民共和国全国人民代表大会组织法》和《中华人民共和国地方各级人民代表大会和地方各级人民委员会组织法》等,对各级国家政权机构组成人员的选举作了明确规定,从而标志着我国选举制度的正式确立。1953年下半年,在全国范围内根据选举法规定开展了普选工作,它极大地焕发了广大人民群众翻身解放、当家做工的热情,增进了人民的民主意识,把中国的民主生活向前推进了一大步。这次选举法的规定和实施有如下几个特点:(1)体现普遍性。这次选举使全国各族人民普遍获得了选举权,具有选举权的选民占18周岁以上公民总数的97.18%,被剥夺选举权的公民加上精神病患者只占2.82%。(2)直接选举与间接选举并用。乡镇、市辖区和不设区的市全部实行直接选举,县以上各级人民代表大会代表由下一级人民代表大会间接选举。各级人民代表大会代表中,已没有"特邀"代表了,这使代表产生的民主性提高了一步。(3)无记名投票与举手表决并用。在县以上采用无记名投票办法,在基层政权单位,一般采用举手表决的投票办法。但是1953年选举制度,还是不那么完备的,具体表现在:(1)在县级的人民代表大会代表选举中还没有实行直接选举;(2)没有实行差额选举;(3)候选人未作介绍的规定;(4)只规定少数民族代表在全国人民代表大会代表中的总数,至于人口特别少的少数民族是否选派代表未作规定。此后在一个相当长的时期,由于"左"倾错误的影响,忽视了民主政治建设。特别是"文化大革命",使我国的选举制度遭到了空前破坏。党的十一届三中全会以后,加强社会主义民主与法制建设提到了重要的议事日程,因此,20世纪50年代选举制度不完善的地方也就显得日益突出了。

1979年7月,五届全国人民代表大会二次会议通过了《中华人民共和国全国人民代表大会和地方各级人民代表大会选举法》(以下简称1979年《选举法》)和《中华人民共和国地方各级人民代表大会和地方各级人民政府组织法》(以下简称《地方组织法》),这两部法律是在1953年选举法和1954年地方人民政府组织法的基础上重新修订的,是对20世纪50年代确定的选举制度的重大改革与发展。这两部法律主要有以下几个方面的内容:

(1)扩大普选的范围。1979年《选举法》新规定,除依法被剥夺政治权利的人外,其他年满18周岁的公民都有选举权和被选举权,精神病患者不列入选民名单。

(2)将直接选举由乡镇、市辖区、不设区的市扩大到县。

(3)实行了差额选举。将各级人民代表大会代表等额选举改为候选人名额多于应选人名额的差额选举。地方各级政权机关的有关组成人员一般应进行差额选举。

(4)给予了省、自治区、直辖市人民代表大会常务委员会对地方各级人民代表大会代表数额较大的决定权。改变了1953年选举法对各级人民代表大会代表数额的上下限规定,对地方各级人民代表大会代表名额只按人口比例作原则规定,具体名额由各省、自治区、直辖市人民代表大会常务委员会根据本地的情况自行规定。

(5)改变了划分选区的办法,将原来按居住状况划分区的办法改变为按居住状况、生产单位、事业单位、工作单位划分。

(6)改变了推荐代表候选人的办法。任何选民或代表(不论是否属于党派、团体)有3人以上附议,都可推荐代表候选人。而1953年选举法规定只有组织提名或非党派的选民或代表才能联合或单独提出候选人名单。

(7)明确规定每个少数民族至少要有一名代表参加全国人民代表大会。

(8)允许选举委员会认可下的委托投票。选举一律改为无记名投票。

(9)对代表的监督、罢免和补选增加了专章规定。

(10)规定推荐代表候选人的单位和选民应向选举委员会介绍候选人的情况,各党派、团体和选民可以用任何形式宣传代表候选人。

(11)改变了地方国家机关领导人的提名方式。1954年第一届全国人民代表大会第一次会议通过了《中华人民共和国地方各级人民代表大会和地方各级人民委员会组织法》,规定政府组成人员和人民法院院长候选人的提名方式为代表联合提名或单独提名。到了1979年五届全国人民代表大会二次会议通过了《选举法》、《地方组织法》等7项法律的修改。从1979年后地方国家机关领导人的提名改为由主席团提名或者代表联合提名。

选举法修改后,1979年的选举工作,特别是县、乡直接选举工作取得了较大进展和成效。第一次全国县乡直选,从1979年至1981年底进行,广大选民受到了一次社会主义民主与法制教育,增强了当家做主的责任感;广大干部受到一次群众性的考核、评议,加强了民主作风。

1982年现行宪法颁布以后,根据现行宪法确认的基本原则,同年12月第五届全国人民代表大会第五次会议对 1979 年《选举法》作了第一次修正。1986 年 12 月,为了适应我国政治体制改革的需要,六届全国人民代表大会常务委员会第十八次会议对 1979 年《选举法》进行了第二次修正。1993 年 1 月八届全国人民代表大会第一次会议通过的宪法修正案将县人民代表大会的任期由 3 年改为 5 年,乡人民代表大会任期 3 年,这样乡、县分开,换届次数增加,乡镇的选举修改迫在眉睫,经过长时间的酝酿,1995 年 2 月 28 日全国人民代表大会通过了对 1979 年《选举法》的第三次修改。这次修改主要包括下述内容:(1)明确规定地方各级人民代表大会代表名额,使各级人民代表大会代表名额规范化;(2)从我国现阶段国情出发,适当缩小了农村与城市每一代表所代表的人口数的比例,促进了选举平等原则的实现;(3)对选区划分、选举时间、罢免代表的程序及代表辞职作了部分补充和修改,增加了选举法的操作性。

2004 年,全国人大常委会再次对 1979 年《选举法》作了修改。主要内容:(1)选民可以对所提候选人进行预选,根据预选时得票多少的顺序,确定正式代表候选人;(2)选举委员会可以组织安排代表候选人与选民见面,回答选民的问题;(3)对县级人大代表,原选区选民 50 人以上联名,对乡级人大代表,原选区 30 人以上联名,可以由县级人大常委书面提出罢免要求;(4)对于破坏选举的以贿赂或以暴力、威胁等非法手段妨害选民和代表行使选举权和被选举权的给予治安管理处罚或追究刑事责任。以违法行为当选的,当选无效。

第二节　我国选举制度的基本原则

一、普遍选举原则

普遍选举原则是指凡符合法定年龄的中国公民,除被剥夺政治权利的人之外,不受限制地、普遍地享有选举权和被选举权。

根据我国宪法规定,国家的一切权力属于人民,人民依照法律规定,通过各种途径和形式,管理国家事务,管理经济和文化事业,管理社会事务。选举制度就是人民管理国家事务最为重要的途径。普遍选举作为我国选举制度的一项基本原则,不仅为宪法所肯定,而且也具体地体现在选举法中。我国《宪法》第 34 条规定:"中华人民共和国年满 18 周岁的公民,不分民族、种族、性别、职业、家庭出身、宗教信仰、教育程度、财产状况、居住期限,都有选举权和被选举权;但是依照法律被剥夺政治权利的人除外。"我国《选举法》的第 3 条也做了同样规定。

(一)选举权的普遍性

选举权的普遍性是就享有选举权的主体范围而言的,是指一国公民中能够享有选举权的广泛程度。如果选举权不具有普遍性,所谓的选举就不能代表所有人的利益。在我国享有选举权的基本条件有三:一是具有中国国籍,是中华人民共和国公民;二是年满 18 周岁;三是依法享有政治权利。

根据我国选举法的规定,对以下几种人的选举权利加以特殊对待。对于精神病患者的选举权。由于其失去了行为能力,丧失了行使政治权利的能力,所以选举法规定,经过选举委员会确认,对于确实无法行使选举权的,不列入选民名单,暂不行使选举权。因犯有危害国家安全罪或者其他严重刑事犯罪案件而被羁押或者涉嫌犯有这类罪行而正在受侦查或起诉、审判的人,经法院或检察院决定,在羁押期间停止行使选举权。根据 1983 年《全国人大常委会关于县级以下人民代表大会代表直接选举的若干规定》,对被判处有期徒刑、拘役、管制而没有附加剥夺政治权利的;被羁押,正在受侦查、起诉、审判,人民检察院或者人民法院没有决定停止行使选举权利的;正在取保候审或者被监视居住的;正在被劳动教养的;正在受拘留处罚的人,均准予其行使选举权。历次选举的实践表明,在我国,依法被剥夺选举权和被选举权的人,只占人口的极少数。

(二)被选举权的普遍性

被选举权的普遍性是指代表候选人应当自由产生,选举制度为选民提供广泛的可供选择的对象,并在代表候选人的提出、介绍和确定等程序最大程度减少中间环节,取消不合理的限制,从而保证被选举权能在同一平台上进行公平的博弈。我国《选举法》第 6 条规定,全国人民代表大会和地方各级人民代表大会的代表应当具有广泛的代表性,应当有适当数量的基层代表,特别是工人、农民和知识分子代表;应当有适当数量的妇女代表,并逐步提高妇女代表的比例。这是选举法从代表构成比例出发提出的对保证被选举权普遍性的反向要求。

普遍选举原则的贯彻实施,从法律上保证了占人口绝大多数的中国公民,能够依法享有选举权和被选举权,切实参与国家管理。以普遍选举为基础产生国家政权机关有助于从制度上确保国家政权机关组成人员能真正代表人民利益,接受人民的监督。同时也只有在普遍选举基础上产生的国家权力机关,才能切实保证其具有人民性和广泛的代表性。普遍选举原则的贯彻落实,不仅需要国家对广大选民的民主权利予以尊重,严格依法办事,努力使选举工作能真正反映民意,同时也需要广大的选民能珍惜法律赋予的民主权利,积极参选,决定自己利益的真正代表者。

二、平等选举原则

选举权的平等性原则,是指选民在权利和地位上平等,一般是指每个选民在一次选举中只有一个投票权,而且每张选票体现的价值相等。我国选举权的平等性原则具体体现在以下方面。

(一)一人一票

我国《选举法》第 4 条规定:"每一选民在一次选举中只有一个投票权。"《选举法》第 42 条规定:"每次选举所投的票数,多于投票人数的无效,等于或者少于投票人数的有效。"这意味着所有选民的地位都是平等的,没有因财产、地位等享有多次投票的特权,每个人只有一个投票权,绝不允许任何人享有任何特权。

2010 年修改的《选举法》第 45 条是新增加的内容,该条文规定:"公民不得同时担任两个以上无隶属关系的行政区域的人民代表大会代表。"这表明选民不仅在行使投票权时要奉行一人一票的原则,在行使被选举权时也要坚持一人一票,"身兼两地人大代表"的情形,违背了选举法所规定的选举权平等的精神,所以选举法作出了禁止性的规定。

(二)每张选票的价值相等

我国《选举法》第 42 条第 2 款规定:"每一选票所选的人数,多于规定应选代表人数的作废,等于或者少于规定应选代表人数的有效。"这表明选举法强调每个选民所投选票的价值相等,如果某张选票不按照规定应选代表人数投赞成票,则该选票的价值超过了其他选票,破坏了选举的平等性原则,该选票应定为废票。

(三)各级人大代表名额的确定平等

根据选举法的规定,全国人民代表大会代表名额,由全国人民代表大会常务委员会根据各省、自治区、直辖市的人口数进行分配。地方各级人大代表的名额,按照法定的基数加人口增加数进行确定。地方各级人大代表,级别相同基数相等;在此基础上,按照人口比例进行增加,省、自治区、直辖市的代表名额基数为 350 名,省、自治区每 15 万人可以增加一名代表,直辖市每 2 万 5 千人可以增加一名代表;但是,代表总名额不得超过 1 千名;设区的市、自治州的代表名额基数为 240 名,每 2 万 5 千人可以增加一名代表;人口超过 1 千万的,代表总名额不得超过 650 名;不设区的市、市辖区、县、自治县的代表名额基数为 120 名,每 5 千人可以增加一名代表;人口超过 165 万的,代表总名额不得超过 450 名;人口不足 5 万的,代表总名额可以少于 120 名;乡、民族乡、镇的代表名额基数为 40 名,每 1 千 5 百人可以增加一名代表;但是,代表总名额不得超过 160 名;人口不足两千的,代表总名额可以少于 40 名。

(四)城乡平等

在我同选举权行使的历史上,选举法曾规定了城市和农村每一代表所代表人口的不同比例。根据 1995 修改的选举法规定,县级以上的人民代表大会代表的名额,由本级人民代表大会常务委员会按照农村每一代表所代表的人口数 4 倍于城市每一代表所代表的人口数的原则分配。例如,2002 年 3 月 15 日九届全国人大五次会议通过的《关于第十届全国人大代表名额和选举问题的决定》规定:"各省、各自治区、直辖市应选的第十届全同人民代表大会代表的名额,农村按人口每 96 万人选代表 1 人,城市按人口每 24 万人选代表 1 人。"对于选举法的上述规定,传统的观点认为是通过表面的不平等追求实际的平等。理由是如果取消人大代表的城乡比例规定,那么我国人大代表中必定是农民代表居多数。这与现行宪法规定的"工人阶级领导的以工农联盟为基础的人民民主专政"国体相冲突。

近年来,随着市场经济的发展,我国城乡人口的比例不断缩小,实行城乡按相同人口比例选举人大代表的呼声越来越高,实行城乡按相同人口比例选举人大代表,是我国选举制度平等性原则的体现。党的十七大报告提出"建议逐步实行城乡按相同人口比例选举人大代表",2010 年新修改的选举法将城乡产生人大代表比例规定为一比一。选举法明确规定:"全国人民代表大会代表名额,由全国人民代表大会常务委员会根据各省、自治区、直辖市的人口数,按照每一代表所代表的城乡人口数相同的原则以及保证各地区、各民族、各方面都有适当数量代表的要求进行分配"。"地方各级人民代表大会代表名额,由本级人民代表大会常务委员会或者本级选举委员会根据本行政区域所辖的下一级各行政区域或者各选区的人口数,按照每一代表所代表的城乡人口数相同的原则,以及保证各地区、各民族、各方面都有适当数量代表的要求进行分配。"这一修改意味着农村人口在选举权这一政治权利的实现上向平等原则迈出了一大步,这是我国社会主义民主政治发展的重大进步,是落实宪法关于"中华人民共和国公民在法律面前一律平等"的必然要求。

(五)民族平等

我国选举法规定了少数民族和汉族每一代表所代表的人口的不同比例,如选举法规定,有少数民族聚居的地方,每一聚居的少数民族都应有代表参加当地的人民代表大会。聚居境内同一少数民族的总人口数占境内总人口数 30％以上的,每一代表所代表的人口数应相当于当地人民代表大会每一代表所代表的人口数……散居的少数民族应选当地人民代表大会的代表,每一代表所代表的人口数可以少于当地人民代表大会每一代表所代表的人口数。我国选举法还规定,在县、自治县的人民代表大会中,人口特少的乡、民族乡、镇,至少应有代表一人。全国少数民族应选全国人民代表大会代表,由全国人民代表大会常务委员会参照各少数民族的人口数和分布等情况,分配给各省、自治区、直辖市的人民代表大会选出。人口特少的民族,至少应有代表一人。选举法的上述规定主要是从我国民族状况的特点出发,体现出的民族之间的真正平等,如果没有这样的规定,就可能造成全国或地方人民代表大会中没有少数民族代表的局面。

三、直接选举与间接选举原则

直接选举是相对于间接选举而言的,它是指由选民直接投票选出国家代议机关代表和公职人员的选举原则;间接选举是指由下级代议机关,或选民选出的代表选举上一级国家代议机关的代表和公职人员的选举原则。这两种选举原则是关于选举方式的规定,是人民主权的宪法基本原则的不同程序体现,只是直接选举原则体现的民主程度更高。在当今世界各国,这两个原则有分开使用、各有侧重的,也有相互结合使用的,具体视各国国情而定。在我国,根据现行宪法和选举法的规定,不设区的市、市辖区、县、自治县(旗)、乡、民族乡、镇的人大代表选举为直接选举;而全国人大代表,省、直辖市、自治区、设区的市、自治州(盟)的人大代表,由下一级人大代表间接选举产生。至于国家公职人员的选举多采用间接选举。可见,我国采用的是直接选举与间接选举相结合的原则。

就选民的角度讲,由选民直接通过投票等方式。选举产生国家代表机关的代表,称直接选举;由下一级代表机关代表选民的意志,选举产生上一级国家代表机关代表的,称间接选举。前者是选民意志的直接表达,后者是选民意志的间接表达。从理论上讲,前者的民主程度更高。但对于民主方式的选择绝不可脱离现实的条件。当代中国从实际出发,一直采用直接选举与间接选举相结合的方式。不过,两种选举的适用范围曾有过变化。

1953 年选举法规定:"全国人民代表大会之代表,省、县和设区的市人民代表大会之代表,由其下一级人民代表大会选举之。乡、镇、市辖区和不设区的市人民代表大会之代表,由选民直接选举之。"也就是说,各基层人民代表大会代表由直接选举产生,县和县级以上的各级人民代表大会代表均由间接选举产生。这是因为,新中国成立初期,经济相当落后,交通极为不便,群众觉悟与文化水平尚待提高,并缺乏全国普选的经验,直接选举的范围不能过大。经过 20 多年的社会主义革命和建设,中国的经济、政治、文化和交通条件都有了较大发展,人民的民主意识和组织程度亦有了提高,并且积累了从 1953 年以来多次全国普选的经验,这些都为扩大直接选举的范围创造了条件。鉴于此,1979 年选举法扩大了直接选举的范围,规定县(自治县)人大代表也由直接选举产生。这对于发展社会主义民主,加强地方政权建设有着重要意义。

首先,广大选民直接选举县人大代表,比起以往只是直接选举乡、镇人大代表来,明显扩大了直接参与政治生活的权利。这就有利于增强人民当家做主的意识和责任感,激发人民群众的政治热情,同时也有利于人民群众在较大范围的政治参与中提高政治素质和政治才能。

其次,以往县人大代表由乡、镇人民代表大会选举产生,他们对乡、镇人大负责,受乡、镇人大监督。现在,他们由选民直接选举产生,则应该直接对选民负责,直接受选民监督。为此,县人大代表应该经常深入选民,直接听取选民的呼声和意见,并向选民报告自己的和县人大的工作情况。选民也可以直接向自己选出的县人大代表反映意见,而对于那些违法乱纪或严重失职的县人大代表,经过一定程序,还可以直接罢免。这样,便于加强县人大及其代表与群众的直接联系,有利于加强县一级政权的建设。

最后,县一级政权在中国整个国家政权的组织系统中是一个承上启下的重要环节,加强了县一级政权的建设,就能推动乡、镇一级的政权建设。同时,各个县的直接选举搞好了,能为省级和全国人大代表的选举奠定坚实的基础,有助于省和全国一级政权的建设。扩大直接选举的范围至县一级,也是政治体制改革的一项重要成果。至 1998 年为止,已在全国范围内进行了 6 次县级人大代表的直接选举。从实践来看,总的情况是成功的。但调查表明,有些地方由于缺乏经验,直接选举中尚有某些不足之处,有待于在实践中进一步改进。

四、秘密选举原则

秘密投票的原则也即无记名投票的原则,它是指选民或代表在投票时秘密填写选票,在选票上只填写自己同意的代表候选人姓名或在代表候选人名字上打上规定的赞成符号、不赞成符号、弃权符号,而不注明投票人自己的姓名,以及选票写好后,自己亲自投入票箱的投票方法。《选举法》第 38 条规定:"全国和地方各级人民代表大会代表的选举,一律采用无记名投票的方法。选举时应当设有秘密写票处。选民如果是文盲或者因残疾不能写选票的,可以委托他信任的人代写。"实行无记名投票方法,可以最充分地保护选民的民主权利,真正尊重选民的意愿,让选民在无顾虑、不拘束的环境中行使自己的民主权利,选择他最满意的人,投出神圣的一票。为充分保证选民自由选择的权利,我国选举法还规定了投票的四种类别:"选举人对于代表候选人可以投赞成票,可以投反对票,可以另选其他任何选民,也可以弃权。"

五、选举的物质保障和司法保障原则

一方面,选举权是公民的基本权利,采取一切有效措施保障选举权的实现,对于公民参与管理国家具有重要意义;另一方面,在人民代表大会制度下,选举是组织国家权力机关的唯一方式,是国家政权组织形式的重要内容,公民选举权的实现和选举的正常进行,对于国家同样具有重要意义。所以,我国选举制度一向重视对选举权的保障。根据我国选举法的规定,选举权的保障主要有物质保障和法律保障两方面的内容。选举权的物质保障主要表现为国家对选举提供必要的物质条件,我国《选举法》第 7 条规定:"全国人民代表大会和地方各级人民代表大会的选举经费,列入财政预算,由国库开支。"这一规定从物质上既保障了选民根据自己的意愿投票,又保障了候选人不因自己经济条件差别而在选举时受到限制。此外,国家还提供必要的物质设施,如电台、电视等帮助和支持选举活动。选举权的法律保障,是指为保障公民选举权的实现和选举的顺利进行,专门对破坏选举的行为予以制裁的一种法律制度。我国《选举法》第 55 条规定:"为保障选民和代表自由行使选举权和被选举权,对有下列行为之一,破坏选举,违反治安管理规定的,依法给予治安管理处罚;构成犯罪的,依法追究刑事责任:①以金钱或者其他财物贿赂选民或者代表,妨害选民和代表自由行使选举权和被选举权的;②以暴力、威胁、欺骗或者其他非法手段妨害选民和代表自由行使选举权和被选举权的；③伪造选举文件、虚报选举票数或者有其他违法行为的；④对于控告、检举选举中违法行为的人，或者对于提出要求罢免代表的人进行压制、报复的。国家工作人员有前款所列行为的，还应当依法给予行政处分。以本条第一款所列违法行为当选的，其当选无效。"这一规定就是选举法对选民和代表行使选举权的具体和直接的保障。

2010年修改的《选举法》第56条进一步规定："主持选举的机构发现有破坏选举的行为或者收到对破坏选举行为的举报，应当及时依法调查处理；需要追究法律责任的，及时移送有关机关予以处理。"对于及时有效地查处破坏选举的行为具有重要意义。

我国《刑法》第256条规定："在选举各级人民代表大会代表和国家机关领导人员时，以暴力、威胁、欺骗、贿赂、伪造选举文件、虚报选举票数等手段破坏选举或者妨害选民和代表自由行使选举权和被选举权，情节严重的，处三年以下有期徒刑、拘役或者剥夺政治权利。"

总之，我国有关法律、法规从不同角度，用不同方式来保障选民及代表自由行使选举权和被选举权。

第三节　选举的组织和程序

一、选举组织的设立

我国《选举法》规定，实行直接选举和间接选举的地方成立不同的选举组织主持和负责有关选举的事宜。在实行直接选举的地方，由本级人大常委会主持选举；在实行间接选举的地方，成立选举委员会主持选举。在间接选举的情况下，由下一级人大选举出席上一级人大的代表，下一级人大在选举过程中称为"选举单位"。

（1）主持间接选举的组织机构。目前，中国的设区的市、自治州、省、自治区、直辖市的人民代表大会及全国人民代表大会的代表，都是由下一级人民代表大会选举产生的。按照现行的《中华人民共和国全国人民代表大会和地方各级人民代表大会选举法》的有关规定，全国人民代表大会常务委员会主持全国人民代表大会代表的选举，省、自治区、直辖市、设区的市、自治州的人民代表大会常务委员会主持本级人民代表大会的选举。这就是说，设区的市和自治州以上的各级人民代表大会常务委员会在本级人大代表选举期间，主持本级人大代表的选举工作，代行选举组织的职权。

中国目前之所以在间接选举中由本级人大常委会代行选举组织的职权，是因为目前中国的间接选举是通过代表选举上一级人大代表，这种间接选举不仅与直接选举的方式不同，也不同于西方某些国家的复选人选举的形式，因而在选举涉及的范围、工作的内容和形式都要简单得多，本级人大常委会完全可以主持进行，而且这样做也有利于节约成本和提高效率。一般而言，各级人大常委会主持本级人大代表选举工作的主要任务，就是分配应选代表名额，确定代表候选人名单，确定投票时间，组织代表投票，计票，确认并宣布选举结果等。

（2）主持直接选举的组织机构。中华人民共和国成立以后，首先在乡一级实行直接选举，1979年新颁布的选举法，将直接选举扩大到县一级，即县、乡两级人民代表大会的代表由选民直接选举产生。由于直接选举是由全体选民直接选举人民代表，不仅意义重大，而且范围大，涉及面广，选举的组织管理工作任务十分繁重，如果不设置专门的选举组织，仅靠本级人大常委会主持选举,将无法完成繁重的选举任务。因此,现行选举法规定,实行直接选举的不设区的市、市辖区、县、自治县、乡、民族乡、镇设立选举委员会,作为专门的选举机构,主持本级人民代表大会代表的直接选举工作。

根据《全国人民代表大会常务委员会关于县级以下人民代表大会代表直接选举的若干规定》的有关规定,县、自治县,不设区的市、市辖区的选举委员会的组成人员,由本级人民代表大会常务委员会任命,乡,民族乡、镇的选举委员会的组成人员,由县、自治县、不设区的市、市辖区的人民代表大会常务委员会任命。但对选举委员会成员的人数及任职资格没有作出具体规定。

根据规定,选举委员会可设立办事机构,具体办理选举事务。

选举委员会的基本职权是:第一,主持本级人民代表大会代表的选举;第二,进行选民登记,审查选民资格,公布选民名单,受理对于选民名单不同意见的申诉并作出决定;第三,划分选举本级人民代表大会代表的选区,分配各选区应选代表的名额;第四,在选民充分酝酿、协商的基础上根据较多数选民的意见,确定和公布正式代表候选人的名单;第五,规定选举日期;第六,确定选举结果是否有效,公布当选代表名单,以及其他有关选举的事宜。

根据有关规定,县、自治县、不设区的市、市辖区的选举委员会受本级人民代表大会常务委员会的领导,乡,民族乡、镇的选举委员会受县、自治县、不设区的市、市辖区人大常委会的领导。同时,法律还规定,省、自治区,直辖市、设区的市、自治州的人民代表大会常务委员会对本行政区域内县级以下人民代表大会代表的直接选举工作进行指导。

由于法律规定选举委员会只是主持选举的组织,因此,一般而言,选举工作结束后,县、乡两级设立的选举委员会即告撤销。

(3)中国人民解放军的选举组织。宪法规定,中华人民共和国的一切权力属于人民,人民行使权力的机关是全国人民代表大会及地方各级人民代表大会。人民解放军的官兵也是人民的一分子。因此,全国人民代表大会和地方各级人民代表大会代表的选举,必然也与部队官兵有关。但是,由于部队的特殊性质,使其不可能混同地方参加选举,因而根据选举法的有关规定,中国人民解放军单独进行选举。根据《中国人民解放军选举全国人民代表大会和地方各级人民代表大会代表的办法》规定,中国人民解放军的选举由选举委员会负责组织和办理。按照规定,人民解放军及人民解放军团级以上单位设立选举委员会。人民解放军选举委员会领导全军的选举工作,其他各级选举委员会主持本单位的选举工作。人民解放军选举委员会的组成人员,由全国人民代表大会常务委员会批准。其他各级选举委员会的组成人员,由上一级选举委员会批准。下级选举委员会受上级选举委员会的领导。选举委员会任期五年,行使职权至新的选举委员会产生为止。

人民解放军选举委员会由十一至十九人组成,设主任一人,副主任一至三人,委员若干人。其他各级选举委员会由七至十七人组成,设主任一人,副主任一至二人,委员若干人。

二、选区划分与选民登记

所谓选区,是指选民进行直接选举,产生代表的基本单位,亦是代表联系选民,开展经常性工作的基本单位。1953 年《选举法》规定,"按居民居住情况来划分选区"。当时的中央选举委员会还具体规定:"划分选区时,须照顾路程的远近。每一选区的大小,一般以直径不超过 20 里为原则,特殊情况者例外。"这一规定适合于新中国成立初期的实际情况。经过 20 多年,中国城镇就业人员大为增多,大多数选民都属于一定的工作或学习单位,其中不少人的居住地点与工作(学习)地点并不一致。他们对本单位的人事比较熟悉,而对居住地区的情况了解甚少。因而,1979年通过的《选举法》改为:"选区应按生产单位、事业单位、工作单位和居住状况划分。"1986年底,则修改为:"选区可以按居住状况划分,也可以按生产单位、事业单位、工作单位划分。"据此,城镇中有生产(工作、事业)单位的选民一般在本单位所属的选区参加选举,无生产(工作、事业)单位的选民应在其居住地的选区参加选举。这样,便于选民提出代表候选人,选出自己满意的人当代表,也能使代表在任期内便于联系选民,接受选民的监督。此外,以生产(工作、事业)单位划分选区,还便于各选区统一安排选举。按照法律规定,选区的大小,应"按照每一选区选1至3名代表划分"。城镇中各选区每一代表所代表的人口数应当大体相等。农村中各选区每一代表所代表的人口数也应当大体相等。在实践中,农村选县级人大代表时一般由几个村联合划为一个选区,人口特多的村或者人口少的乡,可单独划为一个选区;选乡级代表时,一般由几个村民小组合为一个选区,人口多的村民小组或人口少的村,也可以单独划为一个选区。在城镇,一般出现3类选区:(1)个生产(工作、事业)单位或1个居民区单独建立的选区,称独立选区;(2)由几个生产(工作、事业)单位联合组成的选区称联合选区;(3)由1个居民区与该地区内的若干生产(工作、事业)单位联合组成的选区称混合选区。一个选区往往又划为若干选民小组,由选民推选产生小组长。选举活动中的有些内容,如学习文件、提出与介绍候选人等,一般都在选民小组中进行。

选区划定后,一般由选委会主持培训各选区的选举工作人员,并向选民宣传《选举法》。然后,按选区进行选民登记。选民登记是一项非常严肃的工作,它是对每一个选民,予以法律上的认可,关系到公民能否享有选举权和被选举权的重大问题,关系到选民资格的确立。任何公民必须依法进行登记,经过资格审查,被编入选民名单,加以公布,才能成为选民。

选委会必须非常认真负责地进行选民资格审查。首先,要核准是否具有中华人民共和国国籍。第二,要严格掌握"满18周岁"这个法定年龄。计算方法是,从出生之日起到选举日为止。第三,要严格依照法律办事,不能让享有选举权和被选举权的人被错误地剥夺了应有权利,也不能让依法被剥夺政治权利的人登入选民名单。根据法律规定,因危害国家安全或者其他严重刑事犯罪案被羁押,正在受侦查、起诉、审判的人,经人民检察院或者人民法院决定,在被羁押期间停止行使选举权利。因此,他们不列入选民名单。而下列人员准予行使选举权利:(1)被判处有期徒刑、拘役、管制而没有附加剥夺政治权利的;(2)被羁押,正在受侦查、起诉、审判,人民检察院或者人民法院没有决定停止行使选举权利的;(3)正在取保候审或者被监视居住的;(4)正在被劳动教养的;(5)正在受拘留处罚的。这些准予行使选举权利的人员所属的原选区,应把他们登入选民名单。

选民登记中,需慎重对待精神病患者。1953年的《选举法》曾将精神病患者列为"无选举权和被选举权"者之一。1979年的《选举法》对此作了修改。从选举权和被选举权的普遍性看,凡没有依法被剥夺政治权利的年满18周岁的公民均有选举权和被选举权。这表明,年满18周岁的精神病患者,只要没有依法被剥夺政治权利的,也同样享有选举权和被选举权。鉴于某些精神病患者已经丧失行使其选举权和被选举权的能力,现行《选举法》规定,"精神病患者不能行使选举权利的,经选举委员会确认,不列入选民名单。"应当明确,"不列入选民名单"不同于"无选举权"。

选民登记的工作量很大。以往每进行一次选举,都得重新全面登记一次,耗时过长。鉴于此,《选举法》规定,"经登记确认的选民资格长期有效"。同时规定,每次选举前对上次选民登记以后新满十八周岁的、被剥夺政治权利期满后恢复政治权利的选民，予以登记。对选民经登记后迁出原选区的，列入新迁入的选区的选民名单；对死亡的和依照法律被剥夺政治权利的人，则从选民名单上除名。实践中，市场经济的逐步确立给选民登记工作带来了一些新情况和新问题，如流动人口越来越多，"人户分离"（离开户口所在地），"人企分离"（离开原来的企业）的现象日益突出；"三资"企业、私营企业、个体经营者逐渐增多；旅居国外、出国出境人员不断往来等。鉴于此，各级选举委员会一般在有关的选举工作细则或通知中，区分不同的选民类别，作出灵活变通的处理决定和方法，以确保选民登记工作依法进行。

选民名单应在选举日的 20 日以前由选委会公布。实行凭选民证参加投票选举的，还应向选民发出选民证。公布选民名单的意义在于：其一，以选举委员会的名义，公开确认选民资格；其二，选民名单应在选举日的 20 前由选委会公布。实行凭选民证参加投票选举的，还应向选民发出选民证。公布选民名单的意义在于：其一，以选举委员会的名义，公开确认选民资格；其二，把选民登记工作置于群众监督之下，让群众复审。规定公布期限，是为了确保后面有较充裕的时间发动选民，发扬民主，开展好各项选举工作。

对于公布的选民名单有不同意见的，可以向选委会提出申诉。选委会对申诉意见必须慎重研究，并应按《选举法》规定，在 3 日内作出处理决定。申诉人如果对处理决定不服，可以在选举日的 5 日以前向人民法院起诉，人民法院应在选举日以前作出判决。人民法院的判决为最后决定。

三、提名、确定与介绍候选人

《选举法》规定："全国和地方各级人民代表大会的代表候选人，按选区或选举单位提名产生。"候选人的提出直接关系到代表是否是人民满意的代表以及代表在国家权力机关中能否反映人民的意志，因此，代表候选人提名是选举程序的重要环节。我国各级人大代表候选人的提名建立在广泛征求意见，反映大多数选民共同意愿的基础上，体现了选举的民主性。《选举法》规定："各政党、各人民团体，可以联合或者单独推荐代表候选人。选民或者代表，10 人以上联名，也可以推荐代表候选人。推荐者应向选举委员会或者大会主席团介绍代表候选人的情况。接受推荐的代表候选人应当向选举委员会或者大会主席团如实提供个人身份、简历等基本情况。提供的基本情况不实的，选举委员会或者大会主席团应当向选民或者代表通报。"

《选举法》规定：全国和地方各级人民代表大会代表候选人的名额，应多于应选代表的名额。这体现了差额选举的原则。根据选举法的规定，由选民直接选举代表的候选人名额，应多于应选代表名额的三分之一至一倍；由地方各级人民代表大会选举上级人民代表大会代表候选人的名额，应多于应选代表名额五分之一至二分之一。

《选举法》分别规定了直接选举与间接选举候选人的确定程序。由选民直接选举人民代表大会代表的，代表候选人由各选区选民和各政党、各人民团体提名推荐。选举委员会汇总后，将代表候选人名单及代表候选人的基本情况在选举日的 15 日以前公布，并交各该选区的选民小组讨论、协商，确定正式代表候选人名单。如果所提代表候选人的人数超过上述最高差额比例，由选举委员会交各该选区的选民小组讨论、协商，根据较多数选民的意见，确定正式代表候选人名单；对正式代表候选人不能形成较为一致意见的，进行预选，根据预选时得票多少的顺序，确定正式代表候选人名单。正式代表候选人名单及代表候选人的基本情况应当在选举日的 7 日以前公布。县级以上的地方各级人民代表大会在选举上一级人民代表大会代表时，提名、酝酿代表候选人的时间不得少于两天。各该级人民代表大会主席团将依法提出的代表候选人名单及代表候选人的基本情况印发全体代表，由全体代表酝酿、讨论。如果所提代表候选人的人数符合本法第30条规定的差额比例，直接进行投票选举。如果所提代表候选人的人数超过本法第30条规定的最高差额比例，进行预选，根据预选时得票多少的顺序，按照本级人民代表大会的选举办法根据本法确定的具体差额比例，确定正式代表候选人名单，进行投票选举。

正式的代表候选人产生后，选举委员会或者人民代表大会主席团应当向选民或者代表介绍代表候选人的情况。推荐代表候选人的政党、人民团体和选民、代表可以在选民小组或者代表小组会议上介绍所推荐的代表候选人的情况。但是，在选举日必须停止代表候选人的介绍。介绍代表候选人的情况，应该对候选人的情况作全面介绍，包括经历、品德、政治素质、参政和议政能力、文化水平等，使选民和代表能作出符合自己意愿的判断和选择。选举委员会根据选民的要求，应当组织代表候选人与选民见面，由代表候选人介绍本人的情况，回答选民的问题。但是，在选举日必须停止对代表候选人的介绍。

四、组织投票与确定当选

根据我国《选举法》的规定，在直接选举的地方，各选区设立投票站或者召开选举大会由选民进行秘密投票。选区全体选民过半数参加投票，选举有效。代表候选人获得参加选举的选民的过半数的选票，始得当选。在间接选举的地方，由代表在各该级人民代表大会主席团主持下进行秘密投票，代表候选人获得全体代表过半数的选票始得当选。

选民自由填写选票。选民如果是文盲或者因残疾不能写选票的，可以委托他信任的人代写。选民如果在选举期间外出，经选举委员会同意，可以书面委托其他选民代为投票。但每一选民最多只能接受三人的委托。如果老弱病残不便到投票站投票，选举委员会可以派工作人员带流动投票箱到选民的驻地，让他们投票。缺席选举人票必须在正常投票结束后在特定的地区清点。

选举结束以后，就进入选举结果的确定程序，其内容包括：（1）确定选举是否有效。在直接选举时，选区全体选民过半数参加投票，选举有效。每次所投票数多于投票人数的无效，等于或者少于投票人数的有效。（2）代表候选人当选的确定。在直接选举中，选区全体选民的过半数参加投票选举有效，代表候选人获得参加选举投票的选民过半数的选票即可当选（选举县级和乡级的人大代表时，代表候选人以得票多的当选。但是，得票数不得少于选票的三分之一）。若获得过半数选票的代表候选人的人数超过应选代表名额时，得票多的当选。如果票数相等不能确定当选人时，应就票数相等的候选人重新投票。县级以上的地方各级人大在选举上一级人大代表时，代表候选人获得全体代表过半数的选票时，始得当选。获得过半数选票的代表候选人的人数超过应选代表名额时以得票多的当选。票数相等再投票。（3）宣布选举结果。选举结果由选举委员会或者人大主席团根据选举法确定是否有效，并予以宣布。

五、对代表的监督和罢免、辞职、补选

（一）对代表的监督和罢免

根据《选举法》的规定，全国和地方各级人民代表大会的代表受选民和原选举单位监督，选民

或原选举单位有权罢免所选出的代表。对于县级的人民代表大会代表,原选区选民 50 人以上联名,对于乡级的人民代表大会代表,原选区选民 30 人以上联名,可以向县级的人民代表大会常务委员会书面提出罢免要求。并经过原选区过半数的选民通过即可罢免。县级以上的地方各级人民代表大会举行会议的时候,主席团或者十分之一以上代表联名,可以提出对由该级人民代表大会选出的上一级人民代表大会代表的罢免案。在人民代表大会闭会期间,县级以上的地方各级人民代表大会常务委员会主任会议或者常务委员会五分之一以上组成人员联名,可以向常务委员会提出对由该级人民代表大会选出的上一级人民代表大会代表的罢免案,经各该级人民代表大会过半数的代表通过,在代表大会闭会期间经本级人民代表大会常务委员会组成人员过半数通过,即可罢免。被提出罢免的代表有权在选民会议上提出申辩意见,也可以书面提出申辩意见。罢免代表采用无记名的表决方式。

(二)代表的辞职

全国人民代表大会代表,省、自治区、直辖市、设区的市、自治州的人民代表大会代表,可以向选举他的人民代表大会的常务委员会书面提出辞职。常务委员会接受辞职,须经常务委员会组成人员的过半数通过。接受辞职的决议,须报送上一级人民代表大会常务委员会备案、公告。县级的人民代表大会代表可以向本级人民代表大会常务委员会书面提出辞职,乡级的人民代表大会代表可以向本级人民代表大会书面提出辞职。县级的人民代表大会常务委员会接受辞职,须经常务委员会组成人员的过半数通过。乡级的人民代表大会接受辞职,须经人民代表大会过半数的代表通过。接受辞职的,应当予以公告。

(三)代表的补选

代表的补选是指当代表出缺时补足缺额。代表出缺的原因很多,如死亡、罢免、因选举时未足额而造成长期空缺、迁离和辞职等。选举法规定,地方各级人民代表大会代表在任期内调离或者迁出本行政区域的,其代表资格自行终止,缺额另行补选。补选代表,由原选区或者原选举单位进行。县级以上的地方各级人民代表大会闭会期间,可以由本级人民代表大会常务委员会补选出席上一级人民代表大会的代表。原选区或者原选举单位补选代表时,可以实行差额选举,也可以实行等额选举。补选的具体办法,由省、自治区、直辖市的人民代表大会常务委员会规定。

第四节　改革和完善我国选举制度

一、选举实践中存在的主要问题

从我国的选举实践中存在的问题看,大体有以下几个方面。

(一)对选举权普遍性原则认识的误区

我国是人民民主专政的社会主义国家,选举权的普遍性是我国国家性质决定的。但是对选举权的普遍性应有一个正确的认识,选举权的普遍性也是相对的,下列选举实践中的做法是对选举权认识的误区。

（1）片面追求高参选率。在我国的选举实践中历来都把高参选率看作是选举成功的指标，如果某选区选民的参选率达不到上级布置的要求，就看作是选举的组织工作没有做好。分析我国选举中高参选率的原因，当然和举国上下高度重视有很大的关系，但是透过高参选率的表象也不难发现，除了上述原因之外，物质利益的诱导、变相强制投票等因素也发挥了一定的作用。有的地方把高参选率看作是一项政治任务，看作是评价领导业绩的指标，在这种思想的指导下，选举权这项宪法规定的权利也变成了强制履行的义务。诚然，高参选率是衡量选举权普遍性原则的标志，但不是唯一的标志。有的学者认为，片面追求高参选率的负面效应有以下几个方面：一是使选民对选举产生排斥感；二是造成选举权的低效化；三是加大了选举的成本；四是使选举权利政治变成了公益政治。

评价片面追求高参选率的负面效应，并不是一概排除高参选率这种现象，如果选举的组织工作做得好，广大选民发自内心的关注选举并踊跃投票，那将是一种十分可喜的现象。

（2）片面追求代表的广泛性。我国的选举法、人民代表法等相关法律，对选举什么样的人作为代表以及代表的构成比例并未做明确的要求，但是在选举实践中，事先预定好代表的比例已基本形成定式，从民族、政党、职业、性别等各方面对代表候选人作好统筹安排，保证当选的代表中方方面面都有一定比例，似乎这样就能体现代表的广泛性。这样做的结果往往导致选举实践中，"指选""派选"的现象发生。把选举人大代表与评选"先进工作者""劳动模范"等同起来。由于选民的选举权利得不到尊重，使选民对我国选举制度的民主性产生了怀疑，极大地影响了选民参选的积极性，这也是造成选民厌选和选举质量打折扣的重要原因。我们认为，这样选举出的代表从表面上看广泛性是够了，但代表的质量没有了保障，所以这并不是选举权普遍性的要求。

（二）选民提名候选人的权利没有得到足够的重视

我国《选举法》的规定，各政党、各人民团体，可以联合或者单独推荐代表候选人。选民或者代表，10 人以上联名，也可以推荐代表候选人。选举委员会根据多数选民的意见，确定正式代表候选人名单。但是在选举实践中却存在着选民提名候选人的权利得不到重视的问题。如选举组织者为了实现代表的结构比例，要求选民必须提名某一特定的性别、行业、民族的人为候选人。在候选人讨论、酝酿、协商和确定过程中，选民联名提名的候选人往往被这样或那样的一些理由否定掉。

（三）代表候选人的介绍流于形式

我国《选举法》规定，选举委员会或者人民代表大会主席团应当向选民或者代表介绍代表候选人的情况。推荐代表候选人的政党、人民团体和选民、代表可以在选民小组或者代表小组会议上介绍所推荐的代表候选人的情况。但是在选举日必须停止对代表候选人的介绍。选举法的上述规定在执行中存在的问题是，选举委员会或者人民代表大会主席团对选民联名提出的候选人不一定都了解，在选举实践中大多是介绍代表候选人的简历，没有达到让广大选民了解代表候选人的效果。另外，人民团体和选民、代表在选民小组或者代表小组会议上介绍所推荐的代表候选人的情况，由于范围过于狭窄，具有很大的局限性。

（四）公民选举权利缺乏完备的救济措施

我国选举法对公民选举权利的救济主要体现在选民名单问题上。根据《选举法》的规定，对于公布的选民名单有不同意见的,可以向选举委员会提出申诉。申诉人如果对处理决定不服,可以向人民法院起诉,人民法院的判决为最后决定。从我国的立法情况看,我国没有设立专门的选举诉讼制度,现行选举法和民事诉讼法等有关法律对公民选举权利保护的范围过于狭窄,因为公民选举权利的内容不仅仅体现在选民名单的争议中,公民的选举权利是一个有机联系的整体,从被列入选民名单获得选民资格,到推荐和介绍代表候选人,行使投票的权利,直至代表当选后选民还应具有监督和罢免代表的权利。在实践中如果出现选民在投票结束后才知道自己选举权利被侵犯的情况,就缺少法律上的救济措施。[①]

二、改革和完善我国的选举制度

改革和完善我国选举制度,是实现人民当家的必然要求,是发展社会主义民主政治、建设社会主义政治文明的需要,针对我国选举制度存在的问题,应从以下几个方面着手。

(一)增强选民的民主意识,提高选民参选的积极性

选民能否认真参加选举,对于选出高素质的代表、组织强有力的人民代表大会十分关键,但是选举权毕竟是一项可放弃的权利,决不能采取强迫的方式。选民参选率是靠增强选民的民主意识来提高的,所以,应大力宣传有关选举法的基本知识,让选民了解选举的性质、地位和作用,把选民的思想统一到"当家做主"的认识上来。另外,不断完善我国的选举制度,不断提高人大代表的素质,让选民切身感受到人民代表的作用,对于提高选民参选的积极性具有重要的作用。

(二)完善代表候选人的确定和介绍程序

(1)完善代表候选人的提名和确定程序。根据我国选举法规定,代表候选人的推荐方式有两种:一种是政党、人民团体可以联合或单独推荐代表候选人;另一种是选民或代表 10 人以上联名,也可以推荐代表候选人,选举委员会应根据较多数选民的意见确定代表候选人。有的学者指出,在现阶段选举中,提名推荐代表候选人的主要问题是缺少对提名主体的提名比例的规定,致使提名阶段常常出现政党、团体提名的代表候选人过多,选民和代表联合提名的候选人相对较少的情况。应在选举法中增加一条规定:"各政党、各人民团体单独或联合推荐代表候选人,以及代表或者选民 10 人以上联合推荐代表候选人的名额,均不得多于应选代表的名额。"从而规范提名主体的平等提名权。为充分发扬民主,提名程序上,可让选民充分提名,再由政党、团体补充提名。如果政党、团体拟提名的人选,已由选民联合提名,政党、团体可以不再提。另外,为避免选举实践中选举委员会不尊重选民的意见进行黑箱操作,采取无记名投票预选的办法较为客观公正。

(2)改进代表候选人介绍办法。选举法对介绍候选人的规定比较简单,对候选人的介绍范围也只是限于选民小组。从选举实践看,介绍的内容大多是候选人的有关简历。这种介绍方式使选民难以决定对候选人的投票意向。为了改变目前这种介绍候选人的状况,必须改进候选人的介绍方法。一是可以组织代表候选人同选民见面,回答选民提出的问题,让候选人自我介绍,使投票者对候选人有较为深刻的感性认识,再结合选举组织发给选民的介绍材料,在全面、细致了

---

① 齐小力,程华.宪法学.北京:中国人民公安大学出版社,2011,第 274—275 页

解的基础上,选出自己信得过的代表。二是要将竞争机制引入选举,也就是实行竞选。竞选并不只是资本主义国家特有的政治现象,竞选是一种民主的形式,而不是民主制度本身,我们绝不能因为缺乏竞选的经验就放弃这种制度。我国现行法律虽然没有禁止候选人开展竞选活动,但是法律同样没有为竞选活动做出保障性规定,竞选机制的缺位,使候选人之间无法展开充分平等、公平的竞争。我们认为,在坚持四项基本原则的基础上,可以在选举法中对竞选的方式作出规定,在选举实践中有组织、分步骤地实行。对竞选可能出的弊端,可以通过建立健全法治加以革除。

(三)扩大直接选举的范围,使选举制度更加民主和合理

选举方法是关于选举的民主性和合理性,而不简单地是一个选举的技术问题。我国选举制度实行直接选举和间接选举相结合的原则,较好地把民主性和合理性统一起来了。市场经济客观上要求在统一的市场范围进行参与和决策,直接选举比间接选举更能体现市场经济的上述要求。根据市场经济需要扩大直接选举的范围,是进一步完善我国选举制度的又一重要方面。根据我国市场经济的发展进程和我国选举的实际,我们认为我国直接选举范围在普通行政地方应扩大到省级以下的各级地方人大代表的选举,在民族区域自治地方的自治区,直接选举范围可以扩大到自治区所辖的市一级地方。因为在上述地方,市场经济较为发达,公民参与选举的积极性较高,且交通、通信条件比较好,能够在整个地方的区划范围内形成统一的选举意向,因而具有进行直接选举的合理性和可行性。

(四)加强对代表的监督

选民对代表的监督和罢免权。是选民投票权的延续,也是我国选举制度民主原则的必然要求,我国现行选举法规定了对代表监督罢免的制度,但过于笼统,特别是没有规定罢免代表的条件,以至于在实践中,对于不称职的代表,罢免的很少。除极少数代表因触犯国家法律受到制裁之外,即便完全不起代表作用,不反映群众的意见,工作很不称职,也很难提起罢免。

我们认为,选举法中应规定罢免代表的条件以便在实践中更具操作性。另外,代表当选时只需获参加投票的选民过半数的选票即有效,而罢免则须达到全体选民的过半数才有效,两者应协调一致。

【案例分析】

大姚县非法选举案

1987年4月,云南省大姚县第十届人民代表大会召开第一次会议。大会主席团根据县委提出的候选人建议名单通过后,提交全体代表讨论酝酿,50多名代表在讨论中明确表示不赞成名单里提出的县长和人民代表大会常务委员会主任做候选人,提出了新的候选人名单,并向主席团要求实行差额选举。在这种情况下,依照组织法的规定,应提出新的县长和人民代表大会常务委员会主任候选人名单。但人民代表大会主席团部分成员和县委个别领导却置代表们的意见和要求于不顾,强行决定只提出一名候选人,用等额选举的办法进行选举。选举结果公布后,许多代表认为,这种做法是对民主的践踏,这种选举是非法的。中共楚雄彝族自治州州委和州人民代表大会常务委员会了解实情后,对这次违法选举迅速作出决定,宣布此选举结果无效,重新选举县

长和县人民代表大会常务委员会主任。

【法律问题】

大姚县人民代表大会会议选举活动中,在代表强烈要求实行差额选举的情况下仍然实行等额选举是否适当? 我国人民代表大会选举中的提名实行什么规则?

【分析】

人民代表大会制度是我国的基本政治制度,是人民行使国家权力,管理国家事务的根本保证。我国宪法第 2 条规定:中华人民共和国的一切权力属于人民。人民行使国家权力的机关是全国人民代表大会和地方各级人民代表大会。宪法第 101 条规定:地方各级人民代表大会分别选举并且有权罢免本级人民政府的省长和副省长、市长和副市长、县长和副县长、区长和副区长、乡长和副乡长、镇长和副镇长。第 103 条规定:县级以上的地方人民代表大会选举并有权罢免本级人民代表大会常务委员会的组成人员。据此,大姚县的县长和县人民代表大会常务委员会主任只能由大姚县人民代表大会选举产生,而不能由任何组织或个人强行确定。根据《选举法》规定:选民或者代表,10 人以上联合,也可以推荐代表候选人。推荐者应向选举委员会或者大会主席团介绍候选人情况。大姚县选举时已有 50 名代表提出了新候选人的名单,但大姚县人民代表大会主席团的部分人不按宪法办事,不尊重人民代表意志,而只按个别人员意见办事,这是严重违反宪法的。因此,楚雄州委、州人民代表大会常务委员会依据宪法的规定宣布大姚县这次选举无效是完全正确的。

目前我国还没有关于人民代表大会会议选举产生国家机关领导人的统一性的法律规定,一般都是人民代表大会召开正式会议前的预备会议上通过适用一次的选举办法。候选人确定的一般程序是,大会主席团根据党委的提名和推荐,经各代表团酝酿讨论,征求大多数代表的意见,再确定最后的名单。另外一定比例的人民代表大会代表也可以联名提出候选人名单。

目前我国实行的这种候选人提名方式,是与我国的民主化道路是一致的,即可控性的民主化路径。正是基于此,《选举法》才规定了两种候选人提名方式,而其中以大会主席团提名为主的制度。新中国成立以来人民代表大会对国家机关领导人员的选举一直实行的是等额选举。1986年地方组织法对政府副职领导人员实行了彻底的差额选举,对正职领导人员也确定了可以差额(一般应当差额)选举的制度,从而给我国人民代表大会的民主化提供了巨大的机会。1988 年前后,代表提名的明显增多即是这种情况的反应。大姚县人民代表大会的选举正是在这种背景下发生的,大姚县人民代表大会主席团没有顺应当时的民主化的潮流,也侵犯了代表依法提名候选人的宪法权利。

【案例分析】

岳阳市长选举案

2003 年 1 月 1 日下午,在岳阳市人民代表大会的选举中,唯一的市长候选人、上任市长罗某得票 203 张(大会实到代表 432 人),未过半数而未当选。1 月 3 日下午 3 时,岳阳市人民代表大会主席团作出决议:另行选举市长,并根据省委推荐,重新提名罗某为市长候选人,在下午 5 时30 分之前,代表联名 20 人以上可以另行提名市长候选人。同日下午 5 时 40 分,大会主席团宣布各代表团对是否确定罗某为正式候选人进行表决,表决结果是:在 1 票反对,2 票弃权的情况下,顺利提名罗某为唯一的市长候选人。同日下午 7 时,岳阳市人民代表大会重新举行会议,大会共发出选票 416 张(大会应到代表 432 人,有 16 人缺席),收回 416 张,1 张废票,其中罗某得票 335 张。大会主席团在当晚 8 时 10 分宣布罗某当选为岳阳市市长。

【法律问题】

该市人民代表大会第一次会议的选举结果无效吗? 第二次选举是否妥当?

【分析】

我国的选举制度中,既存在等额选举,也存在差额选举。我国的《地方各级人民代表大会和地方各级人民政府组织法》(简称《地方组织法》)第 22 条第 1 款规定:人民政府正职领导人员……的候选人数一般应多于 1 人,进行差额选举;如果提名的候选人只有 1 人,也可以等额选举。可见,我国对政府正职领导人的选举一般应采用差额选举,但也可以采用等额选举。这里所说的一般情形,是指如果没有特殊情况,应当实行差额选举。所谓的特殊情况,是人民代表大会主席团和代表所有的提名人数只有和应选人数相等,而没有其他多余的提名,这种情况下可以实行等额选举。另外应注意的是,对政府副职领导人的选举,应采用差额选举。《地方组织法》第 16 条第 2 款规定:选举采用无记名投票方式。代表对于确定的候选人,可以投赞成票,可以投反对票,可以另选其他任何选民,也可以弃权。即只要代表在自由、自愿的情况下作出赞成、反对、另选和弃权四中选择中的任何一种,都是符合宪法精神和法律规定的。岳阳市人民代表大会在第一次选举政府正职领导人的时候,大部分代表们基于自己的意志,对主席团提出的候选人作出了反对的选择,因此是符合宪法精神,当然也是合法有效的。

岳阳市人民代表大会二次选举市长的行为虽然没有明确违反法律规定,但第二次选举存在选举程序方面的瑕疵,违反了有关宪法原则和政策精神。第一,人民代表大会是我国的权力机关,人民代表大会常务委员会只是它的常设机构。该市第一次选举市长的行为是有效的,具有法律效力。关于能否在同一届人民代表大会的同一次会议上分几次选举政府正职领导人,我国法律没有明文规定。第二,该市进行第二次市长选举存在程序上的瑕疵。《地方组织法》第 22 条第 2 款规定:县级以上的地方人民代表大会换届选举本级国家机关领导人员时,提名、酝酿候选人的时间不得少于两天。而该市给予人民代表大会代表第二次提名市长候选人的时间从 1 月 3 日下午 3 时到 5 时 30 分仅 150 分钟,这严重违反了《地方组织法》的程序规定,这也不禁使人想到 1913 年的袁世凯选举总统的历史闹剧,大有不选就不让走的嫌疑。现行选举法第 29 条第 2 款规定:各政党、各人民团体,可以联合或者单独推荐代表候选人。选民或者代表,10 人以上联名,也可以推荐代表候选人。而该市人民代表大会常务委员会规定代表联名 20 人以上可以另行提名市长候选人,这也是违反选举法的。第三,由人民代表大会常务委员会直接推翻本级人民代表大会一次选举结果的行为,这不仅违反了人民主权的宪法基本原则,也与中共中央的文件精神,2002 年 7 月 9 日中共中央发布的《党政领导干部选拔任用工作条例》第 48 条第 1 款规定:党委推荐、由人民代表大会选举、任命的领导干部人选落选后,根据工作需要和本人条件,可以推荐其他职务人选,也可以在下一次人民代表大会上再次推荐该同志为同一职务候选人。

或许有人说,在法律没有规定的情况下,国家机关自行决定如何做就是合法的。这种观念是与现代法治理念相违背的。根据民主、法治制度的原理,国家权力来源人民的授权或委托,这种授权或委托的表现就是人民通过一定的程序制定的法律,国家机关行使权力的范围和行使权力的方式以及程序都必须法定,严格依法行使,否则就是违背法律,同样也就是违背人民的意志。如果国家机关在没有法律规定的情况下可以随意行使权力,那么法律对国家机关设定权力范围和程序就失去了意义。

岳阳市人民代表大会选举事件确实给向我们表明法律和人民代表大会制度的完善已经刻不容缓。选举制度是现代社会发明的一种由多数人选择代表或领导人的政治文明制度。我国现阶段的特殊情况是国家机关正职领导尽管法律规定一般实行差额选举,而实际情况一般实行等额选举。如果我们还承认这是一种民主的选举制度,那么,就应尊重由多数人选择决定这一规则。如果实行等额选举,即一旦落选,就意味着候选人被淘汰掉,因为候选人是唯一的,如果他没有被通过,就等于投票者多数已经不再信任他。他也没有资格再作为候选人重新参加选举,这就是现代民主政治中等额选举给候选人的风险和责任。

从法理上说,如果在候选人落选的情况下,候选人的提名者仍坚持要提某人继续作候选人,这也不是不符合政治、政党制度的原理。但是,应该按法律规定的程序,重新提名和确定候选人。按照我国现有的选举国家机关领导人的程序,应包括在主席团提出候选人时,同时给代表提名权,并有两天的提名酝酿时间。没有这样一个程序,即确定候选人重新选举,就有违反程序之嫌。有人认为出现岳阳市人民代表大会选举事件这样的情况是法律细则规定不明确导致的。但法律对很多事不可能规定得那么细致,有一些法律的盲区是正常的。像岳阳市人民代表大会出现的情况,唯一一个候选人落选不应立即作为候选人再次选举,这应该是一个常识性的问题,不是很难理解的法律问题。我们不能仅指责法律规定不健全,而是制度设计上出了问题。很多制度设计上没有考虑议案被否决了或通不过怎么办。

【案例分析】

王春立等诉北京民族饭店选举权纠纷案

1998 年 10 月,北京市民族饭店为王春立等 16 名员工进行选民登记。11 月 20 日,选区核发了选民证。11 月 30 日,民族饭店与 34 名员工解除了劳动合同关系。在 12 月 15 日,举行选举的投票日,这 34 名下岗职工没有获得选民证,也没有接到参加选举的通知。1999 年 1 月 11 日,王春立等 16 名下岗职工,向北京市西城区法院起诉原单位民族饭店,认为被告侵犯了他们作为公民最基本的政治权利即选举权,要求民族饭店承担法律责任,并赔偿经济损失 200 万元。1999 年 1 月 21 日,北京市西城区法院(1999)西民初字第 825 号《民事裁定书》指出:"本院认为王春立等人要求民族饭店承担其未能参加选举的法律责任并赔偿经济损失的要求,依有关规定,应由有关行政部门解决,本案不属法院受理范围。"1 月 22 日,王春立等人上诉至北京市中级人民法院,上诉状称:"公民的选举权是宪法规定的政治权利,民族饭店对王春立等人的选举权的侵犯是一种严重的政治侵权行为。为了使我国民主法制的神圣性得到体现,宪法规定的公民的权利地位如何,现实性如何,法院是否受理此案,是对人民最直接的答复,如果法院不受理此案,我们将无处去申诉,对宪法的严肃性和权威性将造成极大的损害。公民最神圣的权利将成为儿戏。因此,我们恳请法院为了维护国家的利益,为了维护法律的尊严,受理此案。"1999 年 4 月,北京市中级人民法院作出裁定,不予受理。

【法律问题】

北京市民族饭店是否应当向王春立等人赔偿损失？司法机关应当如何实现保障公民的选举权？

【分析】

根据《民法通则》第 106 条规定，公民、法人由于过错侵害国家的、集体的财产，侵害他人财产、人身的，应当承担民事责任。可见我国在民事赔偿领域实行的是只有公民的人身权和财产权受到侵害时才能获得赔偿的原则。本案中王春立等 16 名员工在诉讼中，以选举权受到侵害为由要求得到赔偿显然不能获得法院的支持。但我们认为，尽管不能直接以选举权受到侵害为由申请赔偿，他们还是可以以选举权受到侵犯而造成精神损害为由来获得赔偿的。因为选举权是公民社会中，作为公民的一个基本人权，或者说是作为人而享有的基本权利，它是公民人格的体现，对选举权的侵犯实质上就是侵犯公民人格。因此，我们认为是可以通过申请精神损害赔偿的方式，来获得法律救济的。

公民的选举权是指法律规定的公民享有的选举国家代表（代议）、机关代表（议员）和某些国家机关领导人的权利，是公民的基本权利之一。在资本主义国家，资产阶级从财产状况、居住期限、教育程度等方面，对选举资格作了限制性规定。在我国，社会主义制度下的选举权具有普遍性和平等性。选举权和被选举权统称为选举的权利，居于我国公民政治权利的首位，它是公民参加国家管理，组织国家政权，实现人民民主的重要途径。我国选举法规定，凡年满 18 周岁的中华人民共和国公民，不分民族、种族、性别、职业、家庭出身、宗教信仰、教育程度、财产状况和居住期限，都有选举权。依法被剥夺政治权利的人除外。我国年满 18 周岁的未被剥夺政治权利的公民享有直接选举县乡两级人民代表大会代表的权利。乡级人民代表大会代表享有选举本级国家机关领导人员的权利。县级以上各级人民代表大会代表享有选举本级国家机关领导人员和上一级人民代表大会代表的权利。

在我国，绝大多数公民享有选举权与被选举权，除依法被剥夺政治权利之外，只要年满 18 周岁、神智健全的本国公民均享有选举权与被选举权。我国选举法第 26 条规定："精神病患者不能行使选举权利的，经选举委员会确认，不列入选民名单。"根据全国人民代表大会常务委员会《关于县级以下人民代表大会代表直接选举的若干规定》第 4 条规定，因严重刑事犯罪被羁押，正在受侦查、起诉、审判的人，人民检察院和法院有权决定暂停其行使选举权。可见，我国年满 18 周岁的公民无法行使选举权的情形主要有三种：一是依法被剥夺政治权利；二是因患精神病不能行使选举权；三是依法被暂停行使选举权。本案中，王春立等 16 人被剥夺选举权不是基于此三种情形。因此，显然他们的选举权受到了非法的侵犯。

有权利，就应当有救济，尤其是司法的救济。这是法治的一个基本理念。本案可以说是新中国历史上第一起见诸报端的可以被直接定性为"宪法诉讼"的案件，但遗憾的是，两级法院竟都把涉及国家根本大法的纠纷拒之门外，不敢或不愿受理。尽管宪法上有充分的根据来支持这起诉讼，但是法官仍然认为没有"法律根据"。可见在法官的眼里，"宪法根据"不是"法律根据"，宪法不是"法"。实际上这仍然是两个"批复"发挥作用的结果。设立法院的目的本来就是解决纠纷和冲突，如果法院把冲突和纠纷拒之门外，实际上会导致更大的社会不稳定。因为这些纠纷和冲突如果没有合法的渠道来解决，"公力"不救济，那么只能在法律之外实施法治社会不允许的"自力救济",各种非常事件就难以避免,社会就没办法稳定。我国法院只在法律有规定的情况下才受理案件的做法,十分不科学,不利于法治的确立,不利于社会稳定和国家的长治久安。在这些方面,国外成功的做法值得我们借鉴,包括判例法的经验。只要是有利于我国社会主义法治建设的事,我们都应该尝试,完全没有必要拘泥于僵化的教条。

在国外,选举权享有、行使过程中,难免会发生因选举行为引起的各种争议,解决选举纠纷的有效途径是选举诉讼。至于选举诉讼属于什么类型的诉讼,是民事诉讼、刑事诉讼、行政诉讼还是宪法诉讼? 不同国家存在不同的体制。西方国家一般认为,选举权和被选举权属于公权利,它与私权关系有严格的区别,涉及公权利行使的选举诉讼是公法上的诉讼,应当是行政诉讼或宪法诉讼调整的范围。一些国家设立宪法法院,对公民以宪法赋予的基本权利受到侵犯为由提出宪法性控诉,宪法法院可以进行违宪审查。日本把与公职选举有关的诉讼称为民众诉讼,它属于行政诉讼案件。还有的国家(如巴西)把选举诉讼作为独立的诉讼,成立专门的选举法院解决选举纠纷。我国对选举诉讼没有明确地归类定性,而是根据选举活动中被侵犯的权利和侵权者的行为分类的,到目前为止我国还没有宪法诉讼。因此,选举诉讼被分布在民事诉讼、刑事诉讼、甚至行政诉讼之中,我国《民事诉讼法》第164条规定:"公民不服选举委员会对选民资格的申诉所作的处理决定,可以在选举日的5日以前向选区所在地基层人民法院起诉。"我国《刑法》第256条规定:"在选举各级人民代表大会代表和国家机关领导人员时,以暴力、威胁、欺骗、贿赂、伪造选举文件、虚报选举票数等手段破坏选举或者妨害选民和代表自由行使选举权和被选举权,情节严重的,处三年以下有期徒刑,拘役或剥夺政治权利。"可见,我国选举诉讼中的选举资格案件属于民事诉讼,破坏选举的犯罪案件属于刑事诉讼。当然也不排除行政机关侵犯公民选举权或被选举权可能引起的行政诉讼。因此不便于给选举诉讼作出一个明确的性质界定,其根本原因是我国还没有建立起违宪审查和宪法诉讼制度。

我们认为,我国选举诉讼应当是一个相对独立的诉讼,从属于宪法诉讼。首先,选举权和被选举权作为公民的基本权利属于公权利的范畴,对公权利的调整应当依据公法规范,适用的诉讼程序及其法律性质应当纳入宪法性诉讼之中;其次,选举诉讼有其独特的调整对象和范围,它既不同于民事诉讼也不同于行政诉讼或刑事诉讼,应当成立或指定专门的机构负责解决选举争议。再者,从法律实践上看,使用单一的诉讼手段很难解决选举诉讼的全部问题,只有依靠各种诉讼手段相互配合才能实现选举诉讼。

第十章　政党制度

政党和政党制度是现代民主政治的产物,并且进一步推动着民主政治的发展。政党所具有的利益表达与沟通、推行公共政策以及组织选举等功能是国家权力运作的基础。政党和政党制度的好坏直接影响民主宪政的建设。

第一节　政党与政党制度概述

一、政党

(一)政党的概念

政党一词源于拉丁文"Pars",意为社会的一部分,引申意义为一种社会政治组织。中国古籍中亦有"朋党"、"阿党"之记载,但它们与现代意义上的政党相去甚远。作为政治斗争的工具,政党普遍存在于现代资本主义国家。当今世界几乎没有无政党的国家,尽管有的政党以联盟、同盟或阵线相称,但其意义和政党同属一个概念。政党是由一个阶级、阶层或集团的中坚分子组成,为本阶级、阶层或者集团的政治、经济利益而采取共同行动,旨在掌握或参与国家政权以实现反映其政治纲领的政治组织。

马克思主义认为,政党是阶级和阶级斗争发展到一定历史阶段的产物,是一定阶级或阶层中的活跃分子,基于共同的意志,为了共同的利益,采取共同行动,以期取得或维持政权,或影响政治权力的行使而建立的政治组织,它是该阶级或阶层的政治领导力量。在历史上,资产阶级政党起源于 17 世纪 70 年代英国的辉格党和托利党。当时,辉格党和托利党还只是议会中不同的政治派别,19 世纪 30 年代后才逐渐演变为保守党和自由党。美国于 18 世纪 80 年代产生了联邦党和反联邦党两派,后发展为政党。无产阶级政党则是在资本主义由简单协作的工场手工业阶段进入社会化机器大工业阶段,无产阶级反对资产阶级的斗争由自发阶段发展到自觉阶段时产生的,是马克思主义政党学说同工人运动相结合的产物。共产主义者同盟是世界上第一个以科学社会主义为指导的无产阶级政党。中国共产党于 1921 年成立。随着资本主义在世界范围内的发展,特别是第二次世界大战后,政党几乎成了各国普遍的政治现象,并逐渐形成一党制、两党制和多党制等多种类型的政党制度。

在资本主义民主制国家中,政党的功能是制定、公布并宣传其政纲,争取选民的支持和获得议会的席位,在议会中致力于国家立法和监督政府,争取领导或参加政府,在政府中制订并实施各项决策。无产阶级政党的功能在不同的历史时期则有不同的表现。在夺取政权前,主要是制定符合广大人民意愿和利益的革命纲领,通过党员的骨干作用,联系、发动,组织、领导人民群众,开展以武装斗争为主的群众性政治斗争,推翻剥削阶级的国家政权;在夺取政权后,主要是执掌国家政权,对全国、全社会实行政治、组织和思想领导,团结和依靠广大人民群众发展社会生产,不断提高人民的生活,最终实现共产主义。

(二)政党的特征

政党都代表着本阶级一般的共同利益,政党属于社会政治上层建筑,但它又有别于国家政权机关,不是政权机关的组成部分;政党在社会中属于政治方面的组织,但它却不是一般的政治组织。尽管从广义上看,政党也属于利益集团的范围,因为以一定阶级、阶层或集团的利益为基础,旨在实现其各自的利益是利益集团的基本内容,但政党以夺取和保持政权为主要目的,而利益集团则以影响国家政策为主要目的。此外,政党是由阶级中最活跃、最坚定、最有觉悟的一部分成员组成的,有理论、有纲领、有领袖、有纪律,因而有别于一般的社团组织。由此可见,政党的主要特征可概括为以下几个方面:

1.政党具有鲜明的阶级性

列宁曾对政党在政治生活中的作用有过精辟的论述,他说:"在以阶级划分为基础的社会中,敌对阶级之间的斗争(发展到一定的阶段)势必变成政治斗争。各阶级政治斗争的最严整、最完全和最明显的表现就是各党的斗争。"可见,阶级性是政党的本质属性,政党是政治社会的集中代表。首先,它表现为政党是在一定的阶级基础上产生的,是阶级斗争发展到一定阶段的产物。其次,政党集中代表了本阶级的利益。这也是判断一个政党性质的主要标准。再次,政党是阶级的先锋队组织。"先锋"作用主要体现在政党的成员构成、思想特征和对本阶级的政治领导作用方面,亦即政党在阶级中起着骨干作用,是阶级的核心。政党斗争是阶级斗争的集中体现。由于政党集中代表着本阶级的利益,因而代表不同阶级的政党斗争必然集中反映了阶级之间的政治、经济、思想斗争的根本内容。资产阶级政党对无产阶级政党的斗争就是如此。需要指出的是,受各种因素的影响,不同的阶级在一定的前提下可能相互联合,而同一阶级内部的不同阶层亦可以相互冲突。因此,政党阶级性的表现形式也是复杂而多样的,既可以代表一定的阶级或阶层,也可以代表不同阶级或阶层的联盟。

2.政党具有具体、明确的政治目标和纲领

政党作为一种政治组织,必然有一个明确的政治纲领,以展示其奋斗的政治目标,争取或实行阶级统治的方法、策略与途径。政治纲领集中地反映了政党所代表的阶级或阶层的根本利益,体现了政党的性质。政党的政治纲领一般涉及该党对国事、社会制度的基本看法,同时包含该党的政治目标以及为实现其目标而采取的各种策略、政策等。政党的一切活动都围绕着政权而展开,即通过夺取、巩固或维持政权来为本阶级或阶层的利益服务。即使是处于弱势的在野党,其活动也总是围绕政权进行的。它们提出各种主张,迫使现政府实行某些有利于自己的政策,或争取本党代表参加现政权,以便实现本党所代表的阶级或阶层的根本利益。

3.政党具有严密的组织系统和领导机构

通常情况下,政党组织是指从党的基层组织直到中央组织所构成的塔形的统一组织体系。而且,政党往往还有一个由领袖人物所组成的领导机构,借以动员、领导本阶级的全体成员进行有效的斗争。不论是资产阶级政党还是无产阶级政党,一般都在中央和地方设有比较健全的、固

定的组织系统和领导机构。全国性的统一的政党，一般在中央或联邦部设有全国代表大会、中央执行委员会或中央委员会、主席、主席团等领导机构。有些政党在议会内还有自己的议会党团组织，在省或州、地区、选区还有该党的各级组织。

4.政党具有组织纪律性

任何一个政党都有一套成文的或不成文的党纪，以控制和约束其成员的言行，从而提高政党的威信和战斗力。世界上各政党的组织状况是有很大差异的，因而各党的纪律严格程度和性质也有所不同。多数资产阶级政党都要求其成员参加该党的一个基层组织，交纳党费，在竞选中投本党候选人的票，党员议员在议会活动中，特别是在投票中要服从该党领导机构的决定和指示。一般来说，美国两大党纪律较松弛，英国政党纪律较严，法国保卫共和国联盟纪律更严。就无产阶级政党而言，党的纪律和党内民主不是矛盾的，而是相辅相成的。

政党的上述四个特征是一个彼此联系、不可分割的有机体，是政党区别于其他社会政治组织、社会团体的主要标志。

（三）政党的功能和作用

（1）连接政府与公众的桥梁。在系统论观点看来，政党是一个重要的"输入"设施，通过它，公众可以让自己的需要或希望为政府所知。公众通过投票影响政治决策，政党也可以让人感到他们并不是完全没有权力，这种信念有利于维持政府的合法性。

（2）利益的聚合。政党通过把不同的利益聚合到一个更大的组织中来，以此驾驭和平息利益集团之间的冲突。这样，可使利益集团相互妥协、合作，为政党的利益而努力，形成获得全体国民认同的价值观，以有效地避免利益集团之间的相互争斗，防止政府混乱和不稳定。

（3）整合政治体系。随着利益集团聚合的进行，政党为了赢得更多的选票，通常会欢迎新的利益集团加入自己的阵营，允许它们表达意见或者将其意愿写进党的纲领，这就赋予这些利益集团实际和心理上的利害关系来支持整个政治体系。政治体系的整合可以帮助平息社会矛盾，防止爆发革命。

（4）政治社会化。政治社会化是指社会成员学习政治，进行政治游戏，表达自己的意见，进一步深化他们在政治体系中的作用的过程。政治社会化的功能在于训练个人和支持政治系统。通过政治社会化，人们的政治能力不仅能够提高，而且政党也在成员当中树立了对政治体系合法性的信念。

（5）进行选民动员。政党最显著的功能就是让公众投票。通过对一些问题的简化和解释，政党能让投票者在复杂的选项中作出选择。

（6）组织政府。这是对政党获胜的最大回报，借助于政府的职位和权力，政党可以将政府的政策转移到自己的轨道上来。但是，没有哪个体系下的政党可以实现对政府的完全控制，因为已经存在的政府官僚机构仍然掌握着相当大的权力。

正因为政党具备上述功能，因此从国家和社会管理角度而言，近现代政党的出现在历史上具有重大的进步作用，它使古代君主个人终身统治的专制政治改变为近现代政党的民主政治。而政党民主政治不仅使政治生活、政治斗争和政治决策公开化、团体化、群众化、程序化、法治化、制度化，从而发挥统治集团集体的作用，调动广大群众的积极性和主动性，提高其治理国家和社会的才能，而且还能减少和消除各种危害国家和社会的滥用权力现象，从而维护政局和社会的稳定,推动国家和社会的进步与发展。

二、政党制度

（一）政党制度的概念

政党制度是有关政党的地位和作用,特别是有关政党执掌、参与或影响国家政权的制度性规定及其运行方式的总称,包括政党的法律地位、政党同国家政权的关系以及政党与政党之间的相互关系等,政党制度是现代国家政治制度的重要组成部分。一国政党制度的形成,是由该国特定的社会历史条件和现实条件决定的。大体上说,一国的历史传统、民族习惯、政治经济体制、社会文化发展状况等都对政党制度的形成有着重要影响。其中主要取决于国内各阶级、阶层的力量对比,以及国内各种政治力量集结或分化、组织政党的状况。另外,一国的选举制度对政党制度的促成和巩固也起着一定的作用。

（二）政党制度的历史发展

从政党的概念和特征我们可以看出,政党并不像资产阶级学者所说的那样,是"表达民意的组织","是为争取选民投票支持它所提名的候选人而高度组织起来的集中统一的团体",而是代表一定阶级、阶层或社会集团并为其根本利益而斗争的政治组织。列宁曾经指出:"在以阶级划分为基础的社会中,敌对阶级之间的斗争(发展到一定阶段)势必变成政治斗争。各阶级政治斗争的最严整、最完全和最明显的表现就是各政党的斗争。"因此,阶级性是政党的本质属性,政党是一定阶级、阶层或社会集团的组织。虽然如此,但在历史上,政党是随着阶级、阶级斗争发展到资本主义历史阶段以后才产生出来的。尽管奴隶社会和封建社会,由于利益冲突,也有各种互相对立的政治派别和集团,如古希腊、古罗马的贵族党和平民党,12 至 15 世纪意大利的教皇派、皇帝派等等,但这些并不是有纲领、有组织、有纪律的现代意义的政党。

那么,奴隶社会和封建社会为什么不可能产生政党呢? 这可以从经济、政治和阶级斗争的方式等方面来进行分析。从经济方面来说,奴隶社会和封建社会占统治地位的经济结构是自给自足的自然经济,商品经济处于从属地位,起着补充作用。由于生产力水平低下,因而在自然经济条件下只能形成无数分散而闭关自守的经济单位,而统一的民族国家及其统一的民族市场在当时根本不可能存在。因此,不仅广大劳动者阶级摆脱不了对占有者阶级的人身依附关系,不可能因为经济利益而聚集起来组织政党,而且占有者阶级也因为处在封闭式的自然状态中,彼此间缺乏联系,没有竞争,因而也没有组织政党的要求。从政治方面说,由经济上的自给自足所决定,必然导致政治上的各自为政和无数小国的建立,而其政治统治形式必然是君主专制制度。奴隶主和封建地主阶级为了强化专制主义的君主集权制度,不仅剥夺了被统治阶级的结社自由,而且也不允许本阶级的成员享有结社的权利。因此,在统治阶级内部虽因争权夺利时常产生派别斗争,但各个派别必须依附于君主。因此斗争的结果必然是顺君主者昌,逆君主者亡。这样,在统治阶级内部不可能形成政党。至于在被统治阶级中更不可能产生政党。从阶级斗争的方式上说,与经济、政治条件相适应,这一历史时期的阶级斗争方式也处在较低级的阶段。表现在一方面,阶级斗争只在有限范围内分散进行。没有能够汇集成较大范围的阶级运动;另一方面,奴隶和农奴都不是新的社会生产方式的代表,他们只能采取破坏工具、逃跑、杀死主人、自发暴动等较低级的斗争形式。因此,经济上的闭关自守,政治上的分裂割据和专制制度,阶级斗争的分散进行和斗争方式的落后,使超越城邦国家进行经济、政治和社会联系成为不必要和不可能的事情。所以在古代和中世纪,根本不存在形成民族国家范围内的政党的社会条件,根本不可能产生近现代意义的政党。

然而当人类社会发展到资本主义阶段后,特别是随着资本主义商品经济、议会斗争和自由民主思想的发展,现代意义的政党也就出现了。换言之即资本主义阶段在总体上具备的以下两大条件,为政党的产生提供了可能:一是生产力发展到一定程度,社会经济利益日益分化,利益冲突和阶级冲突(包括同一阶级内部的利害冲突)日益明显并公开化;二是人们获得了一定自由,有了日益增强的主体意识,有了为自己的利益而干预权力的强烈欲望。正是在上述条件下,资产阶级在反对封建势力的斗争中便开始形成自己的政治派别,并逐渐形成为有自己的政治纲领、有一定组织成员、组织章程和组织机构,有一个有权威的领袖集团的近代意义的政党。在历史上,资产阶级政党起源于 17 世纪 70 年代英国的辉格党和托利党。当时,辉格党和托利党还只是议会中不同的政治派别,之后才逐渐演变为保守党和自由党。美国于 18 世纪 80 年代产生了联邦党和反联邦党两派,后发展为政党。无产阶级政党则是在资本主义由简单协作的工场手工业阶段进入社会化机器大工业阶段,无产阶级反对资产阶级的斗争由自发阶段发展到自觉阶段时产生的,是马克思主义政党学说同工人运动相结合的产物。1847 年在伦敦建立的共产主义者同盟是世界上第一个以科学社会主义为指导的无产阶级政党。中国共产党于 1921 年成立。随着资本主义在世界范围内的发展,特别是第二次世界大战后,政党几乎成了各国普遍的政治现象,并逐渐形成一党制、两党制和多党制等多种类型的政党制度。

(三)宪法与政党制度

1.政党制度的宪法地位

近代意义上的政党制度始于资产阶级革命时期,但早期资本主义国家的宪法并未对政党政治做出明文规定。作为被默认的政治惯例,政党在英、美等典型资本主义国家的政治生活中扮演着十分重要的角色。例如,早在 18 世纪上半叶,英国两大政党托利党和辉格党就已经围绕政权展开了一系列活动,两党间的斗争也形成了英国宪政史上的很多惯例。再如,在美国新中国成立后的一个世纪里,政党间的竞争十分频繁,先后经历了一党统治体制、多党统治体制、多党并存体制,直至最终确立了两党轮流执政的体制。

在宪政史上,最早就政党制度作出规定的是 1919 年德国的《魏玛宪法》,主要通过保障公民的结社权利的方式来肯定政党的合法性。但从总体上看,第二次世界大战以前的资本主义国家宪法对政党制度一般是不作规定的。究其原因,主要来自两个方面:其一,各国宪法制定之初,政党的法律地位尚未确立,政党制度还处于不断发展阶段,通过宪法来规范政党政治尚缺乏实践经验;其二,各国宪法均规定公民享有自由结社权,而政党是社团组织的一种形式,属于结社自由的范围,故没有必要再对此作出规定。因此,二战前各资本主义国家都是通过宪法惯例的形式来确认政党制度的。

第二次世界大战结束以后,政党制度有了很多新的发展,现代政治已经日渐成为政党政治。国家更替、政府构成、政府决策等都与政党息息相关,如不对政党的活动加以规范,势必会导致对现代民主、法治原则的破坏。与此同时,两次世界大战也给人类带来了极大的创伤,各国都纷纷加快了民主改革的步伐。西方国家越来越明确要求把政党法律化,使政党的活动纳入资产阶级法治的轨道。在这一时代潮流的推动下,一些主要资本主义国家的宪法都对政党组织及其活动做出了规定,从而形成了较为完备的政党制度。最早对此进行规定的是欧洲大陆的一些国家。如《意大利宪法》第四十九条规定:"为了以民主方法参与决定国家政策,一切公民均有自由组织政党的权利。"并在过渡性条款中规定了禁止以任何形式重建法西斯党。《联邦德国基本法》第二十一条规定:"政党参与形成人民的政治意志。可以自由建立政党。政党的内部组织必须符合民主原则。它们必须公开说明其经费来源。"《法国宪法》第四条规定:"各政党和政治团体协助选举进行。各政党和政治团体可自由地组织并开展活动,它们应该遵守国家主权原则和民主原则。"在一些"二战"后新成立的民族主义国家中也有这方面的规定,如《缅甸宪法》第十一条规定:国家应采取一党制。缅甸社会主义纲领党是唯一的政党,它领导国家。但这项规定后为苏貌军政府所废除,并于1988年9月宣布缅甸实行多党制。《阿尔及利亚宪法》第九十四、九十五条规定:阿尔及利亚体制建立在一党原则基础之上。

社会主义国家也不例外,以苏联为代表的社会主义国家的宪法也对无产阶级政党在国家政治生活中的领导地位、主要任务等作出了明确规定,从而大大丰富了政党政治的内容。主要包括两方面:一是明确规定无产阶级政党在国家中的领导地位。如苏联1977年《宪法》第六条规定:"苏联共产党是苏联社会的领导力量和指导力量,是苏联社会政治制度以及一切国家机关和社会团体的核心。苏共为人民而存在并为人民服务。……用马克思列宁主义学说武装起来的苏联共产党规定社会发展的总的前景,规定苏联的内外政策路线,领导苏联人民进行伟大的创造性活动,使苏联人民争取共产主义胜利的斗争具有计划性,并有科学根据。"罗马尼亚1975年《宪法》规定:"在罗马尼亚社会主义共和国,罗马尼亚共产党是整个社会的领导的政治力量。"前南斯拉夫1974年《宪法》规定:"南斯拉夫共产主义者联盟,作为人民解放斗争和社会主义革命的发起者和组织者,作为工人阶级的愿望和利益的自觉体现者,由于历史发展的必然性,已成为工人阶级和全体劳动者建设社会主义、实现劳动者团结一致和南斯拉夫各民族团结友爱的在思想上政治上有组织的领导力量。"我国现行《宪法》则规定:"中国各族人民将继续在中国共产党的领导下……把我国建设成为富强、民主、文明的社会主义国家。"二是一些存在其他民主政党的国家,一般都明示或暗示这些民主政党的合法地位以及与无产阶级政党的合作关系。如我国1993年通过的宪法修正案规定,"中国共产党领导的多党合作和政治协商制度将长期存在和发展",等等。

在各国宪法中,除了上述对政党进行原则性的规定以外,还有些国家在宪法中有专章专节规定政党制度,如布隆迪、坦桑尼亚、危地马拉、巴拉圭等等。尽管如此,但从世界范围来看,宪法中明确规定政党问题的还是少数。大多数国家主要通过宪法惯例的形式,对政党的组织与活动予以确认。比如美国总统的选举实践中,不仅民主、共和两党分别召开全国代表大会,提出各自的候选人,并采取各种手段为自己的候选人开展竞选活动,而且各候选人必须向选民宣布其政治倾向,然后由选民按政党提出的候选人名单投票,而总统候选人在选举总统时,应投其本党提出的候选人的赞成票。对此,不仅民主、共和两党理直气壮,而且选民也习以为常,究其根源,在于它已形成宪法惯例。美国政党在国会中的组织和活动同样如此。在历史上,社会主义国家政权建立初期,宪法中也没有规定共产党在国家中的领导地位。比如1918年的《苏俄宪法》只在《全俄中央执行委员会会议规则》中规定了党团代表的发言时限;1924年《苏联宪法》则没有任何关于政党的规定。但当时共产党对国家的领导并不是通过宪法惯例实现的,而是通过马克思主义关于无产阶级专政学说的理论宣传和对无产阶级专政的宪法解释获得公认的。

此外,一些国家还通过制定政党法或者其他单行法规的形式,对政党和政党制度进行规定。1974 年的《德意志联邦共和国政党法》便是这方面的典型。该法不仅规定了政党的宪法地位和作用,而且规定了政党的内部组织、选举中候选人的提名、选举经费补偿的原则和范围、账目公开、实行对违宪政党的取缔和最后条款等等,从而使政党政治和决策的过程公开化。《印度尼西亚政党法》则规定,只允许存在两个政党和一个专业集团,政党必须信仰"建国五项原则"和承认宪法等等。

可见,自二战结束以来,政党制度的宪法化已经成为各国民主改革的重要内容,且是各国政党政治发展的重要趋势之一。据有关学者统计,截止到 1976 年,全世界已有 157 部宪法文件对政党法作出了明确规定。宪法与政党制度之间的关系主要体现在以下两个方面:一方面宪法规定政党的体制、组成方式、活动范围及法律地位,政党的一切行动必须合宪,使政党制度受制于宪法的规定;另一方面政党制度的运行,既丰富、发展了宪法规定,也促进了宪政体制的实施和完善。主要表现为:首先,通过政党斗争形成了大量的宪法惯例。如从 1924 年起,英国开始了工党和保守党轮流执政的时期,两党在围绕大选的问题上形成了"影子内阁"的宪法惯例,即竞选失利的议院第二大党退居为反对党,组成"影子内阁",为下一届选举做准备,并监督政府当局的行为。再如,美国宪法并没有规定政党与选举的关系,但事实上,美国总统的选举都是由民主、共和两党所操纵的,并形成了大量关于政党组织活动的惯例。其次,由于政党的一切活动都是围绕国家政权展开的。为了维护和实现本阶级、阶层的利益,各政党都以夺取、参加或干预政权为己任。而一国既定的宪政体制则为政党政治的开展提供了舞台。各政党通过操纵选举、控制议会及政府甚至军队来实现自己的政治目标。而在这一系列的活动过程中,国家宪法所确立的宪政体制也得到了很好的实施,从而使纸面上的宪法逐步转化成了现实。

2.政党制度与政权机制

从总体上来说,政党制度对国家政治生活具有非常重要的作用,但不同的政党功能制度对国家政治生活的具体影响,特别是对国家政权机制的实践影响却存在不同。比如资本主义国家的两党制与多党制对国家政权机制的影响就不一样:在英、美等两党制国家,建立的政权机制通常是两大政党轮流执政,一旦某一政党成为执政党,那么,它就影响着全部国家机器的结构、活动方式、决策过程、工作方法,从而包揽一切行政和立法大权,另一政党则对政府的活动进行批评监督。但欧洲大陆的多党制和政权机制就不能像英美那样配合得很好。以多党为基础的政府在议会制度下就不稳定,政党四分五裂,政党的时断时续,党政的关系时分时合,政府的车轮靠着若干党的联合来运转,议会和政府对峙,从而使政府软弱无力。即便是同为两党制的英国和美国,各自也有其不同特点。比如英国政权机制的特点,就在于通过两党竞争达到行政和立法的统一。具体说来即议会中的多数党就是执政党,政党与政府不仅彼此协调,而且合二为一。但在美国,国会中的多数党却不一定是执政党,只有赢得总统选举的政党才是执政党。

同时,资本主义国家的政党制度和社会主义国家的政党制度对政权机制的影响,不仅表现在性质根本对立,而且表现在影响内容和影响方式存在不同。在资本主义国家中,资产阶级政党影响政权机制的任务和目的在于,通过控制政权机构,维护本阶级的利益。因此,尽管在政权机构运行过程中,不同的资本家集团彼此间经常你争我夺,有时甚至达到十分尖锐的程度,但在反对劳动人民和工人阶级政党的斗争中,它们却竭力维护本阶级的政治团结。因此,每当危机到来的时候,资产阶级实际上实行一党制。在集权主义的国家政体中,政党与国家机构相互融为一体。在社会主义国家,政党的作用却发生了根本性的变化。由于政党的唯一任务是通过自身的活动更充分地代表人民群众的利益,满足人民群众的各种要求,而且在存在多个政党的国家,除共产党之外的其他政党都自愿接受共产党对社会和国家的领导,因此,无论在政权组织,还是政权运行过程中,共产党都处于政治领导地位。这样,不仅不会出现政党与政权与广大人民的根本利益相矛盾的状况,而且也不会产生不同政党之间的彼此争斗。整个政党制度与政权机制,都服从于维护和实现广大人民的利益的目的。

3.我国宪法规定的政党制度

1982年宪法总结了前三部宪法关于政党地位、作用的规定,并结合我国社会主义现代化建设新时期的特点,对我国社会主义政党制度做了比较明确的阐述和规定,其具体内容主要表现为以下四个方面:

第一,确立了中国共产党的历史作用和领导地位。宪法序言第五段指出:"一九四九年,以毛泽东主席为领袖的中国共产党领导全国各族人民,在经历了长期的艰难曲折的武装斗争和其他形式的斗争以后,终于推翻了帝国主义、封建主义和官僚资本主义的统治,取得了新民主主义革命的伟大胜利,建立了中华人民共和国。"第七段又指出:"中国新民主主义革命的胜利和社会主义事业的成就,是中国共产党领导中国各族人民,在马克思列宁主义、毛泽东思想的指引下,坚持真理,修正错误,战胜许多艰难险阻而取得的。"宪法还规定了以坚持中国共产党的领导为核心的四项基本原则,明确了中国共产党在中国革命和建设事业中的领导地位。

第二,确立了中国共产党在社会主义初级阶段的基本路线。宪法序言第七段规定:"我国将长期处于社会主义初级阶段。"国家的根本任务是,沿着建设有中国特色社会主义的道路,集中力量进行社会主义现代化建设。中国各族人民将继续在中国共产党领导下,在马克思列宁主义、毛泽东思想、邓小平理论和"三个代表"重要思想指引下,坚持人民民主专政,坚持社会主义道路,坚持改革开放,不断完善社会主义的各项制度,发展社会主义市场经济,发展社会主义民主,健全社会主义法制,自力更生,艰苦奋斗,逐步实现工业、农业、国防和科学技术的现代化,推动物质文明、政治文明和精神文明协调发展,把我国建设成为富强、民主、文明、和谐的社会主义国家。

第三,充分肯定了中国共产党领导的多党合作和政治协商制度。宪法序言第十段规定:"在长期的革命和建设过程中,已经结成由中国共产党领导的,有各民主党派和各人民团体参加的,包括全体社会主义劳动者、社会主义事业的建设者、拥护社会主义的爱国者和拥护祖国统一的爱国者的广泛的爱国统一战线,这个统一战线将继续巩固和发展。中国人民政治协商会议是有广泛代表性的统一战线组织,过去发挥了重要的历史作用,今后在国家政治生活、社会生活和对外友好活动中,在进行社会主义现代化建设、维护国家的统一和团结的斗争中,将进一步发挥它的重要作用。中国共产党领导的多党合作和政治协商制度将长期存在和发展。"

第四,规定了党必须在宪法和法律范围内活动的原则。宪法序言第十三段规定:"本宪法以法律的形式确认了中国各族人民奋斗的成果,规定了国家的根本制度和根本任务,是国家的根本法,具有最高的法律效力。全国各族人民、一切国家机关和武装力量、各政党和各社会团体、各企业事业组织,都必须以宪法为根本的活动准则,并且负有维护宪法尊严、保证宪法实施的职责。"此外,宪法第5条第4款规定:"一切国家机关和武装力量,各政党和各社会团体、各企业事业组织都必须遵守宪法和法律。一切违反宪法和法律的行为,必须予以追究。"第 5 条第 5 款还规定:"任何组织或者个人都不得有超越宪法和法律的特权。"

第二节　资本主义国家的政党体制

在资本主义国家里,资产阶级政党虽然不是国家政权机关,许多国家在宪法中对政党的地位也未作任何规定,但是作为统治阶级的资产阶级通过其政党,利用议会选举或总统竞选,全面掌握国家政权,控制全国的政治生活,排斥劳动人民参与国家管理,这就是所谓的资产阶级政党制度。它是资本主义国家政治制度的基本内容,与资本主义民主制度紧密联系。资产阶级正是利用其政党这种轮流执政、联合执政或单独执政的政治形式,来维护资产阶级利益,实现和巩固资产阶级专政。由于各资本主义国家的政治、经济发展状况不同,各国的历史、民族传统、宗教信仰、阶级斗争状况、实际掌握政权的政党数目多寡等方面存在着差异,而采取不同的形式。通常资本主义政党体制类型包括两党制、多党制和一党制三种。

一、两党制

所谓两党制,是指资产阶级民主国家中两个势均力敌的政党通过竞选取得议会多数席位,或赢得总统选举胜利,而轮流执掌政权的一种政党制度。在议会选举中获得多数席位或在总统竞选中获胜的一党,执掌政权,成为"执政党"或称"在朝党";而在议会选举中没有取得多数席位或在总统竞选中失利的政党,成为"反对党"或称"在野党"。需要注意的是,反对党不是从根本上反对政府,更不是要推翻现政权存在,而是以合法监督政府、制约执政党的形式充当现政府的后备军,在时机成熟的时候,即政府换届或执政党陷入政治危机时取而代之,实现政权的和平更迭,从而使整个国家机器正常有序地运转。

实行两党制的国家,一般在理论和法律上允许多党存在,但在现实政治生活中,最具有势力、地位的只有两党,且处于互相对峙的局面;其他小党势单力孤,在政治竞争中难与两大党相抗衡,不能在政治上起到决定性作用。因此,不能简单地以政党的数量来判定是否两党制。有的国家虽然只有两个政党,由于不存在交替执政的情况,也不能称作是"两党制"国家。

资产阶级两党制起源于英国,后来推行到英国的殖民地或受英国影响很深的国家,如美国、加拿大、澳大利亚、新西兰、奥地利、委内瑞拉、哥伦比亚等国。由于资本主义国家政党体制受到具体政治、经济形势,国家政体形式以及政党力量对比等方面因素的影响,两党制在各个国家中的表现形态各有其特点。英国和美国是两党制的典型国家。

当代两党制出现了新变化,主要表现在:

第一,政党的阶级基础日益趋向一致。美国的两党松散的结构,相互的交融是其政党制度一大特征。英国在工党崛起前,自由党、保守党都是产阶级的代表,而在工人运动基础上建立的工党虽有较广泛的劳动者支持,但仍然是体制内政党。"二战"后,各政党的成分逐渐向中产阶级发展,保守党和工党的社会基础不如成立之初那样泾渭分明。

第二,两党政策与立法思想的趋同。"二战"后至 20 世纪 70 年代末,英国的两党的执行政策趋同现象非常明显。1945 年,工党政府所执行的许多内外政策,如外交、防务、经济、移民、治安、教育和非殖民化等政策，为以后历届保守党政府的政策奠定了基础。"巴茨克尔主义"清楚表明了两党在经济政策上的一致性。趋同现象反映在立法上，政府更迭时执政党并不轻易否定上届政府的立法，而且往往重提下台政府因大选而搁置的一部分议案，甚至是在野时所批评、攻击乃至于反对的某些议案。例如，1970年，新上台的保守党政府重提被上届工党政府搁置的14项议案；1974年，工党政府重提保守党政府搁置的15项议案。而且两大政党议会党团中持中间态度的议员逐渐占了优势，两大政党之间因此而有了较多的共同点。两大政党的政策、行动均注重实效，而并不以抽象的意识形态为指导。这也从另一角度反映了两党制得以长期、稳定存在的原因。每种政党制度都有运行于其中的国际、国内的"生存"环境，环境是恒动而非静止的，所以一党制、多党制、两党制仅指相对稳定的框架性政党运作机制。英国是传统、典型的两党制国家，但也出现过自由党和工党联合执政的历史。澳大利亚、新西兰、加拿大等受英国影响较深的国家，虽也实行两党制，但也有其特殊之处，这些国家中小党具有较大作用，在议会中越来越多的政党能占据议席。对立的一方或双方都需要组成政党联盟。

二、多党制

所谓多党制，是由两个以上的政党执掌国家政权的政党制度。几个政党联合执政的因素比较复杂，但主要因素还是由于资产阶级内部阶级关系盘根错节，各阶级、阶层和政治集团之间矛盾重重，一党或两党难以驾驭。实行多党制，通常是在议会尤其是在下议院中占有多数席位的几个政党，或轮流执政，或联合执政。

在实行议会制的资本主义国家里，不论其政体是君主立宪制还是民主共和制，一个政党只有得到议会中多数的支持，才能组织政府，上台执政。但是，在多党存在的条件下，议会中的议席由许多政党分别掌握，一个政党试用控制多数席位而可以由它单独组织政府的愿望难以实现。因此，由几个政党联合起来形成议会中的多数，进而由这个政党的联盟组成多党政府就成了这些国家的通例。目前，大多数西方国家都实行多党制度。

法国是一个具有多党政治传统的国家。法兰西第三共和国时期，就有大小政党二三十个进行活动。在政治斗争中，多党之间的力量不断分化组合。到20世纪50年代，国内还有30多个较大的政党，其中十几个在议会中占有席位。1958年戴高乐重新执政后，各政党又经历了一次重大的分化改组，出现了逐渐向两极集结的局面。目前形成了四大政党两大派别的基本格局，即由"保卫共和国联盟"、"法国民主联盟"、"社会党"和"法国共产党"这四个实力相当的政党分别组成相互对立的左右两大翼。在多党制条件下，由于政党林立、矛盾和分歧比较尖锐，执政的政党联盟内部的意见、政策分歧不可调和时，就会造成政府危机，导致多党联盟的倒台。因此，政局不稳，政府频繁更迭，是多党制的一个显著特点。在法国，从1946年到1958年，11年中更换了20届内阁，平均寿命只有半年多。在意大利，从1954年到1979年的20多年中，内阁更换了33届，平均寿命不到1年。内阁频繁更替给国家政策的稳定性、连续性都带来了不利的影响。

意大利的多党制也比较典型。在意大利，仅全国性的政党就有十几个。主要有代表大垄断、大地主阶级利益的天主教民主党，有代表中小资产阶级利益的社会党和共和党，另外还有势力强大的共产党。意大利多党活动中表现出来的最大特点，就是势力强大的天主教民主党组成的执政党和有相当势力的共产党组成的反对党之间的直接对抗。

日本也是多党制国家,但是,它的情形却与法国完全不同。尽管日本国内政党林立,相互争夺国家政权,但是,从 1955 年 11 月自由党与民主党合并为自由民主党以后,直至 1999 年 7 月,它一直单独掌握政权,形成了自民党内不同派系轮流执掌政权的局面。所以,这一时期日本的政党制度,是在多党制的形式下,实行一党多元制。日本多党制的这种特点,适应了垄断资本主义经济的需要,对于稳定大资产阶级的政治统治起到了极为重要的作用。虽然 1993 年 7 月之后,自民党一党独霸日本政坛的政党格局已经解体,但其目前仍然在日本政局中有着举足轻重的作用。

三、一党制

一党制是指一个国家中执政党是唯一合法的政党,或只有一个政党在国家政治生活中占统治地位。通常有两种形式的一党制,一种是法西斯统治下的一党制;另一种是第三世界国家,主要是非洲国家的一党制。资本主义国家的一党制是成熟的资本主义民主制度建立以前出现的一种政党制度,实际上是人类抛弃君主专制统治以后出现的一种新型的专制统治。在这种制度下独裁者通过政党对全国进行严密的控制。由于在资本主义一党制国家不能进行公平公正的选举,因此不符合资本主义民主宪政的基本原理。

法西斯主义政党,主要指意大利的法西斯党和德国的纳粹党,此外,1975 年以前的西班牙和 1974 年以前的葡萄牙也是法西斯主义政党执政。在这些国家,法西斯党垄断政权,法律上禁止其他政党活动,完全抛弃了资产阶级民主。很多人认为法西斯政党是资本主义民主发展到巅峰之后的产物,这是错误的。实际上这些国家或者根本没有采用过民主制度,或者民主制度在这些国家没有扎根。以德国为例,直到 1871 年德国才统一成为民族国家,德意志帝国宪法是维护君主专制的宪法而不是一部民主宪法。1919 年,德国接受了资本主义民主制度,而当时资本主义民主制度在德国是非常脆弱的,它受到共产党、保皇派和纳粹党的挑战。法西斯政党一上台就迅速演变为个人独裁统治。党成为独裁者实行法西斯统治的工具,其他政党和反法西斯活动均遭禁止。为维护专制统治,法西斯政党建立多种形式的恐怖组织,如冲锋队、党卫军和秘密警察组织"盖世太保",其血腥的统治令人毛骨悚然。法西斯专制统治肆意侵略扩张,挑起第二次世界大战,给人类社会带来了前所未有的灾难。

非洲国家采用一党制有其特定的历史背景和社会环境。这些国家通常是在长期反对殖民统治之后获得独立的。领导独立运动的政党在整个国家有特殊的影响,其他政治派别在相当长的时间里无法与之抗衡。也有些国家的政党是军事政变以后由军人政权演变而成的。无论哪一种情况,能够长期保持一党制是这些国家在法律上禁止其他政党的存在造成的。一党制使这些国家独裁主义色彩比较浓重。政府腐败现象难以控制,军事政变时有发生。

第三节　中国共产党领导下的多党合作制度

一、中国共产党领导的多党合作是我国的政党制度

中国共产党领导的多党合作制是一项具有中国特色的社会主义政党制度,是我国民主制度

的重要组成部分。它明显不同于西方国家的两党制和多党制,在性质上也区别于某些西方国家多党制下的一党长期独立执政的政党制度。从形式上讲,它同样有别于苏联、罗马尼亚和匈牙利等社会主义国家的一党制。这种制度是只在我国社会主义国家中,代表工人阶级即无产阶级的政党邀请其他政党参与执政,共同管理国家事务。它根源于我国的国家性质即以工人阶级为领导,以工农联盟为基础的人民民主专政。其具体表现为:中国共产党居于国家政权的领导地位,是执政党;而各民主党派则是同中国共产党合作的参政党。但这种合作以接受中国共产党的领导为前提。

(一)宪法修正案第 4 条的意义

第八届全国人民代表大会第一次会议通过的《中华人民共和国宪法修正案》第 4 条规定:"中国共产党领导的多党合作和政治协商制度将长期存在和发展。"就政党制度而言,这一规定表明:中国共产党领导的多党合作是我国的政党制度;它将长期存在和发展。它的意义主要表现在以下几个方面:

(1)这是宪法第一次对我国政党制度所作的完整表述,是对我国政党制度发展历史和现实状况的科学概括和总结,同时也在成文宪法的层面上认同了政党制度是国家根本问题这一地位。回顾我国历部宪法对政党问题的规定,可以发现我国宪法对政党制度的规定经过了一个曲折发展的过程。在《共同纲领》中,政党及其相互关系是在统一战线的规定中予以体现的。《共同纲领》规定:"由中国共产党、各民主党派、各人民团体、各地区、人民解放军、各少数民族、国外华侨及其他爱国民主分子的代表们所组成的中国人民政治协商会议,就是人民民主统一战线的组织形式。"根据这一规定,中国共产党和各民主党派都是统一战线的成员和人民政协的参加单位,《共同纲领》没有对中国共产党、民主党派的地位及其相互关系作更为明确的规定。1954 年《宪法》"序言"在两个方面体现了中国共产党的领导地位,一是确认了中国共产党在民主革命和创建中华人民共和国中的领导作用。《宪法》指出:"中国人民经过一百多年的英勇奋斗,终于在中国共产党领导下,在 1949 年取得了反对帝国主义、封建主义和官僚资本主义的人民革命的伟大胜利,因而结束了长时期被压迫被奴役的历史,建立了人民民主专政的中华人民共和国。"二是确认了中国共产党在统一战线中的领导地位,规定"我国人民在建立中华人民共和国的伟大斗争中已经结成了以中国共产党为领导的各民主阶级、各民主党派、各人民团体的广泛的人民民主统一战线"。可见,与《共同纲领》相比,1954 年《宪法》在政党制度的规定上有了新的发展,表现为在一定程度上确认了中国共产党对国家的领导。1975 年《宪法》分别在"序言"、"总纲"和"国家机构"中都涉及了政党方面的内容。1975 年《宪法》对中国共产党的领导作了较多的叙述和规定,与1954 年《宪法》规定的不同之处在于:第一,确认了中国共产党在我国社会主义革命和社会主义建设中的领导作用,强调了在整个社会主义历史阶段坚持党的领导的决心和信念。第二,将人民民主统一战线改为革命统一战线,没有提及民主党派,民主党派丧失了应有的宪法地位。第三,在正文中强调了中国共产党的领导。1975 年《宪法》在"总纲"中进一步突出了中国共产党对国家的领导,规定"中国共产党是全国人民的领导核心,工人阶级经过自己的先锋队中国共产党实现对国家的领导"。在"国家机构"中规定"全国人民代表大会是中国共产党领导下的最高国家权力机关"。1975 年《宪法》对政党制度规定的特点,在于突出中国共产党的领导地位,明确规定了中国共产党对国家的领导权,并将党政不分的不正常党政关系宪法化,淡化了民主党派的地位和作用。1978 年《宪法》对政党制度的规定,一方面恢复了1954 年的有关规定,指出了中国共产党的领导对取得社会主义革命和社会主义建设的意义；另一方面将民主党派的性质界定为爱国民主党派，作为革命统一战线的团结对象进行了确认。1978年《宪法》还有一个特点，就是对党的领导的地位和作用在宪法中做了规定。1982年制定的现行《宪法》，在前几部宪法对中国共产党领导方面的规定的基础上，将中国共产党的领导作为四项基本原则之重进行了规定，另外将统一战线界定为爱国统一战线，恢复了民主党派在统一战线中的地位。

综上可以看出，尽管历部宪法都涉及了中国共产党的领导，但都没有完整地规定我国政党制度。宪法修正案第4条弥补了上述不足，是我国政党制度发展和现状的科学概括和总结。应该指出的是，虽然在此之前宪法没有系统完整地规定政党制度，但中国共产党领导的多党合作的政党关系在我国政治生活中却是存在的。特别在十一届三中全会以来，中国共产党领导的多党合作关系逐渐在中国共产党的文件和政策中被制度化了。例如，1989年12月30日的《中共中央关于坚持和完善中国共产党领导的多党合作和政治协商的意见》便对有关内容作了专门规定。因此有学者认为，在此以前中国共产党领导的多党合作制度已经成为我国的宪法惯例。宪法是国家根本大法，宪法规定的内容和调整的社会关系是国家政治、经济和文化生活方面的根本问题和基本社会关系。宪法修正案第4条规定中国共产党领导的多党合作和政治协商制度将长期存在和发展，表明我国宪法认同了政党关系和政党制度作为我国的根本问题和根本制度的地位。这在我国民主政治建设中具有重大的现实意义。

（2）宪法修正案第4条的这一规定表明，由中国共产党领导的多党合作关系所体现的中国共产党、民主党派之间的相互关系是一项重要的宪法关系。中国共产党和各民主党派都是这种政党（党派）宪法关系的主体，中国共产党领导的多党合作关系是各政党（党派）必须严格遵守的宪法准则。长期以来，我国政党（党派）关系，除了上述有关内容由宪法规定外，政党（党派）关系的内容、范围以及处理政党（党派）关系的准则和依据都是由政党或党派在各自的政策和文件中予以规定的，没有提升到宪法和法律的层面，没有被很好地纳入宪法和法律调整的轨道。政党关系领域、政党（党派）与国家关系领域的法制建设滞后于整个法制建设的步伐。因此，宪法修正案第4条的规定，不仅为政党关系提供了宪法准则，也为有关方面的立法提供了宪法依据。有关方面的立法，包括政党法，将会随着我国民主政治建设的发展而逐渐制定出台。

（3）宪法修正案第4条的规定还为有中国特色的政党制度的发展确定和指明了方向。其一，中国共产党的领导将会进一步加强和改善；其二，中国共产党与民主党派、各民主党派之间的合作关系在致力于社会主义事业的基础上，在十六字方针的指导下，将在国家和社会生活更为广泛的领域内得到加强和发展。[①]

（二）多党合作制的产生与发展

中国共产党领导下的多党合作，由来已久，当今的多党合作是过去的多党合作的延伸并在长期的实践中形成鲜明的特点和优点。

1.民主革命时期民主党派与中共的合作为多党合作制的形成奠定了基础

我国的民主党派是若干性质大体相同的党派的统称。对于民主党派的含义，毛泽东和老一辈无产阶级革命家都曾谈到。毛泽东在《论十大关系》中曾指出："在我们国内，在抗日反蒋斗争

---

① 俞子清.宪法学.北京：中国政法大学出版社，2010，第90页

中形成了以民族资产阶级及其知识分子为主的许多民主党派。"周恩来也指出：民族资产阶级"想在反帝、反封建、反官僚资本主义斗争中谋求自己的生存和发展,国民党实行一党专政,压迫民主党派,因此他们就要反对国民党的独裁"。从上可以看出：第一,各民主党派大多数是在抗日战争时期发展起来的;第二,民主党派的主要斗争实践是反帝抗日救国,实行民主;第三,它是具有阶级联盟性质的政党;第四,民主党派在民主革命斗争中与国民党统治集团进行了斗争与共产党长期合作。正是民主革命时期的合作关系为多党合作制度奠定了坚实的基础。

民主党派为什么能在民主主义革命时期与共产党结成统一战线？为什么会形成以中国共产党为领导的多党派合作？这些都不是以某个党派的主观意志为转移的,而是由我国的社会历史的具体条件所决定的。

旧中国是半殖民地半封建的社会,民族资产阶级、上层小资产阶级以及同他们有联系的知识分子,由于深受帝国主义、封建主义和官僚买办势力的压迫和限制,大多数抱有强烈的爱国心和反帝反封建的要求。这就是中国各民主党派的社会基础。中国的民族资产阶级和上层小资产阶级的地位决定了作为他们政治代表的民主党派,不可能形成独立的强大的政治力量。在半殖民地半封建的中国由于官僚资产阶级和工人阶级两大阶级的尖锐对立,在政治上也形成了两大对立的政党,以蒋介石为首的国民党和共产党作为两大政治力量对峙在政治舞台上。在整个民主革命时期,以中国共产党为代表的工农革命阶级同以国民党为代表的大地主大资产阶级始终存在着尖锐的矛盾和进行着激烈的斗争。这种政治格局,使处于中间状态的民族资产阶级、小资产阶级和同这些阶级相联系的知识分子及其他爱国民主人士的代表所组成的民主党派,已没有独立发展成为强大的政党的余地,只能处在两大政治力量之间成为第三种势力。由于在民主革命过程中,把持着政权的国民党实行一党专政,不仅反共,而且对民主党派的反帝反封建争取民主的斗争实行压迫和打击,排挤中间势力。而中国工人阶级作为先进的生产力代表,作为中国革命的领导阶级,在中国人民中占少数,而它面对的敌人是强大的,这就必须与各民主党派和民主阶级建立最广泛的革命统一战线,否则就无法取胜。同时,共产党领导的新民主主义革命的纲领和各民主党派民主的要求有一致性。因此,从各民主党派成立之日起,共产党同民主党派就建立了不同程度的合作关系,并随着革命事业的发展而不断巩固和发展。

抗日战争爆发后,各民主党派参加抗日民族统一战线,投入全民抗战和争取民主的斗争。1944年9月,当中国共产党提出组织各抗日党派联合政府的主张时,民主党派立即表示赞同。抗战胜利后,全国人民渴望和平,各民主党派同中国共产党合作,为争取和平、反对内战,争取民主、反对独裁而斗争。在1946年1月的政治协商会议(旧政协)上,同国民党展开激烈的斗争,促成会议通过了有利于和平、民主的五项议案。在坚持政协决议、反对国民党召开"一党国大"的斗争中,各民主党派与共产党立场一致,抵制伪国大,否认伪宪法。总之,民主党派在若干历史关节中,实行了与中共在部分民主纲领上的政治合作,推进了革命事业的发展。

1947年11月,面对国民党政府非法解散民主同盟的严酷现实,各民主党派总结经验教训得出要反帝爱国,要争取民主,只有跟着共产党走新民主主义革命道路的结论。1948年初,中国国民党革命委员会成立,中国民主同盟一届三中全会的召开,都相继发表了"为彻底推翻国民党反动集团统治而斗争","与共产党实行密切合作"以及"积极支持人民武装反抗反人民的反动武装"的行动纲领,其他民主党派亦表示了明确的方针。这是民主党派在政治路线上的新转变。1948年5月6日,在香港的民主党派领导人和爱国民主人士,联名通电响应中共中央五一节口号中提出的迅速召开没有反动分子参加的新的政治协商会议,成立民主联合政府的口号;1949年1月

22日,到达解放区的民主人士李济深等55人发表了《对时局的意见》,庄严宣布接受中国共产党的领导,表示"愿意在中共领导下,献其绵薄,共策进行,以期中国人民民主革命之迅速成功,独立、自由、和平、幸福的新中国之早日实现"。接着,各民主党派参加了新政协的筹备工作,并出席了1949年9月21日在北平举行的中国人民政治协商会议,参与制定《中国人民政治协商会议共同纲领》,选举产生了中央人民政府,庄严宣告中华人民共和国光荣诞生。

在民主革命时期,民主党派同共产党合作,直至接受中国共产党的领导和新民主主义纲领,虽然基础上属于党际关系的范畴,但它为社会主义时期形成共产党领导的多党合作制度在政治上、思想上和组织上奠定了坚实的基础。

2.中华人民共和国成立标志着我国多党合作制的形成

各民主党派成员和无党派民主人士参加人民政权,担任国家和政府的领导职务是中国共产党领导的多党合作制的一项重要内容。新中国成立时,第一届人民政治协商会议中各民主党派成员占政协代表的30%,5名政协副主席中,民主党派成员和爱国民主人士占4名。中央人民政府副主席6名,其中民主党派成员和爱国民主人士3名,中央人民政府委员会委员63名,民主党派成员和爱国民主人士31名。政务院副总理4四名,非中共人士2名,政务委员21名,民主党派和无党派民主人士11名。

中国共产党同民主党派进行政治协商,是中国共产党领导的多党合作制的又一项重要内容。新中国成立初期,中共中央主要领导人邀请各民主党派主要领导人和无党派的代表人士参加的"民主协商会"和"双周座谈会"就中共中央将要提出的大政方针、国家大事和党派关系等问题,进行协商和沟通思想。中华人民共和国成立后,各民主党派分别召开了代表大会、代表会议或中央会议,决定以《中国人民政治协商会议共同纲领》为自己的政治纲领。决心为其彻底实现而奋斗。这就进一步明确了中国共产党和各民主党派合作的政治基础和共同的奋斗目标。

3.社会主义改造基本完成以后,我国多党合作制度进一步确立

我国社会主义改造基本完成以后,随着阶级关系发生重大变化,各民主党派变成一部分劳动者的政党。它们与共产党的立场比以前更加接近,多党合作的关系进一步加强。这时,各民主党派在各自的决议和章程中,明确提出了在共产党领导下,为"社会主义服务的政治路线"和"一切为了社会主义"的总方针、总任务,积极参加社会主义建设。中共中央和毛泽东根据国内政治形势和阶级关系的重大变化,在总结我党同民主党派长期合作的成功经验的基础上,吸取国际共产主义运动的经验教训,肯定多党合作比只有一个党好,提出了中国共产党同民主党实行"长期共存,互相监督"的方针,建立了多党合作的理论依据和相互关系的基本准则。这样,中国共产党同各民主党派在共同致力于社会主义事业的政治基础上的多党合作制度进一步确立。

从中华人民共和国成立到社会主义改造基本完成的这段时期里,虽还未能提出共产党领导的多党合作制度的概念,但在实践中确是照此政党制度执行的,而且是实行得比较好的一个时期。

4.中共十一届三中全会以后,我国多党合作制度发展到一个新的阶段

1979年10月19日,邓小平在出席招待各民主党派代表大会代表时指出:"在共产党领导下,实行多党派的合作,这是我国具体历史条件和现实条件所决定的,也是我国政治制度中的一

个特点和优点。"邓小平的讲话,第一次把多党合作同我国的政治制度联系起来,正式肯定它是我国政治制度的一个重要组成部分。1982 年,党的十二大进一步提出共产党同民主党派"长期共存,互相监督,肝胆相照,荣辱与共"的方针。1987 年 10 月,在党的十三大上把共产党领导的多党合作和政治协商制度列为我国政治制度的优点和优势。这表明,我国的共产党领导的多党合作制度发展到一个新的阶段,特别是 1990 年初,中共公布的《中共中央关于坚持和完善中国共产党领导的多党合作和政治协商制度的意见》,使这一制度得到进一步完善和发展,使民主协商走向制度化、规范化,共产党与民主党派的合作更加密切,民主党派参政议政的渠道进一步拓宽,这就为共产党领导的多党合作制度展现了广阔的前景。

上述事实表明,我国的多党合作制度,是中国共产党把马列主义理论与中国革命和建设的实际相结合的产物,是对马列主义政党理论的发展。这个制度,在它形成、确立和发展过程中,走过了曲折的道路,经受了历史的考验,随着我国社会主义制度的不断发展,已经成为建设有中国特色的社会主义理论和政治制度的重要组成部分。

(三)多党合作的政治基础

多党合作的政治基础随时代和历史任务的变化而变化。在新民主主义革命时期,多党合作的政治基础是反帝反封建、建立一个独立的和民主的新中国。新中国成立初期,多党合作的政治基础是中国人民政治协商会议的《共同纲领》。社会主义制度建立以后,共产党和各民主党派合作的政治基础是:坚持社会主义道路,坚持人民民主专政,坚持中国共产党的领导,坚持马列主义毛泽东思想。

中国共产党的领导是多党合作的最高原则,在 1989 年 12 月 30 日中共中央发表的《关于坚持和完善中国共产党领导的多党合作和政治协商制度的意见》中规定:我国实行的共产党领导、多党合作的政党体制是我国政治制度的特点和优点,是符合中国国情的社会主义政党制度。我国多党合作政治制度的两个基本要点,一是共产党的执政地位,中国共产党作为社会主义事业的领导核心,是执政党;二是各民主党派是接受中国共产党领导的,同中国共产党通力合作,共同致力于社会主义事业的亲密友党,是参政党。中国共产党领导的多党合作制,同资本主义国家政党制度在本质上是不同的,在形式上也不相同。

坚持"四项基本原则"是实行多党合作和政治协商制度的政治基础。正如邓小平指出:"我们国家也是多党,但是,中国的其他党,是在承认共产党领导这个前提下面,服务于社会主义事业的。""中国由共产党领导,中国的社会主义现代化建设事业由共产党领导,这个原则不能动摇的;动摇了中国就要倒退到分裂和混乱,就不可能实现现代化"。共产党的领导地位和核心作用,决不是自封的,而是由历史和现实条件所决定的。

共产党对各民主党派的领导是政治领导,而不存在上下级组织领导关系。共产党主要依靠自己的路线、政策的正确性来引导各民主党派,决不能包办代替,干预各民主党派内部事务。因此,共产党要善于把党的政策和正确的领导方法、思想方法、工作方法结合起来,不断提高领导艺术,才能有效地实现领导的目标。

(四)多党合作的基本方针

"长期共存、互相监督、肝胆相照、荣辱与共"的"十六字方针"是中国共产党领导的多党合作政治制度的基本方针。

这一方针最初由"长期共存、互相监督"的方针发展而来。毛泽东在《论十大关系》中，就社会主义改造基本完成以后，各民主党派原来联系的民族资产阶级、城市小资产阶级已都改造成为社会主义劳动者，人们对民主党派在社会主义时期能否继续存在提出种种疑问的事实，提出了中国共产党与各民主党派"长期共存，互相监督"的方针。在中共八大上，党中央把此作为党对民主党派工作的方针规定下来。党的十一届三中全会后，根据我国阶级状况发生的变化，各民主党派已经成为各自所联系的一部分社会主义劳动者和一部分拥护社会主义爱国者的政治联盟，党中央于 1982 年将此方针发展成为"长期共存，互相监督，肝胆相照，荣辱与共"。

"长期共存"，指中国共产党和各民主党派、无党派人士在长期合作中，在为中国的社会主义事业奋斗的斗争中共存。目标和任务是长期的，奋斗和合作也是长期的。我国现已消灭了剥削制度和剥削阶级，但阶级差别仍将长期存在，各民主党派作为联系一部分阶层和社会集团利益的代表，也将长期存在。由民主党派来反映它们所联系的那一部分社会成员的正当合法的利益，可使我们政权的基础尽可能地延伸和扩大。允许和保证民主党派长期存在，还能发挥民主党派所代表的社会阶层在社会主义现代化建设和祖国和平统一大业中应有的作用。可见，民主党派与共产党的长期合作共事，是符合我国国情，有利于中国的社会主义建设、和平统一事业的，是我国必然长期坚持的制度。

"互相监督"是指共产党和民主党派要在长期的合作共事中相互监督。当然，这个原则着重强调的是作为参政党的民主党派对作为执政党的共产党的监督。中国共产党是中国社会主义事业的领导核心，处于执政党的地位，领导着 12 亿人口的大国，需要来自不同方面社会力量的监督，倾听各种不同的意见和批评。其中，各民主党派由于历史上长期与共产党亲密合作的经历以及自身成员的代表性，民主党派严密的纪律等，决定了民主党派在反映人民群众意见、发挥监督作用方面，能够成为重要渠道。中国共产党服务于人民的宗旨也决定了其必然在坚持四项基本原则的基础上，发扬民主，广开言路，鼓励和支持民主党派与无党派人士对党和国家的方针政策及各项工作提出意见、批评、建议，做到知无不言，言无不尽，从而使共产党的领导和决策更能符合实际、更能符合民意。

"肝胆相照，荣辱与共"，生动地表述了中国共产党和各民主党派之间彼此信任、真诚合作的关系。肝胆相照要求在多党合作共事中彼此坦诚相见，一方面，民主党派作为共产党的诤友，要如实客观地反映情况和意见；另一方面，共产党要对民主党派充分信任，认真对待民主党派的批评和建议，支持民主党派参政议政，发挥民主监督作用。荣辱与共表明了执政党和参政党对国家民族的共同责任。"肝胆相照、荣辱与共"表明了共产党与各民主党派的关系是超越了争权夺利、尔虞我诈的在资本主义国家常见的党派关系，使人类政党合作的方式进入了一个崭新的层次，体现了社会进步和中国传统智慧中和谐关系的新境界。

（五）多党合作的内容与方式

在中国共产党领导的多党合作制度中，共产党作为执政党与作为参政党的各民主党派就国家的政治、经济、文化、社会事务进行充分协商和全面合作，共同促进我国的经济发展、政治进步、社会稳定和精神文明的建设。多党合作的内容是十分广泛的。

在现阶段，共产党和各民主党派共同致力于社会主义建设事业，肩负着光荣而艰巨的任务。在共产党领导下，各民主党派与共产党一道，积极推进我国的改革开放，发展社会主义市场经济，积极推动国民经济持续、快速、健康发展；积极参加社会主义精神文明建设，宣传和贯彻"科教兴国"和可持续发展战略,推动科学技术和文化教育事业的发展,提升全民族的科学文化素质;推动决策的科学化、民主化,发展社会主义民主政治,健全社会主义法制,实行依法治国,建立社会主义法治国家;在"一国两制"的方针指引下,致力于祖国和平统一大业;促进与各国的友好往来与国际交流,维护世界和平;协调社会关系,化解矛盾,维护社会稳定,巩固和发展安定团结的政治局面。总之,多党合作的使命是十分重大和艰巨的。

多党合作的方式也是十分多样化的。我国多党合作制度以承认和接受中国共产党的领导为前提,各民主党派不以谋求政权、上台执政为其政党活动准则,不以控制政府作为自己的政治目标,也不以竞选国家和政府首脑作为自己的政治活动任务。民主党派政治活动的主要目的是为社会主义事业服务,主要方式是参政议政、实行民主监督。我国各民主党派参政的基本方式有"四参一监"。

1. 直接参加国家政权

即在共产党领导的多党合作政治制度中,作为参政党的民主党派参加国家政权,即直接参加政府,在国家政权中占有席位,担任国家公职人员。自新中国成立以来,这方面有过成功的实践。新中国成立初期,各民主党派的许多领导人分别担任了从中央到地方的各级国家机关的领导职务。如1949年到1954年的中央人民政府委员会的56名委员中,非中共人士占了大约一半;政务院4名副总理中,非中共人士占2名。这里的非中共人士,大部分是民主党派的成员。中共十一届三中全会以来,民主党派参政作用又有所显示。在各级人大、人大常委会和人大专门委员会中,在政协常委和政协领导人员中,民主党派人士均占有一定比例。民主党派成员被推选到国务院有关部委和县级以上地方人民政府及有关部门以及各级司法机关担任领导职务。据统计,截止到1997年9月,全国担任县级以上人民政府领导职务的非中共人士共计6660人。在这些非中共人士中,民主党派成员占大多数。

2. 参与国家大政方针和国家领导人人选的协商

参与国家大政方针和国家领导人人选的协商,是民主党派参政的又一重要形式。在诸如社会主义经济建设、精神文明建设、法制建设、政府工作报告、财政预算、经济与社会发展规划及国家政治方面的重大事项、中共中央提出的国家领导人人选、外交方面的重要方针政策等一系列重大问题,事先都经过人民政治协商会议和以中共中央直接召开的座谈会等方式同各民主党派和各界人士进行协商,以广泛听取意见,以做出科学正确的决策。协商的具体方式及相关制度处在不断发展完善中,目前比较固定成型的方式主要有民主协商会、高层谈心会、双月座谈会等。民主协商会是中共中央主要领导人邀请各民主党派主要领导人和无党派人士举行民主协商会,就中共中央将要提出的大政方针问题同他们进行协商。这种会议每年举行一次。高层谈心会是中共中央主要领导人根据形势需要,不定期地邀请民主党派主要领导人和无党派人士举行高层次、小范围的谈心活动,就共同关心的问题自由交谈,沟通思想,征求意见。双月座谈会则是由中央召开民主党派、无党派人士座谈会,通报或交流重要情况,传达重要文件,听取民主党派及无党派人士提出政策性建议或讨论某些专题,这种会谈大约每两月举行一次。除了这三种比较固定的形式外,各民主党派和无党派人士也可就国家大政方针和现代化建设中的重大问题随时向中共提出书面的政策性建议,还可约请中共中央负责人交谈,以就重大事项提出建议或交流思想。

3.参与国家事务的管理

参与国家事务的管理,是民主党派参政的又一重要方式。这包括各民主党派负责人参加重大国事活动以及中共中央和国家领导人与外宾的重要会见等。

此外,各民主党派还要参与国家方针、政策、法律、法规的制定执行,如共同提出议案,参加法律草案的讨论通过等。

4.对共产党和国家机关进行监督

共产党的执政党地位决定了其活动的影响是极其关键和巨大的,一方面,国家民族的前途、社会主义事业的成败都与共产党领导息息相关,因而共产党任何决策的失误都可能会是全局的、根本性的,尽力避免决策的盲目性显然是非常必要的;另一方面,执政党的地位使党内一些同志很容易沾染上主观主义、官僚主义和宗派主义习气。所以民主党派的监督不仅必要,而且重要。民主党派监督的主要渠道有:各民主党派成员在中共中央、国务院及中共各级党委和政府召开的民主座谈会上提出意见和批评;人大组织和政协组织中的民主党派成员参加有关问题的调查;民主党派成员参加政府监察、审计、工商等部门的重大案件调查和财政税收检查;民主党派成员被聘为特约监察员、特约检察员、特约审计员和教育督导员等。自1999年底颁发《中共中央关于坚持和完善中国共产党领导的多党合作和政治协商制度的意见》以来,民主党派的民主监督作用得到进一步发挥。民主党派人才聚集,具有一定的代表性和影响力,提出的意见和批评通常切中时弊,所以它的监督往往具有很大的社会效应,对于保证执政党和国家重大决策的正确性和推动其贯彻执行起到了很好的作用。

中国共产党领导的多党合作政治制度,经过长期的历史考验和经验积累,正在逐步规范化和完善中。我们需要进一步努力,使这一机制进一步发展,使之既有利于加强共产党的领导,又有利于发挥各民主党派参政议政和监督作用。

二、多党合作中的中国共产党的领导

(一)中国共产党在政党制度中领导地位的确立

中国共产党的领导地位是由我国革命和建设的条件和状况决定的。宪法修正案第4条对中国共产党在政党制度中的领导地位的规定,则是对在历史和现实中形成的党的领导的确认。历史地看,中国共产党的领导地位,是由中国革命的历史奠定的。中国共产党是由马克思列宁主义和毛泽东思想武装起来的无产阶级政党,是中国最革命的阶级——工人阶级的先锋队组织,它一登上中国革命的政治舞台,便改变了中国革命的性质和进程。在民主革命时期,由于中国共产党参加国民革命,北伐战争取得了巨大胜利,只是由于蒋介石集团叛变,轰轰烈烈的大革命功败垂成。中国共产党领导了土地革命,建立了工农民主政权,点燃了革命的星星之火;领导了抗日民族解放战争,打败日本帝国主义,取得了抗日战争的胜利;领导了反对国民党反动派的斗争,推翻三座大山,建立了新中国。在社会主义革命和建设时期,在中国共产党的领导下,我国顺利地实现了巩固国家政权和进行社会主义改革的任务,开展了社会主义建设,战胜各种挫折和失误,取得了一个个伟大胜利。从民主党派方面看,在这个历史过程中,各民主党派无法形成独立的强大的政治力量,不能担负起革命和建设赋予的历史任务,只能在中国共产党领导的统一战线中发挥作用。历史证明,中国共产党的领导地位是在长期革命过程中逐步形成的,是由中国革命历史条件决定的。从现实的国情看,我国是人民民主专政的社会主义国家,人民民主专政的实质是无产阶级专政,中国共产党是我国的领导核心,多党合作是我国政治制度的重要组成部分,必须坚持党的领导。同时,我国又是一个发展中国家,面临着建设有中国特色社会主义的艰巨任务,需要有强大的中国共产党的领导,各民主党派也只有在中国共产党的领导下,才能在社会主义事业中继续发挥重要作用。

(二)多党合作中中国共产党的领导的含义

中国共产党的领导是我国政党制度的重要内容和基本方面,也是我国政党制度最基本的特征。中国共产党的领导有两个方面的含义:其一是指中国共产党作为执政党,对国家进行领导,民主党派承认并接受中国共产党在国家政权中的领导与执政地位,参与政权,共同执行和遵守在中国共产党领导下经法定程序制定的国家法律和政策。其二是指中国共产党在政党关系中对民主党派的政治领导。

两种意义的中国共产党的领导都包含对各民主党派的领导。不同的是前一种意义的中国共产党领导,是通过共产党和民主党派在国家政权中的不同地位,即共产党是执政党,民主党派是参政党来实现和体现的,中国共产党对民主党派的领导经过了国家政权这个中间环节。后一种意义中国共产党的领导,是在中国共产党和各民主党派的相互关系中直接实现的。在我国政党制度中,即中国共产党领导的多党合作中的中国共产党的领导,主要指的是这种意义上的中国共产党的领导。

(三)多党合作中中国共产党的领导的内容

《中共中央关于坚持和完善中国共产党领导的多党合作和政治协商制度的意见》中作了明确规定。该《意见》指出:"中共对各民主党派的领导是政治领导,即政治原则、政治方向和重大方针政策的领导。"

1.政治原则的领导

"政治原则"是指我国现行宪法所确认的,作为宪法指导思想之一的四项基本原则,即坚持社会主义道路,坚持人民民主专政,坚持中国共产党的领导,坚持马列主义、毛泽东思想。政治原则的领导,就是中国共产党要把各民主党派及全国各族人民的思想、认识统一到四项基本原则上来,共同为建设有中国特色的社会主义而奋斗。

2.政治方向的领导

"政治方向"是指各民主党派及多党合作制度必须始终不渝地坚持社会主义方向。所谓政治方向的领导就是中国共产党领导和组织各民主党派在多党合作中坚持社会主义方向,通过社会主义制度的自我完善和发展,建设有中国特色社会主义的政治、经济、文化,以适应和促进生产力和社会主义社会的全面发展。

3.重大方针政策的领导

"重大方针政策"是指关系到我国政治、经济和文化发展,对我国社会主义市场经济建设、民主政治建设和文化建设有重大指导作用的有关党和国家的方针政策。重大方针政策的领导,就是在多党合作中,在中国共产党的主持下,领导各民主党派根据马克思主义的基本原则,从我国的实际情况出发,制定出科学的、合理的、切实可行的重大方针政策,克服民主政治建设、市场经济发展、精神文明建设以及社会主义法制建设中的盲目性和自发性,以便积极稳妥地推行社会主义建设事业。

中国共产党对民主党派和多党合作的领导的三项内容,是紧密联系不可分割的一个整体,全面反映和表述了中国共产党对民主党领导的各个方面。政治原则的领导是基础,没有四项基本原则,就没有多党合作的政治基础。政治方向的领导是对民主党派参政议政活动和多党合作方向的把握,是目标。没有社会主义、共产主义政治方向,多党合作就会迷失方向和目标。重大方针政策的领导是党对民主党派和多党合作领导的保证,正确的政治领导要通过科学合理的方针政策去贯彻和实施。因此,重大方针政策的领导直接关系到中国共产党的整个领导的成败。

三、我国的民主党派及政治协商会议

(一)我国的民主党派

"民主党派"的概念最早是在 1945 年中国共产党第七次全国代表大会的政治报告《论联合政府》中提出的,毛泽东在《论联合政府》中多次使用"民主党派"的概念。在当时,民主党派是以民族资产阶级为主体、带有统一战线和阶级联盟性质的政党。在新民主主义革命时期,各民主党派的社会基础主要是民族资产阶级、城市小资产阶级和他们的知识分子。各民主党派的政治纲领大都带有新民主主义的性质,例如,中国国民党革命委员会在 1948 年的政治纲领中提出了"推翻蒋介石卖国独裁统治,实现中国独立、民主、和平"的政治主张,并且民主党派的政治活动从基本方面来看,是同中国共产党进行合作的。因此,在新民主主义革命时期,中国各民主党派是以民族资产阶级、城市小资产阶级和他们的知识分子为主要社会基础,主张国家独立、民主、和平、统一,并愿意同共产党合作的政治力量。他们不是单纯的资产阶级政党,是具有统一战线和阶级联盟性质的政党。民主党派在新民主主义革命时期发挥了重要的政治作用。

新中国成立后,特别是在生产资料所有制的社会主义改造完成后,中国各民主党派在各方面都发生了较大变化。(1)民主党派的社会基础发生了深刻的变化。随着生产资料所有制改造的完成,资产阶级作为一个阶级被逐步消灭,民族资产阶级中的绝大多数被改造成自食其力的劳动者,知识分子从总体上看已成为工人阶级的一部分。民主党派的社会基础(阶级基础)发生了质的变化,不再具有资产阶级政党的性质。(2)各民主党派都自觉接受中国共产党的领导,以共同纲领和宪法为政治纲领。《中国人民政治协商会议共同纲领》通过后,各民主党派以共同纲领为政治纲领,不再有自己独立的纲领。1954 年宪法制定以后,各民主党派在自己的章程中明确规定接受中国共产党的领导,以宪法为纲领。(3)各民主党派的组织有了较大的发展。民主党派的组织制度是民主集中制原则,各民主党派都有自己的中央组织、地方组织和基层组织。民主党派遵循"巩固与发展"相结合的组织发展原则,有侧重点地发展了组织。在现阶段,我国的民主党派都已经成为各自所联系的一部分社会主义劳动者和一部分社会主义爱国者的政治联盟,都是中国共产党领导的为社会主义建设事业服务的政治力量。

我国现有八个民主党派,分别为:中国国民党革命委员会、中国民主同盟、中国民主建国会、中国民主促进会、中国农工民主党、中国致公党、九三学社、台湾民主自治同盟。

中国国民党革命委员会,简称民革。它是由原国民党的民主派和其他爱国人士继承和发扬三民主义,在反帝国主义和反国内反动势力的斗争中逐步发展而成。1927 年第一次国民党与共产党的合作破裂后,原来国民党中以宋庆龄、何香凝等为代表的民主派坚持联俄、联共、扶助农工的政策,反对国民党的独裁政策。在抗日战争时期,国民党的民主派人士组织了"三民主义同志联合会"、"中国国民党民主促进会"等组织,积极展开抗日救亡运动。反对国民党政府的政策,开展争取和平民主运动。1947 年 11 月三民主义同志联合会、中国国民党民主促进会以及一部分国民党民主派的代表,在香港召开国民党民主派第一次代表大会,并于 1948 年正式成立中国国民党革命委员会。民革与国民党正式决裂,主张推翻国民党的独裁政治,实行三民主义,建立独立、民主、和平的新中国。1948 年中共中央号召召开政治协商会议并成立联合民主政府,中国国民党革命委员会积极响应和参与,为新中国的成立作出了贡献。

中国民主同盟,简称民盟。它的前身是中国民主政团同盟。中国民主政团同盟是以统一建国同志会为基础建立的一个政治组织联盟。它由青年党、国社党(后改称民社党)、中华民族解放行动委员会(亦称第三党,后改称农工民主党)、救国会、职教社和乡建派等六个政治组织组成。1944 年 9 月,民主政团同盟改组为中国民主同盟,改变了过去以党派为基础、代表以党派的身份参加民盟的组织原则,成为以个人身份参加的政治组织。1947 年国民党宣布民盟为"非法"。在民盟被迫宣布解散之后,1948 年由沈钧儒、章伯钧等人在香港恢复成立,此时的中国民主同盟不再坚持所谓的中间道路,而是主张推翻国民党政府,实现与共产党的通力合作。接受中国共产党的领导,实现国家的统一。民盟的成员主要是从事文化教育和科技工作的中高级知识分子。

中国民主建国会,简称民建。1945 年 12 月成立,它是当时知识界和实业界的中上层人士,基于爱国主义和维护民族资本立场,反对蒋介石独裁统治,要求参与国事而组织起来的政治派别。1947 年 10 月,国民党在宣布民盟为"非法团体"后,加紧对民建主要成员的监视,民建被迫转入地下。1948 年,民建响应中国共产党的五一号召,参加了人民政协。新中国成立后,民建积极推动其成员及其他民族工商业者为恢复国民经济作贡献。民建成员及组织发展对象为原工商业者以及其他从事工商业的人士。1952 年,民建成员参加"五反"运动,接受教育,后来在全行业公私合营的过程中又进一步接受社会主义改造,逐渐成为社会主义劳动者的一部分。

中国民主促进会,简称民进,1945 年 12 月成立。民进的创始人是一批主张抗日的爱国民主分子,抗战期间留居上海坚持斗争。抗战胜利后,他们对国民党的政策不满,创办了几个激进的政治性刊物,抨击当局的政策,宣传民主与和平。民进成立时的基本成员是文化、教育、出版界人士和一部分上海工商界爱国人士。民进成立后,积极开展爱国民主活动,在重庆旧政协期间,民进发表了《给政治协商会议建议书》,主张成立民主政府,保障人民的权利自由。1946 年 8 月至 10 月,民进的进步刊物被国民党封禁。1947 年 6 月,民进被迫转入地下,10 月,民盟被宣布为"非法"。1948 年民进响应中国共产党的五一号召,它的领导人陆续进入解放区。1949 年,民进参加人民政协。民进成员以中小学教师和文化出版界的人士为主。民进在社会主义革命和社会主义建设中,特别是在文化教育工作方面发挥了积极的作用。

中国农工民主党,简称农工党,1947 年 2 月由原来的中华民族解放行动委员会改名而来。

它的早期组织是1928年由谭平山、章伯钧等组织的中华革命党（第三党）。1930年，中华革命党改名为中国国民党临时行动委员会。1935年11月，中国国民党临时行动委员会改称中华民族解放行动委员会，决定大力发展组织，开展抗日救亡斗争。1947年解放行动委员会为了适应变化了的形势，决定改名为中国农工民主党，进一步确定了党纲和路线方针。1948年，农工党响应中共五一号召，宣布接受中国共产党的领导，1949年参加人民政协。农工民主党主要以医药卫生界人士为联系和发展重点，积极吸收医药卫生工作者参加组织。数十年来，它为社会主义建设做了不少工作。

中国致公党。中国致公党最初是1925年由美洲华侨社团在旧金山成立。1931年致公党在香港召开第二次代表大会，决定在港成立总部，开始积极参与政治生活。抗日战争时期，致公党号召党员积极拥护和参加抗日战争，抗日战争结束后中国致公党致力于争取民主和平，反对国民党政府的独裁政治和发动内战。1947年致公党在香港召开第三次代表大会，决定加入中国共产党领导的民主统一战线，并进行了组织上的改组，提出"为中国政治真正民主化而奋斗到底"，致公党的成员主要为归国华侨和侨眷中的中上层人士。

九三学社。九三学社是1944年在重庆由科学教育文化界的知名人士组织成立的，当时称为"民主科学座谈会"。1945年为纪念抗战胜利，改名为"九三座谈会"。1946年正式成立九三学社。在成立以后，就九三学社继承五四运动的精神。坚持民主与科学传统，积极参加共产党领导的反对内战的活动，支援学士运动，抗议独裁统治，力主实现国家的和平统一，九三学社的成员以科技界的中高级知识分子为主。

台湾民主自治同盟，简称台盟。它是1947年台湾民众行"二二八"武装起义失败后，由台湾省籍的各界爱国同胞于当年11月在香港成立的政治团体。它的成员是台湾省籍的爱国人士。

（二）中国人民政治协商会议

1.政治协商会议的性质

中国人民政治协商会议是中国人民爱国统一战线的组织。中国人民政治协商会议具有广泛的社会基础，它由中国共产党、各民主党派、无党派爱国人士、各人民团体、各少数民族、港澳同胞、台湾同胞、海外侨胞和社会各界代表所组成。中国人民政治协商会议按其性质来说，不属于国家机构体系，不是一个国家机关；但也不同于一般的人民团体，它是我国爱国统一战线和多党派合作的重要组织形式。

中国人民政治协商会议是我国社会主义政治制度的一大特色，是我国社会主义政治体制中的重要组成部分。它在我国政治生活和社会生活中有着非常重要的地位和作用。它作为全体社会主义劳动者和一切爱国者的大团结的政治组织，在现行宪法中被首次予以确认。现行宪法序言中指出："中国人民政治协商会议是有广泛代表性的统一战线组织，过去发挥了重要的历史作用，今后在国家政治生活、社会生活和对外友好活动中，在进行社会主义现代化建设、维护国家的统一和团结的斗争中，将进一步发挥它的重要作用。"

2.政治协商会议的组织

根据《中国人民政治协商会议章程》的规定：中国人民政治协商会议全国委员会由中国共产党、各民主党派、无党派民主人士、人民团体、各少数民族和各界的代表、台湾同胞、港澳同胞和归国侨胞的代表以及特别邀请的人士组成。地方委员会的组成,根据当地情况,参照全国委员会的组成决定。

凡赞成《中国人民政治协商会议章程》的党派和团体,经人民政治协商会议全国委员会或地方委员会的常务委员会协商同意,都可参加人民政治协商会议全国委员会或地方委员会,成为人民政治协商会议的一个组成单位;经人民政治协商会议全国委员会或地方委员会的常务委员会协商,亦可邀请各界有代表性的人士参加人民政治协商会议全国委员会或地方委员会。以第十一届全国人民政治协商会议全国委员会第一次会议的组成为例,本届委员共有 2237 人,由中国共产党、各民主党派、无党派人士、人民团体、各少数民族和各界的代表,香港特别行政区同胞、澳门特别行政区同胞、台湾同胞和归国侨胞的代表以及特别邀请的人士组成。全国政协设 34 个界别。中共委员 892 名,占 39.9%,非中共委员 1345 名,占 60.1%;56 个民族都有委员;妇女委员 395 名,占 17.7%;具有大专以上学历的委员 2066 名,占 92.4%;平均年龄 55.3 岁。

中国人民政治协商会议设全国委员会和地方委员会。中国人民政治协商会议全国委员会每届任期 5 年;省、自治区、直辖市、自治州、设区的市、县、自治县、不设区的市和市辖区的地方委员会每届任期也为 5 年。政协全国委员会和地方委员会设主席,副主席若干人和秘书长(其中县、自治县、不设区的市和市辖区的地方委员会根据情况,也可不设秘书长)。全国委员会和地方委员会设常务委员会主持会务。第十一届全国政治协商会议常务委员会由 298 人组成。其中主席 1 人,副主席 26 人,秘书长 1 人。

中国人民政治协商会议全国委员会同地方委员会的关系,地方委员会同下一级地方委员会的关系,不是上下级之间的领导与被领导关系,而是指导关系。但是,地方委员会对全国委员会的全国性的决议,下级地方委员会对上级地方委员会的全地区性的决议,都有遵守和履行的义务。中国人民政治协商会议全国委员会不断加强同地方委员会的联系,沟通情况,交流经验,研究地方委员会提出的带共同性的问题。

中国人民政治协商会议的一切活动以宪法为根本的准则,遵循"长期共存,互相监督,肝胆相照,荣辱与共"的方针,在议事和活动中坚持民主协商的原则。民主协商的议事原则,是人民政治协商会议区别于国家机关的重要特征之一。民主协商并不排斥少数服从多数的民主集中制原则,而是在经过畅所欲言,各抒己见,在充分协商的基础上实行少数服从多数,这有利于集思广益,发扬民主,不断增强团结。《中国人民政治协商会议章程》明确规定:全国委员会和地方委员会、全国委员会和地方委员会的常务委员会的议案,应经全体委员或全体常务委员过半数通过。各参加单位和个人对会议的决议,都有遵守和履行的义务。如有不同意见,在坚决执行决议的前提下可以声明保留。

参加人民政治协商会议的党派、团体的成员和特别邀请人士,即为人民政治协商会议全国委员会或地方委员会委员,简称政协委员。全国委员会和地方委员会的委员,在人民政协会议上有表决权、选举权和被选举权;有对人民政治协商会议的工作提出批评和建议的权利;通过人民政治协商会议的会议、组织和活动,参加讨论国家的大政方针和本地方的重大事务,有对国家机关和国家工作人员的工作提出建议和批评的权利。此外,参加全国委员会和地方委员会的单位和个人,有声明退出的自由。

参加人民政治协商会议的单位和个人,都有遵守和履行人民政治协商会议章程和执行人民政协会议决议的义务。

3.政治协商会议的任务和作用

中国人民政治协商会议作为爱国统一战线的重要组织，它的根本任务就是实现爱国统一战线，即实现社会主义现代化建设、完成祖国和平统一大业和维护世界和平。为了实现这一根本任务，根据《中国人民政治协商会议章程》的规定，它的具体任务和作用，主要有以下七个方面：

第一，通过各种形式参与有关国家事务和地方事务重要问题的讨论。

第二，密切联系各方面人士，向党和国家机关反映各界人民群众的意见和要求，宣传和贯彻执行宪法和法律，协助党和政府贯彻各项政策，维护和巩固安定团结的政治局面。

第三，组织政协委员进行视察、参观和调查活动，了解情况，广开言路，广开才路，充分发挥政协委员的专长和作用，就国家大政方针、各项事业和群众生活的重要问题进行研究，向国家机关和其他有关组织提出建议和批评。

第四，积极开展同台湾同胞和各界人士的联系，宣传"一国两制"的方针，促进祖国和平统一大业的实现；加强同港澳同胞、海外侨胞的联系和团结，鼓励他们为建设祖国和统一祖国作出贡献。

第五，坚持"长期共存，互相监督，肝胆相照，荣辱与共"的基本方针，调整和处理爱国统一战线各方面的关系和人民政治协商会议内部合作的重要事项。

第六，组织和推动政协委员在自愿的基础上，学习马克思列宁主义、毛泽东思想，学习时事政治，学习和交流业务和科学技术知识，发扬建设社会主义现代化事业的积极性，增长为祖国服务的才能。

第七，积极开展人民外交活动，增进我国人民同世界各国人民的相互了解和友好往来，为维护世界和平，创造有利于我国改革开放和现代化建设的国际条件。①

【案例分析】

安徽省委组织部任免行政官员案

2005年10月18日上午，安徽省委组织部副部长秦亚东宣读了省委关于干部任免通知，刘庆强任省环保局局长、党组书记，万静任省环保局巡视员，免去万静同志省环保局副局长职务。

【法律问题】

安徽省委组织部是否有权直接任免行政官员？如何理解党对国家机关的领导？

【分析】

中国实行的是人民代表大会制度，人民代表大会是国家的权力机关，由其选举产生人民政府。人民政府的组成人员除包括正副职负责人外，一般包括各级政府的组成部门的正职负责人。在中央层次，人民政府是国务院，一般是全国人民代表大会根据国家主席的提名决定国务院总理的人选，再根据总理的提名决定各部委正职负责人的人选。在地方，根据《地方组织法》的规定，是由地方人民代表大会选举产生政府正副职负责人，而对于政府部门正职负责人的产生则授权

---

① 齐小力，程华.宪法学.北京：中国人民公安大学出版社，2011，第292—293页

县级以上地方人民代表大会常务委员会决定。也就是说，地方政府组成部门正职负责人的任免权归于同级人民代表大会常务委员会。因此，只有地方人民代表大会常务委员会经过法定程序，才能任免地方政府组成部门的正职负责人。很显然，本案中的安徽省委组织部对安徽省环保局的人事任免决定违反了《地方组织法》的相关规定。在法律上说，是一种无效的行为。

我国宪法明确规定了我国应当坚持四项基本原则，其中一项就是中国共产党的领导，这也是我国政治制度的根本特征。在党的"十二大"上确立的党的领导方式有三种：思想领导、政治领导和组织领导，这是党在党与政的关系上正确、简洁的认识。

其实，早在党的"八大"召开的前一年，刘少奇就针对"以党代政"和"党政不分"的领导方式，提出批评，提出了"党政分工"思想，成为党对改进执政党领导方式探索的开始。由于历史的种种原因，刘少奇的思想仅是停留在理论的层面，并没有付诸实践，结果是以党代政现象泛滥，反而削弱了党的领导。20世纪80年代，在邓小平的倡导下，我们党对领导方式进行了初步改革。在"十二大"的基础上，1987年召开的中共"十三大"对党的领导方式作出明确规定：党对国家事务实行政治领导的主要方式是使党的主张经过法定程序变成国家意志，通过党组织的活动和党员的模范作用带动广大人民群众，实现党的路线、方针、政策。之后，又撤销了各级党委下设的与政府机构重叠的对口部门，充分发挥政府部门的职能，并加强各级政府的行政首长负责制，这些措施使党的领导方式得到进一步完善和改进。此后，党始终没有停止对党的领导方式进行改革与完善。党的"十五大"确立了依法治国的基本方略，就是广大人民群众在党的领导下，依照宪法和法律的规定，通过各种途径行使管理国家事务，管理经济文化事业，管理社会事务，保证国家各项工作都依法进行，逐步实现社会主义民主的制度化、法制化，使这种制度和法律不因领导人的改变而改变，不因领导人的看法和注意力的改变而改变，从而实现了党的领导方式的根本转变。

然而，在现实中仍然存在着违反这一根本准则的现象，本案中出现的党委任免行政官员的行为就是一种典型的表现。因此，尽管在观念和理念上实现了方式的转变，并不能保证在实践上同时实现这种转变。这说明，在具体的制度设计中，还存在着党凌驾于法律之上、违背法律精神的不完善之处，客观上要求党要继续深入地加强和完善党的领导。

作为执政党，要通过把自己的主张经过法定程序，变为国家意志，来实现对国家的政治领导。按照宪法和法律办事，本身就是在实践党的领导。如果党的活动同宪法和法律相抵触，超越了宪法和法律的范围，那也就必然违背了党的路线方针政策，损害和削弱了党的领导。党必须在宪法和法律的范围内活动。宪法和法律是在党的领导下制定的，党员和党的干部只有带头遵守，才能维护宪法和法律的权威，使之真正成为保障人民民主权利、保证社会主义政治文明建设顺利进行的锐利武器。任何党员和党的干部都不能把自己置于宪法和法律的要求和监督之外，不允许有超越宪法和法律的特权。

【案例分析】

陕西安康镇坪县H乡乡党委因盗伐林木被起诉案

1998年3月，陕西安康镇坪县H乡D村两个采伐点内四百二十多立方米国有林木被盗伐，这些被砍的林木几十年内都无法恢复。经调查发现，这起特大盗伐林木案是在H乡党委及当时的乡党委书记唐某的决策下实施的。为增加地方财政收入，保证地板条精加工厂及时开工，唐某主持召开乡党委会议，在未经林业主管部门批准，又无林木采伐许可证的情况下，决定将采伐点定在 D 村,采伐国有林木。2001 年 2 月,镇坪县人民检察院将 H 乡党委及当时的党委书记唐某依法起诉到镇坪县人民法院。在案件审理过程中,公诉方认为:党委作为机关的一种,应当成为单位犯罪的主体,H 乡党委的行为构成盗伐林木罪。辩护方辩称:不能任意扩大机关的外延,H 乡党委没有非法占有林木,其行为构不成单位盗伐林木罪。被告人唐某认为,自己没有为个人谋取一分钱的私利。镇坪县人大常委会主任坦言,基层组织中党政不分的现象的确存在。

【法律问题】

如何理解政党的宪法地位、法律地位? 执政党党组织是否可以作为被告被追究法律责任?

【分析】

政党成立的宪法依据一般诉诸公民的结社自由,因此,在有政党的国家,其宪法都会全面地规定政党的有关制度,除宪法外,政党法、组织法、选举法、民法、刑法等法律都有政党方面的规定,这些规定构成了一个国家政党制度的内容。

我国《宪法》在序言中明文规定:"在长期的革命和建设过程中,已经结成由中国共产党领导的,有各民主党派和各人民团体参加的,包括全体社会主义劳动者、社会主义事业的建设者、拥护社会主义的爱国者和拥护祖国统一的爱国者的广泛的爱国统一战线,这个统一战线将继续巩固和发展。中国人民政治协商会议是有广泛代表性的统一战线组织,过去发挥了重要的历史作用,今后在国家政治生活、社会生活和对外友好活动中,在进行社会主义现代化建设、维护国家的统一和团结的斗争中,将进一步发挥它的重要作用。中国共产党领导的多党合作和政治协商制度将长期存在和发展。"

《宪法》第 5 条规定:"一切国家机关和武装力量、各政党和各社会团体、各企业事业组织都必须遵守宪法和法律。一切违反宪法和法律的行为,必须予以追究。""任何组织或者个人都不得有超越宪法和法律的特权。"也就是说,宪法已明确规定中国共产党是中国的执政党,其他民主党派是参政党,其功能是参政议政,接受共产党的领导。在我国,坚持共产党的领导,是四项基本原则的要求之一。但同时宪法又规定,共产党尽管是执政党,也必须遵守宪法和法律,在宪法和法律规定的范围内活动。但党组织不是一个合格的诉的主体。该案例实质说明了党政职能最好分开,执政党可以将自己的意志、纲领、方针政策上升为法律,从而管理和统治社会。既然我国法律规定政府是国有资产的管理者,对国有资源的管理应该是政府的事,由政府来处理,党委只能是提出建议,而无权作出决策。因此,处理好执政党与宪法的关系,既有利于维护宪法的权威,又有利于执政党的完善和领导。

【案例分析】

政党财政补助案

1965 年 3 月 18 日,联邦德国国会通过了 1965 年度财政预算法案。该法案第 3 条规定,内政部长有权依据预算法案支付 380 万马克以供政党履行基本法第 21 条的任务。黑森州政府认为该预算法案第 1 条规定与基本法第 23 条、第 21 条第(1)项第 1 句、第 20 条第(1)项、第 21 条第(1)项第 2 句、第 3 句、第 3 条第(1)项等规定相抵触,遂根据基本法第 93 条第(1)项第 2 款提起抽象规范审查的程序,请求联邦宪法法院宣告该规定无效。

【法律问题】

政党不能从国库获得财政资助的原因何在？政党在现代民主国家的功用何在？

【分析】

联邦宪法法院认为黑森州政府的申请合法。1958年，黑森州政府曾认为国家对资助政党竞选的个人予以减税或给予税收优惠待遇违背宪法而向宪法法院提起诉讼。当时宪法法院裁决不仅对选举本身，而且对负责选举的政党予以资助都是合宪行为。宪法法院认为上一案件的标的是有关国家对政党予以"间接"资助，而此案是有关国家对政党予以"直接"资助。两案标的不同，因此宪法法院应受理这一案件。而且预算法案属联邦法律。根据基本法第93条第(1)项第2款和《宪法法院法》第76条的规定，州政府若认为联邦法律与基本法相抵触，可要求宪法法院裁决。所以该预算法案可作为《宪法法院法》所指规范审查程序审查的对象。

联邦宪法法院认为本案的申请有理由。联邦宪法法院在1958年6月24日的判决中指出：政党是为选举准备的组织；所以政党的资金应优先用于选举的准备。选举是社会的公共事务，从宪法的角度来说，也是政党的主要任务。所以，不仅对选举本身，而且对负责选举事项的政党，也应由国家予以资助。但宪法法院的这种观点被联邦和州的立法机关理解为：对于政党所有的政治活动，宪法许可由国家通过预算拨款予以补助。宪法法院认为这种理解有误，它与联邦基本法第21条及第20条第(2)项的规定不符。唯有当政党参与国会选举而影响人民政治意见的形成时，才能从国家预算案中给竞选所必要的费用，而不是对政党的所有活动都可以给予补助。

德国基本法的制定者要求其在一个自由与开放的程序中形成人民的意见与意思，并在此基础上建立民主与自由的基本秩序。而政党对人民意见和意思的形成起辅助作用。联邦宪法法院认为，由国家对政党的所有活动都给予资助显然与这项基本决定的宗旨不相符合。

我们再来分析一下政党的功能与国家财政补助。

(1)政党在人民意思与国家意思之间的位置。基本法第5条所保障的言论、出版、广播、电视、电影等公民的自由权利，对于一个自由民主的国家秩序的形成具有重要意义，它是公共意见自由形成的前提条件。由此衍生出公民自由从事政治活动的基本权利，如言论自由、结社自由、集会自由及请愿权，这都是为了保证人民意见及意思的自由形成，而同时为基本法所保护。这种在公共意见中所表现出来的目的观、政治观和立场可称为"人民政治意思形成的前阶段"。在一个民主国家中，人民意见的形成必须自由、开放而不受限制地进行。原则上，它是通过参与国会选举活动来实现的。但人民意见的形成与国家通过其机关所为的"国家意见"的形成应加以区别。基本法第21条第(1)项是关于人民意思的形成的，而基本法第20条第(2)项是关于国家意思的形成的，只有当人民通过选举而以宪法机关行使国家权力时，人民意思才和国家意思合二为一。

但是，人民并不仅仅靠选举来表达其政治意见，还可以通过各种不同种类的团体、协会来影响政府的措施和立法机关的决定。在这其中，政党所起的作用非常大。通过政党，人民可以影响国家机关的决定。

所以，在很多时候，人民意思和国家意思相互结合。在一个民主的国家体制下，这种意思的形成过程必须由人民通过国家机关来进行，而不能反其道而行之。国家机关是通过人民政治意见的形成程序（选举）来产生的。原则上，国家机关不得介入人民意思的形成程序中，也就是此程序原则上必须是"非国"性的。因此，只有当具宪法上的合法性理由时，才能允许国家机关介入这一程序而与自由形成人民意思的民主原则不相违背。如通过对选举权作合宪的变更来影响选举进而影响人民意思的形成；或者政府和立法机关公开解释其政策、措施、计划及将要解决的问题。这些虽然会影响人民意思的形成，但为宪法所允许。

（2）政党与宪法机关的关系。首先，政党在介入人民政治意见的形成时，它是在行使宪法机关的功能，甚至可以称政党为国家机关或宪法机关。虽然基本法第21条肯定了政党是形成人民意思在宪法上的必要工具，但政党毕竟不是国家机关，它只不过是自由组成，并且植根于社会政治领域的团体，用以参与人民意思的形成并在一个制度化国家中发挥作用。所以国家无义务去满足政党的资金需求。

其次，政党主要凭借参与选举来对人民政治意见的形成发挥作用。在现代社会的民主政治中，如果没有政党，选举可能根本就无法进行。政党可以称之为个人与国家的"中间体"，是人民的"传声筒"，实现人民意思的工具。当其处于执政党地位时，可以使人民与政治领导间产生联系。若是少数党处于在野地位，则可以扮演反对党的角色而发挥影响力。总之，通过政党可以汇集政治意见、利益和政治势力，并加以协调、平衡。在现代民主体制下，政党对于国家最高官员的任命具有决定性的影响。所以基本法要求人民意思形成不受国家机关的影响，其目的就在于避免政党与国家在组织上相结合而形成事实上的"政党国家化"。

所以，政党从国家财政预算中获得资金补助，与基本法的意志不相符合。即使政党就其所有活动每年或每月接受国家的部分资助，虽然不至于使政党纳入国家机关体系的组织中，也可以使两者相接触，无异于将政党交给国家照料，国家也就可以通过政党影响人民意见形成的程序，但这种影响又无宪法上的合法化之理由。所以1965年预算案关于规定对政党予以资助是违宪的，至于这一裁决是否侵害到基本法第21条所保障的政党自由或侵害到政党平等的原则则在所不问。

有人说，国会议员可以从国家财政预算中领取车马费，众议院党团也可以从国家获得补助。国会议员同时也是政党成员，党团是同一政党的议员组成的，故国家也应对政党所有政治活动予以资助。此说不符合基本法的规定。国会议员担任公职，给予他们车马费的目的，在于确保其在国会中的决定自由，并使其能够自由行使自其代议地位所产生的权利与义务。所以支取车马费的权利属于实质的国会议员权，可以从"自由代议"民主的原则加以说明，这与国家资助政党不可相提并论。国家资助政党与"自由代议"的民主原则无关。同样地，对于众议院党团的补助，是为了其有能力支付其工作所需的办公处所及工作人员的费用。党团是联邦众议院的组成部分，为联邦众议院的议事规则所承认并赋予其特殊权利，也是联邦众议院进行议事活动的必要设置，目的在于保证国会议事程序的实现。虽然党团与政党有密切关系，而且政党可通过党团及其所属的议员来影响国家的决定，包括最高国家机关领导人的任命和国会、政府的决定，但毕竟党团是联邦众议院的组成部分，而不是政党的一部分，更不是和政党一回事。

对政党不予国家财政补助，会不会使政党无法履行基本法第21条规定的任务呢？这实际上是怀疑人民成立组织并加以维持的能力，而且否定民主国家秩序的先决基础。也没有事实证明政党若没有国家补助就无法履行其任务。退一步说，即使政党因缺乏国家补助而无法生存，在一个民主国家里，也是人民应承担的风险，事关人民意思自由形成的原则，不应由宪法来规避。也有人说，由国家对政党予以补助，可以使政党免受其他资金来源的影响，而正常地履行其任务。但宪法保障政党免受国家干涉的自由，却不保证政党不受有财力的个人、企业或团体的影响。基本法第21条第(1)项第4句规定政党须将其资金来源公开,其目的并不是禁止私人以庞大资金捐助来影响政党,而是体现其实行事实上及政治上利益代表的一种形式,辅之以须公开捐助者的要求。政党受到资金来源的影响只是政党自身的责任。况且,也不是所有的捐助者都试图去影响政党的决定。

(3)政党的宪法功能与国家的财政资助。基本法要求政党公开其资金来源,目的在于使公众了解政党资金的来源,以公开政党背后的赞助者来防止那些不透露名称的势力凭借其经济影响力通过政党的财务进而控制公共意见。这种宪法要求的目的在于使选民得以充分了解政治意思形成的整个过程,并明了哪些团体、组织或私人通过捐助在试图影响政党。换言之,通过公开资金来源的方式,使以上行为置于公众的监督之下,确保政党获得平等的机会。

基本法要求政党公布其资金来源的另一目的是使政党得以在开放及自由的政治意思形成中发挥其宪法上的功能。宪法并没有将此任务托付给一般团体、组织或社团。国家对一般团体、组织或社团的财政资助问题,宪法没有给予规定。以国家给予这些团体资助就认为也应给予政党资助属不当之论。因为这些组织虽代表一定利益,但和政党的性质有所差别。国家给予他们资助是基于经济、社会及文化上的原因,并不抵触民主意思形成之原则,与对政党的资助情形有别。

宪法制定者认为政党的标准形象是在一个开放的多党体系中自由组成,靠自己的力量发展,受基本法约束,且在自由民主的基本秩序范围内致力于人民政治意思的形成。宪法制定者所认定的政党自由且独立于国家之外的观念反映了他们汲取魏玛时代和纳粹时代政党现象的教训,目的在于防止不幸事件的再次发生,防止出现非民主的政党,用以确保自由民主的制度。同时,为防止政党与宪法机关相勾结,确保自由的政党制度,不允许对政党长期提供经济资助成为国家方针之一。即使偶尔对政党予以资助,也与基本法第21条所揭示的自由政党的形象不合,与此有关的规定也就违宪了。

(4)政党的财政补助与选举的财政补助。国会选举是民主国家形成意见的重要方式。在代议的民主制度中,国会选举必须定期、反复地举行,使人民有机会表达其政治意见。所以选举是国家机关必须举行的一项公共任务。国家机关必须建立选举制度并就选举事项提供必要的设备以资运用。在现代大众民主体制下,若没有政党选举几乎无法举行。所以政党对于选举具有特殊的意义,国家给予政党为竞选所必要的费用资助在宪法上具有正当性。至于立法者是否就竞选费用的资助予以规定,乃是宪法政策上的问题,法院不能决定。如果立法者规定给予政党竞选费用资助,仍应注意到基本法第21条所保障的自由政党制度;也要注意到分配标准,不得抵触基本法所保障的政党机会平等原则。政党机会平等原则不仅适用于狭义的选举领域、选举准备,如是否许可政党参选的问题、政党争取捐款及在广播电视上作竞选宣传的问题上,也适用于整个选举的前阶段,即关于竞选费用的支付。

本案的起因是关于给予政党财政补助是否合乎宪法的问题,实质是有关政党在现代民主国家中的功用问题。关于这一点,宪法法院有许多正确而清楚的见解。在代议制的民主制度下,政党是一种中间体,传达人民的信息到国家中来形成国家政策。从这一原则出发,形成以下法治原则下政党的各项重要制度:

第一,政党自由平等制度。包括政党组建自由,政党独立于国家之外,不能"党国不分"。

第二,政党财务独立制度。虽然每一个政党不论在野还是在朝,必须有一定的资金维持其生存。理想主义者为使政党"清纯化",避免政党为解决资金问题而力不从心或受某些利益集团的控制,无法实现政党的正常功用,希望国家给予政党财政资助,这样也可以消除某些资金雄厚的势力在背后操纵政党。但宪法法院认为这样势必使国家意志渗透到政党之中，影响政党的决定及作用的发挥。而且，如果国家要给予政党资助，必须要通过法定途径由国家立法机关在预算法案中体现出来。在这一过程中，由于执政党将会起主导作用，就有可能利用这一机会为自己谋利或是借此收买反对党，危及政党自由及平等原则，进而危及国家的民主自由制度。禁止国家给予政党资助可能会使一些政党因没有足够的资金而无法存在，但这对于一个民主国家来说是不可避免的风险。

第三，政党财务公开制度。国家不禁止个人、企业或组织对政党提供资金援助，但政党必须公布其资金来源，使得公众了解政党背后的捐助者并加以监督。因为政党自由是建立在公开竞争的基础之上的，政党体现了人民的结社权；在自由竞争中，那些经不起选民、财务考验的政党自然应该被淘汰掉。利用国家财政资助政党，只会使一些没有生命力、不能代表选民意志的政党苟延残喘，这除给选民增加经济负担外，对于国家的民主制度是毫无裨益的。

第四篇　权力论

第十一章　中央国家机构

国家职能的实现必须以国家机构为载体,中央国家机构是国家政策与方针的制定者,在我国的政治生活中起着重要的作用。我国的中央国家机构包括全国人民代表大会、全国人民代表大会常务委员会、国家主席、国务院以及中央军事委员会。

第一节　中央国家机构概述

一、国家机构的概念和职能

国家机构是国家借助国家权力为实现其管理社会、维护社会秩序职能而建立起来的一整套有机联系的国家机关的总和。国家机构是国家机关的总和,但并不是国家机关的简单总和,因为这些国家机关各有分工,又相互联系,形成一个完整的组织体系,共同维系国家机构的正常运转。

国家机构不同于一般社会组织,它们之间的区别主要体现在以下几个方面。

(1)存在的基础不同。国家机构是为行使国家权力而建立的,只有它们才能行使国家权力;社会组织则是部分公民为一定目的而建立的,不具备国家职能,也不能行使属于国家的权力。

(2)社会职能不同。国家机构在行使权力的时候,是以全社会的名义进行的;社会组织只能以自己的名义参与有关的社会活动。

(3)职责不同。国家机构主要的任务是管理全社会的共同事务,要求全社会的所有成员一律服从管理;社会组织一般只能对其成员施行管理,对组织以外的人没有要求其服从的权力。

(4)实现组织目的的手段不同。国家机构行使权力时,以国家强制力做后盾,对不服从管理的公民或组织可以采取强制措施;社会组织对其成员虽有一定的控制能力,但其制裁能力是以成员的同意为基础的,一般也不能对其成员强制实行。

(5)命运不同。按照马克思主义国家理论,只要人类仍处于阶级社会中,国家就不会消亡,国家机构也将存在;而社会组织则会因为任务完成、时代变化、人员变迁等而不断成立、改变和消失。

国家的性质决定国家机构的性质,国家的职能决定国家机构的职能,国家的任务决定国家机构的任务。国家机构在任何时候都要为国家的需要服务。

我国是人民民主专政的社会主义国家,国家机构也就是为人民服务的国家组织,国家机构进行的所有活动都以人民的利益为依归,总体上说,国家机构就是人民民主专政政权的组织形式。

我国国家机构的职能有主要包括以下几项。

(1)维护人民民主专政的国家政权,保护人民,惩处违法犯罪行为。

(2)国家机构主要为国家的经济发展服务,为把国家建设成富强、民主、文明、和谐的社会主义现代化国家而工作。

(3)管理各项社会事务,发展为公民服务的各项制度和设施,提高全民族的科学文化水平。

(4)维护社会秩序,建设社会主义法治国家。

(5)维护国家主权独立和领土完整,反抗侵略,为维护世界和平而努力。

二、国家机关的分类

按照不同的标准,对国家机关可有不同的分类。

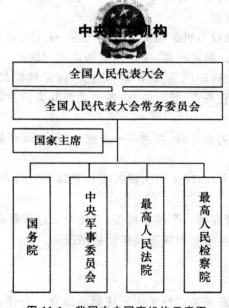

图 11-1 我国中央国家机构示意图

(一)以行使职权的性质为标准

西方国家一般根据立法、行政、司法三权将国家机关分为立法机关、行政机关和司法机关三种。在我国,根据宪法规定,国家机关则分为权力机关、行政机关、审判机关、检察机关、军事机关等。

(二)以行使职权的地域范围为标准

在单一制国家,可将国家机关分为中央国家机关和地方国家机关;在联邦制国家,可以将国家机关分为联邦国家机关和组成联邦的各组成单位的国家机关。我国是单一制国家,中央国家机关包括全国人大及其常委会、国家主席、国务院、中央军事委员会、最高人民法院、最高人民检察院等;地方国家机关包括地方各级人民代表大会、地方各级人民政府、地方各级人民法院、地方各级人民检察院,民族自治地方的自治机关,特别行政区的各种地方国家机关等。

(三)根据国家机关的产生方式为标准

根据国家机关产生方式的不同,可以将国家机构分为民选的国家机关和非民选的国家机关。其中,民选的国家机关又可以分为直接选举产生的国家机关和间接选举产生的国家机关。通常,立法机关或权力机关都是民选的国家机关。

三、国家机构的组织和活动原则

(一)民主集中制原则

"中华人民共和国的国家机构实行民主集中制的原则。"民主集中制是一种民主与集中相结合的制度,是在民主基础上的集中和在集中指导下的民主的结合。我国国家机关贯彻民主集中制原则主要表现在以下几个方面。

(1)在意志代表方面,国家权力机关由民主选举产生,对人民负责,受人民监督;由最高国家权力机关代表人民的最高意志,制定法律,决定国家的重大问题。

(2)在权限划分方面,国家行政机关、国家审判机关、国家检察机关、国家军事机关等由国家权力机关选举或决定产生,对它负责,受它监督;各机关在其宪法权限内处理属于各自职权范围内的国家事务。

(3)在中央和地方的权力关系方面,遵循在中央统一领导下,充分发挥地方积极性、主动性的原则。

(4)在国家机关内部关系方面,国家权力机关实行集体领导体制,而行政机关和军事机关则都实行首长个人负责制。

(5)在具体工作方面,不管在哪一个国家机关,具体决策过程都必须遵循民主集中制的原则,既不能出现"一言堂"的情况,更不能出现互相推诿的情况。

(二)责任制原则

《宪法》第 27 条规定了国家机关实行工作责任制的原则。责任制原则是指国家机关及其工作人员,对其决定、行使职权、履行职责所产生的结果,都必须承担责任。国家机关体系的责任制表现为:权力机关向人民负责,每一个代表都要受选民和原选举单位的监督,选民或原选举单位可随时罢免自己所选出的代表;行政机关、审判机关、检察机关和军事机关则向权力机关负责。责任制主要有集体负责制和个人负责制两种形式。集体负责制是指国家机关的全体组成人员和领导成员在重大问题的决策或决定上权利平等,全体成员集体讨论,并按照少数服从多数的原则作出决定,集体承担责任。个人负责制是指在决策问题上由首长个人作出决定并承担相应责任的决策形式。

集体负责制和个人负责制是民主集中制原则在国家机关工作中的不同表现形式。由于各个国家机关工作性质和特点的不同,体现民主集中制的形式也不同,需要反映共同意志或判断共同意志的立法和司法,必须采用以民主方式为主的决策形式;需要权责分明、讲求效率的行政、军事,则最好采用集中为主的决策方式。

（三）法治原则

法治原则要求国家机关在其组织和活动中都要依法办事，不以个别领导人的个人意志为转移，也不能以政策代替法律。我国《宪法》第 5 条提出依法治国，建设社会主义法治国家的要求，国家机关首当其冲地要严格遵循宪法的这一规定。国家机关依法办事，首先，要使它们的设立和活动都有法可依，任何国家机关及其附属机构的存在都必须能够于法有据。其次，它们作出决定、命令、裁判等工作的程序必须符合法律的要求，工作成果亦必须符合法律规范，也即有法必依；特别是最高国家行政机关必须做依法行政的模范，因为依法治国从根本上说，主要是依法行政，没有依法行政便无所谓法治。最后，国家机关任何违反宪法和法律的行为，必须予以纠正；任何错误也应有人对法律负责。国家机关都应以宪法为根本的活动准则，维护宪法和法律的尊严，建设法治国家。

（四）联系群众，为人民服务原则

在我国，人民群众是国家的主人，处理国家事务必须依靠人民群众，一切都要从人民群众的利益出发，按照人民群众的意志办事。《宪法》第 27 条第 2 款规定："一切国家机关和国家工作人员必须依靠人民的支持，经常保持同人民的密切联系，倾听人民的意见和建议，接受人民的监督，努力为人民服务。"至于为人民服务的质量如何，要受人民的检验，因而必须接受人民的监督。为此，《宪法》第 41 条第 1、2 款还规定："……中华人民共和国公民对于任何国家机关和国家工作人员的违法失职行为，有向有关国家机关提出申诉、控告或者检举的权利。""对于公民的申诉、控告或者检举，有关国家机关必须查清事实，负责处理，任何人不得压制和打击报复。"这也是人民群众参加国家管理和对国家实行民主监督的法律保证。

（五）精简与效率原则

所谓精简，是指依法设置国家机关和制定人员编制定额，定员定岗，国家机关相互之间职责明确、层次清楚。所谓效率，是指国家机关及其工作人员处理国家事务时能够正确、妥善、及时和具有活力。我国《宪法》第 27 条第 1 款规定："一切国家机关实行精简的原则，实行工作责任制，实行工作人员的培训和考核制度，不断提高工作质量和工作效率，反对官僚主义。"精简和效率原则主要表现在：首先，国家机关的设置做到有法可依、职权明确、定岗定员，避免因人设位、职责不清、机构臃肿、人浮于事。其次，简政放权，按照经济体制改革和政企分开的原则，将经营管理权下放到企业，同时合并和裁减专业管理部门和综合部门内部的专门机构。再次，严格执行《公务员法》，提高公务员素质，逐步健全国家机关工作人员录用、奖惩、升降、退休、退职和淘汰制度。

第二节　全国人民代表大会

一、全国人民代表大会的性质和地位

我国《宪法》规定："中华人民共和国的一切权力属于人民。人民行使国家权力的机关是全国人民代表大会和地方各级人民代表大会。""中华人民共和国全国人民代表大会是最高国家权力机关。""全国人民代表大会和全国人民代表大会常务委员会行使国家立法权。"这些规定表明了全国人民代表大会的性质和它在整个国家机关体系中的地位。

全国人民代表大会是行使包括国家立法权在内的最高国家权力的代表机关,在我国国家机关体系中居于最高地位。具体表现在以下几个方面:

(一)全国人民代表大会是全国人民的代表机关

全国人大由省、自治区、直辖市、军队和特别行政区按照法定程序选举产生的代表组成,集中代表全国各族人民的意志和利益,具有最高的广泛性和代表性。

(二)全国人民代表大会行使的职权是最高国家权力

全国人大作为代表全国人民行使国家权力的机关,虽然从理论上讲应当是一个全权机关,但基于效率等方面的考虑,全国人大不可能处理所有的国家事务,它只将那些最具有决定性的事务保留给自己,其他事务通过宪法和法律授权给其他国家机关行使。对于最高国家权力行使的结果——全国人大制定的法律和通过的决议,其他国家机关都必须遵守和执行。

(三)全国人民代表大会是行使国家立法权的机关

国家权力根据性质可有立法权、行政权、审判权、检察权、军事权等之分,而立法权又有国家立法权和地方立法权之分。国家立法权是制定全国范围内统一适用的法律的权力。

(四)全国人民代表大会在国家权力机关系统中处于最高地位

全国人大与地方各级人大构成了我国的国家权力机关系统。在这个系统中,全国人大监督、指导地方各级人大的工作,有权审查和撤销地方各级人大制定的规范性文件,在地位上是最高的。

(五)其他中央国家机关向全国人民代表大会负责

在我国的国家机关体系中,除国家权力机关外,还有国家行政机关、审判机关、检察机关等,根据宪法的规定,这些国家机关都由人民代表大会产生,对它负责,受它监督。在中央国家机关体系中,全国人大产生并监督全国人大常委会、国家主席、国务院、中央军委、最高人民法院和最高人民检察院,这些中央国家机关要向全国人大负责。全国人大在我国国家机关体系中居于首要地位,其他任何国家机关都不能超越于全国人大之上,也不能与它并列。

二、全国人民代表大会的组成和任期

根据现行宪法,全国人大由省、自治区、直辖市、军队和特别行政区选出的代表组成。这表明,我国实行地域代表制与职业代表制相结合、以地域代表制为主的代表机关组成方式。

按照选举法等法律的规定,全国人大代表以间接选举方式产生。其中,省、自治区、直辖市出席全国人大的代表由该省、自治区、直辖市人民代表大会根据选举法的规定选举产生。军队的代表由人民解放军各总部、大军区级单位和中央军事委员会办公厅的军人代表大会根据《中国人民解放军选举全国人民代表大会和县级以上地方各级人民代表大会代表的办法》选举产生。台湾省出席全国人大的代表由各在各省、自治区、直辖市和中国人民解放军的台湾省籍同胞到北京协商产生。特别行政区按照由全国人大常委会规定的特定办法推选产生全国人大代表。

按照选举法的规定，全国人大代表的名额不超过3000人。各省、自治区、直辖市应选全国人大代表的名额，由全国人大常委会根据各省、自治区、直辖市的人口数，按照每一代表所代表的城乡人口数相同的原则，以及保证各地区、各民族、各方面都有适当数量代表的要求进行分配。

表 11-1　我国全国历届人民代表大会与会人数一览

全国人民代表大会届别	人数	全国人民代表大会届别	人数
第一届全国人民代表大会	1226	第七届全国人民代表大会	2970
第二届全国人民代表大会	1226	第八届全国人民代表大会	2978
第三届全国人民代表大会	3040	第九届全国人民代表大会	2979
第四届全国人民代表大会	2885	第十届全国人民代表大会	2984
第五届全国人民代表大会	3497	第十一届全国人民代表大会	2978
第六届全国人民代表大会	2978		

注：表内人数均以每届人大一次会议经代表资格审查委员会确认的实际代表人数为准，不反映以后变化情况。

全国人大每届任期5年。之所以要规定5年任期，是因为我国国民经济和社会发展计划是5年建设计划，把全国人大的任期和发展国民经济的五年计划一致起来，便于开展工作和总结经验。为保证在全国人大任期届满前有新的一届及时更替，宪法规定全国人大任期届满的两个月以前，全国人大常委会必须完成下届全国人大代表的选举工作。如果遇到不能进行选举的非常情况，由全国人大常委会以全体组成人员2/3以上的多数通过，可以推迟选举，延长本届全国人大的任期；但在非常情况结束后一年以内，全国人大常委会必须完成下届全国人大代表的选举。

三、全国人民代表大会的职权

根据宪法规定，全国人大行使以下六个方面的职权：

（一）修改宪法，监督宪法的实施

宪法是国家的根本法，只有代表全国人民意志的全国人大有权进行修改。宪法的修改，由全国人大常委会或者1/5以上的全国人大代表提议，并由全国人大以全体代表的2/3以上的多数通过。1982年宪法通过以来，全国人大分别在1988年、1993年、1999年、2004年四次以修正案的方式，进行了修改。此外，全国人大还有权监督宪法的实施。

（二）制定和修改基本法律

基本法律是为实施宪法而由全国人大制定的最重要的法律，主要包括民刑法律、诉讼法、组织法、选举法、民族区域自治法、有关特别行政区的立法及其他重要法律等。由于这些法律涉及公民基本权利和义务，调整国家政治和社会生活，关系到全国各族人民的根本利益，因此必须由全国人大来制定和修改。

（三）选举、决定和罢免国家领导人

全国人大选举全国人大常委会委员长、副委员长、秘书长和委员,选举国家主席、副主席,选举中央军事委员会主席、最高人民法院院长、最高人民检察院检察长;根据国家主席的提名,决定国务院总理的人选,并根据国务院总理的提名,决定国务院副总理、国务委员、各部部长、各委员会主任、审计长和秘书长的人选;根据中央军事委员会主席的提名,决定中央军委副主席和委员的人选。对于以上人员,根据全国人大主席团或者三个以上的代表团或者1/10以上的代表的罢免案,全国人大有权依照法定程序,在主席团提请大会审议并经全体代表过半数的同意后,予以罢免。

（四）决定国家重大问题

全国人大有权审查和批准国民经济和社会发展计划以及有关计划执行情况的报告;审查和批准国家预算和预算执行情况的报告;批准省、自治区和直辖市的建置;决定特别行政区的设立及其制度;决定战争与和平问题;等等。1982年《宪法》实施以来,全国人大每次会议上都有审查和批准国民经济和社会发展计划以及计划执行情况的报告与审查和批准国家预算和预算执行情况的报告的议程。1988年和1997年,全国人大先后通过了关于设立海南省、重庆直辖市的决定,批准成立海南省、重庆直辖市。1990年4月和1993年3月,第七届全国人大第三次会议和第八届全国人大第一次会议先后决定设立了香港特别行政区和澳门特别行政区。

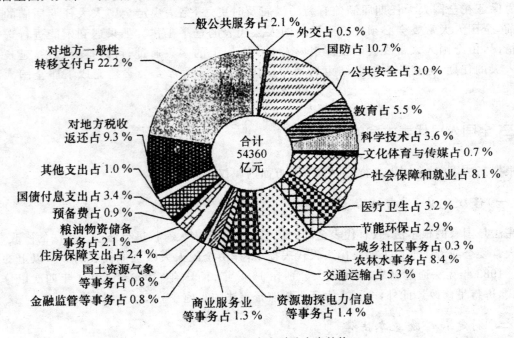

图 11-2　2011 年中央财政支出结构

资料来源:《关于 2010 年中央和地方预算执行情况和地方预算草案的报告》

（五）最高监督权

全国人大有权监督由其产生的其他国家机关的工作。全国人大听取并通过全国人大常委会的工作报告，有权改变或撤销全国人大常委会不适当的决定；听取、建议修改和通过国务院的工作报告，撤销其不适当的行政法规、决定和命令；听取最高人民法院、最高人民检察院的工作报告；中央军委主席也要向全国人大负责。全国人大还有权对国务院、国务院的组成部门、最高人民法院、最高人民检察院提出质询案。

（六）其他职权

《宪法》规定，全国人大有权行使"应当由最高国家权力机关行使的其他职权"。例如，全国人大设立民族委员会、法律委员会、财政经济委员会、教育科学文化卫生委员会、外事委员会、华侨委员会和其他需要设立的专门委员会；认为必要时，可以组织特定问题的调查委员会，并根据调查委员会的报告，作出相应的决议；审议批准国务院机构改革方案等。

四、全国人民代表大会的会议制度

全国人大作为合议制国家机关，是通过举行会议来行使职权的。全国人大会议有正式会议、临时会议两种形式。正式会议是全国人大行使职权的通常方式。如果全国人大常委会认为必要，或者1/5全国人大代表提议，可以召集全国人大临时会议。全国人大会议公开举行；在必要的时候，经主席团提议、代表团团长会议决定，可以举行秘密会议。

全国人大的正式会议，也称例会，每年举行一次，由全国人大常委会召集。每届全国人大的第一次会议，由上届全国人大常委会召集。至于正式会议究竟应该在什么时候召开，宪法没有明确规定。根据《全国人民代表大会议事规则》的规定，全国人大会议应于每年的第一季度举行。从近些年来的实践来看，自第九届全国人大第一次会议开始，固定在每年3月5日开幕，会期一般为10—15日。全国人大会议须有2/3以上的代表出席始得举行。代表按各选举单位组成35个代表团出席会议。国务院组成人员，中央军委组成人员，最高人民法院院长和最高人民检察院检察长，列席全国人大会议；其他机关、团体的负责人，经全国人大常委会决定，可以列席全国人大会议。

正式会议举行前召开预备会议，由全国人大常委会主持，选举大会主席团和秘书长，通过会议议程和关于会议其他准备事项的决定。主席团是大会期间的决策机构，对大会的顺利进行起着保证作用，大会决定的所有问题都先在主席团会议上通过。

主席团的任务主要有以下几个。

（1）主持本次会议。

（2）提出最高国家机关领导人的人选和确定正式候选人名单。

（3）组织代表团审议各项议案。

（4）处理代表团和代表在会议期间提出的议案、罢免案、质询案。

（5）草拟大会审议通过的决议草案。主席团的人数没有法律规定。

会议正式开始后，召开大会全体会议和代表团会议。全体会议的主要任务是听取有关报告；听取有关议案的说明；对各项报告和议案进行表决，作出决定；依法选举、决定或者罢免中央国家机关组成人员等。在大会期间,一般要召开若干次全体会议。代表团会议又包括代表团全体会议和代表团小组会议,它是审议有关报告和议案的主要会议形式。

全国人大每年举行会议时,中国人民政治协商会议也召开会议(统称"两会"),全体政协委员列席全国人大会议听取政府工作报告,这已经成为中国的宪法惯例。

五、全国人民代表大会的工作程序

全国人民代表大会讨论、审议并通过议案的主要程序是:

(一)提出议案

全国人民代表大会主席团、全国人大常委会、全国人大各专门委员会、国务院、中央军事委员会、最高人民法院、最高人民检察院以及一个代表团或者30名以上的代表联名,可以向全国人大提出属于全国人大职权范围内的议案。

(二)审议议案

对非代表团或代表联名提出的议案,由主席团决定列入会议议程。对代表团和代表提出的议案,由主席团决定是否列入会议议程,或者先交有关的专门委员会审议、提出是否列入会议议程的意见,再决定是否列入会议议程,并将主席团通过的关于议案处理意见的报告印发会议。

列入会议议程的议案,提案人应当向会议提出关于议案的说明。议案由各代表团进行审议,主席团可以并交有关的专门委员会进行审议、提出报告,由主席团审议决定提请大会全体会议表决。

(三)表决通过议案

宪法修正案由全国人大全体代表 2/3 以上的多数通过;法律议案和其他议案由全国人大全体代表过半数通过。表决结果由会议主持人当场宣布。

(四)公布法律、决议

法律议案通过后即成为法律,由中华人民共和国主席签署主席令予以公布;选举结果及其他议案由全国人大主席团发布公告予以公布,或由国家主席发布命令公布。

六、全国人大设立的专门委员会和调查委员会

(一)全国人大各专门委员会

全国人大在审议、讨论、决定国家重大决策和议案时,会涉及专业性、技术性很强的问题,需要有专门知识的成员进行专业指导;另外,全国人大开会要在有限的会期中处理大量的亟须解决的问题,不可能对每项议案或问题作出详尽的审议。所以,宪法设立了各专门委员会,协助全国人大处理立法和决策过程中的具体工作。

全国人大各专门委员会是隶属于全国人大的工作机构,是由全国人大从代表中选举产生,并

按照专业进行分工而组织起来的机构。专门委员会受全国人大的领导;在全国人大闭会期间,受全国人大常委会的领导。专门委员会不是独立行使职权的国家机关,而只负有帮助全国人大及其常委会审议及拟订议案的职责,它的决议只是向全国人大及其常委会提出的意见、建议或议案。

根据法律规定,各专门委员会的任务主要有以下几个。

(1)审议全国人大主席团或者全国人大常委会交付的议案。

(2)向全国人大主席团或全国人大常委会提出属于全国人大和全国人大常委会职权范围内同本委员会有关的议案。

(3)审议全国人大常委会交付的被认为同宪法、法律相抵触的国务院的行政法规、决定和命令,国务院各部、各委员会的命令、指示和规章,省、自治区、直辖市人大及其常委会的地方性法规和决议,以及省、自治区、直辖市人民政府的决定、命令和规章,提出报告。

(4)审议全国人大主席团或全国人大常委会交付的质询案、听取受质询机关对质询案的答复,必要时向全国人大主席团或全国人大常委会提出报告。

(5)对属于全国人大或全国人大常委会职权范围内同本委员会有关的问题进行调查研究,提出建议。

除上述共同任务外,各专门委员会还有自己的特殊职能。例如,民族委员会负责起草有关民族方面的法律草案,审议自治区报请全国人大常委会批准的自治区自治条例和单行条例并向全国人大常委会提出报告;法律委员会统一审议向全国人大或全国人大常委会提出的法律草案;财政经济委员会负责审查国民经济和社会发展计划、国家预算及其执行情况的报告;等等。

专门委员会目前共有 9 个,即 1982 年宪法规定设立的民族委员会、法律委员会、财政经济委员会、教育科学文化卫生委员会、外事委员会、华侨委员会;1988 年七届全国人大一次会议增设的内务司法委员会;1993 年八届全国人大一次会议增设的环境保护委员会(后 1994 年八届全国人大二次会议改为环境与资源保护委员会);1998 年九届全国人大一次会议增设的农业与农村委员会。

(二)调查委员会

根据宪法规定,全国人大及其常委会在认为必要时,可以组织对于特定问题的调查委员会。调查委员会无一定任期,对特定问题的调查任务一经完成,该委员会即予撤销。根据《全国人民代表大会议事规则》,全国人大主席团、三个以上代表团或 1/10 以上的代表联名,由主席团提请大会通过,可以成立关于特定问题的调查委员会。截至目前,全国人大及其常委会还未组织过特定问题调查委员会。

七、全国人民代表大会代表

全国人大代表是全国人大组成人员,代表全国人民的利益和意志,依照宪法和法律赋予全国人大的各项职权,参加行使国家权力。

(一)全国人民代表大会代表的权利

根据我国宪法以及相关法律的规定全国人大代表享有权利主要包括以下几种。

（1）出席全国人大会议，参加审议各项议案、报告和其他议题，发表意见。

（2）依法联名提出议案、质询案、罢免案等。

（3）提出对各方面工作的建议、批评和意见。

（4）参加全国人大的各项选举。

（5）参加全国人大的各项表决。

（6）获得依法执行代表职务所需的信息和各项保障。

（7）法律规定的其他权利。

（二）全国人民代表大会代表的义务

根据我国宪法和相关法律的规定，全国人大代表在享有权利的同时还必须严格履行自己的义务。全国人大代表的义务主要包括以下几项。

（1）模范地遵守宪法和法律，保守国家秘密，在自己参加的生产、工作和社会活动中，协助宪法和法律的实施。

（2）按时出席全国人大会议，认真审议各项议案、报告和其他议题，发表意见，做好会议期间的各项工作。

（3）积极参加统一组织的视察、专题调研、执法检查等履职活动。

（4）加强履职学习和调查研究，不断提高执行代表职务的能力。

（5）与原选举单位和人民群众保持密切联系，听取和反映他们的意见和要求，努力为人民服务。

（6）自觉遵守社会公德，廉洁自律，公道正派，勤勉尽责。

（7）法律规定的其他义务。

（三）全国人民代表大会代表执行职务的保障

全国人大代表享有言论免责权，即全国人大代表在全国人大各种会议上的发言和表决，不受法律追究。

全国人大代表享有人身特别保护权。全国人大代表，非经全国人大主席团许可，在全国人大闭会期间，非经全国人大常委会许可，不受逮捕或者刑事审判。如果因为是现行犯被拘留，执行拘留的机关应当立即向全国人大主席团或者全国人大常委会报告。

第三节　全国人民代表大会常务委员会

一、全国人民代表大会常务委员会的性质与宪法地位

全国人民代表大会常务委员会是全国人民代表大会的常设机关，对全国人民代表大会负责并报告工作。

全国人民代表大会设立常务委员会作为自己的常设机关，是我国人民代表大会组织制度的一个重要特点。国外议会一般都设有常设委员会，但它是工作机构，不能做出任何有法律效力的决定。而我国的全国人大常委会则不同，它在全国人大闭会期间，行使宪法和法律规定的职权，

制定法律、做出决定并监督其实施。全国人大之所以设常委会,是由我国的具体国情决定的。我国是一个地域辽阔、人口众多的多民族国家,全国人民代表大会的性质要求其代表具有广泛的代表性,代表人数必须维持一定的规模,但代表人数太多,又非专职,就不便于经常开会行使职权,于是每年一般只召开一次会议,会议也不能过长,一般是 15 天左右。因此,为了充分发挥最高国家权力机关的作用,保证国家机器正常有效运转,就在代表大会中选举产生出一个人数较少的、便于经常召集会议、行使职权、讨论决定有关事项的机构,这就是全国人大常委会。全国人大常委会的组成人员是全国人大的常务代表,人数少可以经常开会,进行繁重的立法工作和其他人大经常性的工作,可以在全国人大闭会期间,及时对国家的一系列重大问题做出决定。最近几届,常委会组成人员都在 155 人左右,十届全国人大常委会委员为 159 名。常委会一般每两个月举行一次会议,每次会期 7 天左右,这样一年就有 40 多天开会。

　　根据现行宪法的规定,全国人大常委会是全国人大的常设机关,在全国人大闭会期间,行使宪法和法律赋予的职权。但全国人大常委会并非一个独立于全国人大之外的最高国家权力机关。在我国,最高国家权力机关是全国人民代表大会,全国人大常委会是全国人大的常设机关,是最高国家权力机关的重要组成部分,在全国人大闭会期间行使最高国家权力。全国人大常委会的组成人员,是由全国人民代表大会从其代表中选出的,可以说他们是全国人大的常务代表。常委会对代表大会负责并报告工作,受它监督。在每年的全国人大会议上,常委会必须向大会报告一年来的工作,在换届的代表大会上,要报告五年来的工作,请代表们审议,并由大会做出决议。决议通过后,常委会必须贯彻执行。全国人大有权改变或者撤销常委会不适当的决定,有权依照法定程序罢免常委会组成人员。

二、全国人民代表大会常务委员会的组成

　　全国人大常委会由委员长、副委员长若干人、秘书长、委员若干人组成。全国人大常委会组成人员名额没有具体规定,每届的具体名额通常由每届全国人民代表大会第一次会议选举和决定任命办法确定。为有利于全国人大常委会对国务院、最高人民法院和最高人民检察院的工作实行监督,全国人大常委会组成人员不得担任国家行政机关、审判机关和检察机关的职务;如果担任上述职务,必须向常委会辞去常委的职务。

　　全国人大常委会委员从全国人大代表中提名。中共中央对全国人大常委会委员的产生具有决定作用。中共中央一般在每次全国人大常委会换届之前,研究确定换届人事安排的指导思想、基本原则和具体政策,并成立换届人事安排小组,负责有关工作。中共各级组织、各民主党派、全国工商联以及其他有关方面,对全国人大常委会委员的中共人选和非中共人选进行推荐。中共中央在广泛民主推荐和民主协商的基础上,按照全国人大常委会委员的结构要求,提出人选建议名单,向全国人大会议主席团推荐,主席团分别提交各代表团进行酝酿协商,主席团会议根据多数代表的意见,确定正式候选人名单,提交大会选举。常委会委员为差额选举产生,委员长、副委员长、秘书长实行等额选举。差额比例没有明确的法律规定,由全国人民代表大会会议在选举办法中确定。常委会组成人员候选人得票数超过全体代表的半数,始得当选。如委员长、副委员长、秘书长候选人得票数不超过全体代表的半数时,依法由主席团另提人选,进行选举。每届全国人民代表大会第一次会议以后的全国人民代表大会会议,可以补选常委会组成人员。

　　第十届全国人大常委会以前,常委会组成人员几乎都是从一线退下来的政府官员,一般年龄

超过 60 岁,平均年龄达 63.4 岁,十届常委会委员平均年龄约 60 岁,其中 40 岁以下的有 4 人,41~50 岁的有 19 人,51~60 岁的有 35 人,被差额选举掉的 8 人中,有 6 人为 69 岁。特别是选举产生了 19 名有较强专业背景、年富力强的政府官员和专家学者成为专职常委,其中 10 名的人事关系调入全国人大常委会,与原单位脱离关系,这是全国人大常委会人员结构上的一次大调整。

全国人大常委会委员长主持常委会会议和常委会的工作。副委员长、秘书长协助委员长工作。副委员长受委员长委托,可以代行委员长的部分职权。委员长因健康状况不能工作或者缺位的时候,由常委会在副委员长中推选一人代理委员长的职务,直到委员长恢复健康或者全国人民代表大会选出新的委员长为止。

全国人民代表大会常务委员会委员长、副委员长、秘书长组成委员长会议,它是常委会的领导机构,在常委会闭会期间负责处理常务委员会的重要日常工作,并且为常委会的召开进行组织准备,在常委会开会期间发挥组织领导作用。委员长会议既是一种国家机构,又是一种会议形式。委员长会议由委员长召集并主持,也可以委托副委员长主持会议。委员长会议根据需要不定期召开,委员长会议的议题,由秘书长提出、委员长确定。委员长会议只能为常委会行使职权服务,不能代替常委会行使职权,其工作方式是集体负责制,决定问题要遵循少数服从多数原则。

全国人大常委会每届的任期和全国人民代表大会的任期相同,都是 5 年。委员长、副委员长连续任职不得超过两届。常委会其他组成人员的任职届数法律没做规定。

三、全国人民代表大会常务委员会的职权

(一)立法权

1954 年宪法、1975 年宪法和 1978 年宪法均规定,全国人大是我国的唯一立法机关。当时全国人大常委会只可以制定单行条例,其制定的单行条例不能称之为"法"而只称"条例"。但是根据 1982 年宪法的规定,全国人民代表大会常委会和全国人大共同行使国家立法权。根据《立法法》的规定,全国人大及其常委会对下列事项享有专有立法权:①国家主权的事项;②各级国家机关的产生、组织和职权;③民族区域自治制度、特别行政区制度、基层群众自治制度;④犯罪和刑罚;⑤对公民政治权利的剥夺、限制人身自由的强制措施和处罚;⑥对非国有财产的征收;⑦民事基本制度;⑧基本经济制度以及财政、税收、海关、金融和外贸的基本制度;⑨诉讼和仲裁制度;⑩必须由全国人民代表大会及其常务委员会制定法律的其他事项。对于上述事项,除了其中第四项、第五项以及有关司法制度等事项外,全国人大及其常委会尚未制定法律的,可授权国务院根据实际需要,先制定行政法规。待制定法律条件成熟时,全国人大及其常委会再制定法律。

按照宪法规定,全国人民代表大会制定刑事、民事、国家机构的和其他的基本法律,全国人大常委会则制定除基本法律以外的其他法律。改革开放 30 多年来,大部分法律是由全国人大常委会制定的,它们涉及政治、经济、科技、教育、文化、国防、外交、社会各个领域。制定法律成为全国人大常委会主要的经常性的工作。在实践中,我国的基本法律一般也要先经全国人大常委会讨论、审议,通过法律草案,然后送交全国人民代表大会审议通过。在全国人民代表大会闭会期间,全国人大常委会还可对全国人大制定的法律进行补充和修改,但不得同该法的基本原则相抵触。全国人大常委会还可以行使全国人大授予的立法权。全国人大常委会还有权决定同外国缔结的

条约和重要协议的批准和废除。

关于全国人大制定的基本法律与全国人大常委会制定的其他法律之间的效力等级问题，宪法和《立法法》都未作规定，多数学者主张二者的效力等级是相同的。但也有一些学者主张，基本法律的效力应当高于其他法律，其主要理由是：首先，全国人大在地位上要高于全国人大常委会，全国人大常委会由全国人大产生，受全国人大监督，对全国人大负责。其次，宪法规定，全国人大制定的基本法律，在全国人大闭会期间，全国人大常委会可以补充或者修改，但不得同该法律的基本原则相抵触。这从一个侧面说明，全国人大的基本法律与全国人大常委会制定的其他法律是不同的。《立法法》在确定法律体系的位阶时，没有区分基本法律与其他法律之间的界限，这是《立法法》的不足之处。

（二）宪法和法律解释权

根据《宪法》第 67 条规定，全国人大常委会有解释宪法和法律（包括全国人大制定的基本法律和常委会自己制定的法律）的权力。1981 年全国人大常委会《关于加强法律解释工作的决议》规定，全国人大常委会对于法律条文本身需要进一步明确界限或做出补充规定，进行解释或用法令加以规定；并且最高人民法院和最高人民检察院分别对审判与检察工作中具体应用法律的问题进行解释，两院解释如有原则分歧，须报请全国人大常委会解释或者决定。2000 年《立法法》第 42 条规定：法律解释权属于全国人大常委会。全国人大常委会的法律解释同法律具有同等效力。法律有以下情况之一的，由全国人大常委会解释：其一，法律的规定需要进一步明确具体含义的；其二，法律制定后出现新的情况，需要明确适用法律依据的。

我国《立法法》对立法解释的程序作了具体的规定，总的来说可以总结为三点。

（1）国务院、中央军委、最高人民法院、最高人民检察院和全国人大各专门委员会以及省、自治区、直辖市的人大常委会可以向全国人大常委会提出法律解释的要求。

（2）由常务委员会工作机构研究拟定法律解释草案。这是因为常委会的立法工作机构，参与了每部法律案的审议制定过程，对法律规定的背景、含义比较了解，统一由工作机构研究拟定法律解释草案，有利于更好地符合立法的原意，也有利于保持法制的统一。

（3）法律解释草案由委员长会议决定列入常务委员会会议议程，经常务委员会审议，由法律委员会根据常务委员会组成人员的审议意见进行审议、修改，提出法律解释草案表决稿。法律解释草案表决稿以常务委员会全体成员的过半数通过，由常务委员会发布公告予以公布。

从实践来看，全国人大常委会的法律解释权并未得到经常的行使，似乎处于一种"虚置"或"半冬眠"状态。一般认为，在 2000 年《立法法》通过以前，属于全国人大常委会行使法律解释权（不包括宪法解释权）对法律条文进一步明确界限的仅有三次。但实际上，全国人大常委会的法律解释权并没有完全虚置，作为全国人大常委会工作机构的法制工作委员会（简称法工委）承担了大量应由全国人大常委会承担的解释职能。法工委的解释中既包括对法律条文界限的阐明，也包括具体应用法律问题的解答，法工委还经常与最高法院、最高检察院等联合做出法律解释决定。由于法工委没有法律解释权，它的解释只能算作一般的法律解答，不具有法律效力，只对实际工作具有指导作用。但法工委的意见一般都得到尊重。《立法法》根据实际中的做法规定，全国人大常委会工作机构可以对有关具体问题的法律询问进行研究予以答复，并报常务委员会备案。

（三）监督权

1.宪法实施的监督权

除全国人大外,全国人大常委会也拥有监督宪法实施的权力。全国人大常委会作为全国人大的常设机构,拥有这一权力便于对宪法的实施进行经常性的监督。

2.立法监督权

根据《宪法》和《立法法》的有关规定,全国人大常委会可以行使以下立法监督权。

（1）与监督宪法实施相关联的立法监督权。全国人大常委会有权监督宪法的实施,自然有权监督立法行为是否违宪。

（2）撤销同宪法、法律相抵触的行政法规、决定和命令,撤销同宪法、法律和行政法规相抵触的地方性法规和决议,撤销省级人大常委会批准的违背宪法和立法法的自治条例和单行条例。

（3）裁决法律之间的冲突。法律之间对同一事项的新的一般规定与旧的特别规定不一致,不能确定如何适用时,由全国人大常委会裁决。地方性法规与部门规章之间对同一事项的规定不一致,不能确定如何适用时,由国务院提出意见,国务院认为应当适用地方性法规的,应当决定在该地方适用地方性法规的规定;认为应当适用部门规章的,应当提请全国人大常委会裁决;根据授权制定的法规与法律规定不一致,不能确定如何适用时。由全国人大常委会裁决。

（4）接受有关立法主体的立法备案权和批准有关规范性法律文件权。宪法和有关宪法性法律规定,省级人大及其常委会制定的地方性法规,报全国人大常委会备案;自治区的自治条例和单行条例,报全国人大常委会批准;自治州、自治县的自治条例和单行条例,报全国人大常委会备案。

3.工作监督权

《宪法》规定,全国人大常委会监督国务院、最高人民法院、最高人民检察院的工作。监督的主要方式是听取和审议工作报告。听取和审议工作报告,大多数是围绕国家的中心任务、发生的重大事件以及人民群众关心的"热点"问题进行的。但有些是例行的,例如对上一年度中央决算的报告和审计工作报告的听取和审议。全国人大常委会在每年6月份举行的常委会会议上,都要听取和审议国务院关于中央决算的报告,以审查和批准上一年度的中央决算;听取和审议国家审计部门受国务院委托所作的对上一年度中央预算执行和其他财政收支情况的审计报告。在每年第三季度,全国人大常委会要听取和审议国务院关于上半年国家预算执行情况的报告、审查和批准国家预算执行中的部分调整方案。常委会组成人员可以在审议过程中提出意见和建议。对委员们提出的询问,有关部门要做出认真的回答。

提出质询也是全国人大常委会进行工作监督的一种手段。在常委会会议期间,常委会组成人员10人以上联名可书面向常委会提出对国务院及其各部、各委员会和最高人民法院、最高人民检察院的质询案,由委员长会议决定交由受质询机关书面答复,或者由受质询机关的领导人在常委会会议上口头答复。

执法检查,即对法律实施情况进行的检查,是全国人大常委会近年来实行的一种重要的法律监督的形式。执法检查的主体是全国人大常委会和全国人大专门委员会;对象是国务院及其部门、最高人民法院和最高人民检察院;内容是法律实施主管机关的执法工作;方式是组织执法检查组,到各地去检查法律实施的情况,作为评价有关部门执法情况的依据;目的是督促法律实施主管机关改进执法工作,促进法律的有效实施。检查结束后,检查组整理出执法检查报告,对法律实施情况做出全面评价,对法律实施中存在的问题及原因进行分析,并提出改进执法工作的建议。执法检查报告都列入常委会会议议程,进行审议,法律实施主管机关的负责人到会听取意见、回答询问。常委会会议的审议意见,由委员长会议以书面形式交法律实施主管机关,要求其在6个月内提出改进执法工作的措施并向常委会做出反馈。近年来,每年全国人大常委会都要有重点地组织对几部法律的实施情况进行检查,取得了较好的效果,加大了全国人大常委会的监督力度。

(四)任免权

需由全国人大常委会产生的国家机关工作人员由以下两部分构成。

(1)只能由全国人大常委会决定任免的人员,包括根据最高人民法院院长的提请,任免最高人民法院副院长、庭长、审判员、审判委员会委员和军事法院院长;根据最高人民检察院检察长的提请,任免最高人民检察院副检察长、检察员、检察委员会委员和军事检察院检察长;决定外交部驻外全权代表的任免;批准省、自治区、直辖市的人民检察院检察长的任免。

(2)在全国人民代表大会闭会期间,全国人大常委会行使全国人大的部分人事任免权,即根据国务院总理的提名,决定国务院的各部部长、委员会主任、审计长、秘书长的人选;根据中央军事委员会主席的提名,决定中央军事委员会其他组成人员的人选。上述各类人员,凡提请任免的机关,应当向常委会介绍被任免人的基本情况,必要时,有关负责人应到会回答询问。

(五)对重大事项的决定权

全国人大常委会享有对国家生活中重要问题的决定权。包括:决定同外国缔结的条约和重要协定的批准和废除;规定军人和外交人员的衔级制度和其他专门衔级制度;规定和决定授予国家的勋章和荣誉称号;决定特赦;在全国人民代表大会闭会期间,如果遇到国家遭受武装侵犯或者必须履行国际间共同防止侵略的条约的情况,决定战争状态的宣布;决定全国总动员或者局部动员;决定全国或者个别省、自治区、直辖市的紧急状态;在全国人民代表大会闭会期间,审查和批准国民经济和社会发展计划、国家预算在执行过程中所必须作的部分调整方案。

(六)全国人民代表大会授予的其他职权

除上述职权外,全国人大常委会还有权执行全国人大授予的其他职权。如主持全国人民代表大会代表的选举,召集全国人民代表大会的会议,联系全国人大代表并组织他们视察,在全国人大闭会期间,领导各专门委员会的工作等。

四、全国人民代表大会常务委员会会议制度与工作程序

(一)会议制度

全国人大常委会会议一般每两个月举行一次,通常都在双月的下旬,会期大致一周左右。如

果有特殊的需要,经委员长会议决定,可以临时召集常委会会议。

常委会会议举行前,通常先召开委员长会议,拟订常委会会议议程草案,决定会议召开的日期和会期。常委会举行会议时,一般要召开若干次全体会议。它是常委会依法行使职权的基本会议形式。全体会议决定每次常委会会议的议程;听取法律案和其他议案的说明;听取国务院及有关部门、最高人民法院、最高人民检察院的工作报告;对法律案、人事任免案和其他有关议案、决议进行表决。常委会会议期间,还要召开若干次分组会议,它是常委会会议审议有关议案的主要会议形式。它的特点是人数少,发言不受时间限制,便于常委会组成人员和有关列席人员对审议的议题充分发表意见。分组会议在审议有关议案时,提交议案的有关部门派人到会,听取意见,回答询问。根据《全国人民代表大会常务委员会议事规则》,在分组审议的基础上,常委会可以再举行联组会议进行集中审议。联组会议在形式上也是全体会议,但不对议案进行表决,不决定问题,主要任务是对分组审议中比较重大的、有分歧的问题作进一步的集中审议。在联组会议上的发言时间,第一次不超过 15 分钟,第二次对同一问题的发言不超过 10 分钟,事先提出要求,经会议主持人同意,也可延长发言时间。这种会议形式便于常委会组成人员在充分交流、讨论的基础上求得比较一致的意见。

常委会会议一般公开举行。每次开会时都邀请和组织国内新闻媒体对会议的内容、进程和审议讨论的情况,包括对一些重大的不同意见作公开报道。常委会会议设有旁听席,邀请工会、妇联和共青团等人民团体负责人参加旁听。全国人大常委会每次举行会议时,下列人员列席全国人大常委会会议:国务院、中央军事委员会、最高人民法院、最高人民检察院的负责人;全国人大各专门委员会中不是常委会委员的主任委员、副主任委员和委员;全国人大常委会副秘书长;各省、自治区、直辖市的人大常委会主任或副主任;全国人大代表;全国人大其他有关部门的负责人。列席人员在常委会会议上有发言权,但没有表决权。常委会会议实行列席制度,可以使国务院及其有关部门、最高人民法院和最高人民检察院直接听到全国人大常委会对改进他们工作的意见和建议,加强全国人大常委会对"一府两院"的监督。同时,列席人员来自全国各地,来自各个行业,可以使全国人大常委会听到各方面包括地方、基层对议案的意见,使常委会通过的法律、做出的决定能更好地反映人民群众的意愿,更加符合客观实际。

(二)议案审议程序

1. 一般议案的审议程序

根据《全国人民代表大会组织法》,有权向全国人大常委会提出属于全国人大常委会职权范围内的议案的有:委员长会议,国务院,中央军事委员会,最高人民法院,最高人民检察院,全国人大各专门委员会。委员长会议提出的议案,由常委会会议审议。其他方面提出的议案,由委员长会议决定提请常委会会议审议;或者先把该议案交给有关的全国人大专门委员会审议,由专门委员会提出审议报告,委员长会议再根据该报告决定提请常委会会议审议。另外,全国人大常委会组成人员 10 人以上联名,也有权向全国人大常委会提出全国人大常委会职权范围内的议案,由委员长会议讨论决定提请常委会会议审议,或者把议案先交给有关的专门委员会审议、提出审议报告,委员长会议再决定该议案是否提请常委会会议审议;如果决定不提请常委会会议审议的,也要向常委会会议报告或者向提案人做出说明。

由全国人大常委会进行表决的议案,可以采用无记名投票方式、举手方式、按电子表决器或其他方式。所有议案的表决都以常委会全体组成人员的过半数赞成通过,表决结果由会议主持人当场宣布。在交付表决的议案中,如果有修正案的,要先表决修正案。对于人事任免案,既可以逐人表决,也可以整个人选名单合并表决。

2.法律案审议程序的特别规定

根据《立法法》的规定,全国人大常委会对法律案的审议与一般议案的审议相比有一些特殊要求。

(1)常委会的三审程序

对于进入全国人大常委会议程的法律案,一般要经过三次常委会会议的审议,即实行三审制。一审,在全体会议上听取提案人的说明,由常委会分组会议进行初步审议。二审,在经过两个月或者更长的时间,委员们对法律草案进行充分的研究以后,先在全体会议上听取法律委员会关于法律草案修改情况和主要问题的汇报,再由常委会分组会议围绕法律草案中的重点、难点和比较大的分歧意见,进行深入审议。三审,在全体会议上听取法律委员会关于法律草案审议结果的报告,由常委会分组会议对法律草案修改稿进行审议。如果分歧意见不大,由委员长会议决定提请全体会议交付表决。如果仍有重大分歧意见,可以暂不交付表决,提请以后的常委会会议继续审议。

列入常委会会议议程的法律案,各方面意见比较一致的,可以经两次常委会会议审议后交付表决;部分修改的法律案,各方面的意见比较一致的,也可以经一次常委会会议审议即交付表决。常委会审议法律案时,根据需要,可以召开联组会议或全体会议,对法律草案中的主要问题进行讨论。

(2)有关方面的审议

审议列入常委会会议议程的法律案由有关方面审议。一是由分组会议审议,二是由有关的专门委员会审议,三是由法律委员会统一审议。

分组会议审议提交常委会的法律案属于基本审议。所有列入常委会会议议程的法律案,都应当经过分组会议的审议。分组会议审议法律案时提案人应当派人听取意见,回答询问;根据小组的要求,有关机关、组织应当派人介绍情况。

有关的专门委员会审议提交常委会的法律案属于专门审议。凡列入常委会会议议程的法律案,都应当由有关的专门委员会审议。审议应当提出审议意见,印发常委会会议。审议时,可以邀请其他专门委员会的成员列席会议,发表意见。法律委员会审议提交常委会的法律案属于统一审议。凡列入常委会会议议程的法律案,均由法律委员会根据常委会组成人员、有关的专门委员会的审议意见和各方面提出的意见,对法律案进行统一审议,提出修改情况的汇报或审议结果报告和法律草案修改稿,对重要的不同意见应当在汇报或审议结果报告中予以说明。对有关的专门委员会的重要审议意见没有采纳的,应当向有关的专门委员会反馈。法律委员会审议法律案时,可以邀请有关的专门委员会的成员列席会议,发表意见。法律委员会和有关的专门委员会审议法律案时,应当召开全体会议审议,根据需要,可以要求有关机关、组织派有关负责人说明情况。专门委员会之间对法律草案的重要问题意见不一致时,应当向委员长会议报告。

3.听取意见

列入常委会会议议程的法律案,法律委员会、有关的专门委员会和常委会工作机构应当听取各方面的意见。听取意见可以采取座谈会、论证会、听证会等多种形式。常委会工作机构应当将法律草案发送有关机关、组织和专家征求意见,将意见整理后送法律委员会和有关的专门委员会,并根据需要,印发常务委员会会议。

列入常委会会议议程的重要的法律案,经委员长会议决定,可以将法律草案公布,征求意见。各机关、组织和公民提出的意见送常委会工作机构。

4.特殊情况下的终止审议

列入常委会会议议程的法律案,在交付表决前,提案人要求撤回的,应当说明理由,经委员长会议同意,并向常委会报告,对该法律案的审议即行终止。

列入常委会会议审议的法律案,因各方面对制定该法律的必要性、可行性等重大问题存在较大意见分歧搁置审议满两年的,或因暂不付表决经过两年没有再次列入常委会会议议程审议的,由委员长会议向常委会报告,该法律案终止审议。

5.法律案表决程序和法律公布程序

法律草案修改稿经常委会会议审议,由法律委员会根据常委会组成人员的审议意见进行修改,提出法律草案表决稿,由委员长会议提请常委会全体会议表决,由常委会全体组成人员的过半数通过。根据《全国人民代表大会常务委员会议事规则》,这里的过半数是指常委会全体组成人员的半数以上投赞成票。常委会通过的法律由国家主席签署主席令予以公布。

(三)法律解释程序

根据《立法法》和《全国人大常委会法律解释工作程序》。全国人大常委会解释法律应当遵循如下程序。

(1)提出法律解释要求。国务院、中央军事委员会、最高人民法院、最高人民检察院和全国人大各专门委员会以及省、自治区、直辖市的人大常委会可以向全国人大常委会提出法律解释要求。对于提出的法律解释要求,由常委会办公厅报秘书长批转法制工作委员会(简称法工委)研究拟订法律解释草案。委员长会议也可以向常委会提出法律解释草案的议案,并委托法工委研究拟订法律解释草案。

(2)法工委拟订法律解释草案,应当征求全国人大有关专门委员会和常委会有关工作机构的意见,听取提出法律解释要求的机关以及其他有关机关、组织和专家的意见。法工委应当在收到法律解释要求之日起45日内研究拟出法律解释草案或者提出处理意见。

(3)法工委研究拟订的法律解释草案,由委员长会议决定列入常委会会议议程。法律解释草案经常委会审议,由法律委员会根据常委会组成人员的审议意见和有关专门委员会的意见进行审议、修改,提出审议结果的报告和法律解释草案表决稿。法律解释草案表决稿由常委会全体组成人员的过半数通过。法律解释由常委会发布公告予以公布。

(四)听取和审议工作报告的程序

常务委员会全体会议听取国务院及国务院各部、各委员会和最高人民法院、最高人民检察院向常务委员会的工作报告。常务委员会全体会议听取工作报告后,可以由分组会议和联组会议进行审议。委员长会议可以决定将工作报告交有关的专门委员会审议,提出意见。常务委员会认为必要的时候,可以对工作报告做出决议。

(五)对立法的审查程序

1.被动审查

被动审查,即所谓的不告不理,《立法法》第90条对全国人大常委会的被动审查依申请主体的不同规定了两种情形。

(1)国务院、中央军事委员会、最高人民法院、最高人民检察院和各省、自治区、直辖市的人大常委会如果认为行政法规、地方性法规、自治条例和单行条例同宪法或者法律相抵触的,可以向全国人大常委会书面提出进行审查的要求,由全国人大常委会工作机构分送有关的专门委员会进行审查、提出意见。

(2)上述国家机关之外的其他国家机关和社会团体、企业事业组织以及公民如果认为行政法规、地方性法规、自治条例和单行条例同宪法或者法律相抵触的,可以向全国人大常委会书面提出进行审查的建议,由全国人大常委会工作机构进行研究,必要时,送有关的专门委员会进行审查、提出意见。两者的区别在于:对于前者专门委员会一般必须启动审查程序,而后者要经过法规审查工作机构筛选以后,决定是否送专门委员会审查,专门委员会可以审查也可以不审查。全国人大常委会收到多份以普通公民身份提起的对法规进行违法违宪审查建议,但都未启动相关程序。

2.主动审查

主动审查是与法规备案程序结合起来的。根据《宪法》和《立法法》等相关规定,行政法规、地方性法规、自治条例和单行条例、规章应当在公布后的30日内由以下机关报全国人大常委会;行政法规由国务院报全国人大常委会;省、自治区、直辖市人大及人大常委会的地方性法规由制定机关报全国人大常委会;较大的市的人大及人大常委会的地方性法规由省、自治区人大常委会报全国人大常委会;自治州、自治县的自治条例和单行条例由省、自治区、直辖市人大常委会报全国人大常委会;国务院根据全国人大及全国人大常委会的授权制定的法规,由国务院报全国人大常委会。

备案是指特定机关将法规文本送交接收备案的机关存查,以便后者掌握和了解相关部门制定了哪些法规。备案本身要求登记、统计和存档,只具有形式上的意义,但在我国,长期以来,备案同时也具有实质意义,即接收备案的主体要对报备法规的合宪性与合法性等进行审查,合称备案审查。由于备案审查的工作量大,而收效不明显。因此2000年《立法法》中仅就法规备案做了规定,未规定主动审查。但在2003年8月,十届全国人大第八次委员长会议上修订的《行政法规、地方性法规、自治条例和单行条例、经济特区法规备案审查工作程序》又明确了主动审查的程序,其中规定:"专门委员会对备案的法规认为需要审查的,可以提出书面的报告,经常委会办公厅、法工委研究,报秘书长同意后,进行审查。"以这一规定为契机,全国人大常委会法制工作委员会设立了内部工作机构法规审查备案室,以加强法规备案审查工作。

3.审查决定的做出

专门委员会经审查,认为行政法规、地方性法规、自治条例和单行条例同宪法或者法律相抵触的,可以向制定机关提出书面审查意见;也可以由法律委员会与有关的专门委员会召开联合审查会议,要求制定机关到会说明情况,再向制定机关提出书面审查意见。制定机关应当在两个月内研究提出是否修改的意见,并向全国人大法律委员会和有关的专门委员会反馈。最后,全国人大法律委员会和有关的专门委员会在审查时认为行政法规、地方性法规、自治条例和单行条例同宪法或者法律相抵触而制定机关不予修改的,这时才可以向委员长会议提出书面审查意见和予以撤销的议案,由委员长会议决定是否提请常务委员会会议审议决定。

(六)质询程序与询问程序

根据《全国人民代表大会组织法》和《全国人民代表大会常务委员会议事规则》,在常务委员会会议期间,常务委员会组成人员十人以上联名,可以向常务委员会书面提出对国务院及国务院各部、各委员会和最高人民法院、最高人民检察院的质询案。质询案必须写明质询对象、质询的问题和内容。质询案由委员长会议决定交由有关的专门委员会审议或者提请常务委员会会议审议。质询案由委员长会议决定,由受质询机关的负责人在常务委员会会议上或者有关的专门委员会会议上口头答复,或者由受质询机关书面答复。在专门委员会会议上答复的,专门委员会应当向常务委员会或者委员长会议提出报告。质询案以书面答复的,应当由被质询机关负责人签署,并印发常务委员会组成人员和有关的专门委员会。专门委员会审议质询案的时候,提质询案的常务委员会组成人员可以出席会议,发表意见。

五、代表资格审查委员会

代表资格审查委员会是全国人大常委会专门负责代表资格审查的常设机构。在 1982 年以前,代表资格审查委员会是属于全国人民代表大会的工作机构,1982 年开始改属全国人大常委会。

代表资格审查委员会由主任委员、副主任委员若干人和委员若干人组成。其人选由委员长会议在常委会组成人员中提名,常委会全体会议通过。主任委员一般由常委会副委员长担任。

代表资格审查委员会的职责是审查新选出的下一届人大代表的资格,审查补选的本届人大代表的资格。其审查方式是,代表资格审查委员会对新选出或补选的代表名单进行资格条件的审查后,向常委会提出审查结果的报告,常委会根据审查报告,确定代表资格是否有效。全国人大常委会在每届全国人民代表大会第一次会议前公布代表名单。

六、全国人民代表大会常务委员会的工作机构

常委会的工作机构是常委会的附属机构,负责为全国人民代表大会、常委会和专门委员会提供服务。全国人大常委会的工作机构由四部分组成。

(一)全国人大常委会秘书处

秘书处是全国人大常委会的综合协调机构,直接为委员长会议和委员长服务,它不能对外,对外必须用办公厅的名义。秘书处由全国人大常委会秘书长、副秘书长和专门委员会负责常务工作的副主任和工作委员会的有关负责人组成。秘书长主持秘书处的工作,召集秘书处会议。

秘书处下设一个局级办事机构——秘书组。

(二)全国人大常委会办公厅

办公厅是综合性办事机构,在全国人大常委会秘书长领导下工作,承办常委会的各项具体事务。

(三)全国人大常委会的工作委员会

1.全国人大常委会法制工作委员会

法制工作委员会是全国人大常委会的法制工作机构。法制工作委员会设主任一人、副主任若干人,由委员长会议提请常委会会议任免。

全国人大常委会法制工作委员会的主要职责有以下几个。

(1)受委员长会议委托,拟订有关法律方面的议案草案。

(2)为全国人大和全国人大常委会审议法律草案服务。

(3)对各省、自治区、直辖市人大常委会及中央和国家机关有关部门提出的有关法律方面问题的询问进行研究予以答复,并报常务委员会备案。

(4)研究处理并答复全国人大代表提出的有关法制工作的建议、批评和意见以及全国政协委员的有关提案。

(5)进行与人大工作有关的法学理论、法制史和比较法学的研究,开展法制宣传工作。

(6)负责汇编、译审法律文献的有关工作。

(7)负责法规备案审查工作。

(8)办理全国人大常委会领导交办的其他事项。

2.全国人大常委会预算工作委员会

预算工作委员会协助财政经济委员会承担全国人民代表大会及其常务委员会审查预决算、审查预算调整方案和监督预算执行方面的具体工作,受常务委员会委员长会议委托,承担有关法律草案的起草工作,协助财政经济委员会承担有关法律草案审议方面的具体工作,以及承办其他有关财政预算的具体事项。

3.全国人大常委会香港特别行政区基本法委员会和澳门特别行政区基本法委员会

这两个委员会的主要任务是,分别就有关香港特别行政区基本法第17条、第18条、第158条、第159条和澳门特别行政区基本法第17条、第18条、第143条、第144条实施中的问题进行研究,并向全国人民代表大会常务委员会提供意见。

(四)各专门委员会的办事机构

除法律委员会外,全国人大的各专门委员会都有自己的一套办公机构,一般设有办公室和若干业务室,但规模都比较小。法律委员会只设了一个小的办公室,以法制工作委员会的各室为自己的办公机构。

第四节　国家主席

一、我国国家主席制度的历史沿革

中华人民共和国国家主席制度经历了四个发展阶段：第一阶段，1949年新中国成立至1954年第一部社会主义宪法的颁布；第二阶段，1954年国家主席的设立至1975年宪法对国家主席的撤销；第三阶段，自1975年国家主席在宪法上的缺位至1982年新宪法对国家主席的恢复；第四阶段，1982年至今国家主席制度的稳步发展时期。

新中国成立初期到1954年，在国家机构体系中，没有设置专门的国家主席，但当时设有中央人民政府委员会主席，中央人民政府主席主持中央人民政府委员会会议和领导中央人民政府委员会的工作，在国家政治生活中发挥着重要作用。由于当时的中央人民政府是整个中央政权组织的总称，因此中央人民政府主席实际上就相当于国家主席。

中华人民共和国正式设置国家主席开始于1954年9月召开的第一届全国人民代表大会，会议制定了中国第一部社会主义宪法。1954年宪法规定，在全国人民代表大会之下设立全国人民代表大会常务委员会和中华人民共和国主席，取消中央人民政府委员会，国家主席是政治体制中一个独立的国家机构，既是国家的代表，又是国家的象征。根据1954年宪法，国家主席统帅全国武装力量，担任国防委员会主席；主席在必要的时候可以召开国务会议，担任最高国务会议主席。最高国务会议由中华人民共和国副主席、全国人民代表大会常务委员会委员长、国务院总理和其他有关人员参加。最高国务会议对于国家重大事务的意见，由主席提交全国人民代表大会、全国人大常委会、国务院或其他有关部门讨论并决定。

1954—1965年，中国的国家主席制度基本上得到正常运转。1954年9月至1959年4月，毛泽东担任国家主席。1959年和1965年，刘少奇两次当选为国家主席。在1954—1965年期间，国家主席根据全国人民代表大会及其常务委员会的决定，公布了大批的法律法令，召开了多次国务会议，接见外国使节，并进行了其他许多有关的职务活动。

1975年1月17日，第四届全国人民代表大会第一次会议通过了中华人民共和国成立后的第二部成文宪法，这部宪法正式取消了国家主席的建制。1978年3月5日，第五届全国人民代表大会第一次会议通过了中华人民共和国成立后的第三部成文宪法。该部宪法仍然不设置国家主席，但是它把1954年宪法所规定的由国家主席行使的一些职权，包括：接受外国使节；根据全国人民代表大会或者全国人民代表大会常务委员会的决定，公布法律和法令，派遣和召回驻外全权代表，批准同外国缔结的条约，授予国家的荣誉称号的重要职权，改为由全国人民代表大会常务委员会委员长行使。

1982年12月4日，第五届全国人民代表大会第五次会议通过了中华人民共和国成立后的第四部成文宪法，恢复设置国家主席、副主席。

二、国家主席的宪法地位与职权

中华人民共和国国家主席是中央国家机构的重要组成部分，是一个独立的国家机关。国家主席根据全国人民代表大会和全国人民代表大会常务委员会的决定行使各项国家元首的权力。国家主席在对外活动中,代表中华人民共和国,享有国家的最高代表权。从国家活动的程序性、礼仪性、象征性意义看,国家主席具有最高的地位;但从国家活动的实质性意义看,国家主席本身不独立决定任何国家事务,而是根据全国人民代表大会及其常务委员会的决定行使职权,处于全国人民代表大会的从属地位。根据《宪法》规定,中华人民共和国国家主席的职权分为对内职权和对外职权两个部分。

(1)对内职权。中华人民共和国国家主席的对内职权是:根据全国人民代表大会的决定和全国人民代表大会常务委员会的决定,公布法律,任免国务院总理、副总理、国务委员、各部部长、各委员会主任、审计长、秘书长,授予国家的勋章和荣誉称号,发布特赦令,宣布进入紧急状态,宣布战争状态,发布动员令。此外,国家主席还要以国家主席的身份参加社会活动,在宪法范围内根据需要和可能,对社会主义建设的各个方面发挥政治影响力。

(2)对外职权。中华人民共和国国家主席的对外职权是:代表中华人民共和国,接受外国使节;根据全国人民代表大会常务委员会的决定,派遣和召回驻外全权代表,批准和废除同外国缔结的条约和重要协定。2004年的宪法修正案在"中华人民共和国主席代表中华人民共和国,接受外国使节"中加入"进行国事活动"。从文义而言,国事活动不仅包括对外活动还包括对内活动,在国外,同有关国家的元首互相通电、往来书信,必要的时候出访外国,在国与国之间最高层次的领导人范围内进行国事交谈、互换意见,宣传国策,发表讲话,争取国际的支持和同情等等。从宪法修正案的文本而言,修正后的第81条是"中华人民共和国主席代表中华人民共和国,进行国事活动,接受外国使节;根据全国人民代表大会常务委员会的决定,派遣和召回驻外全权代表,批准和废除同外国缔结的条约和重要协定",由于本条其他文字均是规定主席外交方面的职权(主席在内政方面的职权均规定于第80条),因此从逻辑体系而言,这里的国事活动似应限于对外事务。而王兆国对于宪法这一修改的说明中则称:"作这样的规定,主要的考虑是:当今世界,元首外交是国际交往中的一种重要形式,需要在宪法中对此留有空间。"显然这也是主要出于外事活动角度的考虑。另外,国事活动一词原本也不限于礼仪性和形式性的事务,也可以是实质上的国政决定权,但此处应限于前者。

根据我国《宪法》的相关规定,国家主席的主要职权有以下几项。

(1)公布法律权。国家法律经全国人民代表大会及其常务委员会通过后,只有由国家主席向社会公布后才能生效,这是中华人民共和国立法程序的最后一个环节。

(2)发布命令权。国务院总理的任免令、特赦令、戒严令、动员令以及战争状态,只能由国家元首发布。其中,自1959年以来,国家主席已经发布了6次特赦命令。

(3)任免权。即任免国务院的组成人员。

(4)荣典权。即授予国家最高荣誉的权力。

(5)进行国事活动权。

对于国家主席是不是我国的国家元首,一直存有不同的观点。有人主张,我国是集体元首,即国家主席和全国人民代表大会常务委员会结合起来共同行使国家元首的职权。刘少奇在1954年宪法草案报告中也说:"我们的国家元首职权由全国人民代表大会所选出的全国人民代表大会常务委员会和中华人民共和国主席结合起来行使。我们的国家元首是集体的国家元首。"

事实上,国家元首作为国家对内对外的代表,不可能由一个人数众多的组织来承担。国家元首职位的主要职能只是对内对外代表本国,拥有使节权和缔约权等,主要是一些礼仪性、形式性的事务,并需要拥有真正的决策权。一般将国家元首分为虚位元首和实权元首,但实际上只有在虚位元首,其所拥有的才是本来意义上的元首权,即元首这一职位所一般必然拥有的权力,而实权元首,其所拥有的实权实际上已经不是国家元首权力,而是全部或部分的政府首脑权力,只是因为其同时担任政府首脑,而显得是国家元首权。一般说来,在实行内阁制(如英国和日本)或委员会制(如瑞士)的国家,元首都是虚位元首,而在实行总统制(如美国)与混合制(半总统制,如法国与俄国)的国家,则实行实权元首制。现在,我国的国家元首就是国家主席,已经得到了学术界绝大多数人的支持,我国官方媒体和国际社会也都把中国的国家主席看作国家元首。

三、国家主席的组织制度

中华人民共和国国家主席、副主席都由全国人民代表大会选举产生。其产生程序是:在全国人民代表大会会议召开期间,由选举产生的代表组成会议主席团,会议主席团提出国家主席、副主席的候选人名单,由各代表团讨论。然后,会议主席团根据多数票原则确定正式候选人名单,用等额选举的办法,提交大会表决,产生国家主席和副主席。

中华人民共和国国家主席、副主席的候选人必须具备下列条件:中华人民共和国公民,具有中华人民共和国国籍;具有选举权和被选举权;年满 45 周岁。1982 年宪法修改了 1954 年宪法关于国家主席的候选人的年龄,即把 35 周岁改为 45 周岁。这是因为国家主席是国家的代表,国家主席必须是政治成熟、经验丰富、阅历广泛、具有较高声誉和威望的公民,如果达不到一定年龄,难以具备这些条件。

中华人民共和国主席、副主席每届任期为 5 年,连续任期不得超过两届 10 年。国家主席、副主席行使职权到下届全国人民代表大会选出的国家主席、副主席就职为止。全国人民代表大会有权罢免国家主席。

中华人民共和国副主席协助主席工作;受国家主席的委托,可以代行国家主席的部分职权。中华人民共和国主席缺位的时候,由副主席继任主席的职位。中华人民共和国副主席缺位的时候,由全国人民代表大会补选。中华人民共和国国家主席、副主席都缺位的时候,由全国人民代表大会补选;在补选以前,由全国人民代表大会常务委员会委员长暂时代理主席职位。

第五节 国务院

一、国家行政机关概述

(一)国家行政机关的概念

国家行政机关亦称国家管理机关,是指行使国家行政权力,管理国家内政、外交等事务的国家机关。行政机关是国家机构的重要组成部分。行政机关通常也称为政府,但政府一词有广义和狭义之分,广义政府包括立法机关、行政机关和司法机关。在大多数西方国家,政府一词主要在广义上使用。狭义政府即国家行政机关,我国宪法规定的国务院和地方各级人民政府指狭义的政府。

（二）行政机关的特征

1.行使国家行政职权,管理国家行政事务

行政权是和立法权、司法权并列的国家重要权力,在整个国家权力体系中,立法权由议会行使,行政权由行政机关行使,司法权由法院行使,这是国家权力分工的必然要求,行政机关行使行政权而非其他国家权力亦是行政机关区别于其他国家机关的本质特征。

2.上下级之间是领导与服从关系

各级行政机关及各组成部门上下之间,构成领导与服从的主从关系,上级行政机关领导下级行政机关,下级行政机关从属于上级行政机关,向上级行政机关负责和报告工作。

3.行政机关一般实行首长负责制

行政机关由于代表国家直接对公民、法人和其他组织实施管理,特别要求权限清楚、责任明确,故在决策体制上一般实行首长负责制。而国家权力机关和国家司法机关行使职能通常都采取合议制的形式。

（三）行政机关的分类

按照不同标准,可将国家行政机关分为不同的种类,如根据管辖范围,行政机关分为中央行政机关和地方行政机关,根据行政机关在国家机构中的法律地位及其与立法机关、司法机关的关系,行政机关可以分为责任内阁制、总统制、委员会制和人民代表大会制度下的行政机关等类型。这里主要介绍一下资本主义国家行政机关的类型。

1.内阁制

这种类型的主要特征是:第一,政府首脑由在国会中占多数席位的政党或政党联盟的领袖出任;第二,政府其他组成人员根据政府首脑的提名任命;第三,政府对议会负责,如果议会不信任政府,政府就要辞职或提请国家元首解散议会,重新大选;第四,国家元首是虚位元首,不掌握国家的实际权力。

内阁制的突出特点是议会与政府相互渗透,政府成员一般由议员兼任,议会的一些重要议案都来自于政府,政府控制着议会的议程,在一些国家,由于政府是多党联盟的产物,所以政府稳定与否主要取决于政党之间的关系。采取内阁制的国家主要有德国、意大利、西班牙、荷兰、丹麦、日本、加拿大、澳大利亚等。

2.总统制

这种类型的主要特征是:第一,总统和议会分别由选举产生,总统既是国家元首,又是行政首脑,总统享有实际的国家权力;第二,总统不对议会负责,而直接向选民负责,政府其他组成人员向总统负责,政府不必取得议会信任,但议会可依法弹劾政府组成人员,总统也不能解散议会;第三,政府与议会完全分离,政府的组成人员不能担任国会议员,政府也不能向国会提出议案。

实行总统制的国家主要有美国、菲律宾、墨西哥等,其中美国是实行总统制的典型国家,美国总统既是国家元首又是行政首脑,掌握着国家的行政权力。

3.委员会制

这种类型的特征是:最高行政机关由委员会组成,行政首脑由委员会成员轮流担任,委员会集体行使职权。实行委员会制的典型国家是瑞士,瑞士最高国家行政机关是联邦委员会,联邦委员会委员由联邦议会两院(国民院和联邦院)联席选出 7 名委员组成,任期与联邦议会相同,联邦委员会委员担任 7 个部的部长,其中选出一人担任联邦主席,另一人为副主席,任期 1 年,不得连任,联邦主席主持联邦委员会,代表国家进行国事活动,但它并没有什么特殊权力,地位与其他委员平等。联邦委员会从属于议会,所以无权解散议会,但议会不得对委员会提出不信任案。

(四)行政机关的职权

从世界范围看,世界各国行政机关的职权非常广泛,而且有不断扩大的趋势。从各国宪法规定行政机关职权的情况看,差别很大,有些国家作了规定,但许多国家的宪法并没有明确规定,实践中,各国行政机关行使的职权主要有以下几方面:

1.执行法律,制定法规,发布命令

代议机关是立法机关,行政机关则是执行机关,执行法律是由行政机关的性质决定的。在执行法律的过程中,为履行职责,可以制定法规,发布命令。例如,《日本宪法》第 73 条规定,内阁"诚实执行法律,总理国务","为实施本宪法及法律的规定而制定政令"。

2.管理国家内政和外交事务的职权

管理国家内政、外交事务是行政机关的重要职权。内政事务涉及范围很广,涉及科教、卫生、社会福利等方方面面的工作,包括编制国家预算、管理行政事务、保障社会秩序和任免官吏等。外交权是处理国家对外事务的权力,主要包括缔结条约或协定,制定外交政策,派出和召回外交使节,接受外国来使等。

3.其他职权

其他职权是指除上述权力以外的职权,如向议会提出议案、授予荣誉称号、紧急权力、赦免权和减刑权等。例如,《日本宪法》第 73 条规定,内阁"决定大赦、特赦、减刑、免除刑罚执行及恢复权利"。

二、国务院的性质和地位

我国现行《宪法》第 85 条规定:"中华人民共和国国务院,即中央人民政府,是最高国家权力机关的执行机关,是最高国家行政机关。"宪法的这一规定表明了国务院的性质和它在国家机构体系中所处的地位。

（一）国务院的性质

1.国务院是中央人民政府

国务院在对外交往中以中华人民共和国政府的名义进行活动,代表国家主权。我国是单一制国家,只有一个中央人民政府,地方人民政府都从属于国务院,国务院同地方各级人民政府一起组成国家行政机关系统。

2.国务院是最高国家权力机关的执行机关

在我国,全国人大及其常委会是最高国家权力机关,行使国家立法权和最高决定权,国务院由全国人大产生,并对全国人大及其常委会负责,全国人大及其常委会制定的法律由国务院贯彻执行,另外,最高国家权力机关就国家重大事务所作出的决定,如国民经济和社会发展计划和国家预算等,也需要由国务院去执行。

3.国务院是最高国家行政机关

从行使职权性质看,国务院既不是立法机关,也不是审判机关、检察机关,而是行使行政权、组织和管理国家行政事务的行政机关。

（二）国务院的地位

国务院的地位可以从两个不同的角度加以理解,一是相对全国人大及其常委会而言,国务院处于从属地位,二是在国家行政机关体系中,国务院处于最高地位。

1.国务院和最高国家权力机关之间是从属关系

国务院通过领导和管理各方面的行政活动来执行全国人大和全国人大常委会通过的法律和决议。国务院由全国人大产生,受它监督,并向它负责和报告工作。在全国人大闭会期间,接受全国人大常委会的监督,并向它负责和报告工作。

2.国务院在整个国家行政系统中处于最高地位

国务院统一领导各部、各委员会的工作,统一领导地方各级行政机关的工作。全国一切国家行政机关都必须服从和接受国务院的统一领导,执行国务院的决定和命令。

三、国务院的组成和任期

根据宪法和2008年《国务院工作规则》,国务院由总理、副总理若干人、国务委员若干人、各部部长、各委员会主任、审计长、中国人民银行行长和秘书长组成。与1978年宪法相比,现行宪法在国务院组成的规定上有三个方面的变化。

(1)增设国务委员。国务委员的职位相当于国务院副总理级,国务委员受总理委托,负责某些专门工作或者专项任务并且可以代表国务院进行外事活动。

(2)恢复了1954年宪法中关于秘书长作为国务院组成人员的规定。

（3）增设了审计长一职。宪法虽然没有规定中国人民银行行长为国务院的组成人员，但2008年制定的《国务院工作规则》在规定国务院组成人员职责的内容中，将中国人民银行行长纳入了国务院的组成人员。

根据宪法规定，国务院总理的人选由国家主席提名，由全国人民代表大会决定，通过之后，由国家主席任命。国务院副总理、国务委员、各部部长、各委员会主任、审计长、秘书长根据总理提名，由全国人民代表大会决定。在全国人民代表大会闭会期间，根据总理提名，全国人大常委会可以决定国务院部长、委员会主任、审计长、秘书长的人选。

国务院的任期同全国人大任期相同，每届5年。国务院总理、副总理、国务委员连续任职不得超过两届。

四、国务院的领导体制和会议制度

（一）国务院的领导体制

我国现行《宪法》第86条规定："国务院实行总理负责制。"总理负责制即行政首长负责制，它与集体负责制是两种不同的领导体制，具体是指国务院总理对他主管的工作负全部责任，与负全部责任相联系的是他对自己主管的工作有完全决定权。总理负责制的具体内容包括以下几项内容。

（1）总理由国家主席提名，并根据全国人大的决定，由国家主席任命。这意味着总理受命于国家，承担总管全国行政的重任。

（2）国务院其他组成人员由总理提名，全国人民代表大会决定，在全国人民代表大会闭会期间，全国人大常委会有权决定部长、委员会主任等人选，国家主席任命。

（3）总理领导国务院工作，副总理、国务委员协助总理工作，国务院其他组成人员都是在总理领导下工作，向总理负责。

（4）总理召集和主持国务院全体会议和国务院常务会议。国务院工作中的重大问题，必须在国务院会议上讨论，由总理集中正确意见，形成国务院的决定，不采用少数服从多数的表决方式。

（5）国务院发布的决定、命令和行政法规，向全国人民代表大会及其常务委员会提出的议案，任免国务院有关人员的决定，都得由总理签署。

根据我国《宪法》和《国务院组织法》的规定，各部、各委员会实行部长、主任负责制。各部部长、各委员会主任领导本部门的工作，召集和主持部务会议或者委员会会议、委务会议，签署上报国务院的重要请示、报告和下达的命令、指示。副部长、副主任协助部长、主任工作。

国务院实行总理负责制是由国务院的性质和任务决定的。国务院的性质是行政机关，行政机关的任务是执行国家权力机关的决定。权力机关在决定问题时，必须采取合议制的形式，实行少数服从多数的原则。而行政机关在执行权力机关的决定时，则需要高度的集中指挥，才能提高工作效率，及时地处理各种繁杂的事务，如果行政机关采取集体负责的形式，会影响效能。总理负责制并不违背民主集中制原则，尽管总理对要论的问题有最后决定权，但并不意味着总理可以独断专行，他在作出决定之前，必须听取各方面的意见，采纳其中正确可行的部分。所以，总理负责制是民主集中制原则在行政机关领导体制中的具体表现。

（二）国务院的会议制度

根据《国务院组织法》和《国务院工作规则》，国务院会议分为国务院全体会议和国务院常务会议。这两种会议都是由总理召集和主持，国务院工作中的重大事项必须经国务院全体会议或国务院常务会议讨论决定。

国务院全体会议由国务院全体成员，即总理、副总理、国务委员、各部部长、各委员会主任、中国人民银行行长、审计长、秘书长组成，由总理召集和主持。国务院全体会议的主要任务主要有如下两项。

（1）讨论决定国务院工作中的重大事项。

（2）部署国务院的重要工作。国务院全体会议一般每半年召开一次，根据需要可安排有关部门、单位负责人列席会议。

国务院常务会议由总理、副总理、国务委员、秘书长组成，由总理召集和主持。国务院常务会议的主要任务包括如下几项。

（1）讨论决定国务院工作中的重要事项。

（2）讨论法律草案、审议行政法规草案。

（3）通报和讨论国务院其他事项。国务院常务会议一般每周召开一次。根据需要可安排有关部门、单位负责人列席会议。

五、国务院的职权

新中国成立以来，国务院职权呈逐步扩大的趋势。现行《宪法》第89条规定了国务院拥有广泛的职权，共有18项，概括起来主要有以下几方面：

（一）行政法规的制定和发布权

行政法规，是国务院为领导和管理国家各项行政工作，根据宪法和法律制定的具有普遍约束力的规范性文件。其效力低于宪法和法律，其内容不得与宪法和法律相抵触，否则无效。根据《立法法》第56条规定，行政法规可以就下列事项作出规定：为执行法律的规定需要制定行政法规的事项，宪法第89条规定的国务院行政管理职权的事项。根据国务院颁布的《行政法规制定程序条例》，行政法规的名称一般称"条例"，也可以称"规定"、"办法"等。国务院根据全国人民代表大会及其常务委员会的授权决定制定的行政法规，称"暂行条例"或者"暂行规定"。

（二）行政措施制定权

国务院在行政管理中认为需要的时候，或者为了执行法律和执行最高国家权力机关的决议，有权采取各种具体办法和实施手段。

（三）提出议案权

根据宪法规定，国务院有权向全国人大和全国人大常委会提出议案。国务院是最高国家行政机关，对工作中需要由全国人大及其常委会制定法律或者作出决议的事项，有权向全国人大及其常委会提出议案。国务院所提议案的范围大致包括以下五个方面。

(1)国民经济和社会发展计划和计划执行情况。

(2)国家预算和预算的执行情况。

(3)必须由全国人民代表大会常务委员会批准和废除的同外国缔结的条约和重要协定。

(4)国务院组成人员中必须由全国人民代表大会或者全国人民代表大会常务委员会决定任免的人选。

(5)在国务院职权范围内的其他必须由全国人民代表大会或全国大常务委员会审议和决定的事项。

（四）国家行政工作的组织领导权

根据宪法规定,国务院有权规定各部和各委员会的任务和职责,统一领导各部和各委员会的工作,并且领导不属于各部和各委员会的全国性的行政工作;统一领导全国地方各级行政机关的工作,规定中央和省、自治区、直辖市的国家行政机关的职权的具体划分。审定行政机构的编制,依照法律规定任免、培训、考核和奖惩行政人员。

（五）国家内政、外交等各方面的行政工作的领导权和管理权

国家内政、外交等各方面的行政工作的领导权和管理权主要包括:编制和执行国民经济和社会发展计划和国家预算;领导和管理经济工作和城乡建设;领导和管理教育、科学、文化、卫生、体育和计划生育工作;领导和管理民政、公安、司法行政和监察等工作;管理对外事务,同外国缔结条约和协定;领导和管理国防建设事业;领导和管理民族事务,保障少数民族的平等权利和民族自治地方的自治权利;保护华侨的正当的权利和利益,保护归侨和侨眷的合法的权利和利益;批准省、自治区、直辖市的区域划分,批准自治州、县、自治县、市的建置和区域划分;依照法律规定决定省、自治区、直辖市的范围内部分地区进入紧急状态。

（六）行政监督权

国务院有权改变或者撤销各部、各委员会发布的不适当的命令、指示和规章;有权改变或者撤销地方各级国家行政机关的不适当的决定和命令。

（七）全国人大及其常委会授予的其他职权

这些职权是指宪法和法律没有明确授权,但在行政管理中,需要由国务院行使的职权。例如,第六届全国人民代表大会第三次会议决定:"授权国务院对于有关经济体制改革和对外开放方面的问题,必要时可以根据宪法,在同有关法律和全国人民代表大会及其常务委员会的有关决定的基本原则不相抵触的前提下,制定暂行的规定或者条例。"

六、国务院的机构设置

新中国成立以来,国务院机构设置几经调整和改革,变动很大。改革开放以来,中国分别在1982年、1988年、1993年、1998年、2003年和2008年进行了六次规模较大的政府机构改革。根据党的十八大精神,国务院机构今后改革的主要任务是围绕转变政府职能和理顺部门职责关系,探索实行职能有机统一的大部门体制,合理配置宏观调控部门职能,加强能源环境管理机构,整

合完善工业和信息化、交通运输行业管理体制,以改善民生为重点加强与整合社会管理和公共服务部门。改革后,除国务院办公厅外,国务院的构成部门将有所变化,包括设直属机构、直属特设机构、办事机构、直属事业单位以及议事协调机构等。

(一)国务院办公厅

国务院办公厅是协助国务院领导处理国务院日常工作的机构。根据《国务院组织法》的规定,国务院设立办公厅,由秘书长领导,秘书长受总理领导。并设副秘书长若干人,协助秘书长工作。

(二)国务院组成部门

该部门是指履行国务院基本的行政管理职能的部、委、行、署。各部、各委员会,如公安部、财政部、外交部、国家发展改革委员会等。

(1)国务院各部、各委员会是主管特定方面工作的国家行政机关,受国务院的统一领导。各部设部长1人,副部长2~4人;各委员会设主任1人,副主任2~4人;委员5~10人。各部、各委员会实行部长、主任负责制。各部、各委员会根据法律和国务院的行政法规、决定、命令,在本部门的权限内发布命令、指示和规章。

(2)中国人民银行,是在国务院领导下,制定和执行货币政策,防范和化解金融风险,维护金融稳定的中央银行。中国人民银行设行长1人,副行长若干人。

(3)审计署,审计机关是1982年宪法新设立的机关,审计署通过行使审计监督权对国务院各部门和地方各级政府的财政收支,以及对国家的财政金融机构和企业事业组织的财务收支,进行审计监督。审计署在国务院总理领导下,依照法律规定独立行使审计监督权,不受其他行政机关、社会团体和个人的干涉。

(三)国务院直属特设机构

国务院国有资产监督管理委员会,是国务院直属正部级特设机构,根据有关法律和国务院授权代表国务院对国家出资企业履行出资人职责。

(四)国务院直属机构

国务院直属机构是在国务院统一领导下主管专门业务的机关,具有独立的行政管理职能,直属机构的地位比部、委稍低,其负责人不是国务院的组成人员。每个直属机构设负责人2~5人,由国务院总理任免。目前,国务院直属机构包括:中华人民共和国海关总署、国家税务总局、国家工商行政管理总局、国家质量监督检验检疫总局、国家广播电影电视总局、国家新闻出版总署(国家版权局)、国家体育总局、国家安全生产监督管理总局、国家统计局、国家林业局、国家知识产权局、国家旅游局、国家宗教事务局、国务院参事室、国务院机关事务管理局、国家预防腐败局。

(五)国务院办事机构

该机构是国务院根据国务院组织法的规定设立的协助总理办理专门事项的机构。办事机构不具有独立的行政管理职能,每个办事机构设负责人2~5人,由国务院总理任免。目前,国务院办事机构有四个:国务院侨务办公室、国务院港澳事务办公室、国务院法制办公室、国务院研究室。

（六）国务院直属事业单位

国务院设立的直属事业单位共有 14 个：新华通讯社、中国科学院、中国社会科学院、中国工程院、国务院发展研究中心、国家行政学院、中国地震局、中国气象局、中国银行业监督管理委员会、中国证券监督管理委员会、中国保险监督管理委员会、国家电力监管委员会、全国社会保障基金理事会、国家自然科学基金委员会。

第六节　中央军事委员会

一、中央军事委员会的历史沿革

在中华人民共和国成立初期，《中央人民政府组织法》规定，中央人民政府人民革命军事委员会统一管辖并指挥全国人民解放军和其他人民武装力量。人民革命军事委员会设主席一人，副主席若干人，委员若干人。1954 年宪法规定，中华人民共和国主席统帅全国武装力量，担任国防委员会主席。国防委员会副主席和委员的人选，由全国人大根据国家主席的提名决定。国家主席毛泽东、刘少奇先后担任国防委员会主席。国防委员会是咨询性质的机构，不是武装力量的领导机关，武装力量的统帅权仅由国家主席掌握。1975 年宪法和 1978 年宪法，均取消了国家机构中军事统辖机关的建制，规定中国共产党中央委员会主席统率全国武装力量。

1982 年宪法规定设立中华人民共和国中央军事委员会。国家的中央军委和共产党的中央军委相互重叠，不仅在名称上一致，在人员组成上也完全一致。在对宪法进行修改的过程中，邓小平同志提出，应当设立国家的中央军委，军队在国家体制中的地位应当有所规定。宪法修改草案形成以后，中共中央专门发出通知，对国家设立中央军事委员会的问题作了详细解释。通知指出，军队是国家机构的重要组成部分，作为国家根本大法的宪法，对军队在国家体制中的地位应当有所规定，否则，就很不完备。中华人民共和国设立中央军事委员会，领导全国武装力量，是有关国家体制和军队领导体制的很重要的规定，是党中央的重大决策。设立国家的中央军事委员会，绝不是取消或者削弱党对军队的领导。党的中央军委和国家的中央军委实际上将是一个机构，组成人员和对军队的领导职能完全一致，只是在党内和国家机构内同时有两个地位，而这在国家体制上是完全必要的。

二、中央军事委员会的宪法地位与特点

中华人民共和国中央军事委员会是全国武装力量的领导机关，是国家最高军事领导机关。中央军事委员会对全国人大及其常委会负责，接受全国人大常委会的监督。宪法没有规定中央军事委员会或其主席向全国人大及其常委会报告工作，这是因为军事行动具有国家机密性，不宜报告工作。

与西方我国的军事统帅制度相比，我国的中央军事委员会有以下两个特点。

(1)西方国家的武装力量最高统帅绝大多数是由国家元首兼任（其中有一些只是形式上的统

帅),中国军队的最高统帅是中央军事委员会主席。

(2)西方国家根据"军队国家化"原则,实行的是军队中立,在国内政治上保持中立,军队与政党没有直接关系。在中国,按照"党指挥枪"的原则,中国共产党直接领导中国人民解放军,在军事系统内设有党的组织机构,在中国共产党中央委员会下设有中央军事委员会,与国家的中央军事委员会是"两块牌子,一套班子"。

军事委员会制度的这两个特点既保证了中国共产党对武装力量的领导,又体现了武装力量属于人民、军队是国家政权的重要组成部分的原则。西方国家实行的是文职统治的原则,除最高军事指挥机关是由职业军人组成外,武装力量最高统帅、最高国防决策机关和最高军事行政机关都是由文职人员组成。在我国,军事委员会组成人员除主席、部分副主席外,都是军人,国防部部长也一直由军人担任。

三、中央军事委员会的组成与领导体制

中央军事委员会是一个集体组成的国家机关,采取委员会制的组织形式。中央军事委员会由主席、副主席若干人、委员若干人组成。全国人民代表大会选举中央军事委员会主席;根据中央军事委员会主席的提名,决定中央军事委员会其他组成人员的人选,在全国人大闭会期间,全国人大常委会根据中央军事委员会主席的提名,决定中央军事委员会其他组成人员的人选。全国人民代表大会有权罢免中央军事委员会主席及其他人选。中央军事委员作为全国人民代表大会产生的机关,其任期与后者相同,都是 5 年。考虑到军事的特殊性,宪法没有对中央军委主席、副主席的连续任职做出限制。

中央军事委员会之下,设有人民解放军总部机关,即中国人民解放军总参谋部、总政治部、总后勤部、总装备部。总部既是中央军委的工作机关,又是全军军事、政治、后勤、装备工作的领导机关。总参谋部负责组织领导全国武装力量的军事建设,组织指挥全国武装力量的军事行动。总政治部负责管理全军党的工作,组织进行政治工作。总后勤部负责组织领导全军后勤工作。总装备部负责组织领导全军装备工作。

就组织形式来说,中央军事委员会实行委员会制,对重大问题的决定当然需要经过集体讨论,但就领导体制来说,根据宪法规定,中央军事委员会实行主席负责制,则主席在委员会中处于领导地位。这一特性主要体现在以下几个方面。

(1)中央军委副主席和委员的人选由中央军事委员会主席向全国人大提名。

(2)中央军委发布军令和其他命令必须由中央军委主席签署。

(3)宪法规定向对全国人大及其常委会负责的是中央军事委员会主席而非中央军委。

军事委员会制度的这一特性就要求军委全体必须向军委主席负责,接受军委主席的领导,否则军委主席无法对最高国家权力机关负责。

四、中央军事委员会的职权

我国的武装力量包括中国人民解放军、中国人民武装警察部队和民兵。中华人民共和国中央军事委员会作为国家最高军事机关,负责领导全国武装力量,其职权主要包括:统一指挥全国武装力量;决定军事战略和武装力量的作战方针;领导和管理中国人民解放军的建设,制定规划、

计划并组织实施;向全国人民代表大会或者全国人民代表大会常务委员会提出议案;根据宪法和法律,制定军事法规,发布决定和命令;决定中国人民解放军的体制和编制,规定总部以及军区、军兵种和其他军区级单位的任务和职责;依照法律、军事法规的规定,任免、培训、考核和奖惩武装力量成员;批准武装力量的武器装备体制和武器装备发展规划、计划,协同国务院领导和管理国防科研生产;会同国务院管理国防经费和国防资产;法律规定的其他职权。

中央军事委员会是国家最高军事领导机关,但它并非我国具有国防领导职权的唯一机关。根据宪法、国防法以及其他相关法律规定,中共中央、全国人大及其常务委员会、国家主席、国务院和国防部等也在各自范围内行使国防领导职权。中央军事委员会在执行宪法和赋予的职权时,应当处理好与这些机关的关系。

(一)中共中央

中共中央在国防事务中发挥着决定性的领导作用。《中国人民解放军政治工作条例》规定:"中国人民解放军必须置于中国共产党的绝对领导之下,其最高领导权和指挥权属于中国共产党中央委员会和中央军事委员会。"有关国防、战争和军队建设的重大问题,都是由中共中央、中央政治局及其常务委员以及中共中央军委做出决策并通过必要的法定程序,作为党和国家的统一决策贯彻执行。

(二)全国人民代表大会及其常务委员会

全国人民代表大会是最高国家权力机关,全国人大常委会是最高国家权力机关的执行机关,它们的职权中有许多是与国防有关的,例如决定战争与和平的问题;决定战争状态的宣布;决定全国总动员或者局部动员;制定有关国防方面的法律;选举和决定中央军委的组成人员;审查和批准包括国防建设计划在内的国民经济和社会发展计划和计划执行情况的报告;审查和批准包括国防经费预算在内的国家预算和预算执行情况的报告;监督中央军事委员会的工作;决定同外国缔结的有关国防方面的条约和重要协定的批准和废除;规定军人的衔级制度;规定和决定授予在国防方面国家的勋章和荣誉称号等。

(三)国家主席

中华人民共和国主席在国防方面的职权是形式意义上的,主要是对全国人民代表大会和全国人民代表大会常务委员会的相关法律和决定予以正式公布。

(四)国务院

国务院在国防方面的职权是领导和管理国防建设,包括:编制国防建设发展规划和计划;制定国防建设方面的方针、政策和行政法规;领导和管理国防科研生产;管理国防经费和国防资产;领导和管理国民经济动员工作和人民武装动员、人民防空、国防交通等方面的有关工作;领导和管理拥军优属工作和退出现役军人的安置工作;领导国防教育工作;与中央军事委员会共同领导中国人民武装警察部队、民兵的建设和征兵、预备役工作以及边防、海防、空防的管理工作;法律规定的与国防建设事业有关的其他职权。

（五）国防部

国务院为领导和管理国防建设事业,设立国防部,作为国务院的军事行政部门。需要由政府负责的军事工作,经国务院做出相应决定,通过国防部或以国防部的名义组织实施。国防部在接受国务院领导的同时也接受中央军事委员会的领导。需要国防部办理的事宜,由总参谋部、总政治部、总后勤部、总装备部分别办理。

为了加强国防领导的协调,国务院和中央军事委员会还建立了协调会议的制度。国防法规定,国务院和中央军事委员会可以根据情况召开协调会议,解决国防事务的有关问题。会议议定的事项,由国务院和中央军事委员会在各自的职权范围内组织实施。国家还建立了国防动员委员会,它是国务院、中央军委领导下主管全国国防动员工作的议事协调机构。国家国防动员委员会主任、副主任由国务院、中央军委领导兼任,委员由国务院有关部委、军队总部有关领导组成。国家国防动员委员会下设国家人民武装动员、国家经济动员、国家人民防空、国家交通战备四个办公室。

第十二章　地方国家机构

地方国家机构也是我国职能管理体系中的重要组成部分,其基本功能是保证中央国家机构制定的各项政策顺利实施,并有针对性的对地方发展制定相应的策略。我国的地方国家机构主要包括地方各级人民代表大会、地方各级人民代表大会常务委员会、地方各级人民政府、民族自治机构以及特别行政区。

第一节　地方国家机构概述

一、地方国家机构的概念

在我国,地方国家机构是中央国家机构的对称,由地方各级人民代表大会、人民政府、人民法院和人民检察院等地方国家机关共同构成,它们在中央的统一领导下,分级、分工行使国家权力。

西方国家一般使用地方政府或地方(公共)团体的概念。英美法系国家习惯使用前者,大陆法系国家则习惯使用后者。地方政府或者地方团体与地方自治是相通的,地方政府(地方团体)以实现地方自治为目的,只是地方政府(地方团体)侧重于静态的组织,而地方自治侧重于动态的治理。

二、我国的行政区域的划分

(一)行政区划的概念

行政区划,是行政区域划分的简称,是指国家将其所管辖的领土划分成若干区域单位,并设立相应的地方国家机关进行管理。我国行政区划的基本原则是:有利于人民参加国家管理;有利于国家统一管理和加强国防;有利于社会主义经济建设;照顾民族特点;照顾历史延续性。

(二)行政区域的划分

《宪法》第 30 条和第 31 条规定,中国的行政区域划分为:全国分为省、自治区、直辖市;省、自治区分为自治州、县、自治县、市;县、自治县分为乡、民族乡、镇;直辖市和较大的市分为区、县;自治州分为县、自治县、市。中央政府可以设立特别行政区。对于宪法的这一规定,应做出以下若干解释和说明。

1.关于各级人民政府的派出机关

派出机关,是指县级以上地方各级人民政府在其辖区内设立并委托其指导下级国家行政机关工作和办理各项事务的行政机关。它们不设与之相应的国家权力机关（人民代表大会），因此不是一级国家政权。

从宪法的相关规定以及实际状况来看，派出机关主要有以下几个特点。

（1）各级派出机关不是一级独立的行政机关。

（2）各级派出机关从属于派出它的人民政府，要接受后者领导。

（3）派出机关的任务主要代表派出它的人民政府或者接受后者的委托，指导、管理下级行政机关完成行政管理任务。

（4）人民政府设立派出机关必须是确有必要，并要经其上一级人民政府的批准。

根据《地方各级人民代表大会与地方各级人民政府组织法》（以下简称《地方组织法》），我国的派出机关有三种类型。

（1）省、自治区的人民政府在必要的时候，经国务院批准，可以设立若干派出机关，其名称一般是"行政公署"，其所辖的区域被称为"地区"。

（2）县、自治县的人民政府在必要的时候，经省、自治区、直辖市的人民政府批准，可以设立若干区公所，作为它的派出机关。

（3）市辖区、不设区的市的人民政府，经上一级人民政府批准，可以设立街道办事处，作为它的派出机关。事实上，一些设区的市所成立的矿区、林区和技术开发区等各类管理区中，有些实际上也是派出机关的性质，属于县级的派出机关，但这一做法目前尚没有组织法的依据。

2. 关于宪法中所规定的"较大的市"

我国宪法对市这一级别的行政单位进行了三个类型的规定，除省级的直辖市和县级市以外，还包括较大的市。我国宪法和法律中所规定的"较大的市"，含义较为模糊，但从判定条件来说主要有三类，即省级人民政府所在地的市，国务院批准的较大的市以及经济特区所在地的市。宪法中所规定的较大的市，则与前述两种用法都不相同，是指"设区的市"，其基本特征是辖区内设有区县。在实际生活中我们将宪法中所规定的"较大的市"，称为"设区的市"，这是其与不设区的县级市最大的区别之处。另外，我们需要明确的是副省级城市本身并不是独立的层级，一般纳入地级市中接受所在省的领导。

根据宪法的规定，我国的地方政权原则上是三级，即省（自治区、直辖市）—县（区、自治县）—乡（镇），由设区的市以及自治州管县属于少数现象，在广大农村地区主要由作为省、自治区派出机关的地区行政公署代管县，但随着地改市（设区的市）以及与其相伴的市管县范围的扩大，这使得我国的地方政权从实质上变为四级，即省（自治区、直辖市）—地级市（自治州）—县（区、自治县）—乡（镇）。即使是未改为县的地区，行政公署所行使的职能与地级市也没有大的区别。

1982年，全国有58个市领导171个县。同年，中共中央发出了关于改革地区体制试行市领导县体制的通知，年末即在江苏省试点，第二年开始在全国广泛推行。到2002年年底，全国332个地级单位中，已有275个改为地级市，地级市所领导的县占县级单位总数的70%以上。地改市、市管县是一种"城乡合治"思路的产物，其目的是希望通过市管县（城市领导农村）来进行城乡互补，缩小城乡差别，实现城乡一体化。但是由于城市和农村是两种不同的社会组织形式，这一目标的实现还存在不小的障碍，比如基础设施建设的差距对城乡对接产生的阻碍，二者由于经济地位的不平等所造成的事实上的从属关系等。

从世界范围内来看，"市"是城市型行政单位，且人口密集，"市"是整个行政建制中不可缺少的一个环节,其居民主体是从事第二产业和第三产业的市民,而不管辖或只管辖少量的农村地区与人口。从我国当前社会实践来看,地区改为地级市、实行市管县体制后,暴露出了很多问题,有地级市侵占县和农村地区利益的趋向,形成"市压县"、"市卡县"、"市挤县"、"市吃县"或"市刮县"的局面,一些市将县视为"附属行政单位",要求其经济发展从属于市区经济发展的需要。在一些地区,市管县体制已经严重束缚了区域经济发展。将来的改革方向,是实行"城乡分治"、"市县分置",即"市"只管理城市自身一块,县改由省直接管理,主要负责管理农村地区。目前,海南省已经完全实行了"市县分置",其他很多地方,如浙江、江苏等地,也都在探索省直管县的改革方案。

(三)行政区划的变更

根据 1985 年《国务院关于行政区划管理的规定》,变更行政区划要遵循一定的程序,具体如下。

(1)省、自治区、直辖市的设立、撤销、更名,报全国人民代表大会审议决定。

(2)国务院审批下列行政区划的变更:省、自治区、直辖市的行政区域界线的变更,省、自治区人民政府驻地的迁移;自治州、县、自治县、市、市辖区的设立、撤销、更名和隶属关系的变更以及自治州县、自治县、市人民政府驻地的迁移;自治州、县、自治县的行政区域界线的变更,县、市的行政区域界线的重大变更;凡涉及海岸线、海岛、边疆要地、重要资源地区及特殊情况地区的隶属关系或行政区域界线的变更。

(3)县、市、市辖区的部分行政区域界线的变更,国务院授权省,自治区、直辖市人民政府审批,批准变更时,同时报送民政部备案。乡、民族乡、镇的设立、撤销、更名和行政区域界线的变更,乡、民族乡、镇人民政府驻地的迁移,由省、自治区、直辖市人民政府审批。

(4)行政公署、区公所、街道办事处的撤销、更名、驻地迁移,由依法批准设立各该派出机关的人民政府审批。

三、同级地方国家机关之间的关系

我国的地方制度是人民代表大会制度的组成部分,是按照民主集中制的组织原则建立起来的。地方各级人民代表大会由选民或选举单位产生,是地方国家权力机关,县级以上各级地方还设立人民代表大会常务委员会,作为地方国家权力机关的常设机关;地方各级人民政府由同级人民代表大会产生,是地方国家行政机关,同时又是地方各级国家权力机关的执行机关,负责本行政区域内的行政管理职能。地方各级人民法院和检察院分别是国家的审判和检察机关,院长、检察长由地方各级人民代表大会选举和罢免,副院长、庭长、副庭长和审判员、副检察长、检察委员会委员和检察员由地方各级人民代表大会常务委员会任免,检察长还必须报上一级检察院检察长提请该级人大批准,地方各级人民法院和检察院对本级人民代表大会及其常委会负责并报告工作。

我国地方国家机构的组织原则和方式有如下特点。

(1)将地方各级人民法院和检察院纳入地方政权体系中,由地方权力机关产生,对其负责,受其监督。西方的地方政府(地方公共团体)包括地方的决议机关(议会,与我国的人民代表大会相似)和执行机关(与我国的行政机关相似),但它不包括司法机关,地方政府不具有自治司法权,司法权由中央(在联邦制国家,包括联邦与州)统一行使,国家在地方一般设有分支性司法机构,但与地方议会没有法律上的关联。司法区划与行政区划也并不必然重叠。

（2）地方各级人大与政府之间的关系比较单一，并与全国人大与政府的关系基本一致。从国外地方议会与执行机关的关系来看，形式比较多样，有多个模式。在国外，地方政府的组织类型比较多样，并不必然与中央政府的组织体制一致。但是在我国，将从中央到地方的各级国家政权均按人民代表大会的制度原则加以组织。

（3）将地方人民代表大会以及由其产生的机关看作国家机关的一部分。在国外，地方公共团体是国家之外的以地域为基础的公法人，由当地的居民所构成，拥有自治权；尽管从根本上来说，地方公共团体作为国家统治体制的一个侧面，必须接受国家的监督，但它本身是一个独立的法律主体，与国家同样具有公法人地位，不能把地方公共团体的机关称作地方"国家"机关。

四、中央与地方的关系

（一）民主集中制

现行宪法规定，中央和地方国家机构职能的划分，遵循在中央统一领导下，充分发挥地方的主动性、积极性的原则。这是民主集中制原则在中央与地方关系上的体现。中央的统一领导，说明了我国采取单一制的国家结构形式。国家只有一部宪法，只有一个最高立法机关，一个中央政府，一个最高法院和最高检察院；地方接受中央的统一领导，地方的权力由中央授予，地方行政区域单位和自治单位没有脱离中央而独立的权力；在对外交往中，国家是一个独立的主体。充分发挥地方的主动性、积极性，主要是指在坚持中央统一领导的前提下，适当扩大地方的权力，使它们能够根据当地的具体情况和特点，因地制宜地贯彻执行中央的方针、政策和法律，做好各方面的工作。

我国宪法没有明确规定在一般行政区域实行地方自治，宪法学界一般只承认民族区域自治和特别行政区的高度自治，很少有人承认一般行政区域的地方自治性质。但是我国在省、市、县和乡等地方均设有通过地方选举产生的人民代表大会及其常委会作为地方权力机关，地方行政机关领导人员由其选举产生，向其负责，地方根据宪法享有广泛的管理地方事务的权力，这些都体现了地方自治的色彩。在处理中央与地方关系问题上，我国宪法所确立的原则是在保证中央的统一领导下，发挥地方的积极性和主动性，这完全可以解释为对地方自治的承认，因为地方自治并不排斥国家（中央）的统一领导，而只是主张在国家统一领导全国性事务的前提下，强调地方性事务由地方居民通过民选代表执行，并且自治团体由中央依据法律创设，受国家立法、行政、财政和司法等多种途径的监督。列宁曾指出："民主集中制不仅不排斥地方自治和具有特殊的经济和生活条件、特殊的民族成分等等的区域自治，相反的，它必须要求地方自治，也要求区域自治。"许崇德先生认为，"我国的地方制度的实质是一种地方自治制度，不过我们在习惯上没有这样去称呼它，按照我们的理论，统称之为民主集中制。"从地方自治的角度来看，我国地方行政机关具有双重的角色：就其管理的全国性事务而言，是中央行政机关的下属机关，向中央负责，受中央领导；就其所管理的地方性事务而言，是地方人民代表大会的执行机关，对同级人民代表大会及其常委会负责并报告工作，受其监督。

在承认民主集中制与地方自治的一致性的基础上，我们可以更好地借鉴其他国家为地方自治提供制度保障的经验，为进一步理顺中央与地方关系开拓思路。改革开放以来，我国中央和地方的关系发生了巨大的变化,已经形成更具自我意识和自我利益的某些地方政府(主要是省级政府),在中央和地方之间就形成了独具特色的讨价还价和谈判行为方式。但是由于中央与地方关系缺乏法制规范,权限划分不明晰,关系的处理结果带有很大的随机性和偶然性。中央与地方的关系应当建立在制度化、法治化的基础上。应当从宪法原理上明确地方自治的原则,加强中央与地方关系的立法,确定中央与地方事权划分规则,合理划分中央与地方的权力与责任,建立中央与地方关系的监督机制和权限争议解决机制,达到"维护中央权威"和"尊重地方利益"的统一和平衡。

(二)中央与地方的权限划分

1.事权

在我国,中央和地方实行"统一领导,分级管理"原则。除国防、外交等全国性事务以及少数实行中央垂直管理的领域以外,地方各级国家机关与中央国家机关一样在各种国家事务方面都具有广泛的职能,这导致事权范围重叠,机构设置雷同,"条条"(上级职能部门)与"块块"(地方各级人民政府)矛盾突出。普遍存在的现象是:应当由中央管理或负责的事务,中央的职能未能完全到位,削弱了中央的统一领导;而应当由地方承担的事务,中央或者地方上级又介入过多,影响地方的积极性与主动性。中央与地方的关系陷于"一收就死,一放就乱"的恶性循环之中。

在事权的划分上,应当从民主集中制(地方自治)原则出发,结合我国政治、经济和社会等基本国情,合理划分中央和地方的事权。《中共中央关于完善社会主义市场经济体制若干问题的决定》(以下简称《决定》)强调:要"合理划分中央和地方经济社会事务的管理责权。按照中央统一领导、充分发挥地方主动性积极性的原则,明确中央和地方对经济调节、市场监管、社会管理、公共服务方面的管理责权。属于全国性和跨省(自治区、直辖市)的事务,由中央管理,以保证国家法制统一、政令统一和市场统一。属于面向本行政区域的地方性事务,由地方管理,以提高工作效率、降低管理成本、增强行政活力。属于中央和地方共同管理的事务,要区别不同情况,明确各自的管理范围,分清主次责任。根据经济社会事务管理责权的划分,逐步理顺中央和地方在财税、金融、投资和社会保障等领域的分工和职责"。

从实施效果来看《决定》中确立的原则比较符合我国的客观实际,可以考虑将其纳入法律体系,保证其执行。在财政体制上,应使财权与事权相统一。在行政管理体制上,应与事务的不同性质相适应。地方性事务,属于地方自治的范围,应由地方政府统一处理(块块原则);全国性事务由中央行政机关(包括其排除机关)执行,也可以委托地方执行,但性质上属于国家事务,要按照条条原则(垂直领导)处理;对于那些应由中央与地方共管的事务,则实行中央与地方的双重领导,但也应明确划分各自权责范围,分清主次。在立法体制上,应赋予地方在地方性事务上更大的立法权限,但在全国性事务上,则需要中央的具体授权地方才拥有立法权。

2.财政权

财政、财力在各级政府间的分配量度,直接关系到中央、地方政府各自利益的满足程度或实现程度,从而财政权的配置构成中央地方权限划分的关键问题之一。

1994年我国正式推行分税制财政体制改革,根据事权与财权相结合的原则,将税种统一划分为中央税、地方税、中央与地方共享税,建起了中央和地方两套税收管理制度,并分设中央与地方两套税收机构分别征管;在核定地方收支数额的基础上,实行了中央财政对地方财政的税收返还和转移支付制度等。分税制财政体制改革初步实现了在中央政府与地方政府之间税种、税权、税管的划分,实行了财政"分灶吃饭",但这一改革尚未完全到位,具体体现有以下几个。

(1)财权与事权不适应。总体而言,地方政府的事权范围相对较大,而财权范围相对较小。很多本应由中央承担的事务,如义务教育,却由地方承担;有些本应由地方掌握的部分财权,则归中央掌握。

(2)中央与地方收入不均衡。按照分税制改革方案,纳入中央税和共享税的若干主导税种占全部税收的90%以上,并且中央分享比例高,省以下各级财政所掌握的地方税大多数是比较零星、稳定性较差的小税种,这类税收因其同经济增长之间的相关性较弱,收入弹性较低,增收的潜力小,地方税收体制缺乏规模和质量,造成地方财政收入稳定性较差和保障程度低下。

(3)中央集权过多。这尤其体现在税收立法权上。《国务院关于实行分税制财政管理的决定》明文规定:"中央税、共享税以及地方税的立法权都要集中在中央,以保证中央政令统一,维护全国统一市场和企业平等竞争"。目前,除屠宰税、筵席税的开征、停征权下放地方以外,其他税种的开征、停征、税率、税目、优惠、减免等完全由中央统一规定,而地方没有开征新的地方税税种的权力,也不能发行地方公债,因此财政收入有限。

(4)中央财政实施转移支付的能力不足,调节功能微弱。为了平衡落后地区的财政预算,协调区域经济发展,缓解地区差异,财政管理体制改革要求建立一套规范的中央向地方的转移支付制度。但我国现行的转移支付制度很不规范,主要依靠双方的讨价还价来实施,加上退税的影响,中央财政实施转移支付能力明显不足,而且缺乏足够的透明度和稳定性,基本没有发挥减少地区差距的作用。

(5)分税制体制停留在中央对省级分税的层次,省以下基本上还是"分成制"。部分省、市打着"加强宏观、中观调控"的旗号,财权层层集中、事权纷纷下移。省级财政"二次"集中财力、市级财政"三级"集中财力,县乡政府的财政困难进一步加剧,只得向当地企业和居民收费、摊派和集资。

(6)政府之间的财政关系缺乏法律规范。目前,中央和地方财政关系及其调整基本上都是根据中央的"红头文件",而缺乏法律的规范。由于没有法律的依据和约束,过去的财政分权方案总是中央和地方谈判妥协的结果。由于制度变迁的主导者是中央政府,在没有法律约束的情况下,它随时有可能根据自己的利益来调整方案,"国家机会主义"难以抵御。

我国国有企业数量众多、资产总量庞大,如何合理分配中央与地方政府对这些资产的管理权限,关系到我国社会主义现代化建设的效率和进度,必须要加以重视。对进行管理我们应该秉承新思路,开拓新途径。

3.人事权

在我国,中央对地方、上级对下级的人事控制,主要是通过党管干部的原则和体系进行。党管干部,是指各级党委坚持贯彻执行党的干部路线、方针和政策,按照党的原则选拔任用干部,并对各级、各类干部进行管理和监督。党管干部原则的实质,就是要保证党对干部人事工作的领导权和对重要干部的管理权。中央通过各级党委、党组织控制各级各类干部,形成了一个层级节制的干部人事控制网络。目前中央直接管理的是省一级的领导干部,这些干部的考察、考核、提拔、任免、审查等均由中央直接管理,地方无权干涉这一级干部的管理工作。厅局级和地市级主要领导干部,中央虽不直接管理,但必须由地方定期向中央汇报,由中央组织部备案管理。由于地方主要领导是由中央和上级国家机关任命的,上级对下级官员具有几乎绝对的权威,导致地方只重视上级和中央的命令,而忽视本地民众的要求。

要建立和完善中央与地方合理分权体制,必须下放干部人事管理权。地方选民有权根据自己的真实意愿选举监督和罢免地方主要官员,使地方官员既受法律的约束同时也必须接受地方选民的监督,必须反映地方选民的利益和意愿,对地方选民负责。同时规范中央对地方的监督机制,保证国家法律的统一实施。

4.立法权

《立法法》在中央与地方立法权限的划分上采纳了地方分权的思路,但并未加以贯彻。该法第64条规定,地方性法规可以就"为执行法律、行政法规的规定,需要根据本行政区域的实际情况作具体规定的事项"以及"属于地方性事务需要制定地方性法规的事项"做出规定,但对全国事务与地方性事务的划分并无规定,而且对于地方性法规与执行法律、行政法规的部门规章在调整范围上的差别也未做出区分。应将中央事务与地方自治事务的划分作为划分中央和地方的立法权的基础。在地方性事务的范围之内,应当由地方立法,中央行政部门不再行使立法权,这就要求赋予地方以更大的立法自主权;应当由中央管理的全国性事务,地方不再行使立法权,或仅在中央授权的范围内行使立法权。

第二节　地方各级人民代表大会与地方各级人民政府

一、地方各级人民代表大会

(一)地方各级人民代表大会的性质和地位

根据现行宪法和组织法的规定,省、自治区、直辖市、自治州、县、自治县、市、市辖区、乡、民族乡、镇,设立人民代表大会。地方各级人民代表大会都是地方国家权力机关,是本级行政区域内的人民行使地方国家权力的机关,本级的其他地方国家机关,包括人民代表大会常务委员会、人民政府、人民法院和人民检察院,都由它产生,向它负责,受它监督。

在我国,上下级人民代表大会之间是相对独立、平等的关系,而非领导和被领导的关系,这是由人民代表大会的代议机关性质决定的。地方各级人大代表所属区域范围内人民的意志,在本行政区域内可以自主地决定地方性事务,不应受上级人大的领导。但这并不意味着上下级人大之间不存在监督与关系。本着一切为了人大代表调查走访创造便利条件的基本目的和原则,地方各级人大及其常委会必须保证在本行政区域内贯彻执行宪法、法律、行政法规、上级人大及其常委会制定的地方性法规和通过的决议、决定;为了保证人民代表提案的科学性,各级人大常委会有权撤销下一级人大及其常委会不适当的决议;自治州、自治县人大制定的自治条例和单行条例,要报省级人大常委会批准,并报全国人大常委会和国务院备案。

（二）地方各级人民代表大会的职权

根据我国宪法和《地方组织法》的规定,县级以上人大拥有 15 项职权,乡级人大拥有 13 项职权。概括起来,地方各级人民代表大会主要享有以下职权:

1.地方立法权

根据《地方组织法》第 7 条规定,省、自治区、直辖市的人大根据本行政区域的具体情况和实际需要,在不同宪法、法律、行政法规相抵触的前提下,可以制定和颁布地方性法规,报全国人大常委会和国务院备案。省、自治区的人民政府所在地的市和经国务院批准的较大的市的人大根据本市的具体情况和实际需要,在不同宪法、法律、行政法规和本省、自治区的地方性法规相抵触的前提下,可以制定地方性法规,报省、自治区的人大常委会批准后施行,并由省、自治区的人大常委会报全国人大常委会和国务院备案。民族自治地方(包括自治区、自治州、自治县)的人大有权制定自治条例和单行条例。其中自治区的自治条例和单行条例报全国人大常委会批准后生效;自治州、自治县的自治条例和单行条例,报省、自治区人大常委会批准后生效,并报全国人大常委会备案。

2.地方重大事项的决定权

地方各级人大有权审查和批准本行政区域内的国民经济和社会发展计划、预算以及它们执行情况的报告;讨论、决定本行政区域内的政治、经济、教育、科学、文化、卫生、环境和资源保护、民政、民族等工作的重大事项。

3.执行权

地方各级人大在本行政区域内,保证宪法、法律、行政法规和上级人民代表大会及其常务委员会决议的遵守和执行,保证国家计划和国家预算的执行;保护社会主义的全民所有的财产和劳动群众集体所有的财产,保护公民私人所有的合法财产,维护社会秩序,保障公民的人身权利、民主权利和其他权利;保护各种经济组织的合法权益;保障少数民族的权利;保障宪法和法律赋予妇女的男女平等、同工同酬和婚姻自由等各项权利。

4.人事任免权

各级人大分别有权选举和罢免政府的省长和副省长、自治区主席和副主席、市长和副市长、州长和副州长、县长和副县长、区长和副区长、乡长和副乡长、镇长和副镇长。县级以上各级人民代表大会选举并有权罢免本级人大常委会的组成人员、人民法院院长、人民检察院检察长和上一级人大代表。但对人民检察院检察长的选举和罢免须经上级人大常委会批准。乡级人大选举本级人大主席、副主席。

5.监督权

地方各级人大有权听取和审查政府工作报告;县级以上人大还有权听取和审查本级人大常委会、本级人民法院和人民检察院的工作报告;有权改变或者撤销本级人大常委会不适当的决定;县级以上地方各级人大常委会监督本级人民政府、人民法院和人民检察院的工作,撤销本级人民政府不适当的决定和命令,撤销下一级人大不适当的决议。

(三)地方各级人民代表大会代表

1. 人大代表的身份和地位

《全国人民代表大会和地方各级人民代表大会代表法》(以下简称《代表法》)第 2 条规定,全国人大代表和地方各级人大代表依照法律规定选举产生。全国人大代表是最高国家权力机关组成人员,地方各级人大代表是地方各级国家权力机关组成人员。全国人大代表和地方各级人大代表,代表人民的利益和意志,依照宪法和法律赋予本级人民代表大会的各项职权,参加行使国家权力。

根据宪法关于人大性质和地位的规定,以及《代表法》的上述规定,人民代表大会代表具有双重身份:一方面,对于选民来说,他们是选民的代表,是人民委派到国家权力机关的使者,是受人民委托,代表人民行使国家权力的勤务员。因此,他们应该代表人民的意志和利益,对人民负责,受人民监督;另一方面,对其他国家机关及其公务人员来说,他们是"主人",代表人民行使当家做主的权利,选举和监督国家机关及其公务人员依法履行职责。

2. 人大代表的资格、产生和任期

(1)人大代表的资格条件

人大代表的资格条件,是指成为人民代表候选人所具备的条件,包括法定条件和人为要求两个方面的内容。根据我国法律的规定,人大代表候选人应具有的基本法律条件是:中国公民;年满 18 周岁;没有被剥夺政治权利。根据中共中央办公厅和全国人大办公厅有关文件精神,人大代表候选人应具有的人为条件主要有:遵守宪法和法律,品行端正,诚实信用,为政清廉,热爱代表职位,有为人民服务的责任感;有一定的文化程度和参政议政能力;身体健康。

(2)人大代表资格的丧失

人大代表不是终身制,其资格会因为某些因素而丧失,如暂时停止执行代表职务、代表资格终止和罢免代表,我国《代表法》和《选举法》对此情形进行了明确的规定。

根据相关法律的规定,人大代表暂时停止执行代表职务的情形包括:因刑事案件被羁押正在受侦查、起诉、审判的;被依法判处管制、拘役或者有期徒刑而没有附加剥夺政治权利,正在服刑的。前款所列情形在代表任期内消失后,恢复其执行代表职务,但代表资格终止者除外。

根据相关法律的规定,人大代表资格终止的条件包括:地方各级人民代表大会代表迁出或者调离本行政区域的;辞职被接受的;未经批准两次不出席本级人民代表大会会议的;被罢免的;丧失中华人民共和国国籍的;依照法律被剥夺政治权利的。县级以上的各级人大代表资格的终止,由代表资格审查委员会报本级人大常委会,由本级人大常委会予以公告。

(3)选民或者选举单位有权罢免自己选出的代表

对于县级的人大代表,原选区选民 50 人以上联名,对于乡级的人大代表,原选区选民 30 人以上联名,可以向县级的人大、地方各级人民政府常委会书面提出罢免要求。县级以上的地方各级人大举行会议的时候,主席团或者 1/10 以上代表联名,可以提出对由该级人大选出的上一级人大代表的罢免案。在人大闭会期间,县级以上的地方各级人大常委会主任会议或者常委会 1/5 以上组成人员联名,可以向常委会提出对由该级人大选出的上一级人大代表的罢免案。

3.人大代表的产生和任期

根据宪法和有关法律规定,全国人大代表,省、自治区、直辖市、设区的市、自治州的人大代表,由下一级人大选举。不设区的市、市辖区、县、自治县、乡、民族乡、镇的人大代表,由选民直接选举。各政党、各人民团体,可以联合或者单独推荐代表候选人。选民或者代表10人以上可以联名推荐代表候选人。全国和地方各级人大代表候选人的名额,应多于应选代表的名额。由选民直接选举的代表候选人名额,应多于应选代表名额1/3至1倍;由地方各级人大选举上一级人大代表候选人的名额,应多于应选代表名额1/5至1/2。人大代表的任期与各级人大任期一致,每届5年,对其是否可以连任、兼职,法律没有规定。

4.人大代表的权利和义务

根据宪法和法律的规定,人大代表享有的权利包括以下几项。

(1)参加会议权。人大是会议制的机关,人大代表出席人大会议,参与国家重大问题的讨论是人大代表最基本的权利。《代表法》规定,代表应当出席本级人大会议,依法行使代表的职权。代表参加大会全体会议、代表团全体会议、小组会议,审议列入大会议程的各项议案和报告。代表可以被推选或者受邀请列席主席团会议、专门委员会会议,发表意见。

(2)提案权。我国宪法规定,全国人大代表和全国人大常委会组成人员,有权依照法律规定的程序分别提出属于全国人大和全国人大常委会职权范围内的议案。《地方组织法》规定,县级以上的地方各级人大代表10人以上联名,乡、民族乡、镇的人大代表5人以上联名,可以向本级人大提出属于本级人大职权范围内的议案,由主席团决定是否列入大会议程,或者先交有关的专门委员会审议,提出是否列入大会议程的意见,再由主席团决定是否列入大会议程。列入会议议程的议案,在交付大会表决前,提案人要求撤回的,经主席团同意,会议对该项议案的审议即行终止。

(3)质询权。《地方组织法》规定,地方各级人大举行会议时,代表10人以上联名可以书面提出对本级人民政府和它所属各工作部门以及人民法院、人民检察院的质询案。

(4)选举罢免权。根据宪法和法律的规定,人大代表在会议期间享有选举、罢免上一级人大代表、本级人大常委会以及同级国家机关及其工作部门负责人的权利。

(5)批评建议权。《地方组织法》规定,县级以上的地方各级人大代表向本级人大及其常委会提出的对各方面工作的建议、批评和意见,由本级人大常委会的办事机构交有关机关和组织研究处理并负责答复;乡、民族乡、镇的人大代表向本级人大提出的对各方面工作的建议、批评和意见,由本级人大主席团交有关机关和组织研究处理并负责答复。

(6)表决权。根据宪法和法律的规定,人大代表在会议期间,享有对提交大会讨论的各项决议、决议草案进行充分讨论和自由表达个人赞成与否的权利。

(7)言论免责权。根据宪法和法律的规定,人大代表在人大各种会议上的发言和表决不受法律追究,也不受党纪和政纪的处分。人大各种会议包括全体会议、小组会议、代表团会议、专门委员会会议、主席团会议、常委会全体会议和分组会议。代表在闭会期间的言论,不在此范围。

(8)人身特别保护权。法律规定,县级以上各级人民代表大会代表非经人大主席团许可,在人大闭会期间非经人大常委会许可,不受逮捕或刑事审判;代表如因是现行犯被拘留,执行拘留的机关应当立即向人大主席团或人大常委会报告。对县级以上各级人民代表大会代表采取除逮捕和刑事审判以外的限制人身自由的措施,也须经人大主席团或人大常委会许可。乡镇人大代表如果被逮捕、受刑事审判,或被采取法律规定的其他限制人身自由的措施,执行机关应立即报告乡镇人大。

(9)其他权利。人大代表还依法享有其他权利,如视察权,被罢免代表的申诉权,人大代表在履行代表职务时,根据实际需要享有适当补贴和物质上的便利的权利,以及人大代表履行职责所需的时间、交通、通信的便利等。

根据宪法和法律的规定,人大代表必须履行以下相应的义务:

(1)出席人大会议,认真参与对国家事务的讨论与决定,积极履行人大代表的职责。

(2)模范地遵守宪法和法律,保守国家秘密,在自己参加的生产、工作和社会活动中,协助宪法和法律的实施。

(3)与原选区选民或者原选举单位和人民群众保持密切联系,听取和反映他们的意见和要求,努力为人民服务。

(4)接受原选区选民或者原选举单位的监督。选民或者选举单位有权依法罢免自己选出的代表。

(四)地方各级人民代表大会的工作程序

1.议案处理程序

地方各级人民代表大会举行会议的时候,主席团、常务委员会、各专门委员会、本级人民政府,可以向本级人民代表大会提出属于本级人民代表大会职权范围内的议案,由主席团决定提交人民代表大会会议审议,或者并交有关的专门委员会审议、提出报告,再由主席团审议决定提交大会表决。

县级以上的地方各级人民代表大会代表 10 人以上联名,乡、民族乡、镇的人民代表大会代表 5 人以上联名,可以向本级人民代表大会提出属于本级人民代表大会职权范围内的议案,由主席团决定是否列入大会议程,或者先交有关的专门委员会审议,提出是否列入大会议程的意见,再由主席团决定是否列入大会议程。

列入会议议程的议案,在交付大会表决前,提案人要求撤回的,经主席团同意,会议对该项议案的审议即行终止。

2.选举程序

(1)提名

县级以上的地方各级人民代表大会常务委员会的组成人员,乡、民族乡、镇的人民代表大会主席、副主席,省长、副省长,自治区主席、副主席,市长、副市长,州长、副州长,县长、副县长,区长、副区长,乡长、副乡长,镇长、副镇长,人民法院院长,人民检察院检察长的人选,由本级人民代表大会主席团或者法定数量的代表联合提名。其中,省、自治区、直辖市的人民代表大会代表 30 人以上书面联名,设区的市和自治州的人民代表大会代表 20 人以上书面联名,县级的人民代表大会代表 10 人以上书面联名,可以提出本级人民代表大会常务委员会组成人员,人民政府领导人员,人民法院院长,人民检察院检察长的候选人。乡、民族乡、镇的人民代表大会代表 10 人以上书面联名,可以提出本级人民代表大会主席、副主席,人民政府领导人员的候选人。不同选区或者选举单位选出的代表可以酝酿、联合提出候选人。主席团提名的候选人人数,每一代表与其他代表联合提名的候选人人数,均不得超过应选名额。提名人应当如实介绍所提名的候选人的情况。

（2）差额或等额选举

人民代表大会常务委员会主任、秘书长,乡、民族乡、镇的人民代表大会主席,人民政府正职领导人员,人民法院院长,人民检察院检察长的候选人数一般应多1人,进行差额选举;如果提名的候选人只有一人,也可以等额选举。人民代表大会常务委员会副主任,乡、民族乡、镇的人民代表大会副主席,人民政府副职领导人员的候选人数应比应选人数多1人至3人,人民代表大会常务委员会委员的候选人数应比应选人数多1/10至1/5,由本级人民代表大会根据应选人数在选举办法中规定具体差额数,进行差额选举。如果提名的候选人数符合选举办法规定的差额数,由主席团提交代表酝酿、讨论后,进行选举。如果提名的候选人数超过选举办法规定的差额数,由主席团提交代表酝酿、讨论后,进行预选,根据在预选中得票多少的顺序,按照选举办法规定的差额数,确定正式候选人名单,进行选举。县级以上地方各级人民代表大会换届选举本级国家机关领导人员时,提名、酝酿候选人的时间不得少于2日。

（3）投票

选举采用无记名投票方式。代表对于确定的候选人,可以投赞成票,可以投反对票,可以另选其他任何代表或者选民,也可以弃权。

（4）当选

地方各级人民代表大会选举本级国家机关领导人员,获得过半数选票的候选人人数超过应选名额时,以得票多的当选。如遇票数相等不能确定当选人时,应当就票数相等的人再次投票,以得票多的当选。

（5）另行选举

获得过半数选票的当选人数少于应选名额时,不足的名额另行选举。另行选举时,可以根据在第一次投票时得票多少的顺序确定候选人,也可以依照法律规定的程序另行提名、确定候选人。经本级人民代表大会决定,不足名额的另行选举可以在本次人民代表大会会议上进行,也可以在下一次人民代表大会会议上进行。另行选举人民代表大会常务委员会副主任、委员,乡、民族乡、镇的人民代表大会副主席,人民政府副职领导人员时,依法确定差额数,进行差额选举。

（6）补选

地方各级人民代表大会补选常务委员会主任、副主任、秘书长、委员,乡、民族乡、镇的人民代表大会主席、副主席,省长、副省长,自治区主席、副主席,市长、副市长,州长、副州长,县长、副县长,区长、副区长,乡长、副乡长,镇长、副镇长,人民法院院长,人民检察院检察长时,候选人数可以多于应选人数,也可以同应选人数相等。选举办法由本级人民代表大会决定。

3.罢免程序

县级以上的地方各级人民代表大会举行会议的时候,主席团、常务委员会或者1/10以上代表联名,可以提出对本级人民代表大会常务委员会组成人员、人民政府组成人员、人民法院院长、人民检察院检察长的罢免案,由主席团提请大会审议。乡、民族乡、镇的人民代表大会举行会议的时候,主席团或者1/5以上代表联名,可以提出对人民代表大会主席、副主席,乡长、副乡长,镇长、副镇长的罢免案,由主席团提请大会审议。罢免案均应当写明罢免理由。

被提出罢免的人员有权在主席团会议或者大会全体会议上提出申辩意见,或者书面提出申辩意见。在主席团会议上提出的申辩意见或者书面提出的申辩意见,由主席团印发会议。

向县级以上地方各级人民代表大会提出的罢免案,由主席团交会议审议后,提请全体会议表决;或者由主席团提议,经全体会议决定,组织调查委员会,由本级人民代表大会下次会议根据调查委员会的报告审议决定。

4.接受辞职程序

县级以上的地方各级人民代表大会常务委员会组成人员和人民政府领导人员,人民法院院长,人民检察院检察长,可以向本级人民代表大会提出辞职,由大会决定是否接受辞职;大会闭会期间,可以向本级人民代表大会常务委员会提出辞职,由常务委员会决定是否接受辞职。常务委员会决定接受辞职后,报本级人民代表大会备案。人民检察院检察长的辞职,须报经上一级人民检察院检察长提请该级人民代表大会常务委员会批准。

乡、民族乡、镇的人民代表大会主席、副主席、乡长、副乡长、镇长、副镇长,可以向本级人民代表大会提出辞职,由大会决定是否接受辞职。

5.质询程序

地方各级人民代表大会举行会议的时候,代表10人以上联名可以书面提出对本级人民政府和它所属各工作部门以及人民法院、人民检察院的质询案。质询案必须写明质询对象、质询的问题和内容。

质询案由主席团决定交由受质询机关在主席团会议、大会全体会议或者有关的专门委员会会议上口头答复,或者由受质询机关书面答复。在主席团会议或者专门委员会会议上答复的,提质询案的代表有权列席会议,发表意见;主席团认为必要的时候,可以将答复质询案的情况报告印发会议。

质询案以口头答复的,应当由受质询机关的负责人到会答复;质询案以书面答复的,应当由受质询机关的负责人签署,由主席团印发会议或者印发提质询案的代表。

二、地方各级人民政府

(一)地方各级人民政府的性质和地位

根据我国宪法的规定,省、自治区、直辖市、县、自治县、市、市辖区、乡、民族乡、镇,设立人民政府。地方各级人民政府是地方各级国家权力机关的执行机关,是地方各级国家行政机关。地方各级人民政府的性质和地位具有双重性,主要体现在以下两个方面。

(1)它是本级人大的执行机关,对本级人大负责并报告工作。县级以上地方各级人民政府在本级人大闭会期间,对本级人大常委会负责并报告工作。

(2)它又是地方国家行政机关,对上一级国家行政机关负责并报告工作。地方各级人民政府都是国务院统一领导下的地方国家行政机关,都服从国务院。县级以上地方各级人民政府领导下级人民政府的工作。

在对地方各级政府的认知中我们应该明确一个观点,即地方各级政府对本级人大"负责与报告工作"与对上级政府的"负责并报告工作"有着很大的差别。就含义方面而言,地方各级人民政府向本级人大负责并报告工作与向上级政府负责并报告工作的含义是不完全相同的。前者有法定的定期报告工作的制度,具有法律要求的形式、含义和程序。这里的负责是政府向人大承担政治责任,没有负责的政府要被罢免。后者说的负责是指地方各级政府负行政责任,"负责"就是要完成上级政府的指示、命令,否则要向上级政府承担责任。上级政府有权纠正下级政府的错误,对下级政府领导人违反上级政府命令指示的,可以给予行政处分。"报告工作"就是上级有权要求下级随时报告工作,而不是像向人大那样定期全面报告工作。

(二)地方各级人民政府的组成和结构

1.地方各级人民政府的组成

根据《地方各级人民代表大会和地方各级人民政府组织法》(以下简称《地方组织法》)第56条的规定:"省、自治区、直辖市、自治州、设区的市的人民政府分别由省长、副省长、自治区主席、副主席,市长、副市长、州长、副州长和秘书长、厅长、局长、委员会主任等组成。县、自治县、不设区的市、市辖区的人民政府分别由县长、副县长,市长、副市长,区长、副区长和局长、科长等组成。乡、民族乡的人民政府设乡长、副乡长。民族乡的乡长由建立民族乡的少数民族的公民担任。镇人民政府设镇长、副镇长。"

地方各级人民政府的任期与本级人大任期相同,每届任期5年。

2.地方各级人民政府工作部门

根据《宪法》与《地方组织法》的规定,地方各级人民政府根据工作需要和精干的原则,设立必要的工作部门。省、自治区、直辖市的人民政府的厅、局、委员会等工作部门的设立、增加、减少或者合并,由本级人民政府报请国务院批准,并报本级人大常委会备案。自治州、县、自治县、市、市辖区的人民政府的局、科等工作部门的设立、增加、减少或者合并,由本级人民政府报请上一级人民政府批准,并报本级人大常委会备案。乡、民族乡、镇人民政府不设工作部门。在工作中,有关业务部门既受同级人民政府的领导,又受上一级主管部门的领导或业务指导。

宪法规定,县级以上的地方各级人民政府设立审计机关。地方各级审计机关依照法律规定独立行使审计监督权,不受其他行政机关、社会团体和个人的干涉。地方各级审计机关对本级人民政府和上一级审计机关负责。其主要职责是对本级人民政府和政府工作部门的财政收支、国家金融机构和企事业组织的财务收支进行审计监督。

(三)地方各级人民政府的领导体制和会议形式

地方各级人民政府的领导体制实行首长负责制,即省长、自治区主席、市长、州长、县长、区长、乡长、镇长负责制。

县级以上的地方各级人民政府会议分为全体会议和常务会议两种。全体会议由本级人民政府全体成员组成。省、自治区、直辖市、自治州、设区的市的人民政府常务会议,分别由省长、副省长,自治区主席、副主席,市长、副市长,州长、副州长和秘书长组成。县、自治县、不设区的市、市辖区的人民政府常务会议,分别由县长、副县长,市长、副市长,区长、副区长组成。省长、自治区主席、市长、州长、县长、区长召集和主持本级人民政府全体会议和常务会议。政府工作中的重大问题,须经政府常务会议或者全体会议讨论决定。

(四)地方各级人民政府的职权

根据现行《宪法》和《地方组织法》的规定,地方各级人民政府的职权是:

1.地方政府规章制定权

省、自治区、直辖市的人民政府可以根据法律、行政法规和本省、自治区、直辖市的地方性法规,经各该级政府常务会议或者全体会议讨论决定,制定规章,报国务院和本级人民代表大会常务委员会备案。省、自治区的人民政府所在地的市、经济特区所在地的市和经国务院批准的较大的市的人民政府,可以根据法律、行政法规和本省、自治区的地方性法规,制定规章,报国务院和省、自治区的人民代表大会常务委员会、人民政府以及本级人民代表大会常务委员会备案。

2.执行决议、决定和发布命令权

县级以上地方各级人民政府执行本级人民代表大会及其常务委员会的决议,以及上级国家行政机关的决定和命令,规定行政措施,发布决定和命令。乡、民族乡、镇的人民政府执行本级人民代表大会的决议和上级国家行政机关的决定和命令,发布决定和命令。

3.领导所属工作部门和下级人民政府的工作

县级以上地方各级人民政府领导所属各工作部门和下级人民政府的工作,有权改变或者撤销所属各工作部门的不适当的命令、指示和下级人民政府的不适当的决定、命令,并依照法律的规定任免、培训、考核和奖惩国家行政机关工作人员。

4.管理本行政区域内的各项行政工作

县级以上地方各级人民政府编制和执行本行政区域内的国民经济和社会发展计划、预算,管理本行政区域内的经济、教育、科学、文化、卫生、体育事业、环境和资源保护、城乡建设事业和财政、民政、公安、民族事务、司法行政、监察、计划生育等行政工作。乡、民族乡、镇的人民政府编制和执行本行政区域内的经济和社会发展计划、预算,管理本行政区域内的经济、教育、科学、文化、卫生、体育事业和财政、民政、公安、司法行政、计划生育等行政工作。

5.依法保护各种权利

地方各级人民政府保护社会主义的全民所有的财产和劳动群众集体所有的财产,保护公民私人所有的合法财产,维护社会秩序,保障公民的人身权利、民主权利和其他权利;保护各种经济组织的合法权益;保障少数民族的权利和尊重少数民族的风俗习惯;保障宪法和法律赋予妇女的男女平等、同工同酬和婚姻自由等各项权利。县级以上地方各级人民政府还应帮助本行政区域内各少数民族聚居的地方依照宪法和法律实行区域自治,帮助各少数民族发展政治、经济和文化的建设事业。

6.其他职权

地方各级人民政府办理上级国家行政机关交办的其他事项。此外,省、自治区、直辖市的人

民政府有权决定乡、民族乡、镇的建置和区域划分。

7. 办理上级国家政府机关交办的其他事项

各级地方政府还肩负着执行与承担上级人民政府各项命令的义务。在政令履行的过程当中，跨级的政令执行必须要依靠下级政府的鼎力支持，如果失去它们的帮助，那么再好的政令和改革策略都只是一纸空谈，难以发挥其应有的作用。

（五）地方各级人民政府的派出机关

《地方组织法》第68条规定："自治区的人民政府在必要的时候，经国务院批准，可以设立若干派出机关。"这些派出机关一般称为行政公署。由于许多地方实行地市合并、市管县的体制，撤销了一大批行政公署，目前行政公署已不多。尚存的行政公署有贵州毕节地区行政公署、大兴安岭行政公署、内蒙古阿拉善盟行政公署等。

"县、自治县的人民政府在必要的时候，经省、自治区、直辖市的人民政府批准，可以设立若干区公所，作为它的派出机关。"区公所的主要任务是执行县人民政府交办的各种事项，并受县人民政府的委托指导、监督并协助所辖乡镇人民政府的工作。1986年以来，为加强农村基层政权建设，减少管理层次，区公所基本被撤销。

"市辖区、不设区的市的人民政府，经上一级人民政府批准，可以设立若干街道办事处，作为它的派出机关。"根据《城市街道办事处组织条例》(1954年)规定，街道办事处设主任1人，按照工作的繁简和管辖区域的大小，设干事若干人，在必要的时候，可以设副主任1人。街道办事处的主要任务是办理市、市辖区的人民委员会有关居民工作的交办事项；指导居民委员会的工作；反映居民的意见和要求。

第三节　民族区域自治地方自治机关

一、民族区域自治地方自治机关的概念

民族区域自治地方自治机关是指依照宪法、地方组织法和民族区域自治法的有关规定，在少数民族区域自治地方设立的，依法行使同级地方国家机关职权并同时行使自治权的地方政权机关。

民族区域自治地方自治机关必须设在少数民族区域自治地方，即自治区、自治州、自治县。这是实行民族区域自治，令少数民族在其聚居的地方享有当家做主的权利，享有自主管理本民族内部事务的自治权的重要保证。

民族区域自治地方自治机关包括其立法机关和行政机关，即按照现行宪法第112条的规定，民族区域自治地方自治机关是自治区、自治州、自治县的人民代表大会和人民政府。而人民法院和人民检察院则是代表国家统一行使审判权和检察权，不属于行使少数民族自治权的自治机关。

民族区域自治地方自治机关具有双重性质，按照宪法第115条的规定，自治机关既行使普通地方国家机关的职权，又依照宪法、民族区域自治法和其他法律所规定的权限行使自治权。

民族区域自治地方自治机关在其组成上既体现了民族区域自治制度，又充分贯彻了民族平

等和民族团结的原则。这一点在现行《宪法》第 113、114 条中有着明确的规定,即民族区域自治地方自治机关应当由实行区域自治的民族的公民担任领导职务,其人民代表大会中除实行民族区域自治的代表外,还应当有一定名额的本区域内的其他民族的代表。

二、民族区域自治地方自治机关的性质与宪法地位

(一)自治机关的性质

民族区域自治地方自治机关具有双重性质。自治机关是在我国民族区域自治制度之下,依照《宪法》、《民族区域自治法》等行使自治权的机关,同时,它又是一级地方国家政权机关,依照《宪法》的规定,行使一般地方国家机关的职权。这决定了其组织形式和活动原则在根本上无异于其他国家机关,也实行民主集中制的人民代表大会制度。这一点也在《民族区域自治法》第 3 条中得到了明确。

(二)自治机关的宪法地位

民族区域自治地方的人民代表大会是民族区域自治地方的权力机关,由本行政区内的各族人民依法选举代表组成。而民族区域自治地方的人民政府是本级人民代表大会的执行机关,是本级民族区域自治地方的地方国家行政机关。民族区域自治地方的人民政府和人民代表大会之间的责任关系同其他地方国家机关相互间的关系一样,民族区域自治地方的人民政府对本级人民代表大会和上一级国家行政机关负责并报告工作,在本级人民代表大会闭会期间,则对本级人民代表大会常务委员会负责并报告工作。

在同上级国家机关的关系方面,始终是下级对上级的关系,这是为我国民族区域自治制度所决定的,因为,我国的民族区域自治必须是依靠法律手段保证和维护自治机关与上级国家机关之间的关系,而且,各级自治地方的人民政府都受国务院的统一领导。同时,除了存在上级机关对自治机关的领导关系之外,根据《宪法》第 122 条的规定,国家要从财政、物资、技术等方面帮助各少数民族加速发展经济建设和文化建设事业,帮助民族自治地方从当地民族中大量培养各级干部、各种专业人才和技术工人。《民族区域自治法》第六章还进一步对此做了详细的规定,即上级国家机关应当帮助、指导民族自治地方经济发展战略的研究、制定和实施,从财政、金融、物资、技术和人才等方面,帮助各民族自治地方加速发展经济、教育、科学技术、文化、卫生、体育等事业;上级国家机关根据国家的民族贸易政策和民族自治地方的需要,对民族自治地方的商业、供销和医药企业,从投资、金融、税收等方面给予扶持;制定优惠政策,扶持民族自治地方发展对外经济贸易,扩大民族自治地方生产企业对外贸易经营自主权,鼓励发展地方优势产品出口,实行优惠的边境贸易政策等。

三、民族自治机关的构成和任期

(一)自治机关与一般地方国家机关的共同性

(1)自治机关与一般地方国家机关实行同样的组织原则,即都是实行民主集中制原则的人民

代表大会制。

（2）自治机关的产生、任期和职能同一般地方国家机关相同。民族自治地方人民代表大会都由本地方人民通过直接和间接选举的方法产生，对人民负责，受人民监督。自治区、自治州、自治县人民代表大会每届任期5年。自治地方各级人民政府由本级人民代表大会选举产生，对本级人民代表大会负责并报告工作。在本级人民代表大会闭会期间向其常务委员会负责并报告工作。各级人民政府的任期与本级人民代表大会相同。

（二）自治机关的特殊性

（1）在民族自治地方的人民代表大会的组成上，既要体现民族区域自治制度，又要贯彻民族平等和民族团结原则。民族自治地方的人民代表大会都是由实行区域自治的民族以及居住在本区域内的其他民族的公民按人口比例产生代表组成。自治县的人民代表大会由选民直接选举代表组成。自治区、自治州的人民代表大会由下一级人民代表大会选举代表组成。在人民代表大会组成中，除实行区域自治的民族的代表以外，其他居住在本区域内的民族也应当有适当名额的代表。

（2）民族自治地方的人民代表大会常务委员会中应当有实行区域自治的民族的公民担任主任或副主任。宪法和民族区域自治法的这个规定，对实行民族区域自治，保障少数民族人民的自治权利、培养少数民族干部，有着重要的意义。

（3）自治区、自治州、自治县人民政府的主席、州长、县长应当由实行区域自治的民族的公民担任。这一规定，便于自治机关接近群众、联系群众，更好地开展工作，对于少数民族群众来说，在民族感情、语言、习惯等方面都容易接受，也是少数民族人民实现当家做主的组织保证和重要标志。它对于坚持民族平等，加强民族团结，调动当地人民群众积极性，促进民族地区经济繁荣有着重大的实际意义。

（4）自治地方人民政府的其他组成人员和自治机关所属工作部门的干部，要尽量配备实行区域自治的民族和其他少数民族的人员。民族区域自治法规定，自治区副主席、自治州副州长、自治机关所属各工作部门的干部，都要尽量配备实行区域自治的民族和其他少数民族人员。同时还规定，民族自治地方的人民法院和人民检察院的领导成员和工作人员中，也应当有实行区域自治的民族人员。这些规定，有利于民族自治地方有效地开展各方面的工作。

四、民族区域自治地方自治机关的职权

民族自治地方的自治机关是一级地方国家机关，因而它同一般的省、市、县地方国家机关有共同的地方，另外，它又是民族自治机关，具有自己的特殊性。所以，它行使的职权就具有双重性质，一方面要行使一般地方国家机关的职权；另一方面，自治机关同时享有广泛的自治权。也就是说，民族自治地方自治机关在宪法和民族区域自治法规定的权限范围内，从本地实际情况出发，有管理本民族地方内部事务的自主权。自治机关的自治权主要有以下几项。

（一）立法领域的自治权

民族区域自治地方自治机关享有制定自治条例和单行条例的自治权。自治条例是由民族区域自治地方的人民代表大会依照宪法、民族区域自治法就本地方民族区域自治的组织和活动原

则以及其他重大问题,制定的规范和保障少数民族聚居区的少数民族的平等权利和自治权利的综合性自治法规。而单行条例是自治地方的人民代表大会制定的,用以规范自治地方某一方面具体事项的自治法规。根据现行《宪法》第116条的规定,民族区域自治地方的人民代表大会有权依照当地民族的政治、经济和文化的特点,制定自治条例和单行条例。自治区的自治条例和单行条例,报全国人民代表大会常务委员会批准后生效。自治州、自治县的自治条例和单行条例报省、自治区、直辖市的人民代表大会常务委员会批准后生效,并报全国人民代表大会常务委员会和国务院备案。

与此同时,民族区域自治地方自治机关还享有对上级国家机关的决议、决定、命令和指示予以变通执行或者停止执行的职权。由于民族区域自治地方与一般地方的情况难免存在不同,因此,针对全国基本情况而制定和发布的上级国家机关的决议、决定、命令和指示难免会出现很难适应民族区域自治地方实际情况以至于不能"一刀切"地予以实施的情况。为了更好地将原则性和灵活性有机地结合起来,维护自治地方的合法权益,《民族区域自治法》第20条规定,上级国家机关的决议、决定、命令和指示,如有不适合民族自治地方实际情况的,自治机关可以报经该上级国家机关批准,变通执行或者停止执行。

(二)对上级国家机关的决议、决定、命令和指示的变通执行或者停止执行

民族自治地方在执行和贯彻国家法律和政策时,可以根据本地实际情况来贯彻。对于上级国家机关的决定、命令和指示,如有不适合本地实际情况的,经报上级国家机关批准,可以变通或停止执行。因为民族自治地方与一般地方情况有所不同,各民族地方情况也有所不同。适应全国基本情况的上级国家机关的决议、决定、命令和指示,不一定适应民族自治地方的特殊情况,即使是规定全国社会生活基本情况的法律,也不一定符合各民族自治地方特殊社会生活的情况。所以,这一规定体现了原则性和灵活性的结合,维护了自治地方的合法权益,避免了过去工作中的"一刀切"现象。

(三)有权制定自治条例和单行条例

《宪法》规定:"民族自治地方的人民代表大会有权依照当地民族的政治、经济和文化的特点,制定自治条例和单行条例。"自治条例是指由民族自治地方人民代表大会依照宪法和民族区域自治法的规定,制定的关于本地方实行区域自治的组织和活动原则、自治机关的组成、职权以及自治地方有关重大问题的综合性规范性文件;单行条例是指民族自治地方人民代表大会,根据当地民族的政治、经济和文化特点,制定的关于某一方面具体事项的规范性文件。例如,保护和建设草原、森林等自然资源的规定等。宪法和民族区域自治法对自治条例和单行条例的生效程序作了明确的规定,自治区的自治条例和单行条例报全国人民代表大会常务委员会批准后生效。自治州、自治县的自治条例和单行条例报省或自治区人民代表大会常务委员会批准后生效,并报全国人民代表大会常务委员会备案。这一规定的目的是维护国家法制的统一,保障自治权的依法正确行使。

(四)有管理地方财政的自主权

《宪法》规定:"民族自治地方的自治机关有管理地方财政的自主权。"民族自治地方的财政是一级财政,是国家财政的组成部分。凡是依照国家财政体制属于民族自治地方的财政收入,都应

当由民族自治地方的自治机关自主地安排使用。我国财政体制是指国家的收入与支出的管理体制及财政管理组织制度等,实行统一领导、分级管理的原则。国家财政方针、计划、制度统一,给地方和企业相对独立的经营权。目前,我国财政的分级是以政权机构、行政区域的层次为依据划分的,因而,财政体制也分为中央、省(直辖市)、县三级财政。民族自治地方的自治区、自治州、自治县都是一级财政,对此国家作了单独的规定,在财政管理权限和收入划分上都予以特别照顾,使自治地方比一般地方财政管理方面有更多的自主权。另外,根据法律规定,国家还设立供民族自治地方享有的专用资金和临时性的补助专款,按规定对少数民族自治地方还有机动资金等。这样,民族自治地方的自治机关在安排本地方经济建设时,就有了较多的资金来源。

(五)有安排和管理地方经济建设事业的自主权

根据《宪法》和《民族区域自治法》的规定,国家应当制定优惠政策帮助少数民族自治地方进行经济建设,具体表现在以下几个方面。

1.自由制定经济发展战略

民族自治地方的自治机关在国家计划的指导下,根据本地的特点和需要,制定经济建设的方针、政策和计划,自主地安排和管理地方性的经济建设事业。民族自治地方的自治机关在坚持社会主义原则的前提下,根据法律规定和本地方经济发展的特点,合理调整生产关系和经济结构,努力发展社会主义市场经济。民族自治地方的自治机关坚持公有制为主体、多种所有制经济共同发展的基本经济制度,鼓励发展非公有制经济。

2.享受国家的优惠政策

民族自治地方根据本地经济和社会发展的需要,可以依照法律规定设立地方商业银行和城乡信用合作组织。可以开展对外经济贸易活动,经国务院批准,可以开辟对外贸易口岸,与外国接壤的自治地方经国务院批准,开展对外边境贸易,在对外贸易活动中,在外汇留成方面享受国家的优惠政策。

此外,上级国家机关在投资、金融、税收等方面扶持民族自治地方改善农业、牧业、林业等生产条件和水利、交通、能源、通信等基础设施;扶持民族自治地方合理利用本地资源发展地方工业、乡镇企业、中小企业以及少数民族特需商品和传统手工业品的生产。上级国家机关应当组织、支持和鼓励经济发达地区与民族自治地方开展经济、技术协作和多层次、多方面的对口支援,帮助和促进民族自治地方经济、教育、科学技术、文化、卫生、体育事业的发展。国家引导和鼓励经济发达地区的企业按照互惠互利的原则,到民族自治地方投资,开展多种形式的经济合作。

3.充分考虑民族自治地方的权益

国家在民族自治地方开发资源、进行建设的时候,应当照顾民族自治地方的利益,作出有利于民族自治地方经济建设的安排,照顾当地少数民族的生产和生活。国家采取措施,对输出自然资源的民族自治地方给予一定的利益补偿。

4.保护民族自治地区的环境

上级国家机关应当把民族自治地方的重大生态平衡、环境保护的综合治理工程项目纳入国民经济和社会发展计划,统一部署。民族自治地方为国家的生态平衡、环境保护作出贡献的,国家给予一定的利益补偿。任何组织和个人在民族自治地方开发资源、进行建设的时候,要采取有效措施,保护和改善当地的生活环境和生态环境,防治污染和其他公害。

(六)有管理本地方的教育、科学、文化、卫生、体育事业方面的自主权

民族自治地方有组织、管理和发展本地方科学、教育、文化、卫生、体育事业、城乡建设等权利。应积极保护和整理民族文化遗产,发展和繁荣有利于民族团结和民族进步的民族文化。各民族文化是中华民族文化的重要组成部分。发展少数民族地方的科学、教育、文化事业,积极保护和整理民族文化遗产,也是我国社会主义精神文明建设的重要内容之一。为了使自治地方能够学习、借鉴人类创造的有益的精神财富、人类文明发展的最新成果、世界各民族创造的优秀艺术表现形式,促进本地方文化发展,民族区域自治法还规定,自治区、自治州的自治机关依照国家规定,可以和国外进行教育、科学技术、文化艺术、卫生、体育等方面的交流。这对于国外对我国民族自治地方文化的了解、吸收,促进我国各民族和世界各国文化发展起着重要的作用。

(七)依照宪法规定,组织本地方的公安部队

民族自治地方的自治机关依照国家的军事制度和当地的实际需要,经国务院批准后,可以组织本地方维护社会治安的公安部队。公安部队存在的目的是打击犯罪,维护民族自治地区的安全与稳定,保障民族自治地区居民的安居乐业。

(八)使用和发展当地通用的一种或几种语言文字

民族的语言文字是民族的象征,是和本民族的产生和发展历史紧密相连的,它对民族的形成、发展起着促进作用,是一个民族的宝贵精神财富。在我们这样的多民族国家,应当尊重少数民族的语言文字。尊重各民族使用和发展民族语言文字的自由,就是尊重民族的平等地位和合法权利,它能增进各民族的亲密感情和友好团结,有利于中华文化进一步发扬光大。所以,宪法规定,自治机关在执行职务时,依照自治条例的规定,使用当地通用的一种或几种语言文字。设立在各自治地方的人民法院和人民检察院,应当用当地通用的语言行使审判权和检察权,保障各民族公民都有使用本民族语言文字进行诉讼的权利。这些规定有利于自治机关、人民法院和人民检察院履行职务,广泛联系当地各民族人民群众。

五、民族区域自治地方自治机关的职责

民族区域自治地方自治机关的自治权是由宪法和法律授予的,在行使这一职权的同时,自治机关还应承担相应的职责,必须要依法、正确、充分地行使自治权。根据《民族区域自治法》的规定,民族自治地方的自治机关必须维护国家的统一,保证宪法和法律在本地方的遵守和执行,把国家的整体利益放在首位,积极完成上级国家机关交给的各项任务,要领导各族人民集中力量进行社会主义现代化建设。同时,民族自治地方的自治机关要维护和发展各民族的平等、团结、互助的社会主义民族关系,禁止对任何民族的歧视和压迫,禁止破坏民族团结和制造民族分裂的行为,并保障各民族公民有宗教信仰自由,任何国家机关、社会团体和个人不得强制公民信仰宗教或者不信仰宗教,不得歧视信仰宗教的公民和不信仰宗教的公民。

六、民族区域自治地方自治机关的组成与活动方式

民族区域自治地方自治机关同一般的地方国家机关一样,在组织原则上都实行民主集中制的人民代表大会制度。在自治机关的产生、任期等方面也同一般的地方国家机关相同,民族区域自治地方的人民代表大会由本地方各族人民通过直接和间接选举的方式产生,任期为 5 年,对人民负责,受人民监督。而同级人民政府则由本级人民代表大会产生,任期与本级人民代表大会相同,对本级人民代表大会负责并报告工作,本级人民代表大会闭会期间,则对其常务委员会负责并报告工作。各民族自治地方的人民政府都是国务院统一领导下的国家行政机关,都服从国务院的领导。

与此同时,民族区域自治地方自治机关还有一些特殊的地方,表现为两个方面。

首先,在民族区域自治地方人民代表大会的组成上,现行《宪法》第 113 条规定:民族区域自治地方的人民代表大会中除实行区域自治的民族的代表外,其他居住在本行政区域内的民族也应当有适当名额的代表。这充分体现了民族区域自治制度下,各民族平等和各民族团结的原则,有利于保证法定的各民族代表的广泛性。同时,《宪法》第 113 条和《民族区域自治法》第 16 条还规定,民族区域自治地方的人民代表大会常务委员会中应当有实行区域自治的民族的公民担任主任或者副主任。这一规定有利于加强民族团结,调动各民族积极性,有利于民族自治地方有效开展工作。

其次,为了方便自治机关接近群众,联系群众,充分体现少数民族人民当家做主,调动起积极性,现行《宪法》第 114 条和《民族区域自治法》第 17 条规定,自治区主席、自治州州长、自治县县长由实行区域自治的民族的公民担任。这样的规定并不意味着自治机关的主要领导人只代表实行民族区域自治的民族的利益。同时,《民族区域自治法》第 17 条还规定,自治区、自治州、自治县的人民政府的其他组成人员,应当合理配备实行区域自治的民族和其他少数民族的人员。这一规定既突出了自治机关的特点,又有利于更好地发挥少数民族干部联系少数民族群众的桥梁和纽带作用。

七、国家对民族自治地方帮助和扶持

加强和改善国家对民族自治地方的帮助和扶持,是促进各民族共同繁荣、提高社会主义生产力的根本保证。新中国成立以来国家对少数民族地区经济和文化等方面扶持帮助的实践,充分体现了国家对民族自治地方的帮助和扶持的必要性。

国家对民族自治地方的领导主要表现为上级国家机关有关民族自治地方的决议、决定、命令和指示,必须适合民族自治地方的实际状况。上级国家机关在制定国民经济和社会发展计划的时候,要照顾民族地区的政治、经济、文化、语言、生活习惯、资源分布以及地理环境等情况的不同特点。上级国家机关在帮助和扶持过程中,要注意调查研究,充分考虑民族自治地方的特殊情况,制定特殊政策和灵活措施,努力促进民族自治地方社会生产迈上一个新台阶。

目前,我国民族问题比较集中地表现在少数民族和自治地方迫切要求加快社会生产力发展的问题上。因此,国家还要进一步从财政、物资、技术等方面帮助民族地方发展经济和文化。国家应从财政上予以照顾,设立各项专用资金和临时性的民族补助专款,扶助民族地方发展经济和

文化事业,积极帮助自治地方扩大财政收入。同时,国家应在技术上予以积极帮助,应组织和支持经济发达地区与民族自治地方开展经济协作,帮助和促进民族自治地方提高经营管理和生产技术水平。

民族自治地方文化教育事业的发展,是少数民族地区精神文明建设的一个重要组成部分,同时也是加快少数民族地方社会生产力发展的必要条件。国家采取各种切实可行的措施帮助民族自治地方加速教育发展,提高当地各族人民的科学文化水平。同时,帮助民族自治地方从当地民族中大量培养各族干部、各种专业人才和技术工人,并大力做好智力支边工作。

努力促进各民族自治地方经济腾飞,上级国家机关从财政、物资、技术等方面予以大力帮助支持,是必不可少的条件。但是,要较快地改变民族地区经济和文化的不发达状况,最根本的是靠少数民族地区各族人民在党和国家领导下,团结一致,发奋图强,发扬自力更生、艰苦奋斗的精神。一切民族自古以来的生存和发展,靠的就是自力更生。我们坚信,国家加快西部开发的战略决策的实施,国家的帮助和少数民族地区自力更生相结合,能够逐步改变民族地区经济和文化的落后状况,促使社会生产力飞速发展,达到各民族的共同发展和繁荣。

第四节　特别行政区自治机关

一、特别行政区国家机关的概念和特征

特别行政区的国家机关是指依照特别行政区基本法,在特别行政区内设立的行使高度自治权的国家机关。特别行政区具有以下几个方面的特征。

(一)特别行政区国家机关行使高度自治权

由于特别行政区是根据"一国两制"的基本原则,为解决历史遗留问题而专门设立的特别行政区域,因此,为保障该区域的经济繁荣和社会稳定,全国人民代表大会以宪法为依据授权香港特别行政区和澳门特别行政区以高度的自治权,包括享有行政管理权、立法权、独立的司法权和终审权。

(二)特别行政区的国家机关仍属于我国地方国家机关的体系

特别行政区虽拥有高度的自治权,但这种自治权是全国人民代表大会通过特别行政区基本法授予的,具有派生性。我国《宪法》第31条和第62条规定特别行政区的设立及其所实行的制度的决定权属于全国人民代表大会,中央政府行使国家对特别行政区的主权;香港特别行政区和澳门特别行政区的行政长官和行政机关的主要官员由中央人民政府任命,行政长官必须向中央人民政府述职。因此,特别行政区国家机关与中央政府的关系是一个主权国家内地方政府与中央政府的关系,说明了特别行政区政府对中央人民政府有明显的直接从属关系。香港特别行政区基本法和澳门特别行政区基本法均规定特别行政区是中华人民共和国的一个有高度自治权的地方行政区域,直辖于中央人民政府。这一规定就是这种直接从属关系的明确表述。

（三）特别行政区的政治体制具有特殊性

特别行政区的行政机关、立法机关和司法机关的组织、地位、职权及其相互之间的关系,既不采取内地的人民代表大会制度,也不采用资本主义国家的政权组织形式。内地所实行的人民代表大会制度是国家的根本政治制度,人民代表大会既是立法机关,又是权力机关,各级人民政府及其他政权机关均由同级人民代表大会选举产生,向它负责,受它监督。这种制度是社会主义制度的主要表现。而特别行政区不实行社会主义制度,因此其政治体制也就不可能与内地一致,特别行政区也依法选举全国人大代表,但特别行政区没有人民代表大会,它的立法机关是立法会。同时,特别行政区是中华人民共和国境内的特别行政区域,也不宜完全照搬资本主义国家的政权组织形式来表现其政治体制。因此,根据特别行政区的历史与现状,从有利于特别行政区的稳定发展、兼顾社会各阶层的利益以及循序渐进地发展民主这一角度出发,特别行政区地方国家机关实行行政机关和立法机关既相互配合又互相制衡并实行司法独立的原则。这一原则既与特别行政区内实行资本主义制度、保留资本主义生活方式相一致,又与特别行政区是中华人民共和国境内的一个地方行政区域相一致。

（四）特别行政区与中央人民政府的关系具有特殊性

特别行政区作为直辖于中央人民政府的特殊行政区域,与中央人民政府及其所属各部门的关系不同于内地的行政区域。虽然中央人民政府要对特别行政区实行领导和监督,但这种领导和监督体现为对不属于特别行政区自治范围内的事务进行管理,对于特别行政区自行管理的事务以及特别行政区是否遵守基本法进行监督;其次,中央人民政府的领导和监督权,不等于中央人民政府所属各部门都可以向特别行政区发号施令,国务院所属各部门均无权对特别行政区的机构下达命令、布置任务或检查工作。

二、特别行政区自治机关的性质与法律地位

（一）行政长官

根据《香港特别行政区基本法》和《澳门特别行政区基本法》的规定,特别行政区行政长官是特别行政区的首长,代表特别行政区,依照基本法的规定对中央人民政府和特别行政区负责。这表明行政长官具有双重身份和地位。行政长官是本特别行政区的全权代表,在本地的治理中,独掌行政管理权,而且,在司法官员的任免以及某些特定的立法或者司法过程中都发挥着重要的作用,比如,香港特别行政区法院的法官和澳门特别行政区各级法院的法官均是分别由其行政长官任命,并且,可以根据终审法院首席法官任命的不少于三名当地法官组成的审议庭的建议,对无力履行职责或者行为不检的法官予以免职。在处理本特别行政区与中央的关系时,行政长官既要代表本特别行政区,对本特别行政区负责,又要对中央负责,保证全国性法律和中央对本特别行政区的政策在本区域内的实施。同时,在同本行政区立法会的关系上,行政长官作为特别行政区政府的首长,还需要对立法会负责。

（二）特别行政区政府

特别行政区政府是特别行政区的行政机关，是我国的一级地方政府，负责组织和管理特别行政区的行政事务。行政长官作为特别行政区政府的首长，领导特别行政区的工作。特别行政区政府通过行政长官对中央政府和特别行政区立法会负责。

（三）立法会

根据《香港特别行政区基本法》和《澳门特别行政区基本法》的规定，立法会是其立法机关。立法会就立法、审核预算、批准税收和公共开支、弹劾行政长官等一系列重要问题享有广泛的职权。由于在特别行政区内，行政机关和立法机关相互制衡又相互配合，司法机关独立进行工作，不受任何干涉，因此，这同内地实行的人民代表大会制度是不同的。就立法而言，立法会可以就许多属于中央立法机关行使立法权的事项制定法律，比如可以制定本行政区的民法、刑法。在同中央立法机关的关系上，立法会制定的法律只需报全国人民代表大会常务委员会备案即可，而备案不影响法律的效力。由此可见，立法会所享有的各项职权正是特别行政区享有高度自治权的重要方面。

（四）司法机关

根据《香港特别行政区基本法》和《澳门特别行政区基本法》的规定，特别行政区法院是其司法机关，行使审判权。法院在行使审判权时，只服从法律，不受任何干涉，除了涉及国防、外交等国家行为的实施问题外，不听从任何命令和指示。同时，基本法规定，特别行政区法院拥有终审权，即在特别行政区审理的案件，即便当事人上诉，最终也只会由其终审法院做出判决，不会上诉到最高人民法院，这是特别行政区享有高度自治权的重要组成部分。同时，在澳门特别行政区，检察机关也属于司法机关的范畴，依法独立行使检察权。

三、特别行政区和中央的关系

特别行政区和中央关系的核心是权力分配的问题。下面我们以香港为例，具体说明这种关系。

（一）中央代表国家对特别行政区行使主权

1. 负责管理与香港特别行政区有关的外交事务

此项职权的含义是，外交大权属于中央人民政府，凡是需要由国家出面办理的外交事务，如同外国政府进行外交谈判，以国家的名义缔结条约或参加国际组织等活动，都由中央人民政府负责办理。香港特别行政区政府作为地方政府，无权对外进行这类活动。

2. 负责管理香港特别行政区的防务

我国全部领域的防务都是由中央统一管理，香港特别行政区作为我国领土的一部分也不例外。一般说的防务包括对内防务和对外防务两种。而国家对香港的防务，仅指对外防务，其内部的社会治安不包括在内。1997 年香港回归祖国后,中央派军队进驻香港,这是为了国家防务的需要,同时也是为了体现国家主权。驻军费用则由中央人民政府负担。

3.任命行政长官和主要官员

依据香港特别行政区基本法,香港的行政长官要先在当地通过选举或协商产生,然后由中央人民政府予以任命。行政机关的主要官员由行政长官提名,报请中央人民政府任命。

4.决定香港特别行政区进入紧急状态

《香港特别行政区基本法》对紧急状态规定:"全国人民代表大会常务委员会决定宣布战争状态或因香港特别行政区内发生香港特别行政区政府不能控制的危及国家统一或安全的动乱而决定香港特别行政区进入紧急状态,中央人民政府可发布命令将有关全国性法律在香港特别行政区实施。"基本法的这一规定是合理的。

5.解释基本法

依据宪法,解释法律是全国人民代表大会常务委员会的一项职权。基本法是全国人民代表大会制定的法律,因此它的解释权应当属于全国人民代表大会常务委员会。

6.修改基本法

修改基本法是全国人民代表大会的一项职权。为慎重起见,国家对修改基本法作了一些限制:基本法的修改提案权属于全国人民代表大会常务委员会、国务院和香港特别行政区。香港特别行政区的修改案,须经香港特别行政区的全国人民代表大会代表的 2/3 多数、香港特别行政区立法会全体议员的 2/3 多数和香港特别行政区行政长官同意后,交由香港特别行政区出席全国人民代表大会的代表团向全国人民代表大会提出。另外规定,基本法的任何修改均不得同中华人民共和国对香港既定的基本方针政策相抵触。

(二)特别行政区享有高度的自治权

香港特别行政区是一个享有高度自治权的地方行政区域,其权力来源于中央的授权。依据基本法,香港特别行政区享有下列主要权力:

1.立法权

香港特别行政区享有的立法权是指其立法机关有权就香港特别行政区高度自治范围内的一切事务立法,但对外交、国防以及其他属于中央人民政府管理范围内的事务无权立法。另外,香港特别行政区立法机关制定的法律须报全国人民代表大会常务委员会备案,但备案不影响法律的生效。

2.独立的司法权和终审权

独立的司法权也就是基本法第 85 条规定的"香港特别行政区法院独立进行审判,不受任何干涉"。终审权是指香港特别行政区的诉讼案件以该区终审法院为最高审级,该级终审法院的判决是最终判决。香港和澳门的法院,在审理案件时,享有一定的基本法解释权。依据基本法的规定,对特别行政区职权范围内的事务,特别行政区法院享有解释权。对中央和地方关系及中央管理的事务,特别行政区法院在作出终审和不可上诉判决前,应当报全国人大常委会进行解释。

3.行政管理权

香港特别行政区行政机关依法享有自行处理香港特别行政区事务的权力。这些行政事务包括财政、金融、经济、工商业、贸易、税务、邮政、民航、海事、交通运输、渔业、农业、人事、民政、劳工、教育、医疗卫生、社会福利、文化娱乐、市政建设、城市规划、房屋、房地产、治安、出入境、天文气象、通讯等。另外,根据《香港特别行政区基本法》的规定,香港特别行政区保持财政独立,其财政收入全部用于自身需要,不上缴中央政府,中央人民政府不在特别行政区征税;香港特别行政区可自行制定货币金融政策;港元为其法定货币继续流通,港币的发行权属于香港特别行政区政府;香港特别行政区不实行外汇管制政策,货币自由兑换;继续开放外汇、黄金、证券、期货等市场。

4.自行处理有关对外事务的权力

自行处理对外事务的这项权力主要包括以下几个方面的内容。
(1)特别行政区有参加外交谈判、国际会议、国际组织的权力。
(2)特别行政区有签订国际协议的权力。
(3)特别行政区有与外国互设官方、半官方机构的权力。
(4)特别行政区有签发特区护照和旅行证件的权力。

5.高度自治的其他方面

除了上面介绍的这几种自治权力外,特别行政区的自治权还包括以下几个方面。
(1)特别行政区的行政机关、立法机关由当地永久性居民组成,中央人民政府不从内地派遣官员去担任特别行政区行政机关和立法机关的重要职务。
(2)特别行政区不实行社会主义的制度和政策,保持原来的资本主义制度和生活方式50年不变。
(3)特别行政区境内的土地和自然资源在所有权属于国家的前提下,由特别行政区负责管理、使用、开发、出租,或者批给个人、法人或者团体使用或者开发,其收入全归特别行政区政府支配。
(4)特别行政区保持财政独立,财政收入不上缴中央人民政府,中央人民政府不在特别行政区征税。
(5)特别行政区的货币体系独立,其发行权属于特别行政区政府。
(6)特别行政区使用的语言文字,除中文外,在香港特别行政区还可使用英文,在澳门特别行政区还可使用葡文。
(7)特别行政区除悬挂中华人民共和国国旗外,还有自己的区旗、区徽等。
特别行政区与省、自治区和直辖市都属于直辖于中央人民政府的地方政权,但它与省、自治区和直辖市相比,除享有高度自治权外,还有以下几个特殊之处。
(1)在我国一般地方政权体系中,省、自治区和直辖市属于最高的一级地方政权,在其之下还有市、市辖区、县、乡、镇等行政单位。而根据基本法的有关规定,特别行政区不再下设任何下级地方任何行政单位。

（2）中央政府对特别行政区和省、自治区和直辖市的干预程度不同。省、自治区和直辖市必须执行中央及有关部门制定的行政规章、政策及措施，中央有关部门可以直接下达各种指令、指示以及要求完成的具体指标。而中央政府对特别行政区的事务管得相对较少，中央人民政府所属各部门则不得干预特别行政区自行管理的事务。

（3）实施的法律不同。中央政府除为特别行政区制定基本法外，全国性法律除极少数由法律明确规定须在特别行政区实施者外，其他法律均不在特别行政区实施。从这个意义上说，特别行政区所实行的法律自成体系。

四、特别行政区行政长官

（一）法律地位

特别行政区的行政长官是特别行政区的首脑，对中央人民政府和特别行政区负责；同时，又是特别行政区的行政首脑，领导特别行政区政府。

（1）由于特别行政区享有基本法规定的某些对外事务方面的权力，行政长官在对外事务的活动和交往中代表特别行政区。

（2）由于特别行政区享有高度自治权，而行政长官由当地通过选举或协商产生，由中央人民政府任命，由此，行政长官的地位高于行政、立法和司法机关的首脑，他代表特别行政区与中央人民政府联系，对内独掌行政管理权。

（二）任职资格

由于行政长官在特别行政区具有十分重要的地位，因此，基本法对行政长官的任职资格作了比较严格的规定。

根据《香港特别行政区基本法》的规定，香港特别行政区行政长官由年满 40 周岁、在香港通常居住连续满 20 年并在外国无居留权的香港特别行政区永久性居民中的中国公民担任。这种规定既符合国家主权原则和"港人治港"的精神，也体现了中央对香港居民管理香港的高度信任。除此之外，行政长官还必须拥护中华人民共和国香港特别行政区基本法并效忠香港特别行政区。《澳门特别行政区基本法》规定，澳门特别行政区行政长官由年满 40 周岁，在澳门通常居住连续满 20 年的澳门特别行政区永久性居民中的中国公民担任。它与香港特别行政区基本法的规定相比，没有关于外国居留权的限制性规定，这主要是因为澳门居民中相当数量的华人按照葡萄牙国籍法取得了葡籍，领有葡萄牙认别证或葡萄牙护照。因此《中葡联合声明》规定："澳门居民凡符合中华人民共和国国籍法规定者，不论是否持有葡萄牙旅行证件和身份证件，均具有中国公民资格。"但为了行政长官的任职与其法律地位相一致，基本法又对行政长官的任职资格作了补充规定："行政长官在任职期间不得具有外国居留权。"

（三）产生和任期

关于特别行政区行政长官的产生办法，基本法规定，在当地通过选举或协商产生，由中央人民政府任命。

香港特别行政区行政长官的产生办法,根据《香港特别行政区基本法》第45条的规定,应根据香港特别行政区的实际情况和循序渐进的原则而规定,最终达成由一个有广泛代表性的提名委员会按民主程序提名普选产生的目标。根据《香港特别行政区行政长官的产生办法》的规定,在1997年到2007年的10年内由800人组成的包括工商、金融界;劳工、社会服务、宗教界;立法会议员、区域性组织代表以及香港地区全国人大代表和全国政协委员的代表等各界人士在内的、具有广泛代表性的选举委员会选举产生,由中央人民政府任命。第一任行政长官则按照全国人民代表大会《关于香港特别行政区第一届政府和立法会产生办法的决定》产生,即由全国人民代表大会香港特别行政区筹备委员会筹组的由400人组成的香港特别行政区第一届政府推选委员会在当地以协商方式产生,或协商以后提名选举产生,报中央人民政府任命。

澳门特别行政区行政长官的产生办法与香港基本相同,但澳门特别行政区没有关于"根据循序渐进的原则,最终达至由普选产生"的规定;其选举委员会和推选委员会的人数比香港少得多。从1999年12月20日到2009年期间的第一、第二、第三任行政长官分别按照全国人民代表大会《关于澳门特别行政区第一届政府、立法会和司法机关产生办法的决定》和《澳门特别行政区行政长官的产生办法》产生。

香港特别行政区和澳门特别行政区的行政长官任期为5年,均可以连选连任一次。

(四)职权

为保障行政长官有足够的权力担当起领导特别行政区的重任,根据基本法的规定,行政长官具有广泛的职权,概括起来主要有:

1. 执行基本法和依照基本法适用于特别行政区的其他法律

基本法是全国人大依照宪法制定的在特别行政区内实施的宪法性法律,是特别行政区的立法基础。因此,基本法的实施关系到特别行政区的繁荣、稳定和发展。负责执行基本法是行政长官的职责,它首先要求行政长官本人必须遵守基本法并按照基本法管理特别行政区事务;其次行政长官还要监督和保证特别行政区的一切机关、团体和个人遵守基本法。除此之外,行政长官还应负责执行基本法所规定的香港和澳门的原有法律、特别行政区立法机关制定的法律以及适用于特别行政区的全国性法律。

2. 行政权

行政管理权和决策权是行政长官的主要职权之一。主要有:(1)领导特别行政区政府;(2)决定特别行政区的政策和发布行政命令;(3)主持行政会议;(4)处理请愿或申诉事项;(5)根据国家和特别行政区的安全或重大公共利益的需要,决定政府官员是否向立法会或其所属委员会作证和提供证据;(6)临时拨款申请权和临时短期拨款批准权。

3. 与立法有关的职权

行政长官有权签署立法会通过的法案并公布法律;有权批准立法会提出的有关财政收入和支出的动议;行政长官如认为立法会通过的法律不符合香港特别行政区的整体利益,可在3个月内将法案发回立法会重议;行政长官如拒绝签署立法会再次通过的法案或立法会拒绝通过政府提出的财政预算案或其他重要法案,经协商仍不能取得一致时,行政长官在征询行政会的意见后可以解散立法会。

4. 人事任免权

行政长官提名并报请中央人民政府任命特别行政区主要官员,建议中央人民政府免除上述官员的职务;委任行政会议成员或行政会委员。行政长官有权依法定程序任免各级法院法官,依照法定程序任免公职人员。澳门特别行政区行政长官还可依照法定程序任免各级法院院长和检察官;提名并报请中央人民政府任命检察长并建议中央人民政府免除检察长职务;委任部分立法会议员。

5. 其他职权

行政长官还须执行中央人民政府就基本法规定的有关事务发出的指令;代表特别行政区政府处理中央授权的对外事务和其他事务;有权依法赦免或减轻刑事罪犯的刑罚。

(五)行政会议(行政会)

为保障行政长官有效地行使职权,基本法规定设立协助行政长官决策、向行政长官提供咨询的智囊团机构。这种机构在香港特别行政区称作"行政会议",而在澳门特别行政区称作"行政会"。

香港特别行政区行政会议的成员由行政长官从行政机关的主要官员、立法机关成员和社会人士中委任,其任免由行政长官决定,其任期都不能超过委任他们的行政长官的任期,同时,他们必须是在外国无居留权的香港特别行政区永久性居民中的中国公民。

澳门特别行政区行政会的性质、地位、作用与香港行政会议相同,但其任职资格中没有关于"外国居留权"的限制,《澳门特别行政区基本法》并规定行政会由 7～11 人组成,每月至少要举行一次会议。

五、特别行政区的行政机关

特别行政区的行政机关即特别行政区政府,其首长为特别行政区行政长官。

(一)组成

根据《香港特别行政区基本法》第 60 条的规定,特别行政区政府由政务司、财政司、律政司和各局、处、署组成。各司的主管官员为"司长";各局是有权拟订政策的部门,其主管官员为"局长";各处是负责执行行政事务而不拟订政策的部门,其主管官员为"处长";各署则是工作较有独立性质的部门,如廉政公署、审计署等,其主管官员称为"署长"或"专员"。

《澳门特别行政区基本法》第 62 条规定,澳门特别行政区设司、局、厅、处,其主管官员分别称作司长、局长、厅长、处长。澳门特别行政区的检察机关属于司法机关,不包括在行政机关内,这与香港特别行政区是不同的。

(二)主要官员的任职资格及任免

根据基本法的规定,香港特别行政区的主要官员包括各司司长、副司长,各局局长,廉政专员,审计署长,警务处长,入境事务处处长和海关长。澳门特别行政区政府的主要官员包括各司司长、廉政专员、审计长、警察部门的主要负责人和海关主要负责人。

基本法对主要官员任职资格的规定是比较严格的。香港特别行政区的主要官员必须由在香港通常居住连续满15年并在外国无居留权的香港特别行政区永久性居民中的中国公民担任。澳门特别行政区的主要官员由在澳门通常居住连续满15年的澳门特别行政区永久性居民中的中国公民担任。主要官员在任职期内必须宣誓效忠中华人民共和国。

香港和澳门特别行政区政府的主要官员均由行政长官提名并报请中央人民政府任命,其免职也由行政长官向中央人民政府提出建议。

(三)特别行政区政府的职权

根据《香港特别行政区基本法》第62条和《澳门特别行政区基本法》第64条的规定,特别行政区政府行使下列主要职权:制定并执行政策;管理各项行政事务;办理基本法规定的中央人民政府授权的对外事务;编制并提出财政预算、决算;拟定并提出法案、议案、附属法规;草拟行政法规;委派官员列席立法会会议听取意见或者代表政府发言。

除此之外,特别行政区政府还依法管理境内属于国家所有的土地和自然资源;负责维持社会治安;自行制定货币金融政策并依法管理金融市场;经中央人民政府授权管理民用航空运输;经中央人民政府授权在境内签发特别行政区护照和其他旅行证件;对出入境实行管制。

六、特别行政区立法会

(一)性质、地位、产生和任期

特别行政区立法会是特别行政区的立法机关,它拥有广泛的立法权限,包括制定刑法、民法、诉讼法等重要的法律,因此,立法会的立法权是特别行政区高度自治权的表现。

香港特别行政区立法会由选举产生,根据《香港特别行政区立法会的产生办法和表决程序》以及全国人民代表大会《关于香港特别行政区第一届政府和立法会产生办法的决定》的规定,立法会议员由60人组成。第一、二届立法会由功能团体选举、选举委员会选举和分区直接选举三种方式产生。从第三届起,立法会不再有由选举委员会选举的议员。1996年3月24日全国人民代表大会香港特别行政区筹备委员会决定设立香港特别行政区临时立法会,由第一届政府推选委员会全体委员选举产生的60名议员组成,其工作至香港特别行政区第一届立法会产生为止。香港立法会议员的任期,第一届为2年,以后每届均为4年。

澳门特别行政区立法会的议员采用直接选举、间接选举和委任三种方式产生,并逐届增加直选议员的比例。第一届立法会由23名议员组成,第二届和第三届分别为27名和29名。第一届立法会任期至2001年10月15日,第二届和第三届均为4年。

(二)议员资格

《香港特别行政区基本法》第67条规定,香港特别行政区立法会由在外国无居留权的香港特别行政区永久性居民中的中国公民组成,而非中国籍的香港特别行政区永久性居民和在外国有居留权的香港特别行政区永久性居民也可以当选为立法会议员,但所占比例不得超过全体议员的 20%。

《澳门特别行政区基本法》第 68 条规定,澳门特别行政区立法会议员由澳门特别行政区永久性居民担任,同香港相比,没有"国籍"和"在外国无居留权"的限制。

（三）职权

1. 立法权

根据基本法的规定,特别行政区立法会有权依照基本法的规定和法定的程序制定、修改和废除法律。立法会制定的法律须由行政长官签署、公布方有法律效力,并须报全国人大常委会备案。如果全国人大常委会认为特别行政区制定的法律不符合基本法关于中央管理的事务及中央和特别行政区的关系的条款时,在征询基本法委员会的意见后,可将法律发回,法律一经发回,立即失效。

2. 财政权

香港特别行政区立法会有权根据政府的提案,审核、通过财政预算;有权批准税收和公共开支。澳门特别行政区立法会有权审核、通过政府提出的财政预算案;审议政府提出的预算执行情况报告;有权根据政府提案决定税收,批准由政府承担的债务。但立法会通过的财政预算案必须由行政长官签署并报送中央人民政府备案。

3. 监督权

立法会有权听取行政长官的施政报告并进行辩论;对政府工作提出质询;就公共利益问题进行辩论。

基本法规定,行政长官如有严重违法或渎职行为而不辞职,可以进行弹劾。香港特别行政区立法会全体议员的 1/4 以上,澳门特别行政区立法会全体议员的 1/3 以上可以提出弹劾联合动议。动议经立法会通过以后,立法会应组成调查委员会进行调查,如调查以后认定有足够的证据证明行政长官有严重违法和渎职行为,立法会以全体议员 2/3 多数通过,可以提出弹劾案,报请中央人民政府决定。

4. 其他职权

立法会有权接受当地居民的申诉并进行处理;香港立法会还有权同意终审法院法官和高等法院首席法官的任免。

七、特别行政区的司法机关

香港特别行政区基本法和澳门特别行政区基本法均设专节规定司法机关。由于香港属普通法系地区,而澳门属大陆法系地区,因此,澳门的司法机关除法院外,检察机关也属于司法机关,而香港的司法机关只有法院,检察机关则作为行政机关的一部分。

（一）香港特别行政区的司法机关

《香港特别行政区基本法》第 80 条规定："香港特别行政区各级法院是香港特别行政区的司法机关，行使香港特别行政区的审判权。"也就是说，香港特别行政区法院是特别行政区的审判机关，依法审理香港特别行政区的一切民事、刑事事件以及其他案件。

香港特别行政区法院的设置，按照基本法的规定，1997 年后，原有的司法体制基本不变。但香港回归后，香港特别行政区拥有终审权。为行使终审权，必须对原有的法院系统进行适当调整。根据基本法第 81 条规定，香港特别行政区设立终审法院作为香港特别行政区的最高法院；将原香港最高法院更名为高等法院，内部仍设上诉法庭和原讼法庭；将原地方法院更名为区域法院；原裁判司署法庭和其他专门法庭仍予以保留。

香港原有的司法制度深受英国普通法的影响，形成普通法系统，因此《香港特别行政区基本法》规定："香港原有法律，即普通法、衡平法条例、附属立法和习惯法，除同本法相抵触或经香港特别行政区的立法机关作出修改者外，予以保留。"除保留原有的大部分法律外，基本法还规定普通法的原则亦予以保留，这些原则分别是：

（1）司法独立原则。基本法规定法院独立进行审判，不受任何干涉，司法机关履行审判职责的行为不受法律追究。

（2）遵循判例原则。法院除依照基本法第 18 条所规定的适用于香港特别行政区的法律来审判案件外，其他普通法适用地区的司法判例可作参考。

（3）实行陪审制。原在香港实行的陪审制度予以保留。

（4）公平的诉讼程序原则。在普通法中，公民的权利往往通过法律程序表现出来，因此程序法占有非常重要的地位，为此，基本法规定，刑事诉讼和民事诉讼中保留在香港适用的原则和当事人享有的权利。

（5）无罪推定原则。基本法规定，任何人在被合法拘捕后，享有尽早接受司法机关审判的权利，未经司法机关判罪之前均假定无罪。

对于法官的任职资格和任免程序，基本法作出了新的规定。法官的任用，应根据其本人的司法和专业上的才能选用，并可以从其他普通法适用地区聘用。终审法院和高等法院的首席法官必须由在外国无居留权的香港永久性居民中的中国公民担任。法官的任命，应根据当地法官和法律界及其他方面知名人士组成的独立委员会推荐，由行政长官任命。法官的免职，只有在法官无力履行职责或行为不检的情况下，行政长官才可能根据终审法院首席法官任命的不少于 3 名当地法官组成的审议庭的建议予以免职；终审法院首席法官只有在无力履行其职责或行为不检的情况下，由行政长官任命的不少于 5 名的当地法官组成的审议庭进行审议，并由行政长官根据审议庭的建议予以免职。终审法院法官和高等法院首席法官的任免还须征得立法会同意，并报全国人大常委会备案。

（二）澳门特别行政区的司法机关

澳门特别行政区法院行使审判权，根据基本法的规定，法院独立进行审判，只服从法律，不受任何干涉；法官履行审判职责的行为不受法律追究。

澳门特别行政区法院的设置，基本保留原有司法体制。由于澳门属于大陆法系地区，法院分为普通法院和行政法院两套平行的法院系统。对此，基本法仍予以保留，在普通法院之外仍设行政法院,管辖行政诉讼和税务诉讼的案件。但基本法规定,不服行政法院的判决可向中级法院上诉。澳门的普通法院原称"澳门法院",为隶属于里斯本中级法院的初级法院,对其判决不服可以上诉至里斯本中级法院直至葡萄牙最高法院。而澳门回归后,澳门特别行政区享有终审权,因此必须对原有普通法院进行适度调整。为此,基本法第 84 条规定,澳门特别行政区设初级法院、中级法院和终审法院三级,其中终审法院是行使终审权的法院。

法官的任职资格,根据澳门司法体制的特点,基本法规定,法官的选任以其专业资格为标准,符合标准的外籍法官也可聘用。但终审法院的院长必须由澳门特别行政区永久性居民中的中国公民担任。关于法官的任命,基本法规定,各级法院法官根据当地法官、律师和知名人士组成的独立委员会推荐,由行政长官任命。关于法官的免职,基本法规定,法官只有在无力履行职责或行为与其所任职务不相称的情况下,行政长官才可根据终审法院院长任命的不少于 3 名的当地法官组成的审议庭的建议予以免职,终审法院法官的免职由行政长官根据立法会议员组成的审议委员会的建议决定。终审法院法官的任免须报全国人大常委会备案。法官在就职时必须宣誓效忠特别行政区和特别行政区基本法,终审法院院长还须宣誓效忠中华人民共和国。

第十三章　司法机关

我国的司法机关包括人民法院和人民检察院,相对于权力机关和行政机关而言司法机关具有比较强的独立性,因为独立性是保证检察院独立行使监督检察权、人民法院独立行使审判权的基础。

第一节　我国的审判机关

一、人民法院的性质和任务

宪法规定,人民法院是国家的审判机关。人民法院是我国专门行使国家审判权的机关。审判权是指人民法院依照法律对刑事案件、民事案件和其他案件进行审理和判决的权力。审判权是国家权力的重要组成部分,具有强制性。人民法院是国家的法定审判机关,它与其他国家机关一起共同执行着人民民主专政的职能。其他一切组织和个人都无权进行审判。中华人民共和国的任何公民都有权拒绝人民法院以外的非法审判,当然也都无权拒绝人民法院依法进行的审判。

人民法院的任务是审判刑事案件、民事案件以及经济案件和行政案件,通过审判活动惩办一切犯罪分子,解决民事纠纷、经济纠纷,保卫人民民主专政制度,维护社会主义法制和社会秩序,保卫社会主义全民所有制财产、劳动群众集体所有制财产,保护公民私人所有的合法财产,保护公民的人身权利、民主权利和其他权利,保障国家的社会主义建设事业顺利进行。人民法院还要通过它的全部活动,教育公民忠于社会主义祖国、自觉遵守宪法和法律,以减少和预防犯罪行为的发生。

二、人民法院的组成、任期和领导体制

根据宪法和法律的规定,基层人民法院由院长 1 人,副院长和审判员若干人组成;中级人民法院、高级人民法院以及最高人民法院都分别由院长 1 人,副院长、庭长、副庭长和审判员若干人组成。上述人民法院院长由同级人民代表大会选举和罢免;副院长、正副庭长、审判委员会委员、审判长由同级人民代表大会常务委员会任免。

省、自治区、直辖市的人民代表大会常务委员会根据主任会议的提名,决定在省、自治区内按地区设立的和在直辖市内设立的中级人民法院院长的任免。

根据人民法院组织法规定,人民法院的正副院长、正副庭长、审判员和助理审判员以及人民陪审员必须是具有选举权和被选举权、年满 23 周岁的公民,并具有法律专业知识。

各级人民法院的任期同本级人民代表大会的每届任期相同。最高人民法院院长每届任期与全国人民代表大会相同,连续任职不得超过两届。

根据宪法规定,最高人民法院对全国人民代表大会和全国人民代表大会常务委员会负责。地方各级人民法院对产生它的同级国家权力机关负责。

最高人民法院是最高审判机关。最高人民法院监督地方各级人民法院和专门人民法院的审判工作。这表明在我国法院系统中,上级人民法院监督下级人民法院的审判工作,它们之间是一种审判监督关系,其目的在于保证办案的质量。

对于法官的范围和任职资格、法官的职责与权利义务和法官的等级,有关法律都作出了明确的规定。

三、人民法院的职权

(一)最高人民法院

最高人民法院是国家最高审判机关,根据《宪法》、《人民法院组织法》以及其他相关法律的规定,最高人民法院拥有对案件的审判权、对下级人民法院的监督权、死刑复核权、司法解释权、司法行政权等多项职权。

1.案件审判权

最高人民法院的案件审判权包括由其管辖的一审案件的审判权以及对二审案件和抗诉案件的审判权。

(1)最高人民法院管辖的一审案件一般是在全国范围内有重大影响的案件,如刑事诉讼法、民事诉讼法、行政诉讼法所规定的在国内有重大影响的案件。同时法律还赋予了最高人民法院在级别管辖上的裁量权,最高人民法院可以审理其认为应当由其管辖的一审案件。另外,最高人民法院还可以审理下级人民法院认为案情重大而向其移送的各类案件。

(2)最高人民法院拥有上诉管辖权,当事人不服高级人民法院或者专门人民法院一审案件的判决或裁定可以上诉到最高人民法院。

(3)最高人民法院拥有的抗诉管辖权包括两种情况,一种情况是人民检察院认为高级人民法院所做出的,尚未发生法律效力的第一审判决或裁定确有错误而提请最高人民法院重新对该案件进行审理。另一种情况是人民检察院认为已经发生法律效力的判决或裁定确有错误而向最高人民法院提起的抗诉案件。

2.死刑复核权

死刑复核权是指最高人民法院对于判处死刑的案件具有复核的权力。根据有关法律的规定,高级人民法院曾经对部分死刑案件享有复核权。自 2007 年 1 月 1 日起,死刑核准权收归最高人民法院统一行使。

3.司法解释权

根据《人民法院组织法》和《全国人民代表大会常务委员会关于加强法律解释工作的决议》的规定,最高人民法院有权对在审判过程中如何具体应用法律、法令的问题进行解释。

4. 对下级法院和专门人民法院的监督权

最高人民法院有权通过审判监督程序对其认为确有错误的、已经发生法律效力的地方各级人民法院和专门人民法院的判决和裁定提审或指令下级法院再审。

另外，根据有关法律规定，最高人民法院还享有司法行政权。

（二）高级人民法院

高级人民法院包括省高级人民法院、自治区高级人民法院和直辖市高级人民法院，其主要职权包括以下几项。

1. 一审管辖权

高级人民法院审理法律规定的由其管辖的第一审案件，即在其辖区内有重大影响的、重大复杂的各类刑事、民事和行政案件，同时还审理下级法院向其移送的第一审案件。

2. 上诉管辖权

上诉管辖权是指审理对下级法院做出的判决或裁定不服提起二审的案件。包括对海事法院所作出的判决或裁定不服而向所在地高级人民法院提起的二审案件。

3. 抗诉案件审判权

抗诉案件审判权主要包括在刑事诉讼中检察机关在法定期限内提起抗诉的案件和按照审判监督程序提起的抗诉案件。

4. 审判监督权

审判监督权即对下级人民法院已经发生法律效力的判决或裁定，如果发现确有错误的，有权提审或指令下级人民法院再审。

（三）中级人民法院

中级人民法院包括在省、自治区内按地区设立的中级人民法院；在直辖市内设立的中级人民法院；设区的市的中级人民法院；自治州的中级人民法院。其主要职权有：

1. 一审管辖权

中级人民法院有权对法律规定的由其管辖的第一审案件进行审判。包括危害国家安全案件、可能判处死刑或无期徒刑的普通刑事案件、外国人犯罪或我国公民侵犯外国人合法权益的刑事案件、重大的涉外民事案件、在本辖区有重大影响的民事案件、确认发明专利权的案件、海关处理的案件、对国务院各部门或者省、自治区、直辖市人民政府所作的具体行政行为提起诉讼的案件、本辖区内重大复杂的行政案件以及基层人民法院移送的第一审案件等。

2. 上诉管辖权

中级人民法院有权对不服基层人民法院的判决和裁定提起上诉的案件进行审判。该权力的设置是为了保证司法的公正性与法律适用的准确性,其目的是保证人们平等适用法律的权利,保证法律的权威性。

3.抗诉案件审判权

中级人民法院有权对人民检察院提起的抗诉案件进行审判。包括刑事诉讼中检察院在法定期限内提起的抗诉案件和按照审判监督程序提起的抗诉案件。

4.对基层人民法院审判工作监督权

中级人民法院认为基层人民法院已经发生法律效力的判决和裁定确有错误的,有权提审或指令基层人民法院再审。

(四)基层人民法院

基层人民法院包括县人民法院、不设区的市人民法院、自治县人民法院、市辖区人民法院。基层人民法院的职权主要有:

1.案件审判权

基层人民法院审理除了法律规定的由最高人民法院、高级人民法院、中级人民法院管辖以外的一审各类案件。同时,基层人民法院如果认为所受理的案件案情重大,应当由上级人民法院审判的,可以将案件移送给上级人民法院审理。

2.其他职权

基层人民法院可以处理不需要开庭审判的民事纠纷和轻微刑事案件;有权指导人民调解委员会的工作;可以根据当地人口、案件多少等情况设立若干人民法庭作为其派出机构。

(五)专门人民法院

专门人民法院是我国统一审判体系中的一个组成部分,与地方各级人民法院共同行使国家审判权。目前我国专门人民法院包括军事法院、海事法院和铁路运输法院三种。军事法院负责审判现役军人、军队文职干部和军队在编职工的刑事犯罪案件;海事法院负责审理发生在中国法人、公民之间,中国法人、公民同外国或者地区法人、公民之间,外国或者地区法人、公民之间的海事、海商案件;铁路运输法院负责审理发生在铁路沿线的刑事犯罪案件和与铁路有关的经济纠纷案件。

四、人民法院审判工作的原则和基本制度

(一)依法独立审判原则

宪法和人民法院组织法规定,人民法院依照法律规定独立行使审判权,不受行政机关、社会团体和个人的干涉。这一原则要求人民法院在审判工作中要以事实为根据、以法律为准绳,独立进行审判,实事求是地对案件作出公正判决和裁定,不受任何组织、领导及其他个人的干涉。人

民法院在办理各种案件活动中,必须一切服从法律,严格依法办事,在职权范围内的活动必须独立进行。依法独立审判原则,是社会主义法制的一项重要原则。审判工作贯彻这一原则有利于保证国家审判权的统一行使,保证国家法律统一执行,保证审判工作正常进行,保证对案件正确判决。

人民法院独立审判,并不是不受任何监督。在我国,人民法院要向同级人大负责并报告工作,接受同级人大常委会的监督。人民检察院是法律监督机关,人民法院执行法律要接受人民检察院依法进行的监督。此外,人民法院独立审判还应该接受人民群众的监督。

(二)公民在法律面前一律平等原则

公民在法律面前一律平等原则,要求人民法院对一切公民都必须一律平等对待,一切公民的合法权益,都要依法予以保护,任何公民的违法犯罪行为,都要依法予以追究。适用法律一律平等,还要求在适用法律上不能有任何歧视,对公民一律平等对待,不能因公民的家庭出身、地位高低、政治倾向等非法定条件而对某些公民有不公正的待遇。适用法律面前一律平等原则,也应当表现在对待法人或其他组织方面,不论组织规模大小、企业性质、何人经营、主办单位等情况,都应平等保护其合法权益,一律追究违法责任。

(三)被告人有权获得辩护原则

被告人有权获得辩护,是宪法和有关法律规定的一项重要的司法原则和制度,是国家赋予被告人保护自己合法权益的一种重要诉讼权利。在刑事诉讼中,被告人和他的辩护人有权根据事实和法律,提出证明被告人无罪、罪轻或者免除、减轻刑事处罚的材料和意见,以维护被告人的合法权益。有关法律规定了被告人行使辩护权利的具体制度,必要时人民法院应当为被告人指定承担法律援助义务的律师担任被告人的辩护人。实行辩护制度,有助于人民法院全面客观地认定案件事实,正确适用法律,公正判决或裁定案件以及避免错案冤案的发生。

(四)使用本民族语言文字进行诉讼原则

宪法和人民法院组织法都规定,各民族公民都有用本民族语言文字进行诉讼的权利。人民法院对于不通晓当地通用的语言文字的当事人,应当为他们翻译。在少数民族聚居或者多民族杂居的地区,人民法院应当用当地通用的语言进行审讯,用当地通用的文字发布判决书、裁定书、布告和其他文件。

我国是统一的多民族国家,各民族公民都有用本民族语言文字进行诉讼的权利,这是民族平等原则在诉讼制度方面的具体表现。宪法和法律的这项规定,是确保各民族公民平等地享有诉讼的权利和地位,反对民族歧视,维护民族平等和加强民族团结的重要法律保障。贯彻这一原则,有利于人民法院审理案件,有利于当事人行使诉讼权利和履行诉讼义务,有利于人民法院的判决、裁定的执行以及人民法院对人民群众进行法制教育。

(五)合议制度

人民法院组织法规定,人民法院审判案件,实行合议制。人民法院审判第一审案件,由审判员组成合议庭或者由审判员和人民陪审员组成合议庭进行,简单的民事案件、轻微的刑事案件和法律另有规定的案件可以由审判员一人独任审判。人民法院审判上诉和抗诉案件由审判员组成合议庭进行。合议庭由院长或庭长指定一名审判员担任审判长,院长或庭长参加合议庭的,院长或庭长担任审判长。

我国刑事诉讼法、民事诉讼法以及行政诉讼法对合议庭的组成、工作及合议庭成员的权利作出具体规定,并规定了独任审判的适用范围。在我国,绝大多数案件由合议庭形式审判,合议庭审判是我国人民法院审理案件的基本组成形式。合议庭评议案件采取少数服从多数原则,体现了民主集中制原则,保证案件能够充分讨论,提高办案质量。对于疑难、重大案件由合议庭提请院长提交本院审判委员会讨论决定。

(六)回避制度

在审判阶段,回避制度是指人民法院受理的案件如果与审判人员有利害关系或其他关系,应当回避。这是为了防止审判人员主观偏向,保护当事人合法权益,保证公正审判的诉讼制度。为保证当事人行使申请回避的权利,人民法院在开庭时,应当向当事人宣布合议庭组成人员及书记员名单,告知当事人有申请回避的权利。是否批准回避申请,由人民法院院长决定。院长的回避,由本院审判委员会决定。

根据我国法律的规定审判人员一般应当回避的情形主要包括以下几种。

(1)审判人员是本案当事人或者当事人的近亲属。

(2)本人或者他的亲属与本案有利害关系。

(3)担任过本案的证人、鉴定人、辩护人或者附带民事诉讼当事人的代理人。

(4)与本案当事人有其他关系可能影响案件公正处理的。

具有以上情形的审判人员及书记员、翻译人员、鉴定人、勘验人等,应当报告本院院长要求回避;当事人也有权申请回避。在刑事司法实践中,应当回避的人员,本人没有自行回避的,当事人和他的法定代理人也没有申请其回避的,院长或者审判委员会应当决定其回避。

(七)公开审判原则

公开审判是指人民法院对受理的案件公开审理和公开宣判。通过公开审理,使当事人充分行使法律规定的诉讼权利,对证据互相质证,明辨是非,便于审判人员查清事实。宪法规定,人民法院审理案件,除法律规定的特别情况外,一律公开进行。人民法院组织法规定,审理案件,除涉及国家机密、个人隐私和未成年人犯罪案件以外,一律公开进行。刑事诉讼法、民事诉讼法及行政诉讼法都针对各类案件,作出具体规定,保证公开审判原则的切实贯彻。

公开审判是人民法院各项诉讼制度和原则的中心环节。审判活动公开,可以把人民法院的审判活动直接置于当事人及人民群众的监督之下,有助于增强审判人员的责任感,改进审判作风,严格依法办事,从而保证审判质量,防止冤假错案的发生。还可以使旁听群众受到深刻的法制教育,对犯罪分子起到威慑作用,达到减少犯罪的效果。

(八)两审终审制

人民法院审判案件实行两审终审制。两审终审制是指一个案件经过两级人民法院的审判即告终结的制度。地方各级人民法院审理的第一审案件所作的判决和裁定,如果当事人不服,可以在法定期限内向上一级人民法院提出上诉;人民检察院对所提起公诉的刑事案件,如果认为第一审判决或裁定有错误,在法定期限内可以向上一级人民法院提出抗诉。上一级人民法院对上诉、抗诉案件,按照第二审程序进行审理后所作的判决或裁定,就是终审的判决或裁定,判决和裁定发生法律效力。如果在上诉期限内,当事人不上诉,人民检察院不抗诉,第一审判决或裁定就发生法律效力。根据我国法律规定,死刑案件,除最高人民法院依法授权高级人民法院核准的以外,不论是否经过两审判处死刑的案件,都必须经最高人民法院核准,判决方能生效,这是一种特殊情况。此外,根据法律规定,最高人民法院审理的第一审案件所作的判决或裁定一审终审;基层人民法院按照民事诉讼法特别程序审理的选民资格案件、宣告失踪案件、宣告死亡案件、认定公民无行为能力案件、认定公民限制行为能力案件和认定财产无主案件实行一审终审制。

两审终审制是我国多年司法实践经验的总结,既可以使第一审的错误的或不当的判决和裁定在发生法律效力前得到及时的纠正,保证案件的正确处理;又可以便于群众进行诉讼,避免因审级过多而引起诉讼的拖延,节省人力、财力和时间。

(九)审判监督制度

审判监督制度是指人民法院对已经发生法律效力的判决、裁定,发现确有错误,依法重新进行审判的一种特殊审判工作制度。根据法律规定有权提起审判监督程序的主体主要包括以下三种。

(1)各级人民法院院长对本院已经发生法律效力的判决和裁定,如果发现认定事实上或者适用法律上有错误,必须提交审判委员会处理。

(2)最高人民法院对各级人民法院已经发生法律效力的判决和裁定,上级人民法院对下级人民法院已经发生法律效力的判决和裁定,如果发现确有错误,有权提审或者指令下级人民法院再审。

(3)最高人民检察院对各级人民法院已经发生法律效力的判决和裁定,上级人民检察院对下级人民法院已经发生法律效力的判决和裁定,如果发现确有错误,有权按审判监督程序提出抗诉。

确立审判监督制度,是我国审判工作中实事求是、有错必纠的为人民高度负责的精神的体现,通过审判监督制度,纠正错误的判决和裁定,保护公民和组织的合法权益,纠正冤假错案,利于社会的稳定。

(十)审判委员会制度

审判委员会既是各级人民法院内设立的审判工作组织,又是人民法院进行审判工作的一种制度,该制度对保证办案质量和实现国家审判职能有重大作用。

根据我国相关法律的规定,审判委员会的任务主要包括以下三项。

(1)讨论重大的或者疑难的案件。

(2)总结审判经验,讨论分析审判工作中出现的新情况、新问题,检查执法情况,提出本法院审判工作中的改进办法。

(3)讨论其他有关审判工作问题。

审判委员会讨论的案件,一般是经过合议庭审理过的案件,由于案情重大复杂,对认定事实和适用法律比较困难,须由审判委员会讨论作出决定。一般由庭长提交主管副院长或直接提请院长,要求院长提交审判委员会讨论。在开会时,由案件主审法官汇报案情,审判委员会委员必要时询问有关情况,对应认定的案件事实及适用法律展开讨论,最后以少数服从多数原则表决作出决定。整个讨论过程由书记员记入审判委员会讨论记录。

五、法官

法官是依法行使国家审判权的审判人员，包括最高人民法院、地方各级人民法院和军事法院等专门人民法院的院长、副院长、审判委员会委员、庭长、副庭长、审判员和助理审判员。

（一）法官的任职资格

根据《法官法》的相关规定，担任法官必须具备下列条件：具有中华人民共和国国籍；年满23岁；拥护中华人民共和国宪法；有良好的政治、业务素质和良好的品行；身体健康。另外，法官的任职资格对专业知识造诣和水平有较高的要求，一般来说，要求任职者从高等院校法律专业本科毕业或者高等院校非法律专业本科毕业，具有法律专业知识，从事法律工作满二年，其中担任高级人民法院、最高人民法院法官，应当从事法律工作满三年；获得法律专业硕士学位、博士学位或者非法律专业硕士学位、博士学位具有法律专业知识，从事法律工作满一年，其中担任高级人民法院、最高人民法院法官，应当从事法律工作满二年。初任法官采用严格考核的办法，按照德才兼备的标准，从通过国家统一司法考试取得资格，并且具备法官条件的人员中择优提出人选。人民法院的院长、副院长应当从法官或者其他具备法官条件的人员中择优提出人选。曾因犯罪受过刑事处罚和曾被开除公职的人员不得担任法官。

（二）法官的职责、权利与义务

根据《法官法》的规定，法官的职责是依法参加合议庭审判或者独任审判案件，以及法律规定的其他职责。法院的院长、副院长、审判委员会委员、庭长、副庭长除履行审判职责外，还应当履行与其职务相适应的职责。

根据《法官法》的规定，法官享有下列权利：履行法官职责应当具有的职权和工作条件；依法审判案件不受行政机关、社会团体和个人的干涉；非因法定事由、非经法定程序，不被免职、降职、辞退或者处分；获得劳动报酬，享受保险、福利待遇；人身、财产和住所安全受法律保护；参加培训；提出申诉或者控告；辞职。

根据《法官法》的规定，法官应当履行下列义务：严格遵守宪法和法律；审判案件必须以事实为根据，以法律为准绳，秉公办案，不得徇私枉法；依法保障诉讼参与人的诉讼权利；维护国家利益、公共利益，维护自然人、法人和其他组织的合法权益；清正廉明，忠于职守，遵守纪律，恪守职业道德；保守国家秘密和审判工作秘密；接受法律监督和人民群众监督。

（三）法官的考核、奖励和惩罚

法官的考核，是指人民法院按照法定权限，依据法律规定的原则、标准、内容和程序，对所属法官进行定期或不定期的考察、评价。我国对法官考核的内容为：审判工作实绩，思想品德，审判业务和法学理论水平，工作态度和审判作风。重点考核审判工作实绩。为加强对法官的考核和评议，人民法院设立法官考评委员会，具体指导对法官的培训、考核和评议工作。法官考评委员会由5～9人组成，法官考评委员会主任由本院院长担任。法官的年度考核结果分为优秀、称职、不称职三个等级，考核结果作为对法官奖惩、培训、免职、辞退以及调整等级和工资的依据。考核结果应以书面形式通知本人,对考核结果有异议,可以申请复议。

为鼓励法官努力工作,对于在审判工作中有显著成绩和贡献的,或者有其他突出事迹的法官,应当给予奖励。对法官奖励,我国实行精神奖励和物质奖励相结合原则。具体奖励的种类有:嘉奖,记三等功、二等功、一等功,授予荣誉称号。

根据《法官法》的规定,法官有下列表现之一的,应当给予奖励。

(1)在审理案件中秉公执法,成绩显著的。

(2)总结审判实践经验成果突出,对审判工作有指导作用的。

(3)对审判工作提出改革建议被采纳,效果显著的。

(4)保护国家、集体和人民利益,使其免受重大损失,事迹突出的。

(5)勇于同违法犯罪行为作斗争,事迹突出的。

(6)提出司法建议被采纳或者开展法制宣传、指导人民调解委员会工作,效果显著的。

(7)保护国家秘密和审判工作秘密,有显著成绩的。

(8)有其他功绩的。

为防止法官违法违纪或腐败行为的发生,教育并鞭策法官依法执行职务,对于违法违纪或有腐败行为的法官,应当予以惩罚。具体处分的种类有:警告、记过、记大过、降级、撤职、开除。受撤职处分的,同时降低工资和等级。

根据《法官法》的规定,法官有下列行为之一的,应当给予处分。

(1)散布有损国家声誉的言论,参加非法组织,参加旨在反对国家的集会、游行、示威等活动,参加罢工。

(2)贪污受贿,徇私枉法。

(3)刑讯逼供,歪曲事实。

(4)隐瞒证据或者伪造证据。

(5)泄露国家秘密或者审判工作秘密。

(6)滥用职权,侵犯自然人、法人或者其他组织的合法权益。

(7)玩忽职守,造成错案或者给当事人造成严重损失。

(8)拖延办案,贻误工作。

(9)利用职权为自己或者他人谋取私利。

(10)从事盈利性的经营活动。

(11)私自会见当事人及其代理人,接受当事人及其代理人的请客送礼。

(12)其他违法乱纪的行为。

(四)法官的任免

根据《法官法》的规定,法官职务的任免,依照宪法和法律规定的任免权限和程序办理。最高人民法院院长由全国人民代表大会选举和罢免,副院长、审判委员会委员、庭长、副庭长和审判员由最高人民法院院长提请全国人民代表大会常务委员会任免。地方各级人民法院院长由地方各级人民代表大会选举和罢免,副院长、审判委员会委员、庭长、副庭长和审判员由本院院长提请本级人民代表大会常务委员会任免。在省、自治区内按地区设立的和在直辖市内设立的中级人民法院院长,由省、自治区、直辖市人民代表大会常务委员会根据主任会议的提名决定任免,副院长、审判委员会委员、庭长、副庭长和审判员由高级人民法院院长提请省、自治区、直辖市的人民代表大会常务委员会任免。在民族自治地方设立的地方各级人民法院院长,由民族自治地方各级人民代表大会选举和罢免,副院长、审判委员会委员、庭长、副庭长和审判员由本院院长提请本级人民代表大会常务委员会任免。人民法院的助理审判员由本院院长任免。军事法院等专门人民法院院长、副院长、审判委员会委员、庭长、副庭长和审判员的任免办法,由全国人民代表大会常务委员会另行规定。

(五)法官的任职回避

根据《法官法》的规定,法官之间有夫妻关系、直系血亲关系、三代以内旁系血亲以及近姻亲关系的,不得同时担任下列职务:

(1)同一人民法院的院长、副院长、审判委员会委员、庭长、副庭长。

(2)同一人民法院的院长、副院长和审判员、助理审判员。

(3)同一审判庭的庭长、副庭长、审判员、助理审判员。

(4)上下相邻两级人民法院的院长、副院长。

法官从人民法院离任后二年内,不得以律师身份担任诉讼代理人或者辩护人。法官从人民法院离任后,不得担任原任职法院办理案件的诉讼代理人或者辩护人。法官的配偶、子女不得担任该法官所任职法院办理案件的诉讼代理人或者辩护人。

(六)法官的等级

根据《法官法》的规定,法官的级别分为十二级。最高人民法院院长为首席大法官,二级至十二级法官分为大法官、高级法官、法官。法官的等级的确定,以法官所任职务、德才表现、业务水平、审判工作实绩和工作年限为依据。

第二节　我国的检察机关

一、人民检察院的性质和任务

(一)人民检察院的性质

根据《宪法》和《人民检察院组织法》规定,"中华人民共和国人民检察院是国家的法律监督机关",是我国国家机构的重要组成部分,依法独立行使检察权。法律监督是统治阶级为维护自己的统治,为统一实施法律而实行的一种专门监督。这种保障宪法和法律统一实施的权力,就是人们通常所说的检察权。

(二)人民检察院的任务

人民检察院的任务,是通过行使检察权,镇压一切叛国的、分裂国家的和其他反革命活动,打击反革命分子和其他犯罪分子,维护国家的统一,维护人民民主专政制度,维护社会主义法制,维护社会秩序、生产秩序、工作秩序、教学科研秩序和人民群众生活秩序,保护社会主义的全民所有的合法财产和劳动群众集体所有的财产,保护公民私人所有的合法财产,保护公民的人身权利、民主权利和其他权利,保卫社会主义现代化建设的顺利进行。同时,人民检察院通过检察活动,教育公民忠于社会主义祖国,自觉地遵守宪法和法律,积极同违法行为作斗争。

二、组织体系

根据《宪法》和《人民检察院组织法》规定,人民检察院的组织系统是:中华人民共和国设立最高人民检察院、地方各级人民检察院和专门人民检察院。

(一)地方各级人民检察院

从我国司法机构的设置上来看,人民检察院可以分为:省、自治区、直辖市人民检察院;省、自治区、直辖市人民检察分院,自治州和省辖市人民检察院;县、自治县、市和市辖区人民检察院等。

省一级人民检察院和县一级人民检察院根据工作需要,经本级人民代表大会常务委员会批准,可以在工矿区、农垦区、林区等区域设置人民检察院,作为自己的派出机构。

(二)专门人民检察院

专门检察院与专门法院相对应,常见的专门人民检察院包括:军事检察院、铁路运输检察院和其他专门人民检察院。

根据《宪法》和《人民检察院组织法》规定:我国人民检察院实行双重领导体制,其具体含义我们应该从两个方面来进行理解。

(1)各级人民检察院要受本级人民代表大会及其常务委员会的领导,即最高人民检察院对全国人民代表大会和全国人民代表大会常务委员会负责并报告工作,地方各级人民检察院对本级人民代表大会及其常务委员会负责并报告工作。

(2)上级人民检察院领导下级人民检察院的工作,最高人民检察院领导地方各级人民检察院和专门人民检察院的工作,上级人民检察院和下级人民检察院的关系是领导与被领导的关系。

人民检察院的这种双重领导体制是根据我国的实际情况,在总结新中国成立以来我国检察机关上下级之间关系的经验的基础上提出的。实行双重领导既有利于国家权力机关对检察机关的监督,又有利于检察机关有效地独立地行使检察权,还有利于处理上级和下级、中央和地方的检察机关的关系。

三、组成和任期

根据《宪法》和《人民法院组织法》的规定:各级人民检察院由检察长一人、副检察长和检察员若干人组成。

最高人民检察院检察长由全国人民代表大会选举和罢免。最高人民检察院副检察长、检察委员会委员、检察员和军事检察院检察长由最高人民检察院检察长提请全国人民代表大会常务委员会任免。

省、自治区、直辖市的人民检察院检察长由省、自治区、直辖市人民代表大会选举和罢免;副检察长、检察委员会委员、检察员由省、自治区、直辖市人民检察院检察长提请本级人民代表大会常务委员会任免。省、自治区、直辖市的人民检察院检察长的任免,须报最高人民检察院检察长提请全国人民代表大会常务委员会批准。

自治州、省辖市、县、市、市辖区的人民检察院检察长由本级人民代表大会选举或罢免;副检察长、检察委员会委员和检察员由自治州、省辖市、县、市、市辖区人民检察院检察长提请本级人民代表大会常委会任免。自治州、省辖市、县、市、市辖区的人民检察院检察长的任免,须由上一级人民检察院检察长提请该级人民代表大会常务委员会批准。

省、县一级人民检察院在工矿区、农垦区、林区设置的人民检察院检察长、副检察长、检察委员会委员和检察员,均由派出它的人民检察院检察长提请本级人民代表大会常委会任免。

根据我国现行宪法规定,各级人民检察院的任期,与本级人民代表大会每届任期相同,即最高人民检察院检察长,省、自治区、直辖市、自治州、县、市、市辖区的人民检察院检察长每届任期为 5 年。最高人民检察院检察长连续任职不得超过两届。全国和省、自治区、直辖市人民代表大会常务委员会根据本级人民检察院检察长的建议可以撤换下级人民检察院检察长、副检察长和检察委员会委员。地方各级人民检察院检察长因故不能担任职务时,可从副职领导人员中决定代理检察长,但须报请上一级人民检察院和人民代表大会常务委员会备案。

四、人民检察院的领导体制

根据《宪法》和《人民检察院组织法》规定,人民检察院的领导体制实行双重从属制,即最高人民检察院领导地方各级人民检察院和专门人民检察院的工作,上级人民检察院领导下级人民检察院的工作。最高人民检察院对全国人大及其常委会负责并报告工作,地方各级人民检察院对本级人大及其常委会负责并报告工作。检察官法和地方各级人民代表大会和人民政府组织法中关于地方各级人民检察院检察长任免的规定,也体现了双重领导体制。

国家权力机关对人民检察院的领导,主要表现在全国人大及其常委会选举、罢免或者任免最高人民检察院主要组成人员,审议最高人民检察院的工作报告,对最高人民检察院进行各种形式的监督等;地方各级人大及其常委会选举、罢免或任免同级人民检察院主要组成人员,审议同级人民检察院的工作报告,对检察院的工作进行各种形式的监督等。

上级人民检察院对下级人民检察院的领导主要表现在三个方面。

(1)主要组成人员的任免。地方各级人民检察院检察长的任免必须报上一级人民检察院检察长提请该级人大常委会批准。省、自治区内按地区设立的和在直辖市内设立的人民检察院分院检察长、副检察长、检察委员会委员和检察员,由省、自治区、直辖市人民检察院检察长提请本级人民代表大会常务委员会任免。对于不具备检察官法规定条件或者违反法定程序被选为人民检察院检察长的,上一级人民检察院检察长有权提请该级人大常委会不批准。最高人民检察院和省、自治区、直辖市人民检察院检察长可以建议本级人大常委会撤换下级人民检察院检察长、副检察长和检察委员会委员。

(2)业务领导。对下级检察院检察工作给予指示或对专项问题的请示给予答复。当下级人民检察院在办理案件遇到特殊困难时,上级人民检察院及时给予支持和指示,必要时可派人协助工作,也可以将案件调上来自己办。

(3)监督领导。上级人民检察院对下级人民检察院的工作进行必要的检查监督,对业务进行考核评比。通过检查考核,了解下级人民检察院检察官及其他人员的政治素质和业务能力水平,帮助培训,组织学习交流工作经验,以提高下级检察院的业务水平。

人民检察院内部的领导关系是：检察长统一领导检察院的工作。为了保证集体领导，在各级人民检察院设置检察委员会，在检察长主持下，按照民主集中制原则，讨论决定重大案件和其他重要问题。如果检察长在重大问题上不同意多数人的决定，可以报请本级人民代表大会常务委员会决定。

五、人民检察院的职权和工作原则

（一）人民检察院的职权

根据法律规定，人民检察院行使的职权有以下几项。

1. 法纪监督

根据我国相关法律的规定检察院具有法纪监督的基本职责，关于这一职能我们可从以下两个方面了解。

（1）对于叛国案、分裂国家案以及严重破坏国家的政策、法律、法令、政令统一实施的重大犯罪案件行使检察权，称为特种法纪监督。

（2）对于直接管理的刑事案件进行侦查，即对直接受理的贪污案、侵犯公民民主权利的案件和渎职案件等进行侦查，可称为普通法纪监督。

2. 侦查监督

人民检察院对于公安机关侦查的案件进行审查，决定是否逮捕、起诉或者免予起诉；对公安机关的侦查活动是否合法实行监督。

3. 支持公诉和审判监督

人民检察院对刑事案件提起公诉，支持公诉；对人民法院的审判活动是否合法实行监督。最高人民检察院对于各级人民法院已经发生法律效力的判决和裁定，上级人民检察院对于下级人民法院已经发生法律效力的判决和裁定，如果发现确有错误，应当按照审判监督程序提出抗诉。

4. 监所监督

人民检察院对于刑事案件的判决、裁定的执行和监狱、看守所、劳动改造机关的活动是否合法实行监督。如果有违法情况，应当通知执行机关或者主管机关予以纠正。

（二）人民检察院的工作原则

按照宪法和法律规定，人民检察院的主要工作原则有如下几点：

1. 公民在适用法律上一律平等

人民检察院组织法规定，各级人民检察院行使检察权，对于任何公民在适用法律上一律平等，不允许有任何特权。特权是"公民在适用法律上一律平等"原则的对立物，特权思想是封建社会的产物。人民检察院作为国家的法律监督机关,为了维护国家法制的统一和尊严,必须树立反对特权、和特权思想长期斗争的观念,这样才能在行使职权过程中,坚持对于任何公民在适用法律上一律平等,依法、高效、公正地行使好检察权。

2.依法独立行使检察权的原则

人民检察院依法独立行使检察权,不受其他行政机关、社会团体和个人的干涉。依法独立行使检察权的原则是人民检察院正确行使检察权的重要保证。为了使社会主义法制在全国范围无例外地得以贯彻实施,行使检察权必须以事实为根据、以法律为准绳,依法独立行使。为了坚持这一原则,检察人员还必须忠于自己的职责,不屈于权势,不徇私情,坚持秉公执法,敢于和善于为维护国家法制统一和尊严而斗争。当然,人民检察院依法独立行使检察权,不是削弱党的领导,相反,坚持和完善党对人民检察院的领导,才是实现依法独立行使检察权的重要保证。同时,人民检察院依法独立行使检察权并非独立于一切监督之外,它还要对本级权力机关负责,受其监督和受上一级人民检察院的领导。

3.实事求是,群众路线,坚持重证据、不轻信口供的原则

人民检察院在工作中必须坚持实事求是,贯彻群众路线,倾听群众意见,接受群众监督,调查研究,坚持重证据、不轻信口供的原则,严禁刑讯逼供,正确区分和处理敌我矛盾和人民内部矛盾。各级人民检察院的工作人员在行使职权时,必须忠于事实真相,重证据,忠实于法律,忠实于社会主义事业,全心全意为人民服务,保证办案质量,防止错案的发生。

4.保障当事人使用本民族语言文字进行诉讼的原则

各民族公民都有用本民族语言文字进行诉讼的权利。人民检察院在办案过程中,对于不通晓当地通用语言文字的诉讼参与人,应当为他们提供翻译。在少数民族聚居或者多民族杂居的地区,人民检察院应当用当地通用的语言进行讯问,发布起诉书、布告和其他文件。

六、检察官

检察官是依法行使国家检察权的检察人员,包括最高人民检察院、地方各级人民检察院和军事检察院等专门人民检察院的检察长、副检察长、检察委员会委员、检察员和助理检察员。

(一)检察官的任职资格

根据我国《检察官法》的相关规定,担任中华人民共和国的检察官必须具备以下几个基本条件。
(1)具有中华人民共和国国籍。
(2)年满23岁。
(3)拥护中华人民共和国宪法。
(4)有良好的政治、业务素质和良好的品行。
(5)身体健康。
(6)优秀个人品质与专业素养。

根据我国法律的规定,检察官应可以是高等院校法律专业本科毕业也可以是高等院校非法律专业本科毕业但具有法律专业知识并获得国家认可的人才。此外我国对检察官从业资格的要求还包括:从事法律工作满二年,其中担任省、自治区、直辖市人民检察院,最高人民检察院检察官,应当从事法律工作满三年;获得法律专业硕士学位、博士学位或者非法律专业硕士学位、博士学位具有法律专业知识,从事法律工作满一年,其中担任省、自治区、直辖市人民检察院、最高人民检察院检察官,应当从事法律工作满二年。初任检察官采用严格考核的办法,按照德才兼备的标准,从通过国家统一司法考试取得资格,并且具备检察官条件的人员中择优提出人选。人民检察院的检察长、副检察长应当从检察官或者其他具备检察官条件的人员中择优提出人选。曾因犯罪受过刑事处罚和曾被开除公职的人员不得担任检察官。

(二)检察官的职责、权利与义务

根据《检察官法》的规定,检察官的职责主要有以下几项。

(1)依法进行法律监督工作。

(2)代表国家进行公诉。

(3)对法律规定由人民检察院直接受理的犯罪案件进行侦查。

(4)法律规定的其他职责。

根据《检察官法》的规定,检察官应当履行如下义务。

(1)严格遵守宪法和法律。

(2)履行职责必须以事实为根据,以法律为准绳,秉公执法,不得徇私枉法。

(3)维护国家利益、公共利益、维护自然人、法人和其他组织的合法权益。

(4)清正廉明、忠于职守,遵守纪律、恪守职业道德。

(5)保守国家秘密和检察工作秘密。

(6)接受法律监督和人民群众监督。

根据《检察官法》的规定,检察官享有以下几项权利。

(1)履行检察官职责应当具有的职权和工作条件。

(2)依法履行检察职责不受行政机关、社会团体和个人的干涉。

(3)非因法定事由、非经法定程序,不被免职、降职、辞退或者处分。

(4)获得劳动报酬,享受保险、福利待遇。

(5)人身、财产和住所安全受法律保护。

(6)参加培训。

(7)提出申诉或者控告。

(8)辞职。

(三)检察官的考核、奖励和惩罚

检察官的考核,是指检察机关按照法定权限,依据法律规定的原则、标准、内容和程序,对所属检察官进行定期或不定期的考察、评价。根据《检察官法》的规定,对检察官进行考核的内容主要包括以下几项。

(1)检察工作实绩。主要考察检察工作指标的完成情况、工作效率的高低、工作效益的好坏、工作方法是否得当等具体内容。

（2）思想品德。主要考察检察官的思想政治表现、职业道德水平以及品德修养等方面。

（3）检察业务和法学理论水平。主要考察检察官的专业素质和业务能力。

（4）工作态度和工作作风。主要考察检察官是否爱岗敬业，能否勤恳、主动地完成各项检察工作。

考核结果应以书面形式通知检察官本人。本人对考核结果有异议，可以申请复议。如果检察官在检察工作中成绩显著，那么应当给予适当的奖励。对检察官的奖励，实行精神奖励和物质奖励相结合的原则。从目前来看，我国对检察官的具体奖励方式可以分为三等嘉奖，记三等功、二等功、一等功，授予荣誉称号。

根据我国《检察官法》的规定，检察官有下列表现之一的，应当给予奖励。

（1）在检察工作中秉公执法，成绩显著的。

（2）提出检察建议或者对检察工作提出改革建议被采纳，效果显著的。

（3）保护国家、集体和人民利益，使其免受重大损失，事迹突出的。

（4）勇于同违法犯罪行为作斗争，事迹突出的。

（5）保护国家秘密和检察工作秘密，有显著成绩的。

（6）有其他功绩的。

为防止违法违纪或腐败行为的发生，教育并鞭策检察官依法执行职务，对违法违纪或有腐败行为的检察官，应当给予惩罚。对于检察官处分的种类有：警告、记过、记大过、降级、撤职、开除。受撤职处分的，同时降低工资和等级。

根据我国《检察官法》的规定，检察官有下列行为之一的，应当给予处分。

（1）散布有损国家声誉的言论，参加非法组织，参加旨在反对国家的集会、游行、示威等活动，参加罢工。

（2）贪污受贿，徇私枉法。

（3）刑讯逼供。

（4）隐瞒证据或者伪造证据。

（5）泄露国家秘密或者检察工作秘密。

（6）滥用职权，侵犯自然人、法人或者其他组织的合法权益。

（7）玩忽职守，造成错案或者给当事人造成严重损失。

如果检察官因下列行为造成严重损失，那么其应当承担相应的法律责任。

（1）拖延办案，贻误工作。

（2）利用职权为自己或者他人谋取私利。

（3）从事营利性的经营活动。

（4）私自会见当事人及其代理人，接受当事人及其代理人的请客送礼。

（5）有其他违法乱纪的行为。

（四）检察官任职回避

根据我国相关法律的规定，检察官之间有夫妻关系、直系血亲关系、三代以内旁系血亲以及近姻亲关系的，不得同时担任下列职务。

（1）同一人民检察院的检察长、副检察长、检察委员会委员；同一人民检察院的检察长、副检察长和检察员、助理检察员。

（2）同一业务部门的检察员、助理检察员。

（3）上下相邻两级人民检察院的检察长、副检察长。

（4）检察官从人民检察院离任后 2 年内，不得以律师身份担任诉讼代理人或者辩护人。

（5）检察官从人民检察院离任后，不得担任原任职检察院办理案件的诉讼代理人或者辩护人。

（6）检察官的配偶、子女不得担任该检察官所任职检察院办理案件的诉讼代理人或者辩护人。

（五）检察官的等级

根据《检察官法》的规定，检察官的级别分为 12 级。最高人民检察院检察长为首席大检察官，2 级至 12 级检察官分为大检察官、高级检察官、检察官。检察官等级的确定，以检察官所任职务、德才表现、业务水平、检察工作实绩和工作年限为依据。

【案例分析】

深圳市南山区人大代表罢免案

深圳市南山区麻岭社区居民委员会选区 33 名选民，将一份《关于坚决要求罢免陈慧斌南山区人民代表大会代表资格致深圳市人民代表大会常务委员会、南山区人民代表大会常务委员会的函》送到了南山区人民代表大会常务委员会办公室，要求罢免该选区新当选的深圳市南山区人民代表大会代表、麻岭社区居民委员会主任陈慧斌。其理由是："在辖区人民群众生命财产安全受到极大威胁的时候，漠不关心群众疾苦，工作严重渎职。"他们认为，陈慧斌虽然当选人民代表大会代表，但她漠不关心人民群众的疾苦，已经不能代表人民群众的根本利益，没有资格继续担任人民代表大会代表，所以对她正式提出罢免函。

选民们还列举了 3 件事来说明他们的观点：其一，5 月 1 日下午，一场特大暴雨袭击深圳，麻岭社区所属的凯丽花园 100 多米长的围墙被大水冲垮，小区积水齐膝，而陈慧斌至晚上 7 时才姗姗而来；其二，5 月 8 日，由于某不正规的演出团体在区内演出，节目低俗不堪，对观看演出的青少年造成了很大的影响；其三，身为人大代表不能切实履行自己的职责，对社情民意不够了解，难以代表南山区人民的利益需求。

【法律问题】

选民是否有权罢免人民代表大会代表？应如何行使这一权利？

【分析】

《选举法》第 44 条规定，对于县级和乡级的人民代表大会代表，选区选民联名可以向县级人民代表大会常务委员会书面提出罢免要求。依照法律，同级人民代表大会常务委员会在接到选民的罢免要求后，应当将选民的罢免要求和被提出罢免的代表的书面申辩意见印发给选区选民。如果人民代表大会常务委员会决定启动罢免程序，应派人组织罢免要求的表决，被提出罢免的代表有权在选民会议上提出申辩意见，选民有权在选民会议上提出罢免理由，人民代表大会代表可以反驳。最后经无记名投票，如有超过原选区过半数的选民赞成，罢免即为通过，被罢免人的人民代表大会代表资格将丧失。

选民行使罢免权是涵盖在我国公民权利中的选举权的一项重要内容。尽管存在严重的程序缺失，但事实上，罢免人民代表大会代表并不是什么新鲜事。例如，在我国的政治生活中，对于一些触犯了刑律的人民代表大会代表，由原选举单位将其代表资格罢免。但与之相比，非因代表的刑事犯罪事由而由选民依法直接提出罢免要求的确实鲜有见闻。但随着我国公民民主意识的强化，罢免代表的事件将会逐步增多。此时，选民罢免权的行使将面临一系列的法律空白。

第一，选民要求罢免人民代表大会代表是否需要法定的事由作为依据？该案中，要求罢免陈慧斌代表资格的选民提出了 3 件事由以证明陈慧斌的代表身份与其行为不相符合。但实质上，这些罢免事由都是陈慧斌没有很好地履行其居民委员会主任的职责。而且罢免函中所涉及陈慧斌的 3 件事中的两件都发生在陈慧斌当选人民代表大会代表之前。那么，这是否是将陈慧斌的社区居民委员会主任与人民代表大会代表的身份混淆起来了？罢免究竟是否需要法定的事由？

《选举法》只规定提出罢免需要提出理由，问题是哪些事由可以构成罢免的理由法律并没有相应规定。但探究人民代表大会代表的性质应该可以基本回答这一问题。《代表法》规定了人民代表大会代表的职责。只要选民认为代表没有履行法律为其设定的职责，即可对代表提出罢免案，但不能将代表的身份和代表的其他社会身份混同。

第二，罢免程序的严重缺失。首先，如选民提出罢免要求，县级人民代表大会常务委员会是否必须启动罢免程序？人民代表大会常务委员会根据何种规则判断是否需要启动罢免程序？由于人民代表大会常务委员会是人民代表大会的常设机关，被要求罢免的代表甚至可能就是人民代表大会常务委员会的组成人员，由人民代表大会常务委员会决定是否启动罢免程序是否能够做到公正也是值得怀疑的。

第三，在罢免程序上，如何保障被罢免代表的权益也是值得关注的问题。根据《选举法》的规定，对人民代表大会代表的罢免要求原选区 30 名选民联名即可提出，如果对选民罢免权的行使没有实质性的限制条件，就有可能使人民代表大会代表在 5 年或 3 年时间的任期内多次面临被罢免的危险，也要花费大量的时间去应对选民的质疑和为自己辩护。尤其是对于刚刚经过绝大多数选民投赞成票当选的人民代表大会代表，少数选民能否提出罢免案，现行法律并没有明确规定。所以，有必要规定人民代表大会代表在当选后多长时间内或者曾提出罢免但未获通过后多长时间内不可以罢免。否则，就存在有不同意见的选民可以反复提出罢免要求的可能。

【案例分析】

张子强案

张子强是 20 世纪 90 年代香港一个重要的犯罪集团头领。这个犯罪集团一直是香港以至香港周边地区的重大犯罪集团，创下了多项内地和香港犯罪史上的纪录。早在 1991 年 6 月及 1992 年 3 月张子强就暗中与内地同党策划，在香港使用冲锋枪封锁街道，抢劫观塘物华街及大埔道 7 家金铺，掠得金饰价值 700 多万港元，并对闻讯赶来的警察用枪进行扫射，震惊整个港岛。1991 年 7 月 12 日，他又纠集同党在香港启德机场货运站外持枪抢劫了银行押款车，掠走巨款 17 亿港币。1991 年 9 月，香港警方拘捕了张子强，起诉至法院后，法院判处其 18 年有期徒刑。

1995年,张子强因犯罪证据不足被释放。

张子强出狱后,不思悔改,反而更加仇视社会。为报复社会,他在香港及内地发展自己的同党,组织起更大规模的犯罪集团。他所领导的犯罪团伙在香港、澳门、广东从事多种犯罪行为。自1995年到1998年3月,该团伙就在广州、深圳多次实施杀人抢劫、袭击监狱、绑架人质等犯罪活动;并策划向澳门何姓富豪住宅投掷燃烧弹,因被巡警侦破而失败;自内地偷运800公斤炸药、2 000枚雷管及500米导火线来港,密谋准备向政府报复及继续进行恐怖、绑架等犯罪活动;以电话恐吓香港保安局局长,在香港策划掀起一连串炸弹浪潮,包括在赤柱监狱实施爆炸,绑架当时香港政务司司长陈方安生女士。张子强还计划将香港排名前十位的大富豪轮流绑架一次,令整个香港社会为之震惊。

1998年,张子强及其同党共36人被中国广东警方抓捕归案。随即由检察机关向珠海市中级人民法院等法院提起公诉。被起诉的被告共有36人,其中张子强等18人是香港特别行政区永久性居民,另外18人是中国内地居民。有关罪行的发生地是跨境的,涉及香港和内地;有些犯罪在内地策划但在香港实施,后果和影响则涉及两地。本案中也有一人分别在两地触犯数罪的情况。因此本案涉及复杂的刑事司法管辖权问题,属于双重管辖。根据内地和香港的刑法,两地法院都有司法管辖权,都有权处理。

1998年12月5日,广东省高级人民法院作出终审判决,5名主犯被依法判处死刑,其他同伙被分别判处无期徒刑或者长期徒刑以及其他附加刑,受到法律的严厉制裁,在全国乃至海外引起强烈反响。

【法律问题】

内地法院行使对张子强案的管辖权是否侵害了香港特别行政区的司法管辖权?

【分析】

这个案件属于内地和香港特别行政区的法院都有管辖权的案件,它是香港回归后涉及两地关系的标志性案件,如何处理有关的管辖权冲突,是对正确处理中央和特别行政区关系的一个考验。张子强案经内地法院审理以后,在香港引起了强烈反响。有人认为,即使两地对此案都有管辖权,但依"一国两制"之精神,香港有优先权。所以,内地法院行使管辖权是对特别行政区司法权的侵犯,有违《香港特别行政区基本法》所确立的特别行政区高度自治的精神。

由于两地刑法和刑罚不同,内地刑法规定有死刑制度,香港则废除了死刑,由两地不同的法院根据两地不同的刑事法律来处理,其结果差异明显。虽然该案件中的当事人罪行严重,情节极其恶劣,结果极为严重,但是如果由香港特别行政区行使管辖权,对这些人最严厉的惩罚就是判处终身监禁,而不会判处死刑。所以,有人认为这是故意规避香港法律,故意致这些人于死地。

这些观点是不成立的。该案件到底应不应该由内地法院受理解决,这要看内地有关的法律规定和案件事实。根据1996年3月修订的《刑事诉讼法》和1997年3月修订通过的《刑法》,中国处理刑事管辖问题的主要原则是属地管辖,其次还有属人管辖原则、保护管辖原则和普遍管辖原则。

《刑事诉讼法》第24条确立了犯罪的属地管辖原则,即"刑事案件由犯罪地的人民法院管辖",这是世界许多国家和地区实行的一项基本刑事司法管辖原则。关于如何确立"犯罪地",《刑法》第6条第1款规定"凡在中华人民共和国领域内犯罪的,除法律有特别规定的以外,都适用本法"。该条第 3 款规定"犯罪的行为或者结果有一项发生在中华人民共和国领域内的,就认为是在中华人民共和国领域内犯罪"。最高人民法院 1998 年 6 月发布司法解释,确立了以犯罪行为发生地为主、犯罪结果发生地为辅来确定犯罪地的原则,即"犯罪地是指犯罪行为发生地。以非法占有为目的的财产犯罪,犯罪地包括犯罪行为发生地和犯罪分子实际取得财产的犯罪结果发生地"。对于如何确立"犯罪行为",《刑法》规定,犯罪行为既包括具体实施犯罪的行为,也包括为实施犯罪所采取的预备行为。《刑法》第 22 条规定,"为了犯罪,准备工具、制造条件的,是犯罪预备"。犯罪预备既可以依附于主犯罪行为定罪,也可以单独定罪科刑。

在该案中,张子强等人实施的许多犯罪预备行为发生在内地,例如在广东实施非法买卖、运输爆炸物,非法购买、走私武器弹药等行为;在广州、深圳、东莞多次密谋、策划绑架香港富商,显然是为在香港实施绑架、爆炸等犯罪做准备的。根据内地法律,这些行为本身已经构成了独立的犯罪,内地执法和司法机构已经具备管辖权。即使是这些行为只是为了在香港实施犯罪而做的准备,仍然可以以预备犯罪的罪名实施管辖。对此,世界大部分国家和地区也都确认了这一原则,即本地法院对发生在本司法管辖区内的犯罪预备行为可以实施管辖,即使犯罪的结果发生在本司法管辖区之外。因此关于本案的管辖权,内地公安机关有侦查权,内地检察机关有提起公诉权,而内地法院有审判权。

另一方面,香港特别行政区的执法、司法机构对该案件同样具有管辖权。这不仅因为张子强案中的主犯张子强等人是香港特别行政区永久性居民,而且主要犯罪行为地是在香港,张子强等抢劫金店、绑架富商等犯罪行为发生在香港。按照属人管辖原则或者属地管辖原则,香港特别行政区执法、司法机构依据香港特别行政区的法律对该案件同样享有管辖权。

在出现管辖权冲突,两个或者两个以上司法区域都有管辖权的情况下,国际上的惯常做法是采用最先受理原则,由实际最先受理该案件的法院行使管辖权。即任何一个对案件有管辖权的司法机构只要实际最先受理了案件,就可以实际行使管辖权,其他有管辖权的司法区域只能不行使这项权利或者象征性地行使一下管辖权。该原则的一个优点是能够及时有效地缉捕疑犯,惩罚犯罪,尽可能减小犯罪的后果,避免犯罪的扩大。

张子强案件是由广东警方最先侦破,36 名嫌疑犯也是由广东警方抓捕归案的,之后由内地的检察机关最先提起公诉,内地的法院最先受理。因此内地司法机构审理这个案件符合公认的最先受理和实际控制的管辖原则。香港特别行政区政府尽管也已经就张子强等人的行为展开了调查,但是根据香港特别行政区的法律还没有足够的证据采取强制措施,并向香港特别行政区的法院提起公诉,因此香港特别行政区法院实际上并没有受理这个案件。因此可以说还没有实际上的管辖冲突发生。

所以,不能认为当内地和香港特别行政区司法机关对同一案件均有管辖权,根据"一国两制"的原则和《香港特别行政区基本法》所确立的特别行政区高度自治制度,特别行政区法院就当然地享有优先管辖权。正如香港前大法官杨铁梁所指出的,那种认为对同一案件两地都有管辖权时香港根据"一国两制"原则理应有优先管辖权的论点是一种霸道的观点。如果有人在香港和新加坡犯罪,香港是否有优先权呢? 在类似问题的处理上两地有关部门应该根据"一国两制"的基本方针和香港《香港特别行政区基本法》的规定,尽快协商拟定两地有关移交嫌疑犯和开展刑事司法协助的协议,对有关问题作出规定。需要指出的是,内地司法机关对张子强案行使司法管辖权,不能说侵犯了香港特别行政区的司法独立和高度自治权。因为这是一个司法程序规则问题,而规则一旦确立,对任何一方都是一样的。况且在这个案件中,内地行使司法管辖权有充分的法律和学理根据。刑事司法管辖权冲突是一个十分复杂的问题,不仅香港、澳门和内地之间存在这样那样的问题,国家与国家之间也存在许多类似问题,这需要有关各方在平等互惠的原则下协商解决。

参考文献

[1]董和平,韩大元,李树忠.宪法学.北京:法律出版社,2000.

[2]王磊.宪法的司法化.北京:中国政法大学出版社,2000.

[3]秦前红.宪法原则论.武汉:武汉大学出版社,2012.

[4]周叶中,李炳辉.宪法政治:中国政治发展的必由之路.北京:中国法制出版社,2012.

[5]任进.和谐社会视野下中央与地方关系研究.北京:法律出版社,2012.

[6]阎照祥.英国政治制度史.北京:人民出版社,2012.

[7]张千帆.美联邦宪法.北京:法律出版社,2011.

[8]蔡定剑.论道宪法.北京:译林出版社,2011.

[9]张千帆.权利平等与地方差异.北京:中国民主法制出版社,2011.

[10]陈新民.德国公法学基础理论.北京:法律出版社,2010.

[11]焦洪昌.宪法学.北京:北京大学出版社,2010.

[12]林来梵.宪法审查的原理与技术.北京:法律出版社,2009.

[13]任进.比较地方政府与制度.北京:北京大学出版社,2008.

[14]张翔.基本权利的规范建构.北京:高等教育出版社,2008.

[15]韩大元,王建学.基本权利与宪法判例.北京:中国人民大学出版社,2013.

[16]汪进元.基本权利的保护范围:构成、限制及其合宪性.北京:法律出版社,2013.

[17]李林,莫纪宏.中国宪法三十年.北京:社会科学文献出版社,2012.

[18]张翔.德国宪法案例选释.北京:法律出版社,2012.

[19]韩大元.生命权的宪法逻辑.北京:译林出版社,2012.

[20]徐秀义,韩大元.现代宪法学基本原理.北京:中国人民公安大学,2001.

[21]林来梵.从宪法规范到规范宪法——规范宪法学的一种前言.北京:法律出版社,2001.

[22]陈云生.宪法监督司法化.北京:北京大学出版社,2004.

[23]许崇德等.宪法学.北京:高等教育出版社,人民出版社,2011.

[24]张千帆.宪法学讲义.北京:北京大学出版社,2011.

[25]林来梵.宪法学讲义.北京:法律出版社,2011.

[26]韩大元.宪法学基础理论.北京:中国政法大学出版社,2008.

[27]胡锦光.宪法.北京:清华大学出版社,2008.

[28]胡锦光.外国宪法.北京:法律出版社,2011.

[29]王锴.宪法教程.北京:对外经济贸易大学出版社,2010.

[30]郑贤君.基本权利原理.北京:法律出版社,2010.

[31]王世杰,钱端升.比较宪法.北京:中国政法大学出版社,1997.

[32]胡建淼.宪法学十论.北京:法律出版社,1999.

[33]张千帆.宪法学导论.北京:法律出版社,2004.

[34]韩大元.新中国宪法发展史.石家庄:河北人民出版社,2000.

[35]童之伟.国家结构形式论.武汉:武汉大学出版社,1997.

[36]莫纪宏.宪政新论.北京:中国方正出版社,1997.

[37]陈雄.宪法基本价值研究(公法研究).济南:山东人民出版社,2007.

[38]张伟.国家人权机构研究.北京:中国政法大学出版社,2010.

[39]莫纪宏.人权保障法与中国.北京:法律出版社,2008.

[40]王振民.中国违宪审查制度.北京:中国政法大学出版社,2004.

[41]胡锦光,韩大元.中国宪法发展研究报告(1982—2002).北京:法律出版社,2004.

[42]莫纪宏.实践中的宪法学原理.北京:中国人民大学出版社,2007.

[43]徐显明.法制与社会公平.济南:山东人民出版社,2007.

[44]胡锦光,韩大元.中国宪法.北京:法律出版社,2007.

[45]任东来,陈伟,白雪峰.美国宪政历程——影响美国的25个司法大案.北京:中国法制出版社,2004.

[46]蔡定剑.中国人民代表大会制度(第四版).北京:法律出版社,2003.

[47]季卫东.宪政新论.北京:北京大学出版社,2002.

[48]林来梵.从宪法规范到规范宪法.北京:法律出版社,2001.

[49]胡锦光.违宪审查比较研究.北京:中国人民大学出版社,2006.

[50]莫纪宏.纳税人的权利.北京:群众出版社,2006.

[51][日]芦部信喜.宪法.北京:北京大学出版社,2006.

[52]许崇德.中华人民共和国宪法史(上,下).福州:福建人民出版社,2005.

[53]周伟.各国立法机关委员会制度比较研究.济南:山东人民出版社,2005.

[54]胡盛仪等.中外选举制度比较.北京:商务印书馆,2000.

[55]胡锦光.中国宪法问题研究.北京:新华出版社,1998.

[56]莫纪宏.全球化与宪政.北京:法律出版社,2005.

[57]张千帆.宪法学导论——原理与应用.北京:法律出版社,2004.

[58]童之伟.法权与宪政.济南:山东人民出版社,2001.

[59]胡锦光.宪法学原理与案例教程.北京:中国人民大学出版社,2013.

[60]焦洪昌,姚国建.宪法学案例教程.北京:知识产权出版社,2004.

[61]李树忠.宪法案例教程.北京:知识产权出版社,2002.